5-7, rue de l'Ecole-Polytechnique, 75005 Paris

http://www.harmattan.fr

ISBN : 978-2-343-11743-0
EAN : 9782343117430

Le traitement juridictionnel du crime de génocide et des crimes contre l'humanité commis au Rwanda

Astou FALL

Le traitement juridictionnel du crime de génocide et des crimes contre l'humanité commis au Rwanda

L'Harmattan

Collection « Droits, Sociétés, Politiques - Afrique des Grands Lacs »
Collection dirigée par Jean-François Boudet

Limitée à un espace géographique donné, la Collection « Droits, Sociétés, Politiques - Afrique des Grands Lacs » accueille des ouvrages scientifiques et professionnels de qualité, écrits autant par des juristes que des économistes, des historiens, des politistes, des philosophes ou des sociologues, contribuant à la publication et à la diffusion d'ouvrages ainsi que des outils pédagogiques au service du Droit et de la construction de la Paix dans la région des Grands Lacs.

Déjà parus

Pie HABIMANA, *Tax law and public finance in Rwanda,* 2015.

Éric DAVID, *Génocide au Rwanda, Les enquêtes officielles menées en Belgique, en France, à l'ONU et à l'OUA*, 2015.

À mon père,
Mon tout premier et fidèle mentor, démocrate et humain dans l'âme

ABSTRACT

THE JURISDICTIONAL PROCESSING OF THE CRIME OF GENOCIDE AND THE CRIMES AGAINST HUMANITY COMMITTED IN RWANDA

Between 6 April and 4 July 1994, the last genocide of the 20th century was perpetrated in Rwanda. It was a genocide of proximity where ordinary citizens (Hutu) massacred, systematically, 800,000 to 1 million mainly Tutsi people. Nearly 250,000 tutsi women were raped before being killed. To rebuild a country so traumatized and devastated, the new Rwandan authorities have made justice the first condition of a hope for peace.

Three courts of justice have been activated concurrently: the domestic Rwandan courts (relayed by *Gacaca* traditional courts), the International Criminal Tribunal for Rwanda (established by the Security Council of the United Nations) and the foreign national courts responsible for tracking fugitives. It is precisely in this book that we study this model of multilevel justice, which also qualifies as a "judicial triptych". What is its relevance more than 20 years after the Rwandan tragedy? What provisional assessment can be drawn from all the judgments rendered by these different jurisdictions?

REMERCIEMENTS

Cette recherche n'aurait pu être menée à terme sans la patience et le soutien sans faille du Professeur Éric Carpano. Ce fut une chance pour moi d'avoir collaboré avec lui et profité de ses précieux conseils, ses remarques et critiques constructifs. Je lui adresse ma plus sincère reconnaissance.

Pour l'appui de la publication de cet ouvrage, je tiens particulièrement à remercier M. Jean-François Boudet, directeur scientifique de la collection *« Droits, Sociétés, Politiques-Afrique des Grands Lacs »*. Ma gratitude va aussi vers le Professeur Alphonse Ngagi pour m'avoir accueilli et assisté durant mes voyages d'études au Rwanda de 2010 à 2012. Loin de faire de la sociologie, même si la dimension de l'horreur nous y oblige, comment pourrais-je oublier tous ces hommes et femmes rwandais qui ont vécu ce drame humain de près ou de loin ? Attendris par l'intérêt que je porte à leur histoire, ils m'ont fait confiance en acceptant avec pudeur de rouvrir la porte du passé pour s'entretenir avec moi. Je leur dis merci à tous.

Cependant, je n'ai jamais perdu de vue que ce travail était avant tout une recherche scientifique. Des séjours au TPIR et au TPIY m'étaient indispensables, compte tenu de l'ampleur et de la qualification des crimes contre l'humanité. De fait, naturellement, j'exprime ma gratitude envers M. Ahmed Iyane Sow du TPIR qui a largement facilité le déroulement de mon séjour à Arusha. De même, je loue la disponibilité et le professionnalisme du Procureur Hassan Buba Jallow du TPIR et de son équipe. Le Procureur Serge Brammertz du TPIY, pour sa part, m'a facilité l'accès à l'institution de La Haye, je lui en suis reconnaissante.

Ensuite, pour bénéficier d'une riche documentation sur le terrain (accès aux archives et ouvrages, interviews), le concours financier de la Fondation de l'Université d'Auvergne et de l'AFFDU a été déterminant. Merci à mon centre de recherche d'avoir réuni les conditions matérielles pour travailler sereinement.

Enfin, je tiens à remercier tous les membres de ma famille, notamment maman et ma grande sœur, pour leur soutien indéfectible. Citer tout un chacun est un exercice difficile, alors merci à tous pour toute contribution, si minime soit-elle. Fondamentalement, c'est à mon papa que revient une mention toute particulière. Sa disparition brutale fut à la fois tristesse et motivation pour arriver au bout de moi-même. Mes pensées envers lui ont été mon unique sédatif durant ces années.

AVERTISSEMENT

Cet ouvrage est la publication d'une thèse de doctorat soutenue le 13 octobre 2014 à l'Université d'Auvergne. Il constitue l'aboutissement d'un long travail de recherche mené en France et au Rwanda sous la direction du Professeur Éric Carpano. Selon les usages et règles universitaires, les opinions et idées émises dans cette thèse doivent être considérées comme propres à l'auteur.

SOMMAIRE

SIGLES ET ABRÉVIATIONS

AFDI	Annuaire Français de Droit International
APR	Armée patriotique rwandaise
ASF	Avocats sans frontières
AJL	American Journal of International Law
ATNUTO	Administration transitoire des Nations Unies au Timor oriental
Cass.	Cassation
CDIPG	Centre de documentation et d'information sur les procès de génocide
CEDH	Convention européenne des droits de l'homme (Convention de sauvegarde des droits de l'homme et des Libertés Fondamentales)
CETC	Chambres extraordinaires au sein des tribunaux cambodgiens
CICR	Comité international de la Croix-Rouge
CIJ	Cour internationale de justice
CNDP	Commission nationale des droits de la personne
Cour EDH	Cour européenne des droits de l'homme
Cour IDH	Cour interaméricaine des droits de l'homme
CPJI	Cour permanente de justice internationale
CNUR	Commission nationale pour l'unité et la réconciliation
c/	contre
cf.	*confer*
C.sup.	Cour suprême
C.A	Cour d'appel
dir.	direction
CNLG	Commission nationale de lutte contre le génocide
CPI	Cour pénale internationale
CVR	Commissions Vérité et Réconciliation
CPP	Code de procédure pénale
ECC	Entreprise criminelle commune
EJIL	*European Journal of international Law*
FAR	Forces armées rwandaises
FARG	Fonds d'Assistance pour les Rescapés du Génocide
FIDH	Fédération internationale des droits de l'homme
FPR	Front patriotique rwandais
HRW	Human Rights Watch
HCDH	Haut-Commissariat des Nations Unies aux droits de l'homme
IPJ	Inspecteur de police judiciaire
IRDP	Institut de recherche et de dialogue pour la paix
JO	Journal Officiel

MARC	Mode alternatif de règlement des conflits
MINUAR	Mission internationale des Nations Unies au Rwanda
MINUTO	Mission internationale des Nations Unies au Timor oriental
MTPI	Mécanisme pour les Tribunaux pénaux internationaux
ONU	Organisation des Nations Unies
PIDCP	Pacte International relatif aux Droits Civils et Politiques
RIDC	Revue internationale de droit comparé
RDP	Revue du droit public et de la science politique en France et à l'étranger,
RDPC	Revue de droit pénal et de criminologie
Req.	Requête
Rés.	Résolution
RGDIP	Revue générale de droit International public
RGDP	Revue générale de droit pénal
RICR	Revue internationale de la Croix-Rouge
RPP	Règlement de procédure et de preuve
RSC	Revue de science criminelle et de droit pénal comparé
RTDE	Revue trimestrielle de droit européen
RTDH	Revue trimestrielle des droits de l'homme
RTLM	Radio Télévision Libre des Mille Collines
SNJG	Service national des juridictions *Gacaca*
TIG	Travail d'intérêt général
TMI	Tribunal militaire international (de Nuremberg ou de Tokyo)
TPIR	Tribunal pénal international pour le Rwanda
TPIY	Tribunal pénal international pour l'ex-Yougoslavie
TSSL	Tribunal spécial pour la Sierra Leone
Vol.	Volume

PRÉFACE

On ne sort pas indemne de la lecture de cet ouvrage. Tiré d'une thèse de doctorat en droit international soutenue à l'Université d'Auvergne, l'auteure a livré une recherche juridique à visage humain qui bouleverse parfois et sidère souvent. Là où de trop nombreux travaux de recherche sont désincarnés, obstrués par une approche formaliste et positiviste étrangère aux réalités du droit, Madame Astou Fall est allée sur le terrain et a confronté le droit aux faits. Elle est sortie de son laboratoire pour étudier la justice du génocide, telle qu'elle est réellement et non telle qu'elle est décrite dans les livres. Elle a pris le droit du génocide rwandais au sérieux en appréhendant les diverses facettes de sa sanction et de son effectivité.

Pourtant, dans cette recherche tout était périlleux. Sur le génocide rwandais, tant de choses avaient déjà été dites et écrites qu'il semblait fort imprudent d'y rajouter quoi que ce soit. Qui plus est, parler du génocide avec les mots froids du chercheur en sciences juridiques pouvait risquer d'apparaître comme déconnecté de la réalité du drame rwandais. Madame Astou Fall a réussi le défi de surmonter ces deux obstacles en conciliant une approche tant juridique que sociologique du contentieux du génocide rwandais.

Au lendemain du génocide, alors que près d'un million de Tutsis furent massacrés en quelques semaines sous le regard impassible de la société internationale et une passivité coupable (voire la complicité) des anciennes puissances coloniales, la question de l'avenir du peuple rwandais s'est immédiatement posée. Le Rwanda, pays aux mille collines, s'étend sur un territoire de 26 000 km2 avec une très forte densité de population ; le génocide rwandais fut un génocide de proximité. Les victimes et les génocidaires se connaissaient car ils se côtoyaient, partageaient les mêmes fêtes et les mêmes repas, et cohabitaient même parfois, réunis sous les mêmes toits, dans les mêmes familles. La division ethnique entre Hutu et Tutsi résultait d'une pure construction politique coloniale de division de la société pour mieux la soumettre. Exacerbée et instrumentalisée, elle servira de fondement au dernier génocide du 20e siècle. La société rwandaise était à reconstruire sur les décombres du génocide. Entre la voie de l'amnistie et celle de l'épuration, écartant celle du pardon des commissions vérité et réconciliation, le peuple rwandais a choisi celle de la justice. Le lecteur sera frappé par la détermination du peuple rwandais à ce que justice soit faite. Le temps de l'impunité était révolu. C'est cette justice-là que cette belle étude entend déconstruire en interrogeant et confrontant les faits, les normes et les hommes au cœur de ce processus transitionnel.

Sous ce point de vue, l'expérience rwandaise de la justice du génocide est singulière en ce qu'elle se présente comme une justice multiniveaux impliquant tout à la fois des juridictions rwandaises (ordinaires et coutumières), internationale (Tribunal pénal international pour le Rwanda) ou étrangères (compétence universelle). Le modèle rwandais de la justice du génocide se distingue des expériences Allemande, Cambodgienne ou Yougoslave. Elle se nourrit de ses expériences en les renouvelant. L'obsession de lutter contre l'impunité de ses crimes a commandé l'action et les choix institutionnels des autorités rwandaises. Face à l'incapacité de la justice ordinaire rwandaise de juger des centaines de milliers d'accusés, il a été décidé de confier aux juridictions coutumières *Gacaca* la responsabilité de sanctionner ces crimes. « *Justice sur le gazon* », les tribunaux *Gacaca* constituent la principale originalité de la justice post-génocidaire au Rwanda remplissant, dans le cadre d'une justice participative, une fonction de punition *et* de réconciliation. L'ampleur du travail accompli défie l'entendement : entre 2001 et 2015, ce sont plus de 12 000 tribunaux coutumiers qui ont rendu près de 1,2 million de jugements à travers le pays. Plus de vingt ans après le génocide, et alors que le TPIR a cessé son activité de première instance depuis 2012, les *Gacaca* ont également clôturé leurs activités la même année. Cette justice de masse, bien qu'individuelle, n'est pas sans soulever d'innombrables questions au juriste quant au respect des standards internationaux de procès équitable. De même, ces lieux de justice furent aussi des lieux de vengeance, de contre-vérité et de corruption. « *Not only must Justice be done ;* it *must also be seen to be done* » dit l'adage de *Common law*; s'il n'est pas certain que justice ait été pleinement faite, tout au moins doit-on considérer avec l'auteure que cette justice plurielle et multiniveaux a contribué à forger un sentiment de justice. Et c'est sans doute là le plus important au regard du drame incommensurable du génocide rwandais. Nous ne pouvons qu'approuver l'affirmation de l'auteure selon laquelle il s'agit là de « la tentative la plus ambitieuse jamais entreprise dans le monde pour juger des actes liés au génocide et aux crimes contre l'humanité ». Cet ouvrage en constitue l'une des démonstrations les plus abouties et confirme le rôle central joué par la justice dans les processus transitionnels et les sociétés post-conflits.

Éric Carpano
Professeur agrégé de droit public
Université Jean Moulin-Lyon 3

« […] Les victimes ont le droit fondamental de voir leurs persécuteurs traduits en justice, c'est une entreprise qui vise à dompter le fond sauvage de l'homme pour rendre meilleure la vie sur la terre[1]… »

[1] Déclaration de M. Antonio Cassese le 4 novembre 1997 devant la tribune de l'Assemblée générale des Nations Unies après la mise en place d'un Tribunal international pour juger les crimes graves commis en ex-Yougoslavie. En ce sens, Juristes Sans Frontières, *Le Tribunal pénal international de La Haye. Le droit à l'épreuve de la « purification ethnique »*, L'Harmattan, 2000, p. 11.

INTRODUCTION GÉNÉRALE

1. Le génocide des Tutsi[2] du Rwanda est une « faillite de l'humanité » et de la société internationale. Ce fut un génocide de proximité où des citoyens ordinaires (Hutu) ont massacré, de manière systématique, 800 000 à 1 million de Tutsi[3], 100 jours durant, à la machette le plus souvent, au gourdin clouté parfois, à l'arme à feu plus rarement. Ils ont massacré leurs voisins, leurs amis, leurs proches, leurs compagnons de jeu. Ils ont massacré des hommes et des femmes, des nourrissons et des vieillards, sous les yeux du monde[4], sidéré ou indifférent.

2. C'est un génocide singulier au regard des génocides du XXe siècle[5] : il l'est par le nombre de ses victimes, par sa rapidité, par ses modes d'exécution et surtout par le nombre de ses auteurs. Ce sont plus d'un million de Rwandais (Hutu) qui ont pris part directement aux massacres[6]. La sanction de ces crimes de masse dans une société post-génocide en quête de reconstruction soulevait

---

[2] Nous avons décidé dans le cadre de notre analyse de ne pas accorder les noms des groupes ethniques du Rwanda. Dans certains ouvrages de droit international ou d'histoire, les auteurs mettent parfois ces groupes au pluriel.

[3] Il s'agit du bilan officiel retenu par les Nations Unies. Ce chiffre inclut également les Hutu tués pour des raisons politiques, car ils s'opposaient à la logique du génocide. Au Rwanda, le Ministère de l'Administration, de l'Information et des Affaires Sociales a recensé 1 074 017 victimes tutsi déclarées et 934.218 victimes effectivement dénombrées nommément. Cf. rapport final de novembre 2002, in DIALOGUE, *Revue d'information et de Réflexion,* n° 187, Novembre-Mars 2009, Kigali, p. 7.

[4] La préparation de ce génocide était connue de la plupart des représentants de la communauté internationale. L'ouvrage de base de référence est celui du général Roméo Dallaire, chargé d'assurer le commandement de la Force internationale de maintien de la paix des Nations Unies au Rwanda. DALLAIRE Roméo, *J'ai serré la main du diable. La faillite de l'humanité au Rwanda,* Éditions Libre Expression, 2004, 685 p.

[5] Le droit international reconnaît le génocide arménien et le génocide de juifs. Mais il y a eu d'autres génocides qui ne sont pas qualifiés comme tel par le droit international (exemple du génocide commis par les Khmers rouges au Cambodge et de la purification ethnique en ex-Yougoslavie). Pour une analyse de la question, voir UNG Boun-Hor, « Le drame cambodgien : des victimes en quête de justice », in GABORIAU Simone et PAULIAT Hélène (dir.), *La justice pénale internationale,* Presse universitaire de Limoges (PULIM), Limoges, 2002, pp. 235-238 ; Juristes Sans Frontières, *Le Tribunal pénal international de La Haye : le droit à l'épreuve de la « purification ethnique »*, L'Harmattan, 2000, 348 p.

[6] ANDRIEU Kora, *La justice transitionnelle, de l'Afrique du Sud au Rwanda*, Éditions Gallimard, 2012, p. 151.

d'innombrables difficultés tendant notamment à l'appréhension d'une criminalité collective en termes de responsabilité individuelle. L'enjeu de la répression de ces crimes était d'autant plus important que les massacres systématiques du groupe tutsi suivant des décennies d'impunité[7] sont souvent invoqués pour expliquer la tragédie rwandaise.

3. Comme le rappelait avec justesse le professeur William Schabas, « une société qui ne punit pas ses crimes dits « politiques », ne peut être capable de sortir d'un cercle vicieux de carnage[8] ». Cette préoccupation du règne de l'impunité constitue un des facteurs qui justifie le recours à une forme de justice « rétributive ». Celle-ci inclut les poursuites pénales et toutes enquêtes juridiques contre les individus mis en cause dans le génocide qu'il s'agisse de ceux qui ont incité au meurtre, de ceux qui l'ont planifié ou ordonné.

4. Il s'agit pour les juridictions compétentes de déterminer le rôle précis de chaque suspect : du supérieur hiérarchique au simple exécutant. Selon la théorie classique, la répression pénale et l'imposition des sanctions visent un certain nombre d'objectifs : la dissuasion, la rétribution et la protection du public contre le danger de récidive[9]. Toutefois, la difficulté de juger ces crimes de masse résulte de l'incertitude quant au degré de responsabilité de chaque personne ayant pris part aux massacres. L'immensité et la complexité des crimes commis au Rwanda ont démontré les limites des réponses en vue du règlement de ce contentieux.

5. Comment concilier crime collectif, responsabilité individuelle et justice de masse ? Pour juger un phénomène criminel d'une telle ampleur, il fallait trouver une solution inédite. Cette justice extraordinaire a pris trois formes : l'organisation de procès au Rwanda proprement dit, la création d'un Tribunal international permettant de sanctionner les principaux responsables et, l'exercice de poursuites judiciaires dans les pays étrangers afin de traquer les fugitifs. Cette thèse a pour objet d'étudier ces différents mécanismes judiciaires et leurs relations complexes.

6. Une telle étude, plus qu'en toute autre circonstance, ne peut s'affranchir de l'appréhension du contexte pour comprendre les réponses du droit à la justice de ces crimes. Comment dans un pays où le peuple partage une même culture, habite les mêmes régions et parle une même langue, a pu basculer dans une extrême violence au point d'entraîner l'extermination d'un groupe d'hommes et de femmes ? Comment un tel drame a-t-il pu se produire après le cri du « plus jamais ça ! » de l'après-Seconde Guerre mondiale ?

---

[7] L'impunité se définit comme « l'absence en droit ou en fait, de mise en cause de la responsabilité des auteurs de violations du droit international humanitaire - que cette responsabilité soit de nature pénale, civile, administrative ou disciplinaire- en ce qu'ils échappent à toute enquête tendant à permettre leur mise en accusation, leur arrestation, leur jugement et, s'ils sont reconnus coupables, leur condamnation ». BETTATI Mario, *Droit humanitaire,* 1ère éd., Paris, Dalloz, 2012, p. 214.

[8] SCHABAS William A., « Le Rwanda, le Burundi, et la maladie d'impunité », in CHRÉTIEN Jean-Pierre *et al*, *Rwanda un génocide du XXe siècle,* Paris, L'Harmattan, p. 115.

[9] *Idem,* pp. 115-116.

7. Les sciences sociales se trouvent très largement démunies pour expliquer, comme en l'espèce, l'indicible[10]. Tout au plus peut-on rapporter les éléments du contexte du génocide des Tutsi pour prendre la mesure du drame et évaluer les enjeux politiques et juridiques de sa justice. Cette tragédie a justement frappé l'opinion publique internationale en faisant la une des médias. Mais elle fut souvent présentée de manière simpliste, sans que les processus, les ressorts, ni même les principaux acteurs et les victimes soient toujours clairement identifiés. Pour déboucher sur une vision plus équilibrée, il est donc indispensable de corriger les idées fausses longtemps véhiculées sur le drame rwandais, à savoir un affrontement entre deux ethnies qui entretenaient de vieilles rivalités, en particulier des « haines ataviques ». Cette grille de lecture assez stricte doit être dépassée, car les causes principales du génocide des Tutsi semblent plus complexes qu'une simple guerre tribale.

8. Une mise en perspective historique permet de montrer, comment, au cours des trois décennies suivant l'indépendance du Rwanda en 1962, l'impunité des massacres des Tutsi a mené directement au génocide en 1994. Plus précisément, la chronologie permet de situer par quelques dates clés les racines historiques, sociales et politiques de la crise rwandaise (**Section 1**). Ce n'est qu'après cette généalogie du génocide faite que les enjeux de la sanction de ces crimes de masse pourront être exposés et l'objet de l'étude précisé (**Section 2**).

SECTION 1 — GÉNÉALOGIE DU GÉNOCIDE DES TUTSI AU RWANDA : DES DÉCENNIES DE CRIMES IMPUNIS

9. L'analyse des causes, donc des responsabilités du drame rwandais, demeure très discutée et fait l'objet de polémiques qui sont loin d'être éteintes[11]. Comparée aux autres génocides inscrits dans l'histoire de l'humanité, l'extermination des Tutsi s'inscrit dans un long cycle de violence pratiquement ininterrompue depuis l'indépendance du Rwanda. Sur ce point, le débat historique fondamental consiste à savoir s'il existait avant la colonisation, des conflits entre les groupes sociaux au Rwanda.

---

[10] La première tentative d'explication est celle d'une violence ancestrale à la fois exotique et banale (CHRÉTIEN Jean-Pierre, *Le défi de l'ethnisme. Rwanda et Burundi*, Karthala, 2012, p. 37). Dans une autre conception plus large, les événements rwandais semblent avoir toujours été insérés dans des représentations occidentales « typiques » de l'Afrique : faim, sécheresse, sida, guerre ethnique - le tout enrobé d'un certain fatalisme, justifiait ainsi le philosophe Kora ANDRIEU dans son ouvrage précité, *La justice transitionnelle, de l'Afrique du Sud au Rwanda*, p. 153.

[11] Comme le prétend d'ailleurs un historien français Yves Ternon, la perception du génocide des Tutsi est déformée par des idées reçues. L'idée principale à corriger est celle de la cause indirecte : il ne s'agit pas d'un conflit entre deux ethnies mais de « la fabrication d'un ethnisme sans véritables ethnies préexistantes ». TERNON Yves, *Guerre et génocide au XXe siècle. Architecture de la violence masse,* Paris, Éditions Odile Jacob, pp. 334-335.

Un consensus s'établit chez les anthropologues et les historiens[12] sur l'existence pendant la période précoloniale d'une certaine homogénéité culturelle au sein de la population rwandaise caractérisée par une même langue (le *Kinyarwanda)*, parlée par l'ensemble du peuple (Tutsi, Hutu et Twa)[13]. À l'époque, ces trois composantes de la nation ont toutes les mêmes mœurs, les mêmes croyances religieuses et traditionnelles fondées sur des mythes. L'appartenance à ces groupes n'est pas vécue comme une identité et les mariages intercommunautaires sont fréquents. Il en résulte une certaine cohésion sociale entre agriculteurs, éleveurs, et artisans et une relative stabilité de la population[14].

10. Même si tous les Hutu sont liés à la monarchie tutsi par un contrat de servage[15], il n'existe pas de fossé infranchissable entre les deux groupes. Les Hutu et les Tutsi n'étant pas des tribus, mais des groupes sociaux à l'intérieur d'une même culture. C'est la colonisation qui met fin à cet équilibre dans la mesure où elle est porteuse de préjugés nocifs avec l'élaboration d'une idéologie favorisant le clivage ethnique (**§ 1**). Cette pratique fondée sur le principe « *diviser pour mieux régner* » a des effets pervers sur l'organisation politique, économique et sociale du Rwanda. La « révolution sociale Hutu » de 1959 (**§ 2**) suivie des événements de 1972-73 (**§ 3**) et de la guerre d'octobre 1990 (**§ 4**) en sont des exemples illustratifs. Ces trois événements constituent les ferments qui, trois décennies plus tard, aboutiront au génocide des Tutsi en 1994.

---

[12] Parmi les historiens de référence on peut citer : PRUNIER Gérard, *Rwanda 1959-1996. Histoire d'un génocide*, Paris, Éditions Dagorno, 1997 ; DES FORGES Alison, *Aucun témoin ne doit survivre. Le génocide au Rwanda*, Human Rights Watch/ FIDH, Karthala 1999; BREACKMAN Colette, *Rwanda. Histoire d'un génocide,* Paris, Fayard 1994 ; CHRÉTIEN Jean-Pierre, *L'Afrique des Grands Lacs : Deux mille ans d'histoire,* Éditions Aubier, 2000.

[13] Contrairement aux autres pays d'Afrique (à l'exception du Burundi), le Rwanda connait une situation ethnique bipolaire mettant en présence deux groupes de poids démographique fort différents. Les Tutsi que les anthropologues prétendent identifier par la taille, la couleur de la peau, la chevelure et la forme du crâne seraient venus d'Éthiopie et d'Égypte avec leur bétail. Les Hutu appartenant au groupe ethnique bantou seraient venus de l'Afrique Centrale, de l'Est, de l'Ouest et du Sud. De petite taille, les Twa (autochtones assimilés aux pygmées) constituent la troisième ethnie du Rwanda, mais très minoritaire à cause de leur faible pourcentage : moins de 1%. Dans le sens de cette distinction, cf. NGIJOL Gilbert, *Autopsie des génocides rwandais, burundais et l'ONU : la problématique de la stabilité dans la région des Grands Lacs,* Éditions Présence Africaine, 1998, pp. 21-22.

[14] Dans un témoignage recueilli au Rwanda auprès d'un ancien réfugié tutsi, pour renforcer leur lien, les Hutu et les Tutsi faisaient de l'« *IGAHANGO* ». Il s'agit d'une pratique qui consiste à effectuer une légère incision au milieu du ventre avec une lame de rasoir et par la suite, chacun suce le sang de l'autre. Mais c'est une tradition qui ne se faisait presque plus à cause du sida (témoignage recueilli à Kigali le 10 mai 2010 lors de notre mission effectuée du 9 mars au 8 juin 2010).

[15] C'est une sorte de corvée imposée aux Hutu pendant la période précoloniale. Cf. *infra,* note 33.

§ 1 — Une colonisation marquée par un « clivage ethnique »[16] Hutu-Tutsi

11. Pour définir les caractéristiques du Rwanda actuel, il est nécessaire de remonter aux racines de son histoire pendant le règne de la dynastie Nyiginya[17]. Durant cette période, presque tous les chefs des terroirs sont des Tutsi. Le *Mwami* (roi) Rwabugiri (1860-1895) dirige avec fermeté une série de structures subordonnées sous domination tutsi[18]. Les Hutu sont écartés du pouvoir politique et social. Pour autant, la hiérarchie entre les deux groupes n'implique pas des comportements violents[19]. Ce sont surtout les stéréotypes développés par les Européens qui vont transformer une lutte sociale en affrontement « ethnique ». En s'appuyant sur des prétendues différences morphologiques, les colonisateurs et les missionnaires ont cautionné une lecture raciale de la société rwandaise, particulièrement au profit des Tutsi, baptisés « Européens noirs »[20]. La sveltesse de la taille, la finesse du visage, et la clarté de la peau leur sont exclusivement attribuées. Ces critères sont décrits dans une théorie raciste plus connue sous le nom d'« hypothèse hamitique » (A) qui par la suite sera institutionnalisée par les Belges, puis relayée par l'Église catholique (B).

A. L'hypothèse hamitique, source d'inspiration du racisme colonial

12. Considéré comme le « précurseur du racisme », Joseph-Arthur de Gobineau, dans son « *Essai sur l'inégalité des races humaines* » (1853-1855)[21], prétend établir une hiérarchie des races. Il considère la « race noire » comme la variété la plus humble gisant au bas de l'échelle. Quant à la « race jaune », elle serait dotée de raison pratique, mais sa pente naturelle ne serait

---

[16] Le concept d'ethnie est introduit par les colonisateurs. Il s'agit plutôt de groupes professionnels (éleveurs (Tutsi), agriculteurs (Hutu) et artisans (Twa)).

[17] VANSINA Jan, *Le Rwanda ancien. Le Royaume Nyiginya,* Paris, Karthala, 2001.

[18] De ce point de vue, l'historien Jacques Vanderlinden explique de manière très détaillée la triple domination (économique, social et politique) des Tutsi pendant la période monarchique. Sur le plan économique, cette domination était institutionnalisée à travers un système d'impôt en nature qui frappait pratiquement les seuls Hutu. Quant aux Tutsi, ils ne payaient que de faibles redevances fondées sur le bétail. En ce sens, VANDERLINDEN Jacques, *République rwandaise,* Paris, Éditions Berger-Levrault, 1970, pp. 20-21.

[19] Comme le précise la sociologue Claudine Vidal, « *on ne trouve rien dans ce que l'on sait du passé colonial qui soit comparable à ce trait du génocide* ». VIDAL Claudine, « Le génocide des Rwandais tutsi : cruauté délibérée et logiques de haine », in HÉRITIER Françoise (dir.), *De la violence,* t. Ier, Paris, Odile Jacob, 2005 (rééd.), p. 334.

[20] CHRÉTIEN Jean-Pierre, *Le défi de l'ethnisme, Rwanda et Burundi : 1990-199,* Paris, Karthala, 1997, p. 35. Son analyse va dans le même sens que celle du sociologue allemand Harald Wezler pour qui : « *la différenciation entre les deux groupes était pour l'essentiel un résultat de la colonisation* ». WELZER Harald, *Les exécuteurs. Des hommes normaux aux meurtriers de masse,* Gallimard, 2007, pp. 243-244.

[21] Institut de Recherche et de Dialogue pour la Paix (IRDP), *Génocide des Tutsi du Rwanda : causes, exécution et mémoire,* Dialogue, Consensus, Kigali, février 2006, p. 19.

autre que la médiocrité. Enfin, au sommet de l'échelle se trouverait la « race blanche » qui, animée par l'honneur, jouirait d'une aptitude civilisatrice. À partir de 1863, l'explorateur anglais John Hanning Speke (premier visiteur européen dans la région des Grands Lacs) s'inscrit dans la même logique en affirmant la domination des « races supérieures » sur les « races inférieures » en Afrique[22]. Il prétend de façon tout à fait arbitraire qu'un groupe venu du Nord de l'Afrique aurait progressé au-delà du Sahara et aurait apporté tout ce qui, aux yeux des Européens, avait une plus haute valeur culturelle et civilisatrice. Les « porteurs » de cette « civilisation » sont identifiés comme étant des hamites ; d'où la propagation d'une idéologie connue sous le nom de « *théorie ou hypothèse hamitique*[23] ».

13. Speke va plus loin dans son analyse, en considérant les individus très élancés avec une peau claire comme étant plus intelligents, plus fiables et plus travailleurs. Il lie l'arrivée de cette race « hamite » (les Tutsi) aux institutions monarchiques observées dans la région des Grands Lacs. Contrairement à la majorité hutu de race « bantou », elle est assimilée à des brutes de naissance inférieure. Cette idéologie est largement partagée par d'autres explorateurs, par des anthropologues et des missionnaires comme M. Jamoulle qui estimait que « *les Tutsi n'ont du Nègre que la couleur*[24] ».

14. Pour sa part, Louis de Lagger considérait qu'« *avant d'être négrétisés, ces hommes (*les Tutsi*) étaient bronzés*[25] ». Quant à François Ménard, parlant des Tutsi, il considère que « *sa conformation le rapproche du Blanc plus que du Nègre, si bien qu'on pourrait dire sans beaucoup exagérer qu'il est un Européen sous une peau noire*[26] ». Enfin, Lenaerts conclut en ces termes : « *ils* (les Hutu) *sont loin d'être braves et l'on sent chez eux la race mûre pour le servage.*[27] » Autant de propos nauséabonds qui ne pouvaient que semer la discorde au sein du peuple rwandais. C'est avec ces préjugés que les premiers Européens arrivent au Rwanda comme le prétend la majorité des historiens spécialistes de la région des Grands Lacs[28]. Ces derniers considèrent que la

---

[22] En ce sens, BREACKMAN Colette, *Rwanda, histoire d'un génocide,* Fayard, 1994, p. 21 et s.

[23] L'idéologie hamitique apparaît comme un système de pensée qui s'est construit autour de trois catégories de différences : différences de races ou d'ethnies, différence d'origine et différence d'époque d'arrivée dans la région. Sur ce point, cf. ouvrage publié par le Parlement et le Sénat : *Rwanda, idéologie du génocide et stratégies de son éradication,* Kigali, 2006, p. 25.

[24] JAMOULLE M., *Notre mandat sur le Ruanda-Urundi*, Congo, 1927, p. 487, cité par NGIJOL Gilbert, *Autopsie des génocides rwandais, burundais et l'ONU : la problématique de la stabilité dans la région des Grands Lacs,* Éditions Présence Africaine, 1998, p. 23.

[25] LAGGER Louis de, Rwanda, Kabgayi, 1961, p. 56, cité par REYNTJENS Filip, *L'Afrique des Grands Lacs en crise, Rwanda, Burundi : 1988-1994*, Karthala 1994, p. 18.

[26] MÉNARD François, « Au pays des nègres. Les Barundi (mœurs et coutumes) », 1907-1908, p. 22.

[27] LENAERTS (administrateur), rapport annuel de Nyanza, 1925, in *République du Rwanda, Parlement – Sénat, supra,* note 23, p. 25.

[28] BREACKMAN Colette, *Rwanda, histoire d'un génocide,* Fayard, 1994, pp. 21 à 40 ; GUICHAOUA André, *Les crises politiques au Burundi et au Rwanda*, Paris, Karthala, 1995, pp. 20 à 23.

colonisation, relayée par l'Église catholique, a semé les germes de la division et de la haine entre les groupes hutu et tutsi.

B. Un racisme institutionnalisé par l'administration coloniale belge et approuvé par l'Église catholique

15. Le Rwanda est tout d'abord colonisé par les Allemands à partir de 1900 jusqu'à 1916, avant d'être placé sous la tutelle de la Belgique par la Société des Nations (devenue l'ONU)[29]. À l'époque, les Belges collaborent avec la monarchie en place et l'Église catholique. Sous l'administration coloniale, un système classique de gouvernement indirect est appliqué au Rwanda[30] alors que les trois groupes sociaux étaient déjà hiérarchisés par la monarchie. L'élite est Tutsi, le corvéable Hutu, tandis que le Twa, avec sa valeur numérique négligeable de 1%, est quelque peu oublié dans ses activités de potier et de chasseur[31].

16. Comme le fait remarquer Jacques Vanderlinden, sur le plan économique, 15 % de la population (les Tutsi) vivait de l'activité des 85 % restant, en l'occurrence les Hutu, si l'on néglige la très faible minorité Twa[32]. L'auteur précise qu'au sein des Tutsi, seule une minorité profitait du système de domination économique et sociale imposé aux Hutu. Il existait trois systèmes d'asservissement (*Uburetwa, Ubukonde, Ubuhake*)[33], à l'appui desquels les colonisateurs ont décidé de faire des Tutsi les relais de leur

---

[29] En 1914, l'Allemagne entre en guerre contre la Belgique, l'Angleterre et la France. À l'issue de la guerre, l'Allemagne est contrainte de se retirer de ses territoires d'Afrique orientale. La victoire des Alliés entraîne un redécoupage des territoires allemands et en 1923, la Société des Nations confie à la Belgique un mandat sur le Rwanda et sur le royaume voisin du Burundi. Les deux royaumes se trouvent réunis pendant près de cinquante ans dans une entité appelée *Ruanda-Urundi*. À ce propos, cf. VANDERLINDEN Jacques, *op. cit.*, p. 20.

[30] Les Belges ont poursuivi la même stratégie adoptée par les Allemands, c'est-à-dire en s'appuyant sur l'autorité locale (le roi) pour gouverner le pays.

[31] NGIJOL Gilbert, *op. cit.*, p. 30 et s.

[32] VANDERLINDEN Jacques (historien et anthropologue du droit, spécialiste de droit comparé), *op. cit.*, p. 17.

[33] *L'Uburetwa* est parmi les institutions les plus contestées et les plus controversées dans l'histoire sociale du Rwanda. Il s'agit d'une sorte de corvée, considérée par certains auteurs comme un facteur qui a institutionnalisé le clivage Hutu-Tutsi car, il n'était imposé qu'aux seuls Hutu. D'après certains Rwandais, ce système a été institué par le pouvoir monarchique. D'autres réfutent cette hypothèse en soutenant que *l'Uburetwa* est plutôt l'œuvre du colonisateur. Quant à l'*Ubukonde*, il est défini sur le plan juridique comme un contrat de concession semblable à celui d'*Ubuhake*, dans la mesure où il crée des obligations perpétuelles entre les deux parties qui sont transmissibles aux héritiers. Enfin, l'*Ubuhake* est défini comme un contrat féodal de bail à cheptel. Une personne de rang social inférieur se met au service d'un autre de rang social plus élevé en lui offrant ses services et reçoit en contrepartie du bétail. Selon deux rapports publiés au Rwanda par l'Institut de Recherche et de Dialogue pour la Paix, le roi Mutara Rudahigwa qui a régné de 1931 à 1959 avait décidé d'abolir ces trois systèmes d'exploitation (*uburetwa*, *ubukonde* et *ubuhake*) afin de mieux assurer l'équilibre social. Le but était d'écarter tout risque de division ethnique. Cf. IRDP, « *Reconstruire une paix durable au Rwanda : la parole au peuple* », novembre 2003, p. 26 ; IRDP, *L'État de droit au Rwanda*, décembre 2005, p. 63.

pouvoir. Dans un rapport publié par l'Organisation de l'Unité Africaine (devenue l'Union Africaine), il est précisé que l'Allemagne, mais par-dessus tout la Belgique, a administré leur colonie selon les grandes lignes établies par la monarchie, tout en les rendant plus rigides et surtout conformes à leurs intérêts[34]. Ces pratiques n'ont fait que renforcer l'inégalité existante entre les deux groupes.

17. Par ailleurs, le rôle de l'Église catholique qui fonctionnait pratiquement comme une institution religieuse étatique[35], ne peut être passé sous silence. Dans le souci de convertir massivement les Rwandais au catholicisme, l'Église adopte « *une ligne politique pro-Tutsi* »[36] sous l'impulsion de Monseigneur Léon Classe. Ce dernier vante les mérites de l'« ethnie » tutsi auprès des colonisateurs belges et la présente comme étant la seule capable de gouverner le pays à leurs côtés[37]. Il ne s'abstient pas non plus de fustiger les Hutu en les considérant comme des roturiers. Un extrait de ses déclarations démontre à quel point la théorie hamitique (prise comme parole d'évangile) a joué au détriment de l'unité du peuple rwandais : « *quant à nous, dit-il, au point de vue religieux, puisque c'est le nôtre, nous croyons, expérience faite, que l'élément mututsi est pour nous le meilleur, le plus convaincu, le plus capable de faire dans la masse le rôle de ferment*[38]. » Ce manque de neutralité va influencer les Belges qui, de leur côté, vont institutionnaliser le clivage entre les deux groupes ethniques[39] avec la délivrance vers les années 1930 à chaque Rwandais d'une carte d'identité précisant s'il était Hutu ou Tutsi[40]. Le système de carte a été maintenu pendant soixante ans jusqu'à devenir l'instrument qui a facilité aux tueurs hutu l'identification des Tutsi pendant le génocide.

18. Selon Patrick et Jean Noël Lefèvre, les Belges ont ainsi amorcé une véritable bombe à retardement au Rwanda avant l'indépendance en 1962. Selon eux, « *il y a eu un appui plus ou moins tacite de la Belgique à la mise en*

---

[34] OUA, « Rwanda, le génocide qu'on aurait pu stopper », rapport des experts sur le génocide, Addis-Abeba, 7 juillet 2000, p. 30, http://cec.rwanda.free.fr/documents/doc/Rapport_OUA/OUA-Rwanda.pdf

[35] Le roi Rudahigwa fait de la religion catholique la religion d'État. Pour ce faire, la majeure partie des Tutsi y adhère non par conviction, mais par pure stratégie afin de bénéficier du maximum des privilèges des colonisateurs qui les préféraient déjà par rapport à l'ethnie hutu. En ce sens, LUGAN Bernard, *Rwanda, le génocide, l'église et la démocratie*, Éditions du Rocher, 2004, p. 60.

[36] *Ibid.*

[37] BAKUNDA Pierre-Celestin, *Rwanda, l'enfer des règles implicites,* L'Harmattan, 2006, p. 213.

[38] TERRAS Christian, *L'Honneur perdu de l'Église,* Éditions Golias, 1999, p. 22.

[39] La race est le concept explicite utilisé à l'époque avant l'introduction de la notion plus douce d'ethnie.

[40] Selon une anecdote rapportée dans beaucoup de récits, quiconque possédait plus de dix vaches était automatiquement considéré comme un Tutsi et les autres étaient condamnés à être des Hutu. Selon une autre version, les Belges demandaient à chaque Rwandais de se déclarer volontairement, ce qui donnait 15 % de Tutsi, 84 % de Hutu et 1% de Twa (minuscule groupe de potiers et de chasseurs-cueilleurs). En ce sens, DES FORGES Alison, *Leave None to Tell the Story, Genocide in Rwanda,* New York, Human Rights Watch, 1999, p. 37.

place d'un gouvernement rwandais à préférence raciale[41] ». Cette stratégie a été adoptée afin de réserver plus rigoureusement aux seuls Tutsi l'accès à l'éducation et aux emplois administratifs. À l'issue de ce constat, une alliance s'est créée entre le pouvoir colonial belge, l'Église et l'aristocratie tutsi. Leurs liens vont se consolider pendant toute la période de la colonisation. Mais la scission va apparaître, lorsque l'élite tutsi publie le 22 février 1957 un document intitulé « Mise au point[42] ». Ce texte répond aux revendications des Hutu exposant leur condition de pauvreté et les inégalités de traitement qu'ils subissent. Dans le même temps, le pouvoir royal réclame l'indépendance immédiate ainsi que le départ des autorités coloniales. Cette demande est ressentie par le pouvoir colonial et ecclésiastique comme une déclaration de guerre.

19. En très peu de temps, l'Église va procéder à un revirement spectaculaire en favorisant désormais le groupe majoritaire hutu. Avec l'appui de l'Église catholique, une nouvelle élite hutu est formée. Celle-ci servira de référence pour fragiliser la classe tutsi soucieuse d'en finir avec la colonisation. Dans ce contexte, un missionnaire suisse du nom de Monseigneur Perraudin publie avec trois autres vicaires apostoliques, « *Lettre sur la justice* », dénonçant les « abus » et les « injustices » du régime tutsi. Ce texte va constituer en quelque sorte le préambule du « Manifeste des Bahutu » sous-titré « *Note sur l'aspect social de la question raciale indigène* », publié en mars 1957[43].

20. À partir du moment où la rupture est consommée entre l'aristocratie tutsi, l'Église et le pouvoir colonial, celui-ci autorise les partis politiques qui vont se constituer sur des bases « ethnico-raciales[44] ». Dès lors, le soutien

---

[41] LEFÈVRE Patrick, LEFÈVRE Jean-Noël, *Les militaires belges et le Rwanda,* Éditions Racine, 2006, p. 9.

[42] D'après ce document, « l'autonomie est l'aboutissement normal de la tutelle », donc il faut déjà y préparer le Rwanda, et cette préparation doit se concrétiser dans les domaines suivants : 1) l'enseignement, 2) une participation plus étendue au gouvernement du pays, 3) une politique économico-sociale mieux orientée, etc. En ce sens, BAKUNDA Pierre-Celestin, *op. cit.,* pp. 236-237.

[43] Il s'agit d'un document rédigé par le premier président du Rwanda Grégoire Kayibanda et deux autres hommes politiques qui dénonçaient le quadruple monopole (politique, économique, social et culturel) des Tutsi. En ce sens, WILLAME Jean-Claude, *Aux sources de l'hécatombe rwandaise*, Bruxelles-Paris, L'Harmattan, 1995, p. 46.

[44] Le premier parti ayant vu le jour est l'Association pour la Promotion Sociale de la Masse (APROSOMA) dont le leader était connu pour la virulence de ses discours provocateurs ou racistes envers les Tutsi. Son rival Grégoire Kayibanda, leader du Parmehutu (parti pour l'émancipation des Hutu) avait également conçu une idéologie visant à exclure totalement les Tutsi du Rwanda. Il prétend vouloir défendre politiquement « le menu peuple » ou la « masse » (pour parler des Hutu) contre les abus des « féodaux » (c'est-à-dire les Tutsi). Il se base spécifiquement sur les écrits des explorateurs, des missionnaires et des autorités coloniales selon lesquelles les Tutsi ne sont pas des Rwandais, mais des envahisseurs venus d'Asie en passant par l'Abyssinie pour assujettir les Hutu, propriétaires légitimes du Rwanda. De leur côté, les Tutsi créent également deux partis, l'UNAR (Union nationale rwandaise) et le RADER (Rassemblement démocratique rwandais). Si le premier (qui réclame l'indépendance immédiate) est composé essentiellement de Tutsi et sur une base nationaliste rassemble quelques Hutu, le

apporté par le pouvoir colonial aux élites hutu avec la bénédiction de l'Église catholique sera décisif. Il s'agit tout d'abord de faire monter la tension entre les deux groupes. D'une part, l'aristocratie tutsi au pouvoir revendique l'indépendance sans céder sur ses privilèges, et d'autre part, les Hutu demandent à être associés pleinement aux responsabilités publiques. Les rivalités entre les deux ethnies se développent et aboutissent à une terrible guerre civile qui entraîne le massacre de milliers de Tutsi[45]. Cette période est marquée par le début d'une vague de violence connue sous le nom de « Toussaint rwandaise[46] » ou de la « révolution sociale[47] » hutu de 1959.

§ 2 — La « Révolution sociale Hutu » de 1959, début de l'exclusion et du massacre des Tutsi

21. L'année 1959 constitue un moment décisif de l'histoire du Rwanda. Selon la thèse avancée par la majorité des historiens, le mouvement vers l'indépendance est largement provoqué par les Belges et la hiérarchie catholique - en vue de remplacer leurs premiers collaborateurs tutsi par une administration hutu plus coopérative[48]. À l'automne 1959, une contestation populaire encadrée par le Parmehutu (parti pour l'émancipation des Hutu) connaît de graves déviations. Des milliers de huttes sont brûlées et plusieurs centaines de Batutsi[49] sont tués. Cette révolution dite « assistée[50] » est qualifiée également de « 1789 Rwandais » par l'historien Bernard Bruneteau[51]. Avec la proclamation de l'indépendance le 1er juillet 1962, la monarchie féodale est remplacée par une République démocratique (A). La mise en place d'un gouvernement républicain sera toutefois marquée dans les années 1963-1964

second admet le bien-fondé d'une certaine démocratisation dans le cadre d'une monarchie constitutionnelle. Sur cette question, cf. LUGAN Bernard, *Rwanda : le génocide, l'église et la démocratie,* Éditions du Rocher, 2004, 234 p ; GUICHAOUA André, *op. cit.*, pp. 248-249.

[45] BRUNETEAU Bernard, *Le siècle des génocides : Violences, massacres et processus génocidaires de l'Arménie au Rwanda,* Paris, Armand Colin, 2004, p. 207.

[46] La violence se déchaine à partir de la Toussaint en 1959.

[47] Beaucoup d'auteurs comme le professeur André Guichaoua utilisent l'expression « révolution sociale », car elle est dirigée par des partis à dominante hutu qui vont contraindre les membres des partis monarchistes à s'exiler à cause des massacres de Tutsi. GUICHAOUA André, *op. cit.*, p. 244.

[48] PRUNIER Gérard, *op. cit.,* p. 50.

[49] Le terme « Bahutu » donne au singulier « muhutu » ou « Batutsi », au singulier « mututsi ». En kinyarwanda, le préfixe *Ba* désigne le pluriel : des Bahutu, des Batutsi, des Batwa. Dans le sens de cette distinction, KAGAMÉ Alexis, *Les organisations socio-familiales de l'ancien Rwanda,* Bruxelles, Académie Royale des Sciences coloniales (ARSC), 1954, pp. 6-27.

[50] On parle de « révolution assistée » puisque les colonisateurs sont impliqués dans cette affaire. Le terme est emprunté au dernier résident général du Rwanda Jean-Paul Harroy. En ce sens, HARROY Jean-Paul, *Rwanda, de la féodalité à la démocratie,* Bruxelles-Paris, Hayez-Académie des Sciences d'outre-mer, 1984, p. 292.

[51] BRUNETEAU Bernard, *op. cit.*, p. 207.

par des violations massives des droits et libertés et des massacres de milliers de civils tutsi (B).

A. De l'abolition de la monarchie à la proclamation de la première République

22. Ayant constaté l'inévitable domination de la majorité hutu, la puissance coloniale belge et l'Église catholique ont rapidement transféré leur alliance des Tutsi aux Hutu. Désormais, la petite élite hutu émergente ayant réussi à entrer dans les écoles religieuses catholiques, réclame une part des avantages jusque-là monopolisés par les Tutsi. Mais les tentatives de restauration autoritaire de la part du nouveau pouvoir en place provoquent des affrontements violents entre Hutu et Tutsi. La coexistence pacifique entre les deux groupes paraît de plus en plus difficile à rétablir. Le président Grégoire Kayibanda propose même la création de zones séparées en vue d'une fédération[52]. Son objectif, précise-t-il, est de « *restituer le pays à ses propriétaires, les Bahutu* », les Tutsi étant considérés comme des « envahisseurs » étrangers dans leur propre pays, au même titre que les colons européens[53]. Le peuple rwandais est alors réduit aux seuls Hutu.

23. Pour reprendre les termes de Jean-Pierre Chrétien, la démocratie rwandaise était conçue comme le pouvoir du « menu peuple » ou « peuple majoritaire » ; mais en même temps comme la revanche légitime des « autochtones », les *Bahutu*, sur les 17% *Batutsi* traités comme une minorité étrangère[54]. Le référendum et les élections législatives supervisées par les Nations Unies en septembre 1961 constituent des exemples probants. En effet, deux camps opposent les monarchistes et les républicains. Les résultats donnent une large victoire au Parti républicain Parmehutu qui l'emporte au suffrage universel direct avec 80% des voix, rejetant ainsi le régime monarchique dans l'histoire du Rwanda[55].

24. La première République est désormais proclamée et une nouvelle Constitution adoptée. Cette phase décisive a permis au Rwanda d'accéder à l'indépendance le 1er juillet 1962 et de mettre en place une première tentative de séparation des pouvoirs selon les principes démocratiques (l'exécutif, le législatif et le judiciaire). L'adoption de la Constitution de 1962 confirme l'abolition de la monarchie et la mise en place d'une démocratie

---

[52] En 1959, Kayibanda propose la séparation du Rwanda en deux zones ethniques dans un télégramme envoyé à l'ONU en soutenant : « *nous Hutu représentant 85% population Ruanda... craignons le pire pour pays tout entier si n'acceptez pas division géographique en zone Hutu et zone Tutsi* ». Télégramme publié dans la Dépêche du Ruanda-Urundi du 13 septembre 1959. Cf. IRDP, *Histoires et conflits au Rwanda*, janvier 2006, p. 142 (note 378).

[53] À ce propos, cf. document sur *le parti MDR-Parmehutu*. Information et propagande. 1959-1969, cité par S. Musangamfura, Mémoire de licence, Université Nationale du Rwanda, Ruhengeri, 1987, p. 70 (extrait traduit du Kinyarwanda).

[54] CHRÉTIEN Jean-Pierre, *op. cit.*, p. 267.

[55] VANDERLINDEN Jacques, *op. cit.*, p. 25.

républicaine[56]. La Constitution affirme l'égalité de tous les citoyens, sans distinction fondée sur la race, l'origine, le sexe ou la religion. À cet effet, elle accorde une place prépondérante à la protection des libertés civiles, en faisant directement référence à la *Déclaration universelle des droits de l'homme*. Mais dans la pratique, on relève au contraire plusieurs cas de violation des droits et libertés.

B. La violation massive des droits et libertés, cause de l'exil des Tutsi

25. La « révolution sociale Hutu » avait pour objectif de combattre la monarchie et les injustices sociales. Pourtant de nombreux cas de violation des droits et libertés économiques, politiques et sociaux furent à déplorer. En confondant majorité démocratique et majorité ethnique, le nouveau pouvoir en place a institutionnalisé le clivage ethnique Hutu-Tutsi. Ces derniers furent tout d'abord l'objet de discriminations avant d'être finalement exclus de tous les secteurs clés de la vie nationale. Un système de quotas est appliqué dans les recrutements civils, éducatifs et militaires pour signifier sa vraie place à la « minorité » tutsi, soit seulement 9%. Les cartes d'identité ethniques créées par les colons belges sont maintenues.

26. Comme le prétend Bernard Bruneteau, on assiste à un « *simple retournement de la stigmatisation socio-raciale*[57] ». Le Hutu devient le seul véritable « indigène » et fondateur de l'organisation sociale. Le Tutsi est désormais assimilé à un envahisseur étranger, un « colon » bientôt identifié à un « parasite » du travail hutu. Cette idéologie va être instrumentalisée par le parti au pouvoir (Parmehutu) et donne implicitement un statut d'étranger aux Tutsi. Ces derniers se retrouvent à peine tolérés au sein de la société rwandaise. Ce qui va aboutir à l'expulsion de 250 000 d'entre eux. Les premiers groupes de réfugiés tutsi, sans aucune possibilité de retour au Rwanda, datent de cette période.

27. En décembre **1963**, un certain nombre de ces réfugiés s'engagent à rentrer de force au Rwanda pour reprendre le pouvoir. La peur de ces incursions a créé chez les dirigeants rwandais un réflexe de violence préventive contre les Tutsi restants au Rwanda. Comme l'indique Jean-Pierre Chrétien, la panique suscitée dans la capitale par ces rebelles surnommés « cancrelats » se solde par des massacres qui font environ 14 000 victimes Batutsi[58]. Leurs terres sont redistribuées par les préfets ou bourgmestres aux fidèles du parti. Considérées par Bernard Russel comme « *le massacre le plus*

---

[56] IMBLEAU Martin et SCHABAS William, *Introduction au droit rwandais*, Éditions Yvon Blais, 1999, p. 13 et s.

[57] BRUNETEAU Bernard, *op. cit.*, p. 207.

[58] CHRÉTIEN Jean-Pierre, « Hutu et Tutsi au Rwanda et au Burundi », in AMSELLE Jean-Loup et M'BOKOLO Elikia (dir.), *Au cœur de l'ethnie. Ethnies, Tribalisme et État en Afrique*, Paris, La Découverte, 1985, pp. 129-166. Dans le même sens, cf. PRUNIER Gérard, *op. cit.*, p. 75.

horrible et le plus systématique depuis l'extermination des juifs[59] », ces tueries sont minimisées par le pouvoir en place avec l'approbation de l'Église catholique. Mais cette attitude n'est guère surprenante, dès lors que le président Kayibanda avait mis en garde les réfugiés tutsi – que s'ils s'attaquaient à Kigali, il se produirait un chaos qui signifierait « *la fin totale et précipitée de leur race*[60] ». Une loi d'amnistie en faveur des tueurs est d'ailleurs votée en 1963[61]. C'est ce qui justifie l'exode de milliers de Tutsi à chaque cycle de violence.

28. En 1964, environ 150 000[62] d'entre eux se réfugient dans les pays limitrophes (Ouganda, Tanzanie, Burundi et République Démocratique du Congo). Ils seront rejoints par d'autres vagues de réfugiés en 1973 et, à la fin des années 1980, leur nombre est estimé à 700 000[63]. Cette diaspora fut considérée par l'historienne Colette Braeckman comme « *les plus anciens réfugiés de l'Afrique*[64] ».

En somme, trois conséquences majeures résultent de ces événements consécutifs à la révolution sociale :

- la première fait référence aux massacres des dizaines de milliers de Tutsi et, comme le souligne Gérard Prunier, « *la délégitimation du droit des Tutsi à conserver le rôle socialement dominant qui avait été le leur, et la négation de leur droit à la citoyenneté rwandaise*[65] » ;
- la deuxième met en exergue l'exclusion virtuelle des Tutsi de la vie publique ;
- la troisième conséquence s'illustre par la concentration du pouvoir et la suppression de l'article 10 de la constitution de 1962 qui reconnaissait le multipartisme. Dans les faits, la vie politique rwandaise est centrée autour d'un seul parti (le Parmehutu). Dès lors, les dirigeants de ce parti

[59] Un instituteur français qui travaillait au Rwanda pour les Nations Unies qualifiait déjà ces massacres de « véritable génocide » dans les articles qu'il a livrés au journal *Le Monde* entre le 24 et le 28 décembre 1963. Ces tueries étaient considérées également comme des actes de génocide par de célèbres philosophes occidentaux dissidents tels que Jean-Paul Sartre. En ce sens, BRUNETEAU Bernard, *op. cit.*, p. 207. De même, lors d'un entretien réalisé le 10 mai 2010 à Kigali avec un ancien réfugié rwandais, celui-ci considère que le génocide a débuté dès 1959.

[60] Extrait du message officiel adressé aux Rwandais émigrés ou réfugiés à l'étranger le 11 mars 1964. À ce propos, voir NKUSI Laurent, « L'exacerbation ethnique dans les discours du président Grégoire Kayibanda (1962-1943) », in République du Rwanda, Centre National de Lutte contre le Génocide (CNLG), *15 ans après le génocide perpétré contre les Tutsi : défis et perspectives*, Kigali, avril 2010, p. 63.

[61] Cf. République du Rwanda, « Loi du 20 mai 1963 portant amnistie générale des infractions politiques commises entre le 1er octobre et le 1er juillet 1962 », *Journal officiel*, 1963.

[62] Selon les estimations du Haut-Commissariat des Nations Unies pour les réfugiés. À ce propos, BRAECKMAN Colette, *op. cit.*, p. 55.

[63] CHRÉTIEN Jean-Pierre, *op. cit.*, p. 267. Pour une analyse approfondie sur la question des réfugiés rwandais, voir également GUICHAOUA André, *op. cit.*, p. 244.

[64] BRAECKMAN Colette, *op. cit.*, p. 53.

[65] PRUNIER Gérard, « La dimension politique du génocide au Rwanda », in Hérodote, *Revue de géographie et de géopolitique*, n° 72, 1994, pp. 273-274.

basés dans le sud sont de plus en plus contestés par les Hutu du Nord qui leur reprochent de monopoliser le pouvoir. Les querelles de factions au sein du parti ainsi que la dégradation des rapports entre l'exécutif et le législatif provoquent l'enlisement du régime. Affaibli et dépassé par le rythme et la complexité des conflits, le gouvernement lance en 1973 une campagne d'intimidations et d'agressions contre les Tutsi, traités dès lors comme boucs émissaires. Cette situation semble avoir été provoquée par les événements sanglants de 1972 au Burundi où les Hutu sont à leur tour victimes de véritables massacres.

§ 3 — Les événements de 1972-1973, prémices d'un génocide

29. La crise s'est déclenchée au printemps de 1972 au Burundi où une tentative d'insurrection hutu déchaîne une répression militaire d'envergure qui fait au moins 100 000 victimes parmi la population hutu, dont 200 000 s'exilent au Rwanda[66]. En guise de représailles, le gouvernement rwandais organise une campagne de pogroms contre les Tutsi de l'intérieur (A). Pour tenter de rétablir l'ordre, un groupe d'officiers avec, à sa tête, le général Juvénal Habyarimana arrive au pouvoir en juillet 1973 après un coup d'État sans violence contre le président Kayibanda (B). Cette nouvelle phase marque le début de la deuxième République avec l'instauration d'un régime totalitaire restreignant les droits et les libertés.

A. Le massacre des Hutu du Burundi, une contribution au régime de la terreur appliqué aux Tutsi du Rwanda

30. L'année 1972 au Burundi est marquée par une répression sanglante de milliers de Hutu, dont une majorité d'intellectuels[67]. Parallèlement au Rwanda, le gouvernement hutu de l'époque entreprend des représailles de masse à l'encontre des Tutsi[68]. Le président Kayibanda trouve comme prétexte de combattre une prétendue « oppression intellectuelle tutsi ». En février et avril 1973, des listes préétablies exigent l'expulsion des Tutsi de tous les secteurs

---

[66] BRUNETEAU Bernard, *op. cit.*, p. 208.

[67] D'après les documents consultés à l'IRDP, des actes de nature génocidaire furent perpétrés par les Hutu contre les Tutsi dans les régions du sud du pays. C'est pour cette raison que le pouvoir en place (dirigé par les Tutsi) a sévèrement réprimé des milliers de Hutu de sexe masculin en majorité. IRDP, *Génocide des Tutsi du Rwanda*, *op. cit.*, p. 45.

[68] Le Burundi et le Rwanda formaient un seul État (Ruanda-Urundi) avant qu'il ne soit scindé en deux États indépendants le 1er juillet 1961 à l'issue d'un accord entre la Belgique et les élites autochtones. Dès lors, on retrouve dans les deux pays les mêmes groupes « ethniques » Hutu-Tutsi. Leurs histoires parallèles, leurs structures sociales comparables ainsi que leur surveillance mutuelle minutieuse expliquent pourquoi les deux pays subissent des crises analogues. Au Burundi, la junte militaire Tutsi au pouvoir appliquait une politique répressive à l'égard de la majorité hutu (en particulier les intellectuels). Ceci a eu de fortes incidences sur la politique rwandaise.

clés de la vie nationale y compris les établissements scolaires. Quelques jours suffisent pour exclure élèves, étudiants et enseignants. Les responsables pédagogiques qui cherchent à bloquer le mouvement sont violemment pris à partie. Ce qui a d'emblée frappé les observateurs selon Pierre Erny, *« c'est le caractère parfaitement organisé, coordonné et orchestré qu'a revêtu cette agitation, et l'impunité totale dont jouissaient les meneurs*[69] ».

31. On assiste à une récidive du scénario révolutionnaire de 1959 : chasse aux Tutsi, cases incendiées et règlements de compte. Les troubles généralisés entraînent des centaines de victimes et déclenchent une nouvelle vague de réfugiés. Cette crise s'inscrit dans un climat politique tendu à cause de la rivalité entre deux factions « régionalistes », celle du Président de la République Grégoire Kayibanda et celle du ministre de la Défense Juvénal Habyarimana (également hutu)[70]. Lorsque ce dernier accède au pouvoir à l'issue d'un coup d'État, la paix et la stabilité au Rwanda ne seront que de courte durée. À cause de l'extrémisme de l'entourage du président, l'autorité du nouveau régime se radicalise. Le peuple est confronté à une dérive autoritaire et raciste qui se manifeste surtout par l'instauration de quotas sociaux pour les Tutsi et l'élimination d'opposants politiques.

B. Le coup d'État de 1973, vers un régime totalitaire restreignant les droits et libertés

32. Avec la proclamation de la deuxième République, le *verrouillage institutionnel du régime*[71] apparaît comme la principale préoccupation du président Habyarimana. Après cinq ans de transition militaire au Rwanda, les droits et libertés politiques sont supprimés avec l'approbation d'une nouvelle Constitution[72]. Celle-ci prévoit un système présidentiel où la population est encadrée par un nouveau parti unique. Il s'agit du Mouvement révolutionnaire national pour le développement (MRND)[73] qui oblige tout Rwandais, dès sa

---

[69] ERNY Pierre, *Rwanda 1994 : clé pour comprendre le calvaire d'un peuple*, L'Harmattan, p. 70.

[70] CHRÉTIEN Jean-Pierre, *op. cit.*, p. 269.

[71] Ce système, propre aux régimes dictatoriaux ou autoritaires est fréquemment pratiqué dans les pays du tiers du monde. Le dictateur acquiert le pouvoir avec ou sans violence et le conserve par la répression. Une première manière d'opérer consiste à interdire toutes les activités politiques organisées (partis, syndicats, associations civiques). Une seconde manière consiste à contrôler étroitement la vie politique, et notamment l'appareil d'État, depuis le sommet jusqu'à la base. Pour une analyse pertinente de cette question, cf. BERSTEIN Serge, *Démocraties, régimes autoritaires et totalitarismes de 1900 à nos jours : pour une histoire politique comparée du monde développé*, Paris, Hachette Supérieur, DL 2013, 267 p.

[72] L'organisation de l'État se confond avec celui du parti politique sur la base de l'article 7 de la Constitution du 20 décembre 1978 qui dispose : « *le peuple rwandais est politiquement organisé au sein du Mouvement Révolutionnaire National pour le Développement, politique unique hors du cadre de laquelle nulle activité politique ne peut s'exercer* ».

[73] En 1975, deux ans après le coup d'État, Habyarimana fait officiellement du Rwanda un État à parti unique dirigé par le MRND. Le parti modifiera quelque peu son organisation en avril 1991

naissance, à devenir membre du parti. L'institutionnalisation du MRND en parti-État débouche rapidement, comme sous le précédent régime, sur une monopolisation de tous les avantages au profit d'une fraction bourgeoise hutu (militaire et civile) issue des préfectures du président.

33. Pour assurer les intérêts du « peuple majoritaire » contre le groupe tutsi considéré comme minoritaire, des quotas sont appliqués à nouveau dans les écoles, l'administration et le secteur privé. Cette politique discriminatoire prouve que la deuxième République a renversé la première, mais en a gardé l'héritage idéologique raciste envers les Tutsi. Bien que la majorité d'entre eux soit écartée de tous les rouages de l'appareil d'État, certains dirigeants hutu ne se sentaient jamais totalement en sécurité à cause des milliers de réfugiés tutsi installés dans les pays limitrophes du Rwanda.

34. La solution radicale adoptée par le gouvernement rwandais fut la mobilisation et l'endoctrinement de la masse hutu contre la « supposée menace » des milliers de Tutsi exilés - dont l'organisation en FPR[74] est conçue comme un *casus belli.* Ces réfugiés étaient considérés soit comme des étrangers, soit comme des citoyens de seconde zone[75]. Leurs conditions de vie vont se dégrader en 1982, lorsque le président Ougandais Milton Obote expulse des dizaines de milliers de Tutsi vers le Rwanda[76]. Dès leur arrivée à la frontière, ils sont aussitôt refoulés par les autorités rwandaises au prétexte que la plupart seraient des Ougandais et non des Rwandais[77]. C'est dans ce climat social progressivement aggravé que les membres du FPR prennent la décision en octobre 1990 de préparer leur retour par une intervention armée. Cette incursion va plonger le Rwanda dans une guerre civile meurtrière.

---

et adoptera le nom de Mouvement Républicain National pour la démocratie et le Développement sans changer de sigle. En ce sens, DES FORGES Alison, *op. cit.*, p. 55.

[74] Le Front patriotique rwandais a été créé en 1987. Il est dirigé par l'actuel président du Rwanda (Paul Kagamé). Ce mouvement politique et militaire affirmant une volonté de dépasser les clivages ethniques a su attirer en son sein des Hutu opposés au régime du président Habyarimana.

[75] Même si le président Habyarimana avait rétabli le calme au Rwanda après son coup d'État, il refusera constamment le retour des exilés Tutsi.

[76] À la même date, l'Ouganda est frappé par une guerre civile au cours de laquelle les réfugiés Tutsi sont soupçonnés de soutenir l'opposition du régime d'Obote.

[77] Les autorités rwandaises de l'époque réaffirment qu'il ne saurait être question d'accepter un « droit au retour » en invoquant l'explosion démographique et le manque d'espace. D'autres solutions ont été proposées telles que la possibilité de délivrer aux réfugiés « un laissez-passer d'entrée » au Rwanda pour y visiter leur famille. Ensuite, l'obligation de disposer d'un passeport pour les réfugiés qui peuvent démontrer leur capacité de subvenir à leur besoin. Qu'il s'agisse de la première ou de la seconde proposition, non seulement elles sont discriminatoires, mais aussi, elles constituent une manière de faire reconnaître indirectement aux réfugiés un statut d'« immigré apatride ». En ce sens, GUICHAOUA André, *op. cit.*, p. 344.

§ 4 — L'invasion du FPR en 1990, conséquence d'une guerre civile meurtrière

35. Le 1er octobre 1990, le FPR lance à partir de l'Ouganda sa lutte armée contre le régime du président Habyarimana en réclamant la fin d'une dictature totalitaire à parti unique. En guise de représailles, le gouvernement rwandais met en place un dispositif répressif à l'égard de ceux qui avaient été identifiés comme « ennemis objectifs[78] ». Le résultat est le règne de l'arbitraire qui se traduit par des arrestations illégales, règlements de compte, exécutions sommaires, assassinats et massacres. Les personnes visées sont surtout les Tutsi de l'intérieur (ceux restés au Rwanda) soupçonnés de complicité avec les membres du FPR. Cette répression aveugle est justifiée par les tenants du pouvoir comme un acte de légitime défense et de survie du peuple majoritaire hutu[79]. Une propagande de haine et de peur, reposant sur la presse, est alors lancée. La priorité est accordée à l'identité ethnique suivie d'une véritable campagne de « diabolisation » et de massacres des Tutsi (A). Cette situation suscite l'intervention des forces militaires étrangères qui en même temps avaient contraint le président Habyarimana à introduire le pluripartisme dans la Constitution (B). Toutefois, cette première expérience de la démocratie pluraliste n'obtient que des résultats éphémères. Comme nous le verrons, le processus de paix engagé entre les deux parties au conflit s'est soldé par un échec. Les résistances au changement politique vont prendre des formes de plus en plus violentes, avant d'atteindre leur apogée dramatique à partir du 6 avril 1994 (C).

A. De la « déshumanisation » aux massacres des Tutsi sous l'emprise des médias

36. Comme le rappelle Ross Howard, « *les médias peuvent être une arme de guerre ou de promotion de la paix*[80] ». La situation conflictuelle du Rwanda entre 1990 et 1994 en est une parfaite illustration. Trois mois après l'invasion du FPR, une charte raciste et ouvertement génocidaire intitulée « les dix commandements[81] » est publiée par le journal *Kangura*[82]. Elle fixe une ligne

---

[78] L'ensemble des Tutsi était rangé dans la catégorie des ennemis objectifs. Ainsi, ils étaient qualifiés d'hamites, féodaux, sournois, comploteurs, saboteurs, assoiffés de pouvoir et de sang, menace à l'unité et à l'existence de l'ethnie hutu. Cf. République du Rwanda, Parlement-Sénat, *Idéologie du génocide et stratégie de son éradication*, Kigali, 2006, p. 52.

[79] MUTWARASIBO E., « Le génocide des Tutsi : perspectives de la mémoire et de la sécurité des survivants », *Revue d'Information et de Réflexion*, publiée par l'ASBL Kigali, Dialogue n° 187, Novembre-Mars 2009, p. 77.

[80] HOWARD Ross, *The media's role in war and peace-building*, Institute for Media, Policy and Civil Society, Vancouver, Canada, December 2001.

[81] Pour le contenu intégral de ces 10 commandements, CHRÉTIEN Jean-Pierre, *Rwanda, un génocide au XXe siècle*, L'Harmattan, p. 262.

de conduite, des prescriptions directement inspirées de la Bible qui ordonne aux Hutu de coopérer et d'exclure les Tutsi[83]. À l'appui du journal *Kangura*, plus de vingt journaux publient régulièrement des éditoriaux et des dessins humoristiques obscènes, inspirées de la haine ethnique[84]. La propagande, relayée par les intellectuels, et plus encore, par les porte-parole des Églises, va accentuer la stigmatisation et multiplier les allusions meurtrières à peine codées, envers les Tutsi. Apparaissent ainsi de nouvelles figures d'animalisation qui passent de l'état repoussant de « cafards, cancrelats » à celui nettement plus inquiétant de « serpents[85] ».

37. Étant donné que le Tutsi apparaît comme un être aussi dangereux que le serpent, il faut l'éliminer pour être en sécurité. Cette forme de déshumanisation est une caractéristique commune à toutes les idéologies racistes, dont la littérature antisémite constitue l'illustration la plus répandue. Rappelons que les juifs n'ont jamais été représentés comme des hommes ordinaires. Ils relèvent dans la vision « hygiéniste » des antisémites, du pathologique dont il faudrait extirper par tous les moyens le poison, nettoyer le monde de cette salissure, se désinfecter[86]. Dans le même sens, Julius Streicher, éditeur allemand du journal antisémite « *Der Stürmer* » (L'Assaillant), a tenu des propos plus virulents. En 1936, il écrit : « *un seul coït d'un juif et d'une Aryenne suffit à empoisonner le sang de cette dernière. Avec l'albumine étrangère, elle a absorbé l'âme étrangère. Elle ne pourra plus jamais, même en épousant un Aryen, mettre au monde des enfants purement aryens, mais des bâtards dont la poitrine abritera deux âmes et dont l'aspect physique trahira l'hybridité*[87]. »

38. La même rhétorique a fonctionné au Rwanda avec les dix « commandements » publiés par le journal *Kangura*[88]. Cette charte, aux fondements racistes affirmés, considérait que « *tout Hutu qui se marie ou à une relation avec une femme tutsi ou qui fait un commerce quelconque avec un Tutsi trahit son peuple* ». Le texte insiste sur la nécessité de maintenir la pureté de la race hutu et d'éviter la contamination par les Tutsi[89]. La peur intériorisée

---

82 L'année 1990 également désignée comme « printemps de la presse au Rwanda » par Jean Pierre Chrétien, a vu naître beaucoup de journaux dont *Kangura*, considéré comme l'une des plus virulentes voix de la haine. Ce journal qui signifie « réveille-le » commence à répandre son message contre le FPR et les Tutsi juste après l'invasion d'octobre de 1990. En ce sens, CHRÉTIEN Jean-Pierre, *Les médias du génocide*, Karthala, 403 p. ; DES FORGES Alison, *op. cit.*, p. 83.

83 TERNON Yves, *op. cit.*, p. 312.

84 CHRÉTIEN Jean-Pierre, *op. cit.*, p. 50.

85 BRUNETEAU Bernard, *op. cit.*, p. 210.

86 RASPLUS Valéry, « Le Juif comme conducteur du monde tel qu'il va. Démonolâtrie et conspiration aux temps modernes », *Revue de philosophie politique*, Des Lois et des Hommes, n° 5, mai 2007.

87 DE FONTETTE François, *Histoire de l'antisémitisme*, PUF, Paris, 1982, p. 86.

88 Cf. *supra*, note 82.

89 Le danger de contamination par les femmes tutsi est un aspect réitéré à maintes reprises par la propagande - et s'accompagne souvent de dessins pornographiques. C'est le même genre de

par un groupe majoritaire (les Hutu) devient synonyme de massacres préventifs à l'égard d'une minorité revancharde (les Tutsi). Pour y parvenir, l'objectif principal visé par les propagandistes consiste à mobiliser la masse hutu contre la menace de l'agression des milliers d'exilés Tutsi. La propagande revient incessamment sur le mythe ou l'hypothèse selon laquelle, les Tutsi viennent d'Éthiopie et ils ont volé le Rwanda à leurs propriétaires légitimes en infiltrant la vie politique et l'économie du Rwanda.

39. Par le biais d'une presse virulente, les Tutsi sont incessamment accusés de vouloir mettre en œuvre une stratégie leur permettant de restaurer la monarchie et de rétablir le contrôle sur les Hutu. L'accusation selon laquelle un supposé « plan de la colonisation tutsi dans la région des Grands Lacs[90] » serait minutieusement préparé afin d'« exterminer » les Hutu s'est répandue. On retrouve dans cette campagne haineuse la théorie du complot, dont il convient de rappeler qu'elle faisait partie des arguments développés dans le Protocole des sages de Sion[91] pour appeler à la haine des juifs.

40. En somme, une stratégie d'intoxication de la population s'est rapidement développée pour justifier les appels au meurtre à l'égard des Tutsi considérés comme « les juifs de l'Afrique », comme en témoigne le discours incendiaire prononcé par un homme politique rwandais (Léon Mugesera). En novembre 1992, il annonce dans un grand meeting, la réexpédition imminente des Tutsi vers l'Éthiopie par la rivière Nyabarongo[92]. Il poursuit : « *l'ennemi a pour objectif l'extermination des Hutu ; il ne faut pas le laisser envahir le Rwanda, il ne faut pas non plus le laisser s'échapper comme on l'a fait en 1959, mais l'exterminer*[93]. » Ce discours raciste au ton volontairement provocateur s'achève sur une mise en garde : « *sachez que celui à qui vous ne*

propagande qui était utilisé par les racistes blancs du sud des États-Unis et en Afrique du Sud. Cf. rapport OUA, *supra,* note 34, p. 60.

[90] Ce document de propagande dans lequel les rédacteurs se sont inspirés des « 10 commandements du muhutu » est un « faux » comparable aux « protocoles des Sages de Sion ». La version intégrale du document peut être consultée dans l'annexe de l'ouvrage de Gilbert Ngijol « Autopsie du génocide », *op. cit.,* pp. 222-223.

[91] Le protocole des Sages de Sion est l'une des plus célèbres falsifications circulant au XXe siècle. Rédigé en France par un agent de la police secrète du tsar, et publié à partir des années 1920, ce faux qui décrit un « complot juif » de domination du monde, a été exploité et diffusé par les nazis. Bien que son caractère de faux soit largement connu, il circule toujours aujourd'hui et sert d'appui à la propagande antisémite. En ce sens, TAGUIEFF Pierre-André, *Les Protocoles des Sages de Sion : Faux et usages d'un faux,* Fayard, 2004.

[92] Rivière située au sud-est du Rwanda et qui prend sa source dans le Nil. Depuis la révolution sociale de 1959 jusqu'au génocide, beaucoup de Tutsi furent noyés ou leurs cadavres jetés dans la Nyabarongo. Pour plus de détails, cf. GAKWENZIRE Philibert, « Nyabarongo, une rivière du supplice », in Dialogue, *Revue trimestrielle d'Information et de Réflexion,* n° 190, publié par l'ASBL, Kigali, mars 2010, p. 8 et s. Sur la même question, voir le film de Dady Maximo Mwiciramitali, intitulé « Par le raccourci », sorti en 2009. Il nous révèle en images et à travers les témoignages des bourreaux, des victimes et de leurs sauveteurs, la mémoire des innocents jetés, noyés et repêchés dans le lac Victoria six mois après le génocide.

[93] TERNON Yves, *op. cit.,* p. 314.

couperez pas le cou, c'est celui-là qui vous le coupera[94]. » La haine construite au sein de l'opinion publique est concrètement mise en scène à la suite des pogroms organisés dans différentes régions et communes par des bourgmestres proches du parti présidentiel (MRND). Selon plusieurs sources concordantes, le caractère téléguidé de ces massacres est incontestable[95]. D'importantes preuves de violations graves des droits de l'homme se sont accumulées après une vague d'arrestations massives lancées de manière arbitraire contre les Tutsi et Hutu protestataires[96].

41. En se servant de la menace du FPR pour justifier les actes de violence, le président Habyarimana sollicite le soutien des puissances occidentales[97]. C'est ainsi qu'une intervention des forces militaires étrangères a permis de briser l'offensive des Forces de l'Armée patriotique rwandaise[98]. Bien que le soutien des pays alliés constitue un atout majeur pour le régime de Kigali, cette solution est insuffisante pour mettre fin à la guerre civile. Pour y faire face, il ne reste que deux cartes à jouer : celles de la négociation et de la démocratisation du régime longtemps caractérisé par un système à parti unique.

B. L'intervention des puissances étrangères, une solution vers la transition démocratique

42. Il était de notoriété publique au Rwanda que les réfugiés tutsi voulaient à tout prix revenir dans leur pays d'origine. Pourtant, l'attaque du FPR est interprétée par le gouvernement rwandais de l'époque comme une « *guerre des nostalgiques du régime monarchique contre la République née de la révolution sociale de 1959*[99] ». Dans un autre récit similaire, le gouvernement ougandais est accusé d'avoir « *soutenu l'invasion planifiée, dans le but d'établir un empire tutsi dans la région des Grands Lacs*[100] ». L'objectif visé dans de telles propagandes « ethnistes » était d'obtenir rapidement des soutiens

---

[94] Après cet appel au génocide, Mugesera est contraint de s'exiler au Canada d'où il est expulsé vers le Rwanda le 23 janvier 2012. Son procès est en cours devant la Haute Cour de Kigali.

[95] GUICHAOUA André, *op. cit.*, p. 255 ; PRUNIER Gérard, *op. cit.*, p. 138 ; BRUNETEAU Bernard, *op. cit.*, p. 210.

[96] Environ 8000 suspects sont entassés dans des prisons et stades de Kigali dans des conditions contraires à la dignité humaine. À ce propos, cf. rapport accablant publié par la FIDH sur les violations massives des droits de l'homme au Rwanda entre 1990 et 1990 (FIDH, *Rwanda, violations massives et systématiques des droits de l'homme depuis le 1er octobre 1990*, Paris, 1993, p. 14).

[97] Les gouvernements étrangers les plus impliqués au Rwanda étaient la France, les États-Unis et la Belgique.

[98] Il s'agit de plus de 2500 soldats en majorité d'anciens réfugiés Tutsi de l'Ouganda.

[99] Les surnoms tels que féodaux monarchiques, féodaux revanchards, Inyenzi (cafards), sont utilisés pour désigner les combattants du FPR. Cf. IRDP, *Génocide des Tutsi du Rwanda, op. cit.*, pp. 48-49.

[100] Cette hypothèse est présentée dans "République rwandaise, ministère des Affaires étrangères et de la Coopération internationale". *Livre blanc sur l'agression dont le Rwanda a été victime à partir du 1er octobre* 1990, Kigali, janvier, 1991.

militaires étrangers. C'est ainsi que l'offensive du FPR est rapidement brisée par les Forces Armées Rwandaises avec la participation directe de l'armée française, appuyée par des contingents belges et zaïrois.

43. Toutefois, l'intervention rapide de la France dans la crise rwandaise a suscité un vaste débat. Selon Yves Ternon[101], le gouvernement français considérait l'invasion du 1er octobre comme un cas d'école du complot anglo-saxon visant à déstabiliser le domaine francophone. Ce point de vue s'appuie sur le « syndrome de Fachoda[102] » dont il a été possible de mesurer à quel point il faisait partie des éléments déterminants de la politique française dans la région des Grands Lacs. C'est pourquoi en 1990, le régime d'Habyarimana est soutenu militairement et politiquement par la France au motif que le Rwanda fait partie de l'espace francophone[103]. La mission militaire française envoyée sous le nom d'« opération Noroît » a pour but de protéger les ressortissants étrangers[104]. Mais en réalité, ce n'est qu'une façade, car les militaires français vont concrètement aider les FAR (Forces Armées Rwandaises) à remporter la guerre[105].

44. Bien que les puissances occidentales (en l'occurrence la France) aient apporté un soutien militaire de plus en plus marqué à l'armée rwandaise, la violence « ethnique » franchit un seuil que le Rwanda n'a pas connu depuis plusieurs années. Dans de telles circonstances, le désintérêt de la population vis-à-vis d'une gestion politique fondée sur l'ethnisme et le régionalisme commence à se révéler. Un groupe de pression composé de trente-trois intellectuels signe un appel en faveur de la démocratisation de la vie politique[106]. Dans la même dynamique, de nouveaux journaux privés ou indépendants appellent au pluralisme politique, en fustigeant le parti unique, le népotisme, et la corruption. Face à cette crise généralisée, seule la voie de la négociation entre les deux parties au conflit pouvait interrompre la guerre

---

[101] TERNON Yves, *op. cit.*, p. 308.

[102] D'un point de vue historique, le syndrome de Fachoda c'est l'accrochage en 1898 au Soudan entre les forces françaises du capitaine Marchand en route vers l'Est et l'armée britannique de Lord Kitchener à Fachoda (petit village du sud soudanais). Cette bataille motivée par la volonté de la France d'étendre son espace colonial dans la zone d'influence anglaise s'est terminée par une défaite française. PRUNIER Gérard, *op. cit.*, p. 133, note 23.

[103] L'intervention de la France dans ce pays d'Afrique qui n'a pas été une de ses colonies, ne relève pas seulement de mobiles humanitaires, mais d'une politique globale de la France en Afrique.

[104] Près de 600 soldats français sont déployés au Rwanda. L'ambiguïté de leur mission est également soulignée par d'autres observateurs. À ce propos, cf. ATLAN Catherine, « Introduction à la crise rwandaise. Des origines du conflit aux premières interventions internationales », in COT Jean Pierre (dir.), *Opérations des Nations Unies, leçons de terrain : Cambodge, Somalie, Rwanda, ex-Yougoslavie*, Paris, Collection Perspectives stratégiques, Fondation pour les études de défense, 1995, p. 180.

[105] Pour plus de détails sur le rôle de la France au Rwanda, REYNTJENS Filip, *L'Afrique des Grands Lacs en crise*, *op. cit.*, p. 176.

[106] GUICHAOUA André, *op. cit.*, p. 248.

civile. L'ouverture démocratique est d'ailleurs demandée par le président Mitterrand au sommet franco-africain de la Baule en 1990[107].

45. À la suite de l'effondrement des régimes communistes de l'Europe de l'Est et des pressions de la communauté internationale, le président Habyarimana accepte enfin d'introduire le multipartisme sous la pression de la France[108]. Ainsi, l'adoption d'une nouvelle constitution le 10 juin 1991 autorise le pluripartisme. Les libertés de presse et d'association sont rétablies. Plusieurs partis d'opposition commencent à émerger tandis que d'autres font leur réapparition[109]. Dès lors, la vie politique du pays s'articule autour de trois axes : la mouvance présidentielle, l'opposition intérieure hutu, l'opposition armée du FPR. Des négociations entamées à Arusha (Tanzanie) entre le gouvernement rwandais et le FPR débouchent sur un cessez-le-feu en juillet 1992[110]. La signature de ces accords sous la double pression de l'opposition démocratique et de la communauté internationale[111] a pour but de promouvoir l'unité et la réconciliation nationale du peuple rwandais, sous un régime respectueux des droits de l'homme. Dans ce contexte, le président Habyarimana met en place un gouvernement de coalition avec un Premier ministre issu de l'opposition.

46. Cependant, un conflit parallèle est mené simultanément par une petite faction de proches collaborateurs du président appelée *Akazu*[112], hostile à toute démocratisation. Ces radicaux hutu opposent la logique de guerre civile à la logique de paix en créant leurs propres milices ainsi qu'un parti extrémiste dit Coalition pour la Défense de la République (CDR). C'est dans cette ambiance qu'une série de massacres est organisée à l'encontre des civils Tutsi et une politique d'assassinats ciblés d'opposants Hutu, considérés comme des « traîtres ».

---

[107] Lors de la 16e conférence des chefs d'État de France et d'Afrique qui s'est déroulée dans la commune française de La Baule-Escoublac, le président Mitterrand prononce un discours résumé comme suit par Roland Dumas, ancien ministre des Affaires étrangères : « le vent de liberté qui a soufflé à l'Est devra inévitablement souffler un jour au sud ... ; il n'y a pas de développement sans démocratie et il n'y a pas de démocratie sans développement... ». En ce sens, ROHAN (de) Josselin, *La politique africaine de la France*, Rapport d'information, Sénat, session 2011.

[108] Il semble toutefois que sa conviction personnelle soit demeurée une façade. PRUNIER Gérard, *op. cit.*, p. 115.

[109] Pour une description succincte de ces partis, GUICHAOUA André, *op. cit.*, p. 48.

[110] En règle générale, les **accords d'Arusha** précisent les mécanismes de partage du pouvoir entre les forces politiques en présence, les modalités d'intégration des deux forces combattantes pour former une véritable armée nationale, et enfin le retour des Rwandais réfugiés à l'étranger depuis 1959. Le partage du pouvoir est ratifié par deux accords le 30 octobre 1992 et le 9 janvier 1993, le rapatriement des réfugiés par un protocole signé le 9 juin 1993 et l'intégration des forces armées par un accord signé le 3 août 1993.

[111] Pour mettre fin à la guerre, l'Organisation de l'Unité Africaine (devenue l'Union africaine depuis 2002), la Belgique, la Tanzanie, les Nations Unies, les États-Unis, et la France ont joué un rôle dans la recherche d'une solution négociée.

[112] Ce terme désigne « petite case » ou « Clan de Madame », car son noyau était constitué de l'épouse du président et de sa famille ainsi que de certains proches accusés de corruption. Cf. rapport OUA, *supra*, note 34, p. 12, § 21.

47. À partir du 4 au 5 mars **1992**, la région du Bugesera (à forte composante tutsi) est la scène d'une extrême violence dirigée par les milices *interahamwe*[113]. Des centaines de Tutsi ainsi que des membres de partis d'opposition sont tués et plusieurs personnes blessées. Des maisons sont saccagées, pillées et incendiées ; et environ 15000 personnes déplacées. Ensuite, ce fut l'extermination des *Bagogwe*, un groupe d'éleveurs tutsi du nord du pays[114]. Les tueries se poursuivent jusqu'au début de l'année **1993**. Les associations rwandaises de défense des droits de l'homme ayant réagi à ces événements sanglants mettent en cause des responsables locaux, puis réclament des sanctions. Ces accusations sont relayées par des organisations humanitaires qui obtiennent la mise en place d'une commission d'enquête internationale. Un rapport final est soumis à la commission des droits de l'homme de l'ONU qui à son tour nomme un Rapporteur spécial au Rwanda. Ce dernier confirme le caractère « génocidaire » des massacres aux termes de la Convention de 1948[115].

48. Ce qui paraît paradoxal, c'est qu'aucune sanction n'a été infligée aux responsables de cette violence collective, même si le Président rwandais Habyarimana a reconnu qu'il y a eu violations des droits de l'homme au Rwanda. Les rares procès intentés n'ont pas abouti. Ce phénomène d'impunité va s'amplifier et donner lieu à une escalade inquiétante de violences. En fin de compte, il s'est avéré que le processus de paix engagé à Arusha n'est pas parvenu à régler les problèmes les plus importants. Il fallait se pencher directement sur la question des massacres « téléguidés » contre les civils tutsi et opposants hutu. Ces bains de sang perpétrés en particulier par des milices du MRND fournissent au FPR une occasion inespérée de violer le cessez-le-feu et de relancer les hostilités. Au cours de cette attaque, plusieurs centaines de civils majoritairement Hutu sont tués en guise de représailles.

49. Devant la reprise des violences, les partis reviennent à la table de négociation en août 1993. Un nouveau cessez-le-feu est négocié avec un nouvel accord de paix ambitieux et remarquablement détaillé. Le président Habyarimana signe l'accord à « contre cœur » sous les lourdes pressions de la communauté internationale qui menace de suspendre l'aide étrangère. La mise en place d'un « gouvernement démocratique à base élargie » est prévue le 25 mars 1994 en attendant des élections démocratiques. Cette initiative échoue lorsque le FPR refuse catégoriquement d'inclure dans le gouvernement la CDR, un « parti radical[116] » hutu. On assiste alors à un durcissement de

---

[113] Qui signifie en Kinyarwanda « frappons ensemble ». C'est l'émanation paramilitaire du mouvement de jeunesse du parti présidentiel, entassant des armes et recrutant en masse des milliers de jeunes chômeurs urbains issus de la crise économique, ainsi que dans la masse des paysans sans terre. BRUNETEAU Bernard, *op.cit.*, p.211.

[114] À ce propos, cf. BIDERI Diogène, *Le massacre des Bagogwe. Un prélude au génocide des Tutsi. Rwanda (1990-1993)*, Paris, L'Harmattan, 2008, 147 p.

[115] DES FORGES Alison, *op. cit.*, p. 115.

[116] Ce parti avait refusé de signer le code d'éthique politique des Accords d'Arusha interdisant la création de partis politiques fondés sur l'ethnicité. Cf. rapport OUA, *supra,* note 34, p. 66.

l'antagonisme ethnique. La plupart des partis commencent à se scinder pour donner naissance à des factions extrémistes.

50. Comme un expert le décrit, mis à part les radicaux, les accords d'Arusha se fondent sur un paysage tripolaire, à savoir le parti Habyarimana, les nouveaux partis et le FPR[117]. Tous les trois doivent partager le pouvoir selon les mécanismes convenus, ce qui écarte la possibilité d'un seul vainqueur. Désormais, les règles du jeu ont changé. Les partis d'opposition démocratique se sont divisés en deux blocs. Les uns se rangent du côté du FPR et les autres se rallient au parti présidentiel MRND. Cette impasse a créé de nombreux obstacles pour la mise en place des institutions de transition approuvées à Arusha. Autrement dit, passer de trente ans de dictature à parti unique au multipartisme en même temps que se déroule une guerre civile n'est pas une équation facile à résoudre. Le résultat final se solde par l'effondrement du processus de paix et la reprise des hostilités, une voie qui mène directement au génocide.

C. L'effondrement du processus de paix et la reprise des hostilités : les déclencheurs du génocide

51. Pour mettre fin à la guerre civile consécutive à l'attaque du FPR, les négociations entreprises à Arusha sont fondées sur des principes directeurs tels que le retour des réfugiés tutsi, la fusion des deux armées (Forces Armées Rwandaises et Armée Patriotique Rwandaise), un gouvernement de transition ouvert à tous les partis politiques et la présence d'une force internationale neutre sous mandat de l'ONU. Cependant, ces accords ne sont suivis d'aucune mesure concrète. Les causes de cet échec reposent sur la combinaison de trois principaux facteurs :

- le blocage de la mise en place des institutions de transition par le président Habyarimana. Celui-ci qualifie publiquement de « chiffon de papier »[118] le protocole 1 des accords sur le partage du pouvoir ;
- l'intransigeance des radicaux hutu qui montre qu'ils ne sont pas prêts à partager le pouvoir avec l'opposition interne et encore moins avec les militaires tutsi du FPR ;
- l'assassinat du président burundais (d'origine Hutu) par l'armée burundaise majoritairement Tutsi. Cet événement a entraîné une détérioration des relations sociales au Rwanda.

52. Dans un contexte de guerre civile marqué par une « bipolarisation ethnique » mettant en présence une majorité hutu et une minorité tutsi, il était clair que les accords de paix d'Arusha étaient voués à l'échec, comme

[117] REYNTJENS Filip, *Rwanda : trois jours qui ont fait basculer l'histoire,* Paris, L'Harmattan, 1995, pp. 17-18.
[118] GUICHAOUA André, *op. cit.*, p. 258.

plusieurs observateurs[119] l'avaient prédit à l'époque. Les conséquences étaient contraires au but recherché. Visant l'équité ethnique et la démocratie, les négociations n'ont pu empêcher le président Habyarimana et son parti (MRND) de se rallier à certains partis de l'opposition démocratique pour constituer un front commun contre le FPR. Ce plan machiavélique a tout simplement permis au Président de la République de monopoliser à nouveau tous les instruments du pouvoir (armée, administration, justice) et de mobiliser les milices *Interhamwe*[120].

53. La logique d'une reprise des hostilités et du déclenchement concomitant d'une guerre civile à caractère ethnique semble inéluctable. Les extrémistes hutu sont loin de désarmer malgré l'arrivée en 1993 des Casques bleus de la MINUAR[121]. D'après les rapports des services de renseignement belges, les milices *Interhamwe* n'attendaient que « le moment approprié pour passer à l'action »[122]. Pourtant, la communauté internationale ne réagit pas. Cette situation semble avoir été interprétée par les planificateurs comme un encouragement ou du moins comme un consentement tacite. Des appels au lynchage de Tutsi sont émis par la Radio Télévision Libre des Mille collines financée par les partisans de la femme du Président de la République (Agathe Habyarimana). Les bourgmestres commencent la distribution d'armes dans les communes. La décision finale d'extermination des Tutsi est prise[123]. À l'évidence, il apparaît clairement que les prévisions d'une catastrophe au Rwanda sont nombreuses et convaincantes.

54. C'est le crash de l'avion du président Habyarimana abattu par deux missiles sol-air le 6 avril 1994 qui provoque la « petite étincelle » mettant le feu aux poudres, c'est-à-dire le **début du génocide**[124]. Aussitôt, la machine à

---

[119] L'ancien sous-secrétaire d'État américain pour l'Afrique, Herman Cohen, révéla que la CIA avait publié en 1993 une analyse selon laquelle les extrémistes ne permettraient jamais la mise en œuvre des accords d'Arusha. Cf. rapport OUA, *supra,* note 34, p. 68.

[120] Interprété en langue rwandaise comme « ceux qui travaillent ensemble ». Il s'agit notamment d'une milice civile ayant participé à des tueries dès 1992 avant de jouer l'un des principaux rôles dans le génocide. En ce sens, PRUNIER Gérard, *op. cit.,* p. 482.

[121] Sur la base des rapports du secrétaire général (24 août et 29 septembre 1993), le Conseil de sécurité crée la Mission des Nations Unies pour le Rwanda (MINUAR) par adoption de sa résolution 872 du 5 octobre 1993. Avec des effectifs atteignant 2500 hommes, la MINUAR fut la plus importante opération de maintien de la paix déployée en Afrique, après celle de la Somalie et du Mozambique. Dans le mandat qui lui était imparti, figurent entre autres, la protection des activités humanitaires, le contrôle du retour des réfugiés au Rwanda, l'intégration des troupes APR et FAR en une seule armée nationale.

[122] Des demandes de licences d'importation datées de janvier 1993 jusqu'en mars 1994, montrent que 581 tonnes de machettes (soit 581 000 machettes) furent importées au Rwanda, parmi lesquelles des marteaux, des pics et des faucilles. À ce propos, DES FORGES Alison, *Aucun témoin ne doit survivre, le génocide au Rwanda,* Karthala 1999, pp. 152 et 175.

[123] Sur la chronologie de la préparation minutieuse du génocide, DES FORGES Alison, *op. cit.,* pp. 169 à 208. L'auteur établit les rôles des différents acteurs locaux, nationaux et internationaux à chaque étape du génocide.

[124] Le 3 avril 1994, le représentant spécial du Secrétaire général des Nations Unies entreprend une mission de « dernière chance » au Rwanda pour convaincre le président Habyarimana d'appliquer les accords d'Arusha. À l'issue d'un sommet organisé en Tanzanie en vue de

tuer est mise en marche par un groupe de planificateurs : des officiers, des ministres, des préfets et ceux qui contrôlent l'appareil de propagande (médias). Le génocide se déroule en deux étapes principales dont la première est l'élimination de toutes les personnalités politiques légitimement compétentes pour assurer l'intérim de la présidence.

55. La Première ministre Agathe Uwilingiyamana est l'une des premières victimes. Elle est assassinée ainsi que dix soldats belges qui assurent sa protection[125]. Le président de la Cour constitutionnelle, des ministres, des membres de l'opposition, militants des organisations des droits de l'homme, tous des Hutu favorables aux Accords de paix, sont également tués. Sous l'autorité du colonel Bagosora, Jean Kambanda est désigné Premier ministre d'un gouvernement intérimaire, composé uniquement de Hutu partisans de la mouvance présidentielle.

56. Dans une seconde étape, l'administration civile se charge de pourchasser les Tutsi dans leurs domiciles avant de les transporter dans des bâtiments publics (stades, écoles, églises) où ils sont regroupés et tués. La RTLM[126] appelle aux massacres et donne des instructions pour les effectuer efficacement. Il en est de même de l'action d'autres médias qui appellent à l'extermination de tous les Tutsi sans exception. Par ce double relai de l'administration et de la propagande, tous les Hutu sont invités à participer au « travail » (synonyme de tuer) et au « débroussaillage[127] ». Si les ordres sont donnés sans ambiguïté, les modalités d'exécution sont abandonnées à l'arbitraire des tueurs.

57. Le génocide se caractérise également par la rapidité de son exécution. En trois mois, du 7 avril au 2 juillet, les trois quarts des victimes sont tués dans les six premières semaines. De la communauté tutsi visée, forte de 1 250 000 personnes avant 1994 (15% de la population totale), il n'en reste que 200 000 à

---

négocier les modalités de partage du pouvoir, l'avion qui ramène le président à Kigali est abattu. Tout l'équipage ainsi que le président burundais Cyprien Ntaryamira périssent dans le crash de l'appareil. Jusqu'à présent les responsables de cet attentat ne sont pas identifiés. À qui profiterait un tel crime ? Il existe plusieurs théories contradictoires qui sont avancées. La première thèse est soutenue par l'ancien ambassadeur du Rwanda à Kinshasa, Étienne Sengegera. Celui-ci accuse les soldats belges de la MINUAR. Une journaliste Belge Colette Braeckman accuse à son tour deux soldats français du détachement d'assistance militaire et d'instruction (DAMI) sans pour autant fournir suffisamment d'éléments permettant de créditer cette thèse. Une troisième version met en cause la responsabilité du FPR (cf. rapport du juge français Bruguière publié en 2006 qui accuse notamment l'actuel Président du Rwanda Paul Kagamé). Aucune de ces théories commentées par l'historien Gérard Prunier ne fait à ce jour l'unanimité. PRUNIER Gérard, *op. cit.*, pp. 257 à 275.

[125] On dispose des récits détaillés, mais en partie contradictoires sur les responsabilités de ces meurtres dans le rapport du Sénat de Belgique de 1997 et le livre du général Dallaire, *J'ai serré la main du diable.* Mais Alison Des Forges apporte beaucoup plus de détails concernant l'assassinat du Premier ministre (DES FORGES Alison, *op. cit.*, p. 224 et s.).

[126] Radio Télévision Libre des Mille collines (mise en place par les extrémistes hutu).

[127] Ce vocabulaire utilisé pour appeler au meurtre fait référence à la vie quotidienne du paysan. La broussaille renvoie aux Tutsi soupçonnés de cacher des membres du FPR. En ce sens, TERNON Yves, *op. cit.*, p. 311.

300 000 après les massacres, soit un taux de disparition de 80 %[128]. Ce bilan est surtout le résultat de la cruauté particulière dans les méthodes de tuerie[129]. Celles-ci sont effectuées dans un état d'ivresse et de fureur, un mélange de folie et de bureaucratie, de cynisme et de rouerie aussi[130]. Les plus acharnés sont les réfugiés hutu du Burundi qui sont animés d'un désir de revanche, à la suite de l'assassinat du président burundais par des Tutsi.

58. Les femmes et les jeunes filles sont régulièrement violées avant d'être tuées. Celles qui sont enceintes sont éventrées ; des bébés fracassés sur des rochers ou jetés vivants dans des latrines[131]. Les mutilations sont monnaie courante avec une préférence pour les seins et les pénis[132]. L'objectif poursuivi par les assassins était surtout d'infliger des actes de torture à leurs victimes pour provoquer une mort lente[133]. Selon les témoignages de nombreux survivants, il n'était pas rare de voir des victimes supplier leurs bourreaux, allant jusqu'à leur proposer de l'argent pour être exécutées plutôt par balles qu'à la machette[134]. Des Hutu « modérés », qui s'opposaient ou refusaient de tuer leur voisin tutsi, sont également tués.

59. Mais l'une des spécificités de ces massacres, c'est la poursuite des victimes jusque dans leur dernier retranchement pour y être exécutées. L'exemple le plus cité est celui des églises, qui autrefois servaient de refuges aux Tutsi, mais qui étaient devenues « *le théâtre de leur holocauste*[135] ». La barbarie n'épargne ni les enfants des orphelinats ni les blessés des hôpitaux qui sont enlevés et tués[136]. Les frontières sont également barrées pour empêcher les Tutsi de se réfugier dans les pays voisins. Un représentant de Médecins sans frontières a donné un exemple typique qui mérite d'être cité :

> « *à 700 mètres de la frontière burundaise, 80 personnes ont été vues en train de courir vers la frontière (« comme du bétail ») chassées par un groupe de miliciens avec des machettes ; une personne a été tuée à coup de machette devant nous. Les autres ont réussi à atteindre la frontière, mais malheureusement un groupe de miliciens les attendaient. Moins de 10 personnes ont traversé la frontière, les autres ont été massacrées à la machette.*[137] »

---

[128] BRUNETEAU Bernard, *op. cit.*, p. 202.

[129] Lors d'un entretien avec un rescapé du génocide, celui-ci nous révéla qu'il existait plus de 50 méthodes de tueries : dépeçage à la machette, grenadage de groupe, noyade, fusillade, tranchage de tendon d'Achille, brûlure, pendaison, etc. (entretien réalisé à Kigali le 10 mai 2010).

[130] CHRÉTIEN Jean-Pierre, *Les médias du génocide*, *op.cit.*, p. 307.

[131] TERNON Yves, *op. cit.*, p. 331.

[132] PRUNIER Gérard, *op. cit.*, p. 306.

[133] À ce propos, HATZFELD Jean, *Une saison de machettes*, Éditions du Seuil, 2003, pp. 156 à 163.

[134] PRUNIER Gérard, *op. cit.*, p. 305.

[135] DEGNI-SÉGUI René, Extraits de rapports (1994-995) sur la situation des droits de l'homme au Rwanda, in VERDIER Raymond, DECAUX Emmanuel, CHRÉTIEN Jean-Pierre, *Rwanda. Un génocide du XXe siècle*, Paris, L'Harmattan, 1995, p. 68.

[136] Selon le témoignage d'un employé de Médecins sans frontières. À ce propos, PRUNIER Gérard, *op. cit.*, p. 304.

[137] *Ibid.*

60. Devant ce cycle de violence ininterrompue et parfaitement organisée, il est aberrant de qualifier ces massacres de simples « affrontements interethniques », comme s'emploient, non sans succès, à le faire croire certains dirigeants internationaux[138]. Selon l'écrivain Boubacar Boris Diop, cet événement ne pouvait se réduire à une « violence africaine[139] ». Son caractère de tuerie méticuleusement organisée lui donnait une dimension universelle l'assimilant aux grands génocides du XXe siècle et plus particulièrement à la Shoah pour le goût prononcé du « travail bien fait » chez les tueurs hutu. Plusieurs facteurs y ont contribué, notamment le port de la carte d'identité avec mention ethnique instauré par l'administration coloniale belge. Cet aspect a facilité l'identification des victimes tutsi.

61. Il a fallu attendre le 30 avril 1994, lorsque les massacres se sont intensifiés, pour que l'ONU, ne pouvant plus nier l'évidence, reconnaisse enfin le caractère particulièrement tragique des événements en les qualifiant de crimes contre l'humanité et de génocide[140]. D'éminentes personnalités, dont l'ancien Secrétaire général des Nations Unies Boutros Boutros-Ghali, ont qualifié les massacres des Tutsi de génocide. Les conclusions du rapport d'enquête rédigé par René Degni Ségui à la demande de l'ONU retiennent la même qualification en se fondant sur quatre faisceaux d'indices[141]. C'est dans ce même contexte que le Conseil de sécurité décide de réduire le nombre de Casques bleus présents au Rwanda à 270, soit un effectif dix fois inférieur à ce qu'il était auparavant[142]. Ce retrait est interprété par des observateurs étrangers comme « *un acte honteux de droit international*[143] », tandis qu'un autre spécialiste des relations franco-africaines dénonce un abandon d'« *une lâcheté sans précédent*[144] ».

---

[138] Les principaux acteurs internationaux en Belgique, France, aux États-Unis et aux Nations Unies furent plus préoccupés par l'évacuation de leurs propres ressortissants et employés expatriés, plutôt que de sauver la vie des Rwandais. Cf. rapport Carlsson sur les actions de l'ONU lors du génocide de 1994 au Rwanda, 15 décembre 1999.

[139] DIOP Boubacar Boris, *Murambi, le livre des ossements*, Paris, Éditions Stock, 2000, 229 p.

[140] DUPAQUIER Jean-François, *La justice internationale face au drame rwandais,* Karthala, 1996, p. 10.

[141] Le premier élément porte sur la campagne d'exhortation de la haine ethnique ; le second élément est lié à la distribution d'armes aux miliciens et à la population civile ; le troisième élément réside dans les méthodes mises en place pour empêcher les victimes de s'enfuir ; et enfin le quatrième élément fait référence aux listes sur lesquelles figurent les noms des personnes à exécuter. En ce sens, DEGNI-SÉGUI René, *op. cit.,* p. 67 et s.

[142] Cette décision qui semble paradoxale est consécutive au retrait unilatéral du contingent belge après l'assassinat des dix Casques bleus belges qui tentaient de protéger le Premier ministre rwandais. La décision unilatérale de la Belgique a privé la force de la MINUAR d'une bonne partie de ses hommes (781 au total). Face à ces événements, l'action de la MINUAR au Rwanda s'est révélée inefficace. Cf. bilan des activités de la MINUAR (octobre 1993-avril 1994), « Opération des Nations Unies. Leçons de terrain », *op. cit.*, pp. 180 à 185.

[143] WILLAME Jean-Claude, « Diplomatie internationale et génocide au Rwanda », *Politique Africaine,* n° 55, octobre 1994.

[144] Il s'agit de François-Xavier Vershave, fondateur du concept « Françafrique » (VERSHAVE François-Xavier, *Complicité de génocide ? La politique de la France au Rwanda*, Paris, Éditions La Découverte, 1994).

62. Pourtant, comme le justifie Alain Destexhe, une action rapide des forces internationales aurait permis de protéger les hôpitaux et les églises où les Tutsi cherchaient désespérément refuge[145]. Mais la priorité pour les puissances occidentales est le sauvetage et le rapatriement de leurs ressortissants sous l'opération « Amaryllis[146] ». Finalement c'est une solution alternative qui prévaut. Après plus de trois mois de massacres ininterrompus, le Conseil de sécurité des Nations Unies adopte la résolution 918[147] qui prévoit le déploiement d'une seconde mission internationale au Rwanda avec des objectifs accrus et un mandat étendu[148]. Toutefois, cette nouvelle mission prend du temps à se mettre en place, d'où l'autorisation en juin 1994 d'une opération franco-africaine connue sous le nom d'« *opération Turquoise*[149] ».

63. Ce n'est qu'en fin août 1994 que la MINUAR II prendra le relais sur le terrain. Les deux missions d'intervention (opération Turquoise et MINUAR II), bien qu'elles soient différentes dans leurs objectifs et dans leurs moyens, ne réussissent pas à surmonter la flambée de violence au Rwanda. C'est le FPR qui entreprend de mettre seul un terme au génocide avec la prise de la dernière ville aux mains des forces armées rwandaises, le 17 juillet 1994. En cherchant à établir le contrôle sur la population locale, des soldats du FPR massacrent des dizaines de milliers de civils par des exécutions sommaires[150]. Des génocidaires en fuite dans les pays voisins entraînent dans leur sillage une large partie de la population hutu, « entassée » dans des camps de réfugiés aux frontières du Rwanda avec la République Démocratique du Congo en

---

[145] DESTEXHE Alain, *Rwanda : essai sur le génocide*, Paris, Éditions Complexe, 1994, 120 p. Sa thèse est étayée par l'exemple du Capitaine Diagne M'Baye, un Casque bleu sénégalais qui a eu le courage de sauver des centaines de civils tutsi, avant d'être tué peu après à un barrage des forces gouvernementales près de Kigali.

[146] Cette action était menée par 190 parachutistes français dont la mission était d'évacuer tous les citoyens étrangers qui le souhaitent mais pas de Rwandais. Cet effectif est complété par 250 soldats belges venus principalement pour sauver leurs compatriotes, tandis que le personnel local des ambassades et des Nations Unies est abandonné à son sort. Sur ce point, PRUNIER Gérard, *op. cit.*, pp. 281 à 284.

[147] Cf. résolution 918 (1994), S/RES/918, 17 mai 1994.

[148] La MINUAR II était composée de 5500 hommes opérant sous le chapitre VII de la charte des Nations Unies. Le mandat de cette mission autorise la création de zones de sécurité lorsque cela est possible. Pour plus de détails sur la question, PLAUCHUT Agathe, *L'ONU face au génocide rwandais. Le silence des machettes,* L'Harmattan, 2012, pp. 146-147.

[149] Il s'agit d'une « mission humanitaire » regroupant plus de 3000 hommes, dont 500 étrangers de sept nationalités africaines différentes. Elle s'inscrit dans le cadre du mandat confié à la France par le Conseil de sécurité dans sa résolution 929 du 22 juin 1994. Les termes en sont les suivants : « assurer, de manière impartiale, la sécurité et la protection des populations menacées au Rwanda ». La durée de l'opération était limitée à deux mois (du 23 juin au 21 août 1994). En ce sens, cf. LA FOURCADE Jean-Claude, « Turquoise, une intervention militaire de restauration de la paix à but humanitaire », in COT Jean Pierre (dir.), *Opérations des Nations Unies. Leçon de terrain, op. cit.*, pp. 201 à 207.

[150] Ces massacres ont fait l'objet d'une enquête collective publiée par Human Rights Watch et la FIDH. DES FORGES Alison, *op. cit.*, p. 805 et s.

particulier[151]. Enfin, la victoire militaire du FPR est suivie de la mise en place d'un gouvernement d'Union nationale dirigé par un Hutu[152] et le général Paul Kagamé (chef du FPR[153]).

CONCLUSION INTERMÉDIAIRE

64. Au terme de cette analyse décrivant le contexte historique et politique de la crise rwandaise, des zones d'ombres subsistent quant à l'inertie de la communauté internationale à stopper l'un des pires massacres du XXe siècle[154]. Quoi qu'il en soit, il peut être légitime d'affirmer que l'ONU porte une lourde responsabilité partagée avec les puissances coloniales tutélaires, en l'occurrence la France et la Belgique[155]. Le génocide des Tutsi ne peut être traduit uniquement en termes de guerre « interethnique ». Ce drame est le fruit d'une intention politique claire, d'une idéologie bien définie : une bipolarisation ethnique qui opposerait les Hutu-républicains aux Tutsi-monarchistes. De même, l'impunité des massacres perpétrés de 1959 à 1964, de 1972 jusqu'en 1993, a non seulement contribué à exacerber les tensions sociales, mais aussi, à favoriser la récidive et la négation totale de l'être humain. Les Tutsi sont réduits au statut de « cafard » « *inyenzi*[156] » ou de serpent afin de mieux légitimer leur disparition totale. Dans ce contexte, un appareil de propagande (discours politiques et médias) a été minutieusement mis en place de façon à permettre le « meilleur » accomplissement des crimes. La question principale, une fois les tueries terminées et la prise du pouvoir par le FPR, était de savoir que faire de ces centaines de milliers de Hutu,

---

[151] Le nombre de réfugiés est estimé à plus de 2,5 millions. Sur cette question, GUICHAOUA André, *op. cit.*, p. 19.

[152] Celui-ci avait été désigné à ce poste par les Accords d'Arusha.

[153] Considéré comme le « nouvel homme fort » du Rwanda, Paul Kagamé est nommé vice-président et ministre de la Défense. Mais depuis avril 2000, il est officiellement devenu le président du Rwanda après la démission de son prédécesseur Pasteur Bizimungu.

[154] D'aucuns considèrent que le désastre de la Somalie en 1992-1993 explique pour une grande part le peu d'empressement du Conseil de sécurité à affronter la situation rwandaise. Il semblerait que les discussions sur l'envoi d'une force de maintien de la paix au Rwanda avaient eu lieu deux jours seulement après l'assassinat des dix-huit *Rangers* américains à Mogadiscio. Pour cela, la MINUAR votée par la résolution 872 fut d'emblée privée de véritables moyens logistiques, financiers ou militaires. En ce sens, ANDRIEU Kora, *op. cit.*, p. 166.

[155] Par exemple, dans un témoignage sur Europe 1 le 7 avril 2014, le journaliste Nicolas Poincaré situe la responsabilité de la France en trois étapes : 1) le fait d'avoir soutenu avant le génocide le gouvernement en exercice (le mauvais camp) pendant la guerre d'octobre de 1990 après l'attaque des troupes du FPR hostiles à la dictature du président Habyarimana ; 2) ensuite, le fait de ne pas avoir porté secours aux civils Tutsi massacrés sous les yeux des soldats français pendant *l'opération turquoise* ; enfin, la France est accusée d'avoir évacué ses ressortissants et non le personnel rwandais de l'ambassade française pendant l'opération « Amaryllis » dont le but était de sauver les étrangers présents au Rwanda.

[156] Terme utilisé en langue locale du Rwanda pour désigner surtout les rebelles tutsi par mépris. PRUNIER Gérard, *op. cit.*, p. 482.

génocidaires ou complices ? Comment les anciens exilés ayant remporté la victoire vont-ils reconstruire un pays aussi traumatisé et dévasté ?

65. Comprendre les raisons et les étapes qui ont pu mener à la perpétration du génocide des Tutsi est une nécessité impérieuse. Mais au-delà de la seule recherche historique, qui reste la base de l'établissement des faits et de la qualification juridique de ceux-ci, c'est la condamnation des responsables qui est visée. La reconstruction de la société rwandaise et de son unité est un défi de taille qui, semble-t-il, ne peut être relevé que par la voie de la justice. Ainsi, éradiquer l'impunité, châtier les criminels, dévoiler la trame du génocide, son organisation, ses exécutants, et dénoncer les idées qui l'ont rendu possible - constituent dès la fin de la guerre l'ambition des nouvelles autorités rwandaises et de la communauté internationale.

66. D'ailleurs, c'est la première fois après la Seconde Guerre mondiale que l'ONU reconnaît un génocide méritant une action judiciaire spécifique[157]. L'extermination des Tutsi du Rwanda est en effet considérée comme le troisième génocide du XXe siècle, après ceux perpétrés à l'encontre des Arméniens[158] et des Juifs. Mais la particularité du drame rwandais se mesure à travers quatre facteurs qui méritent d'être soulignés. D'abord, il s'agit du nombre de victimes en un temps record (environ un million de morts en trois mois)[159]. Ensuite, c'est le choix des armes (machettes, gourdins cloutés, haches, barre de fer, etc.). À cela s'ajoute le viol systématique des femmes et des jeunes filles tutsi par des agresseurs infectés du VIH /SIDA. Le troisième élément spécifique est la participation massive de la population provenant de toutes les couches de la société rwandaise (intellectuels, paysans, femmes, enfants, etc.). À préciser toutefois que les principaux acteurs sont des paysans (environ 59 % des victimes ont été exécutées sur les collines)[160]. Ce qui en fait à la fois un « génocide de proximité » et un « génocide agricole », pour reprendre la formulation du journaliste Jean Hatzfeld[161].

67. Malgré une organisation sommaire et un outillage archaïque, le génocide des Tutsi est d'une efficacité inégalée. C'est une différence avec la Shoah qui fut mécanisée et déshumanisée. La mise en place d'un système d'extermination élevé faisait de l'Allemagne nazie une gigantesque organisation administrative et criminelle consacrée à la destruction des juifs

---

157 DUPAQUIER Jean-François, *op. cit.*, p. 10.

158 Sur cette question, cf. Tribunal permanent des peuples, *Le crime de silence. Le génocide des Arméniens*, Paris, Flammarion, 1984, 380 p.

159 Comparé par exemple au génocide cambodgien, le nombre de morts est estimé à deux millions entre 1975 et 1979 (à ce propos, cf. PANH Rithy et CHAUMEAU Christine, *La machine Khmère rouge,* Paris, Flammarion, 2009, 336 p) ; le bilan du génocide arménien (1915-1916) est estimé à un million de morts (DADRIAN Vahakh N., *Autopsie du génocide arménien*, Éditions Complexe, 1995, 266 p).

160 Selon les statistiques publiées au Rwanda par le Ministère de l'Administration, de l'Information et des Affaires sociales dans son rapport final de novembre 2002. À ce propos, cf. Dialogue, *Revue d'information et de Réflexion,* n° 187, Novembre-Mars 2009, Kigali, p. 7.

161 HATZFELD Jean, *op. cit.*, p. 84.

d'Europe[162]. Toutefois, ce régime nazi n'a jamais atteint un niveau de « performance » aussi meurtrier que celui du génocide des Tutsi.

68. Enfin, un quatrième élément nous semble capital. C'est la cohabitation « obligée » entre les survivants du génocide et leurs bourreaux[163]. À la différence des autres génocides, une partie très importante de la population rwandaise a été directement impliquée dans les massacres. Le génocide des Tutsi a été commis par les voisins, les amis, avec les armes que l'on avait sous la main. Comment juger autant de crimes dans un tel climat de proximité ? Cela ne peut être comparable avec le procès de Nuremberg.

69. Quelle que soit la réponse envisagée, Hutu et Tutsi vont devoir vivre ensemble après la fin du génocide. Les références aux deux groupes sont devenues, depuis l'indépendance du Rwanda, le label d'un véritable « cancer social[164] », qui ne laisse d'ores et déjà, sur le plan culturel, que des souvenirs amers, fondant ce que Claudine Vidal a appelé une « histoire-ressentiment[165] ». Dès lors, les nouveaux dirigeants rwandais cherchent depuis la fin du génocide à éradiquer cette idéologie « ethniste », à créer une nation nouvelle où chacun peut s'identifier en tant que citoyen rwandais, avant d'être Hutu ou Tutsi. Pour y parvenir, la solution était de faire de la justice le socle de la reconstruction.

70. D'emblée, la proposition de créer une Commission Vérité et Réconciliation sur le modèle sud-africain fut rejetée[166]. Autrement dit, une réconciliation juste et durable exige que soit apportée une réponse effective aux attentes des victimes et aux besoins de justice. Après la répétition des massacres perpétrés entre 1963 et 1993, non sanctionnés par des peines exemplaires - mais couverts par des lois d'amnistie - il s'agissait de mettre définitivement un terme au cycle de l'impunité. Aussi, le jugement est-il la première condition d'un espoir de paix.

---

[162] BAZELAIRE Jean-Paul et CRETIN Thierry, *La justice pénale internationale : Son évolution, son avenir de Nuremberg à La Haye,* Paris, PUF, 2000, pp. 19-20.

[163] Après la Shoah, il restait très peu de juifs en Allemagne. Après le génocide des Arméniens, très peu ont survécu et sont restés en Arménie.

[164] Expression consacrée par Jean-Pierre CHRÉTIEN, *Le défi de l'ethnisme Rwanda-Burundi,* Paris, Karthala, 2012, p. 41.

[165] VIDAL Claudine, « Les politiques de la haine », *Temps modernes,* n° 583, juillet-août 1995, p. 13.

[166] L'idée fut proposée par l'archevêque Desmond Tutu, ancien président de la CVR d'Afrique du Sud. Les autorités rwandaises considéraient qu'il ne saurait y avoir de réconciliation réelle tant que les responsables du génocide ne seraient pas traduits en justice. Pour plus de détails sur cette question, cf. ANDRIEU Kora, *La justice transitionnelle. De l'Afrique du Sud au Rwanda,* Éditions Gallimard, 2012, p. 170.

SECTION 2 — UNE JUSTICE MULTINIVEAUX DU GÉNOCIDE AU RWANDA : CADRE ET OBJET DE LA RECHERCHE

71. Le contentieux du génocide fut appréhendé par trois types d'instances judiciaires en l'occurrence les juridictions rwandaises, les juridictions étrangères et un tribunal pénal international créé par le Conseil de sécurité des Nations Unies. Comment s'articulent ces trois niveaux de juridictions compétentes que l'on qualifie de « triptyque judiciaire[167] » ? Quelle analyse peut-on faire du travail de chaque appareil judiciaire ? Pour y répondre, il convient tout d'abord de définir les termes du sujet (**§ 1**), ensuite de préciser l'objet de l'étude et d'en délimiter le cadre méthodologique (**§ 2**) et enfin d'exposer la problématique de la recherche et son articulation (**§ 3**).

§ 1 — Définition du sujet

72. Cette thèse se propose d'analyser la répression judiciaire du génocide des Tutsi et des crimes contre l'humanité commis sur le territoire rwandais en 1994. Il nous semble important d'insister sur l'expression « génocide des Tutsi » et non « génocide rwandais », telle qu'elle apparaît dans de nombreux ouvrages de droit ou d'histoire. Cette seconde formulation peut prêter à confusion et avaliser la thèse du « double génocide » qui révèle une forme particulière de négationnisme[168]. Il est vrai que, parallèlement aux massacres à grande échelle perpétrés à l'encontre du groupe tutsi, des personnes identifiées comme étant des « Hutu modérés[169] » ont également été assassinées. Se pose ainsi un problème de qualification juridique qu'il convient d'élucider à travers la définition des termes du sujet de notre recherche.

73. Avant de définir les différentes catégories de crime qui couvrent le champ de l'étude, il convient tout d'abord d'expliquer ce qu'il faut entendre par « traitement juridictionnel ». Cette expression implique la manière dont les instances de justice ont traité les infractions graves au droit international humanitaire, c'est-à-dire l'identification, la poursuite et la condamnation des principaux responsables du génocide. Cette infraction est définie par une convention internationale spécifique (A) ce qui n'est pas le cas pour les crimes contre l'humanité (B), d'où la difficulté de cerner les contours de cette notion.

---

[167] Il s'agit des trois piliers inséparables sur lesquels l'œuvre de justice relative au génocide des Rwandais Tutsi a été fondée.

[168] Sur la question du négationnisme du génocide des Tutsi, cf. République du Rwanda, Parlement-Sénat, *Idéologie du génocide et stratégies de son éradication,* Kigali, 2006, 353 p.

[169] Il s'agit en l'occurrence des démocrates c'est-à-dire ceux qui ne partageaient pas les mêmes idées politiques avec le régime ayant planifié et mis à exécution le génocide.

A. Le génocide : origine et consécration en droit international

74. Pour dénoncer les horreurs perpétrées par les nazis, Winston Churchill parlait d'un « crime sans nom[170] ». C'est en lui répondant indirectement qu'un professeur de droit international Raphael Lemkin (juif d'origine polonaise) forgea en 1944 le concept de *génocide*[171]. Ce néologisme est créé à partir du mot grec *genos* (race, tribu) et du latin *cide* (tuer), puis renvoie dans sa formation aux termes tels que tyrannicide, homicide, parricide[172]. En effet, Raphael Lemkin est le premier à mettre en évidence les exterminations de masse commises à l'encontre des juifs. Pourtant, les atrocités commises durant la Seconde Guerre mondiale furent punies sous la qualification de crimes contre l'humanité et de crimes de guerre[173].

75. Mais dès 1946, peu après les procès de Nuremberg, l'Assemblée générale des Nations Unies a reconnu l'extrême gravité du génocide qu'elle dénonçait comme « un crime de droit des gens » dont les auteurs devaient être punis[174]. Dès lors, les réflexions et les combats de Raphael Lemkin ont inspiré et suscité une convention spécifique adoptée en 1948[175]. L'intérêt principal de cette convention est de proposer une définition précise du génocide qui apparaît comme : « *l'un quelconque des actes ci-après, commis dans l'intention de détruire, en tout ou en partie, un groupe national, ethnique, racial ou religieux comme tel : meurtre de membres du groupe ; atteinte grave à l'intégrité physique ou mentale de membres du groupe ; soumission intentionnelle du groupe à des conditions d'existence devant entraîner sa destruction physique totale ou partielle ;mesures visant à entraîner les naissances au sein du groupe ; transfert forcé d'enfants du groupe à un autre groupe*[176] ».

---

170 BRUNETEAU Bernard, *op. cit.*, p. 8.

171 Le concept de génocide apparaît pour la première fois dans son ouvrage intitulé *Axis Rule in Occupied Europe,* Washington, Carnegie Endowment for World Peace, 1944, pp. 79 à 95. Cet ouvrage répertorie toutes les mesures planifiées par les nazis pour annihiler des peuples, juif et Polonais au premier chef, dans leurs composantes nationales, religieuses et ethniques.

172 Raphaël LEMKIN, *Qu'est-ce qu'un génocide ?* Éditions du Rocher, 2008, p. 215 et s.

173 Certes, l'infraction de génocide figurait dans l'acte d'accusation des grands criminels de guerre. Cependant, pour affronter les questions relatives à l'extermination des juifs, le Tribunal de Nuremberg se réfère à la catégorie générale des crimes contre l'humanité, en particulier à la persécution pour motifs ethniques, raciaux et religieux.

174 Cf. résolution 96 (I) adoptée le 11 décembre 1946 par l'Assemblée générale des Nations Unies. Officiellement, le terme « génocide » apparaît pour la première fois dans cette résolution.

175 Cf. convention internationale pour la prévention et la répression du crime de génocide, adoptée à l'unanimité par l'Assemblée générale des Nations Unies le 9 décembre 1948 puis entrée en vigueur le 12 janvier 1951. Elle est ratifiée à ce jour par 146 États. À la même période, cette convention est adoptée un jour avant la Déclaration universelle des droits de l'homme.

176 Cf. art II de la convention de 1948 (*ibid.).* Cette définition est littéralement reprise dans les statuts des juridictions pénales internationales qu'il s'agisse du TPIR, du TPIY ou encore de la CPI. À ce propos, BEMBA Joseph, *Dictionnaire de la justice internationale de la paix et du développement durable. Principaux termes et expressions,* 2e édition revue et complétée, L'Harmattan, 2013, pp. 253 à 258. À noter toutefois que la stabilité de la définition du génocide n'existe qu'en droit international. C'est de manière malencontreuse que certaines législations nationales tenteront de l'adapter à leur ordre juridique interne (cf. art. 211.1 du Code pénal français qui supprime l'élément moral tel qu'il est mentionné dans la convention de 1948, alors

Il ressort des dispositions de cet article que le crime de génocide est constitué d'un élément spécifique c'est-à-dire *l'intention criminelle* qui d'ailleurs permet de le distinguer des infractions de droit commun. De même, les actes prohibés doivent systématiquement viser un des groupes ciblés (national, racial ou religieux) et non pas simplement un ou plusieurs individus qui, par coïncidence, se trouvent être membres de ce groupe. C'est une définition qui demeure aujourd'hui largement acceptée et faisant autorité[177]. Ainsi, la convention de 1948 n'a jamais été amendée ni complétée, même si l'auteur du concept de génocide (Raphael Lemkin) plaidait en faveur d'une définition nettement plus extensive comme les cas de « génocide culturel[178] ».

76. Les groupes politiques ne font pas partie non plus des groupes protégés par la convention, à savoir les groupes ethniques, nationaux et religieux. Autrement dit, l'extermination des groupes politiques ou d'un groupe pour des motifs politiques ou encore le « nettoyage ethnique[179] » ne rentre pas dans la qualification juridique du crime de génocide. Par ailleurs, ces mêmes actes peuvent être qualifiés de crimes contre l'humanité et sanctionnés à ce titre. Mais comme nous le verrons, le spectre du crime contre l'humanité est bien plus large que celui du génocide, d'où la difficulté de cerner les contours de cette notion au regard de l'évolution du droit international.

B. Les crimes contre l'humanité : un concept juridique en quête d'une définition ?

77. Cette catégorie de crimes met en cause une valeur désormais reconnue comme fondamentale par la communauté internationale - la dignité humaine - et revêt par conséquent une *gravité substantielle*[180]. Dans la mesure où il n'existe pas de convention internationale qui donne une définition générale des

---

que ce critère fait la spécificité du génocide en le distinguant notamment du crime de droit commun).

[177] À ce titre, les principes qui sont à la base de la Convention ont été reconnus par la Cour internationale de justice comme s'imposant même aux États qui ne l'ont pas ratifié. Cf. *Réserves à la Convention pour la prévention et la répression du crime de génocide,* avis consultatif du 28 mai 1951, *C.I.J,* Recueil 1951, p. 12.

[178] Celui-ci couvre tous actes prémédités commis dans l'intention de détruire la langue, la religion ou la culture d'un groupe, tels que l'interdiction d'employer la langue du groupe dans les rapports quotidiens ou dans les écoles, ou la destruction des bibliothèques, musées monuments historiques, lieux de cultes, ou l'interdiction d'en faire usage. La notion de « génocide culturel » est toutefois écartée par le texte de la Convention de 1948 qui s'est borné à énumérer des actes qui entrent dans la catégorie du génocide « physique » ou « biologique ». Cf. rapport de la Commission du droit international sur les travaux de sa quarante-huitième session, 6 mai-36 juillet 1996, p. 48, § 12, extrait de l'Annuaire de la Commission du droit international, 1996, vol. II.

[179] Il s'agit de l'expulsion forcée des civils appartenant à un groupe particulier d'une aire, d'un village ou d'une ville, ou la politique de grossesses forcées. En ce sens, ZAPPALÁ Salvatore, *La justice pénale internationale,* Montchrestien, Paris, 2007, p. 41.

[180] DELMAS-MARTY Mireille et al, *Le crime contre l'humanité,* Que-sais-je ? PUF, 2e édition, 2013, p. 7.

crimes contre l'humanité se pose le problème de la détermination du sens exact de la notion[181]. Celle-ci est utilisée dans le langage courant comme synonyme d'un acte particulièrement inhumain. Pourtant, d'aucuns se demandent si l'expression « crime contre l'humanité » a un sens. Comme le rappelait André Frossard, « *on lui donne parfois une telle extension qu'elle finit par recouvrir tout le mal qui se fait dans le monde, et qu'elle ne signifie plus rien de précis. Car tout crime lèse l'humanité, on n'en connaît point de bienfaisant* [...][182] ». Dès lors, il est parfois difficile de cerner les contours de ce crime, ce qui explique les différences de définition dans les droits pénaux nationaux et la jurisprudence consacrée à cet égard[183].

78. Afin de déterminer son sens exact en droit international, il faut remonter à ses origines. D'un point de vue juridique, le concept même de *crimes contre l'humanité* est apparu pour la première fois dans le Traité de Sèvres de 1920 qui établissait la responsabilité pénale des auteurs du massacre de la population arménienne[184]. Ce n'est qu'en 1945 que la notion de crime contre l'humanité fut officiellement reconnue en tant qu'infraction pénale pour sanctionner les atrocités perpétrées durant la Seconde Guerre mondiale[185]. Dans le même contexte, une définition a été formulée pour la première fois dans l'Accord de Londres du 8 août 1945 qui institue le Tribunal militaire international de Nuremberg.

79. Au terme de l'article 6 c) du Statut du Tribunal, les crimes contre l'humanité désignent : *« l'assassinat, l'extermination, la réduction en esclavage, la déportation, et tout acte inhumain commis contre toutes populations civiles, **avant ou pendant la guerre**, ou bien les persécutions pour des motifs politiques, raciaux ou religieux, lorsque ces actes ou persécutions, qu'ils aient constitué ou non une violation du droit interne du pays où ils ont été perpétrés, ont été commis à la suite de tout crime rentrant dans la compétence du Tribunal, ou en liaison avec ce crime*[186] ». Ainsi définis, les crimes contre l'humanité ne pouvaient être punis que lorsqu'ils étaient liés à la guerre, dans la mesure où ils devaient s'apparenter à un crime contre la paix ou à un crime de guerre. Cette définition initiale

---

[181] JUROVICS Yann, *Réflexion sur la spécificité du crime contre l'humanité,* Paris, LGDJ, 2002, 519 p.

[182] FROSSARD André, *Le crime contre l'humanité,* éd. Laffont, Paris, 1987, p. 77.

[183] Pour une analyse comparative entre les définitions nationales de la notion de crime contre l'humanité, cf. FRONZA Emanuela, « La réception des crimes contre l'humanité en droit interne », in DELMAS-MARTY Mireille et al, *Le crime contre l'humanité,* Que-sais-je ? *op. cit.,* pp. 44 à 79. Concernant la définition du concept de crime contre l'humanité dans la jurisprudence des juridictions internes, cf. affaires Barbie, Touvier et Papon commentées par Jean-Paul BAZELAIRE et Thierry CRETIN, *op. cit.,* pp. 45 à 50.

[184] Ce traité qui était conclu entre les Alliés et le gouvernement turc, à la fin de la Première Guerre mondiale, n'a jamais été ratifié. Il fut remplacé par le Traité de Lausanne du 24 juillet 1923 qui a accordé l'amnistie pour tous les crimes commis entre 1914 et 1922. Sur ce point, BETTATI Mario, *Droit humanitaire,* 1ère éd., Paris, Dalloz, 2012, p. 269, § 513.

[185] Sur la formulation tardive de la notion de crime contre l'humanité, ROULOT Jean-François, *Le crime contre l'humanité,* L'Harmattan, 2002, p. 86 et s.

[186] Cf. également art. 5 c) de la Charte du Tribunal militaire international de l'Extrême Orient (TMIEO) qui reprend intégralement les mêmes dispositions.

quelque peu restrictive a toutefois évolué en un demi-siècle avec l'avènement de nouvelles juridictions pénales internationales[187].

80. Force est de constater une dissociation progressive de la notion de crime contre l'humanité par rapport au contexte de conflit armé. Cette évolution est amorcée depuis l'adoption d'une *convention sur l'imprescriptibilité des crimes de guerre et des crimes contre l'humanité* (1968) dont l'article premier prévoit que les crimes contre l'humanité peuvent être « commis en temps de guerre ou en temps de paix ». Ce faisant, il peut être utile de distinguer les trois définitions figurant dans les Statuts des tribunaux *ad hoc* et de la Cour pénale internationale dans le tableau ci-dessous qui comprend une liste d'infractions non exhaustive.

Statut du TPIY (art. 5)	**Statut du TPIR (art. 3)**	**Statut de Rome (art. 7)**
Sont ainsi visés, les « crimes commis au cours d'un conflit armé, de caractère international ou interne, et dirigé contre une population civile, quelle qu'elle soit : a) Assassinat ; b) Extermination ; c) Réduction en esclavage ; d) Expulsion ; e) Emprisonnement ; f) Torture ; g) Viol ; h) Persécutions pour des raisons politiques, raciales et religieuses ; i) Autres actes inhumains ».	Il fait référence aux « crimes commis dans le cadre d'une attaque généralisée et systématique dirigée contre une population civile, quelle qu'elle soit, en raison de son appartenance nationale, politique, ethnique, raciale ou religieuse : a) Assassinat ; b) Extermination ; c) Réduction en esclavage ; d) Expulsion ; e) Emprisonnement f) Torture ; g) Viol h) Persécutions pour des raisons politiques, raciales et religieuses ; i) Autres actes inhumains ».	« On entend par crime contre l'humanité, l'un quelconque des actes ci-après lorsqu'il est commis dans le cadre d'une attaque généralisée ou systématique lancée contre toute population civile et en connaissance de cette attaque : a) Meurtre ; b) Extermination ; c) Réduction en esclavage ; d) Déportation ou transfert forcé de population ; e) Emprisonnement ou autre forme de privation grave de liberté physique en violation des dispositions fondamentales du droit international ; f) Torture ; g) Viol, esclavage sexuel, prostitution forcée, grossesse forcée, stérilisation forcée ou toute autre forme de violence sexuelle de gravité comparable ; h) Persécution de tout groupe ou de toute collectivité identifiable pour des motifs d'ordre politique, racial, national, ethnique, culturel, religieux ou sexiste au sens du paragraphe 3, ou en fonction d'autres critères universellement reconnus comme inadmissibles en droit international, en corrélation avec tout acte visé dans le présent paragraphe ou tout crime relevant de la compétence de la Cour ; i) Disparitions forcées de personnes ; j) Crime d'apartheid ; k) Autres actes inhumains de caractère analogue causant intentionnellement de grandes souffrances ou des atteintes graves à l'intégrité physique ou à la santé physique ou mentale ».

[187] C'est le cas des tribunaux pénaux internationaux *ad hoc* pour l'ex-Yougoslavie (TPIY, créé en 1993) et le Rwanda (TPIR, créé en 1994). L'institution de ces deux tribunaux s'est révélée déterminante dans l'adoption du Statut de Rome, fondateur d'une Cour pénale internationale permanente et à vocation universelle (CPI, créée en 1998).

81. Ce tableau permet de conclure à une catégorie très vaste de crimes contre l'humanité[188]. La définition figurant dans le Statut du TPIY est légèrement modifiée par rapport à celle du Statut du TPIR afin de mieux l'adapter aux événements rwandais. Quant au Statut de Rome, il élargit et complète les infractions constitutives de crime contre l'humanité énumérées dans les Statuts des TPI. L'élément matériel du crime est généralement constitué par une liste d'actes expressément qualifiés de non limitatifs. À cela s'ajoute le contexte spécifique dans lequel les infractions sont commises. Si le Statut du TPIY s'est fortement inspiré de l'article 6 c) de la Charte du Tribunal de Nuremberg en exigeant un lien avec un conflit armé, tel n'est pas le cas pour le Statut du TPIR et de la CPI. La définition retenue dans ces deux textes exige seulement que les actes aient été « *commis dans le cadre d'une attaque généralisée et systématique dirigée contre une population civile* ». Ce faisant, certains crimes de droit interne tels que le meurtre, le viol ou la torture peuvent être considérés comme extrêmement graves et attentatoires à la dignité humaine. Pour autant, ils ne pourront être qualifiés de « crimes contre l'humanité ». On comprend dès lors que cette expression se révèle particulièrement complexe. Pourtant, loin d'être remise en cause, elle s'est abondamment enrichie depuis sa consécration à l'issue de la Seconde Guerre mondiale.

82. Comme en témoigne l'adoption de plusieurs conventions internationales sous l'égide des Nations Unies, la notion de crime contre l'humanité renvoie à une catégorie générale d'autres crimes internationaux autonomes tels que le génocide, l'apartheid ou les disparitions forcées. À cet égard, la convention de 1948 sur la répression du génocide fait référence dans son préambule à la protection de l'humanité. De même, la convention sur l'élimination et la répression du crime d'apartheid adoptée en 1973 précise que « *l'apartheid est un crime contre l'humanité* » (art. 1er). Mais aucune des deux conventions ne précise les contours de la notion de crime contre l'humanité. Par conséquent, il n'est pas toujours aisé de distinguer ce crime avec les autres types crimes internationaux les plus graves[189].

---

[188] À noter toutefois que d'autres éléments de définition sont proposés dans la jurisprudence des Tribunaux pénaux *ad hoc* pour le Rwanda et l'ex-Yougoslavie. Sur ce point, cf. MESEKE Stephan, « La contribution de la jurisprudence des tribunaux pénaux internationaux pour l'ex-Yougoslavie et le Rwanda à la concrétisation de l'incrimination du crime contre l'humanité », in CHIAVARIO Mario, *La justice pénale internationale entre passé et avenir*, Dalloz, Giuffré Editor, 2003, pp. 173 à 222.

[189] Les crimes internationaux revêtent des caractéristiques générales très différentes. Ils peuvent être distingués selon que la conduite incriminée *porte atteinte à un intérêt international et qui menace la paix et la sécurité ;* selon que la conduite incriminée est *le produit d'une action de l'État ou d'une politique étatique ; soit le produit d'une conduite individuelle.* Sur cette base, le professeur Chérif Bassiouni répertorie vingt-huit catégories de crimes internationaux définis par le droit international, par la voie conventionnelle, et aussi par la voie coutumière. Dans le sens de cette analyse, BASSIOUNI Chérif, *Introduction au droit pénal international,* Bruxelles, Bruylant, 2002, pp. 61-62 et pp. 88 à 116.

83. S'agissant par exemple du génocide, il est traditionnellement considéré comme une catégorie spécifique de crimes contre l'humanité relevant de la persécution[190]. Il semble bien toutefois que ce soit l'intention de l'auteur qui en constitue la principale différence : alors que l'auteur du crime contre l'humanité cherche exclusivement à atteindre un ou plusieurs individus, fût-ce en raison de leur appartenance à un groupe, c'est ce groupe même qui est visé par le génocide[191]. Quant aux crimes de guerre, ils sont constitués de certaines infractions sous-jacentes communes aux crimes contre l'humanité telles que le meurtre ou la torture. Ce qui les différencie réside dans les contextes spécifiques, c'est-à-dire « *une attaque généralisée ou systématique contre toute population civile* » concernant les crimes contre l'humanité et un contexte de conflit armé de même que certaines conditions liées à la nationalité des victimes pour les crimes de guerre.

84. Ces précisions terminologiques étant apportées, on peut affirmer qu'au Rwanda, il n'y a eu qu'un seul génocide puisque le groupe victime (les Tutsi) était individualisé comme un groupe ethnique et éliminé pour ce qu'il est. Les massacres de « Hutu modérés » entrent en principe dans la qualification de crimes contre l'humanité. Ces opposants politiques n'ont pas été tués pour leur appartenance ethnique. Historiquement, ils ont été victimes de la même idéologie raciste qui les dénonçait comme « complices » de la « mauvaise race », c'est-à-dire les Tutsi. Quant aux infractions graves de droit humanitaire international commises par des militaires du FPR, au moment où ils décidèrent de mettre fin au génocide, elles relèvent des crimes de guerre. Ceux-ci ne rentrent pas toutefois dans le cadre de notre étude[192].

§ 2 — Objet de l'étude et délimitation du cadre méthodologique

85. L'objectif de cette recherche est d'analyser les modalités de mise en œuvre de la responsabilité pénale individuelle dans la répression des violations graves du droit international pénal et humanitaire commises sur le territoire

---

[190] Cf. rapport de la Commission du droit international sur les travaux de sa quarante-huitième session, 6 mai-26 juillet 1996, p. 46, § 3, *supra,* note 178. De même, la Convention de 1968 sur *l'imprescriptibilité des crimes de guerre et des crimes contre l'humanité* définit les crimes contre l'humanité comme « l'éviction par une attaque armée ou l'occupation et les actes inhumains découlant de la politique d'apartheid, ainsi que le crime de génocide, tel qu'il est défini dans la Convention de 1948… » (art. 1-b).

[191] Dans le sens de cette distinction, cf. VERHOEVEN Joe, « Le crime de génocide. Originalité et ambiguïté », *Revue belge de droit international* (*RBDI*) 1991, n° 1, Bruylant, Bruxelles, pp. 5 à 26.

[192] Cependant, la notion de crime de guerre apparaîtra souvent dans nos développements, notamment dans la jurisprudence des juridictions nationales étrangères impliquées dans le traitement du contentieux du génocide des Tutsi. Par exemple, en Belgique, l'incrimination du génocide n'était pas encore introduite dans le droit pénal belge pendant le génocide perpétré au Rwanda en 1994. Étant donné qu'il s'agissait de crimes commis au cours d'un conflit armé, les juges se sont déclarés compétents en vertu de la compétence universelle en matière de crimes de guerre qui est reconnue dans les Conventions de Genève de 1948.

rwandais. En règle générale, pour l'ensemble des crimes internationaux, c'est aux États qu'il appartient de procéder à leur répression dans le cadre de leur propre système juridique interne. Pourtant, les principaux responsables, donneurs d'ordre comme exécutants, ont rarement eu à rendre compte de leurs méfaits. Dès lors, pour réagir à la fréquente inertie des autorités nationales, la répression des crimes considérés comme graves a également été organisée au niveau international grâce à la création des tribunaux pénaux internationaux. Le principe de la responsabilité pénale de l'individu pour crimes internationaux est une nouveauté qui a été introduite dans l'ordre juridique international au cours du XXe siècle[193].

86. C'est seulement après la Seconde Guerre mondiale que s'affirme l'idée de poursuivre des individus qui occupent les plus hautes fonctions politiques dans un État[194]. La révélation faite à l'opinion publique de l'ampleur du génocide des juifs, la brutalité de l'agression japonaise contre la Chine et les États-Unis, vont s'avérer déterminants pour la mise en place de deux tribunaux internationaux. Avec l'Accord de Londres du 8 août 1945, les Alliés[195] formalisent la décision d'instaurer un Tribunal militaire international à Nuremberg (ci-après, « TMI ») pour juger les plus hauts responsables du régime nazi[196].

87. Sous l'égide du TMI, les tribunaux militaires américains mènent, à Nuremberg, de 1946 à 1949, douze autres procès d'officiers supérieurs allemands, souvent désignés collectivement par l'expression « Autres procès de Nuremberg[197] ». Parallèlement en Asie, après la capitulation du Japon, le général Mac Arthur, commandant en chef des troupes d'occupation, décide seul, le 19 janvier 1946, la création du tribunal militaire international pour

---

[193] Il est vrai qu'à la fin de la guerre 1914-1918, la communauté internationale souhaite poursuivre devant un tribunal international les responsables de crimes contre l'humanité et de crimes de guerre. Mais en juin 1919, le Traité de Versailles prévoit seulement que l'ex-chef de l'État allemand, Guillaume II, serait jugé par une telle juridiction « pour offense suprême contre la morale internationale et l'autorité sacrée des traités » (art. 227). Cette disposition ne fut jamais appliquée, car Les Pays-Bas où il s'était réfugié refusèrent de l'extrader. En ce sens, cf. BETTATI Mario, *op. cit.,* p. 229, § 431.

[194] Cette évolution marque une rupture avec les mécanismes traditionnels de fonctionnement du droit international dans la mesure où, jusqu'à la première moitié du XXe siècle, les crimes commis par les représentants de l'État à l'égard de leurs propres citoyens échappaient à toute répression. Sur le processus d'affirmation de la responsabilité individuelle pour de graves violations du droit international, ZAPPALÀ Salvatore, *La justice pénale internationale,* Paris, Montchrestien, 2007, pp. 11 à 17.

[195] Les quatre principales puissances alliées étaient la France, le Royaume-Uni, les États-Unis et l'Union soviétique.

[196] Le procès des 24 principaux criminels nazis et de six organisations criminelles (dont les SS et la Gestapo) dure du 20 novembre 1945 au 1er octobre 1946. Les verdicts rendus sont 12 condamnations à mort, 9 à l'emprisonnement à vie ou à temps, 3 acquittements. Pour un bilan détaillé, cf. BAZELAIRE Jean-Paul et CRETIN Thierry, *op. cit.* pp. 24 à 27. Sur la même question, cf. DE FONTETTE François, *Le procès de Nuremberg,* coll. « Que sais-je ? », Paris, PUF, 1996.

[197] Pour une étude approfondie, FIERENS Jacques, *Droit humanitaire pénal,* Éditions Larcier, Bruxelles, 2014, pp. 93 à 103.

l'Extrême-Orient, plus connu sous le nom de « Tribunal de Tokyo », compétent pour juger les grands criminels de guerre japonais[198]. Même s'ils apparaissent comme des exemples de « justice de vainqueur[199] », les deux tribunaux militaires de Nuremberg et Tokyo constituent les premières étapes effectives de la justice pénale internationale. Durant la même période, quelques procès ont eu lieu devant les juridictions nationales[200].

88. Une fois les questions de la justice résolues après la guerre, les procès pénaux internationaux vont connaître une longue éclipse. La principale raison invoquée est la « guerre froide » entre le monde occidental dirigé par les États-Unis d'Amérique et le bloc de l'Est dirigé par l'Union soviétique[201]. Pendant plus de quarante ans, cette opposition politique radicale semble avoir figé tous les espoirs nés avec l'expérience de Nuremberg et les recommandations subséquentes de l'ONU pour une mise en place d'une « Cour criminelle internationale[202] ». Malgré les horreurs des guerres qui émailleront la seconde moitié du XXe siècle[203], aucun tribunal pénal international ne sera plus mis en place.

---

[198] Les procès débutent en mai 1946 jusqu'en novembre 1948, mais ne sont menés à leurs termes que pour 28 des 80 criminels de guerre. En ce sens, JAUDEL Étienne, *Le procès de Tokyo. Un Nuremberg oublié,* Paris, éd. Odile Jacob, 2010, 156 p.

[199] Dans les faits, les accusés de Nuremberg et de Tokyo étaient poursuivis sur la base d'infractions presque identiques : crimes de guerre, crimes contre l'humanité et crimes contre la paix. Cette dernière catégorie de crime vise « la direction, la préparation, le déclenchement ou la poursuite d'une guerre d'agression, ou d'une guerre en violation des traités, assurances ou accords internationaux, ou la participation à un plan concerté ou à un complot pour l'accomplissement de l'un quelconque des actes qui précèdent » (art. 6 *litera* a du Statut du Tribunal de Nuremberg et art 5 de la charte du Tribunal de Tokyo qui précise qu'il importe peu que la guerre ait été déclarée ou non). Tous les principes fondamentaux de la justice pénale n'ont pas été respectés. Il n'existait pas de possibilité d'appel. Le jugement prononcé était définitif et non susceptible de révision (cf. art 26 du Statut du Tribunal de Nuremberg). Mais le procès de Tokyo est plus sujet à critique en raison d'une justice soumise de façon trop étroite à la tutelle américaine. Pour un bilan exhaustif des critiques formulées à l'égard des deux Tribunaux militaires, BETTATI Mario, *op. cit.,* §§ 438 et 444.

[200] Il en est ainsi des affaires *Barbie, Touvier* et *Papon* jugées devant les juridictions françaises ou encore du procès d'Adolphe Eichmann en Israël. Cf. Fédération nationale des déportés et internés résistants et patriotes et autres c/ Barbie, Cass. Crim., 20 décembre 1985, n° 85-95166, *Bull. crim.* 1985, n° 407 ; *Paul Touvier*, Cass. Crim., 27 novembre 1992, n° 92-8240 ; *Maurice Papon*, Cass. Crim., 23 janvier 1997, n°96-84822 ; *Eichmann*, Cour de district de Jérusalem, jugement du 12 décembre 1961. Dans le même sens, cf. ARENDT Hannah, *Eichmann à Jérusalem : Rapport sur la banalité du mal*, Paris, Gallimard, 2002, 519 p.

[201] BOSLY Henri D. et VANDERMEERSCH Damien, *Génocide, crimes contre l'humanité et crimes de guerre face à la justice. Les juridictions internationales et les tribunaux nationaux*, 2e édition, Bruylant, 2012, p. 46.

[202] Cf. résolution 260 B (III) du 9 décembre 1948 de l'Assemblée générale des Nations Unies qui évoque en son article 6 la possibilité de créer une juridiction pénale internationale pour juger notamment les crimes de génocide définis dans la Convention de 1948.

[203] À titre d'exemple, on peut citer les guerres d'Indochine (1945-1962), la guerre du Biafra (1967-1970), la guerre Iran-Irak (1979-1988) au cours de laquelle l'Irak a recours aux armes chimiques. Pour une analyse de cette question, FIERENS Jacques, *Droit humanitaire pénal,* Éditions Larcier, Bruxelles, 2014, pp. 145-146.

89. Il faudra attendre la chute du mur de Berlin et la disparition de l'URSS pour voir renaître l'espoir d'une justice pénale internationale effective. En effet, la médiatisation croissante des crimes internationaux commis au cours des conflits armés non internationaux redonne une dynamique à la création de juridictions pénales internationales ou hybrides[204]. À la suite des atrocités commises au cours du conflit en ex-Yougoslavie (massacres, expulsions, déplacements de population aux fins de « purification ethnique[205] »), le Conseil de sécurité des Nations Unies créa en 1993 un tribunal international. Celui-ci avait pour seule fonction de poursuivre les personnes responsables de violations graves des lois humanitaires internationales commises sur le territoire de l'ex-Yougoslavie[206].

90. Un an plus tard, le même Conseil de sécurité décide de mettre en place un second tribunal international sur le même modèle que le précédent, en réponse au génocide et aux crimes contre l'humanité commis sur le territoire rwandais[207]. Cette nouvelle juridiction est créée comme faute de mieux pour tenter de masquer les défaillances de la communauté internationale (en l'occurrence les États membres du Conseil de sécurité). L'institution des deux tribunaux *ad hoc* (spéciaux) – par effet cumulatif - s'est révélée déterminante dans la concrétisation du projet de création d'une Cour pénale internationale et à vocation universelle[208].

91. Finalement, dans la lente émergence de la justice pénale internationale, il faut donc distinguer trois générations. La première regroupe les Tribunaux militaires de Nuremberg et Tokyo créées par les États vainqueurs de la Seconde Guerre mondiale. La seconde concerne les Tribunaux pénaux

---

204 Parmi ces juridictions, on peut citer les Chambres extraordinaires chargées de la poursuite des crimes commis par les Khmers rouges au Cambodge entre 1975 et 1979 ; le Tribunal spécial pour la Sierra Leone, chargé de juger les personnes qui portent la responsabilité la plus lourde des violations graves du droit international humanitaire ainsi que de certains crimes de droit sierra-léonais commis depuis le 30 novembre 1996 et les Chambres spéciales du Timor-Leste ayant pour mission de juger les violations graves des droits de l'homme commises pendant le conflit de 1999. Pour une analyse détaillée de cette nouvelle catégorie d'institutions judiciaires, cf. BOSLY Henri D. et VANDERMEERSCH Damien, *op. cit.*, pp. 146 à 173.

205 Il s'agit d'une pratique visant à créer artificiellement, le plus souvent par la violence, des zones géographiques dont la population est exclusivement composée de personnes d'une même nationalité ou ethnie. En ce sens, BOUCHET-SAULNIER Françoise, *Dictionnaire pratique du droit international humanitaire,* 4e édition, Paris, La Découverte, 2013, p. 643.

206 Cf. art. 2 de la résolution 827 adoptée par le Conseil de sécurité à sa 3217e S/RES/827 (1993), 25 mai 1993.

207 Cf. résolution 955 adoptée par le Conseil de sécurité à sa 3453e séance, S/ RES/955 (1994), 8 novembre 1994.

208 Mais plusieurs différences méritent d'être soulignées entre les tribunaux internationaux créés par le Conseil de sécurité sur la base du Chapitre VII de la Charte des Nations Unies et la CPI créée en 1998 par un traité international. Si les premiers ont une compétence territoriale limitée ainsi qu'une existence temporaire, la Cour pénale a en revanche une vocation permanente et s'applique aux crimes commis sur les territoires des États ayant ratifié le traité de Rome. De même, les deux tribunaux internationaux sont compétents pour juger des crimes commis avant leur création. Contrairement à la Cour pénale, elle ne peut juger que les crimes commis après l'entrée en vigueur du Statut de Rome, plus précisément le 1er juillet 2002.

internationaux *ad hoc* et la Cour pénale internationale. Enfin, la troisième génération regroupe des juridictions hybrides, c'est-à-dire des instances qui juxtaposent droit international et droit interne ou national[209].

92. Dans le cadre de notre étude, il ne s'agit pas de mener systématiquement une analyse comparative avec les premières expériences de répression des crimes internationaux pratiquée à la fin de la Seconde Guerre mondiale, ni avec la Cour pénale internationale ou les juridictions hybrides[210]. Pour autant, ces exemples pourront être pris en compte pour mieux éclairer le traitement spécifique du contentieux du génocide des Tutsi dans lequel plusieurs juridictions sont impliquées : le TPIR, les juridictions nationales étrangères et les tribunaux rwandais. Dans ce dernier cas, des milliers de tribunaux populaires (décentralisés à travers tout le territoire rwandais) ont participé à la gestion du contentieux du génocide à l'issue de laquelle près d'un million de jugements ont été rendus. L'autorisation d'accéder aux archives nous a permis d'utiliser un échantillon d'une centaine de ces décisions. Néanmoins, la langue locale constituait une difficulté. Dès lors, le recours à un interprète s'imposait pour la traduction des jugements.

93. Par ailleurs, pour mieux élucider l'implication des tribunaux populaires rwandais dans le traitement du crime de génocide, notre étude se fonde sur une importante documentation écrite recueillie au Rwanda et des entretiens. Ces entretiens personnels ont été menés au sein des institutions publiques créées après le génocide : les instances chargées du règlement du contentieux du génocide ; les ONG et les associations de droit des victimes. Nous avons également recueilli de nombreux témoignages auprès des rescapés du génocide et avec d'autres ayant participé aux massacres des Tutsi en tant que donneurs d'ordre, auteurs, coauteurs ou complices. L'essentiel des interviews a été réalisé au sein de la population locale et à la prison de Kigali. Au total, au cours des missions effectuées au Rwanda entre 2010 et 2012, nous avons interrogé une trentaine de personnes à partir d'un questionnaire portant sur le déroulement des procès du génocide, l'indemnisation des victimes, la réconciliation nationale, etc.[211]. Le cadre de l'étude ainsi fixé, il convient enfin d'exposer sa problématique et son articulation.

§ 3 — Problématique

94. Contrairement à une approche purement sectorielle, cette thèse prend spécifiquement en compte le traitement du contentieux du génocide sous un angle systémique. Il s'agit notamment d'analyser comment le génocide et les crimes contre l'humanité sont traités dans les ordres juridiques étatiques et

---

[209] Cf. *supra,* note 204.

[210] Notre attention se portera notamment sur les Chambres extraordinaires du Cambodge, les Chambres spéciales du Timor oriental et le Tribunal spécial de la Sierra Leone.

[211] Cf. annexe 5, la synthèse de nos activités de recherche au Rwanda pour la période de mars 2010 à décembre 2012.

dans l'ordre juridique international selon une logique multiniveaux. L'intérêt scientifique d'une telle démarche n'a pas seulement pour vocation d'identifier les similitudes et différences entre les systèmes. Au contraire, à travers la comparaison entre les règles juridiques applicables dans chacun des ordres juridiques retenus, on entend analyser les interactions et les enchevêtrements complexes. L'ampleur et la complexité du drame rwandais a nécessité un traitement spécifique du contentieux du génocide, d'où l'interaction avec plusieurs sources du droit et d'autres techniques juridiques qui comprennent : le droit pénal et la procédure pénale comparée, la criminologie, le droit civil, les droits de l'homme et le droit humanitaire. Il s'agit d'une structure complexe qui inclut le droit interne, le droit pénal international[212] et le droit international pénal.

95. Il s'agit surtout d'appréhender avec plus de précision les mécanismes juridiques qui réglementent les rapports entre les normes nationales et les normes internationales témoignant d'un « métissage » des systèmes juridiques[213]. Un tel constat renvoie au modèle théorique du *multilevel constitutionalism*[214]. C'est sur cette base qu'il convient de préciser notre problématique, à savoir un **traitement juridictionnel multiniveaux** par le biais des juridictions nationales rwandaises, des juridictions nationales étrangères et du Tribunal pénal international créé par le Conseil de sécurité des Nations Unies. Il fut établi que ce Tribunal *ad hoc* aurait la responsabilité de juger les principaux responsables du génocide, tandis que les tribunaux nationaux s'occuperaient des acteurs « secondaires » et des exécutants locaux. Partant de cette hypothèse, il conviendra d'analyser comment le génocide et les crimes contre l'humanité sont traités ou réprimés au plan interne (première partie), puis au plan externe (seconde partie).

96. Dans la première partie de l'étude, il convient d'étudier la place des juridictions classiques rwandaises dans la répression du génocide (**Titre I**). Confronté à une surpopulation carcérale sans précédent pour juger un nombre très élevé d'auteurs des massacres, le gouvernement rwandais décide en 2001 de réactiver un mode traditionnel de résolution des conflits dit *Gacaca*[215]. Il

---

[212] Il est défini comme étant la branche du droit criminel qui règle l'ensemble des problèmes pénaux qui se posent au plan international. En ce sens, HUET André et KOERING-JOULIN Renée, *Droit pénal international,* PUF, 3e édition, 2005, p. 1.

[213] L'image du « métissage » des ordres juridiques a été avancée pour décrire la métamorphose des ordres juridiques, conséquence de l'enchevêtrement des niveaux normatifs et juridictionnels. À ce propos, voir l'analyse pertinente de RADUCU Iona et LEVRAT Nicolas, « Le métissage des ordres juridiques européens (une « théorie impure » de l'ordre juridique) », *Cahiers de droit européen,* 2007 n°1-2, pp. 111-147.

[214] Traduite en français par le concept de « constitution composée », l'approche du « multilevel constitutionalism » suggère que « l'Union européenne constitue un système constitutionnel composé d'un niveau national et d'un niveau transnational, les deux étant complémentaires ». Sur ce point, PERNICE Ingolf, *Fondements du droit constitutionnel européen,* Paris, Pedone, 2004, p. 26. Du même auteur, « Multilevel constitutionalism in the European Union », *ERL,* 2002, pp. 511-519.

[215] Ne pas prononcer « gakaka », mais « Gatchatcha » qui signifie en langue rwandaise herbe douce ou justice sur le gazon.

s'agit d'examiner comment la justice traditionnelle a pu résoudre, en un temps record, un contentieux d'une telle envergure portant sur des crimes graves (**Titre II**).

97. La seconde partie de l'étude met d'abord en exergue le rôle prééminent du Tribunal pénal international dans la répression des violations graves du droit international humanitaire commises sur le territoire rwandais de janvier à décembre 1994 (**Titre I**). La jurisprudence ainsi analysée a pour finalité d'appréhender, d'une part, l'évolution de la justice pénale internationale depuis les procès de Nuremberg, et d'autre part, de déterminer les apports de la jurisprudence des organes régionaux de protection des droits de l'homme dans la lutte contre l'impunité des crimes internationaux. Ensuite (**Titre II**), nous mettrons l'accent sur l'implication des juridictions nationales étrangères dans le traitement du contentieux du génocide par le biais de la compétence universelle[216]. En somme, la méthodologie ainsi adoptée nous permettra de dévoiler la complexité inhérente à la répression des crimes commis contre le droit international et de manière transversale de mettre en œuvre le développement d'une justice pénale transnationale multiniveaux.

[216] Il s'agit notamment d'une forme de répression pénale qui s'étend à des faits commis à l'étranger, quel que soit le lieu de l'infraction, indépendamment de la nationalité de l'auteur ou de la victime. Ce mécanisme exceptionnel en droit pénal est prévu en 1949 par les quatre Conventions de Genève pour la sanction des crimes les plus graves. Cf. BOUCHET-SAULNIER Françoise, *op. cit.*, p. 133.

PREMIÈRE PARTIE

LE TRAITEMENT JURIDICTIONNEL INTERNE

98. Dès la fin de la « guerre de libération » et l'arrêt du génocide au Rwanda en juillet 1994[217], la solution d'une amnistie générale fut d'emblée écartée, car elle ne pouvait être vécue que comme une nouvelle victoire de l'impunité. Compte tenu de la gravité des crimes, il fut admis tant par le nouveau gouvernement rwandais que par la communauté internationale, que les responsables du génocide devaient être traduits en justice. Cependant, face à un appareil judiciaire anéanti, le problème de la répression des crimes commis s'est posé avec acuité. Comment juger de tels actes afin d'assurer une réelle lutte contre l'impunité[218], tout en soutenant la politique de réconciliation nationale initiée par le gouvernement rwandais de transition? Quelles instances de justice fallait-il mobiliser pour faire œuvre de mémoire et de vérité ?

99. Il s'agissait notamment d'empêcher la tentation de la vengeance afin d'assurer une cohabitation pacifique entre victimes et bourreaux. Or, pour y parvenir, un système pénal juste et équitable était apparu comme un préalable indispensable à toute possibilité de réconciliation[219]. C'est dans cette perspective qu'une réflexion collective fut entamée en novembre 1995 à Kigali au cours d'une conférence internationale[220]. Le gouvernement et le Parlement

---

[217] Pour rappel, c'est le Front Patriotique Rwandais (mouvement politique et militaire actuellement au pouvoir) qui a mis fin au génocide au moment où l'ONU avait retiré la majorité de ses Casques bleus.

[218] Avant le génocide, le Rwanda traversait un long cycle de violences. Les auteurs ou complices bénéficiaient d'une impunité de fait ou de droit. L'impunité de fait s'organisait à travers les discours politiques qui diabolisaient les victimes des violences commises et les honneurs réservés à leurs bourreaux. L'impunité de droit se justifiait grâce à la loi d'amnistie du 20 mai 1963 et la réserve émise par l'État rwandais pendant la ratification de la Convention internationale pour la répression du crime de génocide à laquelle le Rwanda adhéra le 12 février 1975. Cf. Institut de Recherche et de Dialogue pour la Paix (IRDP), *Génocide des Tutsi du Rwanda : causes, exécutions et mémoires,* février 2006, p.118.

[219] Sur ce point, cf. annexe (1), le préambule de la loi du 30/08/1996 dispose qu'« *il est essentiel, pour parvenir à la réconciliation et à la justice au Rwanda, d'éradiquer à jamais la culture de l'impunité...* ».

[220] Les autorités rwandaises organisèrent en décembre 1995 un colloque intitulé « *la lutte contre l'impunité : Dialogue pour une Réconciliation Nationale et internationale* » réunissant des

se sont penchés sur les adaptations législatives et institutionnelles nécessaires à la réorganisation judiciaire et à la tenue des procès. Il n'existait au Rwanda aucun texte légal réprimant le génocide et les crimes contre l'humanité[221].

100. Dès lors, la question s'est posée de savoir quel serait le droit applicable pour que soit reconnue ou sanctionnée la spécificité des crimes commis ? D'une part, le Code pénal ne contenait aucune incrimination spécifique et aucune des infractions définies dans les lois pénales internes n'était appropriée. D'autre part, les principes de la responsabilité pénale tels qu'ils étaient définis par le droit interne n'étaient pas suffisants pour justifier la particularité du crime de génocide ou d'un crime contre l'humanité. Pour combler ce vide juridique, une loi organique fut adoptée le 30 août 1996[222]. Cette législation spécifique reconnaît aux juridictions classiques[223]rwandaises (**Titre I**) la compétence de réprimer les infractions pénales constitutives de crime de génocide ou de crimes contre l'humanité commises entre le 1er octobre 1990 et le 31 décembre 1994.

101. Mais, convaincues que les institutions judiciaires ne pouvaient dans un délai raisonnable juger les dizaines de milliers de suspects détenus dans les prisons, les autorités rwandaises eurent recours en complément de la justice classique à une ancienne méthode traditionnelle de résolution des conflits. Il s'agit des tribunaux populaires *«Gacaca»* dont le mode de fonctionnement

---

témoins privilégiés, experts, chercheurs et activistes, afin d'explorer les stratégies pertinentes dans le contexte particulier du Rwanda. Il en a résulté des recommandations qui ont nourri un projet de législation spéciale, créant au sein des tribunaux de première instance des Chambres spécialisées compétentes pour juger le crime de génocide et les crimes contre l'humanité commis sur le territoire rwandais. À ce propos, cf. Republic of Rwanda, office of the president, recommendations of the conference held in Kigali from november 1st to 5th, 1995 on : « *genocide, impunity and accountability : dialogue for a national and international response* », Kigali, décembre 1995, rapport de 46 pages (document consulté le 15 mai 2010 au Centre National de Lutte contre le Génocide, Kigali).

[221] Le génocide et les crimes contre l'humanité ne sont pas définis par le Code pénal rwandais, mais plutôt par des conventions internationales ratifiées en 1975 par le Rwanda. Il s'agit en l'occurrence de la Convention de 1948 sur la prévention et la répression du crime de génocide et la Convention de 1968 sur l'imprescriptibilité des crimes de guerre et des crimes contre l'humanité. La France a également ratifié la Convention sur le génocide le 14/10/1950 de même que d'autres pays. Cependant, ce qui marque la différence c'est que l'État rwandais a émis une réserve à l'égard de l'article 9 de la convention qui est la seule disposition mettant en exergue la responsabilité des États en matière de génocide et des éventuelles poursuites par d'autres États devant la Cour internationale de justice. Pour plus de détails, IRDP, *op. cit.*, p. 118.

[222] Loi organique n° 8/96 du 30/08/ 96 sur l'organisation des poursuites des infractions constitutives du crime de génocide ou de crimes contre l'humanité, commises à partir du 1er octobre 1990. Elle présente de nombreuses particularités par rapport au droit commun de la procédure pénale. C'est l'exemple de la procédure d'aveu et de plaidoyer de culpabilité (cf. chapitre I, § 2, causes atténuantes de la responsabilité pénale) et du mécanisme de la catégorisation (chapitre 1, section 2).

[223] Nous n'utilisons pas l'expression « juridictions ordinaires », car outre les juridictions de droit commun, une compétence spéciale a aussi été confiée aux juridictions militaires qui ne sont pas des juridictions ordinaires. L'expression « juridictions classiques » recouvre donc les juridictions ordinaires de droit commun et les juridictions d'exception telles que les juridictions militaires.

apparaît comme particulièrement novateur en matière de poursuite judiciaire. Pour la première fois dans l'histoire, des juges élus, assistés par toute une population, vont devoir juger des personnes accusées de génocide et /ou de crimes contre l'humanité (**Titre II**).

Titre I - La compétence des juridictions classiques rwandaises

Titre II - Les Juridictions Gacaca comme alternative dans le traitement du contentieux du génocide

TITRE I

LA COMPÉTENCE DES JURIDICTIONS CLASSIQUES RWANDAISES

102. Le Rwanda est le premier pays concerné par le jugement du génocide et des crimes contre l'humanité commis sur son territoire, les auteurs impliqués dans les massacres tout comme les victimes étant presque tous de nationalité rwandaise. Dès lors, la compétence des tribunaux rwandais ne devrait pas être contestée dans la mesure où, en vertu du principe de la souveraineté, l'État a la priorité pour connaître des infractions perpétrées sur son territoire[224]. Une telle prérogative lui est reconnue par l'article 6 du Code pénal qui dispose : « *toute infraction commise sur le territoire rwandais par des Rwandais ou des étrangers est punie conformément à la loi rwandaise, sous réserve de l'immunité diplomatique consacrée par les conventions ou les usages internationaux*[225] ».

103. Il est vrai que la gravité des infractions commises et le nombre trop important de suspects à poursuivre[226] auraient pu justifier l'institution de

---

[224] En règle générale, la compétence de l'État s'applique en premier lieu, et de façon très étendue, à ses nationaux : c'est de lui qu'émane l'essentiel de leur statut personnel. *Matériellement*, la compétence de l'État s'applique à toute les « fonctions étatiques ». Celles-ci pourront être exercées par voie de législation, de réglementation de juridiction civile et pénale, d'administration concrète. L'exercice discrétionnaire de telles fonctions, en particulier législatives, mais aussi de contrainte juridictionnelle et administrative, est l'indice de la possession de la souveraineté. Selon la Cour permanente de justice internationale (CPJI), « *la législation est une des formes les plus frappantes de l'exercice du pouvoir souverain* » (CPJI, Série A/B, n° 53, p. 48). En ce sens, QUOC DINH Nguyen et al, Droit *international public*, Paris, LGDJ, 8e édition, 2009, pp. 528-529, § 306.

[225] Cf. Code pénal du 18/08/1977, Rwanda, décret-loi n° 21/77. Parallèlement, l'article 14 du Code civil français pose le principe selon lequel, « *l'étranger, même non résidant en France, pourra être cité devant les tribunaux français, pour l'exécution des obligations par lui contractées en France avec un Français ; il pourra être traduit devant les tribunaux de France, pour les obligations par lui contractées en pays étranger envers des Français* ». Dans le même sens, l'article 15 du Code civil considère qu'un citoyen français peut être poursuivi devant un tribunal de France, pour des obligations qu'il a contractées en pays étranger ou avec un étranger. Cf. LEVENEUR Laurent, Code civil, 2011, Litec, p. 51.

[226] En 1997, la population carcérale était estimée à 87.000 selon les statistiques publiées par le Centre de Documentation et d'Information sur les Procès de Génocide (CDIPG), rapport de

juridictions spéciales. Cependant, la carence des moyens tant matériels qu'humains contraignit le législateur rwandais à introduire simplement au sein des juridictions existantes, des Chambres spécialisées (**Chapitre I**). La compétence d'attribution de ces Chambres est déterminée par l'article 19 de la loi organique de 1996 précitée. Sous l'empire de cette loi, les premiers procès ont débuté en décembre 1996[227]. L'objectif était de juger environ 5000 détenus par an[228], et d'accélérer les procès pour en finir au bout de deux ans. Mais en raison de la défaillance du système judiciaire (**Chapitre II**), les multiples défis auxquels le gouvernement de transition faisait face n'ont pu être relevés.

Chapitre I - Un système juridictionnel spécialisé

Chapitre II- Un système juridictionnel défaillant

---

janvier-août 1998, consulté à la bibliothèque des Nations Unies à Kigali le 2 mai 2010. Ce chiffre a toutefois nettement évolué après l'arrestation d'autres suspects accusés de génocide.

[227] République du Rwanda, Parlement-Senat, *Rwanda, idéologie du génocide et stratégie de son éradication*, Kigali, 2006, p. 172 et s.

[228] Selon les informations recueillies par le Centre de Documentation et d'Information sur les Procès du Génocide (CDIPG), Kigali, rapport janvier-août 1999, p. 2.

CHAPITRE I

UN SYSTÈME JURIDICTIONNEL SPÉCIALISÉ

104. Pour faire face à un contentieux aussi complexe impliquant des centaines de milliers de suspects, il était indispensable d'instaurer un système juridictionnel spécialisé dans le traitement des crimes graves commis au Rwanda. Même dans un pays fortement développé, il est probable que le système pénal n'aurait pu gérer un litige d'une telle ampleur, sans effectuer des aménagements particuliers. C'est ce qui justifie au Rwanda l'institution de Chambres spécialisées (**Section I**) ainsi que la consécration d'un droit spécifique (**Section II**) réprimant le génocide et les crimes contre l'humanité.

SECTION 1 — L'INSTITUTION DE CHAMBRES SPÉCIALISÉES

105. Rappelons que l'arsenal juridique dont disposait le Rwanda n'était pas adapté pour assurer la répression des crimes graves commis sur son territoire. C'est dans cette perspective que la loi organique de 1996 sur le génocide a introduit dans le système judiciaire des mécanismes inédits tels que la création de Chambres spécialisées. Sur ce point, il semble important de s'interroger sur les caractéristiques fondamentales de ces Chambres. En quoi sont-elles spécialisées ? Comment sont-elles organisées ? Quelles sont les conditions d'exercice de leur compétence ?

106. En abordant ces différentes questions liées au génocide des Tutsi, il est nécessaire de s'intéresser aussi à d'autres crimes de masse commis sur d'autres territoires au XXe siècle. Dans le cadre de notre étude, nous nous sommes moins intéressées au cas du génocide arménien que l'État turc se refuse toujours à reconnaître[229]. Notre réflexion s'est plutôt portée sur le cas cambodgien (génocide perpétré par les Khmers rouges) ; aux crimes graves

---

[229] En ce sens, AKÇAM Taner et DEMANGE Odile, *Un acte honteux. Le génocide arménien et la question de la responsabilité turque,* Paris, Gallimard, coll. Folio Histoire, 2012, 680 p. Après un parcours législatif tumultueux, la France reconnaît le génocide arménien de 1915 après l'adoption d'une loi le 29 juin 2001.

commis durant la guerre civile en Sierra Leone et au Timor oriental. Chaque cas a fait l'objet d'un traitement spécifique devant un tribunal ou une Chambre spéciale. Celle-ci se rapproche des Chambres spécialisées rwandaises compétentes pour juger des infractions de génocide ou de crimes contre l'humanité. Partant de l'analyse de ces différents cas, il conviendra avant tout d'expliquer l'organisation et le fonctionnement des Chambres spécialisées (**§ 1**), avant de mener une étude comparative avec les juridictions mixtes instaurées respectivement au Timor oriental, en Sierra Leone, et au Cambodge (**§ 2**).

§ 1 — Organisation et fonctionnement

107. À la suite de la reconstruction des institutions judiciaires après le génocide, chacun des douze tribunaux de première instance (TPI) et des juridictions militaires (A) est doté d'une Chambre spécialisée ayant la compétence exclusive de juger des actes qualifiés de génocide ou de crime contre l'humanité. À chacune des Chambres sont attachés des officiers du ministère public (B) chargés de l'instruction et de l'accusation.

A. Les Chambres spécialisées rattachées aux TPI et aux juridictions militaires

108. Une Chambre spécialisée peut se subdiviser en plusieurs sièges fonctionnant simultanément. Chaque siège se compose de trois magistrats, se conformant ainsi à la tradition judiciaire rwandaise. L'un des sièges est spécialement habilité à traiter des infractions commises par des mineurs. De même, un ou plusieurs de ces sièges peuvent constituer des Chambres itinérantes[230] dans les limites du ressort du tribunal auquel ils sont attachés. L'objectif des procès en itinérance est de rapprocher le tribunal des justiciables et des témoins potentiels. Par ailleurs, chaque Chambre est composée de magistrats de carrière ou de magistrats auxiliaires[231], placés sous la présidence d'un des vice-présidents de la juridiction à laquelle celle-ci est rattachée[232].

109. S'agissant **des Chambres spécialisées des TPI**, les magistrats de carrière[233] sont nommés par ordonnance du président de la Cour suprême, qui désigne également les présidents de ces Chambres. Le choix de ces magistrats est fait par le collège formé du président et des vice-présidents de la Cour

[230] Cf. art 132 loi organique 1996 (**annexe 1**).
[231] Personnes exerçant à titre principal une autre profession et qui sont affectées à temps partiel auprès de certaines juridictions telles que la Cour militaire ou le Conseil de guerre. À ce propos, cf. Centre national des droits de la personne (CNDP), *Le génocide en droit rwandais*, rapport 2000, p. 46 (document consulté au CNDP en mai 2010).
[232] Cf. art. 20 loi organique 1996.
[233] Ils sont choisis parmi les magistrats de carrière du tribunal auquel est attachée la Chambre spécialisée. Rapport CNDP, *supra*, note 231, p. 46.

suprême. Chaque chambre spécialisée exerce une compétence matérielle qui se limite au crime de génocide et aux crimes contre l'humanité ainsi que toutes autres infractions liées aux événements entourant ces crimes. La compétence territoriale est identique à celle de la juridiction auprès de laquelle elle a été créée.

110. Quant aux juridictions militaires, les magistrats auxiliaires ainsi que le président de la Chambre spécialisée sont affectés et désignés selon la procédure en vigueur devant ces juridictions[234]. Comme leur nom l'indique, elles jugent des infractions commises par des militaires, que ce soit de l'ex-APR (Armée Patriotique Rwandaise) ou ceux de l'ex-FAR (Forces Armées rwandaises). Ils sont tous jugés au titre de la responsabilité pénale individuelle et/ou en leur qualité de supérieur hiérarchique des faits qu'ils ont commis, causés, encouragés ou couverts d'une manière ou d'une autre. Les juridictions militaires sont également compétentes pour juger les infractions commises par des civils en connivence avec des militaires[235]. Qu'en est-il du ministère public ?

B. Le rôle du ministère public dans le fonctionnement des Chambres spécialisées

111. Bien que la perpétration du crime de génocide et de crimes contre l'humanité au Rwanda ait été juridiquement reconnue sur le plan international, la tâche apparaît parfois difficile lorsqu'il s'agit de réunir les éléments de preuve afin de déterminer la culpabilité des accusés[236]. Cette mission est dévolue au Ministère public communément appelé le parquet [237], structure parallèle à celle des cours et tribunaux. D'un point de vue organisationnel, le Rwanda compte douze parquets de la République dont le rôle est de participer aux audiences pour présenter les résultats des enquêtes. Chaque parquet est rattaché à un tribunal de première instance.

112. En règle générale, le fonctionnement du parquet est calqué sur la progression d'un dossier judiciaire dont les différentes étapes sont : la réception des plaintes et des requêtes ; la transmission des plaintes reçues par les inspecteurs de police judiciaire (I.P.J) et les brigades de gendarmerie ; enfin, l'instruction des dossiers qui comprend l'interrogatoire du prévenu,

---

[234] Avant le génocide, le Conseil de guerre et la Cour militaire étaient compétents pour juger le contentieux des infractions militaires. Mais ils ont été dissouts et remplacés par des juridictions militaires.

[235] Cf. art. 131, loi 1996 (annexe 1).

[236] Cette difficulté s'explique par le fait que, dans la plupart des régions entièrement touchées ou dévastées par le génocide, il n'existait pratiquement pas de rescapés ou de témoins.

[237] Le mot « parquet » recouvre deux notions : d'une part, le service d'enquête judiciaire (également appelé ministère public), d'autre part, le bâtiment qui abrite le siège de ce service. Sur ce point, DUPAQUIER Jean-François, *op. cit.*, p. 38.

l'audition des plaignants et témoins, la délivrance des mandats d'arrêt[238], la clôture du dossier. Bien avant le début des procès pour génocide, on dénombrait environ 20.000 dossiers inscrits au Registre du ministère public « R.M.P[239] ». Ce chiffre illustre l'importance du travail accompli par les parquets.

113. Toutefois, il y a lieu de faire une distinction entre l'instruction des dossiers de droit commun et celles des dossiers de crime de génocide et de crime contre l'humanité. Le contentieux du génocide représentait 60 à 95% des dossiers gérés par les douze parquets de la République. D'une part, le parquet tentait de régulariser la détention des personnes arrêtées après le génocide sans respect des procédures. D'autre part, il cherchait à garantir une mise en détention régulière des personnes nouvellement arrêtées. Par exemple sur les 45.000 détenus des prisons centrales, la majeure partie était emprisonnée sans être interrogée par un agent judiciaire compétent. Ce sont les I.P.J qui travaillaient au siège des différents parquets qui devaient effectuer l'interrogatoire de ces personnes[240].

114. Par ailleurs, l'ampleur du contentieux génocide ainsi que les difficultés juridiques engendrées justifient un traitement différent des dossiers de droit commun. Sur ce point, la loi organique de 1996[241] organise respectivement le ministère public, d'une part, auprès des Chambres spécialisées des TPI et de la Cour d'appel[242] et, d'autre part, auprès du Conseil de guerre et de la Cour militaire. Placé sous la direction d'un premier substitut de procureur de la République mandaté à cet effet, **le ministère public des Chambres spécialisées des TPI** est composé d'officiers du ministère public (OMP) désignés parmi les officiers du ministère public du parquet de ce tribunal et sur proposition du procureur de la République, par le procureur général de la Cour d'appel[243].

115. Quant aux **officiers du ministère public près les Cours d'appel** chargés d'instruire les jugements des Chambres spécialisées frappés d'appel, ils sont désignés par le procureur général de la Cour Suprême sur proposition du procureur général de la Cour d'appel. La loi organique confère au procureur général près la Cour Suprême une responsabilité considérable. Il assume en effet la réalisation de la politique criminelle relative au contentieux du

---

238 Selon le Code de procédure pénale rwandais, seuls les officiers du ministère public sont habilités à délivrer un mandat d'arrêt après avoir personnellement interrogé le prévenu.

239 DUPAQUIER Jean-François, *op. cit.*, p. 56.

240 En outre, le parquet peut être amené à interroger des prévenus issus des brigades de gendarmerie ou des cachots communaux en vue de leur transfert vers la prison. Ce deuxième interrogatoire est un pas supplémentaire vers le respect de la délivrance de mandat d'arrêt. DUPAQUIER Jean-François, *op. cit.*, p. 57.

241 Cf. art 22 et 23 (annexe 1).

242 Auprès de chacune des quatre Cours d'appel est rattaché un parquet général.

243 Cf. rapport CNDP, *supra*, note 231, p. 47.

génocide et des massacres, avec un pouvoir d'intervention à tous les échelons de la hiérarchie du parquet[244].

116. En somme, la loi organique de 1996 reconnaît au ministère public des fonctions multiples dans le traitement du contentieux du génocide. Sa tâche essentielle est de rechercher les infractions et d'en requérir la répression. Il examine les éléments permettant d'établir la culpabilité d'un suspect et requiert que lui soit infligée la sanction prévue par la loi. C'est pourquoi on le dénomme souvent « l'accusateur public[245] ». De même, le ministère public est compétent pour représenter les mineurs en justice et autres incapables dépourvus de représentants légaux ainsi que les victimes non encore identifiées[246]. Dans cette perspective, le tribunal peut statuer sur les dommages et intérêts, mais à condition que le ministère public en fasse la demande[247].

117. Enfin, le rôle du ministère public est de décrire de la manière la plus complète possible les crimes ou délits poursuivis, et d'expliquer pourquoi ils sont imputés à l'accusé. Une telle mission ne peut se réaliser sans la collaboration des témoins. De ce fait, la plupart des preuves reposent sur des témoignages verbaux. Cette situation s'explique par le fait que les parquets ne disposaient pas d'objets saisis ni même de traces écrites qui auraient été effectuées par les militaires[248], lors de la libération du Rwanda. On était en face d'un État où l'infrastructure nécessaire au fonctionnement de la justice avait généralement disparu ou ne présentait à tout le moins aucune garantie d'impartialité. Mais le nouveau gouvernement rwandais était plutôt préoccupé par la mise en place d'un système judiciaire qui contribuerait au processus de réconciliation nationale en passant par le châtiment des coupables. C'est à ce courant que se rattache une nouvelle catégorie d'organes judiciaires : les juridictions hybrides. Elles s'apparentent aux Chambres spécialisées rwandaises.

§ 2 — Chambres spécialisées et juridictions hybrides : quels rapports ?

118. L'une des caractéristiques majeures du droit international de l'après-guerre froide est le développement de la responsabilité individuelle pour crimes internationaux[249]. Ce phénomène qui participe à ce que le juge Merlon

---

[244] GASASIRA E., *Organisation et compétence judiciaire,* Ministère de la Justice, éd. R.C.N, Kigali, 1995, p. 67.

[245] MUTAYOBA A., *Procédure pénale et la preuve en matière pénale,* Ministère de la Justice, éd. R.C.N, Kigali, 1995, pp. 6-7.

[246] Cf. art. 27 et 30 de la loi organique de 1996 sur le génocide.

[247] Cependant, le ministère public et le tribunal se retrouvent parfois confrontés à de sérieux problèmes de preuves et d'évaluation du préjudice.

[248] Il s'agit notamment des militaires du Front Patriotique Rwandais (FPR) qui ont mis fin au génocide.

[249] La liste actuelle des crimes internationaux comporte quatre sous-catégories : le crime d'agression (exemplaire unique autrefois intégré dans la sous-catégorie un peu plus large des

a qualifié de « criminalisation[250] » du droit international a été accompagné par l'établissement de mécanismes institutionnels, chargés de juger et punir les personnes responsables de tels crimes. Une nouvelle catégorie de juridictions d'organes judiciaires est donc venue s'ajouter au paysage juridictionnel pénal. Pour les décrire, il existe différentes qualifications : tribunaux internationalisés, hybrides, juridictions *sui generis*[251]. Cette dénomination permet de désigner quatre entités formant un ensemble très hétérogène.

119. Il s'agit notamment des mécanismes juridiques créés d'abord au Kosovo[252], ensuite au Timor oriental et en Sierra Leone, puis au Cambodge[253]. Cette catégorie est composée de juridictions mixtes, mi- internes, mi-internationales, comportant des éléments nationaux et internationaux, qui occupent une place assez atypique dans l'ordre international[254]. Dans ce contexte, on parle même d'une « troisième génération » de juridictions pénales internationales[255]. L'un des éléments déterminants, c'est le rôle essentiel de l'Organisation des Nations Unies dans le processus d'établissement de ces tribunaux qui résulte soit d'un acte normatif ou unilatéral[256], soit d'un accord

---

crimes contre la paix), le crime de génocide, les crimes contre l'humanité et les crimes de guerre. Toutefois, il était question d'intégrer d'autres infractions dans la catégorie des crimes internationaux, notamment le terrorisme international, la torture, le trafic international de stupéfiants. En ce sens, ASCENSIO Hervé, « L'apport des tribunaux pénaux internationalisés à la définition des crimes internationaux », in SOREL Jean-Marc (dir.) et al, *Les juridictions pénales internationalisées*, Paris, Société de législation comparée, 2006, p. 70.

[250] ROMANO Cesare et BOUTRUCHE Théo, « Tribunaux pénaux internationalisés : état des lieux d'une justice « hybride » », *RGDIP*, vol. 1, 2003, p. 109.

[251] Ces juridictions aboutissent non pas à la disparition des juridictions pénales internationales, mais ajoutent un élément complémentaire à l'édifice institutionnel de la justice pénale internationale. Dans le sens de cette analyse, BOUTRUCHE Théo, « Les tribunaux pénaux internationalisés ou l'émergence d'un modèle de justice hybride », *Jusletter*, Revue électronique, 08/04/2002 : www.weblaw.ch/jusletter.

[252] Le cas du Kosovo ne sera pas analysé dans la mesure où la finalité poursuivie n'était pas la traduction en justice des responsables militaires et politiques pour crimes graves. Cette question relève de la compétence du Tribunal pénal international pour l'ex-Yougoslavie (TPIY) qui est habilité à juger les personnes présumées responsables de violations du droit international humanitaire commises sur le territoire de l'ex-Yougoslavie depuis 1991 (cf. art. 1 du Statut du TPIY).

[253] Cette liste n'est pas exhaustive. Mais il n'est guère possible d'y inclure le Tribunal spécial irakien chargé de juger les responsables du régime de Saddam Hussein, puisqu'il s'agit d'une décision unilatérale du commandement américain qui n'a pas été approuvée par l'ONU, et qui a depuis été endossée par le gouvernement irakien « souverain ».

[254] PAZARTIS Photini, « Tribunaux pénaux internationalisés : une nouvelle approche de la justice pénale (inter) nationale », *Annuaire français de droit international (AFDI)*, 2003, Paris, CNRS Éditions, p. 642.

[255] LAUCCI Cyril, « Projet de Tribunal spécial pour la Sierra Leone : vers une troisième génération de juridictions pénales internationales ? », *L'observateur des Nations Unies*, n° 9, 2000, pp. 195-217.

[256] C'est dans cette perspective que des règlements ont été adoptés par le représentant spécial du Secrétariat général Sergio Vieira de Mello pour le Timor oriental et Bernard Kouchner pour le Kosovo. Cf. Règlement 2000/11 de la Mission intérimaire des Nations Unies au Timor oriental - MINUTO (amendé par les Règlements 2000/15 et 2000/16). Cf. aussi les Règlements 1999/1, 2000/6, 2000/34 et 2000/64 de la Mission intérimaire des Nations Unies au Kosovo (MINUK).

passé entre l'État concerné et l'Organisation[257]. Mais chaque juridiction pénale hybride a sa propre histoire ancrée dans les événements qui ont marqué l'État dans lequel elle a été créée. Le seul lien qui unit ces diverses juridictions est celui qui existe avec l'ONU. À ce titre, la problématique de départ tient à la question de savoir dans quelle mesure ces tribunaux ont été créés. Deux éléments de réponse peuvent être proposés.

120. Il convient tout d'abord de préciser que les tribunaux internationalisés ont été conçus comme une alternative à la création de juridictions internationales pénales *ad hoc* tels que le TPIR ou le TPIY, en raison des problèmes de coûts. L'institution des tribunaux mixtes témoigne également d'une prise de conscience d'un lien irréductible entre réconciliation et justice. Elle repose sur l'idée que la réconciliation ne peut se faire sans la justice. De même, la justice réconciliatrice ne peut se réaliser sans une certaine proximité de celle-ci avec le terrain sur lequel se sont produites les atrocités. Cette proximité est l'un des principaux éléments permettant de rapprocher les tribunaux internationalisés des Chambres spécialisées rwandaises. Dans les deux cas, il y a une volonté politique de poursuivre et de juger des personnes coupables de crimes graves. Néanmoins, la mission des juridictions mixtes dépasse la question de la lutte contre l'impunité et la mise en cause la responsabilité pénale individuelle en cas de violation grave du droit international humanitaire. D'une part, leur rôle est de remplir les fonctions que la Cour pénale internationale ne peut exercer. La compétence de la Cour permanente n'étant pas rétroactive, elle n'est pas habilitée à couvrir tous les crimes internationaux.

121. D'autre part, la juxtaposition d'éléments internationaux et internes dans les juridictions mixtes permet de résoudre le problème de l'application du droit international en droit interne. Outre les missions qu'elles doivent exercer, une première analyse de ces juridictions permet de constater l'originalité dans leur processus de création par rapport aux Chambres spécialisées des tribunaux rwandais (A). Ensuite, l'examen de certains aspects particuliers, notamment les objectifs poursuivis ainsi que le droit procédural et matériel applicable, nous permettra de rapprocher ces deux institutions (B).

A. Chambres spécialisées et juridictions hybrides : deux processus de création opposés

122. Dans notre précédente analyse, nous avons montré comment les Chambres spécialisées ont été mises en place après l'adoption d'une loi

---

[257] C'est le cas de la Sierra Leone où la base juridique du Tribunal spécial est un accord passé entre l'ONU et le gouvernement sierra-léonais avant d'être ratifié par le Parlement. Cf. *Agreement between the United Nations and the Government of Sierra Leone on the Establishment of the Special Court for Sierra Leone,* accord du 16 janvier 2002 disponible sur le site www.specialcourt.org. Contrairement au Cambodge, le gouvernement n'a pas attendu la conclusion d'un accord avec les Nations Unies pour adopter une loi créant des Chambres extraordinaires afin de juger les derniers dirigeants khmers rouges.

spécifique réprimant le génocide et les crimes contre l'humanité commis sur le territoire rwandais. L'adoption de cette nouvelle législation par l'Assemblée Nationale de Transition fait suite à une conférence internationale organisée par le gouvernement de Kigali. Mais aucune influence des Nations Unies ne peut être évoquée. À l'inverse, l'ONU a joué un rôle déterminant dans la mise en place des juridictions hybrides.

123. S'agissant tout d'abord du Timor oriental, la mise en place des tribunaux mixtes découle d'un acte imposé unilatéralement par le Conseil de sécurité ; d'où l'expression « création sauvage », employée par Élisabeth Lambert[258]. Ainsi, la Mission des Nations Unies au Timor (MINUTO) s'est vue confiée pour une période limitée[259], la totalité des prérogatives de puissance publique sur le territoire en question, dont l'administration de la justice, tant civile que pénale. L'exercice de tels pouvoirs exorbitants s'est effectué par l'entremise du représentant du Secrétaire général qui n'a pas hésité à adopter des dispositions règlementaires modifiant, abrogeant et suspendant des lois existantes.

124. Cette caractéristique tranche radicalement avec les cas de la Sierra Leone et du Cambodge dans lesquels les autorités nationales n'ont jamais cessé d'exister[260]. Dans la même perspective, un traité a été librement négocié et conclu entre l'ONU et les deux gouvernements concernés (Sierra Leone et Cambodge). Cependant, les circonstances prévalant lors de la conclusion d'un accord international étaient beaucoup plus complexes dans le cas cambodgien que pour la Sierra Leone. En effet, de longues et difficiles négociations pour la création d'un tribunal destiné à juger les Khmers rouges ont commencé en 1997, à la suite d'une demande du gouvernement cambodgien requérant l'assistance des Nations Unies dans la poursuite des responsables des atrocités commises au Cambodge.

125. En 1999, le rapport du groupe d'experts mis en place par le secrétaire général des Nations Unies recommandait la création d'un tribunal international par crainte du manque d'indépendance du pouvoir judiciaire cambodgien. Le gouvernement cambodgien refusa d'accepter cette proposition en adoptant une loi en janvier 2001 visant la création de chambres extraordinaires, intégrées dans le système judiciaire interne. Malgré le désaccord persistant entre les Nations Unies et le Cambodge, un compromis fut trouvé le 17 mars 2003 sur la base d'un projet d'accord[261] aux fins de juger les principaux responsables

---

[258] ABDELGAWAD Élisabeth, « Quelques brèves réflexions sur les actes créateurs des tribunaux pénaux internationalisés », in SOREL Jean-Marc (dir.) et al, *Les juridictions pénales internationalisées*, *op. cit.*, p. 30.

[259] Le Timor oriental est devenu indépendant le 20 mai 2002, date à laquelle la MINUTO a remis l'autorité administrative au gouvernement de transition.

[260] BOUTRUCHE Théo et ROMANO Cesare, « Tribunaux pénaux internationalisés », *op. cit.*, p. 113.

[261] Ce projet prévoit la création au sein des tribunaux cambodgiens, de Chambres extraordinaires qui seront mises en place et fonctionneront avec l'assistance de la communauté internationale, qui se traduirait par la présence minoritaire de juges non cambodgiens dans les formations et par l'application de standards internationaux en matière procédurale. Le projet d'accord précise en

des crimes commis pendant la période du *Kampuchéa démocratique* de 1975 à 1979[262]. Cet accord organisait la composition exacte des Chambres extraordinaires, intégrées au système judiciaire existant, auxquelles prendraient part des juges internationaux. En raison des carences du système juridique interne, une participation internationale a été organisée. C'est d'ailleurs ce qui confère leur caractère mixte aux tribunaux pénaux hybrides, si l'on se réfère à la définition proposée par Antonio Casses. En effet, « *la notion de tribunaux mixtes ou internationalisés inclut des organes judiciaires de composition mixte comprenant des juges ayant la nationalité de l'État où le procès a lieu*[263] ». D'un point de vue organisationnel, leur composition est variable.

126. Au Timor et en Sierra Leone, les magistrats internationaux sont toujours majoritaires en nombre. Pour assurer plus particulièrement la répression des crimes internationaux, des juridictions spécialisées ont été créées au sein des tribunaux timorais, avec la présence de deux juges internationaux et d'un juge local. Il en est ainsi pour le tribunal spécial de la Sierra Leone (ci-après « TSSL ») composé de deux juges nationaux et de trois juges internationaux. Contrairement au Cambodge, l'une des caractéristiques les plus marquantes de la composition des Chambres extraordinaires par rapport aux autres tribunaux mixtes, réside dans la participation minoritaire des magistrats internationaux[264].

127. Le système de nomination des juges cambodgiens est largement laissé aux mains des autorités nationales[265]. Cette solution qui a été un point crucial dans les négociations entre les Nations Unies et le gouvernement cambodgien répond au vif désir de ce dernier. Le fait que des juges « étrangers » siègent aux côtés des juges locaux est donc bien une caractéristique commune aux tribunaux pénaux internationalisés. Ce n'est pas le cas au Rwanda où aucun juge international n'a participé aux procès tenus devant les Chambres spécialisées, même si la majeure partie des accusés était défendue par des avocats étrangers[266]. Malgré cette différence d'approche, il n'en demeure pas moins que les tribunaux mixtes partagent des points communs avec les

---

outre que l'accord aura force de loi au Cambodge. En ce sens, PAZARTZIS Photini, *op. cit.*, pp. 647-648.

[262] Du 17 avril 1975 au 7 janvier 1979, environ 1,7 million de personnes perdirent la vie sous le régime sanguinaire des Khmers rouges. Pour une étude approfondie de la question, DERON Francis, *Le procès des Khmers rouges. Trente ans d'enquête sur le génocide du Cambodge*, Paris, Gallimard, 2009, 480 p.

[263] CASSESSE Antonio, *International Criminal Law*, Oxford University Press, 2003, p. 343.

[264] La Chambre de première instance est composée de cinq juges, trois cambodgiens (nommés par le gouvernement cambodgien) et deux étrangers (nommés par le gouvernement cambodgien sur proposition du Secrétaire général des Nations Unies). La Chambre suprême comporte neuf juges, dont cinq cambodgiens et quatre étrangers.

[265] Cf. articles 9, 11 et 16 de la loi du 27 octobre 2004 modifiant la loi du 10 août 2001 relative à la création des Chambres extraordinaires au sein des tribunaux cambodgiens pour juger les crimes qui ont été commis durant la période du Kampuchéa démocratique.

[266] Cf. Avocats Sans Frontières, *Justice pour tous au Rwanda*, Bruxelles-Kigali, rapport annuel 1998-1999.

Chambres spécialisées, si l'on se réfère aux objectifs poursuivis et au droit matériel applicable.

B. Chambres spécialisées et juridictions mixtes : deux organes poursuivant les mêmes objectifs en application du même droit

128. Il convient avant tout de rappeler que la mise en place des tribunaux mixtes représente une étape supplémentaire dans la répression des crimes graves. Un élément commun à ces juridictions permet de les distinguer des autres tribunaux pénaux internationaux : l'étendue de leur compétence à la fois aux crimes de droit international et aux crimes de droit national. Néanmoins, cette juxtaposition d'éléments internationaux et internes varie considérablement d'un cas à l'autre. En effet, certains tribunaux mixtes vont participer à la formation de juristes et asseoir les bases d'une culture de l'État de droit. Les options poursuivies dans leur mise en place s'insèrent dans une optique de reconstruction de systèmes judiciaires internes. Le cas des chambres spéciales timoraises est significatif à cet égard (1). De même, l'application de deux systèmes juridiques ayant ses origines aussi bien dans le droit international pénal que dans le droit interne, tant procédural que substantiel, représente de manière irréfutable le cœur des juridictions hybrides et des chambres spécialisées (2).

1) La reconstruction judiciaire au Timor, une même pratique au Rwanda

129. Pour mettre fin à la colonisation portugaise, le principal mouvement de résistance au Timor oriental[267] proclame l'indépendance du pays en novembre 1975. Il s'en suit dans la même année une opération de pacification menée par l'Indonésie qui aurait fait environ 275 000 victimes[268]. L'Indonésie proclame le Timor oriental sa vingtième province le 17 juillet 1976. Se fondant sur sa résolution 1514 du 14 décembre 1960, l'Assemblée générale des Nations Unies rappelle expressément le « droit inaliénable de tous les peuples à l'autodétermination et à l'indépendance ». Il a fallu attendre plus de trente ans (1999) pour qu'un référendum permette à la population timoraise de se prononcer sur l'autonomie ou l'indépendance au sein de l'archipel[269]. Le rejet massif du projet indonésien d'autonomie à 78,5%, au profit de l'indépendance, a été chèrement payé par la population du Timor Est.

---

[267] Ce mouvement est connu sous le nom de Freitlin.

[268] L'intervention indonésienne connue sous le nom d'opération « Komodo » a eu lieu le 7 décembre 1975. En ce sens, ARBOUCHE Adrien, « Les juridictions hybrides du Timor-Leste : un bilan en demi-teinte », *Droits fondamentaux* n° 5, janvier – décembre 2005, p. 1.

[269] Cette consultation populaire qui a eu lieu le 30 août 1999 est le résultat de l'accord du 5 mai 1999 conclu sous l'égide des Nations Unies entre le Portugal, puissance administratrice *de jure* et l'Indonésie, puissance contrôlant *de facto* le territoire timorais. ARBOUCHE Adrien, *idem*, p. 2.

130. À la suite de la proclamation des résultats, des milices favorables à l'intégration du Timor à l'Indonésie vont se livrer à des massacres de militants indépendantistes et de la population timoraise en général[270]. Selon plusieurs sources concordantes, 1500 personnes auraient perdu la vie entre janvier et octobre 1999[271], suivie d'une campagne de déplacement forcé de 250 000 personnes au Timor occidental. D'autres estimations font état d'un pays dans lequel la quasi-totalité des bâtiments a été détruite. C'est ce qui justifie la création de l'Administration transitoire des Nations Unies au Timor oriental (ATNUTO) par le Conseil de sécurité des Nations Unies. Sa mission principale consistait à exercer sur le sol timorais les pouvoirs exécutifs, législatifs et judiciaires et construire ce qui deviendra le futur Timor-Leste (créé officiellement le 20 mai 2002). Ainsi, sous l'égide de l'ATNUTO, les structures d'un système judiciaire classique sont mises en place afin d'assurer la poursuite et le jugement des auteurs des violences survenues à l'occasion de la consultation référendaire, violences attentatoires au droit international humanitaire.

131. Mais au préalable, l'un des objectifs poursuivis était la reconstruction d'un appareil judiciaire juste, crédible et viable, intégrant à la fois les juridictions civiles et pénales. Dans le pays, il n'existait aucun tribunal opérationnel, les juristes qualifiés et les textes de loi faisaient cruellement défaut. Les Nations Unies étaient confrontées à une pénurie complète d'infrastructures et de manque de personnel local. Les tribunaux locaux étaient dans l'impossibilité de fonctionner. Le Rwanda a connu le même sort après le génocide dans la mesure où l'appareil judiciaire était anéanti : carence du personnel judiciaire, absence de ressources matérielles[272]. C'est à travers des coopérations bilatérales et multilatérales que les institutions judiciaires rwandaises sont progressivement remises en marche[273], avant la mise en place des Chambres spécialisées. Parallèlement, un Tribunal international est créé par le Conseil de sécurité des Nations Unies afin de juger les principaux commanditaires du génocide.

132. Contrairement au Timor, l'accent n'a pas été mis sur la poursuite des hauts responsables. L'ONU s'en est tenue aux promesses faites par l'Indonésie de juger ses propres suspects à Djakarta. Cependant, sur le fondement des conclusions de deux rapports de commission d'enquête confirmant l'existence « de violations flagrantes des droits de l'homme et du droit humanitaire »[274],

---

[270] Les forces armées indonésiennes ont participé à ces massacres selon le rapport de la Commission d'enquête internationale sur le Timor oriental créée par une résolution de la Commission des droits de l'homme. Cf. rapport commission d'enquête sur le Timor du 31 janvier 2000, § 123, disponible sur http://asiep.free.fr/indonesie/timor/timor-onu.html

[271] Doc. ECOSOC, E/CN.4/2005/115.

[272] Cf. *infra*, chapitre 2, défaillance du système classique, §§ 230-325.

[273] À titre d'exemple, dès l'automne 1994, l'Union interafricaine des droits de l'homme envoya plus d'une trentaine de juges africains au Rwanda. Cf. rapport de la mission UIDH /synergie, Kigali du 15 au 22 octobre 1994.

[274] Cf. *supra*, note 270.

les autorités indonésiennes établissent un tribunal *ad hoc* afin de juger les exactions commises au Timor oriental. Ceci leur a permis d'écarter la menace de la création d'un tribunal pénal international. Le Secrétaire général de l'ONU accepta ce processus compte tenu des résultats satisfaisants de la commission d'enquête indonésienne[275].

133. D'un autre côté, pour assurer la répression des crimes internationaux au Timor, des juridictions hybrides qualifiées de commissions spéciales ou « *Special Panels* » ont été créées au sein des tribunaux nationaux timorais[276]. Le Règlement 2000/11 introduit une distinction essentielle entre crimes « ordinaires » et crimes « graves[277] ». Sur ce point, l'Administration transitoire des Nations Unies au Timor oriental (ATNUTO) a instauré deux « Groupes de crimes graves[278] » en mars 2000, le premier au sein de la Cour de district de Dili et le second à la Cour d'appel de la capitale timoraise. La compétence des commissions couvre d'une part les crimes internationaux, notamment le génocide, les crimes contre l'humanité et les crimes de guerre, et d'autre part le meurtre et les violences sexuelles tels que définis par le Code pénal indonésien applicable[279]. Le fait de placer un territoire non autonome sous administration onusienne, en vertu du Chapitre VII de la Charte des Nations Unies, a donc permis d'appliquer un régime pénal fondé sur des précédents internationaux. Il ne s'agit pas non plus de la création d'une nouvelle juridiction, mais de l'insertion d'une Chambre spéciale dans une juridiction déjà existante.

134. Contrairement au système judiciaire rwandais et timorais, celui de la Sierra Leone et du Cambodge n'était point à reconstruire. L'accent a été plutôt mis sur la poursuite des principaux dirigeants ou responsables politiques et militaires pour les violations les plus graves du droit international humanitaire. D'une manière générale, la compétence des juridictions hybrides s'étend à la fois aux crimes internationaux et aux crimes définis par le droit national. L'applicabilité de deux systèmes juridiques différents est un élément

---

[275] Mais le bilan de l'activité du Tribunal a révélé un grand échec résultant du manque de volonté politique de juger les principaux responsables des crimes commis au Timor oriental. Pour une étude approfondie, ARBOUCHE Adrien, *op. cit.*, p. 6.

[276] Le représentant spécial du Secrétaire général, conformément à la résolution 1272 du Conseil de sécurité du 25 octobre 1999, instaure des panels de juges au sein des juridictions nationales avec compétence exclusive pour la répression des crimes internationaux. Pour plus de détails sur l'organisation judiciaire, cf. résolution du Conseil de sécurité relatif au mandat de l'ATNUTO ; cf. « judicial monitoring system programme » : www.jsmp.minihub.org/.

[277] Règlement 2000/11 de la Mission intérimaire des Nations Unies au Timor oriental - MINUTO (amendé par les Règlements 2000/15 et 2000/16).

[278] La définition du crime de génocide, des crimes de guerre et des crimes contre l'humanité reprend les dispositions du statut de la CPI. De même, les principes généraux applicables s'inspirent du statut de la Cour pénale internationale.

[279] Il convient de préciser que la compétence des commissions est limitée aux crimes commis entre le 1er janvier et le 25 octobre 1999, c'est-à-dire les crimes commis après le référendum sur l'indépendance en septembre 1999. Les exactions commises pendant la domination indonésienne en 1975, n'étant pas couvertes.

permettant de rapprocher les tribunaux mixtes du Timor et du Cambodge des Chambres spécialisées rwandaises.

2) Un droit mixte applicable aux juridictions hybrides et aux Chambres spécialisées

135. Les crimes internationaux, souvent définis par les conventions internationales, ne sont incriminés que par le droit interne des États parties à ces conventions. Pourtant, un courant doctrinal se fonde sur le principe de l'application directe du droit coutumier dans l'ordre juridique interne des États[280]. Il vise à montrer qu'il n'est pas nécessaire d'incriminer formellement en droit interne des prohibitions coutumières relevant du *jus cogens*, comme l'interdiction des crimes contre l'humanité.

136. Toutefois, une interprétation restrictive du principe de légalité des délits et des peines par le juge national pourrait empêcher une telle conclusion, dans la mesure où ce principe exige que la source de l'incrimination soit une loi écrite et certaine : *nullum crimen sine lege scripta et certa*[281]. Les juridictions hybrides ne dérogent pas à cette règle. Par souci de mixité entre deux systèmes juridiques, le recours au droit interne de l'État principalement concerné a permis de juger des faits qui ne sont pas incriminés par le droit international. Cela signifie que des infractions autres que les crimes internationaux entrent dans le champ de compétence *ratione materiae* de ces nouvelles juridictions pénales.

137. Malgré tout, la rupture normative traditionnelle entre les ordres juridiques internes et le droit international a continué d'alimenter les débats, attisés par la question de la non-rétroactivité et, parfois, par celle de l'amnistie. Pour chaque catégorie de juridiction mixte, des réponses divergentes ont été apportées à ce problème d'ensemble. Pour répondre aux « crimes graves » commis au Timor, le règlement 2000/11 de la MINUTO prévoyait la création de panels au sein de la Cour de District de Dili, composés de deux juges internationaux et d'un juge timorais. Ces panels se distinguent par un cadre juridique de prévalence internationale. Leur compétence couvre d'une part les crimes internationaux, notamment le génocide, les crimes contre l'humanité, les crimes de guerre et la torture ; d'autre part, les crimes au regard du droit national tels que le meurtre et les violences sexuelles, définis par le Code pénal indonésien applicable[282]. Toutefois, la compétence des panels est plus

[280] Sur l'application directe du droit coutumier, QUOC DINH Nguyen et al, *Droit international public*, LGDJ, 5e éd., 1994, § 226.
[281] BOYLE David, « Quelle justice pour les Khmers rouges ? », *Revue trimestrielle des droits de l'homme*, n° 40, octobre 1999, Bruxelles, Bruylant, p. 801.
[282] Comme ce fut le cas au Rwanda avec l'adoption de la loi organique de 1996 (annexe 1).

restreinte par rapport aux infractions relevant du droit national. Elle est limitée aux crimes commis entre 1er janvier et le 25 octobre 1999[283].

138. À côté des lois du Timor oriental, sont appliqués aussi les traités pertinents de même que les principes et normes de droit international reconnus, y compris les principes établis du droit international des conflits armés[284]. La procédure pénale suivie s'avère elle aussi hybride, s'inspirant d'une tradition de droit civil (celle de l'Indonésie) avec une influence du système de *common law* ainsi que certaines dispositions procédurales découlant des Statuts du TPIY, du TPIR et de la CPI[285]. Néanmoins, le point de référence reste le droit interne tel qu'il était appliqué avant le 25 octobre 1999, à savoir le droit indonésien.

139. Les Chambres extraordinaires du Cambodge se sont également retrouvées au cœur d'un débat portant sur la question de savoir quel droit était applicable entre 1975 et 1979 pour juger des exactions commises par les Khmers rouges. Sur ce point, l'application rétroactive de la loi cambodgienne du 27 octobre 2004 précitée[286] ne peut être justifiée que par référence au droit international. Cela suppose une certaine fluidité dans les rapports de système entre droit international et droit interne[287]. Ainsi, les principes généraux du droit pénal confirmés par le droit international des droits de l'homme et par la Constitution cambodgienne de 1947 exigent que soit respecté le principe de la légalité des délits et des peines : *nullum crimen sine lege, nulla poena sine lege.*

140. Il en résulte qu'une infraction ne peut exister que si un comportement prohibé est « incriminé » par une règle de droit le sanctionnant d'une peine. Même si la prohibition a été introduite en droit interne conformément à la constitution de l'État, elle doit impérativement être complétée par une norme de sanction nationale. À l'appui de cette thèse, plusieurs conventions internationales en matière pénale, surtout celles qui sont relatives au génocide, aux crimes de guerre et à la torture, préconisent des mesures législatives nécessaires pour incriminer de tels actes et prévoir des peines adéquates.

141. Or, à l'arrivée des Khmers rouges au pouvoir en 1975, le Code pénal de l'époque n'incriminait pas les crimes internationaux en tant que tels, ni ne prévoyait des peines spécifiques à ces crimes[288]. La question qui se pose est

---

[283] Il s'agit des crimes commis après le référendum sur l'indépendance en septembre 1999. Les crimes commis pendant la domination indonésienne en décembre 1975 ne sont pas pris en compte.

[284] Pour une étude approfondie du droit substantiel et procédural applicable, LINTON Suzannah, « Cambodia, East Timor and Sierra Léone : Experiments in International Justice », *criminal Law Forum,* vol. 2, 2001, pp. 85-246.

[285] Toutes les procédures pénales menées au Timor oriental sont régies par les "Transitional Rules on Criminal Procedure" dans le règlement 2000/30 de la MINUTO.

[286] Loi du 27 octobre 2004 modifiant la loi du 10 août 2001 relative à la création des Chambres extraordinaires au sein des tribunaux cambodgiens pour juger les crimes qui ont été commis durant la période du Kampuchéa démocratique.

[287] ASCENSIO Hervé, *op. cit.,* p. 78.

[288] BOYLE David, *op. cit.,* p. 799.

donc celle de savoir si le Cambodge pouvait remédier aux lacunes de son droit interne concernant l'incrimination des infractions internationales commises par les Khmers rouges, en application d'une loi ultérieure (comme ce fut le cas au Rwanda)[289], sans violer les principes généraux du droit pénal.

142. Rappelons que l'article 11 de la Déclaration universelle des droits de l'homme confirme que l'obligation de non-rétroactivité en matière pénale ne s'applique qu'aux « actions ou omissions qui, au moment où elles ont été commises, ne constituaient pas un acte délictueux d'après le droit national ou international ». Une telle conception est appuyée par le pacte international relatif aux droits civils et politiques de 1966, signé au nom du Cambodge par les Khmers rouges en 1980[290]. Pourtant, la prohibition conventionnelle du génocide et des crimes de guerre, et la prohibition coutumière des crimes contre l'humanité faisaient partie du droit international applicable au Cambodge en 1975. Il en découle que la répression des crimes internationaux par le Cambodge en vertu d'une loi ultérieure n'aurait pas d'effet rétroactif prohibé, à condition qu'elle se limite aux crimes tels que définis par le droit international.

143. À la lumière de ces considérations, les Chambres extraordinaires appliquent une juxtaposition de textes de droit substantiel issus du droit international pénal et du droit interne. Leur compétence étant limitée aux crimes commis par les Khmers rouges pendant leur période au pouvoir de 1975 à 1979. Les crimes internationaux retenus, à l'exception du crime contre l'humanité, sont définis par référence explicite aux conventions internationales, qui au préalable avaient été ratifiées par le Cambodge avant 1975. Une telle mesure permet aux Chambres de rendre des décisions juridiquement incontestables et de retenir un champ d'application le plus large possible[291]. De même, il appartient aux chambres extraordinaires de faire la synthèse dans leur jurisprudence entre un droit humanitaire international, d'inspiration essentiellement anglo-saxonne, et un droit pénal cambodgien, d'inspiration française. La procédure suivie est également hybride. Elle est caractérisée par un mélange de procédure pénale interne et de principes internationaux, mais avec prédominance du droit interne ; alors que certaines garanties substantielles sont incorporées à partir d'instruments internationaux.

144. La situation de la Sierra Leone s'oppose sur bien des points à celle du Timor et du Cambodge. Le conflit qui ravageait le pays depuis 1991 a conduit

---

[289] La France également semble appliquer la même démarche, car à partir de 1994 le Code pénal réprime les crimes contre l'humanité et le génocide commis en dehors de la Deuxième Guerre mondiale. Pour une étude de cette question, cf. HUET André et KOERING-JOULIN Renée, *Droit pénal international,* Paris, PUF, 1993, Titre second, « infractions et sanctions pénales régies conjointement par le droit international et le droit national », pp. 103 à 106.

[290] L'article 15 du Pacte précise que rien dans cette disposition n'interdit le jugement et la punition d'actes qui étaient incriminés par les principes généraux de droit international au moment des faits.

[291] POISSONNIER Ghislain, « Les Chambres extraordinaires au sein des tribunaux cambodgiens : une nouvelle forme de justice internationale », *Journal du droit international* (Clunet) n° 1, janvier 2007, p. 6, § 40.

le gouvernement sierra-léonais à solliciter l'intervention du Conseil de sécurité de l'ONU dans le but de créer un tribunal international compétent pour juger et punir les responsables des atrocités commises pendant la guerre[292]. C'est dans cette perspective qu'un Tribunal spécial a été établi à la suite d'un accord signé entre l'ONU et le gouvernement sierra-léonais le 16 janvier 2002. À la différence des autres tribunaux internationalisés, le Tribunal spécial est conçu comme une « entité autonome » fonctionnant en tant qu'institution séparée, indépendante du système juridictionnel national[293]. Il est habilité à juger les personnes qui portent la responsabilité la plus lourde pour violations graves du droit international humanitaire et du droit sierra-léonais commises depuis le 30 novembre 1996[294]. La compétence du tribunal s'étend également aux crimes contre l'humanité et aux crimes de guerre. Le génocide n'est pas pris en compte, car il n'était manifestement pas en cause dans le conflit Sierra Léonais[295].

145. Par rapport au droit matériel et au droit procédural, l'approche adoptée en Sierra Leone s'écarte quelque peu des expériences précédentes dans la mesure où le système s'appuie davantage sur les standards internationaux (tels que codifiés dans les Statuts du TPIY, du TPIR et de la CPI) que sur le droit interne amendé. Comme le soutient Anne-Charlotte Martineau, la primauté du droit international sur les qualifications internes est assurée par un élément téléologique. Les accusés ne sont poursuivis sur la base du droit interne que de manière subsidiaire, car « *la double compétence des Tribunaux pénaux mixtes*

[292] L'idée initiale de créer une juridiction internationale à la Sierra Leone a trouvé son origine première au terme de la signature de l'Accord de Lomé. Après un mois et demi de négociation politique (du 25 mai1999 au 7 juillet 1999) menée sous les auspices de l'ancien président du Togo et de la CEDEAO. Cet ultime accord de paix fut signé le 7 juillet 1999 à Lomé entre le président de la Sierra Leone, Ahmad Tejan Kabbah et le leader du Front Révolutionnaire Uni, Saybana Sankoh. Pour une étude de la question, cf. SOW Moustapha Baidy, *Le Tribunal spécial pour la Sierra Leone : entre droit et politique,* thèse de doctorat droit public, Tome 1, p. 49.

[293] Il est composé de trois organes : les Chambres (Chambre de première instance et Chambre d'appel), le bureau du Procureur et le greffe. On constate une présence internationale majoritaire au niveau de tous les organes : la chambre de première instance est composée de trois juges, dont deux sont nommés par le Secrétaire général et un par le gouvernement sierra-léonais, la Chambre d'appel est composée de cinq juges, dont trois sont nommés par le Secrétaire général et deux par le gouvernement sierra-léonais ; le procureur est nommé par le Secrétaire général, alors qu'un procureur adjoint est nommé par le gouvernement sierra-léonais ; le greffier est nommé par le Secrétaire général . Cf. rapport du Secrétaire général, S/2000/915, § 39 et article 12 du Statut du Tribunal.

[294] Par rapport à la compétence *ratione temporis du tribunal,* le Secrétaire général a rejeté la date du 23 mars 1991, date marquant le début de la guerre civile, pour la bonne et simple raison qu'une date aussi lointaine « entraînerait une lourde charge de travail pour le ministère public et pour le tribunal ». Or, la date du 30 novembre 1996 (signature accord de paix entre le gouvernement sierra-léonais et les rebelles) prenait en compte les crimes les plus graves commis par toutes les parties et groupes armés sur l'ensemble du territoire sierra-léonais.

[295] Dans son rapport du 4 octobre 2000, le Secrétaire général des Nations Unies estimait qu'il n'y avait aucune preuve du fait que les crimes avaient été commis contre un groupe national, ethnique et racial ou religieux identifiable avec l'intention de le détruire en tant que tel. Cf. rapport N.U., S/2000/915, § 13.

a pour objectif de mettre fin à un climat d'impunité en poursuivant les responsables de crimes internationaux[296] ». Dans ce contexte, le Tribunal spécial peut aussi recourir au droit Sierra Léonais pour juger certains crimes concernant l'abus sexuel de fillettes[297] ainsi que la destruction volontaire de propriétés[298]. Ces dispositions furent ajoutées afin de combler certaines lacunes du droit international pénal.

146. Par ailleurs, l'un des éléments qui nous permet de rapprocher le TSSL des Chambres spécialisées rwandaises, c'est le caractère multiple des responsabilités. Tout comme en ex-Yougoslavie et au Rwanda, le conflit sierra-léonais a mis en évidence l'implication de centaines de meurtriers à tous les échelons de la société : dans le commandement militaire, le pouvoir politique, parmi la société civile, au sein des cellules familiales, les forces armées nationales, etc. Les responsabilités criminelles apparaissaient sous différentes formes. C'est pourquoi le choix politique du Conseil de sécurité s'est limité à la poursuite de la haute hiérarchie des criminels ainsi que « des dirigeants[299] ». L'une des questions juridiques les plus débattues au moment de l'élaboration du Statut du TSSL a concerné la circonscription et l'enrôlement des enfants soldats[300] en tant que crime de guerre.

147. Le Tribunal spécial s'est vu attribuer la compétence très controversée de juger les enfants de 15 à 18 ans. Cette question liée à la criminalité juvénile pendant les conflits armés a fait également l'objet d'un traitement spécifique

---

[296] MARTINEAU Anne-Charlotte, *Les juridictions pénales internationalisées, un nouveau modèle de justice hybride*, Paris, Pedone, 2007, p. 35.

[297] Ces crimes sont définis par référence au « Prevention of Cruelty to Children Act » de 1926. Cf. art. 5 du statut du Tribunal spécial.

[298] Elle est visée par le « Malicious Damage Act » de 1861. *Idem,* art. 5.

[299] Une telle mesure va progressivement donner naissance à une théorie spécifique en justice internationale, à savoir la « *justice à deux niveaux* » et à « *deux vitesses* ». Comme le fait remarquer le président du TPIY, « *En matière d'enquêtes, la stratégie du Procureur vise plus que jamais à poursuivre les dirigeants responsables du conflit. Les criminels de moindre envergure continueront de faire l'objet de poursuites locales ou nationales.* (…) » Cf. Huitième Rapport annuel du Tribunal Pénal International pour l'ex-Yougoslavie - *IV Les activités du Bureau du Procureur – C Enquêtes 1 Considérations générales* (17 septembre 2001), Doc. ONUA/56/352–S/2001/865, § 189, p. 35. Pour une étude approfondie de la question, cf. également JOINET Louis, *Lutter contre l'impunité : dix questions pour comprendre et pour agir,* Éd. La Découverte, 2002, 142 p.

[300] Les termes de « circonscription » et d'« enrôlement » ont été définis par la représentante spéciale des Nations Unies sur les enfants et les conflits armés, en qualité de témoin expert lors du procès de Thomas Lubanga (ancien chef rebelle de la République démocratique du Congo et première personne à être condamnée par la CPI). Selon la représentante spéciale, « la circonscription fait référence à l'incorporation par la force dans une unité de combat » alors que « l'enrôlement fait référence à l'acte généralement volontaire de rejoindre les forces armées par enrôlement, typiquement en figurant sur la liste d'un corps militaire ou par mobilisation indiquant l'appartenance et l'incorporation aux unités de combat ». Consulter à ce propos le site :
http://french.lubangatrial.org/2010/01/07/a-quoi-pouvons-nous-nous-attendre-aujourd%E2%80%99hui-de-l%E2%80%99expert-des-nations-unies-sur-les-enfants-et-les-conflits-armes/

devant les Chambres spécialisées rwandaises[301]. En revanche, l'approche adoptée par le TSSL semble offrir beaucoup plus de garanties au respect des droits des mineurs. Il est expressément prévu que ces derniers doivent être traités avec dignité et respect, en tenant compte de leur jeune âge et de la nécessité de faciliter leur insertion et leur reclassement, conformément aux normes internationales relatives aux droits de la personne, en particulier les droits des enfants.

148. En outre, la peine d'emprisonnement est exclue, des mesures de nature corrective ou éducative lui étant préférées[302]. Cependant, compte tenu du fait que la compétence du Tribunal spécial est limitée aux personnes qui portent la plus lourde responsabilité des violations graves du droit international humanitaire et du droit sierra-léonais, il y a peu de chance pour que des enfants soldats ne soient jamais jugés. D'autant plus que le Procureur du Tribunal spécial a indiqué en novembre 2003 n'avoir aucune intention de porter des accusations contre des enfants[303].

149. En somme, l'instauration des tribunaux mixtes a permis de combler certaines lacunes existantes dans la répression nationale et internationale des crimes internationaux. Malgré leur succès incontestable, cette nouvelle catégorie de juridictions s'est confrontée à d'énormes difficultés remettant parfois en cause leur viabilité en tant qu'institution. Les deux principaux problèmes concernent l'insuffisance des ressources et la mauvaise coopération des États[304]. De même, la nature hybride de ces tribunaux a engendré des difficultés dans l'harmonisation entre deux ordres juridiques différents. C'est pourquoi l'application de deux droits matériels (interne et international) a parfois entraîné des vicissitudes au sein des juridictions hybrides[305].

150. Comme l'ont très pertinemment remarqué Cesare Romano et Théo Boutruche, « *c'est bien cette tentative de conciliation entre ces deux ensembles*

---

[301] Cf. *infra*, la minorité pénale : cause atténuante de la responsabilité, § 206 et s.

[302] Le Statut prévoit que le Tribunal doit assortir son jugement d'une ou de plusieurs des mesures ci-après : placement, éducation surveillée, travail d'intérêt général, programmes d'éducation pénitentiaire, d'enseignement, de formation professionnelle, tout programme de désarmement, démobilisation et réinsertion etc. Cf. Statut du Tribunal art. 7, § 2, et art. 15 § 5.

[303] À ce propos, LA ROSA Anne-Marie, « La contribution des tribunaux internationalisés au droit commun du procès pénal international : le cas du Tribunal pénal spécial pour la Sierra Leone », in SOREL Jean-Marc (dir.) et al, *Les juridictions pénales internationalisées*, *op. cit.*, p. 185.

[304] S'agissant de la Sierra Leone, deux défauts majeurs semblent avoir affecté le Tribunal spécial : l'un concerne sa compétence *ratione temporis* qui est très controversée, l'autre vise le mode de financement qui paraît fragile. Le cas du Timor oriental n'est pas non plus tout à fait prometteur dans la mesure où le manque de personnel qualifié et de ressources a sérieusement handicapé le fonctionnement des panels pour crimes graves.

[305] Par exemple, les commissions spéciales du Timor oriental qui ont une structure juridique « de prévalence internationale » ont rendu de nombreux jugements sur la base du Code pénal indonésien, par des qualifications d'homicides simples. Comme le soulignait le Haut-commissariat des droits de l'homme dans son rapport sur la situation du Timor oriental, ces qualifications étaient la conséquence directe du manque de moyens de l'organe d'enquête. E/CN.4/2001/37, 6 février 2001, § 3.

au sein d'une même institution qui constitue à la fois la force et la faiblesse des tribunaux pénaux internationalisés[306] ». Une telle pratique met en jeu la difficile conciliation entre éléments nationaux et éléments internationaux. L'ancien Procureur du TPIR Carla Del Ponte a confirmé cette hypothèse lors d'un colloque organisé à La Rochelle sur la « justice transitionnelle[307] ». S'appuyant sur l'exemple du Cambodge, elle a ouvertement critiqué les juridictions mixtes en soutenant que ce système ne fonctionne jamais « tranquillement » : « *soit ce sont des tribunaux nationaux avec un soutien international, soit ce sont les juridictions internationales qui imposent leurs lois*[308] ». Dans tous les cas, la présence d'une forte composante internationale ne suffit pas en elle-même à pallier toutes les difficultés, encore faut-il trouver un juste équilibre entre personnel national et personnel international.

151. Enfin, dans une dynamique fondée sur un régime parallèle de justice répressive et reconstructive, l'avènement des Commissions Vérité et Réconciliation[309] n'a pas toujours facilité le travail des juridictions mixtes. En Sierra Leone, le Tribunal spécial a fonctionné simultanément avec une Commission Vérité, tous les deux devenus opérationnels à l'été 2002[310]. Dès le début des travaux visant la mise en place du Tribunal, la question de la relation et de la coordination de ses travaux avec la CVR[311] établie en 2000 s'est

---

306 ROMANO Cesare et BOUTRUCHE Théo, *op. cit.*, p. 651.

307 Symposium coorganisé par l'Association Internationale de droit pénal (AIDP) et le Centre d'Études juridiques et politiques (CEJEP) de l'université de La Rochelle du 29 septembre au 1er octobre 2011.

308 Au Cambodge, c'est extrêmement difficile car les magistrats cambodgiens sont sous les instructions ou les ordres du gouvernement. On imagine la difficulté que les juges internationaux rencontrent. Ce qui explique la démission de certains d'entre eux.

309 Inspirée du modèle sud-africain, les Commissions Vérité et Réconciliation (ci-après « CVR ») s'identifient comme des alternatives à la justice pénale, qui remplacent ou tout au moins permettent de suspendre les poursuites, parfois seulement de manière informelle. Pour de plus amples développements sur la relation entre le TSSL et la CVR, SCHABAS William A., « La Commission Vérité et Réconciliation de Sierra Leone », *Droits fondamentaux* n° 3, janvier-décembre 2003 p. 122 et s.

310 Les procès devant le TSSL ont réellement commencé en juin 2004, bien après l'accomplissement des activités de la CVR. Auparavant, le secrétaire général des Nations Unies émit l'opinion selon laquelle la Commission était une institution complémentaire du Tribunal spécial. Dans une lettre adressée au Conseil de sécurité, le secrétaire général soutenait également qu'« *il convient de s'assurer que le Tribunal spécial et Commission travaillent en complémentarité et en synergie, dans le respect mutuel de leurs attributions distinctes, quoique liées* ». Cf. lettre du 12 janvier 2001, Doc.NU S/2001/40, para. 9.

311 La CVR de Sierra Leone est le produit de l'Accord de paix de Lomé du 7 juillet 1999, une trêve négociée entre le gouvernement de la Sierra Leone et le Front Révolutionnaire Uni (Revolutionary United Front). La commission avait une double mission : d'abord, une fonction d'établissement des faits, ensuite une fonction thérapeutique (moyen pour les criminels d'avouer leur culpabilité et réparation pour les victimes dans les affaires qui le méritent). En outre, la CVR était chargée de répondre à l'impunité et aux besoins des victimes, pour guérir les blessures de guerre, apaiser les tensions et promouvoir la réconciliation afin d'éviter la répétition des violences et des atrocités passées. En ce sens, SCHABAS William A., « La relation entre les commissions vérité et les poursuites pénales : le cas de la Sierra Leone », in SOREL Jean-Marc (dir.) et al, *Les juridictions pénales internationalisées*, *op.cit.*, p. 209 et s.

immédiatement posée. Bien que leurs fondements et leurs mandats soient distincts, leurs compétences se recoupent. Une telle expérience sans précédent a révélé quelques tensions entre les deux institutions. Il en est ainsi du problème de l'échange d'information qui a soulevé des questions délicates de preuve, tant en ce qui concerne les éléments à charge qu'à décharge susceptibles d'être utilisés devant le Tribunal spécial.

152. Jusque-là, il n'y a jamais eu d'accords entre les deux entités (CVR et TSSL) ni d'échange d'informations[312], même si la Commission de Vérité a fait état d'une coopération de nombreux auteurs d'atrocités ayant témoigné en public ou en privé de leurs actes[313]. La mise en place de cette commission a ravivé le débat sur la légitimité de l'amnistie prévue par les accords de Lomé, conclus en 1996 entre le gouvernement national et les factions en conflit. Notons ainsi que le statut même du TSSL exclut toute application de la clause d'amnistie prévue par l'accord de Lomé « en raison de son illégalité au regard du droit international ». Le Tribunal l'a d'ailleurs confirmé en 2004 en limitant sa portée aux crimes de droit sierra-léonais[314]. C'est pourquoi la Commission de Sierra Leone ne pouvait pas se servir de l'amnistie comme moyen utilisé par la CVR d'Afrique du Sud afin d'inciter les auteurs d'atrocités à reconnaître leurs actes.

153. Au Cambodge aussi, l'ONU a clairement exigé l'exclusion de toute amnistie ou de grâce en émettant des réserves à l'égard de l'article 40 de la loi de janvier 2001[315]. De ce fait, « une amnistie accordée à une personne entrant dans la compétence des Chambres extraordinaires n'empêchera pas des poursuites ». Il n'en va pas de même au Timor-Leste où, à la fin du mandat des Chambres spéciales en 2005[316], le nouveau gouvernement a choisi de réorienter le processus judiciaire vers une Commission « Vérité et Amitié »

---

[312] Sur ce point, le Procureur du Tribunal spécial soutenait de manière judicieuse qu'il n'était pas intéressé par les renseignements collectés par la CVR. W. SCHABAS, *op. cit.,* p. 124 et s.

[313] La commission a publié son rapport final le 30/08/2005 : http://www.trial-ch.org/fr/ressources/commissions-verite/afrique/sierra-leone.html

[314] *Prosecutor v. Morris Kallon,* SCSL-2004-15-AR72 E; *Prosecutor v. Sam Hinga Norman,* SCSL-2004-14-AR72 E. Dans le même sens, MEISENBERG Simon M., « *Legality of amnesties in International Humanitarian Law: the Lome amnesty decision of the Special Court for Sierra Leone",* RICR 2004 n° 856, pp. 838-851.

[315] L'article 40 ne fait qu'exclure *toute demande de la part du gouvernement* d'une amnistie envers les personnes *poursuivies ou condamnées* par les Chambres extraordinaires. Cette question reste controversée dans la mesure où certains chefs Khmers rouges comme Nuon Chea et Khieu Samphan ont bénéficié d'une amnistie, et d'une grâce royale concernant Ieng Sary à la suite de leur ralliement entre 1996 et 1998.

[316] Le 20 mai 2005 marque la date de fermeture des commissions spéciales du Timor oriental. D'après le rapport de fin de mandat de la MANUTO un bilan définitif fait état de 270 mandats d'arrêt, 87 personnes jugées dont 84 reconnues coupables de crimes contre l'humanité et d'autres délits. Trois acquittements ont été prononcés. Selon la MANUTO, sur les 1400 meurtres commis en 1999, moins de 600 étaient visés par les actes d'accusation dressés par le Groupe des crimes graves. Cet écart s'explique par le manque de moyen, les contraintes de temps et l'absence de coopération des autorités indonésiennes. Pour ce faire, des charges étaient pendantes contre 339 accusés se trouvant pour la plupart en Indonésie. À ce propos, cf. ARBOUCHE Adrien, *op. cit.*, p. 27.

créée à partir d'un accord bilatéral avec l'Indonésie[317]. Un tel accord « à l'amiable » semble porter ouvertement atteinte au principe de la lutte contre l'impunité, à la promotion des droits de l'homme et du droit international humanitaire. La mise en place de cette Commission semble sonner le glas du processus judiciaire des violences commises en 1999. Ainsi, comme le précise le rapport final d'un groupe d'experts des Nations Unies, « *le mandat de la Commission vérité et amitié comporte des dispositions incompatibles avec les normes internationales qui refusent de laisser impunis les crimes graves* [...][318] ».

154. En définitive, ces différentes questions portant sur la CVR et sur l'amnistie ont fait l'objet d'un grand débat au Rwanda[319]. Mais le nouveau gouvernement a opté pour la poursuite des auteurs du génocide, considérant que les expériences étrangères n'étaient pas satisfaisantes[320]. La conclusion la plus pertinente que l'on peut tirer de cette étude comparative entre les tribunaux hybrides et les Chambres spécialisées rwandaises, c'est surtout la consécration d'un droit mixte qui apparaît sous la forme d'une juxtaposition du droit interne et du droit international.

SECTION 2 — LA CONSÉCRATION D'UN DROIT SPÉCIFIQUE PAR LES CHAMBRES SPÉCIALISÉES

155. En vertu du principe de la légalité, seuls constituent des infractions punissables les actes prévus et punis par la loi ou par un règlement. Pour ce faire, l'ampleur sans précédent des crimes commis à partir du 1er octobre 1990 jusqu'au 31 décembre 1994 au Rwanda a entraîné la nécessité d'adopter des mesures exceptionnelles. En effet, la consécration d'une législation spécifique, notamment la loi de 1996, va apporter une grande innovation dans le système pénal rwandais. Elle définit les niveaux de responsabilité des accusés selon quatre catégories en fonction de la gravité et de l'importance des faits qui leur sont reprochés[321]. Le souci du législateur était de punir différemment les

[317] Le but de cet accord était de favoriser la reprise des relations diplomatiques et la réconciliation entre les deux États en mettant fin au contentieux de la répression des crimes graves. Mais aussi, la mise en place de la Commission « Vérité et Amitié » en août 2005 doit se comprendre à la lumière d'un contexte juridique insatisfaisant, auquel l'Indonésie a très peu collaboré en pratique.

[318] Cf. rapport présenté au Secrétaire général des Nations Unies par la Commission d'experts chargés d'examiner les poursuites engagées contre les auteurs de violations graves des droits de l'homme commises au Timor oriental en1999.

[319] Cf. colloque organisé en décembre 1995 « La lutte contre l'impunité : Dialogue pour une réconciliation nationale », République du Rwanda, Kigali, décembre 1995, rapport 46 p. (consulté le 15 mai 2010 au Centre National de Lutte contre le Génocide, Kigali).

[320] Dans ce contexte, la solution d'instaurer des Commissions Vérité et Réconciliation comme en Afrique du Sud fut écartée.

[321] Ce procédé est inspiré des tribunaux internes dans les pays qui avaient connu l'occupation japonaise pendant la Seconde Guerre mondiale. Environ 5.700 Japonais divisés en trois classes

commanditaires du génocide et des massacres, de même que les exécutants. Ainsi :

- ❖ la **première catégorie** regroupait ceux qui ont planifié, organisé et incité aux meurtres, ceux qui avaient une position d'autorité, les meurtriers de grand renom de même que les auteurs d'actes de torture sexuelle.
- ❖ la **deuxième catégorie** faisait référence aux auteurs d'homicides volontaires ou d'autres atteintes graves contre les personnes, ayant entraîné la mort.
- ❖ la **troisième catégorie** désignait les auteurs d'autres atteintes graves contre les personnes sans avoir cherché à causer la mort.
- ❖ Enfin, la **quatrième catégorie** réunissait les personnes ayant commis des infractions contre les biens.

156. Chaque catégorie correspondait à un Code d'application des peines en fonction du degré de participation de l'accusé aux crimes. Précisons toutefois que cette catégorisation n'établit pas de nouvelles incriminations, dans la mesure où les actes de participation criminelle sont tous constitués d'infractions déjà réprimées par le Code pénal. Sur ce point, il peut être alors légitime de se demander si la nouvelle législation de 1996 était réellement nécessaire alors même, qui plus est, que le Rwanda avait ratifié la convention internationale sur le génocide[322]. Pour lever toute sorte d'ambigüité sur la question, le législateur rwandais a eu recours au mécanisme de la double incrimination (**§ 1**). Ce qui signifie qu'un même acte est conjointement considéré comme une infraction en droit international et en droit positif interne. Si le droit international incrimine le crime de génocide et les crimes contre l'humanité[323], le Code pénal rwandais prévoit et sanctionne des actes constitutifs de tels crimes. La décision de recourir à la double incrimination permettait de contrer toute critique fondée sur le principe de la non-rétroactivité de la loi pénale (**§ 2**).

§ 1 — Le principe de la double incrimination

157. La répression des crimes et des massacres commis au Rwanda est fondée sur le principe de la double incrimination posé par la loi organique de 1996. En vertu de ce principe, l'élément matériel caractérisant le génocide ou les crimes contre l'humanité est constitué d'actes réprimés par les lois pénales

---

(A, B et C) étaient jugés selon leur degré de responsabilité dans l'administration ou dans l'armée. En ce sens, FIERENS Jacques, *Droit humanitaire pénal,* Éditions Larcier, Bruxelles, 2014, p. 108.

[322] Il s'agit de la Convention de 1948 sur la répression du crime de génocide.

[323] Les conventions ratifiées par le Rwanda ne prévoient aucune sanction ni de peines par rapport aux actes qu'elles incriminent. Et même si tel était le cas, l'application directe des normes de droit international en droit interne ne fait pas l'unanimité.

ordinaires et qui constituent également une des atteintes à la personne énumérées dans les définitions internationales de ces deux crimes[324]. Il revient alors au juge de procéder à une qualification des faits liés aux massacres en application de la nouvelle législation de 1996. Et pour entrer dans le champ d'application de cette loi, l'infraction pénale doit, soit réunir les conditions requises pour être incriminées au titre d'un crime de génocide ou de crimes contre l'humanité, soit avoir été commise en relation avec ces événements. Sur ce point, la jurisprudence retient deux catégories d'infractions. D'une part les infractions constitutives de génocide et de crimes contre l'humanité **(A)** et d'autre part, les infractions subsidiaires connexes au génocide et aux massacres **(B).** Sans prétendre à l'exhaustivité, nous nous intéresserons notamment aux infractions ayant fait l'objet d'une jurisprudence abondante devant les chambres spécialisées ou celles qui ont suscité beaucoup de controverses. Cette démarche se justifie par le fait que les juges retenaient souvent des infractions qui n'entraient pas dans le champ d'application de la loi de 1996 sur le génocide.

A. Les infractions pénales comme éléments constitutifs du crime de génocide et des crimes contre l'humanité

158. Conformément aux définitions retenues par les conventions internationales, le génocide et les crimes contre l'humanité ne sont juridiquement constitués que lorsqu'un élément matériel et un élément moral sont réunis en vue de vouloir détruire une population civile. Dans ce contexte, il convient de faire la nuance entre l'extermination des Tutsi à cause de leur appartenance ethnique et les massacres de Hutu « modérés » pour des raisons politiques ou autres. Parmi ces différents modes de participation criminelle, l'assassinat constitue la principale infraction retenue par la jurisprudence, contrairement au meurtre (1). Dans la même perspective, pour traiter le crime de génocide, il nous paraît indispensable d'évoquer le cas particulier des femmes tutsi qui faisaient partie du plan d'extermination mis en œuvre par les pouvoirs publics. La majeure partie d'entre elles étaient victimes de viol ou de violences sexuelles (2). D'où l'intérêt d'expliquer comment la justice classique appréhende de tels crimes (sexuels) couramment utilisés, dans les conflits et en Afrique en particulier, comme « arme de guerre ».

1) Le choix d'une qualification entre le meurtre et l'assassinat

159. Réprimé par l'article 311 du Code pénal sous le titre II relatif aux infractions contre les personnes, le meurtre est un homicide volontaire, c'est-à-

[324] Sur ce point, il faudra se référer aux trois instruments internationaux suivants : Convention sur la prévention et la répression du crime de génocide, Convention sur l'imprescriptibilité des crimes de guerre et des crimes contre l'humanité, enfin, quatrième Convention de Genève et du Protocole additionnel II.

dire un acte pouvant entraîner la mort et commis avec l'intention de la donner. Une telle atteinte à l'intégrité physique ne nécessite pas qu'il y ait préméditation de l'acte ou guet-apens, au contraire de ce qui est requis pour l'assassinat[325]. Ainsi, l'analyse de la jurisprudence révèle que l'élément moral guide le plus souvent le raisonnement des juges en raison des faits reprochés aux prévenus (l'intention d'exterminer une minorité ethnique) et du contexte dans lequel ils s'inscrivent. C'est sans doute, ce qui explique le fait que l'assassinat soit très largement retenu par la jurisprudence comme constitutif du crime de génocide. Cependant, une telle infraction ne peut être établie que lorsque l'élément intentionnel est manifeste et identifiable.

160. Par ailleurs, l'appréciation du caractère prémédité de l'acte varie en fonction des circonstances. Soit les juges font référence à la planification de l'acte ou simplement à la participation active lors d'une attaque dont le but principal était de tuer un groupe spécifique de personnes. Cette deuxième hypothèse peut être illustrée par l'extrait du jugement rendu le 28 mars 1997. Ainsi, la Chambre « [...] *constate que le fait d'avoir mené une attaque pour aller tuer les personnes à l'endroit où elles avaient trouvé refuge et celui d'avoir participé aux meurtres de plusieurs personnes constituent l'infraction unique d'assassinat qui elle aussi est constitutive du crime de génocide prévu par la Convention internationale du 09/12/1948*[326]». Le défaut de préméditation entraîne tout simplement une possible requalification de l'infraction en meurtre.

161. Compte tenu de la particularité du contentieux du génocide, où la plupart des infractions ont été commises avec préméditation, le meurtre est rarement retenu par la jurisprudence[327]. Toutefois, il est important de préciser que, le seul fait que l'assassinat soit établi n'est pas suffisant pour qualifier l'acte de crime de génocide. Il faut également que cet acte ait visé les membres d'un groupe spécifique, et que son auteur ait été animé du « dol spécial[328] » requis. C'est ainsi que les Chambres spécialisées se sont déclarées souvent

[325] « Le meurtre commis avec préméditation ou guet-apens est qualifié d'assassinat ; il emporte la peine de mort » (article 312 du Code pénal rwandais du 18 août 1977).

[326] Cf. jugement chambre spécialisée du TPI de Gikongoro, *Ministère public c/ Munyawera Vénuste et consorts,* 28 mars 1997, Recueil de jurisprudence contentieux du génocide ASF et Cour suprême du Rwanda, tome II, p. 56.

[327] Ainsi, il est arrivé que les juges retiennent l'homicide volontaire, même si l'infraction a été commise au hasard d'une rencontre entre le bourreau et sa victime, comme le confirme l'arrêt du 28/03/1997 précité. Recueil de jurisprudence contentieux du génocide ASF et Cour suprême du Rwanda, tome II, *idem,* p.49. Dans un autre cas, l'infraction de meurtre est déclarée établie à la charge du prévenu pour avoir tué une personne d'ethnie Hutu, sans préméditation ; car ce dernier refusait de s'associer aux tueurs dans leur entreprise d'extermination des Tutsi. Cf. jugement Chambre spécialisée du TPI de Nyamata, *Ministère public c/ Murangira Jean Baptiste,* 30 mars 1998, Recueil de jurisprudence contentieux du génocide ASF et Cour suprême du Rwanda, tome IV. p. 196.

[328] Les juges l'analysent comme l'intention précise chez le criminel de provoquer le résultat incriminé, à savoir la destruction en tout ou en partie d'un groupe national, ethnique, racial ou religieux, comme tel. Pour plus de détails, BOULOC Bernard, *Droit pénal général,* 22e éd., Dalloz, 2011, p. 244.

incompétentes dans des cas où les crimes avaient été commis en dehors du projet génocidaire. Il s'agissait plutôt des faits de droit commun ne relevant pas de leur compétence. La décision rendue le 17 mars 1998 par le Tribunal de première instance de Kigali en est une parfaite illustration[329]. Selon les conclusions de ce jugement, les assassinats commis pendant la période du génocide, et qui ne visaient pas les individus en raison de leur appartenance ethnique, n'entrent pas dans le champ d'application de la loi de 1996 réprimant le génocide ou autres crimes contre l'humanité. Dès lors, la Chambre spécialisée s'est déclarée incompétente pour statuer sur une affaire concernant l'assassinat de deux personnes dont il s'avère qu'elles ont été tuées à cause d'une dette[330].

162. Outre cette exception, la jurisprudence retient également le caractère spécifique de l'infraction d'homicide accompagnée de tortures dans la mesure où la plupart des crimes étaient perpétrés avec une brutalité inouïe. Certains tueurs infligeaient des tortures physiques aux victimes avant de les tuer ou de les laisser agoniser. De tels actes, qualifiés souvent de « méchanceté excessive » par les juges, constituent des circonstances aggravantes dans la condamnation pénale[331]. C'est le sens du jugement rendu le 10 décembre 1998 où la Chambre

> «… constate que Nsabimana et Ruhakana sont de grands criminels et que les faits commis par eux les rangent dans la première catégorie, car Nsabimana a tué trois enfants, après avoir torturé deux d'entre eux […], que Ruhakana a été son coauteur du crime d'assassinat après avoir arraché les yeux aux victimes qu'ils ont enterrées en laissant une partie de leur corps à l'air libre, et qu'il faisait résonner un objet métallique pour alerter les tueurs contre ceux qui devaient se cacher[332] ».

Cette disposition illustre bien la particularité des méthodes de tueries utilisées pendant le génocide des Tutsi. Les tueurs étaient non seulement animés d'une intention délibérée d'exterminer une minorité ethnique, mais aussi de faire subir aux victimes une mort lente. Cette réalité a été parfaitement décrite par Jean Hatzfeld dans son livre « Une saison de machettes »[333]. De même, plusieurs témoignages recueillis sur le terrain[334] attestent de l'ampleur des massacres précédés d'actes de tortures ou de traitements inhumains et

[329] Cf. jugement Chambre spécialisée du TPI de Kigali, *Ministère public c/ Muzatsinda Emmanuel,* 17 mars 1998, Recueil de jurisprudence contentieux du génocide ASF et Cour suprême du Rwanda, tome VI, pp. 230-231.

[330] *Idem,* p. 233.

[331] Mais dans le cas d'espèce, le prévenu a bénéficié de l'excuse de minorité car au moment des faits, il n'avait pas atteint l'âge de la majorité.

[332] Cf. jugement Chambre spécialisée du TPI de Kibuye, *Ministère public c/ Kabirigi Anastase et consorts,* 10 décembre 1998, Recueil de jurisprudence du contentieux du génocide ASF et Cour suprême du Rwanda, tome II, p. 150.

[333] HAZFELD Jean, *Une saison de machettes*, Seuil, 2003, p. 269 et s.

[334] Un rescapé du génocide affirmait avoir été frappé à coup de machette par un groupe de milices armées. Une fois transporté à l'hôpital, ses agresseurs ont tenté à nouveau de l'achever. Témoignage recueilli le 18 mai 2010 à Kigali.

dégradants. Il en est ainsi du viol commis parfois sur des « personnes agonisantes ».

2) L'incrimination du viol et d'actes de tortures sexuelles

163. La violence contre les femmes pendant les conflits armés est considérée comme faisant partie intégrante du rituel de l'extermination[335]. Le viol systématique et à grande échelle (environ 250 000)[336] des femmes tutsi reste sans doute l'une des particularités du génocide commis au Rwanda[337]. Cette pratique a pris des proportions inquiétantes, comme l'indique une étude menée par l'ONG AVEGA[338] concernant les violations perpétrées contre les femmes en 1999. Sur 1125 veuves violées[339], 80 % sont traumatisées et 67 % contaminées volontairement au VIH/SIDA par les tueurs, et d'autres mutilées sexuellement avant d'être assassinées[340]. Les blessures et les traumatismes liés aux viols durant le génocide sont indescriptibles en raison de la violence avec laquelle ils ont été commis.

164. Une autre caractéristique du génocide des Tutsi concerne la participation de plusieurs femmes à la perpétration de ces crimes sexuels[341]. Une attention particulière doit être portée à cette forme de violences menées par des femmes contre d'autres femmes, phénomène relativement rare dans les conflits armés[342]. Certaines en ont pris d'autres en captivité en demandant qu'elles soient violées en leur présence[343]. D'autres femmes ont utilisé des instruments pour commettre les viols elles-mêmes. Plusieurs d'entre elles ont ainsi été condamnées pour complicité de viol ou reconnues coupables de

---

[335] Comme le démontre d'ailleurs Faustin Rutembesa (historien rwandais), le viol s'inscrivait dans un double processus : celui de l'anéantissement des Tutsi et, celui de la réalisation d'une communauté 'hutu homogène ou pure'. Cf. rapport CNLG, « 15 ans après le génocide perpétré contre les Tutsi (1994-2009) : défis et perspectives, Kigali, avril 2010, 303 p. (p.13 citée) ». En Bosnie également, le viol était utilisé chez les Serbes comme une pratique systématique, un objectif stratégique dans le cadre du programme de « nettoyage ethnique ». Il était à la fois organisé et encouragé par les officiers supérieurs. À ce propos, TERNON Yves, *op. cit.*, p. 74.

[336] BRUNETEAU Bernard, *op. cit.*, p. 203.

[337] Comme l'a mentionné Alison DES FORGES, dans plusieurs localités, ce sont les autorités politiques et militaires qui organisaient et qui supervisaient ces viols. HRW/ FIDH, *Leave None To Tell the story: Genocide in Rwanda*, mars 1999, p. 215.

[338] Association des veuves du génocide, ONG créée le 15 janvier 1995 à Kigali, sur l'initiative de 50 veuves rescapées du génocide.

[339] Il est important de préciser que ces chiffres et pourcentages sont approximatifs dans la mesure où plusieurs rescapées victimes de viol ont préféré garder le silence.

[340] AVEGA « Agahozo », *Étude sur les violences faites aux femmes*, Kigali, 1999.

[341] Cf. étude menée par African Rights, intitulée *Not so innocent : when women become killer's* (« pas si innocents : quand les femmes deviennent des assassins »), octobre 1995.

[342] Comparé au conflit yougoslave, cf. GRAPPE Véronique, « Guerre et différence des sexes, les viols systématiques dans l'ex-Yougoslavie », 1991-1995, pp. 163-164, in DAUPHIN Cécile et FARGE Arlette (dir.), *De la violence et des femmes*, Paris, Éditions Albin Michel, 1997, 201 p.

[343] Rapport OUA sur le génocide au Rwanda, 2000, p. 152, publié sur http://enquête-citoyenne-rwanda.org.

crimes sexuels. Une décision rendue le 25 mai 2001 nous offre un exemple pertinent d'infraction qualifiée d'acte de torture sexuelle commise par une femme. L'accusée a été condamnée à la peine de mort comme le justifie la conclusion suivante du tribunal :

> « [...] les infractions que Mukamana Immaculée a commises la classent dans la 1re catégorie, car elle a tué TAMARI après l'avoir déshabillée et introduit des morceaux de bois dans son sexe, qu'elle doit être punie de la peine prévue pour l'infraction la plus grave à savoir le crime de génocide, car ces infractions ont été commises en concours idéal entre le 01/10/1990 et le 31/12/1994[344]. »

165. En revanche, lorsqu'il s'agit de poursuivre les hommes accusés de viol, la procédure d'administration des preuves s'est révélée discriminatoire. Le témoignage des femmes violées a rarement été pris au sérieux. Compte tenu surtout des difficultés auxquelles les tribunaux étaient confrontés pour établir des faits de viol, ils étaient loin d'accorder systématiquement plus de crédit aux déclarations des victimes. De ce fait, l'incrimination des actes de nature sexuelle a toujours suscité des réticences surtout, lorsque la parole de la victime est opposée à celle de l'auteur présumé. La majeure partie des prévenus (hommes) accusés de ces crimes sexuels ont été acquittés au bénéfice du doute[345].

166. Bien que le législateur rwandais ait inclus les sévices sexuels parmi les crimes qui devaient être réprimés avec le plus de sévérité, le personnel judiciaire manifesta peu d'intérêt pour engager des poursuites sur ce chef[346]. Dans la plupart des cas, il fallait que la victime cite directement l'accusé poursuivi par le ministère public pour d'autres faits pour qu'il soit aussi inculpé d'infraction de viol. L'autre difficulté réside dans le fait que ces crimes sexuels ne sont pas définis par la loi organique d'août 1996 réprimant le génocide ni par le Code pénal rwandais de 1977[347]. Dès lors, la question de la

---

[344] Jugement Chambre spécialisée TPI de Gisenyi, 25/05/2001, *Ministère public c/ Banzi Wellars et consorts*, Recueil jurisprudence ASF et Cour suprême du Rwanda, tome VI, p. 139.

[345] Dans l'affaire *Sergent Barayagwiza,* rendue le 26/11/1998, la Chambre spécialisée du Conseil de guerre a acquitté le prévenu au motif que la plaignante a plusieurs fois rencontré son « bourreau » après les faits, sans l'avoir dénoncé aux autorités. Recueil ASF et Cour suprême du Rwanda, tome III, p. 309 et s.

[346] Rappelons que dans le projet de loi de 1996, le législateur avait classé l'infraction de torture sexuelle parmi les infractions de la 4e catégorie, au même titre que les infractions contre les biens. Des groupes de femmes en alliance avec le forum des femmes parlementaires organisèrent un plaidoyer qui aboutit au placement des crimes sexuels en 1ère catégorie, passibles de la peine capitale. Cf. cahier de gestion des conflits n° 3, *Lutte contre l'impunité et promotion de la réconciliation nationale.* Édition Université Nationale du Rwanda (UNR), 2001, p. 53.

[347] L'article 360 ne définit pas le viol et assimile à la violence, le fait d'abuser une personne qui a perdu l'usage de sens par une cause accidentelle ou qui en a été privée par quelque artifice. Dans ce contexte, cf. NKUBITO Alphonse-Marie, *Droit pénal spécial,* Ministère de la Justice, éd. R.C.N, Kigali, 1995, pp. 47-48.

répression des viols était loin d'être résolue devant les juridictions classiques rwandaises, même si les accusés encouraient la peine capitale[348].

167. Finalement, peu de procès ont débouché sur des condamnations de crime sexuel[349]. En vertu du principe de la double incrimination, les accusés étaient sanctionnés en application de la Convention sur le génocide qui considère le viol comme une « *atteinte grave à l'intégrité physique ou mentale des membres du groupe* ». Mais, pour qu'un acte de violence sexuelle soit qualifié de crime de génocide ou de crime contre l'humanité, il faut que l'intention spécifique de l'incrimination soit avérée[350]. La justice classique rwandaise va œuvrer dans le même sens en retenant deux cas de figure.

168. D'abord, l'abus de confiance commis par le « protecteur » envers sa victime. Ensuite, l'enlèvement ou la séquestration suivie d'un viol. Pour le premier cas de figure, il convient de rappeler que pendant le génocide, des violences sexuelles étaient commises comme « monnaie d'échange ». Certaines femmes rescapées étaient contraintes de consentir à des relations sexuelles en échange de nourriture ou de « protection ». C'est l'exemple d'hommes hutu qui ont caché des femmes tutsi communément appelées « *les femmes du grenier* ». Sauvées d'une mort certaine, elles étaient réduites en esclavage sexuel. L'arrêt de la Chambre spécialisée du Conseil de guerre a statué sur un cas similaire en arrivant à la conclusion suivante :

> « [...] le Caporal Ndazigaruye est coupable de l'infraction de viol sur P.B car, comme elle dit, le Caporal l'a enlevée aux meurtriers qui allaient la tuer [...] et l'a conduite dans sa maison où il l'a violée cette nuit-là et deux autres fois quand il revenait dans la région[351]. »

169. Le deuxième cas de figure retenu par la jurisprudence fait référence à l'enlèvement suivi d'un viol[352]. D'après certains témoignages de rescapés,

---

[348] Mais depuis janvier 2012, le nouveau Code pénal rwandais légalise l'avortement en cas de viol, mariage forcé ou inceste (cf. art. 165 de la loi organique n° 01/2012/OL/ du 02/05/2012 portant Code pénal). Le même principe est requis en Algérie où l'autorisation d'avortement est reconnue à la faveur des femmes enceintes après un viol. Mais devant d'autres juridictions étrangères, la nature des peines encourues en matière de crime sexuel paraît discutable, voire insignifiante. C'est le cas par exemple du Mexique où les auteurs de viol de mineures peuvent être acquittés de leur crime s'ils épousent leur victime. Pour une étude approfondie, GUEVINET Karima, *Violences sexuelles : la nouvelle arme de guerre*, Éditions Michalon, 2001, p. 169.

[349] La répression de ces crimes de nature sexuelle par les juridictions classiques est fondée sur le Code pénal rwandais de 1977 (art. 360) et sur les deux conventions internationales ratifiées par le Rwanda : les Conventions de Genève et leurs protocoles facultatifs et la Convention sur le génocide.

[350] Cf. première décision rendue par le TPIR, Chambre I, *Le procureur c/ Jean Paul Akayesu*, affaire n° 96-4-T, jugement 2 septembre 1998, §§ 449 à 453, http://www.unictr.org/.

[351] Chambre spécialisée du Conseil de Guerre, 16/08/1999, affaire Caporal Ndazigaruye Emmanuel, Recueil de jurisprudence ASF et Cour Suprême du Rwanda, tome IV, p. 363.

[352] Cf. affaire Nduwumwami où la Chambre spécialisée « *constate que l'infraction de viol d'une mineure de moins de 16 ans est établie à charge de Viateur car, après avoir tué M. R, il a directement emmené sa fille pour la violer, la menaçant de la tuer comme sa mère en cas de résistance...* ». Recueil de jurisprudence ASF et Cour suprême du Rwanda, tome II, pp. 41- 42.

plusieurs femmes ont été enlevées par leurs voisins[353] et violées à plusieurs reprises, soit devant leur mari et enfants, soit dans des endroits publics. Cette pratique visait surtout à humilier les femmes tutsi qui refusaient de se marier avec des Hutu. Il faut également rappeler que les viols étaient souvent collectifs (perpétrés par plusieurs hommes à la fois) et se déroulaient sur une longue période. C'est dans cette perspective qu'un élément spécifique a été introduit dans la définition du crime de génocide, à savoir la « dimension collective ». Il faut que les actes individuels perpétrés s'inscrivent au sein d'un ensemble concerté. Partant de cette analyse, la jurisprudence retient une autre catégorie d'infractions en tenant compte surtout de la forte implication de la masse paysanne et des milices armées dans les massacres.

B. Les infractions connexes au génocide : comment justifier la condamnation pénale ?

170. Il est impératif de préciser que cette catégorie d'infractions n'entre pas dans la définition du crime génocide ou des crimes contre l'humanité. En principe, elles doivent donc être interprétées de manière restrictive. Toutefois, l'examen de la jurisprudence révèle que certaines de ces infractions ont été retenues, sans que le raisonnement juridique soit explicite. Il en est ainsi de l'association de malfaiteurs (1). Mais aussi, d'autres infractions ont fait l'objet de profonds désaccords entre les juges. Il s'agit notamment de l'attentat ayant pour but de porter la dévastation, le massacre ou le pillage (2) et de la non-assistance à personne en danger (3).

1) Le lien de connexité entre association de malfaiteurs et crime de génocide ou crimes contre l'humanité

171. Peut-on considérer le fait d'avoir participé à une expédition meurtrière comme un acte constitutif du crime de génocide ou de crime contre l'humanité ? Dans le même ordre d'idées, la condamnation d'un accusé pour ces deux crimes peut-elle être justifiée par le simple fait que le prévenu ait participé à une ou des réunions secrètes, dont le but était d'ourdir un plan d'extermination des Tutsi ? Les tribunaux étaient souvent amenés à statuer sur ces différentes questions. Pour y apporter plus de précisions, il importe de définir d'abord la notion d'association de malfaiteurs. Elle fait l'objet des articles 281 à 283 du Code pénal rwandais rangés dans la catégorie des infractions contre la sécurité publique, sévèrement réprimées. L'article 281 définit l'association de malfaiteurs comme étant celle qui, quel que soit le nombre de ses membres ou sa durée, est formée dans le but d'attenter aux

[353] Rapport OUA, *supra,* note 343.

personnes ou aux propriétés. L'élément matériel de l'infraction existe du seul fait de l'organisation de la bande[354].

172. Néanmoins, il faut que l'infraction soit commise dans « *l'intention de faire le génocide ou d'autres crimes contre l'humanité* », comme l'indique le préambule de la loi d'août 1996 précité. Plusieurs critères doivent être mis en évidence tels que le caractère organisé de l'association ou la volonté de s'associer. Sur ce point, il est particulièrement intéressant de noter que la jurisprudence sur l'association de malfaiteurs est pléthorique (soit 70 % des jugements publiés parmi les infractions établies à la charge des prévenus). Cela peut s'expliquer sans doute par le fait que des massacres récurrents de civils tutsi et d'assassinats ciblés d'opposants hutu ont été perpétrés entre 1990 et 1993 par des milices armées créées par le gouvernement déchu. De tels actes violents entrent bien dans le champ d'application de la loi d'août 1996[355], car on trouve dans les modes d'exécution de ces tueries les prémices du génocide.

173. Par ailleurs, il est nécessaire de souligner aussi que, dès le déclenchement du génocide, ce sont les milices armées qui dirigeaient les expéditions meurtrières contre les Tutsi, sous les ordres de l'armée et de l'administration civile. Chaque groupe de miliciens avait son secteur qu'il contrôlait par des barrages routiers où des civils tutsi étaient tués avec des gourdins cloutés, des marteaux ou des machettes, tandis que les soldats supervisaient les massacres[356]. Le caractère organisé des tueries s'explique par la tenue de réunions clandestines au cours desquelles des listes de personnes à abattre étaient souvent établies et les rôles répartis entre membres du groupe. Ces analyses nous permettent d'appuyer le raisonnement de la Chambre dans son jugement du 28 mars 1997. Ainsi, elle

> « constate que l'infraction d'association de malfaiteurs est établie à charge de trois prévenus, car : Munyawera a reconnu cette infraction en disant qu'il a assisté à la réunion que le Bourgmestre a tenue dans leur secteur [...], au cours de laquelle il a incité la population aux massacres, l'intéressé ayant été à ce moment chargé de diriger ce groupe de malfaiteurs tel que cela a été confirmé par les témoins interrogés au cours de l'instruction préparatoire et par le tribunal[357] ».

174. Toutefois, l'analyse de la jurisprudence révèle que lorsque les juges retiennent l'infraction d'association de malfaiteurs, la plupart du temps, ils se gardent de motiver leur décision. D'emblée, les milices armées étaient perçues

[354] DE BEER Daniel, « Commentaire et jurisprudence », *Alter Égaux Éditions*, Kigali-Bruxelles, 1999, p. 25.

[355] Sur ce point, rappelons que la loi d'août 1996 couvre les infractions commises à partir d'octobre 1990 (date de l'invasion du FPR au Rwanda) jusqu'en décembre 1994. Ce qui fait sa différence avec le statut du TPIR qui ne s'intéressera qu'aux crimes commis entre janvier et décembre 1994.

[356] Pour plus de détails, TERNON Yves, *op.cit.*, p. 328.

[357] Cf. jugement Chambre spécialisée du TPI de Gikongoro, 28/03/1997, *Ministère public c/ Munyawera Vénuste et consorts*, Recueil de jurisprudence ASF et Cour Suprême du Rwanda, tome II, p. 55.

comme des associations de malfaiteurs. Ce faisant, les tribunaux considéraient que le simple fait d'être membre de ces groupes constituait une sérieuse présomption de culpabilité. Cet aspect justifie un des points critiques des décisions rendues par les Chambres spécialisées. Certains prévenus ont été condamnés pour le simple fait d'avoir été en compagnie de quelques tueurs faisant partie des milices armées, considérées comme les principaux exécutants du génocide[358]. Ce même raisonnement semble motiver des témoins à certains procès qui relatent des faits dont ils ne peuvent absolument rapporter aucune preuve, pendant que les juges et les procureurs retiennent leurs déclarations sans les remettre en cause. Néanmoins, certains prévenus ont été acquittés à juste titre de l'infraction de l'association de malfaiteurs visée aussi à l'article 282[359] du Code pénal, car le Ministère public n'a pu établir l'influence de l'accusé dans la prise de décision au sein de l'association.

175. En somme, la mise en cause de la responsabilité pénale individuelle ne peut être justifiée par le seul fait d'avoir fait partie d'une association considérée généralement comme « génocidaire ». Sur le plan politique, cette question a été examinée lors des débats parlementaires. Certains députés voulaient établir une présomption de culpabilité et un renversement de la charge de la preuve, en réclamant aux membres des milices armées la preuve de ce qu'ils ne sont pas des criminels. L'Assemblée nationale a écarté cette proposition, car ces associations étaient légales sous l'ancien régime[360] ayant mis en exécution son projet d'extermination de l'ethnie tutsi. C'est pourquoi il n'est pas aisé d'évoquer l'idée d'attentat ou de complot contre les institutions étatiques, tel qu'il est mentionné dans plusieurs décisions rendues par les Chambres spécialisées des tribunaux de première instance.

2) L'attentat ayant pour but de porter la dévastation, le massacre ou le pillage

176. Prévue à l'article 168 alinéa 1 et 3 du Code pénal rwandais, cette infraction n'est pas formellement définie dans ledit Code. Elle figure parmi les atteintes à la sûreté intérieure de l'État. Ce qui signifie que le Code pénal fait référence aux actes qui ont pour but de déstabiliser le régime en place, d'empêcher le bon fonctionnement des pouvoirs publics. Dans cette perspective, l'attentat au sens de l'article 168 précité, ne devrait en aucun cas constituer un acte de participation au génocide ou aux crimes contre

---

[358] Ces milices jouaient le rôle d'intermédiaire entre les organisateurs du génocide et la population. Après le début des massacres, leur nombre s'élevait environ à 30.000 au Rwanda. Pour une analyse détaillée de cette question, TERNON Yves, *op. cit.*, p. 330 ; DES FORGES Alison, *op.cit.*, p. 268 et s.

[359] « Les créateurs, les organisateurs, les provocateurs de cette association et les chefs ayant exercé un commandement quelconque dans cette bande, seront punis d'un emprisonnement de cinq à vingt ans ; en cas de récidive, la peine de mort pourra être prononcée » (article 282 du Code pénal rwandais).

[360] Pour plus de précisions, cf. DE BEER Daniel, *op. cit.*, p. 28.

l'humanité visés par la loi organique d'août 1996. Cela se justifie par le fait que c'est l'ancien régime qui avait organisé le génocide, tout en soutenant les actes de pillages. Sur ce point, l'examen de la jurisprudence permet de conclure à une divergence d'interprétation quant à l'infraction ayant pour but de porter la dévastation par le massacre et le pillage. Certaines juridictions procèdent par interprétation extensive du Code pénal (a), d'autres en revanche privilégient une interprétation stricte (b).

a) Une interprétation extensive de l'article 168 du Code pénal rwandais

177. Au terme de cet article 168, « *l'attentat ayant pour but de porter la dévastation, le massacre ou le pillage sera puni d'un emprisonnement de quinze à vingt ans de prison* ». Les accusés sont régulièrement cités et souvent condamnés pour cette catégorie d'infraction. L'une des raisons qui semblent avoir motivé les juges est la destruction ou le pillage des biens des victimes. Dans un pays où 86 % de la population vivait en dessous du seuil de la pauvreté, non seulement les autorités politiques génocidaires incitaient au meurtre, mais elles encourageaient aussi le pillage, puis la destruction des habitations[361]. Juridiquement, ces actes doivent être incriminés au titre d'une infraction de vol commis à plusieurs ou en bandes, de destructions volontaires ou autres dommages aux biens. C'est dans cette perspective que plusieurs faits d'incendies volontaires ou de vol avec violence ont été jugés comme le confirment les conclusions de l'arrêt du 8 octobre 1997[362]. En principe, ces infractions ne devraient pas constituer en tant que telles des crimes de génocide ou des crimes contre l'humanité.

178. Au vu de la jurisprudence, nombreux sont les auteurs de ces crimes qui ont pillé, volé ou détruit des biens publics ou privés. Et dans certaines circonstances, un même acte peut être l'élément matériel de deux infractions distinctes. Il y a donc concours idéal d'infraction[363] au sens de l'article 93 du Code pénal rwandais. Appliquant ce principe, la destruction d'une église ayant entraîné la mort de ses occupants qui y étaient réfugiés a été qualifiée d'assassinat et de destruction volontaire de bâtiment. Étant donné que plusieurs victimes issues de l'ethnie tutsi s'étaient cachées dans des établissements publics pour échapper aux massacres, les tribunaux estimaient que la destruction de ces lieux avait pour but d'exterminer ceux qui y étaient réfugiés. Le jugement rendu 17 avril 1998 est une parfaite illustration de ce phénomène. Ainsi, la Chambre indiquait dans sa décision que :

> « les infractions de complicité de génocide et de complicité d'assassinat sont établies à la charge de Kayiranga J-F, car [...] il s'est lui aussi joint aux autres prêtres et aux autorités de la commune dans une réunion au cours de laquelle ils

---

[361] En ce sens, DES FORGES Alison, *op. cit.*, p. 17.

[362] Chambre spécialisée TPI Cyangugu, *Ministère public et partie civile c/ Rmandatelli Védaste et consorts,* Recueil de jurisprudence ASF et Cour Suprême du Rwanda, tome IV, p. 54.

[363] Cf. *infra,* note 417.

ont décidé d'envoyer chercher l'engin lourd qui a servi à détruire l'église où deux milles victimes ont péri à cause de leur ethnie[364]. »

L'analyse de cette disposition nous permet également de conforter l'idée d'une forte implication des pouvoirs religieux dans l'exécution du génocide. Mais dans le fond, les juridictions ne retiennent pas l'infraction d'attentat contre l'État rwandais. Elles s'intéressent plutôt aux vocables « dévastation », « massacre », et « pillage ». Ainsi, l'argument qui met en cause l'atteinte aux pouvoirs publics est indirectement écarté. Une telle hypothèse paraît incompatible avec les circonstances dans lesquelles le génocide s'est déroulé. L'objectif principal visé par les auteurs des crimes était d'exterminer l'ethnie tutsi et d'éliminer les opposants politiques hutu et non de déstabiliser le régime en place. C'est dans cette perspective qu'intervient une autre tendance dans la jurisprudence qui appuie cette théorie.

b) Une interprétation restrictive de l'article 168 du Code pénal

179. Certaines juridictions rwandaises considèrent cet article comme étant incompatible avec la loi d'août 1996 organisant les poursuites des infractions constitutives de crime de génocide ou de crimes contre l'humanité. Quelles que soient la nature et l'ampleur des faits, ils ne peuvent être qualifiés d'« attentat » ou de « complot » contre le régime en place dès lors que les auteurs agissaient en sa faveur. Aujourd'hui, il est unanimement admis que l'État rwandais a organisé et encouragé le génocide et les massacres. Le caractère particulier des tueries, qui débutaient et se terminaient quotidiennement à heures fixes, prouve qu'il s'agissait d'un projet planifié. C'est d'ailleurs l'une des spécificités de la campagne d'extermination des Tutsi.

180. Pour la première fois dans l'histoire, un gouvernement intérimaire[365] illégitime va, en cent jours, se consacrer presque exclusivement à la perpétration d'un génocide et appeler tout le pays à se réunir pour y parvenir[366]. En conséquence, l'atteinte à la sûreté intérieure de l'État, telle qu'elle est évoquée à l'article 168 précité, est remise en cause par la majeure partie des juges pour la simple raison que c'est l'État rwandais lui-même qui organisait les crimes et les massacres commis sur son territoire. Dès lors, il semblerait plus adéquat d'appliquer l'article 166 du Code pénal qui réprime le fait de vouloir porter des troubles sur le territoire en cherchant soit à exciter les

[364] Cf. jugement Chambre spécialisée TPI Kibuye, *Ministère public et parties civiles c/ Nkinamubanzi et consorts,* 17/04/1998, Recueil de jurisprudence ASF et Cour Suprême du Rwanda, tome IV, p. 173.

[365] Rappelons à la suite de l'attentat contre l'ancien président, un gouvernement intérimaire est aussitôt mis en place par le chef des forces armées rwandaises (FAR).

[366] TERNON Yves, *op. cit.,* p. 331.

populations contre les pouvoirs établis, soit à soulever les citoyens les uns contre les autres[367].

181. Dans d'autres circonstances, les juridictions se sont déclarées incompétentes[368] pour statuer sur la mise en accusation d'« attentat ayant pour but de porter la dévastation, le massacre ou le pillage ». Elles procédaient plutôt à une requalification des faits comme le confirment les conclusions de l'arrêt du 17 mars 1998. En application de la règle de l'interprétation stricte, la Chambre spécialisée a jugé que :

> « la prévention[369] d'attentat ayant pour but de porter la dévastation, le massacre et le pillage doit être requalifiée en vol (article 396 du Code pénal). Le fait de piller les magasins de vente de denrées alimentaires n'est pas constitutif de l'infraction d'attentat ayant pour but de porter la dévastation, le massacre ou le pillage, car cette infraction n'avait pas pour but de porter atteinte à la sécurité de l'État au moment du génocide, puisque le régime en place soutenait les actes de pillage[370]. »

Au vu de cette disposition, l'idée de complot contre le régime ayant organisé le génocide est écartée par la majeure partie des juges. On ne peut reprocher aux accusés de vouloir déstabiliser un État qui a planifié un génocide. Le paradoxe est le même à propos des prévenus qui ont eu l'intention de tuer en s'abstenant de sauver ou d'assister leurs victimes. Les débats autour de cette question sont riches et controversés au regard de la jurisprudence sur les procès du génocide.

3) La non-assistance à personne en danger : une notion controversée

182. L'élément matériel nécessaire à l'existence de l'infraction peut être soit un acte positif ou un acte négatif (action ou omission)[371]. Une simple abstention peut suffire pour constituer un délit de commission. Le refus

---

367 Pour une étude détaillée de la question, CHRÉTIEN Jean-Pierre, *Rwanda : les médias du génocide,* Karthala, 1995, 409 p.

368 Dans le jugement rendu le 08/04/2002, *Ministère public c/ Sibomana,* la Chambre spécialisée s'est déclarée incompétente pour connaître des infractions d'attentat ayant pour but de porter la dévastation le massacre et le pillage, car cette infraction concerne les actes dirigés contre le pouvoir établi, alors que ceux commis pendant le génocide procédaient, au contraire, de la logique du pouvoir en place à l'époque. Recueil de jurisprudence ASF et Cour Suprême du Rwanda, tome VI, pp. 152-153.

369 Cette notion qui signifie « présomption ou prétention » est fréquemment utilisée dans les jugements rendus par les Chambres spécialisées.

370 Chambre spécialisée TPI de Kigali, *Ministère public c/ Muzatsinda Emmanuel*, 17/03/1998, Recueil de jurisprudence ASF et Cour Suprême du Rwanda, tome VI, p. 230.

371 En droit pénal, on distingue le délit d'action ou de commission et le délit d'omission ou d'abstention. En ce qui concerne le délit d'action, l'élément matériel réside dans un acte positif qui consiste à faire ce que la loi prohibe (tuer, blesser…). En revanche, lorsque l'élément matériel réside dans un acte négatif qui consiste à ne pas accomplir ce que la loi commande de faire dans l'intérêt général (porter secours à une personne en péril), il s'agit alors d'un délit d'abstention ou d'omission. Pour plus de détails, cf. BOULOC Bernard, *Droit pénal général,* Dalloz, 2007, p. 208 et s.

d'assistance est ainsi réprimé par le Code pénal rwandais de 1977[372] dont l'article 256 sanctionne « [...] *quiconque pouvant empêcher par son action immédiate, sans risque pour lui ou pour les tiers, soit un fait qualifié de crime, soit un délit contre l'intégrité corporelle de la personne, s'abstient volontairement de le faire ; quiconque s'abstient volontairement de porter à une personne en péril l'assistance que, sans risque pour lui ni pour les tiers, il pouvait lui prêter, soit par son action personnelle, soit en provoquant un secours [...]*[373] ». Il en résulte la réunion de trois éléments requise pour que l'infraction de non-assistance soit retenue : la nécessité d'un péril, une absence de risque à porter secours, et une abstention volontaire alors qu'une action immédiate était nécessaire. Dans le cadre du règlement du contentieux du génocide, cette question a été fortement débattue.

183. Si un sens plus aigu de la solidarité humaine a conduit à multiplier les incriminations fondées sur l'inexécution d'un devoir positif[374], peut-on concilier l'intention d'exterminer une minorité ethnique et l'obligation de lui porter secours ou assistance ? Même si certains tribunaux ont répondu par l'affirmative, la condamnation de la théorie d'infraction par omission par la jurisprudence rwandaise paraît trop complexe, vu le contexte dans lequel s'est déroulé le génocide.

184. Plusieurs auteurs comme Bernard Bruneteau ont insisté sur la dimension populaire qui fait l'originalité historique de l'événement rwandais, alors que d'autres insistent sur le fait que des milliers de Hutu ont refusé de participer aux massacres en sauvant des Tutsi[375]. Or, aux yeux des autorités politiques et religieuses rwandaises, aider les Tutsi signifiait aider « l'ennemi[376] ». Dans plusieurs localités, ils ordonnèrent expressément aux Hutu de ne pas aider les Tutsi, sous peine de sanctions[377]. Les Hutu qui avaient tenté de protéger des Tutsi furent violés, battus ou tués[378]. Compte tenu de ces circonstances, la plupart des tribunaux rwandais ont écarté l'infraction de non-assistance à personne en danger contre des accusés qui couraient un risque en cherchant à secourir les victimes d'ethnie tutsi. Dans ce contexte, Michèle-Laure Rassat prétendait que « *si le droit pénal critique l'égoïsme, il ne prescrit*

---

[372] Décret-loi n° 21/1977 du 18 août 1977 instituant le Code pénal.

[373] Cette disposition reprend presque textuellement l'article 223-6 du Code pénal français qui dispose : « *[...] sera punit de cinq ans d'emprisonnement et de 75000 euros d'amende, quiconque s'abstient volontairement de porter à une personne en péril l'assistance que, sans risque pour lui ou pour les tiers, il pouvait lui prêter soit par son action personnelle, soit en provoquant un secours* ». PELLETIER Hervé, Code pénal, Litec, 2011, p. 223.

[374] PRADEL Jean et VARINARD André, *Les grands arrêts du droit pénal général*, 6e édition, 2007, p. 341.

[375] Comme l'indique Yves Ternon, « *les citoyens rwandais d'identité hutu, appelés à tuer sans délai tous les Tutsi, n'ont pas tous répondu à cette injonction* ». Ce fut alors un échec partiel pour les organisateurs du génocide. TERNON Yves, *op. cit.*, p. 334 et s.

[376] DES FORGES Alison, *op. cit.*, p. 258.

[377] Pour une analyse détaillée, HATZFELD Jean, p. 85 et s.

[378] *Ibid.*

pas l'héroïsme[379] ». Le secours n'est prescrit que s'il peut être apporté sans risque, tant pour celui qui le porte, que pour les tiers.

185. Cependant, d'autres juges rwandais ont condamné l'infraction par omission en estimant que le prévenu avait une position d'autorité pour pouvoir empêcher les massacres. L'abstention d'agir d'un supérieur hiérarchique peut donc équivaloir à un accord implicite, voire à une incitation au meurtre. Tel fut le principe posé dans un jugement rendu par la Chambre spécialisée du tribunal de première instance de Kigali. Selon les conclusions de la Chambre, l'infraction de non-assistance à personne en danger était retenue à la charge de l'accusé, « [...] *car dans la région dans laquelle il se trouvait, ont été commises des tueries importantes et qu'il n'a rien fait pour les arrêter alors qu'il en avait le pouvoir, dans la mesure où il était autorisé à distribuer des armes, que par ailleurs, il collaborait avec les hautes instances de direction* [...][380] ».

Dans la motivation de cette décision, on relève que le rôle purement passif du prévenu justifie sa condamnation. L'adage de Loisel « qui peut et n'empêche, pêche[381] » est souvent cité comme l'expression la plus nette de l'incrimination de l'omission coupable. Mais cette maxime ne fait pas l'unanimité dans la jurisprudence.

186. En statuant sur certains faits, d'autres juges des Chambres spécialisées soutenaient que la répression d'un refus de porter secours est contradictoire avec l'élément intentionnel du génocide, puisque l'auteur de l'infraction a voulu créer le péril. En effet, le défaut d'assistance constituait plutôt un élément de preuve quant à l'approbation du génocide par les prévenus. Une décision en a posé le principe. Selon les conclusions de ce jugement, l'infraction de non-assistance à personne en danger n'était pas établie à la charge de l'accusé dans la mesure où « [...] *il ne saurait être conjointement poursuivi pour avoir planifié l'extermination des personnes à cause de leur ethnie et pour avoir omis de leur porter assistance, que cela doit être retenu comme la preuve qu'il soutenait le génocide*[382] ». Si une telle affirmation reste parfaitement exacte ou justifiée dans son principe, alors, comment apprécier le comportement de certaines personnes qui certes n'ont pas participé aux

---

[379] RASSAT Michèle-Laure, *Droit pénal général*, Ellipses, 2e édition, 2006, p. 406 et s.

[380] Chambre spécialisée du TPI de Kigali, *Ministère public et parties civiles c/ Ngomambiligi F*, jugement du 27/02/1998, Recueil de jurisprudence contentieux du génocide ASF et Cour suprême du Rwanda, tome I, p. 121.

[381] LAINGUI André, « Les adages du droit pénal », *Revue de science criminelle et de droit pénal comparé*, 1986, p. 41.

[382] Chambre spécialisée du TPI de Kibuye, *Ministère public et partie civile c/ Nkinamubanzi Anastase et consorts* jugement du 17/04/1998, Recueil de jurisprudence contentieux du génocide, ASF et Cour suprême du Rwanda, tome IV, p. 173. De même, ce qui fait encore la spécificité du génocide, au lieu d'aider les victimes certains complices aidaient les tueurs à dénicher les Tutsi de leur cachette. Dans d'autres circonstances, les autorités utilisèrent aussi la « pacification » comme tactique pour faire sortir les Tutsi de leur cachette et les tuer. En ce sens, DES FORGES Alison, *op. cit.*, p. 16.

campagnes des massacres, mais ne répondaient pas pour autant aux cris de détresse des Tutsi[383] ?

187. Incriminer de tels actes nous semble complexe dans la mesure où la non-opposition au crime ou le refus d'assistance aux victimes agonisantes (agissements répréhensibles) ne traduit pas forcément un comportement de complicité. Même si l'obligation de faire obstacle à la réalisation d'une infraction s'impose à tous, l'abstention de porter secours doit être justifiée par le fait que les personnes en péril étaient des Tutsi ou des personnes assimilées à des opposants politiques. C'est l'une des principales difficultés auxquelles le ministère public s'est souvent confronté pour établir la responsabilité des prévenus qui auraient refusé de porter secours aux victimes. Faute de preuve irréfutable de la culpabilité des accusés, ces derniers étaient acquittés.

188. L'infraction de non-assistance à personne en danger, telle qu'elle est définie par le Code pénal rwandais, doit donc être appréciée avec beaucoup de réserves en tenant compte de plusieurs facteurs entourant le génocide et les massacres. À partir du moment où le texte d'une incrimination prévoit de manière précise et exclusive un fait d'action, les juges ne pouvaient admettre qu'une abstention lui soit équivalente. Tel fut le raisonnement proposé par la Cour de cassation française dans une célèbre décision rendue le 29 janvier 1936 (arrêt Monnier)[384]. Pour autant, le droit comparé[385] enseigne que plusieurs systèmes juridiques étrangers se montrent beaucoup plus ouverts pour accepter certaines formes d'infractions commises par omission. Il en est ainsi de la législation allemande et celle des États-Unis qui ont fait de l'abstention une infraction ayant une valeur juridique protégée[386].

189. Enfin, qu'elles soient d'action ou d'omission, du fait même de la nécessité d'avoir à les appliquer conformément à la loi, les infractions invitent à une lecture attentive des textes. Le respect de la légalité passe par cette approche qui permet de ne pas dénaturer la version juridiquement retenue. C'est toute la question que soulève la loi organique de 1996 réprimant le génocide. Les juges des Chambres spécialisées rwandaises se prêtaient souvent à une double lecture à la fois positive et négative de cette nouvelle loi. Ils disposaient ainsi d'un important pouvoir d'appréciation. À partir du moment où l'infraction de non-assistance à personne en danger est interprétée comme une intention de commettre le génocide, c'est la loi de 1996 qui s'applique. Reste à savoir si les peines prévues par ce nouveau texte sont plus sévères que

---

[383] Sur cette question, DES FORGES Alison, *idem*, pp. 307-308 ; BRUNETEAU Bernard, p. 203 et s.

[384] Dans cette décision, le sieur Monnier était poursuivi sur la base des articles 222-7 et 222-8 C du Code pénal pour violences et voies de fait, pour avoir toléré que sa sœur atteinte d'aliénation mentale soit maintenue enfermée dans une pièce sans air et sans lumière pendant de longues années, dans des conditions d'hygiène telles que son existence en avait été compromise. Pour une analyse de cette décision, PRADEL Jean et VARINARD André, *Les grands arrêts du droit pénal général*, *op. cit.*, p. 341.

[385] PRADEL Jean, *Droit pénal comparé*, 3e éd., 2008, n° 364 et n° 48.

[386] Pour une étude de la question, BOULOC Bernard, *op. cit.*, p. 210.

celles prévues dans le Code pénal rwandais. Si tel est le cas, le principe de la non-rétroactivité de la loi semble ouvertement atteint.

§ 2 — L'appréciation du principe de non-rétroactivité par rapport à la loi de 1996 réprimant le génocide

190. Reconnue par la Déclaration des droits de l'homme et du citoyen de 1789 en son article 8[387], la règle de la non-rétroactivité de la loi pénale se présente comme un corollaire du principe de la légalité des délits et des peines. Ainsi, une infraction[388] ne peut être établie sans une définition préalable contenue dans un texte destiné à en fixer les éléments constitutifs, de même les sanctions applicables. *Nullum crimen sine lege, nulla poena sine lege :* nul crime sans loi, nulle peine sans loi[389]. Un tel principe a également été consacré par le Pacte international relatif aux droits civils et politiques[390] qui dispose en son article 15 : « *nul ne sera condamné pour des actions ou omissions qui ne constituaient pas un acte délictueux d'après le droit national ou international au moment où elles ont été commises...* » Et le même article précise qu'« *il ne sera infligé aucune peine plus forte que celle qui était applicable au moment où l'infraction a été commise...* » Ces dispositions sont reprises par l'article 20 de la Constitution rwandaise en des termes presque identiques[391]. Ainsi, il apparaît que la légalité de l'incrimination a une portée à la fois constitutionnelle et supranationale.

191. Quelle que soit la conclusion que l'on tire de cette analyse, la logique voudrait en droit pénal que le juge retienne toujours la solution la plus avantageuse pour le justiciable. Cette solution peut être appréhendée sous deux angles distincts : la rétroactivité des lois pénales plus douces[392] et la non-rétroactivité des lois pénales plus sévères. Concernant la non-rétroactivité, elle s'impose au juge répressif et celui-ci ne peut, en se fondant sur une nouvelle

---

[387] Au terme de cet article, « *La loi ne doit établir que des peines strictement et évidemment nécessaires, et nul ne peut être puni qu'en vertu d'une loi établie et promulguée antérieurement au délit, et légalement appliquée* ».

[388] Par infraction, il faut comprendre les actes prévus et punis par la loi (crimes et délits), ou par un règlement (contravention).

[389] MAYAUD Yves, *Droit pénal général,* PUF, 2010, p. 21.

[390] Adopté par l'Assemblée générale des Nations Unies le 16 décembre 1966.

[391] Cf. art. 20 de la Constitution rwandaise qui dispose : « *nul ne peut être condamné pour des actions ou omission qui ne constituaient pas une infraction d'après le droit national ou le droit international au moment où elles ont été commises. De même, nul ne peut être infligé d'une peine plus forte que celle qui était prévue par la loi au moment où l'infraction a été commise* ». Ce principe est aussi consacré par d'autres textes internationaux comme la Convention européenne de sauvegarde des droits de l'homme et des libertés fondamentales (art. 7) et par la Charte des droits fondamentaux de l'Union européenne du 7 décembre 2000 (art. 49).

[392] Traditionnellement admise par la doctrine et la jurisprudence, la rétroactivité n'était consacrée par aucun texte de l'ancien Code pénal français. Elle est perçue comme une loi qui supprime une incrimination, qui cesse de punir un fait antérieurement punissable ou celle qui fait disparaître une circonstance aggravante.

loi, réprimer des actes qui n'étaient pas punis ou l'étaient moins sévèrement par la loi en vigueur au moment de leur commission[393]. Un tel principe ne s'applique pas avec la même rigueur suivant qu'il s'agit de lois de fond ou de lois de forme[394].

192. Pour les lois de fond, c'est-à-dire celles qui correspondent à toutes les dispositions en rapport avec la définition, la modification ou l'abrogation d'une infraction ou des peines qui lui sont applicables[395], la non-rétroactivité est la règle et la rétroactivité l'exception[396]. Cette question mérite d'être soulevée dans le cadre du règlement du contentieux du génocide, car certains crimes relevant de la première catégorie[397], notamment les sévices sexuels, sont réprimés plus sévèrement, y compris par la peine capitale, qu'ils ne l'étaient avant l'adoption de la loi organique de 1996 sur le génocide[398]. Dans ce contexte, cette nouvelle législation semble violer le principe de non-rétroactivité de la loi, consacré par l'article 20 alinéa 2 de la Constitution rwandaise ainsi que l'article 15 du Pacte international relatif au droit civil et politique[399]. La nouvelle loi de 1996 envisage également plusieurs hypothèses où la responsabilité individuelle de l'auteur d'une infraction peut être atténuée ou aggravée. Si les circonstances aggravantes sont strictement définies par la loi pénale et peuvent déboucher sur la peine capitale (B), les causes atténuantes de la responsabilité pénale sont laissées à la libre appréciation des juges (A).

---

[393] BOULOC Bernard, *op. cit.*, p. 147.

[394] Les lois de formes font référence aux lois de procédure ainsi qu'aux lois relatives à l'exécution et à l'application des peines. Pour plus de détails, MAYAUD Yves, *op. cit.*, p. 84.

[395] *Idem*, p. 88.

[396] La rétroactivité était traditionnellement admise par la doctrine et la jurisprudence avant d'être consacrée par le nouveau Code pénal français concernant les lois plus douces (article 112-1 alinéa 3). Ces lois plus douces s'appliquent non seulement aux faits commis avant leur mise en vigueur et non encore jugés, mais aussi aux faits déjà jugés en première instance et qui peuvent être soumis à une juridiction d'appel ou même à la Cour de cassation, tant qu'une décision définitive de condamnation, passée en force de chose jugée, n'est pas intervenue. En ce sens, BOULOC Bernard, *op. cit.*, p. 150.

[397] Elle regroupe les personnes poursuivies pour des faits les plus graves commis pendant le génocide.

[398] En application de l'article 360 du Code pénal rwandais de 1977, le viol était puni d'une peine d'emprisonnement de 5 à 10 ans. Toutefois, cet article précise que le viol ayant entrainé la mort était passible de la peine capitale. Or, dans les procès du génocide, les auteurs de viol pouvaient être classés dans la 1ère catégorie et condamnés à la peine capitale même si leurs victimes avaient échappé aux massacres. Dans ce cas de figure, le principe de la non-rétroactivité semble avoir été violé.

[399] Toutefois, pour ce cas de figure la question reste discutable dans la mesure où l'alinéa de l'article 15 émet des réserves en précisant que : « *rien dans le présent article ne s'oppose au jugement ou à la condamnation de tout individu en raison d'actes ou omissions, qui, au moment où ils ont été commis, étaient tenus pour criminels, d'après les principes généraux de droit reconnus par l'ensemble des nations* ». Il semble que cette disposition fasse référence aux crimes internationaux tels que le génocide ou les crimes contre l'humanité.

A. Les causes atténuantes de la responsabilité pénale

193. L'une des innovations introduites par la loi de 1996, c'est le principe de l'aveu et du plaidoyer de culpabilité. Lorsque les faits à charge du prévenu sont établis, le juge doit classer l'accusé dans l'une des catégories prévues par la loi organique. Celle-ci fixe la fourchette des peines applicables en dérogeant substantiellement au régime des peines prévu par le Code pénal. Mais la sanction définitivement retenue par les juges dépendra tout d'abord de la possibilité pour le prévenu d'avouer un crime et de plaider coupable (1) ou de sa qualité de mineur au moment où les faits ont été commis (2).

1) Le principe de l'« aveu et du plaidoyer de culpabilité »

194. Outre le mécanisme de la double incrimination et la catégorisation des prévenus évoqués précédemment, la loi de 1996 a introduit dans le droit pénal rwandais une nouvelle procédure qui entendait favoriser l'aveu et encourager les excuses auprès des victimes. Il s'agit d'un système inspiré du « *plea bargaining* » anglo-saxon, qui accorde aux accusés une atténuation plus ou moins importante de la peine selon qu'ils ont avoué leurs crimes avant ou après l'ouverture de leur procès. Ce dispositif peut être situé en deux phases : la première est celle de la procédure d'aveu proprement dite qui est menée par le ministère public. La seconde est celle du plaidoyer de culpabilité prononcée par le prévenu devant le tribunal. L'objectif visé par le législateur était d'accélérer l'instruction et le jugement de nombreux types d'infractions liées au génocide, et de rétablir la paix sociale[400].

195. Toutefois, cette nouvelle procédure était non seulement temporaire[401], et soumise également à des conditions de fond et de forme[402]. Ainsi, l'article 5 de la loi organique de 1996 consacre le droit de toute personne qui aurait commis une ou plusieurs infractions visées à l'article premier de recourir à la procédure d'aveu tout en précisant que : ce droit peut être exercé à tout moment tant qu'une juridiction n'a pas été saisie [403] ; ce droit ne peut être exercé qu'une seule fois ; enfin, le prévenu qui manifeste son intention de recourir à la procédure d'aveu peut y renoncer tant qu'il n'a pas présenté son plaidoyer de culpabilité au tribunal. Si le ministère public est satisfait des vérifications qu'il a effectuées, il dispose du pouvoir d'accepter

[400] Pour reprendre les mots d'un député rwandais, l'objectif de cette procédure était de ressouder le tissu social. Cf. loi n° 8/96 du 30/08/1996 – Travaux parlementaires, extrait sess. 1996, éd. Alter Égaux, Kigali, Bruxelles, IV, p. 4.

[401] Cette procédure est entrée en vigueur le 1er septembre 1996, pour une durée de dix-huit mois, déjà renouvelée une première fois par un Arrêté présidentiel du 10 mars 1998 (art. 4 alinéa 1er de la loi organique de 1996).

[402] Les conditions de fond sont précisées à l'article 6 de la loi organique de 1996 et les conditions de forme sont prévues par les alinéas 2 et 5 du même article. Cf. loi organique 1996 (annexe 1).

[403] C'est-à-dire avant que le ministère public n'entame les poursuites.

irrévocablement les aveux des personnes impliquées dans les massacres. Dans cette perspective, il ne reste au tribunal qu'à approuver le plaidoyer de culpabilité des prévenus et d'appliquer la sanction appropriée dans l'échelle des peines fixée par la loi.

196. Compte tenu des circonstances dans lesquelles les victimes ont été tuées, le législateur entendait favoriser les aveux[404] pour une reconstitution des faits aussi fidèle que possible à la vérité. Les personnes ayant pris part aux atrocités devaient non seulement reconnaître les faits dont ils étaient personnellement coupables, mais aussi dénoncer leurs coauteurs et complices[405]. C'est toute la difficulté que soulève le déroulement normal des procès dans la mesure où la plupart des détenus affirmaient n'avoir pas agi seuls. Pour pallier un tel obstacle, la pratique des procès groupés a été initiée devant les Chambres spécialisées afin d'accélérer les jugements. L'exemple ayant le plus retenu notre attention est la décision rendue par la Chambre spécialisée le 10 décembre 1999[406] dans lequel 25 prévenus ont été jugés, dont 5 acquittés, soit pour des faits non établis, soit au bénéfice du doute. Ce qui fait la spécificité de cet arrêt, c'est qu'au-delà de la complicité, le tribunal a déclaré recevables les aveux présentés par certains prévenus et en a rejeté d'autres.

197. Dans un autre cas similaire, le juge estimait que l'un des accusés avait « *au cours de son interrogatoire par l'officier du ministère public et des débats en audience reconnu les faits qui lui sont imputés et présenté ses excuses, indiqué les noms de ses victimes tels que repris dans la prévention et ceux de ses coauteurs et complices conformément au prescrit de la loi n° 08/96 du 30/08/1996 dans son chapitre 3 relatif à la procédure d'aveu et de plaidoyer de culpabilité [...]* »[407].

Par conséquent, le prévenu devait bénéficier de circonstances atténuantes, car il avait plaidé coupable. Il est classé dans la deuxième catégorie avant d'être condamné à la peine principale de dix ans d'emprisonnement. En revanche, si l'accusé n'avait pas eu recours à la procédure d'aveu, il encourait

---

[404] Étant donné que les crimes étaient commis par une part importante de la population rwandaise, l'aveu paraissait seul susceptible de fonder la perspective même éloignée d'une réconciliation. Cette hypothèse a été confirmée par l'ancien ministre de la Justice du Rwanda (février - juillet 2003) qui soutenait que « *les aveux constituent une sorte de thérapie pour les victimes* ». Entretien accordé par Jean de Dieu Mucyo, 15 mai 2010.

[405] Il est rappelé à l'article 89 alinéa 1 du Code pénal rwandais que le complice d'une infraction est passible des mêmes peines que les auteurs mêmes de l'infraction, sauf dans les cas où la loi en dispose autrement. Toutefois, il existe une différence fondamentale entre les deux définitions retenues par le Code pénal et la loi organique de 1996, concernant la complicité. Selon le Code pénal, toute aide ou assistance volontaire à l'auteur de l'infraction est un acte de complicité (art. 91 alinéa 3), tandis que la loi organique de 1996 exigeait que cette aide soit indispensable (article 3, alinéa 1er).

[406] Chambre spécialisée du TPI de Kibuye, *Ministère public c/ Kabirigi Anastase et consorts,* Recueil de jurisprudence ASF et Cour Suprême du Rwanda, tome II, p. 119.

[407] Chambre spécialisée TPI de Gitarama, *Ministère public c/ Bugirimfura Emmanuel et consorts,* 02/04/1999, Recueil de jurisprudence ASF et Cour suprême du Rwanda, tome III, p. 169.

la réclusion criminelle à perpétuité, conformément à l'article 14 b) de la loi organique de 1996. Néanmoins, les sanctions doivent être appréciées de manière différente lorsque les aveux sont rejetés (a) ou lorsque l'accusé se rétracte de ses aveux (b).

a) La sanction applicable en cas d'aveux rejetés

198. En application de l'article 7 de la loi organique, si l'officier du ministère public conclut à un rejet de la procédure d'aveu et de plaidoyer de culpabilité, il est tenu de poursuivre l'instruction de l'affaire selon les voies ordinaires : enquêtes, comparutions de témoins, interrogatoires ou perquisitions. Mais aucune autre procédure d'aveu ne pourra être requise au niveau du ministère public. La seule possibilité qui est offerte à l'accusé, c'est de renouveler son offre d'aveu devant la juridiction qui sera saisie de l'affaire. Dans cette perspective, si le tribunal conclut une fois de plus au rejet de la demande, l'audience doit être reportée à une date ultérieure afin de permettre au prévenu débouté de préparer sa défense.

199. Il est également important de préciser que le rejet des aveux n'empêche pas que le prévenu puisse bénéficier de circonstances atténuantes. L'arrêt rendu par la Chambre spécialisée du TPI illustre largement cette hypothèse[408]. Du fait que le prévenu s'est contredit dans sa défense, la Chambre n'a pas pris en considération son offre d'aveu, même si ce dernier n'a cessé de présenter ses excuses. C'est ainsi que l'accusé a pu bénéficier de circonstances atténuantes, malgré la gravité des faits commis et établis à sa charge. Sa peine est fixée à vingt ans d'emprisonnement. Mais qu'en est-il en cas de rétraction d'aveux ?

b) La sanction applicable en cas de rétraction des aveux

200. Afin d'assurer l'effectivité du droit de recourir à l'aveu, le législateur a tout d'abord prévu un droit à l'information que le ministère public a l'obligation de garantir à l'accusé[409]. L'objectif de cette notification est de permettre au requérant de décider en connaissance de cause, s'il entend confirmer ou rétracter ses aveux et donc s'il accepte de poursuivre la procédure d'aveu et plaidoyer de culpabilité ou y renonce. Si après avoir été dûment informé de la catégorie dans laquelle il est classé[410], le prévenu renonce à la procédure d'aveu et de plaidoyer de culpabilité, il est en droit de retirer ses aveux. Dans ce contexte, ceux-ci ne pourront plus, tout au long de la

---

[408] Chambre Spécialisée TPI de Nyamata, *Ministère public c/ Nzirasanaho Alexis & Munyakazi Pascal,* 09/09/1998, Recueil de jurisprudence ASF et Cour suprême du Rwanda, tome I, pp. 153 et 155.

[409] Article 6 alinéa 4 de la loi organique de 1996 **(annexe 1).**

[410] Pour rappel, les accusés étaient classés en première, deuxième, troisième ou quatrième catégorie en fonction de la gravité des faits qui leur sont reprochés.

procédure et à quelque stade ou degré qu'elle se situe, être retenus comme preuve de sa culpabilité ni par le ministère public ni par les juges. Par conséquent, le ministère public sera obligé de produire d'autres preuves pour obtenir une condamnation du prévenu par le tribunal[411].

201. Pourtant, l'analyse de certaines décisions fait apparaître que les juges refusaient parfois d'écarter les aveux déjà effectués par l'accusé devant l'officier du ministère public, comme ce fut le cas dans l'arrêt rendu par la Chambre spécialisée du TPI de Kigali[412]. Dans le cas d'espèce, même si le prévenu dénonçait une extorsion d'aveux, « *ses premières déclarations concordaient avec différents témoignages, notamment sur des détails comme celui de l'emploi de massues cloutées* » dans l'assassinat des victimes. Dans l'hypothèse contraire où l'officier du ministère public conclut à un rejet de la procédure d'aveu et de plaidoyer de culpabilité, la procédure ordinaire reprend son cours.

202. Néanmoins, la loi de 1996 autorise le prévenu à renouveler son offre lorsqu'il comparaît devant les juges. Parmi certains faits examinés par les Chambres spécialisées, il n'était pas exceptionnel qu'elles acceptent des aveux écartés par le ministère public. Tout comme dans d'autres cas, c'est l'inverse qui s'était produit. Par exemple, des aveux déjà acceptés par le ministère public ont été rejetés par les juges qui les estimaient incomplets parce que le prévenu ne reconnaissait pas l'infraction de non-assistance à personne en danger qui avait été ajoutée à son insu dans la citation[413]. Le même problème aurait pu se poser en cas de disqualification des faits. Dans ce cas, l'article 12 alinéa 3 de la loi de 1996 apporte une solution, en reconnaissant aux juges la compétence de qualifier autrement les faits dont ils sont saisis, même si le prévenu est passé aux aveux. Par exemple, le juge peut qualifier de meurtre des faits initialement qualifiés d'assassinats par le ministère public ou, inversement, lorsque la préméditation est établie comme nous l'avons précédemment démontré. Dans de telles circonstances, le changement de qualification des faits n'emporte pas d'office le rejet de la procédure d'aveu.

203. Cependant, le tribunal ordonnera la réouverture des débats avant d'informer le prévenu de la nouvelle qualification des faits, de manière à lui permettre de décider ou non s'il maintient sa demande de recours à la procédure d'aveu ou s'il y renonce. Le but est d'éviter que l'accusé n'ait la surprise d'être condamné pour d'autres inculpations que celles qu'il a acceptées dans le cadre de l'aveu. Cette garantie aux droits des accusés est d'autant plus importante que la qualification des faits a des incidences sur la catégorisation et sur la peine encourue.

204. Qu'en est-il alors, lorsqu'un accusé a commis plusieurs actes réprimés de manière différente par le Code pénal ? Cette question a été largement

[411] Ces conditions sont fixées par l'article 6 alinéa 5 de la loi organique de 1996.
[412] Chambre spécialisée du TPI de Kigali, *Ministère public et parties civiles c/ Kayinamura Wellars et consorts,* Recueil de jurisprudence ASF et Cour suprême du Rwanda, tome I. p. 99.
[413] A ce titre, DE BEER Daniel, *op. cit.*, p. 63.

débattue par la doctrine[414], avant d'être soulevée devant les juridictions françaises et rwandaises. Au vu des décisions rendues par les Chambres spécialisées chargées du contentieux du génocide, il était rare de voir un accusé poursuivi pour une seule infraction. Tel fut le cas dans l'arrêt rendu par la Chambre de la ville de Cyangugu[415]. Après avoir tué une mère de famille à coups de machette, l'accusé avait par la suite enlevé et violé la fille de la victime sous la menace et la contrainte. Même s'il dénonce les brutalités qu'il aurait subies au cours de son interrogatoire, la concordance des aveux rétractés et les différents témoignages soumis au tribunal suffisaient pour prouver sa culpabilité. La réalité des faits prouve que l'accusé a commis les infractions d'assassinat et de viol. Dès lors, la question fondamentale qui se pose est celle de savoir, si le juge pénal prononcera plusieurs condamnations propres à chaque infraction commise ou, s'il doit au contraire faire un choix parmi toutes les incriminations possibles.

205. C'est l'hypothèse dans laquelle des infractions sont commises en concours idéal[416] ou réel[417]. Un courant doctrinal apporte une solution adéquate en application de la règle *non bis in idem*. Celle-ci traduit un principe général du droit selon lequel, nul ne peut être sanctionné deux fois à propos du même fait répréhensible. À partir du moment où, le fait unique commis par l'accusé est susceptible de plusieurs qualifications, le juge doit choisir la « plus haute », c'est-à-dire la plus sévèrement réprimée, et négliger les autres. C'est le principe du *non-cumul des peines* qui s'applique[418]. D'ailleurs, l'article 18 de

---

[414] Sur ce point, MAYAUD Yves, *Droit pénal général*, PUF, 2010, p. 160 et s.

[415] Chambre spécialisée du TPI de Cyangugu, *Ministère public c/ Nduwumami Viateur*, 06/10/1997, Recueil de jurisprudence contentieux du génocide, ASF et Cour suprême du Rwanda, tome II, p. 35.

[416] Le concours est qualifié « d'idéal » lorsqu'un fait matériel ou l'activité matérielle unique d'un individu tombe sous le coup de plusieurs qualifications pénales. En d'autres termes, on parle de concours idéal d'infractions, lorsque l'action comprend des faits qui, constituant des infractions distinctes procèdent d'une intention délictueuse unique, ou comme étant les uns des circonstances aggravantes des autres. En réalité, il n'y a pas pluralité d'infractions, mais seulement une infraction unique dont il s'agit de trouver la qualification exacte, d'où l'expression « **conflit de qualifications** ». Pour résoudre cette question, la jurisprudence en donne la préférence à la qualification la plus élevée. Par exemple, un attentat à la pudeur commis sur la voie publique peut constituer en même temps une agression sexuelle et une exhibition sexuelle (cf. art. 377 du Code pénal rwandais de 1977 et art. 222-32 du Code pénal français). Les intérêts protégés par les deux dispositions ne sont pas identiques : l'un protège l'intégrité de la personne humaine, l'autre, la moralité publique. Pour une analyse approfondie de la question, cf. MERLE Roger et VITU André, *Traité de droit criminel, tome 1 : Problèmes généraux de la science criminelle. Droit pénal général,* Paris, Cujas, 7e édition, 1997, p. 519 ; MAYAUD Yves, *op. cit.*, p. 163 et s.

[417] Distinct de la récidive et de la réitération, le concours réel ou matériel d'infractions se singularise par la commission d'une pluralité d'infractions sans que l'auteur ait encore fait l'objet d'une condamnation pénale définitive. C'est l'exemple d'un individu condamné pour une infraction et qui en commet une autre avant d'être irrévocablement jugé pour la première. Pour plus de détails, BOULOC Bernard, *op. cit.*, p. 544.

[418] A ce propos, Yves Mayaud analyse de façon détaillée les hypothèses où il y a rejet de tout cumul de qualifications pénales et les cas où il y a une possibilité de cumul. MAYAUD Yves, *op. cit.*, p. 160 et s.

la loi organique rwandaise de 1996 rappelle qu'« *en dépit de l'article 94*[419] *du Code pénal, seront prononcées les peines déterminées par la qualification la plus sévère lorsqu'il y'a concours idéal ou matériel d'infractions*[420] ». Pour ce faire, la loi de 1996 déroge aux différentes règles de calcul des peines fixées aux articles 93 et 94 du Code pénal rwandais de 1977. Si l'accusé a commis plusieurs faits réprimés de différentes manières par le Code pénal, il encourt toujours la sanction attachée au crime passible de la peine la plus forte. Telle est la solution appliquée par les Chambres spécialisées qui, dans la quasi-totalité des décisions rendues, considéraient que les infractions étaient commises en concours idéal.

206. Comme en témoigne le raisonnement suivant : *« les infractions de crime de génocide, d'associations de malfaiteurs et d'assassinats, sont établies. Elles ont été commises sous forme de concours idéal ayant pour objectif de commettre le génocide et rangent le prévenu dans la deuxième catégorie. L'accusé est condamné à une peine d'emprisonnement à perpétuité*[421] ».

Sur ce point, la question du non-cumul est surtout simplifiée et résolue par le mécanisme de la catégorisation[422] des prévenus. Elle n'établit pas de nouvelles incriminations, car les actes de participation criminelle réprimés pas la loi organique sont tous constitués d'infractions déjà réprimées par le Code pénal. L'objectif visé par le législateur était au plus, de trouver un équilibre entre l'exemplarité de la répression des crimes les plus graves et les impératifs liés à la réconciliation nationale[423].

207. Enfin, la « catégorisation[424] » n'intervient qu'au terme du cheminement du juge, juste avant la fixation de la peine. Ce dernier rappellera l'ensemble des faits, avant de classer le prévenu dans la catégorie qui correspond aux faits commis les plus graves. Ce n'est qu'après l'examen du degré de responsabilité pénale de l'accusé, que ce dernier sera rattaché à une catégorie pour que le juge puisse déterminer la fourchette des peines applicables aux actes incriminés. En cas de concours de qualification, si chacune des infractions relève de la même catégorie, l'accusé sera condamné à

---

[419] Lorsqu'il y a concours réel, le juge prononcera des peines pour chaque infraction et cumulera les peines prononcées sous réserve de certaines dispositions relatives à la peine de mort ou l'emprisonnement à perpétuité. Pour plus de précisions, cf. article 94 Code pénal rwandais de 1977.

[420] Lorsqu'il y a concours d'infractions, le Code pénal rwandais traite de manière détaillée la question des peines applicables, et de la manière dont elles peuvent ou non se cumuler selon les cas, en droit commun. Cf. articles 93 et 94 du Code pénal de 1977.

[421] Chambre spécialisée du TPI de Kigali, *Ministère public et parties civiles c/ Kayinamura Wellars*, 13/10/1997, Recueil de jurisprudence contentieux du génocide, ASF et Cour suprême du Rwanda, tome I, p. 99.

[422] La loi organique du 30/08/1996 précise, « *selon les actes de participation aux infractions visés à l'article 1, la personne poursuivie est classée dans la 1ère, 2e, 3e ou 4e catégorie* ».

[423] Cf. loi du 30/08/96, Travaux parlementaires, extraits, sess. Alter Égaux, Kigali, Bruxelles, 1996, pp. 9 à 15.

[424] Classification des prévenus selon leur degré de participation dans le génocide.

la peine maximale prévue pour cette catégorie. L'appartenance à une catégorie ayant d'importantes incidences sur la peine, le juge doit motiver son choix de « catégorisation ». Par exemple, dans l'arrêt de la Chambre spécialisée du 6 octobre 1997 précité, le prévenu (classé en 2e catégorie) est reconnu coupable du crime de génocide constitué par les infractions d'assassinat et de viol sur la personne d'une mineure de moins de 16 ans[425]. Le conflit de qualification ne peut donc logiquement conduire à une pluralité de déclarations de culpabilité.

208. Cette règle de non-cumul des peines connaît des exceptions si l'on se réfère par exemple au système juridique français. Une seule action matérielle d'un individu peut conduire à retenir à son encontre plusieurs infractions à l'image d'un véritable concours réel. L'arrêt *Ben Haddad*[426] rendu par la Cour de cassation le 3 mars 1960 en a posé le principe. Ainsi, un individu ayant jeté une grenade dans un café avait provoqué la mort des clients et des destructions. La Chambre criminelle a jugé « *qu'il ne s'agit pas d'un crime unique dont la poursuite sous deux qualifications différentes serait contraire au vœu de la loi, mais de deux crimes simultanés commis par le même moyen, mais caractérisés par des intentions coupables totalement différentes*[427] ».

Dans de telles circonstances, le concours de qualifications pouvait donc se résoudre en un cumul réel d'infractions. Chacune des peines encourues peut ainsi être prononcée dans la limite du maximum légal applicable à chaque infraction (art. 132-3 du Code pénal français). Ainsi, la qualification correspondant à l'expression pénale la plus élevée l'emporte sur les autres. Cette règle est valable pour tous les accusés y compris ceux qui n'ont pas encore atteint l'âge de la majorité, à la différence qu'ils bénéficient d'une excuse de minorité.

2) La minorité pénale : cause atténuante de la responsabilité

209. Le traitement de la responsabilité pénale du mineur n'est pas appréhendé de la même manière dans les législations nationales. À cet égard, on peut identifier deux grands régimes différents. **Un premier régime** ne fait pas la différence entre la répression du mineur et celle du majeur, surtout en cas de crimes. Toutefois, le juge peut faire bénéficier le mineur d'une peine moins forte que celle qui aurait été appliquée au délinquant majeur. Un tel système est appliqué en Angleterre où l'on associe à des mesures privatives de liberté d'autres mesures éducatives visant la réinsertion sociale[428].

210. Un autre type de régime plus répandu applique un double système pour apprécier la qualité du mineur en droit pénal. D'une part, il existe un

---

[425] Cf. Chambre spécialisée du TPI de Cyangugu, *supra,* note 415, pp. 41- 42.

[426] En ce sens, PRADEL Jean et VARINARD André, *op. cit.,* p. 249 et s. ; Cass. Crim, 3 mars, 1960, *RSC*, 1961, p. 105.

[427] Arrêt cité par Jacques LEROY, *Droit pénal général*, 3e édition, LGDJ, 2010, p. 156.

[428] En ce sens, cf. CAHN Olivier, « La justice pénale des mineurs en Grande-Bretagne », *Archives de politique criminelle,* 1/2008 (n° 30), p. 235-289.

système d'irresponsabilité pénale qui se traduit par l'exclusion de toutes formes de poursuites ainsi qu'une prise de mesures éducatives et de redressement jusqu'à un certain âge. D'autre part, un système de responsabilité atténuée se traduit par des peines allégées au-delà de l'âge fixé par la loi. Un tel régime a été introduit en France par l'ordonnance du 2 février 1945[429], qui prévoyait des mesures éducatives pour les enfants de moins de 13 ans et la possibilité de peines réduites concernant les mineurs de 13 à 18 ans. Ce qui signifie que les mineurs âgés de moins 13 ans étaient pénalement irresponsables.

211. Toutefois, le législateur français a désormais affirmé le principe de la responsabilité des mineurs dans l'article 122-8 du Code pénal, à la faveur d'une disposition de la loi du 9 septembre 2002 dite loi Perben. Ainsi, « *les mineurs capables de discernement sont pénalement responsables des crimes, délits ou contraventions dont ils ont été reconnus coupables, dans des conditions fixées par une loi particulière qui détermine les mesures de protection, d'assistance, de surveillance et d'éducation dont ils peuvent faire l'objet*[430]». Cette solution est l'aboutissement d'une jurisprudence consacrée par le célèbre arrêt *Laboube*[431], rendu par la Chambre criminelle de la Cour de cassation le 13 décembre 1956. Dans cette affaire, un mineur de 6 ans, à qui étaient reprochées des blessures involontaires, s'était vu refuser des mesures de redressement par la Chambre criminelle qui considéra que, malgré le principe de l'irresponsabilité pénale du mineur posé par l'ordonnance du 2 février 1945 précitée, « *toute infraction, même non intentionnelle, suppose [...] que son auteur ait agi avec intelligence et volonté*[432] ». Or, quel que soit l'âge des mineurs, la logique voudrait que leur responsabilité ne soit effective que pour ceux « *capables de discernement* ». Il a donc fallu attendre la nouvelle rédaction de l'article 122-8 du Code pénal, pour que la question de la responsabilité pénale des mineurs retrouve sa cohérence en France.

212. Par ailleurs, la législation s'est développée à la suite de l'adoption de nombreuses lois comme celle du 9 mars 2004 portant adaptation de la justice aux évolutions de la criminalité, celle du 5 mars 2007 relative à la prévention de la délinquance ou encore la loi du 10 août 2007 renforçant la récidive des majeurs et des mineurs. Même si l'on ne retrouve pas cette large consécration textuelle dans le système juridique rwandais, la question de la minorité pénale mérite une attention particulière compte tenu surtout du caractère spécifique de

---

[429] Complété et modifié à plusieurs reprises, ce texte avait pour préoccupation majeure de mettre l'accent davantage sur la réadaptation sociale du mineur que sur la rétribution pénale liée à sa condamnation. Mais historiquement, le droit pénal des mineurs depuis sa version napoléonienne ne s'est jamais départi de la responsabilité. Celle-ci a été soumise plutôt à des conditions d'âge et de discernement. Pour plus de précision, MAYAUD Yves, *op. cit.*, p. 336 et s.

[430] Cf. art. 11 de la loi n° 2002-1138, JO 10 septembre 2002, p.14934.

[431] Au sujet du commentaire de cet arrêt, PRADEL Jean et VARINARD André, *op. cit.*, p. 540.

[432] *Idem*, p. 540.

la criminalité juvénile pendant le génocide des Tutsi[433]. Rappelons que pour briser le cycle de l'impunité et prévenir toute tentative de vengeance, le Rwanda s'était doté d'une loi organique en 1996, organisant la poursuite et la répression des auteurs des crimes et des massacres. Cependant, cette nouvelle législation ne prévoyait aucune sanction à l'égard des accusés considérés comme mineurs au moment des faits. La loi se contentait de préciser que le prévenu ne pouvait être jugé uniquement par des magistrats pour enfants, lorsqu'il était mineur au moment où l'infraction a été commise[434]. Il n'existait pas non plus de section pour mineurs au sein des Chambres spécialisées. Ces derniers étaient jugés en même temps que les adultes.

213. En outre, le régime appliqué au Rwanda était caractérisé par un système mixte prévoyant l'irresponsabilité pénale jusqu'à l'âge de 14 ans et la responsabilité pénale atténuée pour les mineurs âgés de plus de 14 ans et moins de 18 ans[435]. Le prévenu qui se situe dans cette tranche d'âge bénéficie, par conséquent, d'une excuse de minorité. Certes, il est considéré comme pénalement responsable, mais les peines applicables doivent en principe être réduites par rapport à celles qu'encourrait un adulte pour des faits semblables[436]. En d'autres termes, un régime de responsabilité atténuée a été mis en place afin de trouver un équilibre entre la nécessité de punir les infractions au-delà d'un certain âge et de soumettre le mineur à un régime de sanction relativement plus clément que pour un adulte.

214. L'analyse de la jurisprudence liée au contentieux du génocide révèle toutefois de sérieuses difficultés auxquelles les juges ont été confrontées pour déterminer l'âge des prévenus au moment où ils ont commis l'infraction. Il est arrivé par exemple que l'acte d'état civil établissant l'âge soit imprécis, sans le mois ni le jour de naissance[437]. Dans ce cas, lorsqu'il y a le plus léger doute,

---

[433] Sur ce point, les résultats des enquêtes menées auprès de la population rwandaise ont permis de conclure que des enfants ont commis plusieurs infractions au cours du génocide. Ils ont commis des meurtres, viols, pillages ou signalé aux miliciens les cachettes des Tutsi. Pour une étude approfondie de la question, cf. rapport publié par Save The Children Federation - USA, « Enfants Génocide et Justice », Kigali, 1996, p. 18.

[434] Cf. article 19 alinéa 3, loi organique du 30/08/96 qui dispose : « *chaque Chambre spécialisée peut comprendre plusieurs sièges pouvant siéger simultanément. Au moins un de ces sièges est composé de magistrats pour enfants qui connaissent exclusivement des infractions visées à l'article 1 commises par les mineurs* ». Cependant, cette disposition n'a pas toujours été respectée dans la mesure où des mineurs ont été habituellement jugés par les mêmes sièges que les adultes. En ce sens, Avocats Sans Frontière, *Le crime de génocide et les crimes contre l'humanité devant les juridictions ordinaires du Rwanda,* Kigali et Bruxelles, 2004, p. 196.

[435] Dans le nouveau Code pénal de 2011 (art. 72), la minorité pénale est fixée à partir de 12 ans et non 14 ans (loi organique n° 01/2012/OL/ du 02/05/2012 portant Code pénal).

[436] Cf. art. 77 du Code pénal rwandais en vertu duquel, « *lorsque l'auteur ou le complice d'un crime ou d'un délit était âgé de plus de 14 ans et de moins de 18 ans au moment de l'infraction, les peines seront prononcées ainsi qu'il suit, s'il doit faire l'objet d'une condamnation pénale : s'il a encouru la peine de mort ou l'emprisonnement à perpétuité, il sera condamné à une peine de dix à vingt ans d'emprisonnement ; s'il a encouru une peine d'emprisonnement ou une peine d'amende, les peines qui pourront être prononcées contre lui ne pourront d'élever au-dessus de la moitié de celles auxquelles il aurait été condamné s'il avait eu dix-huit-ans.* ».

[437] DE BEER Daniel, *op. cit.*, p. 40 et s.

l'hypothèse la plus favorable doit jouer pleinement pour le prévenu. Par exemple, le simple fait de constater que l'accusé avait moins de 14 ans au moment de faits suffit à exclure sa responsabilité pénale[438]. Il s'agit d'une cause d'exonération de la responsabilité au même titre que la démence ou la contrainte irrésistible, visée à l'article 70 du Code pénal rwandais[439].

215. Pour autant, très peu de jugements ont conclu à l'irresponsabilité des mineurs accusés de génocide ou de crime contre l'humanité. Dans la plupart des cas, les juges ont retenu deux hypothèses : l'accusé est tout simplement considéré comme mineur au moment des faits et par voie de conséquence, il bénéficie d'une réduction de peine. Comme ce fut le cas dans l'arrêt rendu par la Chambre spécialisée du Tribunal de première instance de *Ruhengeri* dans lequel le juge constate que « *Rwagakiga était mineur au moment des faits qui lui sont reprochés, car il était âgé de 16 ans, qu'il a refusé de recourir à la procédure d'aveu et de plaidoyer de culpabilité devant le Ministère public, qu'il doit être fait application des articles 77 ; 82*[440] *et 83*[441] *du Code pénal livre I* [442] ». Le prévenu est ainsi condamné à une peine de neuf ans d'emprisonnement.

216. Le deuxième cas de figure permet de conclure à un cumul de l'excuse de minorité et des circonstances atténuantes pour les mineurs ayant recouru à la procédure d'aveu de plaidoyer de culpabilité. En effet, ces derniers devaient se voir appliquer une troisième réduction de peine découlant d'une appréciation souveraine du juge. La jurisprudence illustre largement cette possibilité, comme l'indique l'arrêt rendu par la Chambre spécialisée du TPI

---

[438] Jugement de la Chambre spécialisée du TPI de Gisenyi, *Ministère public c/ Niyoniringiye Félix et consorts,* 27/10/2000, Recueil ASF et Cour suprême du Rwanda, tome V, p. 112. Dans un autre cas examiné, à l'issue d'un procès groupé le tribunal estimait qu'au moment des faits, le 11e prévenu n'avait pas atteint l'âge de 14 ans. Il ordonna sa libération immédiate. Cf. Chambre spécialisée du TPI de Gisenyi, *Ministère public c/ Banzi Wellars et consorts,* 25/05/2001, Recueil de jurisprudence ASF et Cour suprême du Rwanda, tome VI, p. 141.

[439] Selon les dispositions de cet article, « *Il n'y a pas de responsabilité pénale lorsque le prévenu était en état de démence au temps de l'infraction ou lorsqu'il a été contraint par une force à laquelle il n'a pas pu résister, ou lorsque le fait était ordonné par la loi et commandé par l'autorité...* ».

[440] « *Le juge apprécie souverainement les circonstances qui, précédant, accompagnant ou suivant l'infraction, atténuent la culpabilité de son auteur* ».

[441] « *S'il existe des circonstances atténuantes, les peines seront modifiées ou réduites ainsi qu'il suit :*
- la peine de mort sera remplacée par une peine d'emprisonnement qui ne sera pas inférieure à cinq ans ;
- la peine d'emprisonnement à perpétuité sera remplacée par une peine d'emprisonnement temporaire qui ne sera pas inférieure à deux ans ;
- la peine d'emprisonnement temporaire de cinq à vingt ans ou supérieure à vingt ans pourra être réduite jusqu'à la peine d'emprisonnement d'un an... ».

[442] Jugement Chambre spécialisée du tribunal première instance de Ruhengeri, *Ministère public c/ Rwagakiga et consorts*, 25/03/1999, Recueil de jurisprudence ASF et Cour suprême du Rwanda, tome V, pp. 232-233.

de Gisenyi[443]. Selon les conclusions de ce jugement, la Chambre considérait que « *[...] NZ. Jean Bosco a recouru à la procédure d'aveux et de plaidoyer de culpabilité et a présenté ses excuses, qu'il était âgé de moins de 18 ans à l'époque des faits et doit donc bénéficier d'une diminution de la peine en vertu de l'article 77 du Décret-loi n° 21/77 du 18/08/1977 portant Code pénal* ». Dans le cas d'espèce, le prévenu n'a écopé que d'une peine d'emprisonnement de cinq ans pour avoir commis des actes de participation criminelle, qualifiés de génocide.

217. En somme, deux ans après la mise en place des Chambres spécialisées, entre janvier et août 1998, la population carcérale totale (suspects en détention) représentait 86 760[444]. Les mineurs représentaient environ un effectif de 2674, soit 3 % des détenus. À l'issue de leur procès, les sentences étaient comprises entre 9 et 15 ans. L'analyse d'un échantillon composé d'une centaine de décisions permet également de mesurer l'instrumentalisation à laquelle un grand nombre de jeunes ont été soumis. Si des adultes censés être doués de plus de discernement invoquaient fréquemment la « contrainte irrésistible[445] » pour avoir commis des actes de nature criminelle, a fortiori, les mineurs ont largement agi sous influence. À la lecture des motifs des jugements examinés, il en ressort que les juges insistaient souvent sur le fait que les mineurs reconnus coupables ont pour la majeure partie d'entre eux agi sous influence ou ont été manipulés. La décision rendue le 16 novembre 1999 par la Chambre spécialisée illustre parfaitement cette hypothèse. En effet, il ressort des termes de ce jugement que

> « les crimes de génocide et d'assassinat sont établis à charge de Nsabamungu Jean de Dieu parce qu'il les a avoués devant le tribunal en disant qu'il lui avait été expliqué que les Tutsi devaient être exterminés [...], qu'il a ainsi répondu au rendez-vous de ces criminels et a mis en exécution leur plan selon lequel le mineur devrait tuer le mineur et le majeur tuer le majeur [...][446] ».

Il fut ainsi condamné à trois ans et demi de peine d'emprisonnement.

218. Si les tribunaux ont fait preuve de compassion à l'égard des prévenus mineurs à l'époque des faits, les juges se sont montrés moins complaisants ou

---

[443] Chambre spécialisée du Tribunal de première instance de Gisenyi, *Ministère public c/ Nzabonimpa J. Bosco,* 28/12/1998, Recueil de jurisprudence ASF-Cour suprême du Rwanda, tome IV, p. 115.

[444] D'après les données publiées par le ministère de la Justice rwandaise.

[445] Il s'agit d'une notion à laquelle l'article 70 du Code pénal rwandais fait référence. En effet, le prévenu est exonéré de la responsabilité pénale lorsqu'il a commis un acte criminel sous la contrainte d'une force à laquelle il n'a pas pu résister.

[446] Chambre spécialisée TPI de Kibungo, *M.P et partie civile c/ Nsabamungu Jean de Dieu,* Recueil ASF-Cour suprême du Rwanda, tome I, pp. 58-59. Le même raisonnement a été suivi dans une autre décision rendue le 03/02/2000 par la Chambre spécialisée du TPI de Kibungo. Ainsi, les juges soutenaient que *« le plan qui était en vigueur était tel que les enfants devaient être tués par d'autres enfants et les adultes par d'autres adultes... ». Ministère public c/ Nsabimana Célestin et consorts,* Recueil ASF et Cour suprême du Rwanda, tome V, pp. 144-145.

bienveillants quant à la notion de « contrainte irrésistible », régulièrement invoquée par des accusés (majeurs). Cela s'explique sans doute par le fait que la plupart des prévenus ont participé au génocide, parfois sous la pression et la menace. Ceux qui refusaient de prendre part aux massacres ont parfois été exécutés. C'est l'exemple des Hutu dits « modérés » qui étaient formellement opposés à l'extermination des Tutsi. D'autres accusés soutenaient avoir été contraints de participer aux massacres, au risque d'être tués. Dans ce contexte, en application de l'article 70 du Code pénal rwandais précité, il ne devrait pas y avoir de responsabilité pénale pour celui qui a agi sous la contrainte sans pouvoir y résister.

219. En revanche, qu'elle soit physique ou morale, la contrainte ne supprimerait la responsabilité que si le fait de commettre l'infraction était l'unique moyen d'échapper à la menace[447]. Dans cette hypothèse, un prévenu a été libéré après avoir été exonéré de toute responsabilité pénale pour crime de génocide, car des témoins attestaient qu'il a été menacé d'un fusil par des militaires[448]. Hormis ce jugement, aucune des décisions examinées n'a conclu à la contrainte irrésistible sanctionnée légalement par un acquittement. Le cas le plus pertinent qui a été rapporté est celui d'un prévenu qui, après avoir reçu un coup de machette et des menaces de mort, s'est résigné à accompagner un groupe de tueurs dans une expédition, tout en se gardant de participer activement à l'attaque. L'accusé ne s'est vu reconnaître que de fortes circonstances atténuantes et il a été condamné à une peine d'emprisonnement de deux ans[449].

220. D'une manière générale, les circonstances atténuantes sont laissées à la libre appréciation des juges comme le justifie la motivation de certaines décisions. Les juges tenaient souvent compte de la particularité du génocide, en ce sens que la plupart des accusés n'ont fait qu'obéir aux ordres des « *chefs criminels*[450] ». Dans cette perspective, si ces derniers étaient reconnus coupables de génocide, leur position d'autorité était juridiquement considérée comme une circonstance aggravante, pouvant déboucher sur la peine capitale.

B. La peine de mort dans la répression du crime de génocide et des crimes contre l'humanité

221. Pendant la période précoloniale au Rwanda, lorsqu'un membre d'un groupe commettait un meurtre, les familles de la victime pouvaient choisir entre la réconciliation et la vengeance. Si la réconciliation n'était pas possible, la vengeance était dès lors considérée comme légitime. Par la même occasion,

---

[447] MUGENZI Louis-Marie, *Droit pénal général*, Ministère de la Justice, éd. R.C.N., Kigali, 1995, p. 58.
[448] Chambre spécialisée TPI de Gisenyi, 25/05/2001, *supra,* note 438, pp.73-74.
[449] En ce sens, DE BEER Daniel, *op. cit.,* p. 39.
[450] Chambre spécialisée TPI de Gitarama, *Ministère public c/ Siborugirwa et Twiringire*, 22/10/99, Recueil de jurisprudence ASF et Cour suprême du Rwanda, tome II, p. 106.

le roi pouvait intervenir pour régler le litige et prononcer des peines de mort[451]. Plus tard, la peine capitale sera légalisée par le pouvoir colonial avant d'être consacrée par le Code pénal du Rwanda indépendant[452]. Cependant, le Code était difficilement applicable au génocide et aux crimes contre l'humanité commis au Rwanda.

222. Pour éviter des exécutions en masse, la loi de 1996 a introduit un système de sanctions plus souple. Seuls les accusés classés dans la première catégorie étaient passibles de la peine capitale[453]. Lorsqu'un prévenu présente des aveux complets et plaide coupable, sans que son nom ait été préalablement publié dans la liste des criminels de la 1re catégorie, il doit être classé dans la 2e catégorie. La peine maximum encourue est la perpétuité[454]. Malgré ces aménagements, le bilan des procès devant les Chambres spécialisées est marqué par un pourcentage élevé de condamnations à mort (15, 51 %)[455]. Quelles sont les raisons qui ont motivé les juges à appliquer une telle sentence ?

223. Pour avoir une vision plus juste de la question, il nous semble important de rappeler l'un des principaux objectifs poursuivis par le gouvernement rwandais après le génocide, à savoir la lutte contre l'impunité. Sur ce point, une liste de suspects (classés dans la 1re catégorie) a été publiée au journal officiel par le procureur général près la Cour suprême[456]. Plusieurs raisons justifiaient le recours à cette publication[457]. C'est sur la base de ce document que les Chambres spécialisées ont rendu leurs premières décisions. Au regard des jugements examinés, deux principaux éléments motivent les juges pour prononcer la peine capitale. D'abord la fonction occupée par l'accusé. Ensuite l'élément constitutif de l'infraction (élément matériel et moral).

224. Dans le premier cas de figure, une analyse plus précise de la jurisprudence nous a permis de relever un critère essentiel, à savoir la « *position d'autorité* » dans laquelle se situait le prévenu au moment des faits. La Chambre spécialisée du TPI de Kigali s'est prononcée sur cette question

---

[451] Sur le droit coutumier au Rwanda, NTAMPAKA Charles, *Introduction aux systèmes juridiques africains,* Presse universitaire de Namur, 200, 192 p.

[452] Il s'agit du Code pénal de 1977 (révisé deux fois en 2003 et 2012) qui prévoyait la peine capitale dans plusieurs cas, notamment les **infractions contre les personnes** (assassinat, parricide, empoisonnement…) et les **infractions contre la chose publique** (trahison ou espionnage, attentat…). Cf. art. 28, art. 312 et s. du Code pénal de 1977.

[453] Puisque la peine de mort a été abolie au Rwanda depuis 2007.

[454] Cf. art. 9, alinéa 2 de la loi de 1996 (annexe 1).

[455] Ces statistiques ont été réalisées par le centre de documentation et d'information sur les procès de génocide (CDIPG) de la Ligue Rwandaise pour la promotion et la défense des droits de l'homme (LIPROHOR).

[456] Le but était surtout d'entamer des poursuites contre les auteurs des infractions les plus graves. Cf. loi n° 8/96 du 30/08/96 - Travaux parlementaires, 1996, éd. Alter Égaux, Kigali.

[457] Vu le nombre élevé de suspects impliqués dans les massacres, le gouvernement rwandais d'Union Nationale encourageait les personnes dont le nom n'était pas encore publié, à recourir à l'aveu. Les accusés qui acceptaient de recourir à cette option pouvaient dès lors bénéficier de circonstances atténuantes.

dans une décision rendue le 27 février 1998. Selon les conclusions du jugement, dans la région où le prévenu se trouvait, « *des tueries importantes ont été commises et qu'il n'a rien fait pour les arrêter, alors qu'il en avait le pouvoir, dans la mesure où, il était autorisé distribuer des armes* [...][458] ». L'accusé est condamné à la peine capitale et à la dégradation physique totale et perpétuelle[459], pour non-assistance à personne en danger. Le Tribunal de première instance de *Gisenyi* s'est prononcé dans un cas similaire le 25 mai 2001[460]. À l'issue d'un procès groupé impliquant 54 prévenus, 10 ont été condamnés à la peine capitale (dont deux femmes). La majorité avait une position d'autorité : ils ont planifié, incité ou supervisé les massacres. Le choix de cet exemple se justifie surtout par rapport à l'implication des femmes dans le génocide. Même si elles ont été les principales victimes de cette tragédie, le rôle que certaines ont joué, mérite une attention particulière. Pour une raison ou pour une autre, elles ont été le plus souvent sanctionnées de la même manière que les hommes à crime équivalent.

225. Quant au second critère retenu par les juges, il est fondé sur l'acte matériel direct commis par l'accusé. Sur la base de cet élément, des prévenus hommes et femmes ont été condamnés à la peine capitale pour avoir commis des actes de tortures sexuels sur leurs victimes. C'est le sens de la décision du 25 mai 2001 précitée où l'un des accusés est reconnu coupable de viol sur « *des victimes qui étaient agonisantes* » avant de les avoir achevées. De tels actes sont qualifiés par le tribunal de circonstances aggravantes légalement sanctionnées par la peine capitale[461].

226. En outre, les juges emploient l'expression « *méchanceté excessive* » pour justifier la légalité de leur décision comme ce fut le cas dans le jugement rendu le 10 décembre 1998[462]. En effet, deux accusés étaient reconnus coupables des infractions qui leur sont reprochées, car « *ils les ont commis avec méchanceté* » en tuant leurs victimes « *après leur avoir arraché leurs*

---

458 Chambre spécialisée TPI de Kigali, *Ministère public et parties civiles c/ Ngomambiligi. F*, Recueil ASF et Cour suprême du Rwanda, tome I, pp. 121-122. Dans le même ordre d'idée, le Conseil de guerre de Kigali a condamné à la peine capitale un adjudant-chef pour sa qualité d'autorité car, « *après les tueries, les miliciens Interahamwe lui remettaient des rapports décrivant l'évolution des travaux en général* ». Hormis sa position d'autorité, il est également reconnu coupable de viol sur un mineur de moins de 16 ans, de complicité d'assassinat et d'association de malfaiteurs. Cf. Conseil de guerre de Kigali, *Auditorat militaire c/ Adjudant-chef Rwahama Anaclet*, 24/11/2008, Recueil de jurisprudence ASF et Cour suprême du Rwanda, tome II, p. 314.

459 La dégradation civique est une peine accessoire affectant les droits civiques et politiques : privation du droit de vote, interdiction d'exercer certaines fonctions, etc. Dans le cadre du contentieux du génocide, la dégradation civique peut être totale ou partielle en fonction de la catégorie ou l'accusé est classé. Cf. art. 17 loi organique 1996 précitée.

460 Jugement Chambre spécialisée TPI de Gisenyi, *Ministère public c/ Banzi Wellars et consorts*, 25/05/2001, Recueil de jurisprudence ASF et Cour suprême du Rwanda, tome VI. p. 71 et s.

461 *Idem*, p. 139.

462 Chambre spécialisée TPI de Kibuye, *Ministère public c/ Kabirigi Anastase et consorts*, Recueil de jurisprudence ASF-Cour suprême du Rwanda, tome II, p. 122.

yeux et en les enterrant en laissant une partie de leur corps à l'extérieur[463] [...] ».

Cet exemple n'est pas un cas isolé, étant donné que l'objectif poursuivi par les assassins était surtout d'infliger des actes de torture à leurs victimes pour provoquer une mort lente[464].

---

[463] *Idem,* p. 156.

[464] A ce propos, HATZFELD Jean, *Une saison de machettes*, Éditions du Seuil, 2003, pp. 156 à 163.

CONCLUSION DU CHAPITRE 1er

227. La poursuite judiciaire des organisateurs et exécuteurs du crime de génocide a constitué un des grands défis du nouveau gouvernement rwandais de transition. La volonté politique de réprimer le crime de génocide a dû faire face à deux principales difficultés : le nombre élevé des présumés auteurs et complices, l'absence de texte adéquat pour traiter ce nouveau contentieux d'une dimension très complexe. Pour surmonter ces obstacles, l'adoption d'une nouvelle loi organique en 1996 a permis d'organiser les premiers procès liés au génocide. En deux ans, sur un effectif de 89 800 détenus, 1908 ont été jugés par les Chambres spécialisées des tribunaux de première instance et des juridictions militaires[465]. Bien que 359 accusés (18 %) ont été acquittés, 296 (15, 51 %) ont été condamnés à la peine capitale[466].

228. Alors que le Rwanda était sur la voie d'abolir la peine de mort[467], le génocide a complètement modifié la donne. À la fin du mois d'avril 1998, 22 civils, dont une femme, ont été publiquement fusillés à l'intérieur des stades et dans plusieurs endroits du pays où les massacres avaient été particulièrement importants. Malgré les appels à la clémence de l'ONU, les autorités rwandaises ont fortement insisté sur l'aspect « éducatif et pédagogique » des exécutions. Sur ce point, le ministre de la Justice de l'époque a exprimé son espoir que les exécutions diminuent l'esprit de revanche des rescapés en précisant qu'« *il faut montrer que la justice se fait*[468] ». Dans la même perspective, le ministre des Affaires étrangères a déclaré que ces exécutions montrent que « *le Rwanda en a fini avec l'impunité*[469] ». Cette vague d'exécution a été formellement critiquée par les organisations de défense des droits de l'homme, même si le génocide a entraîné une perte considérable de vies humaines.

---

[465] D'après les données du ministère de la Justice rwandaise, sur un effectif total de 89.000 détenus environ, les hommes représentent 80.300, les femmes 29000 et les mineurs 2600.

[466] Ces statistiques ont été réalisées par le centre de documentation et d'information sur les procès de génocide (CDIPG) de la Ligue Rwandaise pour la promotion et la défense des droits de l'homme (LIPROHOR).

[467] Ce qui finalement a été fait en juillet 2007.

[468] Association Ensemble Contre la Peine de Mort (ECPM), rapport Kigali, 25/09/2004, p. 14.

[469] *Ibid.*

229. Il faut également reconnaître qu'aucun système juridictionnel n'est à l'abri d'une erreur judiciaire. Dans le contexte rwandais, l'analyse de certaines décisions rendues par les Chambres spécialisées fait l'objet de profondes inquiétudes. La reconstruction de l'appareil judiciaire, complètement anéanti pendant le génocide, constituait un préalable nécessaire au bon déroulement des procès. Les tribunaux devaient ainsi surmonter un ensemble d'obstacles humains, matériels et juridiques. En raison de leur manque d'expérience, les nouveaux juges n'ont pas pu garantir une meilleure application de la loi organique de 1996[470]. C'est l'un des facteurs qui explique la défaillance du système judiciaire classique rwandais dans la gestion du contentieux du génocide.

[470] À cause de la mort, de la fuite ou de la complicité d'un grand nombre de magistrats pendant le génocide, le nouveau personnel judiciaire n'avait pas suffisamment d'expérience pour faire face à la complexité des dossiers liés au génocide. A l'époque, ils étaient recrutés sur la base d'une licence en droit (entrevue personnelle avec un juge de la Cour suprême de Kigali le 15 mars 2010 à Kigali).

CHAPITRE II

UN SYSTÈME JURIDICTIONNEL DÉFAILLANT

230. Il convient de rappeler que le Rwanda a ratifié un grand nombre d'instruments internationaux relatifs aux droits de l'homme. Parmi les textes les plus connus, nous citerons la Déclaration universelle des droits de l'homme, le Pacte international relatif aux droits civils et politiques[471] ainsi que la Charte africaine des droits de l'homme et des peuples[472]. Par l'adhésion à ces textes, l'État rwandais s'était engagé envers ses justiciables à garantir les normes fondamentales de procès équitable. Se trouvent au cœur de ces garanties, notamment le droit de saisir les juridictions judiciaires en cas de violation des droits fondamentaux, la présomption d'innocence, le droit à une défense, le droit d'être jugé dans un délai raisonnable par un tribunal impartial[473]. Ces principes directeurs du procès pénal, indispensables à la justice de tout état démocratique, sont énoncés aussi bien dans la Constitution que dans le Code de procédure pénale rwandais.

231. Mais comment peut-on assurer de telles garanties fondamentales dans un pays où l'appareil judiciaire est quasiment anéanti après le génocide ? Selon plusieurs sources concordantes, l'extermination de nombreux magistrats et employés administratifs, la fuite de la plupart des autres, impliqués dans les massacres, la mise à sac des archives, l'anéantissement de la police judiciaire ne suffisaient pas à expliquer la paralysie de la justice[474]. Dès lors, pour organiser les premiers procès du génocide, l'appareil judiciaire devait d'abord être remis en marche ou reconstruit.

---

[471] Le Rwanda a adhéré au pacte par décret-loi n° 8/75 du 12/02/1975, publié au Journal officiel de 1975, p. 230 et s.

[472] La Charte africaine a été adoptée par la Conférence des chefs d'États et de gouvernement de l'organisation de l'unité africaine (OUA) le 27 juin 1981 à Nairobi (Kenya). La charte s'inspire tant des textes juridiques internationaux et régionaux de protection des droits de l'homme, que des traditions juridiques africaines. Elle est entrée en vigueur le 21 octobre 1986 et a été ratifiée par tous les États membres de l'Union africaine y compris le Rwanda en 1983.

[473] Article 27 de la Charte africaine des droits de l'homme et des peuples.

[474] Pour une analyse de la question, cf. MUTAGWERA Frédéric, « Détentions et poursuites judiciaires au Rwanda », in DUPAQUIER Jean-François, *La justice face au drame rwandais*, Paris, Karthala, 1996, p. 17.

232. Pourtant, parler d'une reconstruction de l'appareil judiciaire au Rwanda post-génocide peut paraître paradoxal dans la mesure où, même avant le génocide, le système n'était qu'« *une caricature de la justice* », soutient William Schabas[475]. Les tribunaux étaient dépourvus de ressources matérielles. Et, à un degré plus troublant, le bilan était catastrophique : corruption quasi générale, mainmise du pouvoir exécutif sur le pouvoir judiciaire, absence d'un barreau indépendant, etc. Les effectifs des avocats et des magistrats (du siège et du parquet) posaient moins de problèmes que leur niveau de formation. Toutes ces difficultés ont été relevées dans le rapport de la commission internationale d'enquête de janvier 1993[476]. C'est devant ce système judiciaire « moribond », que s'est déroulé le génocide, soutient Frédéric Mutagwera[477]. Même en temps de paix, le système judiciaire était incapable de rendre une justice satisfaisante. D'où l'intérêt de s'interroger sur l'équité des décisions rendue par les Chambres spécialisées.

233. Outre les obstacles juridiques liés aux poursuites de certains auteurs présumés du génocide, la tâche des juges s'est avérée très difficile : manque de moyens et de personnels face à l'ampleur du contentieux à traiter. C'est à travers des coopérations bilatérales et multilatérales que les institutions judiciaires vont progressivement être mises en marche[478]. Au-delà des soutiens de nature logistique pour l'organisation des procès, l'accent principal fut mis sur l'accélération du traitement des dossiers des accusés de crime de génocide (enregistrement des aveux exprimés, identification des prévenus, libération et constitution de dossiers d'accusation). Mais face au nombre élevé de suspects à poursuivre, la gestion du contentieux du génocide par la justice classique a révélé de graves dysfonctionnements affectant à la fois le droit des accusés (**Section 1**) et le droit des victimes (**Section 2**).

SECTION 1 — LES OBSTACLES PORTANT ATTEINTE AUX DROITS DES ACCUSÉS

234. Trancher un litige n'est pas un exercice facile, car il n'y a pas de vérité absolue en droit. C'est pourquoi il importe de s'approcher de la solution la plus juste possible par un débat formalisé, assure Emmanuel Jeuland[479]. C'est

---

[475] SCHABAS William A., « Le Rwanda, le Burundi, et la maladie de l'impunité », in VERDIER Raymond et al, *Rwanda. Un génocide au XXe siècle*, Paris, L'Harmattan, 1995, p. 116.

[476] Rapport de la Commission internationale d'enquête sur les violations des droits de l'homme au Rwanda depuis le 1er octobre 1990, mars 1993.

[477] MUTAGWERA Frédéric, *op. cit.*, p. 19.

[478] Un nouveau personnel judiciaire est formé dans l'urgence par certaines ONG telles que Juristes Sans Frontières, le Centre International des Droits de la Personne et du Développement Démocratique, et R.C.N justice-démocratie.

[479] JEULAND Emmanuel, *Droit processuel, une science de la reconstruction des liens de droit*, Paris, LGDJ, 2007, p. 3.

une question qui relève du respect de la garantie d'une bonne justice appelée droit à un procès équitable[480]. On ne peut nier l'universalité de ce principe qui provient essentiellement de la jurisprudence de la Cour EDH[481], mais pas exclusivement[482]. Ce modèle universel s'exporte en partie vers les juridictions nationales[483] qui doivent en assurer la garantie à tout justiciable. C'est pourquoi la garantie d'un procès équitable a, de nos jours, un champ d'application très étendu, en raison du nombre d'États liés, soit par le pacte international relatif aux droits civils et politiques de 1966, soit par la Convention européenne des droits de l'homme.

235. Cependant, si l'on veut faire du procès équitable une exigence reconnue dans tous les systèmes juridiques, sur quel critère doit-on se fonder ? Peut-on garantir une bonne justice dans un contexte où les voies de recours dont disposent les accusés sont trop restreintes ou limitées (**§ 1**) et les droits fondamentaux de la défense pas suffisamment protégés ? Même si le système judiciaire rwandais a tenté de mettre ses tribunaux en conformité avec les normes internationales de procès équitable, d'importantes carences (aussi bien dans la procédure que dans l'application de la peine) ont été relevées dans les décisions rendues par les Chambres spécialisées. Néanmoins, il faut reconnaître le rôle important qu'a joué la Cour d'appel dans l'encadrement de la protection du principe fondamental de l'égalité des armes (**§ 2**).

§ 1 — Des voies de recours trop restreintes

236. Dans tous les systèmes juridiques, il existe un droit qui organise le procès afin que le litige soit tranché dans les meilleures conditions. Il s'agit du droit de la procédure qui est sous-tendu par des règles fondamentales.

---

[480] Il s'agit en l'occurrence des **principes directeurs du procès pénal**, c'est-à-dire l'ensemble des règles fondamentales, de portée supra législative (internationale, législative ou constitutionnelle) qui encadrent le procès pénal et, à ce titre, s'impose tant au législateur qu'au juge. Ces règles de droit qui interviennent et dirigent toute la procédure pénale ont pour objectif d'organiser un procès assurant une protection efficace des droits de la personne (mis en cause et victime). GUINCHARD Serge (dir.) et DEBARD Thierry, *Lexique des termes juridiques,* 22e édition 2014-2015, Paris, Dalloz, pp. 780-781.

[481] La notion de procès équitable n'est pas définie par la Convention européenne, d'où l'importance du rôle de la jurisprudence en la matière. Ainsi, la Cour européenne des droits de l'homme a indiqué au fur et à mesure les critères d'équité. L'égalité des armes où « chaque partie doit avoir la possibilité raisonnable d'exposer sa cause dans des conditions qui ne la désavantagent pas d'une manière appréciable par rapport à la partie adverse » (*Struppat c/ RFA,* annuaire de la Convention, vol. XI, p. 400) ; la contradiction, élément fondamental du procès équitable, qui « implique pour une partie, la faculté de prendre connaissance des observations ou pièces produites par l'autre, ainsi que d'en discuter » (*Ruiz Matéos c/ Espagne*, 23/06/93) ; la motivation et enfin la langue du procès. En ce sens, TOURNIER Clara, *L'intime conviction du juge,* PUAM, 2003, p. 185.

[482] En ce sens, GUINCHARD Serge *et al*, *Droit processuel. Droits fondamentaux du procès*, 7e édition, Dalloz, 2013, pp. 99 à 434.

[483] Il s'exporte également vers les juridictions internationales ou vers l'arbitrage considéré comme mode alternatif de règlement des conflits.

Certaines sont des droits de l'homme et d'autres des principes fondamentaux du droit processuel, notamment le droit à une voie de recours. Par respect du principe de la présomption d'innocence, ce droit peut être analysé comme un remède contre les erreurs éventuelles que peut commettre tout juge même le plus rigoureux ou prévenant.

237. Le droit à une voie de recours suppose le droit de toute personne de pouvoir contester une mesure prise à son encontre devant une instance investie d'un pouvoir de réformation de cette mesure et/ou de réparation de ses conséquences dommageables[484]. Partant de cette définition, on distingue en procédure civile tout comme en procédure pénale, les voies de recours ordinaires (appel et opposition) et les voies de recours extraordinaires (pourvoi en cassation, recours en révision). Une telle distinction doit être appréciée au regard des instruments internationaux et des législations internes où la question du double degré de juridiction fait l'objet d'une réglementation spécifique[485]. Pour autant, si l'État institue des juridictions d'appel et/ou de cassation, il doit garantir que les justiciables jouiront auprès d'elles des garanties du droit à un procès équitable[486].

238. En d'autres termes, si le droit à un deuxième degré de juridiction est accordé en droit interne, il doit l'être sans discrimination. Cela contribue à l'élaboration des garanties rationnelles de la justice humaine. Dans ce contexte, le Pacte international relatif aux droits civils et politiques et le protocole additionnel n° 7 de la CESDH[487] consacrent en matière pénale le droit à un deuxième juge ou à un second procès[488]. En effet, « *toute personne déclarée coupable d'une infraction a le droit de faire examiner par une juridiction supérieure la déclaration de culpabilité et la condamnation, conformément à la loi*[489] ». Au regard de cette disposition, certaines inquiétudes ont été exprimées au Rwanda à propos de la réforme de la procédure d'appel introduite par la loi organique de 1996 réprimant le génocide et les crimes contre l'humanité.

239. La procédure organisée par la loi de 1996 (art. 24 et 25) est contraire à l'article 14 du pacte international relatif aux droits civils et politiques, en ce

---

484 ZOLLER Élisabeth, *Droit constitutionnel*, PUF, 2e édition, 1999, n° 299.

485 Cf. *infra,* note 488.

486 Cour EDH, *Delcourt c/ Belgique,* 17 janvier 1970, Série A n° 11, § 25.

487 Convention européenne de Sauvegarde des droits de l'homme.

488 Parallèlement en France, le double degré de juridiction est un principe reconnu par le Conseil d'État et la Cour de cassation en matière de procédure administrative et civile. En revanche, la position adoptée par le Conseil constitutionnel est plutôt ambiguë. Il ne reconnaît pas le droit à une voie de recours en précisant que « *le principe de double degré n'a pas en lui-même, valeur constitutionnelle* ». Néanmoins, il garantit le maintien des voies de recours existantes sur le fondement des droits de la défense et au nom de l'égalité entre les justiciables. Ce qui justifie aux yeux de François Luchaire que le double degré de juridiction a une valeur « para-constitutionnelle ». Cf. *Revue de droit public*, 1986, p. 1253.

489 Cf. article 14 § 5 du Pacte international relatif aux droits civils et politiques, 19 décembre 1966. Cette disposition est reprise par le protocole additionnel n° 7 de la CEDH, article 2 § 1, mais avec quelques nuances.

qu'elle restreint la possibilité pour les condamnés de génocide, de bénéficier d'une juridiction supérieure. Même si les jugements rendus par les Chambres spécialisées sont susceptibles d'appel ou d'opposition[490], il reste que les conditions de recevabilité sont assez limitées. Ce qui remet en cause l'équité ou la fiabilité des décisions (A). De même, le souci de célérité que justifiait l'ampleur du contentieux du génocide et des massacres a conduit le législateur rwandais à restreindre les possibilités de pourvoi en cassation (B).

A. Une procédure d'appel remettant en cause l'équité des décisions

240. À l'issue d'une instance, si l'on envisage de contester un jugement rendu en premier ressort, c'est l'appel qui apparaît comme la voie de recours de principe, institué par le législateur. Ainsi, comme l'écrit Loïc Cadiet, « *l'appel est la voie de recours ordinaire (...) au sens ordinaire du mot*[491] ». Cet aspect tient à ce que l'appel permet d'assurer le double degré de juridiction[492]. En principe, pour la très grande majorité des procès, leur jeu successif offre aux parties ou à tout plaideur, le droit à un réexamen complet de l'affaire par une juridiction supérieure. Ce système correspond au standard français de garantie d'une bonne justice.

241. Mais par exception aux procès d'envergure liés au génocide et aux crimes contre l'humanité commis au Rwanda, la recevabilité de l'appel est réduite à un réexamen de l'affaire en fait ou en droit. Telle est la nouvelle condition posée par la loi organique de 1996 organisant les procès du génocide. Cette législation a bouleversé l'ordre juridique auquel on est habitué

---

[490] L'opposition est une voie de recours permettant à une partie qui n'a pas comparu de demander au juge qui a rendu la décision de se rétracter. Elle existe dans tous les contentieux afin de respecter le principe du contradictoire, mais avec des nuances d'une procédure à l'autre. En matière criminelle, si l'accusé absent qui a été jugé par défaut se présente ou a été arrêté, la décision est non avenue et l'affaire rejugée. Dans le cadre du contentieux du génocide, rares sont les jugements pris par défaut. Dans la plupart des cas, les prévenus comparaissaient à l'audience, même s'ils étaient en liberté. Lorsque des accusés étaient absents, plutôt que de les juger par défaut, les tribunaux préféraient souvent disjoindre les causes et ordonnaient dans le dispositif des jugements qu'ils soient poursuivis, une fois appréhendés. Pour une analyse de cette question, cf. DE BEER Daniel *op. cit.*, pp. 97-98. Mais dans un arrêt rendu le 20/03/1998, la Cour d'appel a acquitté un accusé qui a été condamné par défaut pour complicité de génocide. Selon les conclusions de la Cour, le Ministère public n'avait pas apporté des éléments de preuve suffisants mettant en cause la culpabilité du prévenu. Cf. arrêt Cour d'appel de Nyabisindu, *Nemeyimana Israël (sur opposition) c/ Ministère public*, Recueil jurisprudence ASF-Cour suprême du Rwanda, tome III, p. 292 et s.

[491] Cité par HÉRON Jacques et LE BARS Thierry, *Droit judiciaire privé*, Montchrestien, 2010, p. 571.

[492] Sur ce point, il convient de distinguer double degré de juridiction et voie de recours. Le premier offre la possibilité au plaideur de soumettre au juge d'appel l'intégralité du litige soumis au premier juge, alors que la voie de recours incite à une décantation du procès. Pour étude approfondie de la question, cf. HÉRON Jacques et LE BARS Thierry, *ibid.*, p. 571.

en droit rwandais[493]. En effet, le législateur a tenté de trouver un équilibre entre le droit fondamental de bénéficier du double degré de juridiction et la nécessité de respecter un délai raisonnable[494] pour juger des centaines de milliers de suspects[495] impliqués dans les massacres. C'est dans cette perspective que les règles relatives à l'appel traditionnel ont été profondément modifiées.

242. D'une part, le recours doit être formé par le condamné ou le ministère public[496] dans les quinze jours du prononcé du jugement[497]. D'autre part, la

---

[493] Mais l'article 99 du Code de procédure pénale reste d'application. Ainsi, l'appel est ouvert à toutes les parties en cause devant le premier juge : le prévenu, la partie civilement responsable, la partie civile et le Ministère public. L'accusé peut interjeter appel contre toutes les dispositions du jugement, ou limiter son recours à tout ou partie des dispositions pénales ou civiles de la décision attaquée. À défaut d'indications plus précises fournies par le prévenu dans son acte d'appel, son recours est présumé être dirigé contre toutes les dispositions pénales du jugement.

[494] La notion de délai raisonnable a fait l'objet d'une importante jurisprudence en droit comparé. Ainsi, de nombreux exemples nous viennent de la CEDH, du Comité des droits de l'homme des Nations unies, ou encore de la commission africaine des droits de l'homme. Selon une règle connue par la plupart des systèmes juridiques, si la justice est retardée, il n'y a pas de justice : *justice delayed, justice denied.* Cette exigence de célérité, corollaire nécessaire et fondamental d'un procès équitable, a valu à de nombreux pays tels que le Cameroun plusieurs condamnations tant au niveau du comité qu'au niveau de la Commission africaine. C'est surtout la célérité de la procédure pénale camerounaise qui est mise en cause, notamment les voies de recours. Pour une analyse de la question, NGONO Solange, *Le procès pénal camerounais au regard des exigences de la Charte africaine des droits de l'homme et des peuples,* L'Harmattan, 2002, 312 p. Au même titre, la France a été plusieurs fois condamnée par la Cour EDH à cause d'une grande lenteur de la justice. Cependant, il n'est pas toujours aisé de déterminer le caractère équitable d'une procédure. Comme l'a indiqué la Cour EDH, « *le caractère raisonnable de la durée d'une procédure s'apprécie suivant les circonstances de la cause et eu égard aux critères consacrés par la jurisprudence de la Cour, en particulier la complexité de l'affaire, le comportement du requérant et celui des autorités compétentes* ». Arrêt *Zannouti c/ France*, 31/07/ 2001, req. n° 42211/98, p. 51. Pour une étude approfondie de la question, cf. BOULOC Bernard, « la durée des procédures : un délai enfin raisonnable ? », *Revue de science criminelle* 2001, p. 55 ; LUCAZEAU Gilles, « le délai raisonnable est-il bien raisonnable ? », JCP n° 3, janvier 2009, I, 103, pp. 21-26.

[495] Cf. loi n° 8/96 du 30/08/96 - Travaux parlementaires, extraits, sess. 1996, éd. Alter Égaux, Kigali, Bruxelles, 1996, p. 20.

[496] Sur ce point, il convient de préciser que l'appel à un effet relatif. Cela implique qu'un prévenu ne peut voir son sort aggravé par une juridiction d'appel, lorsqu'il est le seul à avoir intenté un recours. C'est le principe de l'interdiction de la « *reformatio in pejus* » qu'avait d'ailleurs formulé le Conseil d'État en 1806. Lorsque l'appel est formé par le ministère public, réputé gardien de la vérité, la Cour est libre de maintenir, d'aggraver ou d'adoucir la peine infligée au prévenu. Cette règle est valable aussi bien en droit rwandais qu'en droit français (cf. article 380-3 CPP rwandais et 515 du CPP français). Pour une étude approfondie de la procédure d'appel en droit français, AMBROISE-CASTÉROT Coralie, *La procédure pénale,* Paris, Lextenso éditions, 2009, p. 319.

[497] Toutefois, l'article 143 alinéa 2 du Code de procédure pénale rwandais prévoit un allongement des délais pour cause de force majeure. Tel fut le cas d'un détenu qui a rédigé son recours dans les délais. Mais l'acte d'appel est parvenu au greffe tardivement car l'accusé (étant incarcéré) ne pouvait l'acheminer personnellement. La Cour d'appel a donc déclaré la demande recevable au motif que son enregistrement au greffe après l'expiration du délai d'appel n'est pas imputable au prévenu. Cf. arrêt Cour d'appel de Kigali du 30/05/1997, *Ndikumwami Léonidas c/ Ministère public*, Recueil de jurisprudence ASF et Cour suprême du Rwanda, tome II, p. 241.

décision rendue en première instance ne pouvait faire l'objet d'appel que si elle contrevenait à la loi (erreur de droit) ou si elle contenait des erreurs flagrantes dans les faits[498]. Il s'agit d'un effet dévolutif[499] très strict qui implique l'interdiction absolue des demandes nouvelles. Ce système découle de la conception romaine de l'appel qui soutenait que les termes du litige devant le premier juge devaient être les mêmes que devant le juge d'appel[500]. C'est le principe de la saisine *in rem*, bien connu en procédure pénale, qui traduit l'idée selon laquelle la juridiction du jugement ne peut connaître que des faits dont elle est saisie.

243. En cas de découverte de faits nouveaux après un jugement rendu en première instance, la Cour d'appel ne peut en connaître. Un autre procès doit en principe être organisé. Cette hypothèse était difficilement applicable dans le contentieux du génocide des Tutsi. En effet, l'organisation de nouveaux procès risquait de ralentir le traitement des dossiers impliquant plus 100 000 suspects en attente de jugement. C'est sans doute la raison pour laquelle, la loi organique de 1996 précitée réduisait de manière stricte le droit d'appel à cause de l'engorgement du système judiciaire. De même, il était également exclu d'interjeter appel contre les jugements d'avant dire droit[501], notamment les décisions dans lesquelles l'accusé a accepté l'offre d'aveu et de plaidoyer de culpabilité. Cette pratique est contraire à l'article 14 § 4 du Pacte international relatif aux droits civils et politiques (ratifié par le Rwanda) qui garantit un second degré de juridiction même aux justiciables ayant avoué les faits[502].

244. Par ailleurs, un autre aspect restreignant le droit des accusés est le caractère écrit de la procédure d'appel qui auparavant était, en principe, orale.

---

[498] La question qui se pose est donc celle de savoir si l'appel doit être motivé. En principe, le ministère public et le prévenu n'ont pas l'obligation de motiver leur appel sur la partie pénale du jugement. Mais l'appel de la partie civile ou du prévenu sur les aspects civils de la décision doit être motivé pour être déclaré recevable. En ce sens, DE BEER Daniel, *op. cit.*, p. 100.

[499] Le principe de l'effet dévolutif au sens strict du terme signifie que sont dévolues aux juges du second degré les demandes qui ont déjà fait l'objet d'une décision des juges du premier degré. Mais de véritables exceptions au principe sont admises en procédure civile française. Des prétentions nouvelles sont possibles. Sur ce point, l'appel est devenu avec le nouveau Code de procédure civile français, une voie d'achèvement du litige. HÉRON Jacques, *op. cit.*, p. 592 et s.

[500] L'article 515, alinéa 3 du Code de procédure pénale français retient le principe en précisant que la Cour ne peut connaître que des faits examinés en première instance. Contrairement à la conception germanique, elle considère l'appel comme une seconde première instance ou une voie d'achèvement du litige. Dans ce cas, on parle **d'un effet dévolutif souple.** Ce qui signifie que la juridiction supérieure connaîtra de la même affaire qui peut avoir évolué. La première instance commence à régler le litige et la seconde instance achève de régler le conflit. Pour une étude approfondie de la question, cf. JEULAND Emmanuel, *op. cit.*, p. 410.

[501] Il s'agit des décisions qui ne tranchent pas le fond du procès mais préparent seulement la solution de celui-ci. Elles tranchent certains incidents contentieux, ou ordonnent des mesures permettant d'éclairer la juridiction. En résumé, elles sont prises *avant de « dire le droit »*. Sur ce point, cf. BOULOC Bernard et MATSOPOULOU Haritini, *Droit pénal général et procédure pénale,* Paris, Dalloz, 2009, p. 424.

[502] Cf. article 15 § 4 du pacte international relatif aux droits civils et politiques précité, « *toute personne déclarée coupable d'une infraction a le droit de faire examiner par une juridiction supérieure la déclaration de culpabilité et la condamnation, conformément à la loi* ».

En effet, comme l'indique l'article 24 de la loi organique, « *la juridiction saisie de l'appel statue sur pièces, tant en ce qui concerne la recevabilité du recours, qu'en ce qui concerne le fond de l'affaire* ». Cette procédure est incompatible avec la réalité locale rwandaise dans la mesure où elle semble faire abstraction d'une bonne partie de la population où le taux d'analphabétisme atteignait 50 % à l'époque du génocide[503].

245. De plus, étant donné que la Cour d'appel saisie d'une requête doit statuer sur pièces, les parties sont contraintes de faire valoir leurs arguments par écrit[504]. Sur ce point, un prévenu reconnu coupable mais analphabète, et qui est dépourvu de toute assistance juridique, sera dans l'impossibilité totale d'interjeter appel[505]. D'où l'intérêt de s'interroger sur l'équité des décisions rendues par les Chambres spécialisées rattachées auprès des tribunaux de première instance. Ainsi, l'analyse des jugements a révélé de graves anomalies tant dans la procédure que dans la condamnation. Est-ce un manque d'expérience des juges ? Ou s'agit-il d'une simple question d'impartialité résultant de leur mauvaise foi ?

La jurisprudence de la Cour d'appel nous offre un bilan très mitigé par rapport à ces interrogations. Dans certains cas, la Cour réforme ou infirme les jugements de première instance en évoquant leur caractère lacunaire (1). Dans d'autres, elle pose des limites en déclarant irrecevables les recours non conformes à l'article 24 de la loi de 1996 réglementant la procédure d'appel (2).

1) Le caractère lacunaire des jugements rendus par les Chambres spécialisées

246. Si l'activité juridictionnelle implique le devoir de rendre des comptes, c'est parce qu'il s'agit avant tout d'une justice humaine[506]. Le juge est, d'une

---

[503] Cf. rapport de la LIPRODHOR, « Le génocide devant les tribunaux : situation des procès de génocide au Rwanda, période janvier-août 1998 », Centre de documentation et d'information sur les procès du génocide (CDIPG), Kigali, octobre 1998, p. 11.

[504] Toutefois, il est important de noter que le caractère écrit de la procédure n'est pas contradictoire avec les dispositions de l'article 109 du Code de procédure pénale rwandais qui autorise la Cour d'appel à entendre des témoins ou demander à la partie appelante de comparaître pour s'expliquer. Par exemple, certaines juridictions donnent la parole au ministère public et l'interrogent à propos de ses réquisitions. Mais l'analyse des arrêts ne permet pas toujours de savoir si la défense était présente et si l'équilibre qui doit prévaloir entre l'accusation et la défense est respecté.

[505] L'examen des arrêts de la Cour d'appel illustre largement ce point de vue. Ainsi, dans la décision rendue le 20/04/1998, un prévenu soutenait dans ses moyens d'appel : « *ne sachant ni lire ni écrire, j'avais souhaité lire mon dossier avec une personne de confiance, mais le Tribunal a mis à ma disposition son propre agent qui non seulement ne pouvait m'apporter son aide en prison, mais également m'intimidait au cours de la lecture de mon dossier [...]. J'ai assuré personnellement ma défense...* ». Cf. affaire *Munyatarama Martin et consorts c/ Ministère public,* Recueil de jurisprudence ASF et Cour suprême du Rwanda, tome IV, p. 275.

[506] Pour une étude approfondie sur la « justice humaine », cf. GIUDICELLI-DELAGE G., « Les juges : de l'irresponsabilité à la responsabilité ? », rapport de synthèse, in *Colloque organisé par*

part, obligé de surmonter l'imperfection de la loi ou l'insuffisance des preuves. D'autre part, il est tenu de trancher un litige de façon juste en étant libre dans sa prise de décision. Néanmoins, si un juge ne peut être tenu juridiquement responsable dans son intime conviction[507], cela ne fait pas obstacle au réexamen de l'affaire par les juridictions supérieures[508]. Partant de cette hypothèse, la Cour d'appel peut apporter des solutions de principe ou pratiques au cas où l'équité des décisions ne serait pas respectée.

247. C'est ce qui justifie l'annulation d'importants jugements rendus par les Chambres spécialisées[509], car ils étaient entachés d'illégalité. Le problème paraît le plus souvent se poser sous l'angle de la preuve[510]. Il en est ainsi de l'arrêt dans lequel la Cour d'appel (statuant sur pièces) estimait que la loi relative à l'administration des preuves[511] a été violée et que le premier juge a déclaré le prévenu coupable, alors qu'aucun témoin à sa charge n'existe ni aucune preuve réelle à sa charge[512]. Sur ce point, la Cour a infirmé la décision rendue au premier degré en précisant que l'accusé est acquitté de toutes les infractions retenues à sa charge[513].

248. En outre, d'autres lacunes dues certainement au manque d'expérience des juges méritent d'être évoquées. Ainsi, la Cour d'appel considère comme une erreur grave et une violation de la loi le fait pour le tribunal de condamner un accusé à la peine de mort sans avoir préalablement établi les infractions mises à sa charge ; le fait également de condamner l'accusé au paiement de dommages et intérêts sans en préciser ni les bénéficiaires ni le fondement. Dans ses conclusions, la Cour estime que les témoignages sur lesquels se

---

l'institut de Sciences Pénales et de Criminologie d'Aix-en-Provence, les 5 et 6 mai 2000, Presses universitaires d'Aix-Marseille, 2000, p. 229.

507 Pour reprendre la définition proposée par Clara Tournier, « *l'intime conviction, dont le risque d'arbitraire est si communément appréhendé, demeure un système idéal de vérité lié à la fonction de juger* ». TOURNIER Clara, *op. cit.*, p. 9.

508 Dans l'ancien droit français, en l'absence de voie de recours, le justiciable pouvait prendre à partie le juge pour défaut de jugement ou faux jugement. Désormais, la responsabilité du juge à l'égard du justiciable a cessé dès lors que furent mis en place des mécanismes de recours conduisant à l'irresponsabilité civile. En ce sens, GIUDICELLI-DELAGE G., *supra*, note 506, p. 235.

509 Dans le cadre des procès regroupés, il peut arriver que la Cour réforme un jugement mais partiellement pour les prévenus acquittés. Pour ceux dont l'appel est irrecevable, la Cour confirme le jugement des juridictions inférieures.

510 Sur le plan des principes, il est important de rappeler que c'est au ministère public qu'il appartient de prouver la culpabilité de l'accusé. En cas d'absence de preuves suffisantes, le prévenu peut être acquitté au bénéfice du doute.

511 Cf. articles 16 et 20 du Code de procédure pénale rwandais.

512 Arrêt Cour d'appel de Ruhengeri du 30/06/1988, *Ministère public c/ Mukantagara. A et csrts*, Recueil de jurisprudence ASF et Cour suprême du Rwanda, tome I, p. 201.

513 Dans une affaire semblable rendue le 25/11/1998, la Cour d'appel avait ordonné la libération immédiate de l'accusée au motif qu'aucun élément probant ne permettait d'établir une quelconque complicité à son égard. Au contraire, il semble qu'elle avait porté assistance à ceux qui s'étaient réfugiés chez elle. Cf. arrêt Cour d'appel de Ruhengeri, *Ministère public et parties civiles c/ Baritima Jules et Nyirashako Lénie,* Recueil de jurisprudence ASF-Cour suprême du Rwanda, tome III, p. 295.

fonde le Ministère public sont imprécis, indirects ou impertinents. Par conséquent, en l'absence de preuves fournies par le Ministère public et la partie civile, il subsiste un doute sur la culpabilité de l'appelant, raison pour laquelle il est acquitté de l'ensemble des infractions mises à sa charge[514].

249. Enfin, pour illustrer le caractère lacunaire des décisions de première instance, un dernier aspect mérite d'être souligné. Dans la formulation de leurs requêtes en appel, certains prévenus ont spécifiquement évoqué des erreurs de droit ou de fait[515] commises par les juges de 1re instance. En cas de doute, la Cour d'appel peut décider de procéder à une enquête supplémentaire, en se déplaçant sur les lieux des faits incriminés. L'arrêt du 17 mai 2000 s'inscrit parfaitement dans cette démarche. En effet, la Cour s'est prononcée contre le jugement rendu le 8 septembre 1999 par la Chambre spécialisée du tribunal de première instance. Elle a admis que les motifs invoqués par le Tribunal pour retenir la culpabilité de l'accusée sont « *purement et simplement erronés*[516] ». Par conséquent, le fait d'attribuer à un témoin des déclarations qu'il n'a jamais faites est constitutif d'une erreur de fait flagrante. L'accusée a été acquittée de toutes les infractions pour lesquelles elle était poursuivie, à savoir le génocide, l'association de malfaiteurs et la détention illégale d'armes à feu[517].

250. En somme, l'analyse des arrêts de la Cour d'appel liée au contentieux du génocide offre maints exemples de manquement des juges siégeant au sein des Chambres spécialisées. Ainsi, la Cour s'est très souvent prononcée en faveur des accusés dont la culpabilité n'a pu être établie. Toutefois, dans la conclusion de certains arrêts, le raisonnement des juges d'appel nous laisse perplexe quant au respect des droits des accusés. Il en est ainsi lorsque les recours sont déclarés irrecevables pour non-respect de l'article 24 de la loi de 1996 réglementant la procédure d'appel.

---

[514] Cf. arrêt Cour d'appel de Cyangugu du 06/07/1999, *Munyangabe Théodore c/ Ministère public,* Recueil de jurisprudence ASF-Cour suprême du Rwanda, tome III, p. 257.

[515] Pour identifier l'erreur de droit et l'erreur de fait, la Cour d'appel de Kigali a dégagé plusieurs critères permettant d'identifier l'erreur de droit et de fait. Ainsi, peut constituer une erreur de droit : la violation d'une disposition légale, l'interprétation erronée de la loi ou le fait de retenir une infraction qui n'a pas été commise. Constituent des erreurs de fait flagrantes : une erreur sur la personne poursuivie, une erreur sur les faits qui ont motivé la décision, une erreur telle qu'en son absence, la juridiction aurait pris une décision contraire. Cf. arrêt Cour d'appel de Kigali, *Munyantarma et consorts c/Ministère public,* 20/04/1998, Recueil de jurisprudence ASF et Cour suprême du Rwanda, tome IV, pp. 274-275.

[516] Arrêt Cour d'appel de Ruhengeri, *Jeanette c/ Ministère public*, Recueil de jurisprudence ASF et Cour suprême du Rwanda, tome IV, p. 317.

[517] Cette catégorie d'infraction (souvent retenue par les juges) n'entre pas dans le champ d'application de la loi de 1996 réprimant le génocide. C'est pourquoi la Cour d'appel n'a pas hésité à prononcer l'incompétence des Chambres spécialisées à juger des infractions de droit commun.

2) L'irrecevabilité des recours en appel

251. Conformément à l'article 24 de la loi organique de 1996, les moyens d'appel sont déclarés irrecevables par la Cour, lorsqu'ils ne mettent pas clairement en évidence des violations de la loi ou des erreurs de fait flagrantes commises en première instance. Si un tel principe semble se justifier par rapport à l'exigence d'un délai raisonnable dans le traitement du crime de génocide, dans la pratique une nuance s'impose pour que les normes d'un procès équitable soient respectées. Force est de constater que certaines décisions illustrent la volonté des juges d'appel de restreindre la possibilité pour les prévenus de contester les jugements de 1re instance.

252. L'arrêt de la Cour d'appel du 18 août 1998[518] en est un exemple pertinent. En effet, la Cour avait déclaré irrecevable la requête d'un accusé condamné à la peine de mort, au motif que la Chambre spécialisée n'a commis ni erreur de droit ni erreur de fait flagrante. Ce faisant, la Cour s'est abstenue d'examiner les moyens du prévenu qui portent sur les témoignages et la catégorisation[519], en alléguant qu'il s'agit de moyens de fond qui ne sauraient être examinés dès lors que l'appel est déclaré irrecevable. Au vu des argumentations contradictoires utilisées par le ministère public et l'accusé dans leurs requêtes, la Cour aurait pu accepter l'offre de preuve fournie par l'accusé en s'inscrivant dans la démarche française de « *l'examen de la pertinence des faits*[520] ». Face à une telle procédure, le juge est obligé de prendre intégralement en compte tous les éléments de preuve[521].

253. L'intérêt que suscite la comparaison avec le système français réside dans le fait que, deux ans après la perpétration du génocide au Rwanda, la tâche s'avérait parfois délicate lorsqu'il s'agissait de réunir les éléments de preuve permettant d'établir la culpabilité des accusés[522]. La plupart des éléments reposaient sur des témoignages verbaux. Or, dans l'arrêt de la Cour

---

[518] Cf. affaire *Gasamunyiga Isidore c/ Ministère public,* Recueil de jurisprudence ASF et Cour suprême du Rwanda, tome II, pp. 258-259.

[519] Dans ces deux moyens d'appel, le prévenu détenait les propos suivants : « *d'abord, le Tribunal m'a rangé dans la première catégorie en déclarant que j'avais une position d'autorité alors que je n'étais pas responsable ou chef d'un parti politique. Ensuite, en date du 04/03/97, n'ayant trouvé aucune preuve à ma charge, le Tribunal a refusé de m'acquitter... quand j'ai comparu de nouveau, le Tribunal n'a pas voulu prendre en considération les témoignages de 14 personnes recueillis au cours des enquêtes menées à deux reprises ni porter son attention sur toutes les preuves que j'ai fournies* ». Toutefois, le ministère public a contredit les motifs allégués par le prévenu en faisant remarquer d'une part que ce dernier était chef de cellule, qu'il a en outre commis et encouragé les autres à commettre des massacres. C'est ce qui justifie le fait que l'accusé soit classé dans la 1ère catégorie. D'autre part, le ministère public soutenait que les allégations de l'appelant ne sont que mensongères car il n'y a pas eu 14 témoins à décharge, mais plutôt des témoins oculaires. *Idem*, p. 257.

[520] Pour une étude approfondie, cf. TOURNIER Clara, *op. cit.*, p. 173.

[521] La Cour de cassation est chargée de contrôler le respect de cette obligation qui est celle de ne pas refuser une offre de preuve.

[522] Cette difficulté s'explique par le fait que, dans la plupart des régions entièrement touchées ou dévastées par le génocide, il n'existait pratiquement pas de rescapés ou de témoins.

d'appel du 18 août 1998 précité, d'après les déclarations de l'accusé, les juges de première instance lui ont refusé l'audition de 14 témoins. Une telle démarche qui nous paraît injustifiée n'a pourtant pas empêché la Cour d'appel de confirmer le jugement de la Chambre spécialisée qui a condamné l'accusé à la peine capitale. Cette décision suscite des interrogations quant au respect du principe fondamental de la présomption d'innocence. Il semblerait que les juges d'appel accordaient parfois plus de crédibilité aux arguments avancés par le ministère public plutôt qu'aux moyens d'appel soulevés par les accusés[523]. Cette position de principe visant à restreindre le droit d'appel, la Cour l'a également exprimée dans d'autres arrêts[524].

254. En somme, le droit d'interjeter appel en matière criminelle n'est pas absolu et il varie d'un système juridique à l'autre. L'exercice de ce droit, y compris les motifs pour lesquels il peut être exercé, est réglementé différemment selon qu'il s'agit du système romano-germanique ou du système anglo-saxon. Dès lors, on est encore bien loin d'une uniformisation des deux systèmes. Il existe en effet des pays favorables à une application du droit d'appel, mais toujours encadré dans des limites légales, comme en France, en Allemagne[525] ou aux États-Unis.

255. L'exemple de la France mérite un intérêt particulier, dans la mesure où c'est à travers l'histoire que s'est précisé le débat sur la légitimité du double degré de juridiction[526]. Si le droit d'appel est très ancien dans le système juridique français, sa limitation est apparue comme un acquis de la Révolution et la réforme de 1790 vit cette dernière comme un principe fondamental de l'organisation juridictionnelle[527]. Dans le même ordre d'idée, Montesquieu,

---

[523] Cf. *supra,* note 519.

[524] Cf. arrêt du 07/10/1998 où la Cour d'appel de Ruhengeri a déclaré irrecevable le recours de deux prévenus condamnés à la peine de mort et à perpétuité, au motif que leur demande ne portait ni sur des questions de droit ou d'erreur de fait flagrante. Pourtant, les moyens d'appel soulevés par les accusés portent sur des questions essentielles dont l'une peut être considérée comme une erreur de fait (erreur sur la personne du prévenu) et une erreur de droit (violation du droit d'être assisté par un avocat). Pour une analyse approfondie de cette décision, affaire *Ntahontuye Hamisi et consorts c/ Ministère public*, Recueil de jurisprudence ASF et Cour suprême du Rwanda, tome VI, p. 291 et s.

[525] Aussi bien en matière civile qu'en matière criminelle, le recours en appel est réglementé de façon plus restrictive en droit allemand qu'en droit français. En Allemagne, plus l'infraction est grave, moins l'appel est possible. Et d'ailleurs, la Cour constitutionnelle ne juge pas contraire à la constitution l'absence de voie d'appel contre certaines condamnations pénales. Sur une approche générale de la question du double degré de juridiction émanant des différentes traditions juridiques, cf. GUINCHARD Serge, *op. cit.,* p. 727 et s.

[526] Ce débat s'est poursuivi à travers la jurisprudence du Conseil Constitutionnel qui a adopté une position plutôt ambivalente. Même si l'analyse des décisions rendues par le Conseil permet de conclure à l'absence de valeur constitutionnelle du principe du double degré de juridiction, elle témoigne, en même temps, que le double degré de juridiction ne reste pas sans protection constitutionnelle. Pour une étude approfondie de la question, MOLFESSIS N., « La protection constitutionnelle du double degré de juridiction », in *justice et double degré de juridiction, Revue Justices* n° 4, 1996, p. 17.

[527] CADIET Loïc, et GUINCHARD Serge, « Le double degré de juridiction », *Revue Justices* n° 4, juillet/décembre 1996, pp. 1-2.

traitant dans son livre *l'Esprit des lois* de la justice, précisait que l'appel tel qu'il est établi par les lois romaines et canoniques n'existait pas en France. En décrivant le duel judiciaire qui était répandu au Moyen Âge, il considérait que « *l'appel chez cette nation était un défi à un combat par armes qui devait se terminer par le sang ; et non pas cette invitation à une querelle de plume qu'on ne connut qu'après*[528] ». En effet, aucun recours hiérarchique ne pouvait être introduit contre la décision d'un jury populaire statuant souverainement et en représentation du peuple français.

256. Il a fallu attendre la loi du 15 juin 2000[529], pour que *le dogme de l'infaillibilité de la Cour d'assises soit remis en cause,* conclut Emmanuel Jeuland[530]. Cette nouvelle législation a créé un second degré de juridiction en matière criminelle en énonçant clairement que « *toute personne condamnée a le droit de faire examiner sa condamnation par une autre juridiction* ». Sur ce point, les arrêts de condamnation rendus par la Cour d'assises, mais, non les arrêts d'acquittement, peuvent faire l'objet d'un appel, porté devant une autre Cour d'assises désignée par la Chambre criminelle de la Cour de cassation[531].Toutefois, cette situation n'est pas transposable aux États-Unis où la procédure d'appel est encadrée de manière assez stricte.

257. Enfin, l'analyse de la question du double degré de juridiction révèle une grande différence entre la procédure d'appel prévue par la législation rwandaise de 1996 et la procédure édictée aux États-Unis. S'agissant du droit américain, les deux parties ont le droit d'interjeter appel. Mais la partie ayant obtenu gain de cause devant la juridiction de première instance a l'avantage de pouvoir remplir une demande spéciale (« *cross appeal* »), si elle souhaite ne pas se limiter aux questions abordées à l'appui de la précédente décision[532]. En outre, la compétence de la Cour d'appel est limitée aux questions de droit. Aucune action n'est recevable lorsqu'il s'agit de juger à nouveau les faits, sauf lorsque leur présentation s'avère « clairement erronée ». En droit rwandais, c'est l'expression « erreurs flagrantes dans les faits » qui est consacrée.

258. Un dernier aspect qui mérite d'être souligné, c'est l'intérêt qui est visé dans la restriction de la voie d'appel. Si, en droit américain cela se justifie par la grande confiance qui est accordée aux juges de première instance, au Rwanda, c'est plutôt la notion de délai raisonnable qui est mis en avant, face à un nombre considérable de suspects impliqués dans le génocide et les massacres. Ce problème de célérité fait que les arrêts de la Cour d'appel ne

---

528 MONTESQUIEU, *De l'Esprit des lois*, GF Flammarion, Tome II, p. 255.

529 Cf. loi n° 2000-516 du 15 juin 2000, « renforçant la protection de la présomption d'innocence et le droit des victimes », JO 16 juin 2000, p. 9038.

530 JEULAND Emmanuel, *op. cit.*, p. 408. Pour marquer également l'importance d'une véritable innovation en France sur le plan juridictionnel, Jolibois considérait dans son rapport que la loi du 15 juin 2000 mit fin à « une anomalie lourde de conséquences qu'est l'absence de recours en matière criminelle ». Cf. document publié par le Sénat en 1998-99, n° 419, p. 39.

531 Pour une étude approfondie, cf. TOURNIER Clara, *L'intime conviction du juge,* Presses Universitaires d'Aix - Marseille (PUAM), 2003, p. 279.

532 GUINCHARD Serge, *op. cit.,* p. 727.

sont pas en principe susceptibles de pourvoi en cassation, sauf dérogation expresse prévue par la loi de 1996 sur le génocide.

B. Un pourvoi en cassation quasi inexistant dans le traitement du contentieux du génocide

259. Classé parmi les *voies de recours extraordinaires*, le pourvoi en cassation constitue le dernier échelon de la hiérarchie juridictionnelle. C'est une procédure qui a beaucoup évolué. Traditionnellement, il s'agissait d'un recours objectif permettant de contrôler la légalité d'un jugement. En ce sens, la Cour de cassation « *réduit à néant les décisions illégales et renvoie les affaires à d'autres juges*[533] », afin qu'ils statuent conformément à la loi. Ainsi, le développement d'un droit au pourvoi en cassation en fait désormais un dernier recours tendant à achever un litige d'un point de vue du droit. Une telle procédure complexe, risque d'allonger les procès. C'est sans doute la raison pour laquelle, le législateur en a souvent limité la possibilité aux cas formellement prévus par la loi. La législation de 1996 réprimant le génocide s'inscrit dans cette même directive, en limitant la possibilité de se pourvoir en cassation aux seuls prévenus acquittés au premier degré, puis condamnés à mort en appel[534]. Ce qui signifie, que les requérants condamnés à des peines allant jusqu'à la perpétuité ne pouvaient prétendre à un pourvoi en cassation, même dans le cas où ils seraient victimes d'erreur judiciaire. Au regard des normes internationales et européennes de garantie d'une bonne justice, peut-on considérer cette forme de procédure en cassation comme légale ? Si l'accès à un juge de cassation est restreint, comment peut-on le justifier ?

260. Le droit européen semble apporter beaucoup plus de réponses à ces questions. En effet, l'introduction dans l'Union d'un second degré de juridiction sous la forme d'un pourvoi devant la Cour de justice a constitué une avancée remarquable, même si l'objet du pourvoi demeure limité. Elle traduit avec force « la volonté constante d'affirmer et de renforcer les éléments d'une communauté du droit offrant à ses membres des garanties juridiques répondant aux exigences de toute société démocratique[535] ». Parallèlement à la Cour EDH, le droit à un juge de cassation est bien ancré dans sa jurisprudence. L'exemple ayant le plus retenu notre attention est celui dans lequel, la Cour de

---

[533] BOULOC Bernard, *op. cit.*, p. 442.

[534] Conformément à la loi organique sur le génocide l'appel ou l'opposition constitue l'unique voie de recours contre les jugements des Chambres spécialisées (article 24). D'emblée toute possibilité de pourvoi en cassation est donc exclue. Mais l'article 25 de cette même loi déroge à ce principe. En effet, *lorsque la juridiction d'appel, saisie après un jugement d'acquittement au premier degré, prononce la peine de mort, le condamné dispose d'un délai de 15 jours pour se pourvoir en cassation... »*. Tout comme l'appel, le pourvoi doit être uniquement fondé sur des questions de droit ou des erreurs de fait flagrantes. Ce qui n'est pas le cas en droit français où la Cour de cassation est juge du droit et non juge des faits du procès.

[535] MEHDI Rostane, « Justice et double degré de juridiction : L'aspect européen », *Revue Justices* n°4, 1996, p. 51.

cassation française par un arrêt du 21 octobre 1999 avait déclaré Maurice Papon déchu de son pourvoi en cassation, alors qu'il avait demandé une dispense de se mettre en état[536]. Cette décision a valu à la France une condamnation par la Cour EDH pour entrave excessive au droit d'accès à un tribunal. Selon les conclusions de la Cour, « *la circonstance que le requérant a été poursuivi et condamné pour complicité de crimes contre l'humanité ne le privait pas de la garantie des droits et libertés de la Convention*[537] ».

261. Contrairement aux tribunaux rwandais, même les accusés condamnés à de lourdes peines pour crime de génocide ou crime contre l'humanité n'ont pu bénéficier de ce droit fondamental. C'est pourquoi le pourvoi en cassation n'a pas fait l'objet d'une jurisprudence abondante compte tenu de son caractère très limité dans le règlement du contentieux du génocide. D'ailleurs, parmi les jugements analysés[538], nous n'avons relevé qu'une seule décision ayant fait l'objet d'un pourvoi devant la Cour suprême de Kigali[539]. Toutefois, la requête de l'accusé a été déclarée irrecevable au motif que la juridiction de premier degré avait prononcé la peine de mort et non l'acquittement. Selon les conclusions des juges de la Cour suprême, le recours ne remplissait pas les conditions prévues par l'article 25 de la loi organique de 1996 qui ne concernait que les prévenus acquittés en première instance, et condamnés par la suite à la peine capitale en degré d'appel.

262. Quoi qu'il en soit, il était peu probable qu'une telle situation se produise dans la mesure où l'analyse de la jurisprudence n'a révélé aucune décision où la Cour d'appel avait prononcé des peines plus sévères que les juges de 1re instance. Au contraire, dans les cas où elle était saisie, la Cour s'est souvent prononcée en faveur des accusés victimes des erreurs commises par les juridictions inférieures. Mais, quels que soient la bonne volonté et l'engagement qu'ils ont pu consentir, la plupart des juges qui composaient les Chambres spécialisées n'étaient pas suffisamment compétents pour traiter un contentieux aussi complexe. Ils accusaient d'importantes lacunes associées aux conditions matérielles insuffisantes[540].

---

[536] Avant l'adoption de la loi du 15/06/2000 précitée portant sur la « présomption d'innocence », l'article 583 du Code de procédure pénale français admettait à titre dérogatoire que le prévenu condamné à une peine d'emprisonnement de plus de 10 ans (et provisoirement libre) devait se constituer prisonnier la veille de l'audience de la Cour de cassation au cours de laquelle son pourvoi serait examiné. Il devait donc se mettre « en état » faute de quoi il serait déchu de son pourvoi en cassation. Mais depuis juin 2001, cette procédure de « mise en état » a été supprimée par l'État français après avoir été condamné à quatre reprises par la Cour européenne qui considère que cette procédure viole le droit d'accès à un tribunal prévu par l'article 6. 1 de la Convention européenne.

[537] Cour EDH, 25 juillet 2002, requête n° 54210/00.

[538] Nous avons choisi une centaine de jugements dans les sept recueils de jurisprudence publiés par Avocats Sans Frontières en collaboration avec la Cour suprême du Rwanda. Ces décisions peuvent être consultées en ligne sur http://www.asf.be/fr/action/publications/.

[539] Cf. arrêt de la Cour suprême *Ndinkabandi Gaspard et consort c/ Ministère public*, Recueil de jurisprudence ASF et Cour suprême du Rwanda, tome VII, 20/07/2005, p. 261.

[540] Les Cours et tribunaux rwandais étaient confrontés à des problèmes majeurs d'ordre matériel après le génocide. Même si l'on remarquait une certaine réhabilitation de ces juridictions, les

263. En somme, la réflexion menée autour de la question des voies de recours en matière pénale nous permet de conclure qu'il y a parfois un grand écart entre les principes fondamentaux au procès équitable et les réalités concrètes générées par les conséquences du génocide. Néanmoins, l'existence de juridiction supérieure telle que la Cour d'appel (bien qu'étant très limitée) a permis d'assurer la continuité vers d'autres garanties procédurales auxquelles pouvaient prétendre les accusés du génocide. Il s'agit notamment du principe de l'égalité des armes dont la protection par les juges d'appel rwandais mérite une attention particulière.

§ 2 — La violation du principe de l'égalité des armes : une protection encadrée par les juges d'appel

264. La notion d'égalité des armes est difficile à appréhender, car elle n'est pas textuellement définie. Pour avoir une vision claire du principe, il faudrait plutôt se référer à la jurisprudence de la Cour EDH. Dans la célèbre affaire *Neumeister c/Autriche*[541], les juges européens ont rappelé que le principe d'égalité des armes est un des éléments composant le procès équitable qu'il soit civil ou pénal. Toujours pour assurer l'unité et la continuité de sa jurisprudence, la Cour de Strasbourg considérait le concept d'égalité des armes comme « *l'obligation d'offrir à chaque partie une possibilité raisonnable de présenter sa cause [...] dans des conditions qui ne la placent pas dans une situation de net désavantage par rapport à son adversaire*[542] ». Cette définition découle d'une interprétation de l'article 6-1 de la convention européenne de sauvegarde des droits de l'homme qui met en exergue la notion de cause entendue équitablement.

265. Selon une formule émise dans le même sens par le protocole relatif à la Charte africaine des droits de l'homme et des peuples, « *toute partie à une affaire a le droit de se faire représenter par le conseil juridique de son choix. Une représentation ou une assistance judiciaire peut être gratuitement assurée dans les cas où l'intérêt de la justice l'exige*[543] ». Dans cette perspective, l'égalité des armes peut être appréhendée sous l'angle du droit aux débats

moyens demeuraient toujours insuffisants pour organiser les procès des centaines de milliers de suspects impliqués dans les massacres.

[541] Affaire *Neumeister c/ Autriche*, 27/06/1968, requête n° 1936/63, § 2.

[542] Cf. arrêt *Dombo Beheer c/ Pays-Bas* rendu le 27/10/1993. Dans cette affaire, un litige opposait la société Dombo Beheer et sa banque à propos de l'extension d'une convention de découvert. La Cour européenne devait examiner la question de savoir si l'interdiction faite par la loi hollandaise à une partie de témoigner dans son procès contrevenait à l'article 6 de la CEDH. Dans sa motivation, la Cour soutenait que la nécessité d'assurer l'égalité des armes s'applique aux procès civils ; avant de conclure que ledit principe n'a pas été respecté dans le cas d'espèce. Pour une analyse approfondie de cette décision, cf. BERGER Vincent, *Jurisprudence de la Cour européenne des droits de l'homme,* Sirey, 9e édition, 2007.

[543] Cf. article 10 alinéa 2 du protocole relatif à la Charte africaine des droits de l'homme et des peuples portant création d'une Cour africaine des droits de l'homme et des peuples.

contradictoires[544] et des droits de la défense[545]. De tels principes fondamentaux, liés à la procédure pénale ou civile, constituent l'ossature du modèle universel de procès[546]. C'est pourquoi ils sont loin d'être ignorés par les cours et tribunaux nationaux. Certains juges n'ont d'ailleurs pas hésité à écarter des textes ou annuler des décisions qui violeraient de manière flagrante ces principes. Tel fut le cas dans les procès du génocide où la Cour d'appel a constamment infirmé des jugements rendus par les Chambres spécialisées, à cause d'une violation manifeste des droits de la défense et du principe du contradictoire (A) ou pour défaut de motivation de la condamnation pénale et civile (B).

A. Une violation manifeste des droits de la défense et du principe du contradictoire par les juges de première instance

266. D'emblée, il faut préciser que les notions de « droits de la défense » et « principe du contradictoire » ne sont pas synonymes. Certes, elles sont étroitement liées et s'imbriquent, mais ne se confondent pas. Le principe du contradictoire est englobé par les droits de la défense et bénéficie ainsi de sa protection. Certains auteurs vont jusqu'à le considérer comme un principe de droit naturel inhérent à toute légitimité processuelle. À ce propos, Bruno Oppétit soutenait qu'on est bien dans le champ d'un droit naturel exprimant des règles éternelles et immuables. Pour justifier cette hypothèse, il conclut : « *l'invocation du droit naturel n'a en la matière rien d'abusif ni de formel : le respect des droits de la défense quelle que soit la juridiction devant laquelle il se déroule, correspond à une exigence européenne de l'idéal de justice*[547]. »

---

[544] Le principe du contradictoire peut être défini, d'une part, comme un principe élémentaire de justice qu'une personne puisse faire valoir ses arguments avant d'être jugée. D'autre part, pour rendre un jugement éclairé, le juge a besoin d'entendre toutes les parties au procès. C'est ce qu'exprime l'adage latin « *audi et alteram partem* », qui signifie « écoute aussi l'autre partie ». Pour une étude approfondie, cf. HÉRON Jacques, p. 235 et s.

[545] Selon certains auteurs comme Emmanuel Jeuland, le principe de l'égalité des armes comprend le principe du contradictoire qui est le fait d'être entendu et le principe des droits de la défense qui met l'accent sur la possibilité de se défendre. Mais d'autres, comme Serge Guinchard, vont au-delà de cette analyse en soutenant que les principes d'égalité des armes et de la contradiction ne se confondent pas dans la mesure où le premier n'implique pas nécessairement pas le second. De même, le contradictoire peut être violé, alors que l'égalité des armes aurait été respectée. Mais, il n'en demeure pas moins que les deux principes comportent d'importantes similitudes à telle enseigne que la Cour EDH en fait souvent un usage conjoint. Enfin, pour marquer la différence réelle entre les deux principes, Élisabeth Zoller fait remarquer que « *la règle du contradictoire opère dans le champ de la procédure inquisitoire, celle de l'égalité des armes fait sens dans le champ de la procédure accusatoire* ». ZOLLER Élisabeth, « Procès équitable et due process of law », *Recueil Dalloz*, 2007, p. 517 et s.

[546] En ce sens, GUINCHARD Serge *et al*, *Droit processuel. Droits fondamentaux du procès, op. cit.*, pp. 1080 à 1158. L'égalité des armes et le principe du contradictoire sont également consacrés par l'article 14 (3) du Pacte international relatif aux droits civils politiques, ratifié par le Rwanda.

[547] OPPETIT Bruno, *Philosophie du droit*, 1ère édition, Dalloz, 1999, p. 117.

267. Au-delà de ces considérations d'ordre philosophiques, on assiste également à une large consécration textuelle par les législations nationales et internationales[548] telles que le pacte international relatif au droit civil et politique (art 14 al.3-d) et la Charte africaine des droits de l'homme et des peuples (art 10 al.2). Le respect des droits de la défense est un principe fondamental reconnu par les lois de la République et il a également valeur constitutionnelle. Sur ce point, la Constitution rwandaise érige la défense en « *droit absolu à tous les états et degrés de la procédure*[549] ». Une des modalités fondamentales de l'exercice de ce droit est de pouvoir se choisir un défenseur[550]. Quant aux personnes ayant des ressources insuffisantes, elles doivent être assistées gratuitement[551].

268. Malgré les dispositions légales susvisées, la mise en pratique du droit de se défendre, notamment celui d'être assisté d'un défenseur de son choix, n'a pas toujours été chose aisée dans le règlement du contentieux du génocide. Dans la loi organique de 1996, le législateur avait émis une réserve en précisant que toute personne poursuivie en matière criminelle a certes le droit d'être défendue par le défenseur de son choix, mais « non aux frais de l'État[552] ». Cette restriction semble se justifier par rapport à l'impossibilité financière de rétribuer des avocats à tous les accusés. Ainsi, au début des procès, le droit de se faire assister n'a pas pu être systématiquement assuré à cause du caractère disproportionné entre le nombre de suspects et celui des avocats disponibles après le génocide[553].

---

[548] L'article 6 de la CEDH ne donne aucune définition et n'emploie pas l'expression « droits de la défense ». Toutefois, il déclare un certain nombre de droits octroyés à l'accusé dont : le droit d'être informé des charges pesant sur lui ; le droit de disposer du temps et des facilités nécessaires à la préparation de sa défense ; le droit de se défendre lui-même ou de choisir un avocat ; enfin le droit d'interroger ou de faire interroger les témoins. Pour une étude approfondie, cf. SAINT-PIERRE François, *La nature juridique des droits de la défense dans le procès pénal*, Dalloz, 2007, n° 4, p. 260.

[549] Article 14 alinéa 3 de la constitution du 10 juin 1990, qui depuis 2003 a fait l'objet d'une révision. La nouvelle constitution consacre en son article 18 alinéa 3, le droit de la défense dans des termes plus élargis par rapport aux deux textes internationaux (pacte international relatif aux droits civils et politiques ; Charte africaine des droits de l'homme et des peuples). Dans le même ordre d'idée, la Cour de cassation française a solennellement consacré le principe constitutionnel du respect des droits de la défense dans les termes suivants : « *la défense constitue pour toute personne un droit fondamental à caractère constitutionnel* ». Cf. Assemblée plénière 30/06/1995, JCP 1995, II, 22478, concl. Jéol.

[550] En vertu de l'article 36 de la loi organique de 1996 sur le génocide, les personnes poursuivies jouissent du droit de la défense et du droit d'être défendues par le défenseur de leur choix. Celui-ci peut être un avocat ou un défenseur judiciaire, mais aussi le conjoint, le représentant légal, et le parent ou allié porteur d'une procuration écrite et agréé spécialement par le juge. Se référer également aux articles 6, 96, et 50 de la loi n° 3/97 du 19/03/1997 portant création du barreau au Rwanda, JO n° 8 du 15/04/1997.

[551] *Idem*, art. 60 et 61.

[552] Article 36 loi organique de 1996 sur le génocide.

[553] Après le génocide, il est apparu que le nombre d'avocats avait diminué dans des proportions considérables. On ne dénombrait qu'une trentaine d'avocats environ. Mais la plupart d'entre eux avaient une certaine réticence pour défendre des suspects impliqués dans les massacres. En ce

269. Grâce à l'intervention d'Avocats Sans Frontières (ASF) et la mise en place du barreau de Kigali en 1997, la question a été partiellement résolue. L'assistance judiciaire fut assurée dans sa quasi-totalité par ASF. Une infime minorité fut assistée par certains avocats du barreau de Kigali. Selon les informations recueillies auprès du CDPG[554], le nombre d'avocats capables d'intervenir dans les affaires de génocide au Rwanda se limitait à 29 (ASF (10) et le Barreau de Kigali (19)). Si chacun des 135 000 détenus soupçonnés de participation au génocide devait être assisté par un avocat, on compterait un avocat pour 4 655 prévenus sans évoquer la situation des parties civiles[555].

270. Outre ces considérations statistiques, il convient également de noter que le droit de la défense n'a pas été respecté à tous les degrés. Ainsi, ce n'est qu'au niveau des tribunaux que les accusés de génocide furent assistés. Et pourtant selon l'article 40 du Code de procédure pénale rwandais, tout accusé devait normalement être assisté par un avocat ou conseil, dès sa première comparution à la brigade ou au parquet. Dans leurs premières initiatives de traduire les présumés coupables en justice, les dispositions de l'article 40 ont été violées par des militaires qui arrêtèrent des milliers de personnes sans tenir compte de leurs droits ou des procédures légales[556].

271. De plus, au début des procès, certains juges siégeant au sein des Chambres spécialisées se sont montrés réticents pour informer les accusés de leur droit d'avoir un avocat, ou ont refusé de leur accorder un délai pour consulter leur dossier. C'est dans cette perspective qu'une importante jurisprudence s'est développée à propos du droit de la défense. L'essentiel des arrêts rendus par les Cours d'appel rwandaises est fondé sur le non-respect de ce droit au profit des accusés. Tel fut le cas dans une décision du 20 avril 1998. La Cour d'appel de Kigali soutenait que le jugement de la Chambre spécialisée a été rendu en violation de l'article 14 alinéa 3 de la Constitution rwandaise et de l'article 7.c de la Charte africaine des droits de l'homme précité. Par conséquent, la décision rendue par les juges de première instance a été infirmée et les accusés acquittés, car les droits de la défense n'ont pas été respectés[557].

272. Dans d'autres circonstances, les Chambres spécialisées adoptèrent une politique restrictive ou de partialité face aux demandes des prévenus de se faire assister. Il a ainsi été jugé en degré d'appel qu'un tribunal a

---

sens, DUPAQUIER Jean-François, « Quelle défense pour quelle justice ? », in *La justice internationale face au drame rwandais, op. cit.*, p. 23.

[554] Centre de documentation et d'information sur les procès du génocide, *Rapport sur la situation des procès de génocide au Rwanda,* période janvier-août 1998, p. 8.

[555] *Ibid.*

[556] DES FORGES Alison, *op. cit.*, p. 870.

[557] Arrêt Cour d'appel de Kigali, *affaire Munyatarama Martin et consort c/ Ministère public*, Recueil de jurisprudence ASF et Cour suprême du Rwanda, tome IV, pp. 278-279. La Cour d'appel de Cyangugu avait statué dans le même sens en soutenant que, « *l'accusé a été privé du droit à la défense par un avocat de son choix comme cela a été prévu à l'article 36 de la loi organique du 30/081996...* ». Cf. affaire *Munyangabe Théodore c/ Ministère public*, 06/07/ 1999, Recueil de jurisprudence ASF et Cour suprême du Rwanda, tome III, p. 263.

manifestement violé les droits de la défense en passant outre la demande de l'accusé d'être défendu par un avocat étranger. La Chambre du TPI a opposé à ce dernier une fin de non-recevoir sous prétexte qu'il n'a pas eu l'autorisation de plaider du ministère de la Justice. Le prévenu a demandé la remise de l'affaire à une autre date afin de pouvoir se chercher un avocat, mais en vain[558]. Une telle demande était fréquemment qualifiée de « *moyen ou manœuvre dilatoire*[559] » par les juges de première instance.

273. Toutefois, cette qualification n'était pas fondée selon les conclusions de la Cour d'appel, dans la mesure où l'état de détention du prévenu ne lui a pas permis de se trouver un avocat selon les délais fixés par la loi. Donc, « *par son refus d'accorder la remise de l'affaire à Ndikumwami Léonidas, le tribunal a porté atteinte aux droits de la défense* [560] ». Ce qui constitue une erreur de droit justifiant la recevabilité de l'appel du prévenu. Dans le même ordre d'idées, la Cour insiste sur l'exigence faite au tribunal de tenir compte des difficultés particulières que rencontre un détenu, car cette difficulté résulte en partie de la réticence des avocats nationaux à intervenir dans les procès liés au génocide. Cette argumentation, les juges d'appel l'ont sans cesse exprimée de manière objective dans d'autres décisions rendues ultérieurement. Pour ce faire, de nombreuses remises d'audience ont été accordées aux prévenus, notamment devant les juridictions militaires[561].

274. Un dernier aspect qui doit être pris en compte dans le respect des droits de l'accusé, c'est le droit de faire entendre les témoins à décharge et de soumettre les témoins à charge aux débats contradictoires de l'audience. Tous les éléments qui sont susceptibles d'influencer la décision du juge doivent être soumis à contradiction. Même si ce dernier apprécie souverainement l'admissibilité et la pertinence de toute preuve à charge ou à décharge, son

---

[558] Dans un premier jugement rendu le 20/01/1997, l'accusé a été condamné en son absence à la peine capitale par la chambre spécialisée du TPI de Kigali le 21/01/1997. Dans ses moyens d'appel, le prévenu soutenait qu'il était en détention préventive. Du fait qu'il n'était pas libre de ses mouvements, il ne pouvait chercher un avocat que par personne interposée. Ces difficultés étaient aggravées par le fait qu'aucun avocat rwandais ne voulait l'assister et le barreau de Kigali n'était pas encore mis en place. C'est pourquoi il avait fait appel à un avocat étranger de l'association « Avocats Sans Frontières ». Cf. arrêt Cour d'appel de Kigali du 30/05/1997, *Ndikumwami Léonidas c/ Ministère public,* Recueil de jurisprudence ASF et Cour suprême du Rwanda, tome II, p. 246.

[559] Dans cette affaire (note 339), il semblerait que le ministère public et le Tribunal aient confondu les délais de citation avec les droits de la défense. Pour lui refuser d'être défendu par un avocat, le ministère public avait allégué que l'accusé avait été cité dans les délais légaux de huit jours et que ceux-ci étaient largement suffisants pour qu'il puisse trouver un conseil.

[560] *Idem,* p. 249.

[561] C'est le sens du jugement de la Chambre spécialisée du Conseil de guerre siégeant en itinérance à Gisenyi en faisant droit à la demande de remise du prévenu qui n'avait pas disposé suffisamment de temps pour consulter un avocat. *Auditorat militaire c/ Dusabeyezu,* 22/12/1998, Recueil de jurisprudence ASF et Cour suprême du Rwanda, tome I, p. 207. La Chambre spécialisée du Conseil de guerre siégeant à Kigali avait tranché dans le même sens en permettant au prévenu d'organiser sa défense. *Ministère public et Parties civiles c/ Sergent Gendarme Barayagwiza,* 26/11/1998, Recueil de jurisprudence ASF et Cour suprême du Rwanda, tome III, p. 312.

pouvoir d'appréciation est limité par le respect des droits de la défense. Au vu de la jurisprudence des tribunaux militaires rwandais, il apparaît que les juges ont souvent fondé leur décision sur l'article 14 alinéa 3 (e) du pacte international précité, afin de soumettre les témoins au débat contradictoire[562].

275. En somme, le contradictoire tel que nous l'avons précédemment décrit est une composante essentielle du principe de l'égalité des armes. Ce faisant, les accusés ont le droit de citer des témoins au même titre que le Ministère public. Mais faudrait-il rappeler que ce principe n'a pas une portée absolue ? Pour ce faire, la Cour européenne des droits de l'homme admet des atténuations fondées sur l'idée que l'égalité doit s'apprécier « raisonnablement »[563]. Ainsi, la logique voudrait qu'une disproportion ne puisse rompre le principe d'égalité. Dans le traitement du contentieux du génocide, contrairement aux juridictions militaires, la Cour d'appel était moins sensible par rapport aux questions liées au principe du contradictoire. Elle fondait sa décision sur le fait que les tribunaux ont le pouvoir d'apprécier souverainement le nombre de témoins à interroger pendant le déroulement des procès. Néanmoins, pour montrer leur attachement aux droits de la défense, les juges d'appel n'ont pas hésité à annuler des jugements rendus par les Chambres spécialisées auprès des TPI.

276. Enfin, il ressort de l'analyse des arrêts que la Cour d'appel fondait souvent sa décision sur le non-respect des droits de la défense au profit des accusés. Dans le souci de mieux garantir le respect du principe de l'égalité des armes, il semblerait que les juges d'appel se soient largement inspirés de la jurisprudence du comité des droits de l'homme de l'ONU[564], avant de se rallier à la tradition de la Cour de Strasbourg[565] dans la protection des droits des justiciables. L'une des raisons qui peut justifier cette hypothèse, c'est la ratification de la Charte africaine des droits de l'homme et des peuples par le Rwanda et dont le contenu se rapproche de la Convention européenne des

---

562 N'ayant pas réussi à joindre les témoins à décharge du prévenu, le Conseil de guerre fait procéder à la lecture de leurs procès-verbaux d'auditions devant le parquet. Cf. jugement Conseil de guerre, *Auditorat militaire c/ Caporal U. Joseph et consorts*, 17/04/2001, Recueil de jurisprudence ASF et Cour suprême du Rwanda, tome V, p. 350.

563 La Cour EDH a rendu un arrêt de principe le 19/12/1990, *Delta c/ France*, en posant la règle selon laquelle, l'article 3-d de la Convention « commande d'accorder à l'accusé une occasion adéquate et suffisante de contester un témoignage à charge et d'en interroger l'auteur ». À ce propos, cf. PRADEL Jean et VARINARD André, *Les grands arrêts du droit pénal général, op. cit.*, p. 65.

564 Le comité des droits de l'homme considère en matière pénale le droit d'être assisté d'un avocat comme un principe sacro-saint. Elle va même plus loin que la Cour européenne en précisant que l'absence d'un défenseur, même si dans une certaine mesure elle est imputable à l'accusé, rend le procès inéquitable. Cf. affaire *Robinson c/ Jamaïque,* 30/03/1989, affaire n° 223/1987, sélection de décisions du Comité des droits de l'homme, volume 3, de la 33e à la 39e session (juillet 1988-juillet 1990), p. 168.

565 Sur ce point, une décision importante mérite d'être citée. Dans un arrêt du 23 mai 2000, la Cour soutenait que « Le droit de tout accusé à être effectivement défendu par un avocat figure parmi les éléments fondamentaux du procès équitable et que dès lors un accusé n'en perd pas le bénéfice du seul fait de son absence aux débats ». CEDH, *Van pelt c/ France,* 23 mai 2000.

droits de l'homme. Dès lors, la tendance à mieux prendre en considération le droit de se faire assister d'un avocat s'est finalement imposée comme une règle absolue devant l'ensemble des juridictions rwandaises chargées de traiter le contentieux du génocide et des crimes contre l'humanité. En effet, la démarche adoptée par les juges d'appel visait à protéger les droits des justiciables de manière concrète et effective, compte tenu surtout des obligations qui lient l'État rwandais aux instruments internationaux qu'il a ratifiés.

277. Il est évident qu'en l'absence de garanties fondamentales qui caractérisent le procès équitable, la procédure judiciaire ne servirait qu'à l'arbitraire. Pour mieux conforter ce point de vue, on ne saurait ignorer les propos de l'avocat Jean-Denis Bredin selon lesquels : « *dans tous les procès, il faut que le juge soit impartial, que les parties puissent se défendre, et qu'elles doivent prouver ce qu'elles avancent. Lorsque ce minimum n'est pas réuni, il n'existe qu'un simulacre de justice*[566].» Il en est ainsi lorsque les juges s'abstiennent de motiver leurs décisions, notamment la condamnation pénale.

B. La motivation insuffisante des jugements

278. La motivation des décisions fait partie intégrante des droits de la défense. Il s'agit d'une garantie contre l'arbitraire qui permet à l'accusé de former un recours contre toute décision de justice qui paraîtrait partiale. Elle a également pour but de procéder à une analyse scientifique de la jurisprudence et à la Cour de cassation d'exercer son contrôle[567], si l'on se réfère au système français. Dans le traitement du contentieux du génocide, l'existence d'une motivation est vérifiée par la Cour d'appel rwandaise, étant donné qu'il n'existe pratiquement pas de pourvoi en cassation. Ainsi, au vu de certains arrêts, l'insuffisance ou le défaut de motivation a pu être retenu au titre de « violation de la loi ».

279. Pourtant, la volonté de ne pas trop entraver le pouvoir discrétionnaire des juges de première instance aurait pu conduire la Cour d'appel à accepter des formulations générales plus ou moins stéréotypées, qui sans doute, se justifient par leur manque d'expérience. L'arrêt du 6 juillet 1999 précité nous montre que tel n'a pas été toujours le cas. Ainsi, la Cour d'appel avait annulé une décision de la Chambre spécialisée qui s'était bornée, en l'absence d'éléments de preuve, d'affirmer que « *le Conseil de sécurité a envoyé le prévenu avec mission d'exterminer ceux qui avaient demandé secours*[568] ». Or, le ministère public affirmait n'ayant pas pu produire le procès-verbal dudit

---

[566] BREDIN Jean-Denis, *Un tribunal au garde-à-vous. Le procès de Pierre Mendès France 9 mai 1941*, Fayard, 2002.

[567] BRUNET Andrée, *Droit au procès équitable et contrôle de la motivation des décisions de la Cour de cassation*, Mélanges Normand, Litec, 2003, p. 51.

[568] Cf. affaire *Munyangabe Théodore*, Recueil de jurisprudence ASF-Cour suprême du Rwanda, tome III, *supra*, note 563, pp. 264 à 269.

Conseil de sécurité. De même, contrairement au récit des témoins à décharge qui n'avaient pas été entendus par le tribunal, l'accusé avait plutôt essayé de secourir des victimes. En s'appuyant sur ces différents arguments, la Cour avait déclaré « *Munyangabe Théodore acquitté des infractions mises à sa charge pour défaut de preuves et au bénéfice d'un doute sérieux* ».

280. Dans d'autres affaires, il arrivait que les Chambres spécialisées des TPI condamnent des accusés d'une manière péremptoire et sans donner de justification. C'est le sens de l'arrêt où la Cour d'appel reprochait au tribunal de première instance d'une part, le fait d'avoir condamné un prévenu à la peine de mort sans avoir au préalable établi les infractions mises à sa charge, et d'autre part, le fait de n'avoir indiqué ni la base ni les bénéficiaires des dommages et intérêts qu'il accordait[569].

281. À l'analyse, les juges d'appel n'entendaient pas alléger l'obligation à la charge des Chambres spécialisées de motiver leur décision, au motif d'accélérer le rythme des procès. C'est la raison pour laquelle, la question de la motivation des décisions était rarement soulevée comme moyen d'appel dans les années qui ont suivi les premiers procès du génocide. Certains juges commençaient à remplir leur tâche de manière satisfaisante, après avoir bénéficié d'un programme de formation, ou en tirant profit des critiques émises par les avocats de la défense. Dès lors, ils éprouvaient moins de difficultés pour faire application de la loi organique de 1996 portant sur le génocide et les crimes contre l'humanité. Pour mieux justifier la condamnation pénale, les juges des Chambres spécialisées ont adopté une démarche quasiment identique au système pénal français. Celle-ci consiste à motiver la condamnation de manière objective ou subjective[570].

282. Comme nous avons pu le constater dans le contentieux du génocide, les deux types de motivations se confondent parfois. Sur ce point, le jugement rendu le 25 mai 2001 paraît fournir un exemple pertinent d'une motivation de type objectif permettant, sans l'ombre d'un doute de justifier une condamnation à la peine capitale. Ainsi, le Tribunal se réfère non seulement à la gravité des faits, mais il relève aussi que ces agissements avaient pour but d'exterminer une minorité ethnique. De même, pour justifier l'aggravation de la sanction, les juges précisent que le prévenu avait par exemple, commis des actes de torture sur les victimes. C'est donc avant tout la gravité de l'infraction qui est mise en avant[571]. Quant aux motivations de type subjectif (liées à la

---

[569] Arrêt Cour d'appel de *Cyangugu* du 30/06/1999, Recueil de jurisprudence ASF-Cour suprême du Rwanda, tome II, *op. cit.*, p. 225.

[570] La Cour de cassation française refuse les formules abstraites et générales dans la motivation de la condamnation pénale. Dans la plupart des décisions qu'elle estime la motivation retenue par les juges suffisante, la Cour cite à la fois l'article 132-19 et l'article 132-24 du Code pénal. Par conséquent, la motivation peut être objective, c'est-à-dire fondée sur les circonstances de l'infraction ou subjective, c'est-à-dire liée à la personnalité de l'auteur. Pour une étude approfondie, cf. observations de Bernard BOULOC, *Revue de science criminelle* 2000, *op. cit.*, p. 195.

[571] Jugement du TPI de Gisenyi, *Ministère public c/ Banzi Wellars et consorts*, Recueil jurisprudence ASF-Cour suprême du Rwanda, tome VI, p. 139.

personnalité de l'accusé), dans la plupart des cas analysés, c'est la « position d'autorité » qui est systématiquement alléguée par les juges[572].

283. En somme, l'examen de la jurisprudence révèle que la Cour d'appel a souvent réformé des jugements au motif que les juges de première instance avaient insuffisamment motivé leur décision sur une pure question de droit. Par exemple, il leur est reproché de n'avoir pas indiqué « le fondement juridique » de leur décision, c'est-à-dire de n'avoir pas indiqué la règle qu'ils entendaient appliquer. Ce qui signifie que l'obligation qu'ont les Chambres spécialisées de motiver leurs jugements ne porte pas uniquement sur des questions de fait. Elle porte aussi, dans une certaine mesure, sur des questions de droit. Il n'est pas donc inutile que la Cour d'appel puisse intervenir lorsque cette obligation de motiver les décisions n'a pas été respectée.

284. Pourtant, force est de constater que l'obligation de motiver les décisions de justice n'est pas absolue. Toutes les décisions qui relèvent du pouvoir discrétionnaire du juge ne peuvent pas être en principe motivées. Il en est ainsi de la partie d'une décision pénale concernant les circonstances atténuantes. Pour ainsi dire, la motivation n'a pas une valeur universelle reconnue par tous les systèmes juridiques[573], contrairement aux droits de la défense. Il peut donc y avoir des différences d'interprétation. Par exemple, en droit positif français, l'obligation de motivation est introduite par la loi des 16-24 août 1790. Même si elle a valeur constitutionnelle, ce principe ne s'impose qu'aux magistrats du tribunal correctionnel[574]. Le législateur n'a pas retenu l'obligation de motivation contre les arrêts de la Cour d'assises[575]. Du moins, c'est ce qui ressort de la loi portant sur « la présomption d'innocence » précitée[576] qui autorise depuis le 15 juin 2000 le recours en appel contre les arrêts de la Cour d'assises. Les arrêts ne sont motivés que sous la forme de réponses à des questions précises[577]. Sur ce point, on est en droit de se demander si le dogme de l'infaillibilité de la Cour d'assises, tant proclamé au Moyen Âge, n'est pas réellement remis en cause.

285. Or, en se rapprochant de la tradition allemande, la motivation des décisions n'est pas expressément requise par la Constitution comme en droit français. En droit allemand, il existe même des possibilités où il est permis

---

[572] Chambre spécialisée du TPI de Kigali, *Ministère public et parties civiles c/ Ngomambiligi F*, jugement du 27/02/1998, Recueil de jurisprudence ASF et Cour suprême du Rwanda, tome I, p. 121.

[573] D'autres principes fondamentaux de la procédure paraissent aujourd'hui universels, notamment les principes d'impartialité, du contradictoire et des droits de la défense. JEULAND Emmanuel, *op. cit.*, p. 173.

[574] Le législateur a juste partiellement tenu compte des exigences européennes portant sur la notion de procès équitable.

[575] Il en va différemment pour les mineurs pour qui toute peine d'emprisonnement avec ou sans sursis doit être spécialement motivée. Sur ce point, cf. GOUTTENOIRE Adeline et BONFLIS Philippe, *Droit des mineurs*, Dalloz, 2008, n° 1304.

[576] Cf. *supra*, note 529.

[577] Pour une étude de la question, TEXIER Pascal, « Jalon pour une histoire de la motivation des sentences », in *La motivation*, Travaux de l'association Henri Capitant, Paris, LGDJ, 2000, p. 5.

qu'un jugement soit dénué de motivation[578]. Compte tenu de ces différentes traditions juridiques, la CEDH a fixé une forme de limite par rapport à l'obligation de motiver les décisions de justice[579]. En faisant le parallèle avec la jurisprudence rwandaise liée au contentieux du génocide, lorsque la Cour d'appel est saisie, elle statue au fond de l'affaire en vérifiant si les juges de première instance n'ont pas commis des erreurs de droit ou des erreurs manifestes d'appréciation dans les faits. Contrairement à la Cour EDH, elle ne contrôle pas le bien-fondé d'une motivation ni en droit ni en fait[580]. Elle laisse une marge de manœuvre aux juridictions nationales.

286. À travers sa jurisprudence, la Cour a, par la suite, posé un certain nombre de critères prenant en compte les différences de tradition qui existent en Europe. Par exemple, dans une affaire impliquant les Pays-Bas, la Cour a estimé que l'exigence de motivation ne signifie pas que le tribunal doit répondre à chaque argument de manière détaillée[581]. Dans le même ordre d'idée, la motivation ne doit pas non plus être « lapidaire »[582]. Mais pour les litiges mettant en cause la France, la Cour devait seulement vérifier que la procédure suivie n'a pas été contraire au principe du procès équitable.

287. Enfin, il faut reconnaître que malgré la défaillance du système classique rwandais, la jurisprudence de la Cour d'appel marque un progrès important dans la garantie des droits des justiciables liés au contentieux du génocide. Un des aspects positifs qu'il faut souligner à travers la portée des arrêts de la Cour d'appel, c'est la protection encadrée des droits fondamentaux de la défense contre toute violation par les juges de première instance, et la motivation des jugements imposés à ces derniers. Mais, faudrait-il rappeler qu'une justice équitable suppose également la prise en compte des droits des victimes ?

288. Si les accusés sont poursuivis au plan pénal pour leur présumée participation au génocide, leur responsabilité civile doit également être mise en cause. À partir du moment où une part importante de la population rwandaise est impliquée dans les massacres, la question cruciale qui se pose est celle de savoir à qui incombe la responsabilité de réparer les dommages. La section suivante nous donnera des indications de réponse, notamment sur les principaux obstacles à la réparation civile dans le traitement du contentieux du génocide devant les tribunaux classiques rwandais.

---

[578] Pour une analyse comparative des différents systèmes juridiques, cf. GUINCHARD Serge et al, *Droit processuel, op. cit.*, p. 1013.

[579] Il est important de préciser que l'article 6-1 de la CEDH ne prévoit pas explicitement le principe de la motivation. Néanmoins, la Cour européenne a interprété de manière extensive le droit d'être entendu par un tribunal impartial pour en déduire l'obligation de motiver les décisions.

[580] BORÉ Louis, « La motivation des décisions de justice et la CEDH », *JCP,* 2002, I, p. 104.

[581] Affaire Van *de Hurk c/ Pays-Bas*, CEDH, 19/04/1994, AJDA, 1995, p. 138 (observations Flauss).

[582] Affaire Georgiadas *c/ Grèce*, CEDH, 29/05/1997, RGDP 1998, p. 239 (obs. Flauss).

SECTION 2 — UNE GARANTIE INSUFFISANTE DES DROITS DES VICTIMES

289. La notion de réparation n'est pas plus facile à appréhender que la notion de peine, car derrière cette terminologie que le langage commun définit facilement, le droit et la doctrine voient de multiples réactions. Depuis le milieu du XXe siècle, le droit positif tente à des degrés divers de greffer sur la peine la réparation du dommage[583]. En d'autres termes, parallèlement au droit pénal, le droit civil contraint celui qui cause un dommage à autrui, l'obligation de le réparer. De ce point de vue, il ne se préoccupe nullement de punir un coupable, mais d'indemniser une victime, en lui allouant par exemple des dommages et intérêts qui ne doivent pas être compris comme une sanction, mais comme la juste et exacte réparation d'un préjudice. Tel est l'objet de la responsabilité civile qui implique la réparation des dommages injustement causés à autrui. Cette réparation se fait en principe en nature[584] ou l'indemnisation par un fonds collectif, et le plus souvent par équivalent sous forme de dommages et intérêts. Dans le même ordre d'idées, selon une formule constante que la Cour de cassation française a empruntée à René Savatier, « *le propre de la responsabilité civile est de rétablir aussi exactement que possible l'équilibre détruit par le dommage et de replacer la victime dans la situation où elle se serait trouvée si l'acte dommageable ne s'était pas produit*[585] ». Si cette affirmation reste parfaitement exacte dans son principe, elle doit cependant être nuancée dans le contexte rwandais, compte tenu des conséquences dramatiques générées par le génocide.

290. Rappelons que le bilan des victimes est estimé à un million de morts. Plus de 250 000 femmes ont été violées ou mutilées sexuellement, 65 % d'entre elles contaminées au VIH[586], et environ 30 000 rescapés traumatisés[587]. Dans cette perspective, est-il réaliste de parler de réparation à la hauteur des préjudices subis ? Un tel crime est-il par essence réparable si l'on cherche à rétablir les victimes dans l'état qui était le leur antérieurement ?

291. L'impact destructif des violations commises au niveau individuel et collectif est tel que le concept de réparation semble erroné. Un tel dommage ne

---

583 PAILLARD Bertrand, *La fonction réparatrice de la répression pénale,* LGDJ, 2007, p. 124.

584 La réparation en nature consiste à rétablir les choses dans leur état antérieur. Il s'agit par exemple de supprimer la cause du trouble par une limitation ou une interdiction de l'activité dommageable, ou dans une atteinte aux biens, de condamner le responsable à restituer le bien à la victime, à lui fournir un bien équivalent ou à remettre en état ce qui a été détruit. En ce sens, RENAULT-BRAHINSKY Corinne, *Droit des obligations*, Gualino, Paris, 2007, p. 361 et s.

585 L'idée dominatrice dans la responsabilité civile c'est la justice commutative. Il s'agit seulement de rendre ce qui a été perdu de sorte que la victime soit finalement indemne du dommage, qu'elle soit indemnisée. Dans le sens de cette analyse, MALAURIE Philippe et AYNÈS Laurent, *Droit civil* : *les obligations,* LGDJ, 6e éd., 2013, p. 134.

586 AVEGA « Agahozo », *Étude sur les violences faites aux femmes*, KIGALI, 1999.

587 Ce chiffre est avancé par l'association des survivants du génocide, IBUKA. En ce sens, Cf. Institut de Recherche et de Dialogue pour la Paix (IRDP), *Génocide des Tutsi du Rwanda : causes, exécution et mémoire, op. cit.*, p. 114.

peut pas être réparé au sens strict du terme, qui consiste à défaire toutes les conséquences du génocide. De même, le nombre de violations liées au génocide et autres crimes contre l'humanité est exceptionnellement élevé. Pour cette raison, une grande difficulté se pose, non seulement au plan financier, mais également au plan logistique et organisationnel[588]. Néanmoins, la loi organique de 1996 réprimant le génocide reconnaissait le droit des victimes à se constituer partie civile[589] afin de demander une compensation financière pour tous les préjudices qu'ils avaient subis. Suivant l'évolution des procès, leurs intérêts ont été mieux pris en compte. Dans le cadre des poursuites pénales devant les Chambres spécialisées, les prévenus reconnus coupables et l'État rwandais qui les a impliqués dans les massacres ont été régulièrement condamnés au paiement de dommages et intérêts. Hélas ! aucun jugement n'a fait l'objet d'une exécution au plan civil (**§ 1**). De même, la création d'un fonds d'indemnisation des victimes était prévue par la loi de 1996, mais sans réelle concrétisation (**§ 2**).

§ 1 — L'inexécution des jugements portant sur les dommages et intérêts

292. La question du droit à la réparation dans la législation rwandaise obéit aux règles usuelles régies par le Code civil[590], le Code pénal et le Code de procédure pénale[591], ainsi que le Code d'organisation et de compétence judiciaire[592]. L'ensemble de ces textes s'applique au contentieux du génocide. Toutefois, la loi spéciale de 1996 y apporte quelques aménagements pour que la constitution de partie civile soit plus accessible aux victimes. À ce titre, les associations sans but lucratif dotées de la personnalité juridique n'avaient la capacité d'ester en justice que pour défendre leurs propres intérêts, mais pas ceux de leurs membres. L'article 29 de la loi de 1996 précitée va déroger à ce principe en conférant aux associations légalement constituées le droit ou la capacité de représenter les victimes en se constituant partie civile dans les procès en cours[593].

---

588 Pour une étude approfondie de la question, cf. IRDP, *La réparation du préjudice subi par les victimes des crimes commis pendant le génocide des Tutsi en 1994*, Kigali, novembre 2006, p. 3.

589 Au même titre que l'article 2 du Code de procédure pénale français, la victime de l'infraction peut exercer l'action civile, qui est définie comme l'action en réparation du dommage causé par l'infraction.

590 Cf. articles 258 à 260, livre III.

591 Cf. articles 71 et 72 relatifs à l'imputabilité du dommage à l'auteur de l'infraction qui en est la cause. Cf. également article 16 du Code de procédure pénale selon lequel la charge de la preuve incombe à la victime.

592 Sur ce point, cf. articles 135 à 139 du Code d'organisation et de compétences judiciaires (décret-loi n° 09/80 du 07/07/1980) qui traitent de l'action intentée par la partie lésée devant la juridiction pénale.

593 Il faut toutefois que l'objet social pour la réalisation duquel l'association a été constituée soit compatible avec cette action. De même, les victimes pouvaient agir à titre individuel par requête

293. De plus, dans le mécanisme institué par la loi organique de 1996, les accusés ne pouvaient être sanctionnés au plan civil que sur la base des infractions qu'ils avaient commises[594]. Quant aux condamnés de première catégorie[595], dérogeant au droit commun de la responsabilité civile, ils devaient répondre solidairement de tous les dommages causés dans le pays (au Rwanda) par suite de leurs actes de participation criminelle. Mais compte tenu du nombre très élevé d'accusés impliqués dans les massacres, était-il possible de les identifier individuellement pour engager leur responsabilité avant de déterminer leur quote-part dans la réparation?

Ce double travail consistant à partager la responsabilité entre la communauté et le présumé coupable et à fixer la part de chacun dans la réparation est l'une des tâches difficiles à laquelle les juges rwandais étaient confrontés.

294. Dans l'analyse jurisprudentielle d'une centaine de jugements couvrant la période de 1997 à 2002 des douze Chambres spécialisées et du Conseil de guerre, il apparaît que les tribunaux allouaient aux victimes des dommages et intérêts. Mais les montants étaient hors de proportion avec les moyens des condamnés. Ce qui posait un réel problème entre le jugement et son exécution. D'une part, en raison de l'insolvabilité des coupables, aucune victime n'a été indemnisée (A). D'autre part, les tribunaux étaient souvent confrontés à des parties civiles qui ont fait citer l'État rwandais au procès en qualité de personne morale civilement responsable. Mais cette procédure s'est avérée infructueuse dans la mesure où l'État n'a jamais comparu aux procès ni accordé une quelconque compensation financière aux victimes (B).

A. L'insolvabilité des coupables condamnés à la réparation civile : l'évaluation du préjudice moral et matériel

295. En droit commun, l'indemnisation est fonction de l'importance du dommage subi. Devant la grande diversité de préjudices pouvant être occasionnés, le juge qui peut ordonner la réparation civile dispose d'une certaine liberté en prenant la mesure qui lui paraît la plus appropriée pour compenser le dommage. Toutefois, en cas de crime de masse comme le génocide, la problématique du droit à la réparation soulève des questions assez complexes portant à la fois sur l'évaluation du dommage et les principaux bénéficiaires. Qui doit être considéré comme victime ? Comment évaluer un tel préjudice lié aux massacres d'environ un million de personnes ?

---

motivée adressée au procureur de la République ou requérir la mise en mouvement de l'action publique par citation directe dans les six mois qui suivent le classement sans suite du dossier. (Cf. art. 29 alinéa 3 de la loi 1996 prévue en annexe 1).

[594] Il s'agit notamment des accusés classés dans la 2e, 3e et 4e catégorie. La loi de 1996 avait défini les niveaux de responsabilité des accusés selon quatre catégories en fonction de la gravité et de l'importance des faits qui leur sont reprochés. Cf. art. 30, alinéa 2 de la loi 1996 sur le génocide.

[595] C'est pour désigner les principaux responsables du génocide.

Sur ces interrogations, la jurisprudence rwandaise n'apporte guère de réponse tranchée, mais plutôt des solutions modérées.

296. Au vu des décisions analysées, il est impossible de dégager un minimum de cohérence sur les différentes politiques d'indemnisation suivies par les tribunaux. Là où certaines juridictions ne mentionnent aucune référence concrète dans l'évaluation du dommage moral, d'autres ont adopté une démarche plus méthodique calquée sur l'Instruction ministérielle n° 01/87 du 14 septembre 1987 portant « *détermination des dommages et intérêts matériels pour perte de revenus et des dommages et intérêts moraux en cas d'accidents de la circulation*[596] ». L'évaluation du préjudice matériel[597] pose moins de problèmes dans la mesure où le dommage est alloué en fonction de la valeur réelle des biens endommagés, pillés ou détruits[598]. Ainsi, il apparaît clairement que les critères d'évaluation sont laissés à l'appréciation souveraine des juges[599].

297. D'autres raisons peuvent justifier une telle hypothèse. Non seulement la loi de 1996 réprimant le génocide ne propose pas de définition de la victime au sens strict du terme ; mais aussi, aucune limite précise n'a été fixée aux tribunaux pour indemniser les parties civiles. Cela a favorisé une réelle disproportion entre les montants alloués au titre de dommages et intérêts. Par exemple, les dommages moraux pour la perte d'un époux varient de 500 000 à 10 000 000 de francs rwandais ; la perte d'un enfant est estimée entre 50 000 et 8 000 000 de francs rwandais[600]. Même si certaines juridictions paraissent

---

[596] Cf. Codes et Lois du Rwanda, vol. I, 2e édition, 1995, p. 258. Les juges ont eu recours au droit commun, car la loi spéciale du 30 août 1996 réprimant le génocide ne règle pas la question liée à l'évaluation du dommage corporel.

[597] Le préjudice matériel résulte de l'atteinte aux biens de la victime. Le principe de la réparation intégrale est moins difficile à appliquer qu'aux autres formes de préjudice tel que le dommage moral. Cependant, le principe de la réparation intégrale du préjudice matériel soulève quatre difficultés : la différence entre la valeur de remplacement et la valeur vénale, la vétusté, le coût des travaux et la TVA. Pour une étude approfondie de cette question, HONTEBEYRIE Antoine, « Un cas d'enrichissement dans la responsabilité civile délictuelle : à propos de la vétusté dans l'évaluation des dommages aux biens », D 2007, chr., p. 675 et s.

[598] Cf. jugement TPI Butare, *Ministère public et parties civiles c/ Nteziryayo Emmanuel et consorts,* 30/11/2001, Recueil de jurisprudence ASF et Cour suprême du Rwanda, tome III, p. 49.

[599] Dans l'une des décisions analysées par exemple, les dommages et intérêts matériels étaient déterminés en fonction de la valeur actualisée des biens qui ont été endommagés ou détruits et leur nombre. Mais uniquement en faveur des parties qui en ont rapporté les éléments d'appréciation nécessaires. Cf. Jugement du Conseil de guerre, *Auditorat militaire c/ Caporal Ukurikiyimfura Joseph et consorts*, 17/04/2001, Recueil de jurisprudence ASF et Cour Suprême du Rwanda, tome V, p. 378.

[600] Cf. Instruction ministérielle portant dommage et intérêts moraux en cas d'accidents de la circulation, *supra,* note 378, et jugement du Conseil de guerre 17 avril 2001, *Auditorat militaire c/ Caporal Ukurikiyimfura Joseph et consorts*, Recueil de jurisprudence ASF et Cour suprême du Rwanda, tome V, p. 378.

avoir été excessivement généreuses[601], d'autres ont dû poser certaines limites, notamment sur les critères d'évaluation du préjudice moral[602].

298. En l'absence de texte, la jurisprudence et la doctrine ont longtemps été défavorables à la réparation en argent d'un tel préjudice, en raison du caractère inadéquat de l'indemnisation pécuniaire de la douleur[603]. Il serait en quelque sorte choquant de monnayer une douleur morale de n'importe quelle nature avec de l'argent[604]. Mais d'aucuns prétendent que l'argent, s'il n'efface pas le dommage, constitue malgré tout une satisfaction de remplacement pour la victime, et une sorte d'amende ou de peine privée pour l'auteur. De ce point de vue, le débat porte plus sur l'évaluation du préjudice que sur le principe. Sur quel critère les juridictions doivent-elles se fonder alors ?

299. En faveur de la réparation du préjudice moral, on fait observer que l'impossibilité de chiffrer exactement le préjudice ne doit pas avoir pour effet de ne pas le réparer du tout et que l'évaluation approximative peut ne pas être totalement arbitraire[605]. Ce qui signifie que dans la pratique, une évaluation objective est difficile, voire impossible. Si certains juges mesurent souvent ces dommages et intérêts moraux en fonction de la gravité de la faute commise, d'autres tentent d'encadrer les limites de la réparation en posant des critères juridiques subjectifs. C'est cette dernière option qui a été retenue par les Chambres spécialisées rwandaises dans le cadre du règlement du contentieux du génocide. Ainsi, la production de pièces administratives attestant du lien de parenté entre les parties civiles et la victime directe était un préalable à l'examen de l'action civile.

300. Les tribunaux font une grande distinction entre les victimes lésées au titre de leur très grande proximité et la victime principale (décédée pour la plupart des cas). En d'autres termes, les juges effectuent un « tri » entre les victimes ayant intenté une action civile pour octroyer des dommages et intérêts. C'est le sens du jugement rendu le 8 octobre 1997 dans lequel le tribunal

---

[601] Se reporter par exemple au jugement 16/06/1999 du TPI de Kibungo, *MP et parties civiles c/ Twahirwa. F,* Recueil de jurisprudence ASF et Cour suprême du Rwanda, tome I, pp. 52-53. Dans cette décision, le prévenu condamné à la peine de mort est aussi condamné à payer des dommages et intérêts s'élevant à 144 250 000 Frw (montant estimé à 180 000 euros environ).

[602] Le préjudice moral résulte d'une atteinte à un droit extrapatrimonial notamment à l'honneur d'une personne, d'une atteinte à son intégrité corporelle (douleur physique ou psychique), ou encore, d'une atteinte à ses sentiments d'affection (décès accidentel d'un être cher). En ce sens, MALINVAUD Philippe et FENOUILLET Dominique, *Droit des obligations,* Litec, Paris, 2010, p. 446.

[603] En France, le principe de l'indemnisation du dommage moral remonte dans les années 1830. Mais c'est l'arrêt *Dangereux* rendu le 27 février 1970 qui a surtout relancé le débat sur l'utilité d'indemniser les préjudices moraux. En ce sens, PRADEL Xavier, *Le préjudice dans le droit civil de la responsabilité,* LGDJ, 2004, p. 120 et s.

[604] Pour une étude approfondie à ce sujet, cf. RIPERT Georges, « Le prix de la douleur », *Dalloz*, 1948, chr., p. 1.

[605] En ce sens, LE ROY Max, *L'évaluation du préjudice corporel : expertises - principes - indemnités,* 18e éd., Paris, Litec, 2007, p. 100, § 234.

« constate que les dommages et intérêts moraux de 6 000 000 Frw réclamés par Twagiramungu ne peuvent pas lui être alloués, car, non seulement leur justification est insuffisante, mais aussi les liens de parenté avec les victimes dont il se prévaut pour appuyer sa réclamation sont trop lointains pour lui donner droit à réparation[606] [...] ».

Cette exigence contribue à l'idée que les préjudices de la victime par ricochet (ou victime indirecte) et de la victime directe doivent être dans une étroite proximité. Le tribunal de première instance de Butare[607] s'est rallié à cette position en considérant que l'indemnisation doit être fixée en fonction des liens de parenté entre les parties civiles et les victimes tuées (exemple enfant, père, mère). Mais les montants réclamés doivent être évalués *ex aequo et bono*, car, conclut le juge, « *un être humain n'a pas de prix*[608] ».

301. D'une manière générale, la position des juges est unifiée quant au critère du lien de parenté entre la victime principale et les parties civiles. Un jugement rendu par la Chambre spécialisée du TPI de Kigali a toutefois opéré un revirement significatif en admettant de manière symbolique l'indemnisation du dommage subi par une concubine du fait de la mort de son compagnon. Dans cette décision, la Chambre soutient que

« [...] Nyirahirwa Donata a été en concubinage avec Bucyana et que de cette union sont issus deux enfants selon les affirmations des membres de la famille de Bucyana, à savoir ses sœurs. Pour cette raison, Nyirahirwa Donata doit se contenter de 2 000 000 Frw décidés par le tribunal à cause du chagrin qui lui a été causé par la mort d'un être cher[609] [...] ».

Il apparaît clairement dans cette disposition qu'il n'est pas question de lien de parenté, mais tout simplement la douleur de la perte d'un être cher qui doit être indemnisée. L'analyse d'une telle décision nous fait penser au préjudice moral d'affection qui a connu un grand essor en France[610].

---

[606] En l'espèce, la victime évoquait des liens parenté entre des cousins et un oncle tous tués pendant le génocide. Il semble que le tribunal ne considère pas le plaignant comme une victime directe (jugement Chambre spécialisée du Tribunal de première instance de Cyangugu, 8 octobre 1997, *Ministère public et parties civiles c/ Rwanteli Védaste et consorts,* Recueil de jurisprudence ASF-Cour suprême du Rwanda, tome IV, pp. 69 à 78.

[607] Ville située au sud du Rwanda.

[608] Cf. jugement TPI Butare, *Ministère public et parties civiles c/ Nteziryayo Emmanuel et consorts*, 14/03/2003, Recueil de jurisprudence ASF et Cour suprême du Rwanda, tome III, p. 49.

[609] Cf. jugement Chambre spécialisée du TPI de Kigali, *MP et parties civiles c/ Kayinamura Wellars*, 13/10/1997, Recueil de jurisprudence ASF et Cour suprême du Rwanda, tome I, p. 107.

[610] Aux termes de l'article 1382 du Code civil français, « *tout fait quelconque de l'homme qui cause à autrui un dommage oblige celui par la faute duquel il est arrivé, à le réparer* ». La généralité de ces termes a bouleversé le droit de la responsabilité en France qui a connu une grande évolution de 1970 à nos jours. Ainsi, l'indemnisation du préjudice d'affection ne connait plus beaucoup de limites aujourd'hui en raison du critère beaucoup trop large de la notion d'un simple intérêt lésé. La jurisprudence a peu à peu abandonné l'exigence d'un lien de parenté ou d'alliance entre la victime et le demandeur ainsi que celle du décès de la victime.

302. Dans l'histoire du droit privé, l'action fondée sur le préjudice d'affection était considérée comme une forme de vengeance familiale. Ainsi, les dommages et intérêts attribués n'avaient pas un critère indemnitaire, mais un caractère « exemplaire » pour reprendre l'expression de Georges Ripert[611]. Néanmoins, une autre partie de la doctrine avait réitéré à de nombreuses reprises ses craintes face à une profusion d'actions exercées par des victimes par ricochet en tout genre. Dans ce contexte, de nombreux auteurs soutiennent une thèse selon laquelle, la personne qui invoque un préjudice d'affection doit être unie à la victime par un lien de parenté ou d'alliance suffisamment direct sous peine d'irrecevabilité de sa demande[612]. L'idée consiste à ne pas attribuer à un nombre indéfini de personnes l'action en réparation du préjudice moral. Ainsi, toute action civile serait recevable pourvu qu'il existât entre le demandeur et la victime « *une cohésion familiale suffisante*[613] ».

303. Face à de telles controverses, fallait-il limiter drastiquement les actions en réparation du préjudice moral ?

Cette question a profondément divisé la jurisprudence dans la mesure où la plupart des juridictions étaient opposées à l'indemnisation des victimes par ricochet, dans le souci d'éviter certains encombrements des prétoires[614]. Sur ce point, le conflit est formel entre la jurisprudence du Conseil d'État qui se refusait à réparer le préjudice résultant d'une atteinte aux sentiments d'affection[615] et celle de la Cour de cassation qui estimait que « *l'article 1382 du Code civil s'applique par la généralité de ses termes, aussi bien au dommage moral qu'au dommage matériel*[616] ». À vrai dire, il n'était plus question de rejeter ce qui fut autrefois présenté comme une injuste commercialisation de la douleur par Paul Esmein[617].

304. Dans une décision postérieure, la Cour de cassation est même allée beaucoup plus loin dans son raisonnement en jugeant que « *l'impossibilité pratique de réparer le préjudice moral ne dispense pas le juge d'en évaluer souverainement l'importance réelle afin d'assurer, dans toute la mesure du possible et non pas seulement pour le principe, la réparation intégrale*[618] ». Il

---

[611] RIPERT Georges, *op. cit.*, p. 2.

[612] PERREAU R., *Revue trimestrielle de droit civil*, 1909, p. 505.

[613] *Ibid.*

[614] Pour une étude pertinente de cette question, CARTIER Marie-Élisabeth, *La notion de dommage personnel réparable par les juridictions répressives,* Thèse, Paris, 1968, 570 p.

[615] Le Conseil d'État estimait qu'« *un tel préjudice ne peut pas être réparé parce qu'il est inappréciable en argent* ». CE, 29/10/1954, Dalloz 1954, p. 767, Concl. Fougères. Il a fallu attendre sept ans plus tard pour que la haute juridiction française s'aligne à la jurisprudence de la Cour de cassation en admettant le principe de la réparation du préjudice moral dans l'arrêt Letisserand : CE, 24/11/1961, Dalloz 1962, p. 82, concl. Heumann. Dans le même sens, cf. GAJA, Dalloz 2001, 13e édition, p. 565.

[616] Cass. civ., 13 février 1923 : « *la douleur éprouvée par les enfants d'une personne, morte victime d'un accident, suffit, en l'absence de tout préjudice matériel, pour permettre à ces enfants d'exercer contre l'auteur de l'accident une action en dommages – intérêts.* » Dalloz 1923, p. 52, note Lalou ou GAJC, p. 195.

[617] ESMEIN P., « La commercialisation du dommage moral », Dalloz 1954, chron., p. 113.

[618] Cass. crim., 15 mai 1957, Dalloz 1957, p. 530.

n'en demeure pas moins que l'absence manifeste de critère juridique applicable à l'identification des victimes par ricochet, pouvant être indemnisées, rendait la jurisprudence ambiguë et parfois contradictoire.

305. En fin de compte, même si le principe de la réparation du préjudice moral a profondément divisé aussi bien la doctrine que la jurisprudence en France, la question est aujourd'hui tranchée par l'article 3 du Code de procédure pénale qui prévoit que l'action civile est recevable pour tous les chefs de dommages, matériels, corporels ou moraux. L'article 2 du Code de procédure pénale précise toutefois que l'action n'appartient qu'à ceux « *qui ont personnellement souffert du dommage directement causé par l'infraction* ».

306. En somme, si l'indemnisation du dommage moral est devenue un acquis inébranlable en droit français[619], un tel principe a fait également l'objet d'une jurisprudence très abondante dans le traitement du crime de génocide par les Chambres spécialisées rwandaises[620]. Toutefois, il est étonnant de ne pas voir la notion de dommage corporel figurer dans la jurisprudence rwandaise[621]. Et pourtant, selon les réalités constatées sur le terrain, un pourcentage non négligeable de rescapés souffre de lésions corporelles ou de séquelles physiques occasionnées par les blessures à la machette dans la majeure partie des cas. Il en est de même pour les femmes victimes de viol ou de mutilations sexuelles. D'après la jurisprudence analysée, nous n'avons relevé que trois décisions faisant référence à la réparation civile pour les victimes de viol[622]. Pourtant, les statistiques démontrent que les crimes sexuels ont pris une proportion inquiétante pendant le génocide. Sur 1125 veuves violées, 67 % ont été contaminées (parfois volontairement) au VIH/SIDA par

---

[619] Dans de nombreux pays européens aussi comme en Espagne, l'indemnisation du préjudice moral a connu une grande expansion. La première décision admettant l'indemnisation du dommage moral date du 6 décembre 1912. Par la suite, de nombreuses sentences du Tribunal suprême ont développé l'indemnisation du préjudice moral. Pour une analyse approfondie, cf. PRADEL Xavier, *op. cit.*, p. 119.

[620] Le plus souvent, les parties civiles étaient dans l'incapacité de prouver la perte de leurs biens matériels. C'est sans doute ce qui explique que les juges ont privilégié l'indemnisation du préjudice moral plutôt que celle du préjudice matériel.

[621] Une seule décision de la Cour d'appel en fait état dans un arrêt rendu le 24/06/1998 dans lequel elle déclare, que « *les infractions de pillage et vol ne sont pas portées à charge de Ntaganda et Nzakira, que c'est pourquoi ils doivent payer les dommages et intérêts fondés sur les dommages corporels, 1 000 000 Fr est accordé à chaque membre de famille éprouvée et 2 000 000 Fr sont accordés à chaque rescapé...* ». Mais là encore, une grande confusion règne pour tous les chefs de préjudice, matériel, moral et corporel. Cf. arrêt Cour d'appel de Ruhengeri, *Ntanganda F. et crsts c/ MP*, 24/06/1998, Recueil de jurisprudence ASF-Cour suprême du Rwanda, tome I, p. 193.

[622] Chambre spécialisée du TPI de Gisenyi, *MP c/ Gakuru Tharcisse et consorts*, Recueil de jurisprudence ASF et Cour suprême du Rwanda, tome II, p. 84. Dans cette affaire, la victime s'est vue accorder des dommages et intérêts à hauteur d'un million de Francs rwandais. Cf. également jugement Chambre spécialisée Cyangugu, 06/10/1997, dans lequel le viol sur mineur est qualifié de dommage moral, Recueil de jurisprudence ASF et Cour suprême du Rwanda, tome II, pp. 41-42.

les tueurs[623]. Ces rescapées ou survivantes liées par un triple destin, à savoir le génocide, le viol et le SIDA, pouvaient juridiquement demander réparation sur le fondement de l'article 329 du Code pénal[624]. En revanche, à partir du moment où la plupart des prévenus accusés de viol ou de violences sexuelles étaient acquittés au bénéfice du doute, il est clair que la chance d'une victime d'être indemnisée pour contamination volontaire au VIH était quasi nulle.

307. En tout état de cause, quel que soit le chef de préjudice (moral ou matériel) qui a été retenu par les juges, quel que soit le montant de dommages et intérêts alloués, les parties civiles n'ont jamais pu obtenir gain de cause. La plupart des auteurs impliqués dans les massacres sont des personnes qui se trouvaient en dessous du seuil de pauvreté. C'est la raison pour laquelle, la stratégie adoptée par certaines parties civiles et leurs avocats consistait à faire condamner l'État *in solidum*[625].

B. La condamnation solidaire de l'État : une procédure jugée infructueuse

308. Comme le prétendait Nietsche, parler de l'État, c'est parler de la mort d'un peuple[626]. L'extermination d'un groupe nécessite à chaque étape de sa

---

623 Seul un nombre restreint de violeurs ont déclaré aux victimes qu'en les violant, ils leur transmettaient une mort lente, le SIDA. Cf. Association des femmes veuves du génocide (AVEGA), *Étude sur les violences faites aux femmes*, Kigali, 1999, p. 33. Cf. également Nations Unies, Conseil économique et social, *Rapport sur la situation des droits de l'homme au Rwanda*, soumis par M. René Degni-Ségui, Rapporteur spécial de la Commission des droits de l'homme, en application du paragraphe 20 de la résolution S-3/1 du 25 mai 1994, E/CN.4/1996/68, §§ 16 à 20.

624 En vertu de cet article, « *sera puni d'un emprisonnement de trois mois à cinq ans et d'une amende de mille à dix mille francs ou de l'une de ces peines seulement, quiconque aura causé à autrui une maladie ou une incapacité de travail personnel en lui administrant volontairement, mais sans intention de tuer, des substances qui peuvent donner la mort ... ou gravement altérer la santé. La peine sera un emprisonnement de cinq ans à dix ans lorsque ces substances auront causé soit une maladie paraissant incurable...* » (art. 329 du Code pénal rwandais de 1977). En France, c'est sur la base d'une disposition similaire (art. 222-15 Code pénal) que la Cour de cassation a confirmé le 10 janvier 2006 l'arrêt de la Cour d'appel de Colmar du 4 janvier 2005 qui avait condamné l'auteur d'une transmission volontaire du VIH à six ans de prison ferme « *pour administration de substances nuisibles ayant entrainé une infirmité permanente* » et 230 000 euros d'amende. Dans d'autres pays étrangers également, on assiste à une judiciarisation du débat sur la transmission volontaire du VIH mais pas à la suite d'un viol. Nous citerons notamment l'exemple du Canada et de la Suisse où la législation semble beaucoup plus sévère par rapport à la France. Le 4 avril 2008, un Canadien a été condamné à 18 ans de prison pour avoir contaminé une quinzaine de femmes au VIH. Enfin, concernant la Suisse, la transmission volontaire du VIH est sanctionnée sur la base des articles 122 (lésions corporelles) et 231 (propagation d'une maladie de l'Homme) du Code pénal. Rien que le fait d'exposer son partenaire à un risque de contamination au VIH est passible de peine de prison. En février 2007, la Cour de cassation pénale du Tribunal fédéral avait confirmé une condamnation à trois ans de prison ferme pour un homme qui avait exposé à sa partenaire au VIH sans pour autant l'avoir contaminé.

625 Cf. *infra*, § 310.

626 TERNON Yves, *L'État criminel. Les Génocides au XXe siècle,* Seuil, 1995, p. 65.

réalisation l'appui de la classe politique dirigeante et la participation des organes de l'État, leur complicité, leur soumission, leur silence. Si l'État ordonne un génocide, il reste alors le maître du jeu, définit les règles et contrôle le déroulement du meurtre. Pour résumer ainsi les propos d'Yves Ternon, « *un cordon ombilical relie pratique génocidaire et pouvoir d'État*[627] ». L'exemple de la tragédie rwandaise ne fait que conforter de tels propos, dans la mesure où les pouvoirs publics ont eu une part active dans la perpétration du génocide et des massacres[628]. Ces crimes ont été planifiés par l'appareil d'État et exécutés par la majorité de la population. À cet égard, la jurisprudence nous fournit des exemples pertinents qui concluent au bien-fondé de la mise en cause de la responsabilité civile de l'État rwandais. Cependant, il y a lieu de faire la différence entre la responsabilité civile de l'État dans la perpétration du génocide et des massacres et la responsabilité étatique du fait des actes commis par ses organes[629].

309. Les Chambres spécialisées admettent à la fois les deux hypothèses. C'est l'exemple du jugement rendu par le Conseil de guerre où l'État rwandais (bien que n'ayant pas comparu) était condamné pour les exactions commises par les militaires de l'armée régulière en fonction agissant sous sa responsabilité[630]. Le Tribunal de première instance de Kigali a statué dans le même sens, en soutenant que « [...] *tous les dommages et intérêts seront supportés par Karamira in solidum avec l'État rwandais également partie à ce procès et qu'il a eu une part active dans la perpétration du génocide et des massacres*[631] ». Lorsque la loi désigne plusieurs responsables pour le même dommage, ceux-ci sont tenus *in solidum* à l'égard de la victime, conformément au droit commun.

---

[627] *Ibid.*

[628] Selon de nombreuses sources concordantes, le gouvernement distribuait aux miliciens et à la population des grandes quantités d'armes à feu, des grenades et des machettes. Mais aussi, l'administration civile s'était chargée de chasser les Tutsi dans leurs domiciles avant de les transporter dans des bâtiments publics (stades, écoles, églises), où ils seront regroupés et massacrés. IRDP, *Le génocide des Tutsi du Rwanda : cause, exécution et mémoire, op. cit.*, p. 55 et s.

[629] Le second exemple est la seule possibilité qui est admise dans le procès pénal en droit interne.

[630] Selon les conclusions du jugement, le Conseil de guerre « *ordonne au Caporal Ukurikiyimfura Joseph et au soldat Nsengiyumva Cyprien de payer solidairement avec l'État rwandais les dommages et intérêts alloués en cette affaire et s'élevant à quatre cent quatre-vingt-quatre millions huit cent soixante-six mille huit cent trente francs (484 866 830 Frw) [...]* ». Auditorat militaire c/ Caporal Ukurikiyimfura Joseph et consorts, 17/04/2001, Recueil de jurisprudence ASF et Cour Suprême du Rwanda, tome V, p. 378.

[631] Le prévenu était condamné en concours avec l'État rwandais à payer des dommages et intérêts s'élevant à un milliard cent trente-sept millions six cent cinquante mille francs (1 137 650 000 F). C'est le montant le plus élevé qui a été attribué aux parties civiles d'après les décisions que nous avons analysées. Cf. Tribunal de première instance de Kigali, *Ministère public c/ Karamira*, jugement du 14 février 1997, Recueil de jurisprudence ASF et Cour Suprême du Rwanda, tome I, pp. 96-97.

310. Créée par la doctrine, puis reprise par la jurisprudence, la notion d'obligation *in solidum* a longtemps été fondée sur la règle pénale suivante : « *les personnes condamnées pour un même crime ou par un même délit sont tenues solidairement des restitutions et des dommages et intérêts*[632]. » Il s'agit d'une solidarité passive qui justifie l'obligation pour le tout de chacun des coauteurs d'une infraction pénale[633]. La loi organique rwandaise de 1996 réprimant le génocide s'inscrit dans la même logique s'agissant des personnes de la première catégorie[634]. Leur responsabilité pénale emporte la responsabilité civile conjointe et solidaire pour « *tous les dommages causés dans le pays* » par suite de leurs actes de participation criminelle[635].

311. Le législateur a tenu compte du fait que la planification ou les actions criminelles menées en position d'autorité ont permis au génocide de s'étendre dans tout le territoire rwandais. Ces accusés reconnus coupables devaient donc assumer les conséquences de tous les actes, même si elles n'en sont pas directement les auteurs. Pour assurer une meilleure garantie dans l'indemnisation des victimes du génocide, la loi de 1996 précisait également que ni la mort ni l'amnistie de la personne poursuivie, à l'égard de laquelle les preuves de culpabilité sont réunies, n'auraient de conséquences sur le règlement des dommages et intérêts fixés par le juge[636].

312. Malgré toutes ces garanties législatives et les nombreuses condamnations prononcées contre l'État rwandais, ce dernier n'a jamais daigné comparaître en adoptant « la politique de la chaise vide », pour reprendre ainsi l'expression de Daniel de Beer[637]. En dépit de l'abondance des jugements définitivement rendus, ces décisions sont restées lettres mortes quant au recouvrement des dommages et intérêts alloués. Les coupables étaient considérés comme démunis et l'État alléguait un manque de moyen. Pourtant, certains tribunaux ont fait preuve de modération, mais aussi de « sagesse » et d'« équité » dans l'attribution des dommages et intérêts[638]. Mais les victimes qui se sont constituées partie civile n'ont jamais pu faire exécuter les jugements prononcés en leur faveur. Concrètement, aucune indemnité ne leur a été versée. Dès lors, on s'interroge sur la viabilité du projet de création d'un fonds d'indemnisation qui était prévu par la loi organique de 1996.

---

[632] Cf. art. 375-2 et 480-1 du Code de procédure pénale français.

[633] Lorsqu'un dommage a été causé par plusieurs personnes (des coauteurs), ils sont chacun obligés *in solidum,* c'est-à-dire pour le tout envers la victime. En ce sens, MALAURIE Philippe et AYNÉS Laurent, *op. cit.,* p. 151.

[634] C'est-à-dire ceux qui ont joué un rôle de premier plan dans le génocide (planificateurs, superviseurs, meurtriers de grands renoms).

[635] Cf. art. 30, alinéa 1er de la loi organique de 1996.

[636] Cf. art. 31 de la loi 1996

[637] DE BEER Daniel, *op. cit.,* p. 76.

[638] Jugement TPI Butare, *Ministère public et parties civiles c/ Nteziryayo Emmanuel et consorts*, 14/03/2003, Recueil de jurisprudence ASF-Cour suprême du Rwanda, tome III, p. 49 ; jugement Chambre spécialisée TPI de Gisenyi, 26/06/1997, p. 156.

§ 2 — La mise en place d'un fonds d'indemnisation des victimes : une tentative « avortée » ?

313. Dans le traitement du contentieux du génocide au plan civil, le législateur rwandais s'est également préoccupé du sort des victimes qui n'avaient pas la possibilité d'intervenir au procès. À ce titre, le ministère public était habilité à défendre les intérêts de ces victimes[639]. La jurisprudence étudiée nous offre quelques exemples où des tribunaux ont accordé des dommages et intérêts réclamés par le ministère public en faveur des victimes non encore identifiées[640]. Il était prévu que ces dommages et intérêts soient versés à un fonds d'indemnisation créé par une loi particulière qui devait en déterminer les modalités de gestion. En réalité, ce fonds, qui par la suite devait être distribué aux ayants droit, n'a jamais été mis en place[641] pour des raisons diverses (A). Afin d'aider ou de soutenir les survivants du génocide qui vivaient dans le dénuement total, le gouvernement rwandais a trouvé un palliatif en créant le Fonds d'assistance aux rescapés du génocide, FARG (B).

A. Les causes de l'échec

314. Dans les pays qui se relèvent le plus souvent d'un conflit armé, il appartient aux gouvernements de transition de trouver les mesures nécessaires pour financer les mesures de réparation. La difficulté d'une telle entreprise peut contraindre certains États à se soustraire de leurs responsabilités. Répondre aux besoins d'une multitude de victimes et de survivants avec toutes les démarches, le temps et les efforts que cela nécessite s'avère une tâche difficile à accomplir. C'est sans doute ce qui explique qu'au Rwanda le projet de création d'un fonds d'indemnisation n'a jamais pu aboutir. Deux raisons principales semblent justifier cet échec. Il s'agit notamment de la problématique sur la définition de la « *victime* » et du caractère démesuré des chiffres avancés au regard des possibilités budgétaires de l'État. Par conséquent, les deux obstacles majeurs étaient les **bénéficiaires** et les **montants** qui devaient être alloués[642].

315. En ce qui concerne **les bénéficiaires**, la majeure partie des rescapés avait perdu leur famille. Certains vivaient à l'intérieur du pays, d'autres à l'étranger. Pour les indemniser, par qui fallait-il commencer ? Cette question

[639] Cf. art 30 alinéa 3 loi organique 1996 (annexe 1).

[640] Cf. jugement TPI de Kigali où le prévenu était condamné à verser un montant de 300 000 000 francs rwandais au Fonds d'indemnisation des victimes, à titre de dommages et intérêts en faveur des victimes non encore identifiées. Affaire *MP et parties civiles c/ Ngomambiligi F.*, 27/02/1998. Recueil de jurisprudence ASF-Cour suprême du Rwanda, tome I, pp. 109 et 121. Cf. également jugement de la Chambre spécialisée du Tribunal de première instance de Nyamata du 30 mars 1998, *Ministère public c/ Murangira Jean-Baptiste*, Recueil de jurisprudence ASF et Cour suprême du Rwanda, tome IV, p. 195.

[641] Il ne s'agissait que d'un projet de loi qui jusque-là n'a jamais été voté.

[642] C'est d'ailleurs ce qu'a affirmé un ancien ministre de la justice rwandaise (M. Mucyo).

était difficile à résoudre dans la mesure où la loi de 1996 réprimant le génocide ne proposait pas de définition stricte de la victime. Cette nouvelle législation ne fixait aucun critère, notamment quant au lien de parenté ou d'alliance pertinent par rapport à la victime directe[643]. La loi ne précisait pas non plus s'il y avait lieu de tenir compte d'autres rapports sociaux. Ainsi, la victime pouvait être toute personne qui s'était sentie lésée par l'infraction du génocide et d'autres crimes contre l'humanité. Les juges étaient donc réduits à statuer *ex aequo* et *bono* dans l'attribution des dommages et intérêts[644].

316. Le deuxième obstacle portait sur **le montant**. Quelle somme devrait-on allouer aux victimes ? En discutant avec les associations qui défendent les droits des victimes, IBUKA[645] avait proposé la somme de 12 000 000 de francs rwandais (soit environ 14 000 euros) pour chaque bénéficiaire. Mais vu le montant élevé et le nombre important de victimes, le projet ne pouvait certainement pas aboutir[646]. Au lieu de réparer les dommages causés par le génocide, l'État rwandais a finalement proposé d'assister les rescapés les plus démunis en fonction de ses capacités budgétaires. C'est dans cette perspective que le Fond d'assistance aux rescapés du génocide (FARG) a été mis en place.

B. Le FARG, un palliatif destiné aux rescapés les plus nécessiteux

317. En plus du trauma collectif dont souffrent plusieurs rescapés, le génocide des Tutsi a engendré d'autres conséquences incommensurables. La plupart des survivants ont été frappés par une extrême pauvreté. Pour répondre à leur situation sociale précaire, le gouvernement rwandais a mis en place un Fonds d'assistance en y consacrant chaque année 5 % de son budget ordinaire[647]. La mission principale destinée à ce Fonds est d'aider les orphelins, les veuves et les handicapés, sur le plan éducatif, sanitaire et du logement[648]. Il s'agit d'une volonté du gouvernement rwandais de redresser la situation aussi bien matérielle que psychologique des survivants. L'objectif du

[643] C'est pour faire face à ce vide juridique que les Chambres spécialisées ont consacré le critère du lien de parenté comme une condition de recevabilité de l'action civile.

[644] Jugement TPI Butare, *Ministère public et parties civiles c/ Nteziryayo Emmanuel et consorts*, 14/03/2003, Recueil de jurisprudence ASF-Cour suprême du Rwanda, tome III, p. 49.

[645] IBUKA signifie « souviens-toi ». Il s'agit d'une association regroupant des victimes survivantes du génocide créée en novembre 1995 au Rwanda. Elle est régie par un arrêté ministériel de 2001. L'association existe également en France, en Belgique et en Suisse.

[646] Entretien avec l'ancien ministre de la Justice du Rwanda (Jean de Dieu Mucyo), 15 mai 2010, Kigali.

[647] Il convient de préciser que le FARG est une institution publique dotée de la personnalité juridique et placée sous la tutelle du Ministère de l'Administration Locale et des Affaires Sociales. Ce Fonds est créé pour une durée indéterminée.

[648] Cf. art. 14 loi n° 02/98 du 22/01/1998 portant création du Fonds national pour l'assistance aux victimes les plus nécessiteux du génocide et des massacres perpétrés au Rwanda entre le 01er octobre 1990 et le 31 décembre 1994, in *Journal officiel, 1998,* pp. 221 et s.

fonds est purement socio humanitaire et non juridique : aider les rescapés à se réadapter, et contribuer par-là à la cohésion sociale[649].

318. Compte tenu toutefois des besoins immenses, alors que les moyens de l'État sont limités[650], ce dernier a procédé au recensement des survivants qui étaient dans l'extrême vulnérabilité aussi bien économique, sociale, psychologique que physique. Les enquêteurs chargés du recensement demandaient à chaque survivant (e) sa priorité dans l'échelle des besoins[651]. D'après les résultats de l'enquête, le nombre de rescapés très vulnérables était estimé à 282 804, composés essentiellement de veuves, d'orphelins et de handicapés[652]. En suivant l'ordre des priorités, le FARG a accordé une grande importance au logement (soit 55 % du budget) entre 1998 et 1999. L'éducation arrivait en deuxième position et la santé en troisième. Mais entre 1998 et 2005, le programme d'éducation devient la priorité en absorbant 58 % du budget total. Un an après sa création, le Fond aurait dépensé un budget de 4 milliards Frw[653]. Ce bilan n'est cependant pas exempt de critiques[654], même si les

---

649 À ce sujet, cf. la thèse d'Aggée Mugabe Shyaka qui a cerné tous les contours du FARG : *Réparation et réconciliation au Rwanda : portée et limite de la justice transitionnelle*, thèse soutenue en septembre 2009 à l'université de Louvain, http://dial.academielouvain.be/handle/boreal:25379?site_name=UCL.

650 En plus des 5% du budget de l'État affecté au FARG, le Fonds est également financé par d'autres contribuables nationaux et étrangers. Chaque fonctionnaire ou travailleur du secteur privé donne une contribution équivalant à 1% de son salaire brut. Néanmoins, tous ces montants restent dérisoires au regard du nombre de rescapés démunis.

651 Par rapport aux aides souhaitées, les orphelins sont les plus nombreux à manifester leur préférence pour les frais de scolarité (66%), les veuves et les handicapés souhaitaient recevoir de l'argent (respectivement 47,2 %, 33,6 %). Cf. Dialogue, *Revue d'information et de réflexion* publiée par l'ASBL–Dialogue, « Rwanda : 15 ans après le génocide des Tutsi : bilan et perspective », novembre-mars 2009, p. 14.

652 L'enquête de 1998 qui a précédé la mise en place du Fonds a révélé des chiffres importants de personnes nécessiteuses. Sur le plan éducation, 102 290 enfants en âge de scolarité n'avaient pas pu reprendre l'école après le génocide faute de moyens. Au niveau de la santé, environ 300 000 personnes n'avaient pas les moyens de se payer les frais de soins de santé. La majorité présentait des signes de traumatisme mental, au moins 13 000 personnes étaient gravement blessées, environ 7 000 rendus aveugles ou sourds, au moins 500 parmi eux étaient amputés d'un ou de deux membres. Avec le génocide plusieurs logements ont été détruits, 135 000 personnes étaient sans-abri en 1998 et 23 000 étaient incapables de trouver à manger. Cette étude est complétée par les données statistiques proposées par le Ministère des Finances et de la Planification économique. En 2005, le Rwanda comptait environ 1 264 000 orphelins, 600 000 enfants de l'école secondaire sont déscolarisés, les enfants de la rue sont estimés à 7000 et 170 000 enfants environ de moins de 15 ans sont soumis aux pires formes de travail afin de gagner leur vie. L'enquête démographique et de santé réalisée dans la même année précise pour sa part que 86 sur 1000 enfants meurent avant d'atteindre leur premier anniversaire, 36 % de la population âgée de 15 ans et plus ne sait ni lire ni écrire, 60 % de la population n'a atteint que le niveau primaire. Cf. MINECOFIN (ministère de l'Économie et des Finances), *Enquête démographique et de santé,* Kigali, 2005. Pour une étude suffisamment détaillée sur cette question, cf. aussi *Revue d'information et de réflexion* publiée par l'ASBL- Dialogue, « Rwanda : 15 ans après le génocide des Tutsi », *supra,* note 651, p. 8.

653 SINSEBYIMFURA V., « Le Fonds d'Assistance aux Rescapés du Génocide », in *Avocats Sans Frontières et Ministère de la Justice*, Séminaire sur la réparation pour les victimes du

actions du Fonds ont eu un impact positif sur les conditions de vie des rescapés. Des cas de fraudes et de malversations ont été révélés[655].

319. En somme, il importe de préciser que le FARG n'est pas un fonds d'indemnisation[656]. Son objectif est de soutenir uniquement les survivants qui n'ont aucun moyen pour répondre au minimum vital. Pour illustrer la nature humanitaire du Fonds, nous nous référons à l'article 16 de la loi qui prévoit explicitement que « *le fait de demander ou de recevoir l'indemnisation allouée par les juridictions n'empêche pas le fonds de venir en aide aux rescapés qui sont dans le besoin*[657] ». D'où l'intérêt de distinguer assistance et réparation[658]. L'assistance aux nécessiteux se réfère au devoir moral de l'État, alors que la réparation est un droit que toute justice équitable exige. Comme le souligne d'ailleurs un juriste d'IBUKA (collectif des associations de défense des rescapés du génocide), les rescapés ne veulent pas être traités comme des démunis assistés « alors qu'ils ont droit à l'indemnisation[659] ». Cela implique que la mise en place du FARG n'exonère ni l'État rwandais ni les condamnés du génocide de leur responsabilité vis-à-vis des victimes. Pour autant, on s'interrogera toujours sur la question de l'effectivité des décisions rendues au plan civil par les Chambres spécialisées.

---

génocide et des crimes contre l'humanité commis au Rwanda entre le 1er octobre 1990 et le 31 décembre 1994, Kigali, 2000, p. 28.

[654] Si l'on s'en tient à la critique formulée par le représentant spécial de la Commission des droits de l'homme des Nations Unies, « *la contribution du Fonds en faveur des survivants, mécanisme de financement mis en place par les pouvoirs publics pour faciliter l'acheminement de l'aide aux survivants, n'a pas été aussi efficace qu'escompté* ». Commission des droits de l'homme, Situation des droits de l'homme au Rwanda, E/CN.4/2001/45/Add.1, 21 mars 2001, para. 38.

[655] MUGESERA M., « Le FARG, l'énigme et la fraude », in *Revue d'information et de réflexion*, ABSL-Dialogue, *supra*, note 653, pp. 142 à 145.

[656] Mais certains rescapés qui en ont bénéficié perçoivent le FARG comme un symbole de reconnaissance de leur statut de victime, une sorte de justice non seulement en faveur des survivants, mais aussi de leurs proches tués pendant le génocide.

[657] Article 16 loi précitée portant création du FARG (note 419).

[658] Selon certains rescapés, tant que le FARG n'est pas alimenté par ceux qui ont participé au génocide, il est inconcevable d'évoquer l'idée de réparation. Ce qui est d'ailleurs le cas dans la mesure où les responsables du génocide n'y participent pas du tout.

[659] Entretien avec le responsable des affaires juridiques, Kigali, 10 mai 2010.

CONCLUSION DU CHAPITRE 2

320. Quelles conclusions peut-on tirer des observations sur le respect des normes fondamentales à un procès équitable devant les Chambres spécialisées ? Même si la question de l'indemnisation des victimes est loin d'être résolue, au plan pénal aussi, le bilan qualitatif des procès mérite une attention particulière. Quels que soient la bonne volonté et l'engagement qu'ils ont pu consentir, les juges qui siégeaient au sein des Chambres spécialisées n'étaient pas suffisamment outillés pour traiter un contentieux aussi complexe. La lecture des jugements trahit parfois leur difficulté : erreur de droit ou de fait, mauvaise interprétation de la loi, défaut de motivation des décisions, etc.

321. Pourtant, au regard des chiffres qui ont été publiés par le CDIPG[660], la peine d'emprisonnement à perpétuité a été la plus prononcée (44,84 %), près de la moitié pour tous les jugements rendus. Les acquittements viennent en deuxième lieu (16,96 %) et les emprisonnements à temps sont variables. Outre la sanction, les droits de la défense n'étaient pas respectés à tous les degrés de la procédure judiciaire. La question de la représentation par ministère d'avocat des parties civiles s'est également posée. Dans bon nombre de procès, les juges répressifs ne se sont pas prononcés sur le montant des dommages et intérêts à allouer aux victimes. Mais encore faudrait-il rappeler que ces magistrats n'étaient pas tous juristes. Ils n'étaient pas non plus préparés à faire face à un contentieux qui s'est rapidement élevé à 80 000 détenus, puis finalement 120 000.

322. Malgré les défaillances et lacunes constatées, il faut toutefois saluer le courage dont les juges ont fait preuve. Enfin, il est important de garder toujours à l'esprit que l'ampleur et la gravité des violences massives commises au Rwanda n'avaient jamais connu d'égal. Il a été décrit dans un rapport de la Commission des droits de l'homme[661], comment cet aspect purement

[660] Centre de Documentation et d'Information sur les Procès de Génocide, « situation des procès de génocide au Rwanda : période janvier-août 1998 », Kigali, octobre 1998, p. 4.

[661] Dans ce rapport, l'auteur s'exprimait en ces termes : « *Comment, en effet, lutter contre l'impunité, et donc assurer le droit à la justice de la victime, lorsque le nombre des personnes emprisonnées pour suspicion de violations graves des droits de l'homme est tel qu'il est techniquement impossible de les juger selon un procès équitable et dans un délai raisonnable. Faut-il citer le cas du Rwanda (...) ?* ». JOINET Louis, « Commission des droits de l'homme, Question de l'impunité des auteurs des violations des droits de l'homme », E/CN.4/Sub.2/1997/20, 26 juin 1997, § 48.

quantitatif rend nettement difficile la réparation pour un nombre de victimes aussi élevé. La même difficulté se pose par rapport à l'organisation des poursuites pénales selon un délai raisonnable, contre les personnes suspectées de participation au génocide.

CONCLUSION DU TITRE I

323. Pendant quatre années de procès dans la répression du crime de génocide devant les tribunaux classiques rwandais, le bilan chiffré n'est pas impressionnant. Les statistiques du ministère de la Justice rwandaise en offrent une illustration éloquente. Entre 1997 et 2000, sur un total de 89 865 détenus, seulement 7000 procès ont été rendus par les Chambres spécialisées rattachées aux tribunaux de première instance. En 2002, le nombre de prisonniers est passé à 107 162 ; alors que la capacité des prisons avant les événements n'était que d'environ 18 000 places. Pour ce faire, d'autres mécanismes furent tentés, mais sans succès retentissant. Il en est ainsi des groupes mobiles composés d'agents judiciaires qui passaient d'un parquet à un autre pour examiner les dossiers et libérer les personnes dont les charges étaient vides ou insuffisantes[662]. Ces mesures permirent de libérer environ 35 000 détenus entre 1997 et 1999. Il était toutefois très difficile de réduire la population carcérale en raison de nouvelles arrestations. De même, la formule incitative de réduction de la peine contre un **plaidoyer de culpabilité** n'a pas eu les résultats attendus. Elle avait été expérimentée pour accélérer les jugements, mais certains prévenus n'ont pas saisi cette opportunité.

324. En outre, une autre situation concernait les personnes innocentes accusées à tort de génocide et dont certaines ont séjourné en prison sans un dossier établi au préalable. Sur ce point, une procédure particulière de régularisation de la détention a été organisée par les autorités judiciaires entre fin 2000 et au cours de l'année 2001. Les accusés sans dossier étaient présentés à la population afin que celle-ci se prononce publiquement sur les faits éventuels qui leur étaient reprochés. Ceux que personne ne dénonçait dans ces circonstances étaient aussitôt libérés, pour les autres, un dossier était confectionné sur la base des déclarations des témoins à charge. Grâce à cette campagne appelée « pré-Gacaca », de nombreuses personnes ont été libérées[663].

325. Pourtant, malgré tous ces efforts consentis, les prisons rwandaises abritaient encore près de 100 000 suspects. À ce rythme, d'après une étude de

---

[662] Cf. Dialogue, *Revue d'information et de réflexion*, *supra*, note 651, p. 151.

[663] BADIBANGA Jean-Jacques, « La justice du génocide et des massacres », in MAMOU JACKY, (dir.), « Le génocide des Tutsi du Rwanda : une abjection pour l'Humanité, un échec pour les humanitaires », *Revue humanitaire* 2004, n° 10, p. 130.

l'Organisation des Nations Unies, il aurait fallu plus d'un siècle[664] pour juger dans un « délai raisonnable » tous les détenus. La conséquence était double : d'une part, les victimes risquaient de passer trop d'années en quête d'une justice qui ne s'appliquait pas ; d'autre part, les suspects et les accusés allaient être détenus pendant des années sans jugement. Or, le souci majeur du gouvernement rwandais de transition était de combiner deux impératifs « justice et réconciliation ». Ce défi n'ayant pu être relevé par la voie d'une justice classique, il fallait chercher dans la culture rwandaise des moyens beaucoup plus adaptés. D'où l'idée de recourir à un mécanisme traditionnel de résolution des conflits, dit *Gacaca*[665].

---

[664] Rapport cité par Jean Jacques Badibanga, *idem*, p. 127. Tandis qu'un autre auteur estimait qu'il aurait fallu 500 ans pour juger tous les accusés du génocide. À ce propos, cf. CURRIN B., "Southern African Catholic Bishops. Conference Delegation to Rwanda", in *Justice and peace,* Annual Report, 1997, p. 32.

[665] Prononcer « Gatchatcha » et non « Gakaka ».

TITRE II

LES JURIDICTIONS *GACACA* COMME ALTERNATIVE DANS LE TRAITEMENT DU CONTENTIEUX DU GÉNOCIDE

326. Rendre justice après une violence de masse est un défi de taille. Lorsqu'une dictature brutale ou un conflit violent s'achève, la question fondamentale qui se pose est celle de savoir comment traiter les auteurs de graves violations des droits de l'homme tout en s'occupant du sort des victimes. Tous les régimes sortant d'un conflit dévastateur sont confrontés à ce lourd agenda de transition[666]. Dès lors, on s'interroge sur la manière dont il faut gérer au mieux le douloureux héritage de la violence passée et protéger la fragile harmonie sociale. Entre mesures d'amnistie et poursuites judiciaires, quelle est la meilleure option permettant de garantir la paix et la stabilité ? Doit-on se limiter à combattre la culture d'impunité qui caractérise fréquemment les sociétés post-conflit ?

327. Certes, ces questions paraissent difficiles à appréhender. Pour autant, la dynamique des conflits contemporains, notamment en Afrique, nous oblige à y attacher une attention particulière. Le génocide des Tutsi du Rwanda, considéré comme l'un des plus abominables massacres de l'histoire, demeure un exemple pertinent. La complexité d'un tel crime a démontré les limites de réponse en vue du règlement de ce contentieux[667]. Toute une série de mesures vise depuis 1996 à répondre à ce défi énorme d'une situation judiciaire qui présente une « magnitude rarement atteinte », comme l'a si bien observé Amnesty International[668]. La situation du Rwanda au lendemain du génocide

---

[666] Après la chute de l'ancien régime ayant mis en œuvre le génocide, cinq points furent considérés comme étant les principales difficultés de la transition politique au Rwanda : l'unité, la démocratie, la justice, l'économie. Cf. Cahier du Centre de Gestion des conflits n° 3, *Les juridictions Gacaca et les processus de Réconciliation Nationale.* Édition de l'Université Nationale du Rwanda, 2001, p. 17.

[667] En cela, le Rwanda n'est pas unique car cette difficulté a été expérimentée dans d'autres contextes de transition politique comme en Afrique du Sud. Sur ce point, cf. HUYSE L., "To Punish or To Pardon" : A devil's choice » in BASSIOUNI C. & JOYNER C. (eds.), Nouvelles Études Pénales, 1998, p. 79.

[668] Amnesty International, *Rwanda. The troubled courses of justice,* Londres, avril, 2000.

illustre bien les problèmes que rencontre l'institution judiciaire lors de régimes coupables d'exactions massives sur leur population.

328. Ces problèmes sont si nouveaux qu'il a fallu, pour les étudier et les résoudre, construire un nouveau champ disciplinaire, à savoir la « justice transitionnelle[669] ». Ainsi, il est de plus en plus largement admis que pour gérer les conséquences d'un passé macabre, les meilleures ressources et les meilleures « réponses » se trouvent dans les pays eux-mêmes. Il paraît indispensable de créer des institutions ou des procédés conçus en ce sens, mais en tenant compte du caractère unique de chaque société sortant d'un conflit violent. Pour ce faire, les doutes concernant les limites des juridictions ordinaires ont conduit le gouvernement rwandais à analyser d'autres méthodes complémentaires dans le but de remédier aux dangers d'une justice pénale trop répressive[670]. Face à l'arriéré judiciaire lié au contentieux du génocide qu'aucune institution judiciaire au monde ne saurait résorber, l'instauration des tribunaux populaires *Gacaca* par une loi (**Chapitre I**) s'est imposée comme l'ultime issue susceptible de sortir le Rwanda de l'impasse. Cette nouvelle forme de justice dite « participative » est inspirée d'une méthode traditionnelle de résolution des conflits de voisinage d'une moindre gravité. Le législateur rwandais venait de créer un système judiciaire hybride fondé à la fois sur le droit écrit et sur la coutume. Cette option assez originale ne sera pas exemptée de critiques de la part des juristes dont la plupart ont émis des réserves quant au respect des standards internationaux en matière de procès équitable. Afin de pouvoir mesurer l'efficacité de ces juridictions populaires ou de conforter les inquiétudes exprimées par les observateurs, une évaluation du processus s'impose dans le cadre de notre étude (**Chapitre II).**

---

[669] Elle fait désormais l'objet de savants traités et d'un centre d'études spécialisé (ICTJ). La planification de la justice post-conflit et de la réconciliation constitue une étape que l'on ne peut dissocier des processus de négociation de la paix. L'approche initiale qui reposait sur l'idée selon laquelle il faut soit juger, soit pardonner et oublier, a été au fur et à mesure abandonnée. Pour une étude approfondie sur la question, cf. HUYSE Luc et SALTER Mark (dir.), *Justice traditionnelle et réconciliation après un conflit violent : la richesse des expériences africaines,* Institut for democracy and electoral assistance (IDEA), 2009, p. 6.
Cf. http://www.idea.int/publications/traditional_justice/upload/inlay_TJ_French_web.pdf.

[670] La loi organique du 30 août 1996 était essentiellement répressive et d'application lente dans la mesure où elle n'a répondu ni aux attentes des victimes qui n'ont reçu aucune indemnisation, ni à celles des accusés dont beaucoup ont passé plusieurs années de prison sans jugement (cf. *supra*, Titre 1, chapitre 2).

CHAPITRE I

L'INSTITUTION DES JURIDICTIONS *GACACA*

329. Le système traditionnel *Gacaca* n'avait pas de cadre légal. Il était pour ainsi dire inadapté au contentieux du crime de génocide. L'adoption d'une nouvelle législation régissant les juridictions *Gacaca* s'est faite de manière progressive, car tout était à inventer sur le plan normatif. Le gouvernement rwandais a apporté des modifications importantes au modèle traditionnel, le transformant ainsi en un mécanisme judiciaire plus formel et administré par l'État. Les nouveaux tribunaux populaires[671] font partie intégrante de la nouvelle constitution de 2003, plus précisément dans le chapitre consacré au « pouvoir judiciaire[672] ».

330. Inspirée de la *Gacaca* traditionnelle et de la célèbre Commission Vérité et Réconciliation expérimentée en Afrique du Sud, le nouveau système *Gacaca* est le reflet d'une nouvelle politique de répression des crimes les plus graves. Il présente un caractère singulier et une nouveauté incontestable en matière de justice transitionnelle : pour la première fois, via une justice proche du peuple et qui requiert le concours de tous, une population entière se voit dotée de la responsabilité extrêmement délicate de juger des personnes poursuivies pour crime de droit international[673]. À travers ces nouvelles juridictions dites « participatives », le traitement du crime de génocide s'effectue au sein même de la population qui l'a vécue. Cette option permettait de prendre en compte le caractère endogène du génocide, commis par des groupes hutu sur des groupes tutsi. Afin de mieux cerner le déroulement des procès (**Section 3**), il convient de présenter au préalable la genèse de ces nouveaux tribunaux populaires (**Section 1**) avant de décrire leur structure organisationnelle (**Section 2**).

---

[671] Nous faisons référence aux nouvelles juridictions *Gacaca* (version modernisée) qui se distinguent du système traditionnel dont la compétence était limitée aux conflits mineurs.

[672] La Constitution rwandaise du 4 juin 2003 qualifie les juridictions *Gacaca* de « juridictions spécialisées ». Cf. art. 152 de la Constitution de la République du Rwanda du 4 juin 2003, adoptée par référendum du 26 mai 2003, Journal officiel *n° spécial* du 02/12 /2003.

[673] VAN BILLOEN Salomé, *Les juridictions Gacaca au Rwanda : une analyse de la complexité des représentations,* Bruylant, 2008, pp. 8-9.

SECTION 1 — LA GENÈSE DES JURIDICTIONS *GACACA*

331. Au XVIIe siècle, le Rwanda était composé en plusieurs petits territoires, gouvernés par des rois. La famille ou la lignée élargie était la principale division de l'organisation sociale. Les pouvoirs judiciaires et politiques n'étaient pas séparés. C'est le roi qui représentait à la fois le pouvoir et la justice. Il était l'arbitre suprême, assisté par les *abiru,* c'est-à-dire les gardiens de la tradition. En cas de conflit, les problèmes étaient d'abord traités dans les divisions inférieures de la société par les chefs de lignée lors de ce que l'on a appelé, les rassemblements *Gacaca*[674]. Ce terme provient du mot *umucaca,* qui en kinyarwanda[675] désigne une étendue d'herbe très douce où se réunissaient les membres d'une communauté locale pour trancher des litiges opposant les membres d'une même famille ou des familles voisines.

332. Par extension, *Gacaca* renvoie à la « justice sur le gazon[676] ». Avant l'introduction du droit écrit, *Gacaca* était le système de justice habilité à résoudre tous les problèmes susceptibles de surgir dans la communauté rwandaise à l'instar d'autres institutions de ce type, dont l'Arbre à Palabres[677] bien connu en Afrique. Mais l'avènement de la colonisation a complètement modifié le fonctionnement de ces assemblées populaires. Leur compétence sera exclusivement limitée à la gestion des questions administratives locales et aux conflits mineurs (**§ 1**). Au sortir du génocide, l'idée de recourir à cette forme de justice de proximité a progressivement émergé afin de mieux prendre en considération la grande masse des exécutants impliqués dans les massacres (**§ 2**).

§ 1 — Une compétence limitée aux conflits mineurs

333. Pendant la période précoloniale, la gestion des conflits relevait de la justice traditionnelle *Gacaca.* Ce système était considéré comme une justice familiale de réconciliation. En l'absence d'une instance étatique de règlement

---

[674] INGELAERE Bert, « Les juridictions *Gacaca* au Rwanda », in *Justice traditionnelle et réconciliation après un conflit violent : la richesse des expériences africaines*, (dir. HUYSE Luc et SALTER Mark), *op. cit.,* p. 36.

[675] Principale langue parlée au Rwanda à côté du français et de l'anglais.

[676] Pour une étude approfondie sur le déroulement de ces instances communautaires, cf. REYNTJENS Filip, « Le *Gacaca* ou la justice du gazon au Rwanda », in *Revue Politique Africaine* n° 40, Le Droit et ses pratiques, décembre 1990, pp. 31-41.

[677] Une palabre est comprise comme une instance coutumière qui traite d'une situation conflictuelle ou d'un problème de grande importance concernant des personnes ou plusieurs groupes et ayant comme objectif principal, non de condamner ou de donner raison à l'un ou l'autre, mais de rétablir l'harmonie des rapports sociaux. La procédure lors d'une palabre peut prendre plusieurs jours, elle se prépare et se déroule minutieusement, en ce sens que les personnes composant le jury, y compris les plaideurs, prennent le temps de convaincre les parties d'accepter la solution prise par les sages. Cf. RCN-Justice et Démocratie, *La justice de proximité,* Bulletin n° 30, 4e trimestre 2009, Belgique, p. 26.

des différends, la famille s'organisait pour imposer l'ordre en son sein[678] et pour résoudre les litiges qui pouvaient l'opposer aux familles voisines[679]. Il en est ainsi des conflits mineurs tels que les litiges fonciers, le refus d'honorer une promesse ou une dette impayée. De ce fait, les parties étaient conviées dans des sessions informelles non permanentes pour être entendues et jugées par les membres de l'assemblée réunis à cette fin. Ladite assemblée était composée essentiellement de notables locaux désignés comme juges *Inyangamugayo* (les sages ou les anciens), c'est-à-dire acceptés par tous comme des personnes détestant *l'opprobre*[680].

334. Les coutumes étaient gardées par les anciens ou les aînés de la communauté qui devaient les rapporter chaque fois que leur intervention était requise. Les réunions n'impliquaient habituellement que les aînés de la communauté, les parties ayant un différend, leurs proches et les voisins immédiats. Étant donné que les femmes n'étaient pas autorisées à prendre la parole, les rencontres étaient dominées par les hommes plus âgés[681]. Ils entendaient les deux parties faisant l'objet du litige, posaient des questions, puis écoutaient les interventions des membres de la communauté. Un verdict était ensuite soumis aux deux parties. Si elles l'acceptaient, le procès était clos.

335. En cas de désaccord, les protagonistes pouvaient également recourir à une autorité supérieure comme le roi. Le cas échéant, ce recours constituait le dernier ressort[682]. La sentence reposait surtout sur la réparation du préjudice causé par la personne poursuivie. Même si sa culpabilité était individuelle, elle était assortie d'une responsabilité sans faute des membres du groupe, de la famille ou du clan. En conséquence, ces derniers étaient également débiteurs de l'obligation de réparer[683]. Si la réparation était admise d'un commun accord entre les parties, la session se terminait autour d'une boisson à partager en signe de réconciliation ou une indemnisation sous la forme d'un présent. Lorsque la faute était jugée trop grave ou irréparable, notamment en cas d'assassinat, un mariage pouvait être conclu entre les deux familles. Les enfants à naître remplaceraient celui ou celle qui était mort et ainsi continueraient la chaîne de procréation[684].

---

[678] Exemple en cas de problèmes conjugaux ou de droit d'héritage.

[679] DIGNEFFE Françoise et FIERENS Jacques, *Justice et Gacaca : l'expérience rwandaise et le génocide*, Presses Universitaires de Namur, 2003, p. 15.

[680] Cf. Cahier du Centre de Gestion des Conflits n° 3, *supra,* note 666, p. 31.

[681] Human Rights Watch, « *Justice compromise : l'héritage des tribunaux communautaires Gacaca du Rwanda* », rapport publié en mai 2011, p. 19. Disponible sur http : // www.hrw.org.

[682] Parallèlement au *Gacaca* traditionnel, il existait une justice des chefs administratifs et du Roi (Mwami) qui n'intervenait que dans les cas jugés graves. Le Roi avait le droit d'intervenir à tout moment pour rendre justice. Les chefs politiques représentants du roi statuaient dans les conflits opposant des familles différentes. En ce sens, VANSINA Jan, *Le Rwanda ancien. Le royaume Nyiginya,* Paris, Karthala, 2001, p. 181.

[683] Cf. Cahier du Centre de Gestion des Conflits n° 3, *supra,* note 666, p. 32.

[684] Pour une étude approfondie sur le fonctionnement de la justice traditionnelle au Rwanda précolonial, cf. DIGNEFFE Françoise, *op. cit.,* p. 15 et s.

336. En somme, l'objectif principal qui était visé dans les sessions *Gacaca* n'était pas la répression, mais la restauration de l'ordre social par la réintégration du coupable dans la communauté. De ce fait, la justice traditionnelle ou familiale ne faisait aucune distinction entre une faute civile et une infraction pénale[685]. Toute atteinte à l'ordre social devait être sanctionnée. Les anciens de la famille seuls habilités à juger, visaient dans leur décision la médiation entre les parties et non l'humiliation du fautif. Néanmoins, certaines décisions pouvaient être très sévères comme l'exhérédation, c'est-à-dire l'exclusion de la famille, d'un membre insoumis. La personne ainsi exclue perd tous ses droits et n'assume aucune obligation au sein du groupe. Une telle sanction était comparable à la mort civile. Bien que ces règles ne soient pas écrites, elles faisaient partie intégrante de l'éducation des Rwandais.

337. Cependant, l'avènement du colonialisme a été une source de division ethnique au sein la société rwandaise. De même, les *Gacaca* n'ont pas échappé à une telle influence négative. Il s'est produit un dysfonctionnement institutionnel qui s'est manifesté par un dualisme juridique[686]. De ce point de vue, les principes de justice qui fondent le *Gacaca* traditionnel sont fondamentalement différents du modèle occidental. Plusieurs aspects peuvent le démontrer :

- bien que la tradition des *Gacaca* ait conservé sa fonction coutumière de résolution des contentieux au niveau local, le roi perdit sa position unique de gardien des institutions traditionnelles et sa légitimité dans l'exécution du pouvoir judiciaire ;
- dans la même perspective, le pouvoir colonial interdisait le recours au *Gacaca* pour traiter des crimes graves en application de l'ordonnance n° 45 du 30 août 1924 publié dans le bulletin officiel du Ruanda-Urundi[687]. Selon les dispositions de ce texte, *Gacaca* était réservé au règlement des affaires civiles et commerciales des indigènes. Les affaires criminelles étaient de la compétence des juridictions coloniales. Cela implique que les *Gacaca* en tant qu'institutions traditionnelles étaient hiérarchiquement inférieures au nouveau système juridictionnel à l'occidentale. Par exemple, en cas de désaccord sur l'issue d'un conflit,

---

[685] Le juge traditionnel n'a pas pour objectif de connaître la vérité. Il doit juger pour éviter que le délinquant ne récidive, pour réparer le tort commis et assurer sa réintégration dans la société. Contrairement au juge occidental, il fait de la vérité un objectif, le doute profite au prévenu. À ce propos, cf. NTAMPAKA Charles, *Introduction aux systèmes juridiques africains,* Presses universitaires de Namur, 2004, p. 49.

[686] Il convient de préciser que la plupart des sociétés africaines appliquent aujourd'hui deux formes de règles de droit : d'une part, il existe un droit écrit d'inspiration européenne, basé principalement sur le Code de Napoléon dans les anciennes colonies belges et françaises, et d'autre part, un droit basé sur la *common law* dans les anciennes colonies anglaises et les droits traditionnels. Les conflits entre ces deux catégories de règles ont été résolus, du moins théoriquement, par l'imposition du principe de la suprématie du droit écrit sur le droit « coutumier », faisant de ce dernier un droit supplétif. Pour une étude approfondie, NTAMPAKA Charles, *op. cit.,* p. 1 et s.

[687] Cf. Cahier du Centre de Gestion des Conflits, *supra,* note 666, p. 32.

de nouvelles investigations étaient entreprises ou le litige transféré devant un tribunal classique et non devant le roi. Cette tendance n'a pas été reniée par les autorités rwandaises après l'indépendance.

338. Finalement, l'introduction du droit occidental va créer des interactions avec le droit traditionnel. On observe une intervention plus accrue des pouvoirs étatiques dans la gestion des conflits locaux. Ce faisant, le système *Gacaca* s'est dénaturé au fil des années pour devenir une institution associée au pouvoir de l'État, puisque les autorités locales supervisaient ou prenaient le rôle des *Inyangamugayo* (les sages ou anciens de la famille). Au fur et à mesure que l'État moderne gagne en puissance, il va finir par accaparer les institutions traditionnelles. C'est ainsi que les *Gacaca* évoluent pour devenir un organe semi-traditionnel ou une instance politique placée sous la direction des responsables administratifs locaux.

339. D'une part, *Gacaca* sert de barrière pour empêcher les parties en querelle de recourir aussitôt aux juridictions classiques. D'autre part, le nouveau système *Gacaca* n'est plus un cadre de réflexion pour le retour de l'harmonie sociale, mais une juridiction arbitrale compétente pour trancher les conflits mineurs tels que les vols de bétail ou les destructions de biens. Il s'agit d'un cadre ponctuel où les témoins sont entendus. En cas de refus de conciliation entre les personnes en conflit, un procès-verbal est dressé pour permettre au juge du tribunal de canton de statuer plus tard sur le litige. Au bout du compte, les possibilités offertes à la population de recourir aux juridictions et l'intervention progressive du pouvoir central dans les affaires intérieures aux lignages ont fini par favoriser la voie juridictionnelle dans la plupart des conflits au détriment du système traditionnel *Gacaca.*

340. En réalité, après l'indépendance du Rwanda, *Gacaca* constitue à la fois une justice de proximité[688] et un dispositif permettant de désengorger le système judiciaire classique. Pour reprendre ainsi les propos de Filip Reyntjens, le système *Gacaca* a acquis une fonction de décongestion des juridictions qui est maintenue jusqu'à la veille du génocide[689]. À la fin de cette tragédie, les *Gacaca* continuent de fonctionner de manière semi-traditionnelle pour trancher des différends, notamment ceux relatifs aux droits de propriété. C'est à partir de là que l'idée de recourir au *Gacaca* a progressivement émergé pour être adaptée au défi exceptionnel que constitue le contentieux du génocide.

---

[688] Les sessions traitaient des questions administratives locales.
[689] REYNTJENS Filip, *op. cit.*, p. 31.

§ 2 — L'émergence de l'idée *Gacaca* dans le règlement du contentieux du génocide : les controverses

341. L'idée de recourir à la justice traditionnelle pour traiter le contentieux du génocide a émergé pour la première fois lors du colloque international organisé à Kigali en 1995[690]. Mais cette option est rejetée au profit de la loi organique de 1996 créant des Chambres spécialisées[691]. Néanmoins, le *Gacaca* traditionnel s'applique en marge du système judiciaire classique et parallèlement aux procès du génocide. L'expérience coutumière est surtout consacrée au règlement des litiges fonciers et immobiliers survenus après le retour des milliers de réfugiés rwandais provenant de la Tanzanie, du Burundi et de l'Ouganda. Ces rapatriés qui ont pour la plupart quitté le Rwanda vers les années 1959-1960 trouvent leurs anciennes habitations occupées. La tentative de reprendre possession de leurs propriétés ranime aussitôt des conflits qui se développent considérablement entre 1996 et 1997 avec le retour massif des réfugiés ayant échappé au génocide.

342. En l'absence de tout mécanisme de régulation, les autorités locales décident alors de recourir au *Gacaca* traditionnel pour résoudre les litiges fonciers. Ce projet est soutenu de manière informelle par le nouveau gouvernement rwandais, puisqu'il ne correspond à aucun cadre légal ou institutionnel. Sur ce point, les *Gacaca* fonctionnent de la même manière qu'avant le génocide, c'est-à-dire en tant qu'organe arbitral dans la gestion des conflits locaux.

Dans la période post-génocide, les infractions contre les biens (destruction de maisons, pillages, etc.) sont également portées devant les juges *Inyangamugayo* (juges intègres) et les autorités locales[692]. Plus tard, avec la propagation du système *Gacaca,* son application aux procès du génocide est une nouvelle fois abordée dans le cadre des « réunions de réflexion » dirigées par l'ancien président rwandais Pasteur Bizimungu[693]. Ce dernier insiste sur le caractère extraordinaire des crimes, notamment la situation précaire des victimes et les cas de suspects encore en liberté.

343. Il est donc nécessaire de trouver une autre forme de justice afin de rebâtir le tissu social rwandais, sans pour autant donner l'impression que l'impunité ne sera plus combattue, explique l'ancien ministre de la Justice Jean

---

[690] Ce colloque intitulé « La lutte contre l'impunité : dialogue pour une réconciliation nationale » s'est tenu à Kigali du 31 octobre au 3 novembre 1995.

[691] Cf. annexe 1 loi organique de 1996 (art. 19).

[692] Dans la même perspective, des *Gacaca* de prisons ont été organisées par les prisonniers eux-mêmes, au cours desquelles, ils ont dressé des listes de personnes ayant commis des crimes. Cf. rapport Penal Reform International, « Contribution des *Gacaca* au règlement du contentieux du génocide », février 2010, p. 19.

[693] Ces réunions eurent lieu tous les samedis du 9 mai 1998 au 13 mai 1999 au village Urigwiro avec des autorités administratives, politiques et des représentants de la société civile. En ce sens, DIGNEFFE Françoise, *op. cit.*, p. 77 ; Penal Reform International, rapport de synthèse de monitoring et de recherche sur le *Gacaca*, décembre 2005, p. 9

de Dieu Mucyo[694]. De ce point de vue, certains participants suggèrent le recours au système judiciaire traditionnel *Gacaca* en soutenant que le crime de génocide est un crime d'exception qui demande une solution d'exception. Ce faisant, les *Gacaca* pourront à la fois enquêter et punir, désengorger les prisons, réhabiliter les innocents, améliorer les moyens d'éradiquer l'impunité, ressouder le tissu social et parvenir à la réconciliation nationale. Les partisans du système *Gacaca* ont également souligné que les citoyens ordinaires peuvent être formés pour appliquer correctement la loi et recevoir le cas échéant l'assistance de juristes. Enfin, ils persistaient sur la nécessité de réparer les dommages, ainsi que sur l'impératif de reconstruire le Rwanda. De leur point de vue, les avantages de l'utilisation du système *Gacaca* permettront de dissiper l'idée selon laquelle tous les Rwandais d'ethnie hutu ont commis un génocide.

344. Lors des débats, d'autres opinions se sont farouchement opposées à l'application de la justice traditionnelle dans le traitement du crime de génocide[695]. Les personnes les plus réticentes sont essentiellement des juristes et des membres d'ONG de défense des droits de l'homme. Leurs désaccords portent d'une manière générale sur les points suivants : le risque de banalisation du génocide par des juges non professionnels, les conflits d'intérêts inévitables (les liens familiaux et amicaux compromettraient l'équité des procès), le risque d'ignorer le droit international qui régit les cas de violations de cette importance, la pauvreté des juges bénévoles, une voie qui peut mener vers la corruption. Pour cette opinion, il serait plus judicieux d'utiliser les *Gacaca* comme méthode d'enquête fournissant des renseignements aux juridictions ordinaires[696].

345. Toutefois, aucune une solution alternative n'a été proposée pour résoudre la question de l'impasse judiciaire devant les tribunaux classiques. En guise de conclusion, les débats ont finalement conduit à la création, en octobre 1998, d'une commission nationale *ad hoc*[697], chargée d'étudier la question du règlement du contentieux du génocide par la voie de la justice traditionnelle *Gacaca.* À l'issue de cette enquête, le rapport de la commission est présenté

[694] DIGNEFFE Françoise, *idem,* p. 77.

[695] Cf. Cahier du Centre de Gestion des conflits n° 3, *supra,* note 666, p. 35.

[696] Pour un aperçu général des arguments favorables et défavorables à l'utilisation des *Gacaca,* cf. rapport sur les réunions de réflexion organisées entre mai 1998 et mars 1999, Bureau du président de la République, Kigali, 1999.

[697] Cette commission composée de 13 membres (8 juristes sur 15) était dirigée par le ministre de la Justice. Les tâches principales étaient les suivantes : étudier les modalités de recours à *Gacaca,* les conséquences sociales et politiques et les moyens d'accélérer et d'améliorer le déroulement des procès ; réviser les critères des suspects de première catégorie ; examiner le remplacement des sanctions privatives de liberté par des prestations ; préparer la communication sociale de la décision de recours à *Gacaca* ; examiner les moyens d'accélérer l'indemnisation des victimes ainsi que la mise de place des juridictions *Gacaca.*

sous forme d'un avant-projet de loi à la communauté internationale[698] et au public général. Deux critiques majeures furent mentionnées de manière récurrente.

346. D'emblée, les opposants à la justice traditionnelle se sont montrés préoccupés par l'absence de garanties suffisantes dans un processus qui met en jeu la liberté ou la vie du prévenu. Il en est ainsi du droit d'être assisté par un avocat, qui n'est pas reconnu aux accusés[699]. La seconde critique a concerné le contexte social et politique dans lequel s'est déroulé le génocide : propagation de l'idéologie génocidaire et participation massive de la population avec une cruauté parfois indescriptible. Compte tenu de ces facteurs, les suspects risquent d'être exposés à la vengeance des survivants. Ces craintes furent relayées par d'autres organismes de défense des droits de l'homme[700].

347. En se fondant sur les standards internationaux de procès équitable, le Haut-commissariat aux Réfugiés, Human Rights Watch et Amnesty International relevèrent tous dans le processus engagé le manque de garanties d'une bonne justice[701]. De même, l'enquête effectuée par le Haut-Commissariat des Nations Unies aux droits de l'homme (HCDH) dans différentes régions du Rwanda révéla que les *Gacaca* ont des limites. Jusque-là, ce système de justice traditionnelle ne s'est préoccupé que des conflits d'origine sociale en rapport avec les mœurs ou coutumes et des conflits mineurs portant sur le droit de propriété. De ce fait, les *Gacaca* seraient plus utiles et efficaces en tant que Commission de Vérité.

348. À la lumière de quelques observations tirées des sessions *Gacaca* organisées entre 1995 et 1996, l'équipe de recherche du HCDH proposa finalement que le système soit une instance chargée de :

- « distinguer les innocents des coupables et les mettre à la disposition de la justice classique ;
- résoudre les problèmes de propriétés foncières, des biens volés, des problèmes de succession et d'héritage pour les rescapés orphelins ou veufs ;
- réconcilier les gens des collines[702], etc. »

---

[698] Notamment les chancelleries, agences des Nations Unies ainsi que les organisations non gouvernementales œuvrant au Rwanda. Cf. Cahier du Centre de Gestion des Conflits, *supra,* note 666, p. 36.

[699] Et pourtant le Rwanda a ratifié depuis 1975 le Pacte international relatif aux droits civils et politiques qui garantit le droit à un avocat (art. 14 § 3-b et d du pacte).

[700] Mais selon une enquête menée dans 37 communes par la Ligue Rwandaise pour la Promotion et la Défense des Droits de l'homme (LIPRODOR), une grande partie de la population soutenait le processus *Gacaca.*

[701] United Nations High Commissioner for Refugees, *Background Paper on the Human Rights situation in Rwanda,* Geneva, January 2000, pp. 7-8; Amnesty International, *Rwanda. Le cours perturbé de la Justice,* Paris, avril, 2000, p. 42 ; Human Rights Watch, Exposé écrit devant la Commission des droits de l'homme de l'ONU, New York, 1er février 2000, p. 4.

[702] Nations Unies, Haut-commissariat aux droits de l'homme, *Gacaca, le droit coutumier au Rwanda,* rapport final de la 1ère phase d'enquête sur le terrain, Kigali, 30 juin 1996, p. 12.

349. Toutefois, l'intégralité de ces recommandations n'a pas été suivie par les autorités rwandaises. Même si un grand nombre des préoccupations s'est avéré fondé[703], une première loi organique a été adoptée par le Parlement rwandais le 26 janvier 2001[704]. Dans l'organisation des poursuites contre les auteurs présumés de crime de génocide ou crimes contre l'humanité, ce nouvel arsenal juridique crée des structures appelées *juridictions Gacaca,* une forme de justice coutumière modernisée. Comment sont-elles organisées pour mener à bien les missions qui leur ont été confiées ?

SECTION 2 — STRUCTURE ORGANISATIONNELLE DES JURIDICTIONS *GACACA*

350. Dans le cadre de la loi du 26 juin 2001, les juridictions *Gacaca* sont créées selon une pyramide calquée sur le découpage administratif en quatre niveaux : la cellule qui est la plus petite entité administrative du pays[705], le secteur[706], le district et la province. Chacune de ces divisions administratives crée une juridiction *Gacaca.* À chacun des trois premiers niveaux (cellule, secteur, district) est dévolue la compétence de juger les faits relevant d'une catégorie de prévenus. En s'inspirant de la loi organique de 1996 créant des Chambres spécialisées, la nouvelle législation (2001) instituant les juridictions *Gacaca* a repris le système de classification des accusés en quatre catégories selon leur degré de participation dans le génocide et les massacres[707].

351. Cependant, quelques innovations ont été apportées dont la plus importante concerne les auteurs de viol. Ces derniers sont désormais rangés dans la première catégorie alors que la loi de 1996 y rattachait uniquement les auteurs d'actes de tortures sexuelles. En 2004, avec l'adoption d'une seconde loi portant sur les *Gacaca*[708], le législateur innove sur d'autres points avec des aménagements profonds. D'une part, il procède à une extension du champ de la première catégorie en y incluant de nouvelles violations. Ainsi, les tortures et les actes dégradants sur cadavre valent désormais à leurs auteurs d'être classés en première catégorie. D'autre part, il effectue une fusion entre les

---

[703] Malgré les réticences et critiques susvisées, la Belgique suivie par la Commission européenne, la Suisse et Les Pays-Bas avaient décidé de soutenir financièrement le projet *Gacaca* tout en mettant en place un mécanisme de contrôle. Sur ce point, DIGNEFFE Françoise, *op. cit.,* p. 78.

[704] Il s'agit de la loi organique n° 40/2000 du 26/01/2001 portant création des « juridictions *Gacaca* » et organisation des poursuites des infractions constitutives du crime de génocide ou de crimes contre l'humanité commise entre le 1er octobre 1990 et le 31 décembre 1994.

[705] Elle regroupe entre 150 et 300 personnes en moyenne. Une cellule correspond à une petite communauté, comparable à un quartier en milieu urbain. C'est le plus bas niveau de l'administration.

[706] Il regroupe plusieurs Cellules et correspond à un petit village.

[707] Cf. *supra,* Titre 1, § 155.

[708] Cf. loi organique n° 16/2004 du 19/06/2004 portant organisation, compétence et fonctionnement des juridictions *Gacaca.*

anciennes deuxième et troisième catégories. Le nombre de catégories distinguées est donc passé de quatre à trois[709]. Il en va de même pour l'organisation juridictionnelle des *Gacaca.* Elle est simplifiée par la suppression des juridictions de district et de province. Les juridictions *Gacaca* doivent ainsi fonctionner à deux niveaux locaux : la cellule et le secteur. Au sein de chacun des secteurs est créée une juridiction *Gacaca* d'appel. Chacune des juridictions a une compétence qui lui est attribuée **(§ 1).** Elles sont également constituées de divers organes **(§ 2).**

§ 1 — La répartition des compétences entre les différentes juridictions *Gacaca*

352. L'organisation et la composition des juridictions *Gacaca* obéissent à un système pyramidal. Celui-ci va de la Cellule pour parvenir au Siège de la juridiction *Gacaca* d'appel. En suivant l'architecture du système, à chaque échelon est dévolue la responsabilité de juger une partie des prévenus soupçonnés de participation au génocide ou autres crimes contre l'humanité en fonction de la catégorie de laquelle ils paraissent relever. La catégorisation est donc conçue comme un processus de détermination de la juridiction de fond compétente. C'est ce qui nous permet de distinguer les différentes missions auxquelles sont investies les juridictions *Gacaca* de Cellule (A), les juridictions *Gacaca* de Secteur (B) et les juridictions *Gacaca* d'appel (C).

A. Les juridictions *Gacaca* de Cellule : une instance d'instruction

353. Situées au niveau inférieur de la structure pyramidale des tribunaux populaires, les juridictions de Cellule ont une fonction spécifique. En effet, elles seules connaissent des phases préparatoires au procès (ce qui correspond à la phase d'instruction devant les tribunaux classiques)[710]. Les juridictions *Gacaca* de Cellule sont compétentes pour mener des enquêtes en s'appuyant notamment sur le devoir qu'ont « *tous les habitants de la cellule (...) de relater les faits qui se sont produits là où ils habitaient et d'en fournir des preuves en dénonçant les auteurs et en identifiant les victimes*[711] ». Une fois le dossier d'instruction clôturé, la juridiction *Gacaca* de Cellule va, au vu des éléments qu'elle a pu rassembler, déterminer à quelle catégorie sera rattaché chaque accusé.

---

[709] Cf. art. 51, loi 2004 précitée.

[710] Par exemple, sous l'empire de la loi organique de 1996 précitée, le parquet avait la pleine responsabilité de l'accusation

[711] Art. 33, *in fine,* de la loi organique *Gacaca* de 2004.

354. Cette première classification est provisoire. Elle permet aux juges de déterminer la juridiction de fond compétente[712]. La deuxième étape de la « catégorisation » se situe à la fin du processus judiciaire. Il s'agit de la mise en catégorie à laquelle le tribunal *Gacaca* doit procéder, à partir du moment où il reconnaît l'accusé coupable de tout ou partie des faits pour lesquels il est poursuivi. En outre, les juridictions *Gacaca* de Cellule sont compétentes pour connaître de l'opposition formée contre les jugements qu'elles ont rendus par défaut. Il leur revient également de juger en premier et en dernier ressort les prévenus classés dans la troisième catégorie, c'est-à-dire ceux qui sont accusés de n'avoir commis que des infractions contre les biens[713]. Enfin, elles transmettront les dossiers de deuxième catégorie[714] à la juridiction *Gacaca* de Secteur.

B. Les juridictions *Gacaca* de Secteur

355. Par souci de plus grande proximité avec la population, et de plus grande rapidité, les dossiers de deuxième catégorie sont exclusivement réservés aux juridictions *Gacaca* de Secteur. Elles sont compétentes pour connaître au premier degré des infractions dont les auteurs ont été classés en phase d'instruction dans la deuxième catégorie. Elles sont également compétentes pour connaître de l'opposition formée contre les jugements qu'elles ont rendus par défaut ; et pour connaître de l'appel d'autres décisions rendues par les juridictions *Gacaca* de Cellule[715]. Lorsqu'une juridiction de Secteur est saisie d'un dossier pour l'examiner au fond, elle a la charge de vérifier la validité de sa saisine, c'est-à-dire de vérifier sa compétence *in limine litis*[716]. S'il se trouve que la classification en deuxième catégorie est manifestement inappropriée, deux conclusions peuvent être tirées :

- soit les chefs d'accusation ne justifient effectivement qu'un classement en infractions de troisième catégorie. Dès lors, la juridiction *Gacaca* de Secteur reste compétente pour statuer sur le fond du dossier et prononcer le cas échéant, la condamnation de l'accusé à la seule réparation des dommages causés aux biens.

---

[712] Mais une fois que le prévenu est reconnu coupable, la juridiction compétente peut changer la catégorie à laquelle il était rattaché lors de la phase d'instruction.

[713] Ces infractions doivent toutefois être commises dans l'intention de participer au génocide et aux massacres.

[714] La deuxième catégorie réunit les auteurs d'homicides volontaires ou d'atteintes graves contre les personnes ayant entraîné la mort.

[715] Cf. art. 42, alinéa 2, loi organique du 19 juin 2004.

[716] Formule latine signifiant « sur le seuil du procès ». C'est-à-dire, certains moyens de défense- étrangers au fond du litige - ne peuvent être invoqués à tout moment de la procédure. CORNU Gérard, *Vocabulaire juridique,* pp. 546-547.

- Soit les chefs d'accusation légitimeraient un classement du prévenu en première catégorie[717]. Dans cette hypothèse, la juridiction *Gacaca* de Secteur doit se dessaisir du dossier, et le transmettre au Ministère public, qui à son tour, saisira la juridiction ordinaire compétente. Il en va de même en appel pour les juridictions *Gacaca* d'appel.

C. Les juridictions *Gacaca* d'appel

356. Elles sont compétentes, d'une part, pour connaître en appel les jugements prononcés en première instance par les juridictions *Gacaca* de Secteur et, d'autre part, pour connaître de l'opposition formée contre les jugements qu'elles ont rendus par défaut. En cas de saisine en première instance d'un cas d'infraction considérée comme relevant de la deuxième catégorie, la juridiction *Gacaca* d'appel vérifiera, *in limine litis,* sa compétence, en examinant la conformité entre les chefs d'accusation et la catégorie proposée. Si les faits avérés semblent relever en réalité de la troisième catégorie, la juridiction d'appel reste saisie et tranche l'affaire au fond, comme si elle agissait en premier et en dernier ressort. Si les faits relèvent en réalité d'infractions de la première catégorie, elle transmet le dossier au Ministère public qui saisira la juridiction ordinaire compétente.

357. En somme, le lien hiérarchique qui unit les juridictions *Gacaca* entre elles est interrompu au niveau des juridictions classiques. Celles-ci n'agissent pas en tant qu'instance d'appel pour les jugements rendus par les tribunaux *Gacaca.* Une fois saisies, les juridictions ordinaires agissent au sein de leur propre système pyramidal en se conformant à leurs propres règles de procédure[718]. Dès lors, la structure des *Gacaca* s'articule étroitement avec le système judiciaire classique, dans la mesure où chaque juridiction *Gacaca* constitue l'instance d'appel de la juridiction inférieure. De même, chacun des tribunaux populaires est composé de trois organes.

§ 2 — Les organes constitutifs des juridictions *Gacaca*

358. Il s'agit de l'Assemblée générale (A) le siège (B) et le comité de coordination (C).

---

[717] Avec la loi *Gacaca* 2004, cette catégorie regroupait les instigateurs, les personnes ayant agi en position d'autorité, les meurtriers de grand renom et auteurs d'actes de tortures sexuelles. La loi *Gacaca* 2008 a apporté des modifications en créant des sous-catégories au niveau de la catégorie 1 (cf. art. 9 loi 2008).

[718] Pour une étude approfondie de la question, cf. Avocats Sans Frontières, *Les crimes de génocide et les crimes contre l'humanité devant les juridictions ordinaires du Rwanda,* Belgique, 2004, p. 62.

A. L'Assemblée générale

359. L'Assemblée générale de la juridiction *Gacaca* de Cellule, constituée par tous les habitants de la cellule âgés de 18 ans au moins, choisit en son sein sept juges intègres qui forment son siège et deux remplaçants[719]. Elle ne siège valablement que si deux cents de ses membres sont présents. Lorsque ce nombre n'est pas atteint, la cellule est fusionnée avec celle d'une autre juridiction *Gacaca* pour former une seule juridiction[720]. Par ailleurs, la composition des assemblées générales des *Gacaca* de cellule est qualitativement et quantitativement identique à celles des juridictions supérieures (secteur et appel). En effet, les membres des assemblées générales élus sont supposés remplir les mêmes conditions pour être des « personnes intègres[721] ». Toute personne élue membres des juridictions *Gacaca* peut être remplacée pour l'un des motifs suivants : en cas de trois absences successives non justifiées, la condamnation à une peine d'emprisonnement d'au moins six mois, la violation d'un secret d'audience tenu à huis clos ou la démission volontaire[722].

360. Outre ces mesures restrictives, il revient à l'Assemblée générale du Secteur de résoudre tout problème qui risquerait d'entraîner un dysfonctionnement au sein des juridictions *Gacaca*. L'Assemblée générale de Cellule se voit également confier plusieurs missions importantes, dont la reconstitution des faits, pour permettre aux juges de constituer les dossiers des suspects accusés de génocide ou de crimes contre l'humanité. Dans cette perspective, elle doit établir la liste des habitants de la cellule avant le génocide, la liste des victimes des infractions de même que leurs auteurs et présenter les moyens de preuve à charge ou à décharge. Les fonctions de présentation des moyens de preuve et de prise de parole dans le débat constituent le cœur de l'implication de la population au processus *Gacaca*, ce qui amène certains auteurs à parler de justice « participative[723] ». Enfin, l'Assemblée générale de Cellule exerce son rôle en étroite collaboration avec le siège de la juridiction *Gacaca* de Cellule[724].

B. Le siège des juridictions *Gacaca*

361. Avec la loi de 2001 créant les juridictions *Gacaca,* leur siège était initialement composé de 19 personnes intègres ou juges appelées

---

[719] Cf. art. 4 alinéa 2 loi *Gacaca* 2008 précitée.

[720] À noter par ailleurs que l'Assemblée générale du Secteur fait office à la fois d'Assemblée générale pour la Juridiction *Gacaca* de Secteur et pour la juridiction *Gacaca* d'appel.

[721] Les élections de « personnes intègres » sont organisées et dirigées par la Commission Nationale Électorale sous réserve de l'article 102 de la loi organique de 2004 précitée (cf. art. 4 alinéa 4 loi 2008).

[722] Cf. art. 5 loi 2008.

[723] DIGNEFFE Françoise et FIERENS Jacques, *op. cit.*, p. 92.

[724] Cf. art. 34 loi *Gacac*a 2004 précitée.

« inyangamugayo ». Mais la loi de 2004 a réduit le nombre de juges à neuf, puis la loi de 2008 l'a fixé à sept. Leur critère d'éligibilité est fixé par l'article 14 alinéa 2. Ainsi, « *toute personne intègre, âgée de 21 ans au moins et remplissant toutes les conditions fixées par la loi, peut être élue membre d'une juridiction Gacaca, sans discrimination notamment de sexe, d'origine, de religion, d'opinion ou de position sociale*[725] ». Cependant, la loi exclue expressément de la possibilité d'être élu juge *Gacaca* des administrateurs de l'État exerçant une activité politique, les militaires, les membres de la police, les magistrats[726], les membres des organes directeurs des partis politiques, des confessions religieuses ou des ONG. Ces personnes précitées ne seront éligibles que lorsqu'elles renoncent aux dites activités. De même, les accusés figurant sur la liste des présumés génocidaires ne peuvent être élus comme juges intègres. Toutefois, cette mesure ne s'applique pas aux personnes n'ayant commis que des infractions contre les biens. Enfin, dans l'exercice de leur fonction, les juges intègres ne peuvent pas siéger dans une affaire concernant une personne avec laquelle existe une inimitié notoire, une amitié de notoriété publique ou un lien de tutelle[727]. Le Siège de chaque juridiction *Gacaca* élit en son sein le comité de coordination.

C. Le comité de coordination

362. Chaque juridiction *Gacaca* comprend un comité de coordination composé de cinq personnes choisies parmi les juges intègres. Ce comité est constitué au total d'un président, de deux vice-présidents et de deux secrétaires qui exercent différentes fonctions[728]. Il joue un rôle d'administration et assure les fonctions de secrétariat. Ainsi, le comité convoque et préside les séances de l'Assemblée générale, enregistre les plaintes, les dénonciations, les témoignages, les offres de preuve et les déclarations d'appel contre de décisions prononcées. Il rédige et met en application les décisions prises par l'Assemblée générale et le Siège.

363. Toutefois, le comité de coordination ne doit pas être confondu avec le Service National des Juridictions *Gacaca* (ci-après « SNJG ») créé en 2004[729]. Le fonctionnement du système *Gacaca* est suivi, supervisé et coordonné par ce dit Service. Il supervise l'élection des juges *Inyangamugayo* et organise leur formation. Le SNJG est également habilité à mettre en place des « instructions relatives à la bonne marche des activités des juridictions *Gacaca* ainsi qu'au comportement des juges intègres[730] ». Pour reprendre ainsi l'expression de

---

[725] *Ibid.*

[726] Sauf qu'ils peuvent être mis à contribution au titre de conseillers juridiques précise la loi.

[727] NTPAMPAKA Charles, *op. cit.*, p. 63.

[728] Ces attributions sont décrites de manière très détaillée par l'article 12 de la loi organique de 2004.

[729] Il remplace l'ancien département des juridictions *Gacaca* qui constituait la 6e Chambre de la Cour suprême.

[730] Cf. art. 50 loi 2004 précitée.

François Sobo, le SNJG constitue en quelque sorte « *la cheville ouvrière de tout le processus Gacaca*[731] ». Ce service apparaît comme un vrai organe « régulateur » des juridictions *Gacaca* dans la mesure où les textes qu'il promulgue sous la désignation d'*« instructions »* peuvent déroger à la loi. Ces instructions[732] signées par la secrétaire exécutive du SNJG apparaissent sous forme de circulaires ou de recommandations ayant une force obligatoire dans le processus *Gacaca.* Elles reprennent et explicitent aux juges les modalités de certaines dispositions contenues dans la loi *Gacaca* et parfois la complètent. De même, elles servent de manuels de formation pour les juges intègres et autres agents *Gacaca* et constituent en pratique leur seul texte de référence au cours des procès[733].

364. Le SNJG peut également désigner des conseillers juridiques pour assister les juridictions qui en font la demande. La saisine des tribunaux classiques ne sera possible que lorsqu'un prévenu a été classé dans la première catégorie[734] en phase d'instruction par la juridiction *Gacaca* de Cellule. C'est à partir de ce moment que le ministère public va jouer un rôle d'intermédiaire entre le système *Gacaca* et le système judiciaire classique. Tous les dossiers de première catégorie (les faits les plus graves) lui sont transmis par la juridiction *Gacaca* de cellule, avant qu'il en saisisse à son tour la juridiction ordinaire compétente. L'articulation harmonieuse du rôle des unes et des autres juridictions sera le gage de la réussite du déroulement des procès.

SECTION 3 — LE FONCTIONNEMENT DES JURIDICTIONS *GACACA*

365. Les *Gacaca* sont l'expression d'une véritable « justice populaire » puisqu'aucun personnel judiciaire ne participe aux audiences. L'idée est de rassembler, sur les lieux mêmes des crimes, les protagonistes du drame : rescapés, témoins, criminels présumés. Ils doivent tous débattre de ce qui s'est passé pendant le génocide afin de révéler la vérité, d'établir la liste des victimes et dénoncer les coupables. Ainsi, le système offre un cadre propice de dialogue pour la recherche d'une solution concertée aux problèmes de justice.

366. L'un des premiers moments clés du processus *Gacaca* a été, les présentations de prisonniers à la population, organisées par le parquet général. Ces présentations ont eu lieu avant le lancement définitif du processus. L'organisation de ces séances répond surtout à l'impératif de statuer

[731] SOBO François, « Justice transitionnelle : le point sur les juridictions *Gacaca* », *Revue de science criminelle et de droit pénal comparé,* octobre/ décembre 2009, pp. 763-782 (p. 768 citée).

[732] Elles sont rédigées en *Kinyarwanda* (langue locale du Rwanda) à l'intention des juges « intègres » (juges non professionnels).

[733] SOBO François, *op. cit.*, p. 768.

[734] Ceux qui sont accusés d'avoir commis les infractions les plus graves pendant le génocide.

rapidement sur le sort des milliers de personnes incarcérées sur la base de simples accusations. Cette phase dénommée « pré-Gacaca ou reconnaissance implicite de l'innocence[735] » a entraîné la libération provisoire d'un grand nombre d'accusés que la population ne reconnaissait pas comme ayant participé au génocide.

367. La présomption d'innocence bafouée dans les premières années chaotiques de l'après-génocide retrouve donc toute son importance dans le contentieux du génocide. De ce point de vue, c'est la population elle-même qui assure la mise en œuvre du principe. Le caractère participatif du processus *Gacaca* et la publicité des débats ont constitué de toute évidence la meilleure garantie processuelle offerte aux accusés contre lesquels ne pèse aucune charge. Ainsi, un accusé détenu sans que le parquet puisse prouver sa culpabilité était aussitôt libéré.

368. L'idée de présenter des prévenus à la population est surtout l'occasion pour les autorités judiciaires et politiques de sensibiliser la population rwandaise par rapport aux objectifs et aux enjeux du processus *Gacaca* qui se mettra en place un peu plus tard après l'adoption de la loi organique de 2001. Selon l'exposé des motifs, « *les infractions constitutives du crime de génocide et crime contre l'humanité ont été commises publiquement sous les yeux de la population, qu'ainsi elle doit relater les faits, révéler la vérité et participer à la poursuite et au jugement des auteurs présumés* ». C'est ainsi que les juridictions *Gacaca* sont officiellement lancées en juin 2002 par le vice-président Paul Kagamé.

369. Ces tribunaux populaires exercent de vastes compétences proches de celles réservées aux juridictions ordinaires réunissant des attributions d'instruction et de jugement. En recourant à ce système hybride et innovant, les avantages escomptés par le gouvernement rwandais sont clairement affichés. D'un point de vue juridico politique, cinq objectifs sont visés :

- l'accélération des procès,
- le désengorgement des prisons et la réduction des coûts pénitenciers,
- la nécessité de connaître la vérité,
- l'éradication de la culture d'impunité,
- la réconciliation du peuple rwandais à travers une justice fondée sur la coutume.

370. Toutefois, le démarrage du processus *Gacaca* s'est effectué de manière progressive. Le gouvernement rwandais prit la décision de procéder prudemment en commençant par la mise en œuvre d'une phase « pilote » ou phase pré juridictionnelle. Le but était d'identifier les problèmes locaux qui pouvaient servir d'indicateurs, de tirer des enseignements nécessaires, afin le

[735] Penal Reform International (PRI), *Rapport de synthèse de monitoring et de recherche sur la Gacaca,* décembre 2005, p. 13 et s.

cas échéant de corriger au fur et à mesure certains aspects du projet avant sa mise en place au niveau national.

371. D'une manière générale, les missions des *Gacaca* se déroulent en trois étapes. Les deux premières étapes consistent à faire émerger la vérité en récoltant des informations sur chaque accusé (ce qu'il convient d'appeler la phase pilote), suivi des procès. D'où l'intérêt d'expliquer dans le cadre de notre analyse comment on est passé de l'expérience pilote à la phase juridictionnelle **(§ 1)**, avant de déterminer les peines applicables **(§ 2)** et les voies de recours possibles **(§ 3).**

§ 1 — De l'expérience pilote à la phase juridictionnelle

372. Lors de la création des juridictions *Gacaca*, seules 6000 personnes avaient été jugées par les tribunaux classiques après cinq années de procès ininterrompus. Plus de 100 000 détenus étaient toujours en attente de jugement. Le 19 juin 2002, les juridictions *Gacaca* de Cellule entament sur un mode « pilote » leur travail d'instruction dans 12 secteurs sélectionnés (soit un secteur par province). La sélection des secteurs pilotes s'effectue en fonction des critères suivants : un nombre élevé d'aveux (critère principal), la disponibilité des infrastructures, de bons résultats obtenus à l'issue de la formation dispensée aux juges intègres (*Inyangamugayo*)[736], et d'une manière générale, une population coopérative[737].

373. Comme nous l'avons précédemment indiqué, les juridictions *Gacaca* de cellule fonctionnent comme une instance d'instruction. Elles mènent des enquêtes et collectent toutes les informations pertinentes portant sur le déroulement du génocide. Le déroulement du processus dans ces secteurs pilotes s'est réalisé en sept réunions avant de se terminer, par la phase ultime du procès[738]. Quatre mois après la mise en œuvre des *Gacaca* dans les secteurs pilotes, une commission chargée de superviser leurs activités conclut que cette phase initiale a été un succès.

374. La seconde phase pilote débute en novembre 2002. Environ 751 juridictions *Gacaca* de cellule, réparties au sein de 118 secteurs[739], ont

---

[736] Du 4 au 7 octobre 2001 a eu lieu l'élection d'environ 250 000 de « personnes intègres ». Elles ont reçu six journées de formation qui comportaient à la fois un aspect juridique et un aspect psychosocial. Ces formations ont été réalisées à l'aide de manuels contenant un exposé détaillé de la loi *Gacaca* et de la procédure à suivre au cours des procès. Sur ce point, voir DIGNEFFE Françoise et FIERENS Jacques, *op. cit.*, p. 112.

[737] Penal Reform International, *Rapport de synthèse de monitoring et de recherche sur la Gacaca*, phase pilote janvier 2002 - décembre 2004, p. 19.

[738] Pour une étude approfondie portant sur la mise en œuvre des juridictions *Gacaca* dans les secteurs pilotes, cf. DIGNEFFE Françoise et FIERENS Jacques, *op. cit.*, p. 112 et s.

[739] Penal Reform international (PRI), *La contribution des juridictions Gacaca au règlement du contentieux du génocide*, Kigali, fév.2010, p. 12, www.penalreform.org/files/Gacacafinal2010fr.pdf

poursuivi leur travail d'instruction des dossiers. Cette phase s'est déroulée en trois étapes : collecte d'informations, classification des suspects en différentes catégories et phase des procès. La phase de collecte d'information est effectuée par les juridictions *Gacaca* de cellule représentées par les membres de la communauté âgés de plus de 18 ans. Ils se réunissent chaque semaine en « assemblée générale » pour rassembler des informations concernant les personnes qui vivaient dans la cellule en 1994, les personnes tuées dans cette cellule ou bien en dehors de celle-ci, les personnes dont les biens sont endommagés (partie civile), enfin l'établissement de la liste des accusés qui ont participé aux meurtres et aux pillages.

375. Sur la base de toutes les informations pertinentes précédemment recueillies, des fiches individuelles sont rédigées pour chaque prévenu. Une fois cette procédure terminée, les tribunaux *Gacaca* au niveau de la cellule classent les suspects en différentes catégories suivant la gravité des crimes présumés. Les suspects de la catégorie 3 accusés d'infractions contre les biens doivent être libérés de prison et leurs dossiers transmis aux tribunaux de la cellule pour y être traités. Quant aux suspects de la catégorie 2, ils doivent être jugés par les tribunaux *Gacaca* au niveau du secteur et enfin, les suspects de la catégorie 1 doivent être transférés au parquet pour être jugés devant les tribunaux classiques. Ce n'est qu'après deux ans et demi de fonctionnement que les juridictions pilotes ont terminé leur travail de collecte d'informations, soit dans le courant de l'année 2004.

376. Au terme de cette phase pilote, l'un des points essentiels est la priorité donnée aux présumés coupables qui n'avaient pas avoué[740]. Une priorité qui, en dehors du renforcement symbolique de la présomption d'innocence qu'elle induit, rassure la population sur la *Gacaca* non pas comme un système qui se limite aux accusations, mais comme un vrai modèle de justice impartiale. D'autres éléments importants doivent également être pris en compte. Il en est ainsi de la question de la sincérité de l'aveu et des excuses demandés par les accusés. Cette problématique reste au cœur de la réussite du processus *Gacaca*. Dès lors, la question de la vérification des aveux s'est posée avec acuité, en particulier à l'heure où les premiers jugements ont officiellement débuté le 10 mars 2005. Dans cette phase dite juridictionnelle, environ 10 000 juridictions *Gacaca* commencent à fonctionner à travers tout le territoire.

377. Les accusés doivent comparaître dans chaque cellule où ils ont commis des infractions. Cette démarche permet d'éviter que la population ayant participé à la phase pilote n'attende indéfiniment les jugements. De même, l'idée de faire comparaître chaque accusé dans chaque cellule est censée faciliter la réconciliation, permettant à toutes les victimes de se retrouver face à leurs bourreaux. Mais le pilier central et la réussite du

---

[740] C'est lors de la 6e réunion que le président du siège *Gacaca* demande aux membres de l'assemblée qui veulent procéder aux aveux de lever la main. Ceux qui le souhaitent donnent leur identité, font des aveux, demandent pardon aux victimes ou à leur famille et à toute la population.

processus reposent sur le caractère participatif des membres de la communauté qui doivent être individuellement et collectivement impliqués. Dans cette perspective, l'ensemble des éléments de preuve sur le génocide et des responsabilités qui en découlent ne peut émaner que de deux sources : les aveux faits par les accusés et les témoignages de la population. Ces deux notions clés constituent même la pierre angulaire du processus *Gacaca* (A). Quant à la procédure qui est suivie, elle diffère largement des juridictions classiques. De ce point de vue, un traitement spécifique est réservé aux infractions sexuelles (B).

A. L'aveu et le témoignage : pierre angulaire du processus Gacaca

378. L'établissement de la vérité par l'aveu du coupable avait été admis et reconnu dans le droit romain. Après avoir connu une régression massive vers le VIIe siècle, cette procédure avait retrouvé une certaine importance dans la pratique judiciaire du Moyen Âge[741]. Mais entre le Moyen Âge et l'époque contemporaine, la nature, l'importance et la signification de l'aveu vont considérablement évoluer. Il acquerra ainsi une importance décisive dans les différents systèmes juridiques. Parmi les moyens qui ont été successivement utilisés en vue d'accélérer les procès du génocide, l'aveu occupe une place centrale, au point que l'on peut parler à cet égard de véritable « *pierre angulaire* » du processus *Gacaca.*

379. Présenté comme véridique par celui qui le prononce, l'aveu ne doit pas être confondu avec la vérité. Il s'agit plutôt d'une approche de la vérité[742]. D'un point de vue juridique, l'aveu consiste en réalité en une réécriture de l'histoire qui sera validée ou non. Les récits sont ainsi soumis à une validation contradictoire, celle du juge et celle de la victime. À ce propos, on retrouve toute la richesse de la démarche de Foucault qui tente de démontrer la nature et le véritable fondement de l'aveu. Il prétendait ainsi, qu'« *en avouant, le justiciable reconnaît les principes sur la base desquels le système pénal le condamne, il rappelle le pacte social qu'il a volontairement enfreint et il se punit en quelque sorte lui-même*[743] ».

380. Foucault précise également que l'aveu est un « *contrat de vérité* » qui permet à celui qui juge de « *savoir d'un savoir indubitable et que tout citoyen peut reconnaître en son âme et conscience*[744] ». Il considère enfin que l'aveu est une restauration du pacte social et un engagement punitif, car, en avouant, le coupable s'engage dans la voie de la correction. Le traitement du contentieux du génocide des Tutsi où les preuves sont rares illustre bien ce besoin fondamental d'aveu dans le système pénal.

---

[741] FRANÇOIS Jean, « Aveu, vérité, justice et subjectivité. Autour d'un engagement de Michel Foucault », *Revue interdisciplinaire d'études juridiques*, n° 7, 1981, pp. 163-182 (p. 176 citée).
[742] Penal Reform International, *supra,* note 739, p. 20.
[743] FRANÇOIS Jean, *op. cit.,* p. 177.
[744] *Ibid.*

381. Instaurée en 1996 par la loi organique créant les Chambres spécialisées, la procédure d'aveu et de plaidoyer de culpabilité a été maintenue par la loi organique de 2001 portant création des juridictions *Gacaca*. Mais sous l'emprise de la loi de 2004 précitée, la procédure d'aveu est désormais désignée par l'expression « *procédure d'aveu, de plaidoyer de culpabilité, de repentir et d'excuses*[745] ». Le législateur semble ainsi vouloir insister sur l'importance de la demande d'excuses exprimée par les accusés. Cette demande doit être adressée publiquement aux victimes si elles sont encore vivantes et à la société rwandaise[746] devant les instances compétentes[747]. Cependant, les déclarations du prévenu ne pourront être validées que si les trois conditions suivantes sont réunies[748] :

- la description détaillée de l'infraction, notamment le lieu où elle a été commise, la date, la manière dont elle a été commise, les témoins, les victimes et le lieu où les corps ont été jetés ainsi que les biens endommagés ;
- les renseignements relatifs aux coauteurs et aux complices ainsi que tout autre renseignement utile à l'exercice de l'action publique ;
- les excuses présentées pour les infractions que le requérant a commises.

382. Par ailleurs, pour produire leur plein effet, tant au bénéfice du système judiciaire, de l'accusé, que de la société rwandaise, la possibilité d'avouer doit exister le plus longtemps possible. Le but est de laisser au prévenu l'opportunité d'y recourir, même tardivement. De ce fait, dans une situation où l'accusé n'a pas reconnu les faits qui lui sont reprochés, le président de la juridiction *Gacaca* de Secteur ou d'Appel, saisi du dossier, est tenu de faire lecture au prévenu les articles de la loi qui concernent la procédure d'aveu et de lui demander s'il souhaite y recourir.

383. Toutefois, durant les procès *Gacaca*, certains prévenus n'ont vu qu'un avantage à tirer de la procédure d'aveu sans en saisir la véritable portée[749]. La

---

745 Comparée aux juridictions classiques rwandaises, devant les juridictions *Gacaca*, la procédure d'aveu est plus simple : les aveux se font oralement ou par écrit et sont consignés dans un procès-verbal.

746 Art. 54 alinéa 2, loi organique 19 juin 2004.

747 Soit devant la juridiction *Gacaca* de Cellule, au stade de la phase pré juridictionnelle, soit devant la juridiction de jugement, soit encore devant l'OPJ ou devant l'officier du ministère public pour les dossiers qui n'ont pas été transmis à la juridiction *Gacaca* compétente. Cf. art. 59 à 61 loi organique du 19 juin 2004.

748 Cf. art. 54 alinéa 3 loi organique de 2004, *ibid.*

749 Cette situation s'explique par le fait qu'en 2003, grâce à un communiqué de la présidence de la République, les prisonniers pouvaient obtenir une réduction de peine en avouant leurs crimes, fournissant des informations détaillées sur les circonstances et le contexte des crimes. Ces informations comprennent notamment les noms des victimes, les endroits où les corps de ces derniers ont été enfouis, les noms des complices, le lieu du crime, les propriétés détruites ou encore les biens pillés. Un aveu « complet et sincère » accompagné d'une demande de pardon était une condition préalable pour une libération provisoire. Cf. Avocats Sans Frontières, *Monitoring des juridictions Gacaca : phase de jugement*, rapport analytique n° 4, mai-décembre 2007, p. 16.

plupart d'entre eux n'ont avoué que partiellement ou de manière tronquée. De ce point de vue, la question de la vérification des aveux par les juridictions est demeurée fondamentale au cours des débats pour la recherche de la vérité. L'augmentation des accusés qui ont recours à la procédure d'aveu constitue un défi majeur pour les juges « intègres », car la question de la crédibilité des faits avoués s'est constamment posée. Dès lors, il est impératif pour les juges de vérifier si les aveux sont conformes à la vérité pour pouvoir les accepter ou les rejeter.

384. La décision d'acceptation des aveux par la juridiction *Gacaca* de Cellule lie également la juridiction compétente pour examiner au fond le dossier de l'accusé. À cet effet, la procédure fixée à l'article 64 de la loi de 2004 ne reconnaît pas aux juges du fond le pouvoir de rejeter les faits avoués. De même, le prévenu qui a fait des aveux en phase d'instruction ou pré juridictionnel est libre de les rétracter au moment du jugement en audience. En revanche, si les aveux sont rejetés par l'organe chargé de l'instruction, dans ce cas, la juridiction de jugement a l'obligation de donner au prévenu le choix d'y recourir à nouveau. Et c'est uniquement dans ce cas que la juridiction compétente a le pouvoir d'examiner la substance de ces aveux, c'est-à-dire leur caractère volontaire, libre et conscient.

385. Dans une situation où l'accusé a fait des aveux, le juge doit également apprécier si les faits avoués sont bien constitutifs des infractions visées par la loi et si ces aveux sont volontaires et complets. Telle est d'ailleurs la thèse soutenue par Marie José Descazeaux, lorsqu'elle rappelait que, parmi tous les moyens de preuves en procédure pénale, l'aveu est à la fois le moyen le plus efficace et le plus dangereux. Cette procédure donne une certitude considérable quant à la culpabilité de l'auteur, mais seulement à la condition que celui-ci ait volontairement fait sa confession[750]. Par conséquent, le seul fait d'avouer ne peut suffire à établir la culpabilité de l'accusé, même si le fonctionnement des tribunaux populaires repose en grande partie sur cette notion d'« aveu » censée favoriser la reconstruction du lien social.

386. Outre cette question liée à la procédure d'aveu, la condition de la mise en œuvre du processus *Gacaca* au regard des objectifs poursuivis réside également dans la participation volontaire et massive de l'ensemble de la population (auteurs présumés, victimes, rescapés, témoins ou membres de la communauté). Elle constitue le socle même de la réussite du processus. Là où les massacres ont été commis, tous les membres ou composantes de la population sont appelés à témoigner sur ce qu'ils ont fait, subi, vu ou entendu[751]. À ce titre, le **devoir de témoignage** est devenu *« une obligation*

[750] Pour une lecture analytique plus détaillée de cette question, cf. la thèse de Marie-José Arcaute-Descazeaux intitulée : « L'aveu : essai d'une contribution à l'étude de la justice négociée », thèse soutenue et publiée en 1988, Toulouse 1, sous la direction de Gabriel Roujou de Boubée, 2 vol. 590 p.

[751] De même, ces derniers ne peuvent pas être poursuivis pour non-assistance à personne en danger lorsqu'ils témoignent de ce qu'ils ont vu comme ce fut le cas au cours des procès devant les Chambres spécialisées (*supra*, Titre 1, § 181).

morale », puisque *« nul n'est en droit de s'y dérober pour quelque cause que ce soit »,* conformément au préambule de la loi organique du 26 janvier 2001 portant création des juridictions *Gacaca*[752].

387. Compte tenu de l'inexistence de preuves matérielles dix ans après le génocide, les seuls éléments sur lesquels les juges intègres peuvent s'appuyer dans le cadre du débat judiciaire sont constitués par les témoignages des victimes, des personnes accusées de crime de génocide ou autres crimes contre l'humanité et de la population dans son ensemble[753]. En effet, la grande partie de la vérité élucidée au cours des audiences *Gacaca* est le fruit de témoignages. C'est pourquoi il nous paraît indispensable d'analyser la question du **traitement des témoignages** par les juges populaires.

388. Comparés aux juridictions classiques, il n'existe pas de procureur ni d'avocats dans les tribunaux *Gacaca.* Les décisions rendues reposent largement sur des accusations lancées par une « partie civile », qui est généralement la victime du crime ou bien des membres de sa famille. Un groupe de cinq à sept juges entend chaque affaire. La révélation de faits criminels et l'établissement de la culpabilité des auteurs de ces infractions ne peuvent résulter dans la quasi-totalité des cas que des témoignages et informations livrées par la population. Cette hypothèse se justifie par le fait que la grande partie des éléments matériels de preuve a disparu avec le temps. C'est pourquoi le droit au silence est exclu des procès *Gacaca*[754]. De même, la qualité de témoin dont la déposition est officialisée par la prestation de serment juridique implique la possibilité d'être, en cas d'omission ou de mensonge, condamné pour refus de témoigner ou faux témoignage[755].

389. D'une manière générale, les juridictions *Gacaca* fonctionnent sur l'idée de la mise en débat et de la parole qui témoigne, innocente, ou accuse. Les informations contenues dans les dépositions des témoins permettent aux juges de forger leur conviction sur la culpabilité ou l'innocence de l'accusé. Selon la célèbre formule consacrée par Jérémie Bentham, les témoins représentent « *les yeux et les oreilles de la justice*[756] ». Pour ce faire, il appartient aux juges « intègres » de mener l'audience des débats qui doivent permettre de prouver clairement la responsabilité individuelle de l'accusé tant sur le plan matériel que sur le plan intentionnel. Au cours des débats, deux

---

[752] Cf. également art. 29 loi *Gacaca* 2004 en vertu duquel, « *toute personne qui omet ou refuse de témoigner sur ce qu'elle a vu ou sur ce dont elle a connaissance, de même que celle qui fait une dénonciation mensongère, est poursuivie par la Juridiction Gacaca qui en fait le constat [...]* ».

[753] Penal Reform International, *Les témoignages et la preuve devant les juridictions Gacaca,* rapport août 2008. Disponible sur http://www.essex.ac.uk/armedcon/story_id/000867.pdf

[754] Pourtant, aux termes de l'article 4 alinéa 3-g) du Pacte international relatif aux droits civils et politiques, « *la personne accusée d'une infraction pénale a le droit de ne pas être forcée de témoigner contre elle- même et de ne pas être contrainte à s'avouer coupable* ».

[755] Le refus de témoigner est passible d'une peine d'emprisonnement allant de six mois à un an. Cf. art. 29 et 32 de la loi du 19 juin 2004 précitée.

[756] BENTHAM Jérémie, *Traités des preuves judiciaires,* Tome 1er, Paris, 1823.

types de paroles circulent et se croisent : celle de l'accusation consolidée par les victimes et les rescapés, puis celle des accusés.

390. Dans le premier cas de figure, les témoignages fournis par les victimes rescapées sont indispensables à la manifestation de la vérité. Ainsi, les informations portant sur le déroulement des faits renseignent les juges sur la part de responsabilité de chaque prévenu dans la commission des crimes poursuivis. **Dans le deuxième cas de figure**, la nécessité d'un débat contradictoire entre les parties au procès devant les juges « intègres » contraint l'accusation à exposer au prévenu les charges retenues contre lui et les éléments de preuve recueillis à l'appui de ces charges. Ce qui implique que l'accusation doit faire preuve de plus de clarté en détaillant à la défense tous les éléments de preuve en sa possession, afin que cette dernière puisse être en mesure de répondre ou contester les charges retenues contre l'accusé. Par conséquent, il est essentiel que l'accusé puisse avoir la possibilité de citer des témoins à décharge et que ceux-ci soient entendus, afin que le débat contradictoire puisse être respecté.

391. C'est d'ailleurs l'une des grandes originalités du système *Gacaca* qui réside dans la capacité des juges d'instruire à charge et à décharge. Cette fusion des rôles séparés s'effectue en collaboration avec la population. De même, ces tribunaux populaires héritent d'une garantie procédurale censée protéger l'intimité et la vie privée des victimes de crimes sexuels. Conformément à la loi, il n'est permis à personne de faire l'aveu en public pour les infractions d'ordre sexuel ni d'en déposer plainte publiquement. Au début de chaque audience *Gacaca*, le président du Siège doit rappeler aux participants l'interdiction d'évoquer en public des faits liés aux violences sexuelles[757]. Celles-ci font l'objet d'un traitement spécifique, contrairement à ce qui était le cas jusqu'alors devant les juridictions de droit commun.

B. Le traitement spécifique des infractions sexuelles : les audiences à huis clos

392. Lorsque les juridictions *Gacaca* sont créées, deux types de dossiers sont exclus de leur compétence. Il s'agit d'une part, des dossiers de viol et de tortures sexuelles et d'autre part, des dossiers impliquant les accusés ayant commis les actes criminels les plus graves dans l'exécution du crime de génocide (catégorie 1)[758]. En ce qui concerne les dossiers liés aux violences sexuelles, seul un nombre limité de femmes avait porté plainte devant les tribunaux classiques en dépit des conséquences incommensurables occasionnées par cette catégorie de crime. Sujet extrêmement complexe, la question du viol n'a pas toujours été suffisamment prise en compte dans le contentieux du génocide, que ce soit du point de vue juridique ou du point de

---

[757] Cf. art. 6 loi organique *Gacaca* 2008 précitée.

[758] Les actes de viol et de tortures sexuelles classent les personnes qui en sont accusées en première catégorie (c'est-à-dire ceux qui encourent la perpétuité).

vue des conséquences sociales vécues par les victimes de ces crimes (stigmatisation sociale, humiliation, traumatisme, etc.).

393. Hormis les organisations de femmes qui travaillent plus spécifiquement sur cette question[759], le viol est encore considéré au Rwanda comme un sujet profondément tabou, comme un acte qu'il vaut mieux garder sous silence, en raison de l'atteinte qu'il porte à l'honneur de la femme et de sa famille. Ce crime est entouré d'un sentiment de honte, qui freine les victimes à se dévoiler, même lorsqu'il s'agit de se faire soigner, notamment pour celles qui ont été contaminées au VIH. Au regard de ces obstacles, l'idée de ne pas porter des cas de viol devant les tribunaux populaires est une exception qui traduit un souci de confidentialité à l'égard des victimes. Celles-ci sont invitées à déposer plainte auprès d'un ou de plusieurs juges « intègres » en qui elles ont confiance, en retour ils doivent transmettre le dossier confidentiel au ministère public, sans qu'il ait au préalable été débattu en Assemblée générale devant les *Gacaca*.

394. La victime a également la possibilité de déposer directement plainte en saisissant le ministère public, qui doit poursuivre les enquêtes sans passer par les juridictions *Gacaca*. Mais, depuis l'entrée en vigueur de la loi organique du 19 mai 2008[760], tous les dossiers de catégorie 1, y compris les affaires de viol, ont été transférés devant les tribunaux populaires, sauf les affaires où l'accusé a occupé une position d'autorité très élevée dans le précédent gouvernement qui a mis en exécution le génocide[761]. Un peu plus de 8000, soit 90 % de ces affaires, concernent des faits de viol ou des violences sexuelles[762]. Selon les autorités rwandaises, il est essentiel de rappeler à l'ensemble de la population, l'obligation sociale de poursuivre et de sanctionner ces infractions, même si les preuves sont souvent difficiles à apporter.

395. Dans le souci de préserver les victimes de crimes sexuels d'une publicité extrêmement difficile à supporter et à assumer, la nouvelle loi de 2008 prévoit que les affaires soient entendues à huis clos afin de protéger la vie privée des victimes. Dans cette perspective, la violation du secret d'une audience a été érigée en infraction qui peut devenir un des motifs de démission

---

[759] Cf. notamment Association des Femmes veuves du génocide (AVEGA), *Étude sur les violences faites aux femmes*, Kigali, 1999. D'après ce rapport, le nombre de femmes violées pendant le génocide est estimé entre 250.000 et 500.000.

[760] Cf. loi n° 13/2008 du 19/05/2008, modifiant et complétant la Loi organique n° 16/2004 du 19/06/2004 portant organisation, compétence et fonctionnement des Juridictions *Gacaca*.

[761] Le principe de base posé par la loi organique de juin 2004 (art. 41 à 43) était que seuls les accusés classés dans la deuxième et la troisième catégorie devaient être jugés par les juridictions *Gacaca*, respectivement de Cellule et de Secteur. Mais la loi de 2008 précitée a étendu la compétence d'attribution des tribunaux *Gacaca* après avoir réaménagé la première catégorie d'accusés en cinq sous-catégories. Les deux dernières sous catégories sont ainsi jugées par les *Gacaca* (art. 9 loi 2008 sur les *Gacaca*).

[762] Human Rights Watch, *Justice compromise : l'héritage des tribunaux communautaires Gacaca du Rwanda*, mai 2011, p. 129.

et de remplacement d'un juge *Gacaca* (juge « intègre[763] »). Dans l'intérêt des victimes de viol, il est également prévu la présence de certains acteurs à l'audience de huis clos, plus précisément les délégués du SNJG, les agents de sécurité et les psychologues spécialisés en traumatisme.

396. En outre, une autre particularité que l'on peut relever dans le traitement des infractions d'ordre sexuel devant les tribunaux populaires, c'est le fait que les personnes appelées à témoigner soient aussitôt écartées de l'audience après avoir été entendues par les juges « intègres ». Pour autant, toutes ces précautions prévues par la nouvelle loi suffiront-elles à garantir le respect du secret des audiences tenues dans les affaires de viol ? Il semble évident que quiconque verra entrer une victime dans une audience *Gacaca*, qui ne se tient pas d'habitude à huis clos, n'aura plus besoin de s'interroger sur l'objet du procès.

397. Même si l'idée de la confidentialité respecte les difficultés des femmes victimes de violences sexuelles, le principal problème qui se pose réside dans leur capacité à effectuer les démarches nécessaires et soutenir leurs plaintes devant les juridictions populaires. C'est pourquoi cette question liée aux crimes sexuels ne devait pas être traitée de façon « mécanique », avec un formalisme lourd qui peut s'avérer décourageant pour les victimes et les témoins. De ce point de vue, deux outils de procédure ont été introduits par la nouvelle loi de 2008 pour rendre l'expérience plus simple ou facile à l'égard les victimes de viol. Celles-ci ont le droit de demander, d'une part, qu'un juge soit récusé pour le jugement de leur affaire[764].

398. D'autre part, plutôt que de comparaître en personne, les victimes de viol ont la possibilité d'écrire une lettre contenant leurs allégations. Ensuite, c'est le coordonnateur de district qui transmet le message au tribunal *Gacaca*. La mise en place d'un tel dispositif n'aurait pas été possible devant les juridictions classiques au risque de compromettre le droit de tout accusé à faire directement face à son accusateur pour contester sa crédibilité. Ce qui n'est pas le cas dans le système *Gacaca* où il faut reconnaître que cette procédure susvisée a d'une certaine manière fourni un certain soulagement aux femmes qui étaient horrifiées par l'idée de comparaître devant des juridictions populaires et d'être confrontées aux auteurs du viol. Néanmoins, il reste à démontrer la pertinence de la décision de transférer les affaires de viol devant les *Gacaca* dans la mesure où certaines femmes estiment que le fait d'avoir leur affaire jugée par ces tribunaux minimise la gravité des crimes sexuels[765].

---

[763] L'infraction liée à la violation du secret d'une audience est jugée par la juridiction *Gacaca* de Secteur dont est membre le juge « intègre » au cours d'une audience spéciale. Cf. art. 5 dernier alinéa, loi 2008.

[764] N. B. La récusation des juges n'est pas uniquement limitée aux affaires de viol. Elle est étendue à toutes les catégories d'infractions jugées aussi bien par les juridictions *Gacaca* que les juridictions classiques.

[765] Des associations (Association rwandaise des femmes veuves du génocide (AVEGA), l'association rwandaise des conseillers en traumatisme (ARCT), ainsi qu'IBUKA) se sont farouchement opposées à la décision des autorités rwandaises de transférer les affaires de viol

C'est ce qui explique sans doute l'agissement de certaines victimes qui consiste à demander au Service National des Juridictions *Gacaca* de mettre fin aux poursuites une fois que leur affaire a été transférée devant les tribunaux populaires.

399. En tout état de cause, malgré le nombre insuffisant de plaintes comparées aux 250 000 victimes de viol, les auteurs encourent la réclusion criminelle à perpétuité car ils sont classés dans la catégorie des accusés ayant commis les infractions les plus graves pendant le génocide. De ce point de vue, les peines prévues par les juridictions *Gacaca* sont presque similaires à celles qui étaient d'application devant les Chambres spécialisées des tribunaux classiques. Il y a cependant lieu de noter que, dans certains cas, la dernière loi organique de 2008 portant sur les *Gacaca* a eu pour effet d'améliorer le sort des accusés quant à la nature des peines qui leur sont infligées.

§ 2 –L'échelle des peines

400. Alors que la loi organique de 1996 applicable aux juridictions classiques renvoie dans certains cas aux peines prévues par le Code pénal rwandais, les lois de 2004 et de 2008 sur les *Gacaca* ont fixé une échelle précise de peines. Le but est de faciliter la tâche des juges non professionnels, peu familiers du Code pénal. De la catégorie dans laquelle les prévenus sont classés va dépendre l'importance de la peine qu'ils encourent. Par ailleurs, les juges distinguent selon que l'accusé a recouru ou non à la procédure d'aveu, de plaidoyer de culpabilité, de repentir et d'excuses ; selon qu'il a recouru à cette procédure avant ou après que son nom n'a pas été inscrit sur la liste des accusés dressée par la juridiction *Gacaca* de Cellule. Ils indiquent également si la situation de l'accusé peut entraîner une condamnation à des peines accessoires telles que la dégradation civique totale, perpétuelle ou la publication des noms des personnes condamnées sur une liste affichée au bureau du Secteur de leur domicile.

401. En règle générale, la référence aux différentes catégories dans lesquelles sont classés les prévenus précise approximativement la nature et le quantum de la peine, en cas de condamnation. Tel a été aussi le cas dans le cadre du traitement du crime de génocide devant les Chambres spécialisées des tribunaux de première instance. Les accusés de première catégorie considérés comme les « architectes » du génocide encourent la peine de mort. Étant donné

aux juridictions *Gacaca.* Toutefois, la secrétaire exécutive du Service National Juridictions *Gacaca* a déclaré à Human Rights Watch qu'elle a rencontré des victimes de viol qui lui ont témoigné de leur souhait que leurs affaires soient entendues par les tribunaux populaires, car beaucoup d'entre elles étaient mourantes du VIH/SIDA et voulaient que justice soit faite avant de mourir. Cf. rapport HRW, *supra,* note 762, pp. 130-131.

que la peine capitale est abolie au Rwanda depuis le 25 juillet 2007[766], la nouvelle loi de 2008 sur les *Gacaca* en tire une conséquence logique pour fixer la sanction applicable aux accusés de la première catégorie. Ainsi, l'article 17 de ladite loi instaure la réclusion criminelle à perpétuité comme peine de référence à tous les accusés de la première catégorie. Mais la sévérité des peines prévues contre ces derniers contraste avec la relative indulgence des sanctions applicables aux prévenus de la deuxième catégorie, qui peuvent bénéficier d'une mesure alternative à la détention en effectuant des travaux d'intérêt général (A). Quant aux accusés de la troisième catégorie, qu'ils soient mineurs ou majeurs, ils échappent tous aux sanctions pénales. Le principe qui est consacré est celui de la réparation ou du règlement amiable (B).

A. Le recours au travail d'intérêt général (ci-après « TIG »)

402. Les mesures alternatives à la détention ne sont pas rassemblées sous une même dénomination par les juristes. La plupart d'entre eux font référence aux seules « peines alternatives » qui peuvent être « *prononcées par le juge à titre principal pour remplacer l'une des peines principales légalement encourue*[767] ». Cette définition inclut les peines correctionnelles autres que l'emprisonnement, à savoir le jour-amende, le stage de citoyenneté, le TIG, les peines complémentaires (interdiction, déchéance ou retrait d'un droit). Quant au TIG qui fait l'objet de notre étude, il peut être défini comme étant une peine alternative à l'emprisonnement que les juridictions pénales peuvent proposer aux délinquants reconnus coupables de délits ou de contraventions, pour lesquelles le juge estime que l'emprisonnement n'est pas adapté à la personnalité du délinquant ou serait une mesure disproportionnée à la gravité des faits commis[768].

403. En d'autres termes, le TIG consiste pour le condamné à effectuer un travail non rémunéré au profit de la collectivité, dans une administration publique, organisation civile ou association ayant un objet social et œuvrant pour l'intérêt public[769]. Cette sanction alternative a été introduite dans le Code pénal de plusieurs pays occidentaux[770] avant d'être exportée dans certains pays

[766] Le but était surtout de satisfaire les conditions préalables posées par le Tribunal pénal international pour le Rwanda à l'acceptation des demandes de transfert de dossiers formulés par le nouveau gouvernement mis en place après le génocide.

[767] DINDO Sarah, *Les prisons en France. Alternatives à la détention : du contrôle judiciaire à la détention,* Commission nationale consultative des droits de l'homme, La Documentation française, Paris, 2007, p. 11.

[768] BOULOC Bernard, *Pénologie. Exécution des sanctions, adultes et mineurs,* 3e éd., Dalloz, 2005, n° 372.

[769] Penal Reform International, *Le Travail d'Intérêt Général : quelques pistes de réflexion,* Rapport de monitoring et de recherche sur la *Gacaca,* mars 2007, pp. 5-6.

[770] Particulièrement en France, au Royaume-Uni, aux États-Unis d'Amérique, etc. Pour une étude approfondie, cf. LAVIELLE Bruno et al, *Le guide des peines,* 4e éd., Dalloz, 2007, n° 73.

africains[771], notamment au Rwanda. Dans chacun de ces contextes et malgré des spécificités locales, le TIG remplit les mêmes objectifs au regard de la doctrine et des textes législatifs (1). Ce qui n'est pas tout à fait le cas au Rwanda où la conception du TIG se révèle sous une forme unique. Ainsi, les modalités d'exécution diffèrent largement de ce qui existe dans la plupart des pays ayant introduit cette peine alternative à l'emprisonnement dans leur arsenal juridique (2).

1) La consécration historique et juridique du TIG

404. La notion de travail d'intérêt général est une idée relativement récente, même si, dans un article sur les nouvelles alternatives à l'emprisonnement, le professeur Pradel fait remonter l'idée de base à Beccaria. Ce dernier écrit en 1764 : « *la peine la plus opportune sera cette seule sorte d'esclavage qui soit juste, c'est-à-dire l'esclavage temporaire qui met le travail de la personne du coupable au service de la société pour que cet état de dépendance totale le dédommage de l'injuste despotisme qu'il a exercé en violation du pacte social*[772]. » Le TIG constitue ainsi une réparation symbolique de l'infraction. Il peut en outre être considéré comme une sorte de paiement en nature par le délinquant de la dette dont il serait débiteur envers la société du fait de son délit. Pour ce faire, le condamné est obligé de travailler au service de la communauté et de le faire gratuitement, sans rémunération : telle est sa punition.

405. Historiquement, c'est en Californie, État pilote en matière de pénologie, qu'a été établi en 1966 le premier projet assimilable au TIG sous la dénomination de *travaux communautaires*[773]. Plusieurs autres États américains l'ont ensuite introduit dans leur législation. Ainsi, dans les années 80, les États-Unis étaient devenus le pays exemplaire du TIG. D'autres auteurs considèrent la Grande-Bretagne comme étant le premier pays à mettre en place, à partir de 1972, une peine consistant en un service rendu à la communauté : le *community service order (C.S.O)*[774]. En 1980, l'exemple anglais du travail communautaire a inspiré le service de probation du Québec avant de s'implanter aux Pays-Bas sur la base d'une circulaire du 10 novembre 1980.

406. Le Portugal a suivi l'exemple en 1982, puis le Danemark au cours de la même année. Un an plus tard, le service au profit de la communauté est

---

[771] Notamment au Zimbabwe, Burkina Faso, Mali, Kenya, Ouganda, Sénégal, Niger, Namibie, etc. Cf. Penal Reform International, *supra,* note 769, p. 5.

[772] En ce sens, MARC M., « Le travail d'intérêt général en droit comparé », *Revue pénitentiaire* n° 2, avril-juin 1985, p. 112.

[773] PENSIS Chantal, « Une autre peine : le service communautaire », *Revue de droit pénal et de criminologie*, Bruxelles, mars 1993, pp. 311-321 (p. 318 citée).

[774] La mesure fut introduite par une loi de 1972 connue sous le nom de *Criminal Justice Act.* Pour une étude de la question, cf. LEBLOIS-HAPPE Jocelyne, *Quelle réponse à la petite délinquance ?* PUAM, 2002, Tome II, p. 393.

introduit en France par la loi du 10 juin 1983[775], sous le vocable de « *travail d'intérêt général »*, un système analogue. Cette nouveauté en France fut plutôt admise tant par la doctrine que par les juges. Ainsi, la peine de TIG a longtemps été considérée comme « *la star des sanctions pénales alternatives, ses représentations mélangeant les avantages de la rétribution, de l'utilitarisme et de la pédagogie individuelle et sociale*[776] ».

407. Les résultats du TIG sont diversement appréciés par d'autres pays occidentaux qui n'ont pas hésité à adopter un système de pénalité sous forme de travail au profit de la société[777]. L'expérience réussie a été exportée en Afrique depuis une quinzaine d'années. Malgré des spécificités locales différentes, le TIG remplit les mêmes objectifs dont les plus importants sont le désengorgement des prisons et la réinsertion des condamnés. C'est dans la même perspective que la philosophie du TIG a été conçue au Rwanda. L'introduction de cette nouvelle peine dans le système judiciaire rwandais est une innovation de la loi organique de 2001[778]. De même, l'organisation et la réglementation du TIG ont fait l'objet d'un Arrêté présidentiel du 10 décembre 2001[779] qui le définit comme « *l'obligation faite à un condamné pour crime de génocide ou crimes contre l'humanité d'exécuter, en lieu et place de l'emprisonnement et avec son* ***assentiment****, un travail non rémunéré d'intérêt général, dans une institution habilitée*[780] ».

408. Au regard des textes internationaux, le recours au TIG est également fondé sur des normes qui sont contenues essentiellement dans les règles minima des Nations Unies pour l'élaboration de mesures non privatives de liberté (règles de Kyoto)[781]. Ces règles ont pour objectif, d'une part, de restreindre le recours à des mesures non privatives de liberté et, d'autre part, de formuler les garanties minima pour les personnes soumises à ces mesures. Il s'agit d'ailleurs de l'un des éléments d'une politique pénale impulsée par le Conseil de l'Europe qui vise la marginalisation de la peine privative de liberté en faveur de sanctions et de mesures exécutées dans la communauté.

409. À la lecture de l'une des recommandations du Conseil de l'Europe concernant le surpeuplement des prisons et l'inflation carcérale, un principe

---

[775] Cette loi a été votée à l'unanimité. En ce sens, PRADEL Jean, « Les nouvelles alternatives à l'emprisonnement créées par la loi n° 83-466 du 10 juin 1983 », Dalloz, 1984, chron, pp. 111-117.

[776] DINDO Sarah, *op. cit.*, p. 63.

[777] D'autres pays européens ont également adopté la peine de TIG mais parfois sous des appellations différentes. Il en est ainsi de l'Allemagne, Italie, Espagne, Suisse, Belgique, etc.

[778] Cf. loi organique n° 40/2000 du 26/01/2001 précitée, portant création des juridictions *Gacaca.*

[779] L'organisation et la réglementation du TIG a fait l'objet de l'Arrêté présidentiel n° 26/01 du 10 décembre 2001 relatif à la peine alternative à l'emprisonnement de travaux d'intérêt général. Cf. JO Rwanda du 1er février 2002.

[780] Le principe sera repris par l'art. 80 de la loi de 2004 portant création et organisation des juridictions *Gacaca.*

[781] Cf. règles minima des Nations Unies pour l'élaboration de mesures non privatives de liberté, adoptées par l'Assemblée générale dans sa résolution 45/110 du 14 décembre 1990, disponible sur http://www2.ohchr.org/french/law/regles_tokyo.htm

fondamental se dégage : « *la privation de liberté devrait être considérée comme une sanction ou une mesure de derniers recours et ne devrait dès lors être prévue que lorsque la gravité de l'infraction rendrait toute autre sanction ou mesure manifestement inadéquate*[782]. » Ainsi, il est conseillé aux États d'inciter les procureurs et les juges à recourir aussi longtemps que possible aux mesures alternatives à la détention.

410. Cette volonté d'éviter le recours à la peine carcérale privative de liberté se double d'une forte incitation adressée aux États à développer les sanctions, peines et mesures de milieu ouvert, désignées par l'expression « sanctions et mesures dans la communauté[783] ». Elles peuvent intervenir avant la condamnation, à sa place, ou comme modalité d'exécution d'une peine de prison, mais comporter une prise en charge et/ou un contrôle par un organisme spécialisé[784]. Cette norme est édictée par la Recommandation R (92) 16 du Conseil de l'Europe. Il s'agit du texte le plus important sur les sanctions et mesures alternatives à l'emprisonnement[785]. Cette recommandation est conçue comme un parallèle aux règles pénitentiaires européennes de 1987, mais elle s'en distingue. Dans le même ordre d'idées, le Comité des ministres du Conseil de l'Europe s'est principalement engagé dans la promotion des alternatives à la détention, qui présentent selon lui *« une réelle utilité, aussi bien pour le délinquant que pour la communauté, puisque le délinquant est à même de continuer à exercer ce choix et à assumer ses responsabilités sociales*[786] ».

411. Autant la prison peut être reconnue comme efficace pour isoler et neutraliser, autant elle est le plus souvent contre-productive en termes de réinsertion et de prévention de la récidive. Même envisagé dans le respect des droits des personnes, l'emprisonnement demeure par essence une sanction particulièrement privative de droits fondamentaux, exposée à des critiques récurrentes pour ses conséquences « désocialisantes » et « criminogènes[787] ».

---

[782] Conseil de l'Europe, Recommandation n° R (99) 22 du Comité des ministres aux États membres concernant le surpeuplement des prisons et l'inflation carcérale, 30 septembre 1999.

[783] Il s'agit des « sanctions et mesures qui maintiennent le délinquant dans la communauté et qui impliquent une certaine restriction de sa liberté par l'imposition de conditions et/ou d'obligations ». Sur ce point, PONCELA Pierrette et ROTH Robert, *La fabrique du droit au Conseil de l'Europe : promotion et mise en œuvre des sanctions pénales alternatives*, Centre de Droit pénal et de Criminologie (CDPC), Centre d'études, de technique et d'évaluation législatives (CETEL), Genève, Mission de recherche Droit et justice, France, septembre 2004, p. 1.

[784] DINDO Sarah, *op. cit.*, p. 11.

[785] Le constat de départ de la recommandation européenne est celui d'un développement considérable des sanctions et mesures « exécutées dans la communauté » au sein de certains États membres. Le texte s'efforce d'homogénéiser les standards européens applicables à ces pratiques dont il entend encourager le développement, face aux carences de l'emprisonnement. En effet, ce dernier d'une part « ne s'est pas avéré plus efficace, en termes de prévention de la récidive, que d'autres sanctions ou mesures exécutées dans la communauté » ; d'autre part, l'emprisonnement « entraîne des coûts élevés ». Sur ce point, cf. PONCELA Pierrette et ROTH Robert, *op. cit.*, p. 8

[786] DINDO Sarah, *op. cit.*, p. 7.

[787] *Idem*, p. 7.

C'est pourquoi toute société qui vise à mieux protéger la sécurité publique en vertu d'une approche pragmatique doit également rechercher les moyens de développer des mesures alternatives à l'emprisonnement et les rendre fiables.

412. En somme, tel que nous venons de le démontrer, on assiste à une politique européenne de promotion des sanctions pénales alternatives. Ainsi, pour rendre compte de la diversité des situations dans les différents pays membres, le Conseil de l'Europe a choisi une approche ouverte en retenant un critère simple, à savoir la sanction pénale alternative. L'expression désigne « *toute sanction venant répondre à la commission d'une infraction pénale et permettant d'éviter une incarcération* »[788]. En faisant référence aux sanctions prévues par chaque système national dans le but d'être substituées à l'emprisonnement, on peut dire que la sanction *« vedette »* est le sursis à l'emprisonnement qu'il soit assorti ou non d'obligations, avec une tendance à privilégier le second cas[789].

413. Vient ensuite la peine de travail d'intérêt général, introduite dans l'arsenal juridique de la plupart des pays européens avec un champ d'application plus ou moins large, et avec un régime juridique différent. Mais il est important de préciser que, dans tous les pays où existe le TIG, il s'applique soit aux délits mineurs ou aux délinquants non violents, soit aux contraventions dans des cas où l'emprisonnement répond de manière disproportionnée à l'infraction commise.

414. Au Rwanda, le champ d'application de la peine de TIG est beaucoup plus large en ce qu'il s'applique à certains accusés condamnés pour crime de génocide. Il s'agit en l'occurrence d'accusés relevant de la deuxième catégorie[790]. Le Rwanda est d'ailleurs l'unique pays au monde ayant recouru à cette peine, non seulement pour une infraction de nature criminelle, mais surtout pour des crimes de droit international. D'où l'intérêt de comparer les modalités d'exécution du TIG au Rwanda avec d'autres pays.

2) Les modalités d'exécution du TIG au Rwanda : une analyse comparative avec le système européen et américain

415. Au vu du droit interne et des standards internationaux de protection des droits de l'homme, quatre objectifs sont visés dans la mise en œuvre du TIG. **Le premier** permet d'éviter au délinquant l'univers carcéral. Il s'agit avant tout d'une politique orientée vers la réinsertion sociale du condamné. **Le**

---

[788] Cette définition ne correspond pas donc totalement à celle adoptée par le Conseil de l'Europe, sous la désignation « sanctions et mesures appliquées dans la communauté », qui est plus large. Pour une étude approfondie, cf. PONCELA Pierrette et ROTH Robert, *op. cit.*, p. 70.

[789] Cette peine est non seulement présente dans toutes les législations, mais elle est aussi la plus prononcée. D'autres sanctions existent, mais elles ne font pas l'unanimité au sein des pays membres du Conseil de l'Europe. C'est l'exemple de la peine d'amende ou du placement sous surveillance électronique (PSE).

[790] Elle regroupe les auteurs, coauteurs ou complices d'homicides volontaires ou d'atteintes graves ayant entraîné la mort.

deuxième objectif réside dans la diminution du risque de récidive lié en partie à l'incarcération de délinquants qui sont susceptibles de nouer des relations criminelles lors de leur séjour carcéral. Le TIG permet, en **troisième** lieu, de réhabiliter le délinquant, c'est-à-dire d'élargir son sens de responsabilité envers la société.

416. Enfin, **le quatrième** objectif du TIG vise la réparation du préjudice causé par le délinquant. Ce dernier est sanctionné d'une manière adaptée et en rapport avec l'infraction commise. Il est donc astreint à une réparation matérielle qui profitera aussitôt à la catégorie sociale fréquemment victime de ses agissements. Comme le soutenait d'ailleurs Chantal Pensis, là où « *le vandale sera condamné au nettoyage des graffitis dans les lieux publics ; l'escroc de personnes âgées effectuera un service communautaire dans un home* [foyer] *pour vieillard*[791] ». À ce titre, le TIG représente une sorte de réparation symbolique envers la société. Son intérêt est indéniable puisqu'il se présente à la fois comme une mesure rétributive, un moyen de réinsertion sociale et une occasion de sensibiliser et d'associer la collectivité aux problèmes de lutte contre la délinquance. Il est à tout le moins une riposte satisfaisante à l'encontre des petits délinquants[792].

417. Mais dans le contexte rwandais, au-delà de l'objectif de réintégration sociale du condamné, le TIG s'intègre dans une politique nationale combinant répression, unité, réconciliation et développement. Sur le plan financier, l'État rwandais ne pouvait plus consacrer une partie de ses revenus à l'entretien des personnes dont les crimes ont gravement privé le pays d'une bonne partie de sa main d'œuvre[793]. Certes, l'un des objectifs visés dans la mise en place des juridictions *Gacaca* était d'accélérer les procès. Néanmoins, le fonctionnement de ces tribunaux populaires a conduit inévitablement à l'accroissement du nombre de détenus, voire à une surpopulation carcérale.

418. En juillet 2007[794], le nombre de personnes détenues a atteint le chiffre record de 86 365 pour une capacité d'accueil de 44 649 places[795]. C'est dans

---

[791] PENSIS Chantal, *op. cit.*, p.317.

[792] COUVRAT Pierre, « Les trois visages du travail d'intérêt général », *Revue de science criminelle et de droit pénal comparé*, n° 1, 1989, p. 158.

[793] Rappelons qu'au lendemain du génocide, les autorités rwandaises ont dû faire face à d'importants défis humains et matériels consécutifs à l'arrestation de plus de 120 000 suspects accusés de crimes. Ces arrestations massives ont conduit à une surpopulation carcérale sans précédent. Pour résoudre un contentieux d'une telle ampleur, le recours exclusif à l'emprisonnement se révéla très rapidement trop coûteux et difficilement réalisable eu égard au nombre important de détenus.

[794] Pendant cette période, la population rwandaise était estimée à 9 567 190 habitants selon le Service National de Recensement. Cf. rapport du Rwanda au comité des droits économiques, sociaux et culturels des Nations Unies, en vertu des articles 16 et 17 du Pacte International relatif aux droits économiques, sociaux et culturels. Juillet 2009, p. 8.

[795] D'après les statistiques fournies par le Service National des Prisons du Rwanda. Parallèlement en France, la population carcérale a également atteint un nouveau record avec 67 161 détenus au 1er avril 2012. Ce chiffre est en hausse de 4,7% sur un an. Alors qu'il n'avait que 57 243 places de prison « opérationnelles » au 1er avril. Ce qui représente un taux d'occupation

cette perspective que le TIG a été conçu, dans le but de désengorger les prisons rwandaises. Ce mécanisme permet à l'accusé de ne purger que la moitié de sa peine et d'effectuer le reste en liberté sous forme de travaux qui lui auront été assignés. Cependant, le TIG ne concerne pas les condamnés de troisième catégorie ni les condamnés de première catégorie qu'ils soient mineurs ou non. Seuls les accusés de deuxième catégorie peuvent bénéficier de cette peine, à condition qu'ils avouent leurs crimes et dénoncent leurs complices. Ainsi, les conditions d'éligibilité et les modalités d'exécution du TIG au Rwanda sont fixées par la loi organique *Gacaca* 2004 (révisée en 2008)[796] et par décret présidentiel[797]. Outre ce cadre juridique bien défini, la mise en œuvre du TIG au Rwanda s'effectue selon deux formules : les camps de travail et le TIG de proximité.

419. La mise en application débute officiellement en septembre 2005 avec l'ouverture de « camps TIG pilotes[798] ». Les condamnés doivent y travailler six jours par semaine, à raison de 8 heures par jour. La durée de leur peine est ainsi divisée par deux lorsque le TIG est effectué **dans un camp**. Cette option permet aux « tigistes » de s'acquitter plus rapidement de leur peine en travaillant tous les jours sauf le dimanche. **Quant au TIG de proximité**, il est exécuté par les condamnés à raison de trois jours par semaine[799]. Il existe aujourd'hui un véritable imbroglio sur cette deuxième modalité d'exécution du TIG. C'est pourquoi un tel dispositif est progressivement abandonné au profit des camps[800]. Un nombre considérable de « tigistes » ont ainsi rejoint les

---

de 117,3% selon les statistiques mensuelles publiées par l'administration pénitentiaire le 13 avril 2012.

[796] Cf. art. 18 loi organique 2008.

[797] Arrêté présidentiel n° 10/01 du 7 mars 2005 déterminant les modalités d'exécution de la peine alternative à l'emprisonnement de travaux d'intérêt général, entré en vigueur le 15 mars 2005 par publication au *journal officiel de la République du Rwanda,* n° 6.

[798] Ces camps sont essentiellement consacrés à la construction de maisons pour les indigents, à la taille de pierre pour les constructions de route. Ils sont gérés par une équipe composée d'un coordonnateur, un chargé de la discipline, une infirmière, un chargé de la logistique, deux ou quatre agents de sécurité, un technicien mis à disposition par le district. Cf. Penal Reform International, *Monitoring de l'exécution des peines au Rwanda,* rapport trimestriel, 2010, p. 20.

[799] L'article 32 de l'arrêté présidentiel n° 10/01 du 7 mars prévoit que la peine de TIG est exécutée par les condamnés dans leurs lieux de résidence *« à raison de trois jours par semaines » et « qu'à la demande de l'institution d'accueil de concert avec le condamné le Comité de district ou de la ville peut autoriser que les jours à prester durant une période n'excédant pas une année soient étalés sur une période plus courte compte tenu de la nature des travaux à exécuter ».* Tout comme dans les camps, les condamnés effectuant le TIG de proximité font des travaux diversifiés tels que la construction de maisons pour les vulnérables, l'aménagement de routes, la culture de café et de maniocs.

[800] Cette situation s'explique par le fait que les projets étaient conçus ou ne font pas l'objet d'un suivi rigoureux. Par exemple dans le district de Bugarama (nord ou sud Rwanda), des maisons construites par des « tigistes », mais inachevées, se sont effondrées. Cf. rapport PRI, 2010, *supra*, note 798, p. 20.

camps de travail pour y exécuter leur peine sous la supervision du Comité national du travail d'intérêt général (CNTIG)[801].

420. Toutefois, l'option d'un TIG en camp violait les textes en vigueur au moment de la mise en place des camps de travail. En effet, il était déjà prévu dans l'arrêté présidentiel de 2001 précité que le TIG devait être exécuté par le condamné dans son district d'origine et que toute exécution hors de ce district supposait l'accord de l'intéressé. Le texte initial a été par la suite abrogé par le nouvel arrêté présidentiel de mars 2005 qui ne requiert plus l'assentiment du condamné pour qu'il exécute sa peine dans un autre district que son district d'origine[802]. Au-delà de l'idée garantissant un minimum d'implication du condamné quant à l'exécution de sa peine, le recours impératif à l'assentiment du détenu a également pour but de faire en sorte que cette peine de travail non rémunéré ne soit pas ressentie par les condamnés comme un travail forcé.

421. Pourtant, l'évolution de la législation rwandaise entre 2001 et 2005 démontre que le choix personnel du condamné dans l'exécution du TIG est moins pris en compte. Ainsi, avec la loi organique *Gacaca* de 2004 et l'arrêté présidentiel 2005 précités, l'obligation de recourir au consentement du condamné disparaît. Le TIG, qui avait dans un premier temps été créé en tant que mesure facultative favorisant l'adhésion du condamné[803], est commué en une peine dont la mise en œuvre repose sur son caractère obligatoire.

422. Désormais, le TIG est systématiquement inclus dans la peine prononcée contre les accusés de la deuxième catégorie qui ont avoué leurs crimes. Le condamné n'a donc plus le choix d'accepter ou de refuser cette peine de travail, ni d'en négocier les modalités d'exécution (temps de travail, localisation de l'institution d'accueil). Tout lui est imposé. On peut ainsi se demander pour quelle raison la nécessité de l'assentiment du condamné au TIG a disparu de la législation. Aucune justification n'a été donnée par les autorités du Rwanda à cette modification substantielle du dispositif du TIG introduit dans l'arsenal juridique rwandais en 2001.

423. C'est à partir de là que le modèle rwandais se démarque des autres systèmes de TIG pratiqués dans différents pays étrangers. Ainsi, l'assentiment

---

[801] Il s'agit d'un organe rattaché au parquet général de République. L'organisation des acteurs chargés de la mise en œuvre du TIG est définie par les arrêtés présidentiels du 07/03/2005 et du 16/10/2005. Elle repose sur une « pyramide » de Comités mis en place à l'échelle nationale. Cf. Penal Reform International, *supra*, note 798, p. 18.

[802] Néanmoins, l'arrêté de 2005 précise que le placement du condamné dans un camp se fait en tenant compte de sa résidence et des facilités de réinsertion sociale que présentent pour eux les travaux à exécuter. Cf. art. 35 arrêté présidentiel 2005 précité (*supra*, note 799).

[803] En effet, il ressort de la loi organique de janvier 2001 sur les *Gacaca* (art. 74) et de l'arrêté présidentiel de décembre 2001 (art. 2) que le TIG ne pouvait être imposé à un condamné. Selon la loi organique, « *en cas de condamnation à une peine d'emprisonnement avec commutation de la moitié de la peine en travaux d'intérêt général, le condamné peut choisir soit d'exécuter lesdits travaux soit de purger l'entièreté de la peine en prison* ». Et l'arrêté présidentiel définit le TIG comme « *l'obligation faite à un condamné pour crime de génocide ou crimes contre l'humanité d'exécuter, en lieu et place de l'emprisonnement et avec son* ***assentiment****, un travail non rémunéré d'intérêt général, dans une institution habilitée* ».

du condamné constitue **le premier critère de distinction**. En se référant par exemple au Code pénal français, l'article 131-8 alinéa 2 précise que « *la peine de TIG ne peut être prononcée contre le prévenu qui la refuse ou qui n'est pas présent à l'audience. Le président du tribunal, avant le prononcé du jugement, informe le prévenu de son droit de refuser l'accomplissement d'un TIG et reçoit sa réponse*[804] ». La loi exige aussi bien le consentement du coupable que sa présence à l'audience[805]. Tel était le souhait émis par M. Robert Badinter lors des travaux préparatoires de la loi 1983 créant le TIG en France[806]. Dans cette perspective, il affirmait que la nécessité de l'assentiment du prévenu est « *psychologiquement souhaitable* » et « *juridiquement nécessaire*[807] ». Cette solution apparaît ainsi conforme aux engagements internationaux de la France, puisque la Convention européenne des droits de l'homme prohibe le travail forcé[808]. D'ailleurs, tous les États qui ont adopté un système de TIG ont pris le soin de préciser que la mesure ne pouvait être imposée au délinquant. Il en est ainsi de l'Angleterre où l'acceptation peut être purement verbale, alors qu'au Québec, elle doit être écrite[809].

424. En revanche, la nécessité de recourir à l'assentiment du condamné ne fait pas toujours l'unanimité chez les juristes. Sur ce point, Michèle-Laure Rassat conteste fermement l'impossibilité pour le juge d'imposer le TIG au condamné. Elle rejette l'argument tiré de l'article 4 de la CEDH en faisant valoir que seul est visé par ce texte le travail forcé ordonné par un particulier ou par un organe étatique autre que judiciaire, et non le travail ordonné par un jugement[810]. Cette hypothèse nous semble tout à fait fondée au regard des dispositions de l'article 4 (al. 3. a) de la CEDH en vertu duquel, « *n'est pas considéré comme travail forcé ou obligatoire [...], tout travail requis normalement d'une personne soumise à la détention dans des conditions prévues par l'article 5 de la présente Convention, durant sa mise en liberté conditionnelle* ».

425. Le deuxième critère de distinction du modèle rwandais du TIG par rapport aux autres systèmes juridiques, c'est la nature des infractions qui sont sanctionnées ou visées. De quelles infractions s'agit-il ?

---

804 Cf. art. 131-8 alinéa 2 du Code pénal français, Sous-section 2 « Des peines correctionnelles ».

805 Quant à l'exigence de la présence du prévenu à l'audience, elle empêche le prononcé du TIG si le fautif est jugé par défaut.

806 Rappelons que le TIG a été introduit dans la législation française par la loi du 10 juin 1983, votée à l'unanimité par le Parlement. L'objectif essentiel de ce texte de loi était d'offrir une alternative crédible aux courtes peines d'emprisonnement dont le caractère nocif est reconnu par tous : exclusion aggravée de l'intéressé et de ses proches, désinsertion professionnelle, risque de récidive aggravée. Pour une étude approfondie, cf. Centre Technique National d'Études et de Recherches sur les Handicaps et les Inadaptations (CTNER), *Le travail d'intérêt général*, Rapport de synthèse du groupe de travail, mai 1987.

807 LEBLOIS-HAPPE Jocelyne, *op. cit.*, p. 395.

808 Au terme de l'article 4 de la CEDH, « *nul ne peut être astreint à accomplir un travail forcé ou obligatoire* ».

809 MARC M., *op. cit.*, p. 112.

810 RASSAT Michèle-Laure, *Droit pénal général*, Ellipses, 2e édition, 2006, n° 459.

Au Rwanda, la peine de TIG s'applique uniquement aux accusés condamnés pour crime de génocide. Or, dans tous les autres pays où existe le TIG, il est appliqué aux délits mineurs, aux délinquants non violents ou des récidivistes ayant subi tout un éventail de sanctions[811]. Un cas aux États-Unis fait figure d'exception. Une femme coupable du meurtre de son mari a été condamnée à accomplir dans un dispensaire 2700 heures de travail au service de la communauté pendant six ans[812].

426. D'autres systèmes de TIG respectent la vocation originelle de l'institution qui était d'être un substitut à une courte peine d'emprisonnement ou une peine complémentaire. C'est l'exemple du Royaume-Uni où la loi de 1972 ne prévoit le *community service order*[813] que pour les infractions passibles d'emprisonnement. Contrairement au système pénal français, la peine de TIG obéit à un champ d'application assez vaste, c'est-à-dire une *peine juridiquement protéiforme*[814] qui figure dans trois Codes différents : le Code pénal, le Code de procédure pénale et le Code de la route. Ce qui symbolise bien trois orientations différentes.

427. En d'autres termes, la peine de TIG répond à diverses fonctions : favoriser la réinsertion sociale, associer la collectivité à la lutte contre la délinquance, constituer une riposte adéquate à l'encontre de la petite délinquance[815]. La même politique est menée au Rwanda dans le cadre de la lutte contre l'impunité[816]. Les mineurs âgés de 14 à 18 ans à l'époque où le génocide a été commis sont jugés par les juridictions *Gacaca*, mais ils reçoivent la moitié des peines encourues par les adultes[817], qu'il s'agisse de la peine d'emprisonnement ou de la peine de TIG.

---

[811] C'est l'exemple du *community service order* en Angleterre qui ne s'applique qu'aux infractions non accompagnées de violences et dirigées plus contre les biens que contre les personnes (vols, escroqueries, recel, chèques sans provision, vandalisme, etc.)

[812] MARC M., *op. cit.*, p. 116.

[813] Travail au service de la communauté qui s'apparente au TIG. *Idem*, p. 116.

[814] PRADEL Jean, *Droit pénal général*, CUJAS, 17e édition, 2008-2009, p. 570.

[815] À ce propos, des expériences tests de travail d'intérêt général furent menées de 1982 à 1983 dans six régions pilotes (Bobigny, Besançon, Bordeaux, Clermont, Colmar, Nancy). Le cadre juridique choisi était celui de l'ajournement du prononcé de la peine. Le bilan global fut jugé positif si bien que le Parlement adopta la mesure peu après. LEBLOIS-HAPPE Jocelyne, *op. cit.*, p. 393.

[816] Jusque-là seules les juridictions *Gacaca* étaient compétentes pour prononcer des peines de TIG. Mais après la clôture de leurs activités, il est prévu que la peine de TIG soit appliquée aux délits et contraventions. Entretien avec M. Anastase Nahabire, Secrétaire exécutif adjoint du Service National du TIG (SNTIG), Kigali, 15 avril 2010.

[817] Sous l'empire de la loi organique de 2001 créant les juridictions *Gacaca*, la situation générale du mineur n'avait pas réellement changé comparée aux accusés mineurs qui ont comparu devant les Chambres spécialisées rattachées aux tribunaux de première instance. De ce point de vue, l'article 74 de la loi de 2001 consacrait de manière explicite la présomption irréfragable d'irresponsabilité pénale du mineur âgé de moins de 14 ans. Toutefois, ces derniers pouvaient être placés dans des centres de rééducation. En ce qui concerne les mineurs âgés de plus de 14 ans et de moins de 18 ans, la loi de 2001 s'inspirait largement de l'excuse de minorité déjà prévue par l'article 77 du Code pénal rwandais. Mais il y avait une grande différence dans le raisonnement : alors que dans le Code pénal le raisonnement s'opérait à partir de la peine

428. Enfin, **le troisième et dernier critère de distinction** entre le modèle rwandais de TIG et celui des autres ordres juridiques porte sur l'autorité compétente pour fixer les modalités d'exercice du TIG, notamment le nombre d'heures de prestations qui doit être effectué par le délinquant. D'un point de vue procédural, il y a une grande différence entre les États. Parmi les exemples que nous avons retenus, seuls la Belgique et le canton de Genève donnent des compétences sanctionnelles à la juridiction d'instruction pour le recours au TIG.

429. Dans d'autres pays, le juge de fond partage son pouvoir avec l'autorité de poursuite (Allemagne, France, Pays-Bas) et/ou l'autorité des sanctions (Belgique, Italie, Suisse, France et Pays-Bas)[818]. La France, par exemple, accorde une place importante au juge de l'application des peines qui, au stade de l'exécution, assume les principales responsabilités, aidé d'agents de probation. Il a d'ailleurs la charge de fixer lui-même les modalités d'exécution[819]. Comparé au Rwanda, c'est en principe la juridiction *Gacaca* de secteur (juridiction de fond) qui est compétente pour prononcer la peine de TIG.

430. Quant au **nombre d'heures de prestation**, la durée du TIG varie également en fonction des États. En droit positif, le TIG doit être effectué dans un délai qui ne peut excéder un an. C'est le cas de la France et du Royaume-Uni où le TIG doit s'effectuer selon un nombre d'heures compris entre 40 et 240h (Royaume-Uni : 5 à 6 h par jour) et entre 40 et 210 h (France : 7h de travail/j)[820]. En Allemagne, le quantum légal d'heures de TIG varie entre 240 et 1440h et aux États-Unis, 132h/an. Quant à l'Espagne, la durée du TIG varie de 16 à 96 heures en tant que peine légère et de 96 à 384h en tant que peine moins lourde[821].

---

prévue pour l'adulte, dans la loi *Gacaca* de 2001, le raisonnement était fonction de la catégorie dans laquelle était classé le mineur accusé. Étant donné que les dispositions de la loi de 2001 n'ont jamais été appliquées dans le fond par les tribunaux populaires, la loi organique de juin 2004 avait prévu un nouveau régime de la minorité pénale. Ainsi, la sanction devait être fixée en fonction de trois éléments : l'application de l'excuse de minorité, la catégorie dans laquelle est rangé le mineur et le recours ou l'absence de recours à la procédure d'aveu, de plaidoyer de culpabilité, d'excuses et de repentir. Mais avec l'adoption d'une dernière loi organique sur les *Gacaca* en 2008, le régime des peines applicables aux accusés mineurs s'est assoupli pour ceux classés dans la 1ère catégorie et s'est durci pour ceux de la 2e catégorie (cf. art. 20 loi 2008).

[818] PONCELA Pierrette et ROTH Robert, *op. cit.*, p. 74.

[819] Dans un premier temps, les « offreurs d'emploi » (personnes morales de droit public, personnes morales de droit privé chargées d'une mission de service public et associations habilitées) établissent une liste des travaux qu'ils proposent et qu'ils adressent au juge de l'application des peines de leur ressort. Ce magistrat procède à une enquête et arrête la liste des travaux « en tenant compte de l'utilité sociale des travaux proposés et des perspectives d'insertion sociale ou professionnelle qu'ils offrent aux condamnés. En ce sens, PRADEL Jean, *Droit pénal général, op. cit.*, p. 572.

[820] Cf. loi du 9 mars 2004 (Perben II) et art. 132-22 alinéa 2 du Code pénal.

[821] Le régime fondamental du TIG est prévu à l'article 49 du Code pénal et par le Real Decreto (règlement d'application d'une loi adoptée par le gouvernement). Le Code pénal inclut le TIG dans son catalogue des peines aussi bien en tant que peine légère qu'en tant que peine moins lourde, mais pas en tant que peine principale. La finalité est de substituer le TIG à d'autres

431. Au Rwanda, les condamnés doivent effectuer 6 jours par semaine, à raison de 8 heures par jour. Ce qui est l'équivalent de 2030 heures par an. Mais encore, faudrait-il rappeler que les prévenus appelés à bénéficier du TIG au Rwanda sont des personnes ayant commis des actes d'une violence inouïe, l'un des crimes les plus graves en droit international : le génocide ? Dès lors, l'instauration du TIG au Rwanda se révèle sous une forme unique. C'est pourquoi il est très difficile, voire impossible de trouver des traits de ressemblance entre le TIG mis œuvre au Rwanda et celui qui est appliqué dans les autres États. En plus des objectifs poursuivis[822], le seul critère qui nous paraît pertinent pour rapprocher les deux systèmes porte sur le manquement à l'exécution du TIG.

432. La sanction est très sévère aux États-Unis, au Royaume-Uni de même qu'en France où, si le condamné ne respecte pas les obligations d'exécution du travail et de contrôle, il s'expose aux sanctions prévues par l'article 434-42 du Code pénal français, à savoir une peine d'emprisonnement de deux ans et une amende de 30 000 euros[823]. La jurisprudence française a été amenée à préciser ce qu'il fallait entendre par « violation » des obligations du TIG. Ainsi, la Cour de cassation considère ce délit comme réalisé à partir du moment où le condamné omet, en toute connaissance de cause, de se présenter sur les lieux du travail, aux jours et heures fixés par la décision du juge d'application des peines[824].

433. La législation rwandaise s'inscrit dans la même dynamique. Ainsi, la violation des obligations de la peine de TIG est punie par l'article 21 alinéa 4 de la loi organique de 2008 sur les *Gacaca*. En vertu de cette disposition, lorsque le condamné « n'exécute pas convenablement » le TIG, il est renvoyé en prison pour y purger le reliquat de la peine d'emprisonnement à laquelle il a été condamné. Dans cette dernière hypothèse, le Comité du TIG de l'endroit où la personne condamnée effectue sa peine, prépare « un rapport sur son comportement » qu'il envoie à la juridiction *Gacaca* qui l'a jugée en dernier ressort ou à la juridiction *Gacaca* de même compétence de l'endroit où le TIG est exécuté.

434. En somme, dans toutes les législations où existe le TIG, il est considéré d'une manière générale comme étant une sorte de réparation symbolique envers la société. Au-delà de cet accord de principe, certains partisans des travaux communautaires considèrent que le TIG ne peut remplacer qu'une amende. D'autres, plus hostiles, le considèrent comme une sorte de « peine à la carte »[825], en raison du fait que cette sanction peut être

---

peines privatives de liberté de courte durée. Pour une analyse approfondie, PONCELA Pierrette et ROTH Robert, *op. cit.*, pp. 182-183.

822 On retrouve les mêmes objectifs de réparation du préjudice causé par le condamné et sa réinsertion sociale aussi bien dans le système rwandais que dans les autres États ayant intégré la peine de TIG dans leur arsenal juridique.

823 LEROY Jacques, *Droit pénal général*, LGDJ, 2010, p. 461.

824 Cass. crim. 6 novembre 1986, *Bull. crim.*, n° 329, Dalloz 1987, 237, note Pradel.

825 LEROY Jacques, *op. cit.*, p. 364.

refusée par le prévenu. Mais certains auteurs américains vont plus loin encore dans leur analyse. Ainsi, ils se posent la question à savoir si le TIG ne serait pas souvent prononcé pour des délinquants qu'on hésiterait peut-être à envoyer en prison en raison de leur milieu social, notamment les cols blancs[826]. Si une telle hypothèse est fondée, le reproche qu'on peut faire aux États-Unis de favoriser une « clientèle » de délinquants en col blanc ne concerne aucunement l'Allemagne où, au contraire, seuls les démunis, incapables de payer l'amende, sont visés par le TIG.

435. Au total, il ressort de cette étude comparative que le TIG constitue une nouvelle mesure de substitution aux courtes peines d'emprisonnement dans la plupart des États l'ayant intégré dans leur arsenal juridique. Le contexte judiciaire rwandais diffère tellement de ce cadre habituel, dans la mesure où le TIG est progressivement devenu la peine principale exécutée par les condamnés de la deuxième catégorie (coupables d'homicides). Par exemple : un accusé de deuxième catégorie condamné à une peine de vingt ans d'emprisonnement peut effectuer le TIG sur une période réduite de moitié par rapport à la durée de l'emprisonnement ferme.

436. La loi organique de 2008 sur les *Gacaca* a par ailleurs consolidé cette tendance en consacrant une pratique déjà instituée par une instruction du SNJG[827]. Désormais, les condamnés commencent par l'exécution de la peine alternative à l'emprisonnement, puis l'emprisonnement et le sursis. Le temps passé par le condamné à attendre le début de l'exécution du TIG est décompté de la période du sursis[828]. Par exemple, un accusé condamné à 12 ans d'emprisonnement effectuera 6 ans de TIG, 2 ans de sursis et 4 ans d'emprisonnement. Toutefois, cette mesure n'est applicable ni aux condamnés classés dans la première catégorie (principaux responsables du génocide)[829] ni aux accusés de la troisième catégorie reconnus coupables uniquement d'atteintes aux biens, qu'elle ait été mineure ou majeure au moment des faits. Les infractions contre les biens sont ainsi dépénalisées, en ce sens que le règlement de leur contentieux suit une procédure particulière qui favorise l'accord amiable entre victimes et auteurs de pillages pour aboutir à une réparation civile.

B. La dépénalisation des infractions contre les biens : une priorité aux accords amiables

437. Les jugements des infractions contre les biens revêtent une place capitale dans le processus *Gacaca,* dans la mesure où ils influent largement sur les relations sociales entre les rescapés et leurs bourreaux. Donc ce serait une

---

826 MARC M., *op. cit.*, p. 115.

827 Cf. art. 21 loi *Gacaca* de 2008.

828 SOBO François, *op. cit,* p. 781.

829 Ils encourent la perpétuité. Mais en cas d'aveux, leur peine peut être légèrement réduite jusqu'à 30 ans.

erreur de les ignorer dans le cadre de notre analyse. Pendant la période des massacres, une véritable *« économie du génocide »* fondée sur les pillages s'est mise en place avant de prendre un caractère systématique et organisé[830]. L'objectif visé par les leaders du génocide était de redistribuer les richesses à leur profit avant tout, mais également au profit exclusif des « Hutu ». Dans cette perspective, beaucoup de personnes voulaient profiter des tueries pour s'approprier les biens des Tutsi. Les biens les plus convoités étaient le bétail, mais surtout des terres, enjeu vital au Rwanda, compte tenu de l'accès difficile à la propriété foncière. Les parcelles les plus fertiles étaient réservées aux autorités politiques et aux tueurs les plus actifs.

438. Dans certains endroits du pays, le reste de maisons pillées étaient brûlées ou démolies et remplacées par des cultures afin de faire disparaître les traces des anciens propriétaires. Cette situation se justifie par le fait que l'ethnie tutsi était considérée par les extrémistes comme un groupe historiquement privilégié d'un point de vue économique. Par conséquent, l'idée de s'emparer ou de détruire leurs biens était aussi une forme de revanche et d'humiliation, partie intégrante de la volonté d'extermination. C'est pourquoi le thème des infractions de catégorie 3 (pillages et destructions de biens) reste également central dans le processus *Gacaca* comme celui des aveux[831] et des témoignages. À la suite des différents aménagements de peines concernant le crime de génocide et face à des situations économiques difficiles, les débats sur les biens sont parfois plus vifs et plus longs que ceux qui concernent les crimes les plus graves[832]. Même si les infractions contre les propriétés ne rentrent pas dans la définition du crime de génocide et des crimes contre l'humanité, nombreux sont les auteurs de ces crimes qui ont aussi pillé, volé ou détruit les biens de leurs victimes.

439. Comme ce fut le cas devant les juridictions classiques, les auteurs d'atteintes aux biens étaient susceptibles d'être condamnés à une peine d'emprisonnement assortie du sursis[833]. Mais la législation portant sur le jugement des infractions contre les biens privilégie en théorie la réparation plutôt que la répression. Les pillages et les razzias commis pendant le génocide sont ainsi dépénalisés[834] dans le système *Gacaca*. Un règlement à l'amiable est

---

830 Pour reprendre ainsi l'expression d'un ancien détenu libéré en 2004, *« c'était Noël tous les jours »*. Cf. Penal Reform International, *Le jugement des infractions contre les biens commis pendant le génocide,* Rapport de monitoring et de recherche sur la *Gacaca*, juil. 2007, p. 19 et s.

831 L'établissement des listes des biens pillés pendant le génocide et des pilleurs présumés relevait de la compétence des juridictions *Gacaca* de cellule lors de la phase d'instruction dite « phase de collecte d'informations ».

832 Avocats Sans Frontières, *Monitoring des juridictions Gacaca,* Rapport analytique n° 4, mai-décembre 2007, p. 18.

833 Sauf si le coupable avait conclu et respecté avant le jugement un règlement à l'amiable avec les victimes quant à la réparation ou restitution des biens volés.

834 En droit commun, le Code pénal rwandais punit le vol sans violence ni menace d'une peine d'emprisonnement de cinq ans au maximum et d'une amende de dix mille francs (art. 399) et d'une peine de cinq à dix ans lorsque le vol est commis avec violences ou menaces. Cf. décret-

favorisé entre victimes et auteurs de dégradation des biens. L'accent est mis sur une procédure non judiciaire qui mise sur un accord entre les parties, plus connue sous le nom de modes alternatifs de règlement des conflits ou MARC (1). Ce mécanisme constitue une réponse au besoin d'une justice de proximité, une justice proche des justiciables.

440. Toutefois, la liberté dont disposent les parties pour régler leur litige ne signifie pas pour autant exemption totale des règles de fond et de procédure, encore moins isolement total de l'institution judiciaire. De ce point de vue, les accords conclus entre les parties sont des clauses ayant la valeur d'un engagement contractuel (une obligation de faire). En cas d'inexécution de l'accord ou de non-respect des engagements de l'une des parties, on peut donc s'attendre à une condamnation à des dommages et intérêts à l'issue d'un procès civil. Tel fut le cas dans le système *Gacaca.* Toutefois, comme nous le verrons, l'exécution des jugements (2) suscite des tensions liées surtout à la situation socio-économique tant des victimes que des condamnés.

1) Le recours aux modes alternatifs de règlement des conflits dans le traitement des infractions contre les biens : l'accord entre les parties

441. Depuis quelques années, des auteurs évoquent l'idée d'une justice en situation de crise[835]. Lents, chers, complexes, aléatoires, tels sont les adjectifs dont certains systèmes judiciaires sont affublés. Il est surtout reproché au juge de ne plus remplir sa fonction pacificatrice, d'où l'intérêt de s'interroger sur le pouvoir de l'État à rendre la justice. Pour tenter de remédier à cette image et surtout, afin de proposer aux justiciables une justice qui réponde à leurs attentes, c'est-à-dire proximité, simplicité, rapidité, écoute, moindre coût, etc., les pouvoirs publics se sont donné pour priorité de promouvoir une nouvelle forme de justice, aux appellations très variées : justice « négociée », « amiable », « consensuelle », « alternative » ou encore « justice convenue[836] ».

442. Le propre de cette nouvelle forme de justice consiste à privilégier « *les modes pacifiques de règlement de conflits, c'est-à-dire ceux qui visent à mettre les parties d'accord sur la solution et qui ont en commun le plus souvent de faire intervenir un tiers et de se démarquer du système juridictionnel*[837] ».

---

loi n° 21/77 du 18 août 1977 instituant le Code pénal, entré en vigueur en 1978 par publication au *Journal officiel de la République du Rwanda,* n° 13 bis.

[835] RIVIER Marie-Claire (dir.), « Les modes alternatifs de règlement des conflits. Un objet nouveau dans le discours des juristes français ? » in CHEVALIER Pierre et al, *Les modes alternatifs de règlement des litiges : les voies nouvelles d'une autre justice*, Paris, La Documentation française, 2003, pp. 25 à 30.

[836] CORNU Gérard, « Rapport de synthèse sur les modes alternatifs de règlement des conflits », in Actes du colloque de Damas, *Revue internationale de droit comparé (RIDC)*, 1997, p. 313 et s. Dans le même sens, JOLY-HURARD Julie, *Conciliation et médiation judiciaire,* PUAM, 2003, p. 1.

[837] JARROSSON Charles, « Les modes alternatifs de règlement des conflits, présentation générale », *RIDC*, 1997, p. 325 et s.

Parce qu'elle se démarque du système juridictionnel étatique traditionnel, cette formule assez originale est généralement appelée modes alternatifs de règlement des conflits (MARC)[838] ou encore modes volontaires de résolutions des conflits, équivalents de l'expression anglaise « *Alternative dispute résolution*[839] ». Ainsi, l'amplification des MARC constitue une solution au besoin des justiciables d'accéder à une justice qui privilégierait la reprise du dialogue et la restauration de la paix sociale et non à la stricte application de la règle de droit, trop contraignante et souvent étrangère à la réelle cause du conflit. Contrairement au mode judiciaire traditionnel, dans les modes alternatifs de règlement des litiges, les parties tentent de trouver une solution conventionnelle au conflit qui les oppose.

443. C'est cette démarche qui a été privilégiée au Rwanda dans le cadre du traitement des infractions contre les biens devant les juridictions *Gacaca*. La réparation des dommages causés aux victimes du génocide constitue un des facteurs clés du processus de réconciliation. Ainsi, la loi organique de 1996[840] précisait déjà que les infractions contre les biens devaient donner lieu à des « règlements à l'amiable » qui doivent se faire « avec le concours des concitoyens ». Cette situation a prévalu au lendemain du génocide où les « ententes », parfois forcées et parfois volontaires, se faisaient souvent sous le contrôle des autorités administratives.

444. C'est ainsi que relativement peu de dossiers sont parvenus aux instances judiciaires, la majorité étant directement traitée par les instances administratives de base[841]. Dans la même perspective, les juridictions *Gacaca* ont reçu la consigne de favoriser les ententes à l'amiable pour alléger le nombre de jugements. Le choix de cette solution avait pour but d'éviter le recours à l'application du droit ou d'une sanction qui renforcerait les sentiments de haine entre les groupes. On a ainsi tendance à se diriger vers une justice restaurative[842]. Celle-ci s'inscrit dans une politique globale de

---

[838] D'autres auteurs utilisent également l'expression *Mode Alternatif de Règlement des Litiges (MARL)*. Les législateurs français de 1991 et 1998 ont alternativement utilisé dans différents textes les deux termes de « litige » et de (conflit) sans se soucier d'une quelconque incohérence. Donc MARC ou MARL, les deux expressions se valent.

[839] Soit encore la traduction québécoise de SoRRèl (solutions de rechange au règlement de litiges). Pour une étude approfondie, JARROSSON Charles, *op. cit.*, p. 328.

[840] Cf. loi organique n° 81/1996 du 30/08/96 sur l'organisation des poursuites des infractions constitutives du crime de génocide ou de crimes contre l'humanité, commises à partir du 1er octobre 1990, JO n° 17 du 1er septembre 1996, art. 14 (annexe 1).

[841] Penal Reform International, *Le jugement des infractions contre les biens commises pendant le génocide : le contraste entre la théorie de la réparation et la réalité socio-économique du Rwanda*, juillet 2007, p. 54.

[842] La notion de justice restaurative insiste sur le fait que la justice a pour objectif premier de réparer le tort commis à la victime et non de punir le coupable. En d'autres termes, elle suppose la participation volontaire de toutes celles ou ceux qui s'estiment concernés par le conflit de nature criminelle, afin de négocier, ensemble, par une participation active, en la présence et sous le contrôle d'une « tierce justice », dans le but de trouver les meilleures solutions pour rétablir l'harmonie sociale. Cf. CARIO Robert et MBANZOULOU Paul, *La justice restaurative, une utopie qui marche ?* L'Harmattan, 2010, p. 10 et s.

réconciliation décidée par les autorités rwandaises pour résoudre aussi rapidement que possible le contentieux du génocide. Il s'agit par ce biais de rapprocher victimes et bourreaux afin de créer les conditions d'une cohabitation pacifique.

445. Tout comme le texte de 1996 précité, la loi de 2004 sur les *Gacaca* insiste sur le fait que la personne ayant seulement commis des infractions contre les biens, et qui a convenu soit avec la victime, soit devant l'autorité publique ou en arbitrage d'un règlement à l'amiable, ne peut plus être poursuivie pour les mêmes faits devant les juridictions *Gacaca*[843]. Ainsi, l'insistance dans la loi organique de 2004 est mise sur la réparation plutôt que sur la punition. De même, les instructions formulées par le Service National des Juridictions *Gacaca* (ci-après « SNJG ») sont assez explicites sur ce point. Elles vont même jusqu'à encourager les juges et les autorités locales à sensibiliser la population à conclure des ententes, et le cas échéant à vérifier avant chaque procès, que les parties s'opposaient aux accords à l'amiable. Ainsi, le premier type d'accord résulte d'une **transaction** (a) entre les parties au conflit, sans l'intervention d'une tierce personne. Quant au second, il est fondé plutôt sur la **conciliation** (b) des parties avec ou sans l'immixtion d'un tiers (juge, conciliateur de justice). Cette réglementation consensuelle porte en elle le contrat et le procès. Elle est judiciaire par son objet et conventionnelle par sa source.

a) La transaction

446. Selon un adage bien connu, « mauvais arrangement vaut mieux que bon procès[844] ». L'idée peut être résumée ainsi : le procès est source « d'inquiétudes, de longueurs et de frais qui affligent les plaideurs[845] ». Par conséquent, mieux vaut l'éviter pour obtenir justice. Selon deux éminents spécialistes[846], le procès n'est pas le mode normal de résolution des conflits. Le meilleur moyen de l'éviter est plutôt de privilégier les contrats relatifs aux litiges dont la transaction est la plus remarquable. Elle a pris un essor considérable dans certains droits spéciaux[847] ainsi que dans l'espace judiciaire européen en matière civile ou commerciale[848].

447. Au sens du Code civil, la transaction est un contrat par lequel les parties terminent une contestation née ou préviennent une contestation à

---

[843] Cf. art. 51, loi 2004 sur les *Gacaca*.

[844] Cette maxime a pour origine la sagesse populaire. À ce sujet, voir ROLAND Henri et BOYER Laurent, *Adages du droit français,* 4e édition, Litec, 1999, n° 218.

[845] MALLET-BRICOUT Blandine et NOURISSAT Cyril, *La transaction dans toutes ses dimensions,* Dalloz, 2006, pp. 13-14.

[846] Nous faisons notamment référence à Gérard Cornu et Jean Foyer, *Procédure civile,* 3e éd., PUF, 1996, p. 54.

[847] Il s'agit notamment du droit du travail, droit de la concurrence et du droit administratif.

[848] NOURISSAT Cyril, « La transaction, regard communautaire », in *La transaction dans toutes ses dimensions*, *op. cit.*, pp. 175 à 186.

naître[849]. Il s'agit en d'autres termes d'une convention synallagmatique[850] par laquelle les parties se consentent des concessions réciproques, afin de mettre un terme à un procès ou de l'éviter[851]. Bien connu du système juridique français, ce type de contrat se trouve à la croisée du droit des obligations et du droit judiciaire privé. En effet, la transaction joue le rôle d'un jugement puisque les parties renoncent définitivement à exercer l'action en justice relative au litige.

448. D'une manière générale, la transaction dresse un obstacle insurmontable à l'exercice d'une action. Cet obstacle prend la forme procédurale d'une exception d'irrecevabilité, s'imposant au juge. Le demandeur n'a plus d'action en justice quant au droit ayant fait l'objet de la transaction. Seul un litige concernant l'exécution pourrait être déféré aux tribunaux. Par conséquent, la transaction produit principalement un effet extinctif[852]. En transigeant, les parties acceptent de ne pas soumettre à une vérification juridictionnelle leurs prétentions respectives. C'est ici que réside l'élément aléatoire qui détermine la transaction : on ne saura jamais qui aurait gagné le procès ni dans quelles proportions[853].

449. L'intérêt de la transaction est surtout d'éviter l'encombrement des tribunaux et la lenteur des procès. C'est pourquoi dans le processus *Gacaca*, la priorité est donnée aux « ententes » qui constituent le mode principal de règlement des litiges liés aux pillages, le procès n'intervenant qu'en cas d'échec. Selon des instructions émises par le Service National des Juridictions *Gacaca*, « *il faut d'abord passer à la transaction avant d'introduire l'affaire devant la juridiction*[854] ». Si les parties s'accordent sur cette transaction, le rôle des juges « intègres » doit se réduire alors à la validation de l'accord, à partir d'un formulaire distribué par le SNJG.

450. Au plan juridique, la transaction a la valeur d'un jugement. Elle ne peut être remise en cause sauf si le contrat est conclu par des personnes frappées d'une incapacité d'exercice : les mineurs et majeurs incapables. Dans

---

[849] Cf. art. 2044 du Code civil français, titre XV : *des transactions*, repris intégralement par l'article 583 du Code civil rwandais livre 1er : *des contrats ou des obligations conventionnelles*.

[850] C'est-à-dire un accord qui engendre des obligations réciproques et interdépendantes. En ce sens, CORNU Gérard, *Vocabulaire juridique,* PUF, 2011, p. 1000.

[851] MALAURIE Philippe et AYNÈS Laurent, *Les contrats spéciaux,* Lextenso éditions, Paris, 2011, p. 603.

[852] L'effet principal de la transaction est d'éteindre l'action en justice relative au droit litigieux. Désormais aucun procès ne pourra plus être engagé ; s'il y'en avait un en cours, il s'achèvera par le dessaisissement du juge. Tel est le sens de l'article 2052 du Code civil français repris intégralement par l'art. 591 du Code civil rwandais qui dispose : « *les transactions ont entre les parties l'autorité de la chose jugée en dernier ressort. Elles ne peuvent être attaquées pour cause d'erreur de droit ni pour cause de lésion* » (art. 2052). Toutefois, l'article 2053 du Code civil français précise qu'une transaction peut être rescindée lorsqu'il y'a erreur dans la personne, ou sur l'objet de la contestation.

[853] Exemple : Cass. com., 2 octobre 2001, Bull. civ. IV, n° 157. Dans le même sens, cf. Dalloz 2001, p. 3119, note LIENHARD Alain : les parties ont « *fait l'économie d'une procédure judiciaire, dont l'issue était aléatoire* ».

[854] Cf. première instruction du SNJG sur les infractions contre les biens, 3 août 2006.

le même ordre d'idée, la transaction implique comme toute convention que les parties aient échangé un consentement éclairé. Ce qui signifie qu'un vice de consentement (dol ou violence) en provoque la nullité[855]. Et lorsque la transaction est nulle, le juge ne peut en modifier les termes. Pour ce faire, l'exigence d'un écrit[856] est ainsi considérée par les juges comme étant une règle de preuve. C'est toute la complexité que relève la transaction au Rwanda dans le traitement des infractions contre les biens devant les juridictions *Gacaca.*

451. Même si l'article 583 du Code civil rwandais[857] précise que le contrat doit être rédigé par écrit, le caractère verbal d'une grande partie des accords explique les contestations subséquentes au moment de l'exécution des accords. Cette situation illustre d'une manière générale la problématique de la preuve dans les sociétés africaines dominées par une tradition orale[858]. Parfois, une demande de preuve écrite peut être considérée comme un manque de confiance. C'est ce qui explique sans doute le fait que dans le règlement des infractions contre les biens au Rwanda, il n'existe quasiment aucun écrit.

452. Par conséquent, l'absence de preuve des accords de même que la mauvaise foi des parties sont généralement à l'origine des tensions lors de l'exécution de la transaction. Ce qui entraîne de nouveaux litiges tenant particulièrement à l'inexécution de la transaction car, en cas d'absence de preuve d'un accord, le créancier peut être contraint à payer une seconde fois des sommes précédemment versées à la victime. Comme le justifie le témoignage de la présidente d'une juridiction *Gacaca* :

> « [...] *À cette époque*[859]*, il n'y avait pas d'écrit justifiant le paiement, tu lui donnais ce qu'il voulait pourvu que tu aies la paix. Avec Gacaca, il y a des victimes qui ont encore réclamé la réparation. Lorsqu'on répondait que le paiement a déjà eu lieu, la victime demandait la preuve. Comme il n'y en a pas eu, il est évident qu'il y aura une double réparation ... s'il n'y a pas eu de reçu, il faut savoir que les Inyangamugayo* (juges intègres) *n'ont pas la capacité de regarder dans les cœurs des gens pour savoir qui ment et qui dit vrai... tant que les Inyangamugayo n'ont pas la preuve de la réparation, l'accusé doit absolument tout payer*[860]. »

453. Cette situation de double réparation est conçue comme une injustice de la part des redevables et risque d'empiéter sur le processus de réconciliation

---

[855] MALLET-BRICOUT Blandine, « Vice et transaction », in *La transaction dans toutes ses dimensions*, *op. cit.*, p. 35 et s.

[856] Formulée par l'article 2044 du Code civil français et repris par l'article 583 alinéa 2 du Code civil rwandais.

[857] Même disposition que l'article 2044 du Code de procédure civile français.

[858] Pour une étude approfondie de la question, cf. KONATÉ Doulaye, « Traditions orales et écriture de l'histoire africaine : sur les traces des pionniers », *Présence Africaine*, n° 173, 2006, p. 91 et s.

[859] C'est au lendemain du génocide où les « ententes » entre victimes et accusés se faisaient souvent sous le contrôle des autorités administratives pour régler les litiges relatifs aux pillages.

[860] PRI, Rapport de monitoring et de recherche sur la *Gacaca,* 2009, p. 20.

nationale mis en œuvre par le gouvernement rwandais. Donc, si transaction et droit à la réparation paraissent à première vue aller dans le même sens, une analyse approfondie du contentieux *Gacaca* laisse apparaître une situation parfois conflictuelle. Celle-ci met en valeur les paradoxes de la transaction dans le droit à l'indemnisation, paradoxe dont l'issue pourrait être l'éviction du modèle en substitution à la procédure de conciliation, qui sans doute semble mieux adaptée à la justice traditionnelle.

b) La conciliation

454. Parmi les modes alternatifs de règlement des conflits, la conciliation fait office de symbole, probablement en raison de son ancienneté, mais aussi de son universalité. Elle est en effet apparue très tôt comme un mode de règlement des différends présentant de nombreux avantages par rapport à la justice traditionnelle, parce que facteur de paix sociale. D'un point de vue historique, « *les Grecs, les Romains et l'Église en ont conçu l'idée [...]. Guillaume Penn l'a préconisée, Saint Louis l'a appliquée dans ses domaines*[861] ». Il en est ainsi en Afrique où la conciliation est considérée comme le mode le plus fréquent de résolution des conflits[862]. En un mot, la conciliation a toujours été considérée comme « *le degré de justice le plus élaboré car les deux parties s'estiment satisfaites* [863] ».

455. En revanche, appréhender cette notion n'est pas chose aisée dans la mesure où aucun texte normatif n'en propose de définition explicite. En effet, ni le Code de procédure civile ni les autres législations ou réglementations éparses relatives à la conciliation ne donnent une définition *stricto sensu* de cette procédure[864]. On en trouve certes des définitions variées dans le vocabulaire juridique ou dans la doctrine. Ainsi, comme le prétend Gérard Cornu, la conciliation constitue un accord par lequel deux personnes en litige mettent fin à celui-ci (soit par transaction, soit par abandon unilatéral ou réciproque de toute prétention), la solution du différend résultant non d'une décision de justice (ni même celle d'un arbitre), mais de l'accord des parties elles-mêmes[865].

456. Quant à Loïc Cadiet, il y voit un mode amiable ou conventionnel de solution des litiges, y compris lorsqu'elle est réalisée au cours d'une instance déjà engagée. Elle est judiciaire dans ce dernier cas et extrajudiciaire dans les autres[866]. L'analyse de ces deux définitions fait ressortir l'une des principales caractéristiques de la conciliation qui est sa capacité à s'appliquer sous les

---

861 JOLY-HURARD Julie, *Conciliation et médiation judiciaire,* PUAM, 2003, p. 19

862 Sur ce point, cf. VANDERLINDEN Jacques, *Les systèmes juridiques africains,* Paris, PUF, coll. Que sais-je ? 127 p.

863 JARROSSON Charles, *La notion d'arbitrage,* LGDJ, 1987, p. 176.

864 Elle relève de l'article 127 et s. du Code de procédure civile français.

865 CORNU Gérard, *Vocabulaire juridique*, PUF, 9e édition, 2011, p. 220.

866 Dans le sens de cette distinction, CADIET Loïc et JEULAND Emmanuel, *Droit judiciaire privé*, 7e édition, Litec, 2011, p. 300 et s.

formes les plus variées pour tenter d'aboutir toujours au même résultat. Cette procédure est également susceptible de convenir à toutes sortes de matières conflictuelles. Pour ce faire, un auteur voyait dans la politique menée par les pouvoirs publics une sorte de quête, afin de promouvoir la paix sociale : quête du mode idéal de règlement des litiges ; quête de la formule adéquate pour favoriser l'essor de la conciliation et améliorer la qualité de la justice[867]. D'où l'existence d'une grande variété de procédures de conciliation. Alors que certaines sont antérieures au traitement juridictionnel du litige, d'autres peuvent au contraire intervenir à tout moment de l'instance contentieuse, en vue précisément d'y mettre un terme prématurément.

457. De plus, certaines procédures font appel à une tierce personne privée telle que le médiateur[868], d'autres peuvent directement être le fait du juge. C'est dans cette dernière configuration que sont intervenus les juges « intègres » des *Gacaca* qui ont joué le rôle de conciliateur dans le cadre du règlement du contentieux des infractions contre les biens. Les propositions des juges conciliateurs doivent ainsi être acceptées par les parties : seul cet accord, qui a la nature d'une transaction, leur donne force obligatoire[869]. Au début des procès *Gacaca,* les juges étaient également habilités à procéder aux ententes entre auteurs de pillages et victimes. Ces accords devaient être soumis à la juridiction *Gacaca* de Cellule pour approbation.

458. La procédure de validation se déroulait devant l'assemblée générale de la juridiction et nécessitait la participation du public présent qui pouvait ainsi apporter des témoignages, intervenir dans la fixation de la valeur des biens à réparer, les modalités de paiement, etc. Les accords sont ensuite validés par la remise d'un procès-verbal d'entente signé par les parties, puis par les juges *Gacaca*, sur lequel est apposé le cachet de la juridiction. Ce document constitue ainsi la preuve de l'entente. En théorie, l'une des principales caractéristiques de ces accords est que le montant des remboursements est défini par une négociation. C'est une règle déontologique qui veut que les pourparlers judiciaires soient encadrés par des principes de droit processuel[870].

---

[867] JOLY-HURARD Julie, *op. cit.*, p. 21.

[868] Si les parties décident de faire appel à une tierce personne, il s'agira plus précisément d'une *médiation extrajudiciaire,* c'est-à-dire un mode amiable ou conventionnel de règlement des conflits mis en œuvre en dehors de toute instance judiciaire et échappant dans son intégralité à tout contrôle du juge. De ce point de vue, Charles Jarrosson qualifiait le médiateur de « *conciliateur particulièrement actif* » (JARROSSON Ch., « Les MARC, présentation générale », *RIDC*, 1997, p. 330). La médiation diffère donc de la conciliation en ce qu'elle requiert l'intervention d'un tiers qui est habilité à s'immiscer de manière plus active dans la recherche d'une solution au conflit. En un mot, le conciliateur se contente de faciliter les échanges entre les parties alors que le médiateur peut non seulement intervenir dans le débat, mais aussi il peut faire des suggestions et formuler des recommandations en vue d'un accord.

[869] C'est ce qui permet d'ailleurs de distinguer la convention de conciliation à celle de l'arbitrage, dans la mesure où la décision de l'arbitre s'impose aux parties. C'est un acte juridictionnel.

[870] Pour une étude approfondie sur les principes directeurs applicables aux pourparlers judiciaires, cf. JOLY-HURARD Julie, *op. cit.*, p. 309.

459. Par ailleurs, l'importance du rôle du juge à ce stade des négociations témoigne véritablement de l'intention des pouvoirs publics d'assurer l'impartialité de ces procédures contractuelles. Au stade du constat judiciaire, le juge dispose d'un pouvoir d'appréciation lui permettant de s'assurer que l'accord des parties existe bien et que son objet n'est ni manifestement contraire à l'ordre public, ni particulièrement déséquilibré au détriment de l'une des parties. Ce contrôle minimum éclaire lesdites parties tout comme le juge sur le contenu de l'accord et permet également de vérifier que les pourparlers judiciaires se sont déroulés de manière équitable, c'est-à-dire respectueuse des droits processuels fondamentaux des parties.

460. C'est pourquoi au moment de la signature des accords entre auteurs de pillages et victimes, les juges *Gacaca* ont tendance à rappeler la situation financière des mis en cause, compte tenu surtout de la grande pauvreté dans laquelle vit la majorité de la population rwandaise[871]. Comme le prétendait d'ailleurs Loïc Cadiet, « *les modes de solutions dits amiables posent en effet la question centrale du respect des droits fondamentaux des parties [...]. Les parties en litige ne sont pas forcément égales, n'ont pas forcément la même compétence technique ou la même puissance économique. Comme pour n'importe autre contrat, ce rapport inégal des forces peut conduire à un résultat injuste, l'une des parties imposant en fait sa solution du différend à l'autre. [...] Des garanties sont donc nécessaires pour prévenir les déséquilibres possibles*[872] ». Tel n'est pas le cas lors des procès au plan civil où les biens sont évalués à leur valeur exacte sans aucune considération quant à la situation économique de l'auteur.

461. En somme, les accords conclus entre auteurs de pillages et victimes relèvent surtout d'une certaine forme de pragmatisme, tout en étant aussi une façon de réconcilier les deux parties[873]. Dans la société traditionnelle rwandaise, l'entente a toujours été favorisée dans le but de maintenir la cohésion et la paix sociale. C'est ce qu'exprime d'ailleurs l'adage populaire suivant lequel, « *avant d'aller au tribunal, mieux vaut s'adresser d'abord aux anciens ou sages de la colline* ». Ainsi, la sensibilisation en faveur de la conciliation après le génocide explique sans doute le fait que dans certaines localités, le contentieux des infractions contre les biens s'est exclusivement résolu à travers des accords[874].

---

[871] Voir l'enquête portant sur les conditions de vie des ménages publiée par l'INSR, National Institute of statistics Rwanda, *preliminary poverty update report, Integrated living conditions survey 2005,* décembre 2006. Institut National des statistiques du Rwanda : http://www.statics.gov.rw/ , consulté le 10/08/2012.

[872] CADIET Loïc, « Une justice contractuelle, l'autre » in *Le contrat au début du XXIe siècle - Études offertes à Jacques Ghestin,* Paris, LGDJ, 2001, p. 177 et s.

[873] Les auteurs de pillage sont conscients que s'ils sont jugés, ils seront condamnés à des montants très élevés, et les victimes savent qu'il est probable que les montants des biens évalués à leur valeur exacte ne seront jamais payés.

[874] Environ 300 cas d'ententes ont été répertoriés dans le secteur Kavumu d'après Penal Reform International, rapport de monitoring et de recherche sur la *Gacaca,* 2009, *p.* 21.

462. En principe, la conclusion d'une entente régulièrement validée et respectée par les deux parties annule automatiquement la dette. Le positionnement des MARC doit beaucoup à cette liberté dont disposent les parties pour déterminer les voies de règlement de leur différend. Toutefois, on se demande si cette liberté n'est pas entravée dans le processus *Gacaca,* compte tenu de l'ambigüité des « ententes » ainsi qu'aux conditions de leur conclusion. Certains accords ont été conclus afin de répondre à l'incitation des autorités rwandaises ou parfois sous la contrainte.

463. Du côté des auteurs de pillages également, les ententes sont souvent effectuées par crainte d'un procès où ils risquent d'être condamnés à payer des sommes plus importantes. Par conséquent, les termes du contrat n'étaient pas toujours clairs entre les auteurs des pillages et les victimes qui réclamaient réparation. Il en résulte surtout la difficulté de combiner une solution apaisée du contentieux des infractions contre les biens, avec le droit effectif à réparation des victimes. La configuration même de ces accords consensuels influe sur leur régime probatoire. Ainsi, il apparaît que la preuve des ententes conclues par conciliation est souvent plus facile à établir, en raison de leur authentification par les juges *Gacaca.* Celles conclues par le biais de transactions entre les parties n'ont souvent fait l'objet d'aucun écrit. C'est un des aspects qui explique la difficulté de mise en œuvre du contrat de transaction dans le processus *Gacaca*[875].

464. Même si l'exécution des ententes montre que le mécanisme a d'un côté atteint un de ses objectifs, à savoir éviter les procès, les contestations ultérieures et les tensions entre les parties prouvent que les MARC ont bien des limites. Aucun de ces modes alternatifs (transaction ou conciliation) ne peut régler définitivement de lui-même un litige. C'est pourquoi dans le cadre du traitement du contentieux lié aux infractions contre les biens devant les juridictions *Gacaca*, les textes légaux prévoient la tenue d'un procès civil en cas d'échec du règlement amiable entre les parties. À l'issue des procès qui ont eu lieu, plusieurs décisions ont été rendues par les juridictions *Gacaca*. Qu'en est-il de l'exécution de ces jugements ?

2) L'exécution des jugements liés aux infractions contre les biens

465. Tout État de droit a l'obligation positive de garantir une exécution dans des délais raisonnables des titres exécutoires, notamment des décisions de justice[876]. Mais la meilleure satisfaction du créancier résulte du paiement volontaire, acte par lequel le débiteur exécute son obligation (a). En revanche,

---

[875] La même question se pose en France. Bien que la transaction participe d'un mouvement général de privatisation de la justice, néanmoins, elle est considérée comme un contrat complexe que les dispositions du Code civil (art. 2044 à 2058) lacunaires et empiriques ne contribuent pas à simplifier.

[876] Parallèlement la crédibilité nationale et internationale du système judiciaire d'un État en dépend.

si le redevable n'honore pas sa dette, le juge peut exiger la réparation, c'est-à-dire contraindre le débiteur (auteur des pillages) à s'acquitter de sa dette auprès du créancier (la victime). Le Service National des Juridictions *Gacaca* s'inspire d'une telle pratique en indiquant dans ses recommandations qu'en cas de non-respect de l'engagement du débiteur, la victime requiert l'exécution forcée (b). Dans cette perspective, l'exécution du jugement relève de la compétence du secrétaire exécutif de la cellule, sur demande de la partie civile.

a) L'exécution volontaire

466. En cas de procès au plan civil, les modalités de réparation que les juges *Gacaca* peuvent prononcer sont fixées par l'article 95 de loi organique de 2004 précitée. Celles-ci consistent en dommages et intérêts ou en restitution si possible sinon, en équivalent[877]. En se référant aux instructions du SNJG[878], il apparaît que le choix de la modalité d'exécution relève du pouvoir du juge, même si l'accusé doit être consulté. De même, en vertu de l'article 68 de la loi *Gacaca* de 2004 précitée, « *le Siège de la juridiction explique au prévenu les façons de réparation des dommages causés prévue par la loi organique, demande à chacun la façon qu'il préfère et la période de la mettre en application une fois qu'il serait reconnu coupable* ».

467. Pourtant dans la pratique, il ressort de nos entretiens avec les victimes et auteurs de pillages que c'est plutôt la réparation monétaire qui était privilégiée par les juges. Néanmoins, des aménagements s'observent dans les négociations entre les parties une fois la condamnation prononcée. Par exemple, il n'est pas rare que la victime et le condamné concluent à leur propre initiative des accords après le jugement, avec parfois la conciliation des secrétaires exécutifs de cellules. Les parties s'accordent sur de nouvelles modalités qui consistent, soit en un remboursement par le travail, soit une cession de terre, soit en un échelonnement de la dette, eu égard aux capacités financières réduites de certains condamnés.

468. Toutefois, ce mécanisme de réparation amiable ne manque pas de poser problème, surtout la réparation par le travail qui peut être assimilée au travail forcé prohibé par les conventions internationales. Contrairement au procédé qui consiste pour certains redevables à céder une partie de leurs terres aux victimes, il s'inscrit plutôt dans une démarche de pardon et de réconciliation[879]. En tout état de cause, il est important de préciser que les condamnés qui s'acquittent volontairement de leur dette ne représentent

---

[877] En droit des obligations, le créancier dispose d'une action en exécution des obligations qui s'exerce en principe en nature et, en cas d'impossibilité, par équivalent (art. 1142 et s du Code civil français).

[878] Cf. instruction n° 14/2007 du Secrétaire exécutif du SNJG concernant le dédommagement des biens endommagés pendant le génocide et d'autres crimes contre l'humanité commis entre le 1er octobre 1990 et le 31 décembre 1994.

[879] Pour une étude approfondie sur les modalités de réparations amiables, cf. Penal Reform International, rapport de monitoring et de recherche sur la *Gacaca,* 2009, p. 35 et s.

qu'une minorité. Mais, comme le veut la règle en droit des obligations, la résistance du débiteur ne saurait faire obstacle à la légitime satisfaction du créancier. Ainsi, en cas d'accords amiables non honorés, pour faire face aux débiteurs récalcitrants, l'exécution forcée, censée être l'exception, constitue l'unique procédé permettant de satisfaire la victime.

b) L'exécution forcée

469. Cette procédure est définie comme étant l'ensemble des règles juridiques qui permettent aux créanciers de vaincre la défaillance de leurs débiteurs par la contrainte ou de préparer l'exercice de celle-ci[880]. Une telle règle occupe dans l'ordonnancement juridique une place délimitée par des principes de droit public et remplit de multiples fonctions au sein du droit privé[881]. L'influence du droit public sur le droit de l'exécution forcée s'explique par le fait que l'État est tenu d'apporter son concours à l'exécution forcée au profit de tous les créanciers[882]. Ce devoir qui pèse sur l'État constitue une composante essentielle du droit à l'exécution dont bénéficie le créancier.

470. L'article 95 *in fine* de la loi de 2004 sur les *Gacaca* rappelle le même principe en ces termes : *« lorsque la personne condamnée à la réparation ne respecte pas les modalités et le délai accordés, l'exécution du jugement est assurée par la puissance publique ».* Les biens des personnes qui ne peuvent respecter le remboursement peuvent alors être saisis et vendus aux enchères[883]. L'application d'un tel principe est très controversée, compte tenu des conséquences incommensurables occasionnées par le génocide. Toutefois, si l'on s'intéresse aux différentes raisons expliquant l'inexécution des jugements, trois causes sont énoncées : la mauvaise volonté de certains condamnés, les contestations consécutives à la phase de jugement[884], et enfin, l'attente d'une intervention de l'État rwandais, étant donnée sa responsabilité incontestable dans le génocide des Tutsi.

471. Par rapport au premier facteur mettant en cause la **mauvaise volonté** de certains redevables, la réticence de ces derniers à exécuter volontairement leur condamnation constitue une difficulté majeure dans le traitement du contentieux des infractions contre les biens. C'est le cas par exemple des

[880] VINCKEL François, *Droit de l'exécution forcée,* Lextenso éditions, 2008, p. 15.

[881] Il est naturellement lié au droit des obligations comme au droit des sûretés. Les procédures d'exécution sanctionnent les rapports d'application et ne peuvent faire l'objet que d'aménagements conventionnels limités. VINCKEL François, *idem,* p. 75 et s.

[882] VINCKEL François, *idem*, p. 28.

[883] En vertu de l'article 253 du Code de procédure civile rwandais, *« si la partie perdante n'exécute pas volontairement le jugement dans les délais impartis, il est procédé à l'exécution forcée, sur ces biens, par voie de saisie- exécution ».* Cf. loi organique n° 18/24 du 20 juin 2004 portant Code de procédure civile, commerciale, sociale et administrative.

[884] L'inexécution volontaire des jugements relatifs aux infractions contre les biens est également soutenue par des contestations relatives aux conditions dans lesquelles se sont déroulés les procès : absence de témoignage, absence de débat contradictoire et manque d'expertise sur la valeur des biens. Pour une étude approfondie, cf. rapport PRI, 2009, *supra*, note 879, p. 39.

condamnés qui organisent leur insolvabilité en mettant en vente les biens qu'ils possèdent pour les soustraire à la saisie[885]. Et pourtant, les tribunaux *Gacaca* ont la compétence de prononcer des saisies conservatoires[886] pour empêcher les accusés de vendre leurs biens avant le procès, conformément à l'article 285 du Code de procédure civile rwandais. Selon les dispositions de cet article, *« tout créancier ou toute personne intéressée peut former opposition entre les mains du conservateur des titres fonciers ou le secrétaire exécutif de district ou de la ville du lieu de l'immeuble afin d'empêcher la mutation de la propriété immobilière appartenant à son débiteur ».* Une partie de leurs possessions est cependant protégée de toute saisie[887]. Dès lors, les instructions du SNJG ont limité les droits de saisie des créanciers en protégeant la maison du débiteur concerné et une partie de son champ. Ce qui n'est pas prévu par le Code de procédure civile rwandais.

472. Toutefois, le droit comparé révèle des différences d'orientation entre le système rwandais et les autres ordres juridiques. Ces observations se limiteront à certains États d'Europe, à raison de leur proximité et de leur soumission commune au « droit européen » de l'UE ou conventionnel. Deux questions pratiques déterminantes méritent d'être analysées. Comment les créanciers parviennent-ils à obtenir des informations sur les patrimoines de leurs débiteurs pour pouvoir engager des poursuites efficaces ? Quels sont les droits du créancier lui permettant d'être le premier à pratiquer une saisie sur les biens d'un débiteur ?

473. Pour engager une mesure d'exécution, le créancier doit être préalablement informé sur la consistance et la composition du patrimoine de son débiteur. À cette fin, **le droit allemand** permet au créancier de contraindre le débiteur à donner, sous serment, la liste de ses biens. L'efficacité d'un tel dispositif repose sur la menace d'une sanction pénale et sur la publicité de déclaration organisée grâce à un registre accessible à tous les créanciers[888]. Dans la même perspective, le **droit anglais** permet également de contraindre le débiteur à évaluer ses biens sous réserve d'avoir épuisé toutes possibilités de solution amiable.

474. Quant au **droit français**[889], il consacre une moindre pénalisation de l'exécution forcée et accorde un plus grand respect à la vie privée du débiteur.

---

885 Pour des exemples concrets, cf. rapport PRI, *idem*, p. 38.

886 Elles ont pour objet et pour effet de rendre indisponibles les biens sur lesquels elles portent, dans l'attente de leur conversion en mesure d'exécution. VINCKEL François, *op. cit.*, p. 247.

887 Il s'agit notamment de 2/3 des vivres servant à l'auteur du dommage et sa famille, 2/3 de son salaire, 1/3 de sa pension de vieillesse, ½ hectare de son champ, etc. Cf. livret de formation du Service National des Juridictions *Gacaca,* 3 août 2006.

888 FERRAND F., « L'exécution en droit allemand », in *L'exécution, XXIIe colloque des instituts d'études judiciaires,* L'Harmattan 2001, p. 27.

889 En France, parallèlement aux garanties de droit européen, l'exécution forcée relève de règles à valeur constitutionnelle qui confèrent, en droit national, une protection fondamentale aux droits des créanciers et des débiteurs. Ces règles résultent du « bloc de constitutionnalité » dégagé par le Conseil Constitutionnel autour du préambule de la Constitution et qui renvoie à la

À cet effet, le dispositif mis en place s'inscrit dans le cadre du devoir général de l'État de contribuer à l'exécution forcée, sans contraindre le débiteur à dévoiler son patrimoine. Le système rwandais semble aller dans le même sens, car c'est l'idée d'une protection renforcée du droit du débiteur qui prédomine, compte tenu surtout des conséquences socio-économiques générées par le génocide. Comme l'a révélé une enquête réalisée en 2005 par la Commission Nationale pour l'Unité et la Réconciliation[890], les saisies risquent de faire basculer certains condamnés dans la misère. Les autorités locales avaient tout à fait conscience de cette difficulté et soutenaient l'idée selon laquelle les indigents n'auraient pas à rembourser.

475. En tout état de cause, si la compétence des juridictions *Gacaca* s'accommode avec la question de la réparation des dommages découlant d'infractions contre les biens, il est essentiel que l'exécution des décisions rendues soit possible et effective. Dès lors, on retombe dans la même problématique qui se posait devant les Chambres spécialisées concernant l'inexécution des jugements portant sur l'indemnisation des victimes du génocide. Devant les tribunaux populaires, la question est d'autant plus délicate dans la mesure où les condamnations relatives aux infractions contre les biens ne sont pas susceptibles d'appel[891]. Les seules voies de recours qui existent concernent les jugements rendus au plan pénal.

§ 3 — Des voies de recours opposées aux règles de droit commun

476. Conformément à la loi de 2004 sur les *Gacaca*, les accusés condamnés au plan pénal ont la possibilité d'interjeter appel ou de faire opposition des jugements rendus par défaut (A) ou, enfin, de demander une révision de leur procès (B).

A. L'appel et l'opposition

477. Le système d'appel devant les *Gacaca* est revu par rapport aux voies de recours prévues dans les anciennes lois organiques régissant le contentieux du génocide et des crimes contre l'humanité. Ainsi, plusieurs modifications ont été apportées quant aux conditions de recevabilité. Selon la législation antérieure, l'appel contre un jugement pouvait être formé, soit par le prévenu, soit par son mandataire. Mais devant les juridictions *Gacaca*, l'appel ne peut être interjeté que par les parties au procès[892]. Dans le même ordre d'idée, sous l'empire de la loi organique du 30 août 1996, l'accusé ayant recouru à la

---

Déclaration des droits de l'homme et du citoyen de 26 août 1789, au préambule de la précédente Constitution de 1946.

[890] Institution rwandaise créée par la loi n° 03/99 du 12 mars 1999 (révisée le 7 décembre 2009).

[891] Cf. art. 89 et 94 de la loi *Gacaca* 2004 précitée.

[892] Cf. art. 90 loi *Gacaca* 2004.

procédure d'aveu et de plaidoyer de culpabilité était exclu du droit d'interjeter appel ; la recevabilité du recours en appel était également limitée aux questions de droit ou sur des erreurs de fait flagrantes[893]. Une telle restriction a fait l'objet d'importantes difficultés d'interprétation comme le justifie la jurisprudence rendue par les Chambres spécialisées rattachées au Tribunal de première instance[894]. C'est ainsi que la loi organique de juin 2004 sur les *Gacaca* n'a pas retenu cette condition de recevabilité.

478. Désormais, l'examen de l'appel fait l'objet de débats contradictoires. Dans la même perspective, aucune disposition n'interdit aux prévenus d'interjeter appel après avoir recouru à la procédure d'aveu, de plaidoyer de culpabilité, de repentir et d'excuses. Il apparaît clairement que le droit de recours en appel est moins restrictif, comparé à l'ancienne loi organique liée au contentieux du génocide[895]. Quant au délai pour interjeter appel, il ne change pas (soit 15 jours à partir du prononcé contradictoire du jugement)[896]. C'est le même délai qui est requis pour faire opposition aux jugements rendus par défaut.

479. Tout comme l'appel, **l'opposition** est une voie de recours ordinaire, car elle est de plein droit à la disposition du justiciable défaillant, et une voie de rétraction, parce qu'elle fait revenir l'affaire devant la même juridiction que celle qui l'avait déjà jugée en l'absence du prévenu[897]. En revanche, la règle ne vaut que si la partie défaillante invoque un motif grave et légitime qui l'a empêchée de comparaître. Au regard du contentieux, les accusés condamnés pour crime de génocide ont eu rarement recours à cette forme de procédure[898]. Ce qui n'est pas le cas pour ceux qui ont formulé une demande de révision de leur procès.

B. Le pourvoi en révision

480. En droit commun, par suite d'une erreur de fait, lorsqu'un innocent a été injustement condamné, il est alors possible, malgré l'autorité de la chose jugée qui s'attache à la décision de condamnation, de faire réparer cette erreur judiciaire. C'est à ce but que répond le pourvoi ou le recours en révision.

---

[893] Cf. art. 24 loi organique de 1996 (annexe 1).

[894] Cf. *supra,* Titre 1 (§ 240 et s.).

[895] Loi organique de 1996 portant sur les procès du génocide devant les Chambres spécialisées (cf. Annexe 1)

[896] Cf. article 91 de la loi de 2004 en vertu duquel : « *le délai pour interjeter appel est de quinze jours calendrier à partir du prononcé contradictoire du jugement ou à partir du jour suivant la signification du jugement rendu par défaut qui n'a pas été frappé d'opposition. L'affaire est jugée dans les mêmes formes qu'au premier degré.* »

[897] BOULOC Bernard, *Procédure pénale,* Dalloz 2012, p. 933 et s.

[898] Lors de nos enquêtes sur le terrain, il a été impossible d'obtenir des statistiques par rapport à cette procédure.

Comme le pourvoi en cassation[899], le pourvoi en révision est une voie de *recours extraordinaire* ouverte dans des cas strictement déterminés par la loi, sans aucune condition de délai. Selon les conditions fixées par l'article 24 de la loi organique de 2008 sur les *Gacaca,* le recours en révision n'est possible que dans deux cas : « *lorsqu'un jugement coulé en force jugée*[900] *a été rendu par la juridiction Gacaca et que par après il y a des preuves qui contredisent celles sur lesquelles le jugement s'était basé ; ou lorsqu'une personne a été condamnée à une peine non conforme aux dispositions de la loi quant aux faits retenus contre elle* ».

L'analyse de la première disposition déroge implicitement à la procédure pénale de droit commun, dans la mesure où le recours en révision ne peut être exercé qu'« au bénéfice de toute personne reconnue coupable d'un crime ou d'un délit[901] » et jamais au détriment d'une personne innocentée par la justice. En droit français, c'est le même principe qui est requis par l'article 622 alinéa 1er du CPP[902].

481. Enfin, force est de constater que l'article 24 de la loi 2008 confère à la juridiction *Gacaca* d'appel la compétence exclusive pour connaître des recours en révision à l'encontre des décisions définitivement rendues par une autre juridiction *Gacaca.* Or, en droit commun, le recours en révision est porté « *devant la juridiction qui a rendu la décision attaquée en dernier ressort*[903] ». Dès lors, le pourvoi en révision tel qu'il est conçu par la législation de 2008

[899] Contrairement à la loi du 30/08/1996 créant les Chambres spécialisées auprès des TPI, aucune des législations portant sur les *Gacaca* ne prévoit la possibilité d'un pourvoi en cassation pour les personnes condamnées en dernier ressort.

[900] En matière répressive, lorsque les voies de recours (appel, opposition, pourvoi en cassation) ne sont plus possibles, soit parce que leur délai d'exercice est expiré, soit parce qu'elles ont été exercées et jugées, une décision acquiert définitivement l'autorité de la chose jugée et généralement en même temps la force exécutoire, c'est-à-dire la possibilité d'exécution par voie de contrainte. En ce sens, BOULOC Bernard, *op. cit.,* p. 1016.

[901] En plus de l'accusé, les personnes habilitées à demander la révision du jugement sont le plaignant ou toute autre personne dans l'intérêt de la justice (art. 4, alinéa 5 loi *Gacaca* 2008). Cf. également art. 180 du CPP rwandais.

[902] Toutefois, les condamnations déjà effacées par une amnistie peuvent, en vertu de dispositions spéciales des lois d'amnistie, faire l'objet d'une révision. Cf. art. 622, alinéa 1er du CPP dont les dispositions sont quasiment similaires à celles de l'article 180 du CPP rwandais.

[903] Art. 182 du CPP rwandais. Mais il y a une nette contradiction avec l'article 45 de la loi organique portant organisation et fonctionnement de la Cour suprême qui, au titre des « compétences extraordinaires » de la Cour, confère à celle-ci exclusivement le pouvoir de « *connaître en matière pénale des recours en révision quelle que soit la juridiction qui a statué* » (cf. loi organique n° 1/2004 du 29/01/2004 portant organisation, fonctionnement et compétence de la Cour suprême, Journal officiel n° 3 du 1er février 2004). Comparé au système français, le pourvoi en révision ne peut être soumis qu'à la Chambre criminelle soit par la commission de révision des condamnations ou les différents demandeurs (ministre de la Justice, condamné, ou après la mort de celui-ci, certaines personnes). Sur ce point, cf. BOULOC Bernard, *op. cit.,* p. 1005.

nous contraint à émettre des réserves quant à sa conformité avec la hiérarchie des juridictions tracée par la nouvelle Constitution rwandaise de 2003[904].

[904] Cf. art. 144 et 145 de la Constitution de la République du Rwanda du 4 juin 2003, adoptée par référendum du 26 mai 2003, Journal officiel n° spécial du 02/12 /2003.

CONCLUSION DU CHAPITRE 1er

482. Dans le cadre de la gestion du contentieux du génocide, les tribunaux *Gacaca* détiennent la pleine compétence d'instruire, de poursuivre et de juger les affaires de génocide de leurs ressorts, sans pour autant que la réalisation de ces trois fonctions juridictionnelles soit nettement différenciée. Ces tribunaux constituent un appareil judiciaire étatique, complémentaire au système classique, mais inspiré par la tradition et avec un rôle actif plus important de la population dans la collecte des éléments de preuve. Comme le prétendait le législateur rwandais, le *Gacaca* ne doit pas être confondu avec *« le système classique de répression des infractions, mais il s'agit plutôt du rétablissement de la concorde et du retour dans le droit chemin de citoyens manipulés*[905]». Par le biais de ces nouvelles juridictions populaires, le gouvernement du Rwanda s'est donné comme objectif d'unir *« sanction » et « réconciliation »* dans le traitement du contentieux du génocide. Dans la même perspective, le caractère coercitif du système est le « moteur » de la justice rendue aux victimes. Ainsi, en choisissant la politique du « bâton et de la carotte », peut-on dire que l'instauration des juridictions *Gacaca* a permis d'atteindre les cinq objectifs qui leur ont été assignés ?

À l'heure actuelle où leurs activités sont définitivement clôturées depuis le 30 juin 2012, une évaluation du processus nous permettra d'en dresser le bilan.

[905] NTAMPAKA Charles, *op. cit.*, p. 59.

CHAPITRE II

L'ÉVALUATION DU PROCESSUS *GACACA*

483. Le facteur temps est un élément déterminant dans l'activité juridictionnelle de tout système judiciaire. Ainsi, la prise en compte de la durée du règlement du contentieux du génocide a été l'une des préoccupations majeures du gouvernement rwandais de transition. C'est ce qui a entraîné d'importantes réformes législatives visant à alléger les peines susceptibles d'être prononcées par les juridictions *Gacaca*. Le nécessaire désengorgement des prisons, la lassitude de la population et la volonté d'en terminer avec ce contentieux douloureux et coûteux constituaient autant de facteurs justifiant l'accélération des procès.

484. Il fallait donc relever le défi de la rapidité de cette nouvelle forme de justice, tout en veillant à ce que les principales missions assignées aux tribunaux populaires soient remplies. Bien que cette décision politique soit légitime et compréhensible, il est à déplorer que la célérité ait eu un impact négatif sur le caractère équitable de la justice. À travers les observations tirées d'audiences, notre analyse met d'abord en lumière les difficultés souvent rencontrées par les *Inyangamugayo* (juges *Gacaca*) pour faire émerger la vérité dans un contexte où le procès équitable était malmené. Du point vu strictement juridique, le système *Gacaca* a montré ses limites (**Section 1**).

485. Par ailleurs, il est important de garder à l'esprit que le bon fonctionnement de la justice n'est pas un élément suffisant pour rétablir la paix sociale après un conflit d'une rare violence. En dehors de la sphère judiciaire, une démarche plus large avec des orientations politiques décidées au plus haut niveau de l'État doit également être prise en compte. C'est dans cette perspective que les *Gacaca* devaient remplir une double mission très délicate : réconcilier le peuple rwandais et renforcer son unité. Ainsi, on est en droit de se demander si ces tribunaux populaires pouvaient être perçus comme un instrument de pacification. Sur le plan sociopolitique (**Section 2**), les avis sont partagés au vu des entretiens que nous avons menés avec certains des principaux acteurs du processus (juges, rescapés, témoins et accusés) et les autorités locales[906].

[906] D'un point de vue méthodologique, cette section s'appuiera davantage sur les observations tirées de quelques procès et sur les témoignages de la population rwandaise.

SECTION 1 – ÉVALUATION JURIDIQUE

486. Le système *Gacaca* est apparu comme un système hybride, associant la tradition à la justice classique. La confrontation entre ces deux systèmes a eu des incidences sur le fonctionnement des assemblées populaires composées d'*Inyangamugayo*, juges non professionnels. Ils étaient investis de multiples fonctions qui ne pouvaient se réaliser sans une réelle prise en compte d'un débat judiciaire favorisant la liberté de la parole et une vérification minutieuse des informations recueillies.

487. Cependant, la volonté affichée par les autorités rwandaises d'épuiser rapidement le contentieux du génocide s'est révélée en partie contreproductive au regard des attentes de la population. La nécessité de faire émerger la vérité sur ce qui s'est passé pendant le génocide fut l'un des objectifs les plus difficiles à atteindre par les *Gacaca* (**§ 1**). Dans le même ordre d'idée, la structure même de ces juridictions, composées de juges pour la plupart peu instruits, a dans une certaine mesure compromis le respect des normes du procès équitable (**§ 2**). Néanmoins, ces carences ne doivent pas assombrir les performances du système dont le bilan quantitatif est très positif, comparé aux tribunaux classiques (**§ 3**).

§ 1–L'émergence de la vérité : un objectif partiellement atteint

488. L'une des fonctions principales des juridictions *Gacaca* consistait à encourager les détenus à avouer leurs crimes en échange d'une réduction de peine. Dans cette perspective, le recours à la procédure d'aveu a nettement débloqué le processus. Cette méthode était probablement la plus efficace pour accélérer les procès et identifier les complices, compte tenu de l'implication d'une grande partie de la population dans la perpétration du génocide. L'incitation à faire des aveux est une caractéristique commune de nombreux systèmes judiciaires dans des pays ayant connu des crimes de masse. À ce propos, Monseigneur Desmond Tutu abordait la question de la procédure d'aveu retenue en Afrique du Sud en ces termes : *« une fois la transition réussie, il est facile de dire que l'on aurait dû procéder différemment [...] quand certains tortionnaires se sont confessés, leurs proches ont découvert pour la première fois comment ils avaient agi. Des familles ont été traumatisées*[907] *[...] ».*

489. Dans le processus *Gacaca* également, les révélations faites par les accusés ont permis aux rescapés d'en savoir davantage sur les circonstances entourant la mort de leurs proches. Pour autant, la question de la crédibilité des aveux s'est posée avec acuité (A). Elle est demeurée ainsi un obstacle à l'émergence de la vérité dans la mesure où les juges ne prenaient pas toujours

---

[907] À ce propos, cf. PONS Sophie, *Apartheid. L'aveu et le pardon,* Paris Bayard Éditions, 2000, p. 192.

le temps de vérifier les déclarations faites par les accusés. En l'absence de preuves matérielles sur le génocide, la recherche de la vérité dépendait également de la participation de la population appelée à témoigner sur ce qu'elle avait fait, subi, vu ou entendu. Mais le traumatisme que certains rescapés continuaient à ressentir chaque jour - rendait leur témoignage difficile. C'était le cas notamment des femmes victimes de violences sexuelles (B).

A. La problématique de la crédibilité des aveux

490. La devise des juridictions populaires *Gacaca* était « vérité, justice et réconciliation ». Sans aveu, il ne peut y avoir la vérité. L'aveu est sensé faciliter l'établissement des faits et ce faisant, la preuve des crimes commis. Il allège par la même occasion non seulement le travail d'enquête, mais également celui des juges. À la fin de l'année 2002, le ministère public rwandais sensibilisait les prévenus pour les informer de leur intérêt à recourir à la procédure d'aveux et de plaidoyer de culpabilité.

491. Néanmoins, les procès *Gacaca* n'ont pas permis de faire connaître toute la vérité sur le génocide, car la question de la crédibilité des aveux et la qualité de leur examen par les juges se sont constamment posées. Les lacunes constatées lors des audiences mettent en cause l'absence d'une étude minutieuse des informations recueillies par les juges. En effet, une analyse approfondie de la réalité dans laquelle s'inscrivent les témoignages révèle souvent une importante distorsion entre la vérité et le contenu des aveux. Cette question est mise en évidence dans les rapports d'Avocats Sans Frontières portant sur le *monitoring des juridictions Gacaca*[908].

492. Les témoignages fournis par les accusés, surtout pour des crimes aussi complexes que celui du génocide, sont toujours une source d'information problématique. De nombreux prévenus n'avouaient que progressivement en développant des stratégies visant à atténuer leur responsabilité. De même, certains détenus et des personnes en liberté tentaient parfois d'« arranger » leur témoignage en épargnant leurs complices et en accusant à leur place des individus décédés ou en exil. Leurs témoignages se caractérisent souvent par des mensonges, de simples déclarations dans lesquelles seule une partie de la vérité est dévoilée. C'est dans cette perspective que la politologue Valérie Rosoux évoquait l'idée de « vérité calculée[909] » dans le système *Gacaca*.

493. Par exemple, au sujet des armes utilisées pendant le génocide, certains prévenus jugés pour leur participation à des attaques meurtrières s'attribuaient des délits mineurs. Ils soutenaient ainsi avoir fait usage de bâtons, avant de

[908] Avocats Sans Frontières, *Monitoring des juridictions Gacaca,* rapport analytique n° 4, mai-décembre 2007, p. 16 et s. ; cf. aussi rapport analytique n° 3, octobre 2006-avril 2007, p. 53 et s.

[909] ROSOUX Valérie et MUGABÉ Aggée, « Le cas des Gacaca au Rwanda. Jusqu'où négocier la réconciliation ? *», Revue Négociation,* n° 9, 2008, pp. 29 à 41. Article disponible en ligne : http://www.cairn.info/revue-negociations-2008-1-page-29.htm

parler finalement de gourdins ou de machettes. Une des stratégies également fréquentes de défense des accusés, après être passés aux aveux, est celle consistant à reconnaître seulement leur présence sur les lieux du crime, sans y avoir participé. C'est le cas de certaines femmes reconnues coupables de génocide, mais qui niaient avoir pris part aux massacres[910]. Sur ce point, des données historiques révèlent qu'au Rwanda, les femmes se sont progressivement éloignées du rôle étroit dans lequel on les confinait en tant que gardienne des traditions ou d'incarnation des codes de conduite traditionnels[911]. Dans le même ordre d'idées, nous avons recueilli des témoignages accablants quant à la cruauté et la complicité des femmes pendant le génocide[912]. Leur rôle peut être appréhendé sous deux angles.

494. Par rapport à leur **statut social**, les femmes auteurs de génocide provenaient de toutes les couches de la société rwandaise. Environ une dizaine d'entre elles, militantes dans l'ancien régime (ministres et conseillères dans l'administration locale)[913], ont dirigé l'enlèvement et l'assassinat des milliers de civils tutsi. De même, les personnels hospitaliers, notamment des infirmières, livraient les malades aux tueurs, comme ce fut le cas à Butare[914]. Par l'intermédiaire d'une presse très virulente aussi, quelques journalistes, dont une de très célèbre (Valérie Bémereki), multipliaient les allusions meurtrières envers les Tutsi, considérées comme des « serpents ». Cette

---

[910] Cette question a été élucidée lors de nos missions menées au Rwanda. Une femme a été condamnée à la perpétuité pour cinq chefs d'accusation : préparation et sensibilisation au génocide, instauration des barrières, exactions sur les corps des victimes, uniforme militaire avec des armes et pillage. Mais lors de l'entretien qu'elle nous avait accordé, elle a juste reconnu d'avoir été présente sur les lieux du crime avec un uniforme militaire « *pour récupérer le corps de sa nièce dans une fosse commune* ». Contrairement aux témoignages de ses codétenus, l'accusée avait acquis une grande notoriété dans la mesure où « *elle coupait le sexe des hommes après les avoir tués* ». Témoignage recueilli à la prison centrale de Kigali le 18 juillet 2011.

[911] Par exemple, HAGURUKA, une association pour la défense des droits de la femme et de l'enfant basée à Kigali, notait dans une de ses publications les propos suivants : « *depuis le plus jeune âge, l'éducation que les filles reçoivent de leur mère les initie à leur vie future d'épouse et de mère. Une femme s'occupera de la maison aussi bien qu'elle travaillera aux champs. Elle adoptera certains types de comportements, comme la réserve ou encore la soumission* ». En ce sens, NTAMPAKA Charles, *La femme et la fille dans leur famille d'origine,* vol. 1, Kigali, juillet 1993, pp. 24-25.

[912] Ce phénomène n'a jamais été observé auparavant dans l'histoire des conflits armés. D'après les récits d'un ancien bourgmestre et d'un ancien militaire condamnés respectivement à 30 ans et à la perpétuité : « *les femmes ne sont pas des saintes car elles étaient toujours présentes dans les groupes de miliciens. Elles ont activement participé dans les massacres de façon coriace. Celles qui ne tuaient pas dénonçaient les cachettes des Tutsi.* ». Entretien réalisé à la prison de Kigali le 18 juillet 2011.

[913] Par exemple, madame Sahunkuye Mukandutiye Angéline, présidente des miliciens *Interahamwe* stockait des fusils et de grenades chez elle. Sous son ordre, plusieurs civils Tutsi ont été massacrés. Cf. rapport Commission d'enquête Cladho-Kanyarwanda, décembre 1994, pp. 237 à 244.

[914] Préfecture située au sud du Rwanda où 200 000 Tutsi et Hutu « modérés » furent assassinés. Pour une étude approfondie, cf. GUICHAOUA André, *Rwanda 1994. Les politiques du génocide à Butare,* Paris, Karthala, 2005.

stratégie d'intoxication de la population n'a pas laissé indifférentes certaines religieuses et paysannes qui ont activement contribué à l'extermination des Tutsi[915].

495. Quant aux **modes de participation**, l'action des femmes diffère l'une après l'autre : distribution des armes, dénonciation de la cachette des victimes, tortures des victimes déjà abattues par les miliciens[916], actes de tortures sexuelles, incitation au viol, incitation aux meurtres (discours incendiaires), assassinat, pillage de biens des victimes, contrôle d'identité dans les barrières[917] pour empêcher les Tutsi de s'enfuir, etc. À cet égard, un officier de la MINUAR[918] s'exprimait en ces termes : « *j'ai vu la guerre auparavant, mais je n'ai jamais vu une femme avec un enfant sur le dos tuer une autre femme avec un enfant sur le dos*[919]. » Dans le même sens, certains survivants du génocide rencontrés au Rwanda ne trouvaient pas les mots exacts pour décrire l'extrême férocité à laquelle certaines femmes participaient aux massacres.

496. Ces actes répréhensibles n'ont pas laissé indifférents au nouveau gouvernement rwandais d'Union Nationale qui, après avoir mis fin au génocide, a décidé de rompre avec la culture d'impunité. C'est pourquoi les femmes et les hommes ont été sanctionnés de la même manière, à crime équivalent[920]. D'après le commissaire du service national des prisons, en 2011 environ 37 184 hommes ont été condamnés pour génocide dans l'ensemble des 14 prisons réparties dans tout le pays[921]. Le pourcentage des

---

[915] Pour une étude approfondie de cet aspect, cf. LEGGAT-SMITH Yvonne, *Rwanda : Not So Innocent -When Women Become Killers (Moins innocentes qu'il n'y paraît, quand les femmes deviennent des meurtrières)*, publié par African Rights, 1995, 264 p. C'est le premier organisme qui s'est penché sur le rôle des femmes rwandaises dans l'exécution du génocide des Tutsi.

[916] D'après le témoignage d'un rescapé, parmi les miliciens, il y'avait des femmes et des jeunes filles âgées de 8 à 14 ans. Entrevue personnelle au centre Pastoral Saint-Paul, Kigali, 10 juillet 2011.

[917] L'un des éléments ayant facilité l'exécution du génocide, c'est la mention de l'ethnie (Hutu ou Tutsi) sur les cartes d'identité. Ce système a été instauré par les colonisateurs belges vers les années 1930.

[918] Mission des Nations Unies au Rwanda.

[919] DES FORGES Alison, *Aucun témoin ne doit survivre, le génocide au Rwanda,* Paris, Karthala, 1999, p. 307.

[920] Sur ce point, il nous a été parfois difficile d'évaluer la sentence dans certaines décisions. Par exemple, lors d'une visite effectuée le 15 juillet dans un camp à Rwamagana (Kigali EST), nous avons rencontré des hommes et des femmes condamnés qui effectuaient des travaux d'intérêt général. Ils sont tous soumis aux mêmes conditions de travail. Une accusée a été condamnée de 12 ans pour non-assistance à personne en danger. Elle a effectué la moitié de sa peine sous forme de travaux d'intérêt général conformément à la loi de 2004 portant sur les juridictions *Gacaca.* Affaire *Mukashema Beyata, Gacaca*, secteur Rwamagana, 2008. Une autre femme rencontrée affirmait avoir été condamnée à 6 ans pour assassinat de ses propres enfants. Au regard de la gravité de l'infraction, il est évident que les juges étaient trop cléments. Mais il semblerait qu'en un moment donné les tribunaux évitaient de prononcer des peines trop sévères à cause de la surpopulation carcérale. Cf. affaire *Ndashawu Marie Claire, Gacaca* secteur Rwamagana, janvier 2011.

[921] Entretien le 14 juillet 2011 au service national des prisons, REMERA-Kigali.

femmes condamnées est fixé à 2316. Au total, les femmes représentent entre 9 et 10 % du contentieux du génocide[922]. Le taux d'acquittement est sensiblement égal entre les sexes. Si nous prenons l'exemple de la ville de Kigali, 230 femmes ont été condamnées pour génocide dont 6 à la prison à vie et 11 femmes sont condamnées à la peine de mort accompagnée d'un isolement cellulaire[923]. Certes, le génocide a profondément modifié le statut de certaines femmes qui, agricultrices ou femmes au foyer, sont devenues parfois de véritables meurtrières. Il ne s'agit pas pour autant de remettre en cause leur statut en tant que victime.

497. Outre cette question liée à la criminalité féminine, une autre ligne de conduite des accusés tendait à « subdiviser » au maximum leur responsabilité dans le crime, afin de le rendre collectif[924]. Cette pratique rendait la vérification des aveux difficile, voire impossible. Donc, il est évident que les témoignages devaient être appréhendés avec beaucoup de réserve. De ce point de vue, il faut rappeler que la décision de vérifier l'exactitude des aveux avant de les valider faisait précisément partie des attributions des juridictions *Gacaca*[925]. Lors de l'audience publique, le Siège devait évaluer si un aveu est conforme à la vérité. Et à la fin de l'audience, ce sont les juges du Siège qui décident si l'aveu va être accepté ou rejeté.

498. Or dans la réalité, la vérification du caractère volontaire, libre et complet des aveux n'était pas tout à fait systématique. Selon notre analyse, cette carence s'explique par le fait que les juges éprouvaient souvent des difficultés à organiser des débats et à pousser les accusés à aller au-delà de leurs déclarations lorsque celles-ci n'étaient pas très explicites. De ce fait, la plupart des décisions rendues par les juridictions *Gacaca* de Secteur ou d'appel ne précisent pas si les aveux ont été acceptés ou rejetés. Dans plusieurs cas, le Siège de la juridiction *Gacaca* s'est juste limité à recueillir les faits avoués sans contrôler leur réalité. Ce phénomène est surtout perceptible pendant la période d'accélération des procès (2007 à 2012).

499. Si certaines juridictions ont accompli un travail irréprochable en essayant de ne pas se contenter des seules déclarations des accusés, beaucoup d'autres n'ont pas suffisamment exploité les éléments de preuve, faute de temps. Ce qui nous permet de conforter l'idée d'une forme de procès expéditif, dans la mesure où le risque d'erreurs judiciaires ne pouvait être écarté si les

---

[922] Selon le directeur de l'unité « appui juridique » du Service National des Juridictions *Gacaca*. Entretien le 8 juillet 2011, Kigali.

[923] Ces chiffres nous ont été communiqués par le directeur de la prison de Kigali, lors de notre visite le 15 juillet 2011.

[924] Sur ce point, nous citerons l'extrait du témoignage ahurissant d'un ancien militaire : « *lorsque je suis arrivé sur les lieux du crime, j'ai trouvé toute une famille massacrée. Certains étaient encore en agonie, je les ai achevés pour leur éviter une mort lente.* » Témoignage recueilli à la prison centrale de Kigali le 18 juillet 2011.

[925] Rappelons que pour être recevables, les aveux devaient comporter trois éléments essentiels : une description détaillée de tout ce qui est en relation avec l'infraction, des informations sur les collaborateurs et complices, des excuses présentées pour les infractions que le requérant a commises. Cf. art. 54 alinéa 2, loi organique 19 juin 2004.

témoignages n'étaient pas vérifiés ou croisés avec d'autres renseignements[926]. Une telle carence est regrettable, car elle a dans une certaine mesure joué sur les peines prononcées. C'est dans ce contexte que le professeur Daniel Goldhagen considérait dans le traitement des crimes de masse comme unique solution méthodologique pertinente de rejeter tous les témoignages d'accusés, s'ils ne sont pas confirmés par d'autres sources d'information[927]. Cette recommandation est certes louable, mais demeure insuffisante dans le cadre des procès liés aux infractions sexuelles où la plupart des victimes préfèrent garder le silence par crainte d'être stigmatisées[928].

B. Le mutisme des victimes de violences sexuelles

500. L'initiative du gouvernement rwandais de transférer en mai 2008 les affaires de viols devant les tribunaux *Gacaca* n'a pas permis de résoudre la question du traitement judiciaire de ces infractions. Cette décision a plutôt été perçue comme un choc pour la plupart des rescapées victimes de violences sexuelles. La majeure partie craignait que leurs déclarations ne restent pas confidentielles, étant donné que les juges populaires étaient tous des membres de leurs communautés locales et parfois même étaient liés aux prévenus. Compte tenu de la sensibilité d'un tel sujet, les observateurs extérieurs n'ont pas été autorisés à assister aux procès traitant des infractions sexuelles. Nous avons éprouvé les mêmes difficultés.

501. Il nous a été également impossible d'interroger des rescapées victimes de viol. C'est pourquoi dans le cadre de notre analyse, nous nous sommes contentés des données recueillies par les organismes de protections des droits de l'homme tels que Human Rights Watch (HRW) et Avocats Sans Frontières. Ils ont eu beaucoup plus de facilité à mener des entretiens avec des rescapées violées pendant le génocide[929]. Ainsi, les principales lacunes qui étaient

---

926 Pourtant, dans une enquête réalisée de 2005 à 2007 par l'ONG - International Rescue Committee (IRC), à propos de l'exactitude des témoignages dans les *Gacaca*, presque les deux tiers de la population rwandaise (environ 60%) sont convaincus que de faux témoignages sont fréquemment donnés par des témoins. 83% des prisonniers pensent qu'il y a beaucoup de témoignages à charge et 55% d'entre eux croient que de fausses informations sont fournies par les témoins à décharge. Enfin, 77% des rescapés estiment que les témoignages à décharge sont faux alors que 55% pensent que les déclarations des témoins à charge sont fausses. Pour une analyse de la question, cf. Dialogue, « Rwanda, 15 ans après le génocide des Tutsi : bilan et perspective », *Revue d'information et de réflexion*, n° 187, Kigali, novembre-mars 2009, p. 42.

927 GOLDHAGEN Daniel, *Les bourreaux volontaires d'Hitler. Les Allemands ordinaires et l'holocauste,* Seuil, 1997, p. 40.

928 Sur ce point, il importe de rappeler que les procès *Gacaca* reposent quasiment sur les témoignages et aveux.

929 Malgré l'accès limité aux prisons, nous avons été autorisée à mener des entretiens avec deux accusés condamnés pour violences sexuelles (cas d'une détenue et d'un ancien militaire condamnés tous à la perpétuité pour leur implication dans le génocide). Entretiens réalisés à la prison de Kigali le 18 juillet 2011.

révélées dans un rapport publié par HRW étaient liées au non-respect de la confidentialité des victimes et au manque d'impartialité des juges[930].

502. Les récits des victimes permettent de conclure que les procès *Gacaca* et les poursuites en général n'ont pas suffi à leur donner satisfaction. Dans la même perspective, l'Association Rwandaise des Conseillers en Traumatisme (ARCT) avait déclaré que bon nombre de femmes qu'elles avaient aidées devant les juridictions *Gacaca* ont estimé que la confidentialité de leurs déclarations n'avait pas été protégée[931]. Pour d'autres, l'expérience de comparution devant lesdites juridictions a été émotionnellement difficile, et plus difficile selon elles que ne l'aurait été un procès classique.

503. Dans un rapport publié également par Avocats Sans Frontières[932], il est décrit que lors de la très grande majorité des audiences observées, les présidents de siège n'avaient pas rappelé aux participants l'interdiction d'évoquer en public les infractions d'ordre sexuel conformément à l'article 38 de la loi organique de juin 2004 précitée[933]. L'absence de ce rappel n'était cependant pas toujours due à un oubli, mais pouvait également résulter d'une méconnaissance de la loi. Des cas de viol avaient ainsi été évoqués à maintes reprises et publiquement en cours d'audience sans que le Siège ne réagisse.

504. En réalité, l'objectif de protection de la vie privée des victimes de viol a été sérieusement compromis et la confiance de la plupart de ces femmes trahie[934]. Une partie des victimes interrogées par HRW soutenait avoir eu peur de parler devant les juridictions *Gacaca* de leur expérience liée au viol. Les femmes révèlent rarement les violences sexuelles dont elles ont été victimes. Peu d'entre elles osent témoigner, car le risque d'être à nouveau traumatisées, ou humiliées est immense par rapport au fait de révéler la vérité. Celles qui ont porté plainte pour de telles infractions pensaient que leur cas allait être jugé par des tribunaux de grande instance, ce qui leur garantissait une certaine confidentialité.

505. Si l'une des justifications avancées par les Service National des Juridiction *Gacaca* est que les crimes ont été commis en public, il eut été opportun de ne pas confier les affaires de viol à des tribunaux populaires. D'ailleurs, lors d'un entretien qui nous a été accordé par un juge *Gacaca*, ce

---

[930] Human Rights Watch, « Justice compromise : l'héritage des tribunaux communautaires *Gacaca* du Rwanda », 31 mai 2011, p. 129 et s. Rapport disponible en ligne : http://www.hrw.org

[931] Entretien de HRW avec la secrétaire exécutive ARCT, Kigali, 7 aout 2009. Cf. rapport HRW, *idem*, p. 130, note 552.

[932] Avocats Sans Frontières, *Monitoring des juridictions Gacaca*, rapport analytique n° 4, mai-décembre 2007, p. 26 et s.

[933] En vertu de ce texte, « *[...] il n'est pas permis, pour cette infraction de faire l'aveu en public. Personne non plus n'est permis d'en déposer la plainte publiquement. Toute la procédure est à huis clos...* ».

[934] Parmi une vingtaine de victimes de viol interrogées par HRW, une seule a indiqué qu'elle préférerait que son affaire soit jugée devant une juridiction Gacaca parce que les procédures étaient moins formelles et qu'elle pouvait *« parler plus librement »*. Cf. rapport 2011, HRW, *supra*, note 930, p. 130.

dernier nous a fait part des difficultés rencontrées pour traiter de telles infractions à cause surtout de l'absence récurrente des témoins convoqués. Dans la majorité des cas, les seules personnes qui ont pu témoigner devant les audiences à huis clos étaient la victime et l'accusé. C'est pourquoi le tribunal était souvent contraint d'ajourner l'affaire plusieurs fois avant que les juges décident de rendre leur verdict avec ou sans les témoins[935].

506. En fin de compte, le nombre de procès résultant des infractions d'ordre sexuel n'est pas si élevé. Le nombre de plaintes paraît très faible comparé au nombre élevé de victimes estimées à plus de 250 000[936]. L'une des raisons qui peut expliquer ce faible pourcentage résulte du fait que beaucoup de victimes ont préféré garder le silence, par crainte d'être stigmatisées par la communauté ou rejetées par leur famille. D'autres ne pouvaient porter leur affaire en justice, car elles ne connaissaient pas l'identité de leur agresseur ou parce que l'accusé était mort[937]. Ce dernier cas particulier concerne notamment les femmes qui ont subi des viols collectifs.

507. Au regard de tous ces obstacles susvisés, d'aucuns s'interrogent sur l'efficacité de la procédure à huis clos introduite devant les juridictions *Gacaca* pour traiter des affaires liées aux crimes sexuels. Rappelons que ces juridictions coutumières tiraient leur légitimité de la participation populaire. La loi faisant de celle-ci « une obligation pour tout Rwandais[938] ». Dès lors, l'adoption d'un huis clos contredit le principe même du recours aux tribunaux *Gacaca* qui est la publicité des débats. Pour cela, il est dommage que les infractions de nature sexuelle n'aient pas été perçues comme une priorité devant les juridictions classiques, compte tenu des insuffisances de la justice traditionnelle. D'autant plus que les normes de procès équitable étaient formellement remises en cause dans le système *Gacaca* au vu du déroulement des procès et des décisions rendues à cet effet.

§ 2 – Une remise en cause des normes du procès équitable

508. La première leçon qu'on peut tirer de l'expérience des juridictions *Gacaca,* c'est la violation des garanties d'une bonne justice prévues par les conventions internationales que le Rwanda a ratifiées[939]. Du fait des impératifs de temps, les décisions étaient rendues à la hâte et les accusés privés pour la plupart d'entre eux du droit de se défendre. Cette fin imminente du processus a

---

[935] Entretien réalisé à la fin d'une audience *Gacaca* avec un juge « intègre » le 20 mai 2010.

[936] Il y aurait 8658 dossiers en première catégorie dont 90% seraient accusées entre autres, d'infraction d'ordre sexuel. Cf. Journal du SNJG, « *Inkiko Gacaca* », n° 83, février 2008.

[937] Cf. *supra*, note 930, rapport HRW, p. 132.

[938] À la lecture de l'article 6 de la loi de 2008 (dernier alinéa) qui mettait en exergue une audience à huis clos, on peut s'interroger également sur la pertinence d'y introduire des agents de sécurité.

[939] Il s'agit notamment du pacte international relatif aux droits civils et politiques ratifié par le décret-loi n° 8/75 du 12 février 1975 et de la Charte africaine des droits de l'homme et des peuples ratifiée en 1983.

considérablement dégradé la qualité des jugements rendus et favorisé le non-respect des procédures. Les juges, déjà vulnérables aux pressions de toute sorte à cause de leur inexpérience, se sont retrouvés confrontés à des objectifs qui nous semblent inconciliables : rendre des décisions équitables d'une part, et accélérer les procès d'autre part.

509. Il ressort de nos entretiens menés avec certains rescapés que la majeure partie des juges a fait preuve d'une grande implication dans les procès pour accomplir leur tâche avec dévouement. Néanmoins, leur niveau de formation ainsi que leur manque d'expérience sur les questions relevant des crimes de droit international constituaient un frein significatif à la qualité de leurs prestations. D'après une enquête réalisée en 2005 par la Coopération Technique Belge (CTB), 92,7 % des *Inyangamugayo* (juges populaires) étaient des paysans et 15,4 % d'entre eux étaient illettrés[940]. Ce qui signifie qu'un nombre considérable n'avait pas les compétences requises pour statuer sur des crimes aussi complexes que le génocide.

510. De même, ces juges populaires étaient contraints de s'adapter en permanence aux nouveaux textes, à la suite des nombreux amendements de la loi organique portant sur les *Gacaca*[941], sans avoir véritablement le temps de les maitriser. Face à de tels obstacles, la question principale qu'on s'est posée est celle de savoir comment les juridictions *Gacaca* auraient pu remplir positivement leurs objectifs tout en respectant les droits des accusés et répondre aux attentes des rescapés victimes.

511. Sans pour autant s'en tenir à une vision trop formaliste des garanties judiciaires, il était impératif que le gouvernement rwandais ainsi que la communauté internationale prennent les mesures nécessaires afin que le système *Gacaca* soit conforme aux garanties minimales d'équité prévues par les conventions internationales. Ce qui n'a pas été le cas. Les droits des accusés ont été en partie sacrifiés (A) dans un souci de célérité pour en finir avec le contentieux du génocide. Le problème de la légitimité des juges populaires élus s'est également posé (B). Enfin, le respect des règles du procès équitable suppose également une reconnaissance du droit des victimes. Mais à ce jour, une incertitude pèse de plus en plus sur le sort réservé aux victimes pour une indemnisation ne serait-ce que symbolique (C). En raison de toutes ces failles, une partie de la population a progressivement perdu confiance dans le processus *Gacaca*.

---

[940] Coopération Technique Belge, « Report on improving the living conditions for the Inyangamugayo », novembre 2005. Document consulté le 28 mars 2010 au centre de documentation de la CNLG (Kigali).

[941] La loi de 2001 créant les juridictions *Gacaca* a été modifiée trois fois (en 2004, 2006 et 2008).

A. Une protection insuffisante des droits des accusés

512. Lors de nos observations des audiences[942], nous avons constaté les réelles difficultés auxquelles étaient confrontés les *Inyangamugayo* dans la conduite rigoureuse des débats. Dans la majorité des cas, les procès tels qu'ils se déroulaient ne permettaient pas d'appréhender la responsabilité individuelle de chaque accusé ou, en cas de doute, de l'acquitter. Dans cette perspective, l'absence d'avocat a sérieusement compromis la validité et la crédibilité du processus *Gacaca*. Outre la violation des droits de la défense qui suppose l'égalité des armes (1), la problématique de la motivation des jugements s'est également posée de façon très subtile (2).

1) La violation flagrante des droits de la défense

513. Comme nous l'avons précédemment énoncé dans le chapitre consacré aux juridictions classiques[943], les droits de la défense sont largement consacrés au Rwanda par la législation et les Conventions internationales que le pays a ratifiées[944]. Ainsi, la Constitution rwandaise de juin 2003 consacre le droit d'être assisté dans des termes très clairs et très élargis par rapport aux textes internationaux. Conformément aux dispositions de l'article 18 alinéa 3, « [...] *Les droits de la défense sont les droits absolus à tous les états et degrés de la procédure devant toutes les instances administratives et judiciaires et devant toutes les autres instances de prise de décision*[945] ». L'innovation engendrée par la Constitution concerne cette obligation faite aux instances de prise de décision de ne pas statuer sans avoir au préalable donné à la personne concernée le droit de se défendre[946]. Malgré cette formulation « généreuse », la mise en pratique du droit à l'assistance d'un avocat devant les juridictions *Gacaca* ne manquera pas de susciter la polémique. En aucun moment de la procédure, le prévenu ne pouvait avoir accès à un Conseil.

514. Rappelons que la classification des accusés en différentes catégories (selon leur degré d'implication dans le génocide) était confiée à la juridiction *Gacaca* de Cellule, sans possibilité pour les prévenus d'interjeter appel. L'absence de droits de la défense à ce stade de la procédure est d'autant plus préoccupante que cette catégorisation peut avoir des conséquences considérables sur la peine encourue par les personnes accusées de crime de

---

[942] Exemple d'une audience *Gacaca* tenue le 15 mai 2010 dans le secteur Gikondo (centre de Kigali).

[943] Cf. chapitre 2 (titre1 première partie consacrée à la défaillance du système classique).

[944] Il s'agit notamment du Pacte international relatif aux droits civils et politiques et de la Charte africaine des droits de l'homme et des peuples.

[945] Cf. Constitution rwandaise du 4 juin 2003, Journal officiel du 02/12/2003, p. 11.

[946] La législation rwandaise consacre également le droit de la défense dans l'article 144 du Code portant organisation, fonctionnement et compétences judiciaires qui précise que « *les droits de la défense et le droit à la défense, à tous les stades de la procédure, sont reconnus aux personnes justiciables (...)* ».

génocide[947]. Et pourtant, aucune des lois *Gacaca* n'interdit formellement aux prévenus d'avoir recours aux services d'un avocat pour assurer leur défense. Toutefois, les instructions du SNJG n'ont jamais autorisé les accusés à user de ce droit[948]. Pour justifier une telle décision les autorités rwandaises ont avancé deux principales raisons :

- d'abord, le nombre élevé de prévenus qui devait comparaître devant les tribunaux *Gacaca* rendrait impossible qu'ils aient tous des avocats sans retarder considérablement les procès[949].
- Ensuite, la deuxième raison qui est souvent officieusement évoquée est que la présence d'avocats aurait frustré les victimes et perturbé des juges non professionnels ne maîtrisant pas le droit[950].

515. Néanmoins, il y a eu des affaires où quelques avocats ont été autorisés à comparaître pour défendre des accusés. C'est le cas d'un avocat qui a défendu un prévenu devant un tribunal classique et qui par la suite était autorisé à continuer de conseiller son client après le transfert de l'affaire vers un tribunal *Gacaca*[951]. En 2009 également, lors du procès d'un célèbre activiste des droits de l'homme au Rwanda (François Xavier Byuma), le SNJG avait autorisé avec réticence la présence d'un avocat. Ce dernier s'est toutefois vu refuser à maintes reprises la possibilité d'interroger les témoins à décharge[952]. De telles restrictions ont rendu l'assistance de l'accusé inutile. Ce dernier a été condamné à 19 ans de prison, peine confirmée par une juridiction *Gacaca* d'appel, puis réduite à 17 ans après un recours en révision[953]. Cet exemple nous interpelle une fois de plus sur les carences du système *Gacaca,* notamment sur les questions liées au respect de la présomption d'innocence et du débat contradictoire[954]. Le traitement du contentieux du génocide est

---

[947] Nous pensons notamment aux accusés de la première catégorie qui encourent la réclusion criminelle à perpétuité.

[948] Nous avons pris connaissance de cette réalité lors de notre participation à une audience *Gacaca* le 15 mai 2010 dans le Secteur Gikondo (centre Kigali).

[949] Cet argument n'est pas soutenable selon Human Rights Watch, car en mai 2002, l'Institut danois pour les droits de l'homme avait proposé au ministère de la Justice rwandaise que des juristes professionnels (mais n'étant pas avocats) puissent fournir aux accusés et aux rescapés du génocide des conseils juridiques préalables aux procès. Cette proposition visait surtout à renforcer la transparence du processus *Gacaca.* Mais le ministère de la Justice n'y avait jamais répondu. En ce sens, cf. Human Rights Watch, « Justice compromise », *supra,* note 930, p. 32.

[950] Selon le témoignage du directeur des appuis juridiques au Service National des Juridictions *Gacaca*. Entretien réalisé le 22 mars 2010.

[951] Toutefois, l'avocat n'a pas été autorisé à porter sa toge. Cf. HRW, rapport 2012, *supra,* note 930, p. 32.

[952] Ces faits nous ont été rapportés lors d'un entretien avec le chef de mission d'Avocats Sans Frontières à Kigali le 13 mai 2010.

[953] Human Rights Watch, observations de procès, juridiction du secteur de Biryogo, 24 janvier, 7 février, et 14 mars 2009. HRW, rapport 2011, *supra*, note 930, p. 34 (note bas de page 80).

[954] Ces principes sont également des conditions indispensables à l'exercice du droit de la défense.

complexe compte tenu des circonstances dans lesquelles les crimes ont été commis.

516. Outre le nombre élevé de victimes, beaucoup de rescapés cachés ou en fuite au moment des faits n'ont pas été les témoins oculaires des événements. La contradiction des éléments soumis aux juges *Inyangamugayo* lors des débats est essentielle à l'établissement de la vérité sur le déroulement des faits. Ainsi, toute pièce ou tout document présenté au juge doit également être porté à la connaissance de la partie adverse et librement discuté à l'audience. De même, les questions posées au cours des audiences pour élucider les faits, la possibilité donnée à l'accusé de réagir aux différentes allégations des témoins et d'autres intervenants, ainsi que la vérification du caractère complet des aveux, sont autant de garanties nécessaires au respect du principe du contradictoire et à l'émergence de la vérité.

517. Mais dans le fond, au-delà de notre propre expérience, de nombreux rapports publiés par Avocats Sans Frontières mettent en évidence d'importantes difficultés pour les juges à conduire un véritable débat contradictoire[955]. La plupart du temps, les débats menés par les Sièges ne permettaient pas d'établir la responsabilité individuelle du prévenu, car les investigations étaient insuffisantes. Les juges se contentaient de recueillir les témoignages des victimes parties aux procès, sans pour autant les interroger, ni confronter leurs déclarations à celles de l'accusé.

518. De même, une autre pratique dénoncée à l'encontre des juridictions consistait à rejeter les témoignages à décharge alors que les témoins à charge ont été pour la plupart du temps entendus[956]. Ainsi le président du Siège *Gacaca* pouvait avoir un rôle très influent sur les témoins à décharge en allant jusqu'à interdire la parole à certains d'entre eux. Pour justifier une telle décision, certains juges évoquaient des liens de parenté très proches entre les témoins et l'accusé. Ces irrégularités ont été exposées lors de la réunion de concertation organisée le 18 décembre 2007 à Kigali par la Commission Nationale des Droits de la Personne[957]. Il est évident que le risque d'erreurs judiciaires ne pouvait être écarté pour les accusés reconnus coupables et à qui était refusée la possibilité de faire valoir tout moyen de défense.

519. Par ailleurs, les juges populaires ne faisaient pas toujours la distinction entre le statut d'un témoin et celui d'un accusé. Par exemple, au cours d'un procès groupé, le président du siège avait indiqué que les accusés comparaissaient à la fois en qualité de témoin et d'accusé[958]. Or, la qualité simultanée de témoin et d'accusé est incompatible dans la mesure où le témoin n'est tenu que de parler de ce qu'il a vu ou entendu, alors que l'accusé ne peut

---

[955] Cf. rapport ASF, *Monitoring sur les juridictions Gacaca*, 2006-2007.

[956] Pour des exemples concrets, cf. Penal Reform International, *Le témoignage et la preuve devant les juridictions Gacaca,* août 2008, p. 36.

[957] Réunion de concertation Commission Nationale des Droits de la Personne (CNDP), Kigali, 18 décembre 2007. Cf. rapport annuel CNDP 2008, disponible sur www.cndp.org.rw/?rubrique1

[958] Cf. rapport ASF, 2006-2007, *supra*, note 955, p. 45.

être considéré comme témoin dans son propre procès. Même si ce dernier donne des informations utiles à travers des aveux, il ne peut être forcé à témoigner contre lui-même[959]. Cette règle est élaborée par l'article 4 alinéa 3-g) du Pacte international relatif aux droits civils et politiques en vertu duquel, « *la personne accusée d'une infraction pénale a le droit de ne pas être forcée de témoigner contre elle-même et de ne pas être contrainte à s'avouer coupable* ». Cela sous-entend qu'aucune conséquence relative à la culpabilité du prévenu ne doit être tirée de son silence. L'adage populaire selon lequel « qui ne dit mot consent » n'a ici aucune valeur.

520. Malheureusement, la confusion entre le statut de témoin et celui de l'accusé a considérablement compromis l'émergence de la vérité et l'équité des procès dans le processus *Gacaca*. Le fait qu'un témoin puisse, sans dossier instruit, se retrouver dans la situation d'une personne accusée ne pouvait que bloquer toute participation aux audiences. Sur ce point, certains participants aux assemblées *Gacaca* soutenaient que la majeure partie des témoins à décharge préférait ne rien dire, craignant d'être transformée en accusés[960]. Dès lors, la peur de parler face à sa communauté a limité la liberté d'expression au sein des *Gacaca*. Ainsi, le refus délibéré ou la crainte de témoigner constituait un handicap majeur au travail des juges et à la manifestation de la vérité.

521. L'absence de témoins dans bon nombre de procès a eu pour conséquence de placer les « juges intègres » dans une situation délicate et inconfortable, face à la très lourde tâche de rendre justice, malgré tout. En effet, ceux-ci exprimaient la difficulté d'être confrontés souvent à l'absence de témoin et d'être amenés à juger sans avoir recueilli suffisamment d'éléments sur lesquels ils pouvaient fonder leur conviction. Dans une telle situation, il est évident que le principe du contradictoire ne pouvait être assuré. Toutefois, au-delà des témoignages dans le processus *Gacaca*, il y avait également la dénonciation des faux témoignages.

522. La sensibilisation aux juridictions *Gacaca* insistait aussi sur l'impartialité de la justice recherchée, l'importance accordée à des témoignages aboutissant à la libération d'innocents emprisonnés. Les habitants étant les seuls témoins oculaires du génocide, ce sont eux qui étaient les mieux placés pour disculper certains suspects en détention. Ainsi, le corollaire de la libération des innocents est la sanction des personnes qui avaient faussement témoigné à leur charge.

523. Par exemple, entre octobre 2005 et septembre 2006, le pourcentage de personnes condamnées pour faux témoignage était estimé à 8 %[961]. En dépit de certaines irrégularités constatées dans les procès, le rôle des juridictions *Gacaca* ne s'est pas limité à la dénonciation des crimes. Des innocents ont

[959] À ce titre, il n'est pas considéré comme un témoin au sens classique du terme, mais la parole et le récit des faits qu'il relate peuvent contribuer à l'émergence de la vérité en citant notamment les noms des coauteurs et complices.

[960] Ces faits ont été relatés par deux anciens détenus repentis. Entretien réalisé à la prison de Kigali le 15 juillet 2011.

[961] Cf. rapport analytique n° 2, ASF, 2005-2006, p. 53.

également été de libérés. Néanmoins, certaines pratiques contraires aux principes de base du procès équitable demeuraient récurrentes. Il en est ainsi de la motivation des jugements, un point sur lequel nous avons relevé quelques lacunes d'une moindre gravité[962].

2) La motivation lacunaire des jugements

524. Le droit à une décision judiciaire motivée fait partie intégrante des règles contre l'arbitraire et ayant valeur constitutionnelle au Rwanda[963]. Le même principe est repris par les dispositions de la loi organique *Gacaca* de juin 2004 qui énonce clairement en son article 25 que : « *les jugements doivent être motivés. Ils sont signés ou marqués de l'empreinte digitale de tous les membres du Siège de la juridiction Gacaca qui ont siégé et pris part au délibéré*[964] ». Pour autant, cette disposition n'a pas toujours été appliquée à la lettre par les juges *Gacaca*, qu'il s'agisse de la motivation en fait ou droit. En effet, les dispositions légales sur lesquelles ils se fondaient pour prononcer la sentence n'étaient pas toujours rappelées. Ce phénomène est surtout perceptible à partir de l'année 2007, date à laquelle la fin du processus *Gacaca* a été annoncée par les autorités rwandaises. Ainsi, les décisions analysées n'ont pas toutes été motivées[965]. Cette carence est surtout liée d'une part à l'inexpérience des juges et d'autre part aux impératifs de temps.

525. À titre d'exemples, nous citerons l'affaire *Elias Samvura* où la décision rendue a été motivée comme suit : « *le prévenu est accusé d'avoir commis des tueries en 1994 dans différentes cellules, participé au meurtre de [X]. L'Assemblée générale le déclare coupable des infractions qui lui sont reprochées*[966]. » L'analyse de cette disposition montre que les juges se sont contentés de déclarer l'accusé coupable sans préciser les dispositions de la loi qu'ils entendaient appliquer. Ce qui nous permet de conclure à un défaut de motivation en droit.

526. Dans un autre jugement, nous avons fait état d'un problème de qualification juridique des faits, car l'accusé a été classé dans la catégorie des

---

[962] Si nous faisons le rapprochement avec la France, le législateur n'a pas retenu l'obligation de motivation contre les arrêts de la Cour d'assises. Les arrêts ne sont motivés que sous la forme de réponses à des questions précises. En droit allemand également, il existe même des possibilités où il est permis qu'un jugement soit dénué de motivation. Cf. *supra,* §§ 278-284 sur le chapitre traitant de la défaillance des tribunaux classiques rwandais.

[963] Conformément à l'article 141 alinéa 2 de la Constitution rwandaise de 2003 précitée, « *tout jugement ou arrêt doit être motivé et entièrement rédigé* ».

[964] Cf. également article 67 (6) de la même loi.

[965] Toutes les décisions rendues par les juridictions *Gacaca* sont classées dans 20 000 cartons d'archives sous protection de la police nationale. L'accès aux archives (par le biais de la Commission Nationale de Lutte contre le Génocide) nous a permis d'analyser plusieurs décisions.

[966] Affaire *Elias Samvura,* jugement rendu dans le secteur Bugarama (province Ouest), fiche individuelle de l'accusé n° 156135, décision rendue le 27/09/2007 (prévue en annexe 3 jugement 2).

meurtriers, alors qu'en réalité les juges lui reprochaient d'avoir perçu indument une somme d'argent. Ainsi en témoigne l'extrait de la décision suivante : « *le prévenu est accusé d'avoir reçu une somme de 20 000 FR destinée aux Interhamwe. Augustin Ngirabatware alias Mbiyombiyo, ministre en 1994, lui a remis cet argent dans la cellule de Busheke*[967]. » Dans le cas d'espèce, il est difficile de connaître la décision finale de la juridiction de Secteur, car aucune peine n'a été prononcée et l'accusé n'a pas été non plus acquitté.

527. Même si ces défauts de motivation semblent se justifier par le manque de temps dont disposaient les *Inyangamugayo,* ou leur inexpérience, il est important de préciser qu'en l'absence de motifs dans les jugements, les prévenus ne pouvaient se prévaloir d'arguments assez solides pour justifier un recours en appel. C'est sans doute la raison pour laquelle les juges d'appel des tribunaux classiques n'entendaient pas alléger l'obligation à la charge des Chambres spécialisées de motiver leurs décisions en vue d'accélérer le rythme des procès. Ainsi, il n'était pas rare que la Cour d'appel intervienne pour censurer des jugements rendus par les juges de première instance lorsque l'obligation de motivation n'a pas été respectée par ces derniers[968].

528. À notre connaissance, aucune juridiction *Gacaca* d'appel n'a été amenée à annuler une décision rendue par une juridiction *Gacaca* de Secteur pour défaut de motivation. Pourtant, celle-ci ne doit pas être perçue comme une simple règle de procédure. Au-delà même de la notion de garantie, il est nécessaire dans une instance qui se veut participative comme celle des *Gacaca* que la population puisse facilement comprendre les éléments à partir desquels les juges ont pu forger leur conviction. C'est surtout la crédibilité de l'institution *Gacaca* qui en dépendait. Le professeur Barthelemy Mercadal ne considérait-il pas que « *c'est par ses décisions, ses jugements que le juge est ressenti* [969] » ? On est ainsi exposé à la problématique de la légitimité du juge comme dans toute juridiction qui est appelée à trancher un litige.

529. Au Rwanda, seule la population formellement conviée à participer massivement aux audiences *Gacaca* était habilitée à mieux juger l'institution, au regard de sa jurisprudence. Par conséquent, la légitimité de la justice rendue dépendait de son acceptation par les accusés et aussi par l'opinion. Les entretiens menés dans cette perspective avec des participants aux procès mettent en évidence le problème de l'impartialité des juges. Face à une tâche aussi difficile dans l'art de juger, la plupart d'entre eux ont été accusés de parti

---

[967] Affaire *Mpagazehe Augustin*, jugement rendu secteur Rushubi (province Gisenyi), 2 novembre 2006 (annexe 3 jugement 1).

[968] Cf. affaire *Munyangabe Théodore* rendue le 6 juillet 1999, Recueil de jurisprudence ASF et Cour Suprême du Rwanda, tome III, pp. 264 à 269.

[969] MERCADAL Barthelemy, « La légitimité du juge », *Revue internationale de droit comparé*, vol. 54 n° 2, 2002, p. 277.

pris[970]. Pour ainsi dire, leur légitimité était de plus en plus contestée et leur intégrité formellement remise en cause.

B. La légitimité contestée des juges populaires

530. Poursuivre les auteurs de crimes collectifs commis par des régimes totalitaires ne suffit pas pour que « justice soit faite ». Encore faut-il les faire comparaître devant des juges objectifs et ayant la compétence d'appliquer la règle de droit conformément aux principes de la justice équitable. Toutefois, aucun mode de recrutement ne paraît en soi en mesure de garantir la crédibilité de la personne choisie comme juge[971]. La même question s'est posée au Rwanda lors de la mise en place des juridictions *Gacaca.* Entre le 4 et le 7 octobre 2001 plus de 250 000 juges *Inyangamugayo* ont été élus par la population pour siéger au sein de ces tribunaux *Gacaca*[972]. Cette élection était exclusivement fondée sur leur intégrité mais non sur leur expérience ou qualité professionnelle.

531. Pour être considéré comme une personne « intègre », les conditions essentielles sont énumérées par l'article 14 alinéa 2 de la loi organique de juin 2004. Cet article précise qu'il ne faut pas « *avoir été suspecté du crime de génocide, n'avoir jamais été condamné à une peine d'emprisonnement de plus de six mois, être de « bonne vie et de bonnes mœurs », « dire toujours la vérité », « être caractérisé par un esprit de partage de la parole » [...] »*.

Au regard de cette disposition, on estime que la légitimité des *Inyangamugayo* (juges dits « intègres ») repose tant sur leur statut que sur les décisions qu'ils étaient appelés à rendre. De ce point de vue, les tribunaux *Gacaca* étaient susceptibles de gagner davantage la confiance de la population, car les juges locaux faisaient eux-mêmes partie de la Cellule ou du Secteur. Il s'avère toutefois que cette proximité n'a pas été sans incidence sur l'équité des procès. Ainsi, des juges ont été accusés de partialité et d'une probable participation au génocide (1). Des cas de corruptions ont également été dénoncés (2).

---

[970] Nous faisons notamment référence aux différents entretiens réalisés avec des accusés (hommes et femmes) condamnés à des peines allant de 30 ans de prison à la perpétuité. Ces entretiens ont eu lieu à la prison centrale de Kigali le 15 et le 18 juillet 2011.

[971] Sur ce point, la Charte européenne sur le statut du juge du Conseil de l'Europe de juillet 1998 recommande que « *le juge doive avoir l'aptitude à apprécier librement et de façon impartiale les situations judiciaires qui lui sont soumises* ». Cf. Conseil de l'Europe, *Charte européenne sur le statut des juges,* recommandation n° 2 (Sélection, recrutement, formation initiale).

[972] D'après la commission nationale chargée des élections, la participation a atteint un niveau record de 87%. Malgré un fort taux de participation des femmes au scrutin, les statistiques démontrent que peu d'entre elles ont été élues comme juge (environ 14%). La prépondérance de la gent masculine chez les juges reflète en partie la différence des taux d'alphabétisme entre les hommes et les femmes. Mais elle traduit également une opinion généralisée selon laquelle la responsabilité d'un juge *Gacaca* est réservée aux hommes. En ce sens, cf. Penal Reform International, *Huit ans après... Le point sur le monitoring de la Gacaca au Rwanda,* 2010, p. 29 et s.

1) Des juges accusés de partialité et de participation au génocide

532. Les règles d'éligibilité des juges *Inyangamugayo* fixées par la loi organique *Gacaca* n'ont pas eu des effets entièrement positifs. À cet égard, les critiques formulées par le professeur Mercadel sur le mode de recrutement des juges, semble aller dans le même sens lorsqu'il déclarait :

> *« l'élection crée une dépendance du juge, qui se trouve tributaire de son électorat [...], le juge élu risque d'être plus partisan qu'un juge spécialement éduqué professionnellement. Élire, c'est choisir ; cet acte comporte toujours, quelles que soient les justifications rationnelles dont l'électeur l'assortit, une part irréductible de subjectivité dont on peut craindre qu'elle se retrouve également chez le juge élu par le partisan*[973]*. »*

Le recours à des juges populaires dans le système *Gacaca* est une parfaite illustration de ce phénomène, dans la mesure où leur élection a donné lieu à des formes de raisonnement sectaire.

533. Chaque électeur avait des attentes spécifiques vis-à-vis des *Gacaca*. D'un côté, les rescapés du génocide et les réfugiés tutsi qui avaient survécu ont battu campagne afin d'obtenir le plus grand nombre possible de juges pour les représenter. De l'autre côté, il y avait ceux qui affichaient l'intérêt manifeste à être élus juges, notamment chez les membres des familles de détenus[974]. Face à un tel paradoxe, on ne pouvait sous-estimer la question de l'objectivité des *Inyangamugayo* dans leur prise de décision à l'issue des procès *Gacaca*[975]. L'indépendance et l'impartialité des juges font partie des règles incontournables qui garantissent aux justiciables la tenue d'un procès équitable. Mais compte tenu du statut particulier des *Inyangamugayo* (juges non professionnels), ils ont été inévitablement exposés à toutes sortes de pression ou d'influence[976]. Ayant vécu le génocide, la plupart d'entre eux devaient statuer sur des affaires relatives à des événements qui se sont produits dans leur propre région. Cette situation a donné lieu à des conflits d'intérêts potentiels ou à une partialité patente. Ainsi, dans certaines audiences, il s'est

---

[973] C'est d'ailleurs la raison pour laquelle en France, l'élection du juge n'est guère appréciée ni par l'opinion publique (18% en 2001) ni par le législateur. Quant au recrutement du juge par concours, elle recueillait 39% d'opinion favorable, car elle est conçue comme étant un système permettant d'écarter les risques de subjectivité et vérifier la compétence professionnelle du juge. Mais, il semblerait que le tirage au sort serait le système préféré des Français (42%) avant d'être formellement critiqué au lendemain d'un verdict rendu par des jurés tirés au sort. Pour une étude approfondie de la question, cf. MERCADAL Barthelemy, *op. cit.*, p. 281.

[974] Cf. *supra*, note 972, rapport PRI, *Huit ans après...Le point sur le monitoring de la Gacaca au Rwanda*, p. 30.

[975] Sur ce point, rappelons que l'impartialité relève des principes fondamentaux consacrés par le Pacte international relatif aux droits civils et politiques qui dispose en son art 14, alinéa 1 : *« (...) toute personne a le droit à ce que sa cause soit entendue équitablement et publiquement par un tribunal compétent, indépendant et impartial (...) »*.

[976] Nous évoquerons à ce sujet l'ingérence des autorités politiques. Même si des autorités administratives locales ont été sollicitées pour accompagner le processus, la question des limites de leur intervention s'est posée avec acuité.

avéré que des juges (rescapés du génocide) passaient outre les dispositions de la loi pour protéger des accusés ou statuer en faveur des victimes, sans réellement tenir compte des témoignages à décharge[977].

534. Pourtant, conformément aux règles du procès équitable, la loi *Gacaca* de juin 2004 précitée prévoit en son article 10 la possibilité de récuser un juge qui risquerait d'avoir une influence sur un dossier dont il a la connaissance (lien de parenté, forte amitié ou inimitié grave avec l'une des parties au procès). Cette mesure, également préconisée par la Cour européenne des droits de l'homme[978], permet d'éviter tout risque de partialité des juges et toute contestation a posteriori des parties pour ce motif[979]. Mais les dispositions de l'article 10 de la loi *Gacaca* étaient lacunaires, car elles ne précisaient pas si un juge *Inyangamugayo* visé par une demande de récusation devait assister au délibéré devant statuer sur cette récusation. Même si la plupart des demandes de récusation ont abouti, d'autres qui étaient vraisemblablement fondées[980] ont été rejetées, comme cela était le cas dans l'affaire *Sebahutu Vincent* rendue le 24 juillet 2007 dans le district de Kamonyi[981].

535. Outre ces questions liées à la partialité, l'intégrité de certains juges était aussi mise à mal à cause de leur présumée participation au génocide. Selon un rapport d'observation du projet d'appui de la société civile au processus *Gacaca,* « *au cours des mois de mai et juin de l'an 2003, il a été remarqué un grand nombre de juges Inyangamugayo accusés d'avoir participé aux actes du génocide. Certains ont reconnu les faits et avoué leur crime. D'autres ont refusé de quitter les sièges en empêchant les membres des assemblées de les dénoncer par intimidation*[982] ». Cette situation illustre bien les limites du système *Gacaca* et remet également en cause la crédibilité de l'institution.

536. Dès lors, la question de la légitimité des juges « intègres » s'est posée dans la période de la phase pilote en 2004 au cours de laquelle, 9 % des juges ont été remplacés (soit 1319 sur un total de 14.402)[983]. Ce pourcentage a nettement augmenté au cours de l'année 2010 pendant laquelle près de 45 000 juges soupçonnés d'implication dans le génocide ont été démis de leur

---

[977] VAN BILLOEN Salomé, *les juridictions Gacaca au Rwanda : une analyse de la complexité des représentations,* Bruylant, 2008. p. 58.

[978] Cour EDH, 7 juin 2001, *affaire Kress c/ France*. JCP 2001, note F. Sudre.

[979] Mais lorsqu'une demande de récusation est faite, la juridiction concernée ne doit pas systématiquement y faire droit. Elle doit au préalable vérifier si les motifs invoqués sont légaux et fondés.

[980] À ce titre, nous ne détenons aucun chiffre exact. Notre analyse est surtout fondée sur un rapport publié par Avocats Sans Frontières en 2006-2007, *infra*, note 981.

[981] Affaire suivie par ASF, rapport analytique n° 3, octobre 2006-avril 2007, p. 26.

[982] Projet d'Appui de la société civile au processus *Gacaca* au Rwanda (PAPG), « les cas d'insécurité des témoins et des rescapés du génocide dans les juridictions, p. 6. Document consulté au Centre National de Lutte contre le Génocide (CNLG) lors de notre mission effectuée de mars à juin 2010.

[983] Ces chiffres nous ont été communiqués par le chef d'appui juridique du Service National des juridictions *Gacaca,* lors d'un entretien à Kigali le 15 mai 2010.

fonction avant d'être traduits devant les juridictions populaires *Gacaca*[984]. Mais, c'est surtout la corruption qui a entaché la crédibilité du système *Gacaca*, même si la preuve n'a pas toujours été facile à établir[985].

2) Des affaires de corruption dénoncées

537. Certes, le phénomène s'est également produit dans les juridictions ordinaires[986], mais il s'est surtout amplifié dans le système *Gacaca*. Pourtant, compte tenu du nombre élevé de juges (7) qui siégeait au sein de tribunaux populaires, on aurait pu imaginer qu'il serait plus difficile de corrompre autant de personnes qu'un siège à juge unique dans les juridictions de droit commun. Or, en réalité, *Gacaca* était devenu une « affaire lucrative » du fait de la situation économique difficile générée par les conséquences du génocide. Étant donné que les juges populaires travaillaient à titre bénévole, une des raisons qui peut expliquer le recours à la corruption c'est la situation d'extrême pauvreté dans laquelle certains d'entre eux se trouvaient.

538. D'après l'enquête précitée, réalisée en 2005 par la Coopération Technique Belge, 81,1 % des juges (en majorité des paysans) gagnaient moins de 5000 FRW par mois[987], soit 6 euros en moyenne. Pour cette raison, les victimes et les prévenus n'ont pas tardé à manifester leurs inquiétudes sur la neutralité et la véritable « intégrité » des *Inyangamugayo*. Des témoignages de plusieurs personnes interrogées lors de nos missions nous permettent de conclure à trois formes de corruption : du côté des juges, des accusés, et des victimes. En effet, un accusé condamné à la perpétuité pour viol et meurtre considérait *Gacaca* comme une « justice des pauvres ». Pour reprendre ainsi ses propos, il disait : « *les accusés riches ont échappé à la prison après avoir corrompu les juges [...], les personnes dites intègres ne le sont vraiment pas*[988]. » Cette déclaration est corroborée par le rapport de l'ONG Human Rights Watch qui dénonçait l'attitude de certains juges ayant accepté des pots-de-vin en échange d'acquittement[989]. Face à la recrudescence de tels actes,

---

[984] *Ibid.*

[985] Pour cela, notre analyse est fondée sur les témoignages aussi bien des victimes que des accusés condamnés pour génocide, mais également, sur le rapport publié en 2011 par l'ONG Human Rights Watch, *supra,* note 932.

[986] C'est ce que révèle un rapport publié au Rwanda en 2008 par le bureau de l'ombudsman. Le système judiciaire rwandais était considéré comme la deuxième institution étatique la plus corrompue, juste après la police de la route. Cf. Bureau de l'ombudsman, « Annual Activity report 2008 ».

[987] Coopération Technique Belge, *Report on improving the living conditions for the Inyangamugayo*, publié en 2005.

[988] Témoignage recueilli auprès d'un détenu à la prison de Kigali, 18 juillet 2011.

[989] Mais pour d'autres accusés, le refus de payer un pot-de-vin a abouti à la condamnation. En ce sens, cf. HRW rapport 2011, *supra*, note 930, p. 123. Sur la même question, cf. Penal Reform International, « La corruption des différents acteurs du processus Gacaca : de la rumeur à la réalité », in *Les témoignages et la preuve devant les juridictions Gacaca,* août 2008, p. 49 et s.

environ 40 000 juges ont été suspendus en 2008 d'après le Service National des Juridictions *Gacaca*[990].

539. Par ailleurs, la corruption ne s'est pas limitée aux juges. Selon une rescapée du génocide, des personnes condamnées à la perpétuité ont accepté d'endosser la responsabilité d'autres accusés, moyennant d'importantes sommes d'argent[991]. Cette pratique est connue en langue rwandaise sous le terme « *Kugura Umusozi* », expression qui signifie « acheter une colline[992] ». De même, bon nombre de rescapés ont accepté de témoigner à décharge contre leur bourreau et d'être soudoyés, face à la situation d'extrême pauvreté dans laquelle ils se trouvaient.

540. En dernière analyse, le phénomène de la corruption a, dans une certaine mesure, dénaturé le système *Gacaca* si l'on tient compte des principales fonctions qui ont été assignées aux tribunaux, à savoir la recherche de la vérité et l'éradication de la culture de l'impunité. Mais en l'absence d'un mécanisme effectif d'indemnisation dans le règlement du contentieux du génocide, l'indigence des rescapés semble avoir été la raison principale du recours à la corruption. Celle-ci étant devenue un mode de dédommagement vicié.

C. L'indemnisation des victimes : une question toujours en suspens

541. Évoquer la question de l'indemnisation ou de la réparation après un crime de masse n'est pas chose aisée. Le droit légitime des victimes à être reconnu et à obtenir des dommages et intérêts s'était déjà posé devant les tribunaux classiques rwandais, chargés en premier de la gestion du contentieux du génocide. Malgré les multiples condamnations prononcées au plan civil par les Chambres spécialisées, ces jugements n'ont jamais été exécutés à cause de l'insolvabilité des coupables. Devant les tribunaux populaires, cette question n'a pas été entièrement résolue, malgré les garanties émises par la législation de 2001 portant sur les *Gacaca*. Ce texte pose le principe du droit à la réparation des victimes. Néanmoins, elle incite les juridictions *Gacaca* à déclarer irrecevable toute action civile dirigée contre l'État du fait de son implication dans le génocide[993]. En guise de compensation, la création d'un

---

[990] Ces chiffres concernent à la fois les juges qui étaient considérés comme incompétents et ceux qui étaient soupçonnés de corruption. Mais le Service National des Juridictions *Gacaca* (SNJG) n'a pas été en mesure de nous communiquer des chiffres exacts sur la corruption. Sur la même question, cf. *Revue d'information et de réflexion, Dialogue,* « Rwanda : 15 ans après le génocide des Tutsi : bilan et perspectives », novembre-mars 2009, Kigali, p. 35.

[991] Témoignage recueilli le 7 décembre 2012 à Kigali.

[992] C'est-à-dire corrompre les personnes habitant dans la même colline (montagne). La majeure partie des victimes ont été exécutées sur les collines. C'est pourquoi dans certaines collines les tueurs sont majoritaires par rapport aux rescapés.

[993] Cette décision est consécutive au nombre considérable de jugements prononcés contre l'État par les Chambres spécialisées. Cf. art. 91 de la loi organique n° 40/2000 du 26 janvier 2001 portant création des juridictions *Gacaca*.

fonds d'indemnisation des victimes était prévue, mais ce fonds n'a jamais été mis en place[994].

542. Pour autant, la loi de juin 2004 sur les *Gacaca* n'a guère apporté de solution concrète. Elle charge les juridictions *Gacaca* de Secteur et d'appel d'établir la liste des victimes, des « préjudices corporels subis » ou des « infractions subies par elles ». Ladite loi ne précise pas non plus ce qu'il advient concrètement de l'énumération des préjudices que les juridictions sont tenues de faire figurer dans les décisions qu'elles devaient rendre. La seule possibilité de « réparation » qu'offre la loi organique de 2004 est celle liée au dédommagement du préjudice matériel et éventuellement une restitution des biens spoliés ou volés durant le génocide.

543. Toutefois, cette alternative ne s'étend pas à la couverture du préjudice corporel et moral. La procédure définie dans le texte de 2004 a entraîné certaines difficultés d'application. C'est pourquoi l'exécution des décisions rendues en matière d'infraction relative aux biens s'est heurtée à de nombreux obstacles au plan juridique (1). De même, le traitement de ces infractions a généré des tensions sociales dont les causes sont liées en grande partie à la situation socio-économique, tant des victimes que des condamnés (2). D'où l'intérêt de ne pas ignorer l'enjeu financier que comporte l'exécution des jugements portant sur les infractions contre les biens.

1) Les obstacles d'ordre juridique

544. Il convient de rappeler que, dans le cadre du traitement des infractions contre les biens, la priorité était accordée aux règlements amiables entre les victimes et les auteurs d'acte de pillage[995]. Le procès n'était envisageable qu'en cas d'échec des accords (transaction ou conciliation) conclus entre les parties. Si une telle solution a, dans une certaine mesure, permis d'éviter des procès, néanmoins les termes de ces accords faisaient souvent l'objet de contestation au moment de l'exécution. Il en résulte la difficulté de concilier une solution apaisée du contentieux des infractions contre les biens avec le droit effectif à réparation prévue par la loi organique de 2004 portant sur les *Gacaca*[996]. Ainsi, l'exécution des jugements portant notamment sur les pillages, les destructions de maisons et de biens privés, s'est avérée

---

[994] La principale raison qui a été avancée par les autorités politiques, c'est le manque de moyens financiers. Mais cette version a été démentie par un fonctionnaire sous couvert de l'anonymat qui soutenait qu'il y a eu plutôt un manque de volonté politique pour indemniser les victimes du génocide. Les fonds étaient bel et bien disponibles. À ce propos, il affirmait : « *le gouvernement rwandais a trouvé des fonds pour financer les élections parlementaires, construire des routes et des écoles [...]. De plus, le budget de l'État était estimé à 345 milliards.* » Entretien réalisé à Kigali le 22 mars 2010.

[995] C'est le même principe qui était appliqué devant les Chambres spécialisées des juridictions classiques.

[996] Cf. art. 95 loi organique 2004 précitée.

problématique et a fait naître de nouveaux litiges entre les victimes et les accusés.

545. Au vu des décisions analysées, plusieurs aspects posaient problème. Il en est ainsi de l'absence d'un débat contradictoire sur la culpabilité ou non de l'accusé[997], de l'identification des biens pillés[998], et surtout de la difficulté pour les juges d'appliquer les textes légaux[999]. Selon l'article 95 de la loi de juin 2004 précitée, les juridictions *Gacaca* peuvent prononcer trois modalités de réparation : la restitution des biens pillés si c'est possible ; la réparation des biens endommagés sous forme de paiement de dommages et intérêts ou l'exécution des travaux ayant la même valeur que les biens endommagés. En principe, le choix relève de la compétence du juge, après avis de l'accusé[1000].

546. Or, dans la pratique, les procès liés aux infractions contre les biens portaient essentiellement sur l'indemnisation monétaire. Dans cette perspective, pour déterminer la hauteur du dédommagement, la juridiction *Gacaca* compétente devait au préalable évaluer la somme d'argent nécessaire permettant à la victime d'acquérir un bien de même nature que celui qui a été détruit ou endommagé. Il fallait également tenir compte de l'état plus ou moins usagé du bien au moment de l'infraction. C'est à partir de là que la tâche des juges s'est avérée complexe dans la mesure où la valeur de ces biens n'était pas toujours facile à évaluer.

547. La tenue de ces procès plus de 10 ans après la commission des faits pouvait donner lieu à des approximations de la part des parties. Dans ce cas de figure, le recours à un expert semble avoir été fondamental pour déterminer le quantum de la réparation et prévenir tout risque de tensions consécutives à l'exécution des jugements. Mais la réalité montre que les juges *Gacaca* n'exigeaient pas d'expertise sur l'évaluation des biens. Ils se contentaient de fixer le montant de la réparation, sur la foi des allégations des parties, complétées par celles de l'assemblée générale de la juridiction.

548. Cependant, la sincérité des témoignages est parfois sujette aux intérêts des parties. De ce fait, les biens pouvaient être surévalués ou à l'inverse faire l'objet d'une sous-évaluation par les parties au procès. Finalement, ces jugements étaient fortement créateurs de tensions et ont généré souvent des frustrations à la fois chez les condamnés et les victimes. Par ailleurs, un autre texte a rendu complexe l'exécution des condamnations à réparation. Il s'agit de la première instruction du Service National des juridictions *Gacaca* qui dispose : « *en cas de décès, le successeur doit répondre aux actes du de*

---

[997] Cette absence de débat contradictoire est due le plus souvent à l'absence des accusés qui sont représentés par les membres de leur famille.

[998] Les pillages étaient massifs et leur caractère systématique.

[999] Cette difficulté s'explique notamment par la superposition des textes qui réglementent le jugement des infractions contre les biens : la loi de 2001 portant création des juridictions *Gacaca*, la loi de juin 2004 portant organisation, compétence et fonctionnement des juridictions *Gacaca* et les instructions du SNJG (document daté du 3 août 2006 et instruction n° 14/2007 du 30 mars 2007).

[1000] Cf. article 68 de la loi *Gacaca* 2004.

cujus[1001]. » Selon cette disposition, ce sont les héritiers ou la famille de l'accusé qui doivent endosser la responsabilité de la réparation lorsque ce dernier est décédé ou en exil. Cette situation est très fréquente d'après les chiffres publiés par le Service National des juridictions *Gacaca* en 2007.

549. Sur les 308 738 personnes condamnées aux infractions contre les biens (catégorie 3), 120 000 étaient déclarées décédées ou en exil. Ainsi, l'application du texte du 3 août 2006 précité a généré de nombreuses difficultés pour une catégorie d'individus considérés comme vulnérables (femmes et enfants)[1002]. Le cas des femmes est plus complexe, car près de 35,2 % d'entre elles sont devenues du jour au lendemain chef de ménage sans y être préparées[1003]. De plus, elles étaient contraintes en même temps de rembourser les pillages commis par leur mari emprisonné, décédé ou en exil. Une telle mesure posait des difficultés d'application dans la mesure où 60 % des ménages dirigés par des femmes vivaient en dessous du seuil de pauvreté[1004]. Par conséquent, dans un contexte socio-économique difficile, l'exécution des jugements s'est avérée irréalisable comme ce fut également le cas devant les juridictions ordinaires.

2) Les contraintes socio-économiques

550. Le Rwanda est classé parmi les pays les plus pauvres au monde. Selon l'enquête menée par l'Institut National des Statistiques du Rwanda, 56,9 % de la population vivait en dessous du seuil de pauvreté[1005]. Eu égard aux capacités financières réduites de certains condamnés, l'exécution des jugements pouvait facilement faire basculer des familles déjà vulnérables dans la misère. Étant donné que l'agriculture est la principale source de revenus[1006], le montant des remboursements fixé par les juges était souvent très élevé comparé au revenu moyen d'un agriculteur qui se situe entre 200 à 300 francs rwandais par jour. Soit l'équivalent de 30 centimes d'euro environ[1007].

551. Au vu des jugements analysés, l'évaluation du dommage portant par exemple sur une propriété détruite pouvait atteindre jusqu'à 9 000 000

[1001] Instruction du Service National des Juridictions *Gacaca* portant sur le traitement des infractions contre les biens endommagés pendant le génocide, 3 août 2006.

[1002] Selon une enquête publiée en décembre 2006 par l'Institut National des Statistiques Rwandais, après le génocide, près d'un tiers des ménages était dirigé par des femmes ou des enfants orphelins compte tenu de l'implication massive des hommes dans les massacres.

[1003] Cf. rapport du secrétariat exécutif permanent du suivi de Beijing, *Pauvreté et promotion socio-économique de la femme rwandaise,* novembre 2007 : http://genre.francophonie.org/spip.php?article875 , consulté le 10 août 2012

[1004] Cf. enquête portant sur les conditions de vie des ménages publiée par l'INSR, National Institute of statistics Rwanda, *preliminary poverty update report, Integrated living conditions survey 2005.* Décembre 2006. Institut National des statistiques du Rwanda : http://www.statics.gov.rw/ , consulté le 10 août 2012.

[1005] *Ibid.*

[1006] La majorité de la population active (91 %) travaille dans le secteur agricole.

[1007] Cf. rapport de la Coopération Technique Belge publié en 2005, *supra*, note 940.

FRW[1008]. Par conséquent, il ne faut pas sous-estimer l'enjeu de ces remboursements dans un contexte économique redoutable pour la grande majorité des accusés. C'est pourquoi les mesures prévues par les textes légaux pour contraindre les personnes condamnées de s'acquitter de leur dette étaient difficilement applicables. Il s'agit en l'occurrence de l'exécution forcée, c'est-à-dire les saisies des biens ou des terres des personnes condamnées.

552. Sachant que les saisies ont des conséquences dommageables sur les familles des pilleurs, les autorités locales déconseillaient souvent les secrétaires exécutifs des juridictions *Gacaca* d'engager la procédure d'exécution forcée à l'encontre de certains redevables. Il est important de rappeler que l'une des mesures phares du gouvernement post-génocide était de relever le niveau de vie des couches sociales démunies. Pour ce faire, il serait invraisemblable de réduire leurs moyens de subsistance dans le but de réparer les préjudices causés aux victimes. Comme le prétendait d'ailleurs le professeur Pierre R. Ruzirabwoba, *« exiger la réparation de la part des criminels dépourvus de moyens de subsistance, c'est aggraver la pauvreté des classes hutu au profit des classes tutsi ! Ce fait attiserait la haine et risquerait de retarder la réconciliation*[1009] ».

Ces constats soulèvent encore une fois de plus la question de l'effectivité des décisions portant sur les intérêts civils des victimes dans le traitement du contentieux du génocide. Il apparaît que la réparation des biens endommagés ne pouvait uniquement reposer sur les auteurs des pillages et des destructions.

553. Deux explications au moins consolident cette idée : d'une part, la majorité des condamnés étaient insolvables ; d'autre part, l'évaluation des biens à leur valeur exacte plus d'une décennie après le génocide était presque impossible. Dans cette perspective, le recours aux modes alternatifs de règlement des conflits ou MARC (transaction ou conciliation) est une solution pertinente qui aurait pu résoudre en partie la question de la réparation. Mais cet objectif n'a pas été totalement atteint par les autorités rwandaises, car plus d'un million d'affaires portant sur les infractions contre les biens ont été jugées par les juridictions *Gacaca*[1010]. Ce pourcentage témoigne une fois de plus l'ampleur des infractions liées au pillage dans le traitement du contentieux du génocide des Tutsi.

554. Si le mécanisme du règlement amiable a eu le mérite d'éviter les procès dans certaines localités au Rwanda, les accords conclus entre les parties ont néanmoins souvent généré des tensions au moment de l'exécution. Soit les clauses du contrat n'étaient pas toujours claires, soit il n'existait pas de preuve écrite. C'est pourquoi malgré leur succès incontestable, les MARC ne font pas l'unanimité chez les juristes comme Loïc Cadiet. Celui-ci estime que le règlement amiable des litiges n'est pas forcément plus juste que la solution

---

[1008] Jugement rendu par la juridiction *Gacaca* à Gisenyi le 10 décembre 2005.

[1009] Cf. rapport Commission Nationale de Lutte contre le Génocide (CNLG), *15 ans après le génocide perpétré contre les Tutsi (1994-2009), défis et perspectives*, Kigali, avril 2010, p. 143.

[1010] Cf. summary of the report presented at the closing of *Gacaca* courts activities, publié par le Service National des Juridictions *Gacaca* (annexe 4).

judiciaire[1011]. Cette hypothèse se justifie parfaitement dans le processus *Gacaca*, compte tenu du caractère verbal d'une grande partie des contrats de transaction conclus entre les victimes et les auteurs de pillage. En l'absence de preuve écrite, ces derniers ont souvent été contraints de payer une seconde fois des sommes précédemment versées aux débiteurs. Ce qui semble tout à fait injuste, surtout dans un contexte économique difficile en période post-conflit.

555. Mais, quelles que soient ces objections, il est important de rappeler que le recours au règlement amiable dans le traitement des infractions contre les biens s'inscrivait plutôt dans une politique d'apaisement et de réconciliation nationale décidée par les autorités rwandaises. Malheureusement, l'exécution des accords ainsi que celle des jugements portant sur la réparation constituaient un facteur d'aggravation de la pauvreté surtout chez les redevables. Toutefois, certains témoignages traduisent l'attente chez la plupart des victimes d'une indemnisation de l'État[1012]. Cela suppose que le châtiment des coupables n'était pas la préoccupation majeure des victimes.

556. Néanmoins, il semble très difficile, voire impossible en cas de crime de masse de réparer le préjudice à la hauteur de la souffrance et du chagrin. Face à cette impasse, la création d'un fonds d'indemnisation des victimes aurait pu être une solution adéquate. À cet égard, il est regrettable que le gouvernement rwandais n'ait pas concrétisé cette solution, après avoir proposé une somme unique par victime dans un projet de loi[1013]. Quelle que soit sa forme (compensation ou restitution*)*, la réparation revêt un caractère significatif que l'on peut assimiler à une sorte de guérison symbolique pour les pertes subies, de même qu'une reconnaissance de la souffrance des victimes. Mais à ce jour, après la clôture des procès *Gacaca,* aucune loi sur l'indemnisation des victimes n'a été promulguée[1014]. Cette question reste toujours en suspens. Cela étant, malgré toutes les failles qu'elles ont révélées, les juridictions *Gacaca* ont produit un bilan quantitatif très positif, contrairement aux juridictions classiques rwandaises.

[1011] CADIET Loïc, « Solution judiciaire et règlement amiable des litiges : de la contradiction à la conciliation », in *Mélanges en l'honneur de Claude Champaud*, Paris, Dalloz, 1997, pp. 124 à 147, n° 1 à 4.

[1012] Comme en témoigne l'entretien avec le président de l'association des rescapés du génocide (IBUKA) : *« il ne faut pas refuser le droit à l'indemnisation en tant que principe. Le gouvernement ne peut se réfugier derrière un Fond d'assistance... C'est son devoir d'assister les rescapés en référence aux conventions relatives aux droits socioéconomiques que l'État rwandais a ratifiées. »* Entretien réalisé à Kigali le 18 mai 2010.

[1013] Il s'agit d'un projet qui était prévu par l'article 32 de la loi organique de 1996 sur l'organisation des poursuites des infractions constitutives du crime de génocide ou de crimes contre l'humanité (annexe 1). Cette loi est abrogée par celle de 2001 portant création des juridictions *Gacaca*.

[1014] Hormis le FARG qui était destiné uniquement aux rescapés les plus démunis que certains survivants du génocide considèrent comme une forme de réparation. Cf. *supra*, B, § 317.

§ 3–Un bilan quantitatif très positif comparé à la justice classique

557. Il importe de rappeler le contexte dans lequel les tribunaux populaires ont été mis en place après la dissolution des Chambres spécialisées chargées du contentieux du génocide. Celles-ci ont rendu seulement 6000 jugements sur un total de 89 865 détenus pour la période de 1998 à 2001[1015]. Mais en 2002, confronté à une population carcérale de près de 120 000 prisonniers, le gouvernement rwandais a eu recours à la justice traditionnelle pour accélérer la gestion des procès. En dépit de nombreuses critiques, les juridictions *Gacaca* sont parvenues à gérer une grande partie de l'immense contentieux du génocide.

558. Au bout de dix ans d'instruction et de procès ininterrompus (de 2002 à 2012), 12 100 tribunaux populaires ont jugé 1 958 634 affaires[1016]. Sans doute, ce résultat n'aurait pu être obtenu sans l'introduction de la procédure d'aveu dans le système judiciaire rwandais. Dans la même perspective, les *Gacaca* ont permis de réduire de manière subséquente les coûts de l'administration pénitentiaire grâce à la consécration de la peine alternative à l'emprisonnement plus connue sous le nom de travail d'intérêt général (TIG).

559. Selon le service national des TIG, sur un total de 84 896 détenus condamnés au TIG, 32 742 ont déjà exécuté leur peine[1017]. Ainsi, le programme mis en œuvre a connu un succès retentissant au Rwanda dans son engagement envers le développement économique. Pourtant malgré les avantages du TIG, cette peine suscite des avis partagés chez les citoyens rwandais. Certains rescapés le considèrent comme une forme d'amnistie « déguisée », car une telle sanction n'est pas proportionnelle aux crimes commis[1018]. D'autres auraient souhaité que les bénéfices du TIG leur soient exclusivement réservés étant donné que la question de l'indemnisation des victimes n'a connu jusque-là aucune avancée notoire.

560. Quelles que soient les opinions, on est loin de l'image accablante « des travaux forcés » que certains détenus assignent au TIG. Bien que le but poursuivi reste répressif, cette peine alternative a une valeur pédagogique. Elle permet aux condamnés de contribuer à la réparation du dommage causé à la société. Par la même occasion, les délinquants peuvent apprendre les rudiments d'un métier qu'ils n'ont pas pu exercer librement. Les statistiques fournies à cet égard par le Service national des travaux d'intérêt général (SNTIG) en sont une parfaite illustration[1019].

[1015] Selon les statistiques du ministère de la Justice rwandaise.

[1016] Cf. rapport final publié par le Service National des Juridictions *Gacaca* (annexe 4).

[1017] Chiffre communiqué par le gestionnaire de la base de données du Service National des TIG lors d'un entretien à Kigali le 12/07/2011.

[1018] Rappelons sur ce point que le Rwanda est le seul pays au monde d'avoir recours au TIG pour des infractions aussi graves que les crimes internationaux, alors que la plupart des pays appliquent cette peine aux délits mineurs.

[1019] Entretiens du 15 avril 2010 et 12 juillet 2011 (annexe 5).

561. En somme, l'évaluation juridique du système *Gacaca* ne saurait se limiter à un bilan quantitatif. Comme nous l'avons montré, on est face à un modèle de justice qui a certes des avantages, mais aussi de nombreux inconvénients révélés au cours des procès. Il en est ainsi de la raréfaction des témoignages. Deux raisons peuvent expliquer cette carence. Soit les témoins recevaient tardivement leur citation à comparaître, soit ils refusaient délibérément de témoigner par crainte de représailles. Par ailleurs, la situation des femmes qui furent victimes de violences sexuelles est la plus complexe et la plus difficile. Beaucoup d'entre elles ont préféré se murer dans le silence pour ne pas révéler dans la sphère publique ce qui relève de leur intimité. Cette question met en évidence les limites du système *Gacaca* et plus largement les difficultés de toute réaction sociale face à certaines catégories de crimes.

562. Enfin, il est incontestable que les *Gacaca* ont contribué de manière significative à la gestion du contentieux du génocide avec une accélération extraordinaire des procès. Mais tout cela à quel prix ? Telle est la question à laquelle il faut répondre au moment même où l'institution vient de mettre fin à ses activités. Cette question met en exergue l'importance des principes fondamentaux du procès équitable. Malgré un effort considérable des juges populaires pour faire respecter le principe du contradictoire, il n'en demeure pas moins que les difficultés en termes de transparence des débats et de mise en cause des responsabilités individuelles sont significatives. L'observation des audiences nous a confrontée à cette réalité. Des séances se montraient parfois chaotiques eu égard à l'incapacité de certains juges d'organiser un véritable débat du contradictoire susceptible d'orienter leur décision et de faire émerger la vérité. Ceci remet en cause sans aucun doute l'idée de confier un contentieux d'une telle envergure à des juges qui, à la base, n'avait aucune connaissance du droit. Le risque d'erreur était d'autant plus flagrant que même des magistrats professionnels n'en seraient pas épargnés comme ce fut le cas devant les Chambres spécialisées[1020].

563. D'ailleurs, en 2009, le Comité des droits de l'homme de l'ONU avait déjà évalué le Rwanda par rapport à ses obligations au regard du Pacte international relatif aux droits civils et politiques. Le Comité avait ainsi dénoncé la « précipitation inquiétante » des procès, le manque de formation juridique pour les juges populaires, avant de conclure que le système *Gacaca* ne fonctionnait pas selon les règles fondamentales de procès équitable[1021]. En revanche, il semblerait que le respect des obligations internationales ne faisait pas partie des priorités du nouveau gouvernement rwandais. Les deux

---

[1020] Pour remédier à cette difficulté, l'article 26 de la loi organique 2004 précitée avait prévu que les juridictions *Gacaca* pouvaient, quand elles en ressentent le besoin, faire appel à des conseillers juridiques. Cependant, on s'interroge sur leur efficacité au regard de leur nombre totalement inférieur à celui des 12 000 tribunaux décentralisés à travers tout le territoire du Rwanda.

[1021] Comité des droits de l'homme de l'ONU, "consideration of reports submitted by State parties under article 40 of the covenant, concluding observations of the Human Rights Committee", CCPR/C/RWA/CO/3-7, mai 2009.

principaux objectifs visés dans la mise en place du système *Gacaca* consistaient à combattre l'impunité par la punition et surtout à rétablir le dialogue social. Ainsi, on se demande si le droit à la réparation, tant proclamé par les victimes, ne risquait-il pas d'empiéter sur la politique de réconciliation nationale ? Pour élucider cette question, une évaluation socio-politique du système s'impose.

SECTION 2 — ÉVALUATION SOCIO-POLITIQUE

564. Au cours des dix années qui se sont écoulées entre le génocide et la mise en place des juridictions *Gacaca,* le climat social au Rwanda était dominé par la méfiance et une peur mutuelle entre les différents groupes ethniques. Cependant, le début des procès a apaisé les tensions. Ainsi, au-delà de l'aspect purement judiciaire, les témoignages ont dans une certaine mesure permis d'amorcer une cohabitation pacifique ; même si des facteurs imprévisibles ont souvent entraîné un blocage du processus *Gacaca* (**§ 1**). De tels obstacles trouvent leurs origines, notamment dans la difficulté de mêler tradition et justice pénale pour traiter des crimes de masse. Cette nouvelle politique de répression menée par le gouvernement rwandais représente sans aucun doute l'une des expériences les plus exceptionnelles en termes d'appropriation et d'ambition dans l'histoire de la justice transitionnelle (**§ 2**).

§ 1–Les facteurs de blocage du processus

565. À l'analyse, plusieurs éléments importants permettent d'appréhender une partie de la philosophie qui sous-tendait le système *Gacaca.* Le bon déroulement des procès dépendait en partie des témoignages de la population. Ce qui présupposait un contexte social apaisé. Dans cette perspective, les autorités politiques entendaient convoquer les mémoires de tous en vue d'établir, par un débat communautaire, les responsabilités individuelles des auteurs du génocide.

566. Toutefois, la révélation de la vérité si chère aux autorités n'avait pas aux yeux de tout le monde les mêmes effets, car il est des vérités qui dérangent ou qui divisent. Pour ce faire, une forme de solidarité ethnique s'était développée aboutissant le plus souvent à de faux témoignages devant les *Gacaca* (A). Outre ces obstacles, il est important de souligner que la mise en place de ces tribunaux suscitait de fortes attentes surtout chez les survivants. Ainsi, la difficulté de connaître la vérité sur ce qui s'est passé pendant le génocide et l'ineffectivité de la réparation ont généré de toute évidence des déceptions. Finalement, l'absentéisme était devenu un fait réel (B).

A. La solidarité ethnique, une entrave à l'émergence de la vérité

567. Compte tenu de la difficulté de trouver des preuves matérielles, les *Gacaca* s'appuyaient principalement sur les témoignages pour rendre leur jugement. Les débats encadrés par ces tribunaux tendaient dans la pratique vers une forme de « vérité sociale ». En l'occurrence, il s'agit d'une reconstitution des événements sur le génocide telle qu'elle ressort des discussions entre parties présentes. C'est pourquoi les prévenus qui faisaient le choix de la procédure d'aveu et de plaidoyer de culpabilité étaient contraints en même temps de citer les noms de leurs coauteurs et complices[1022].

568. Mais force est de constater qu'aucune « vérité commune » ne semble admise au sein de la population. Du côté des rescapés, le silence quasi absolu tout au long des séances indique une sorte de réticence par crainte de représailles. Quant aux accusés, certains se lancent dans un calcul pointilleux coût-avantage pour pouvoir bénéficier de la peine de travail d'intérêt général. De même, rares sont ceux qui acceptent de dénoncer leurs coauteurs ou complices. Dans une situation où les crimes ont été commis avec des membres d'une même famille, la peur d'être isolés nourrit cette résistance à dénoncer des parents ou des proches.

569. Qui plus est, les participants aux audiences *Gacaca* ne se donnaient pas toujours la peine de dire la vérité pour ne pas risquer d'envenimer les relations de voisinage. À cet égard, il n'est pas toujours simple d'obtenir des témoignages complets et véridiques à cause des mécanismes de solidarité qui aboutissent à des mensonges par omission. Des groupes ou associations appelés *Ceeka*[1023] se sont constitués pour faire obstacle à toute révélation de la vérité sur le génocide. C'est ce qui ressort de l'enquête sur la cohésion sociale réalisée de 2005 à 2007 par l'ONG *International Rescue Committee* [1024].

570. Une majorité significative de rescapés interrogés (35 %) soutenaient qu'il existait un pacte de silence qui empêchait beaucoup de prévenus d'avouer leur crime ou de dénoncer les membres de leur propre famille. Sur ce point, les campagnes de sensibilisation invitant la population à s'impliquer pleinement dans la quête de justice ne semblent pas avoir atteint totalement leurs objectifs[1025]. Lors des audiences, les déclarations des uns et des autres sont totalement influencées par les enjeux, voire les antagonismes sociaux et interindividuels dans lesquels elles s'inscrivent.

571. Les témoignages sont d'autant plus difficiles à apporter lorsqu'ils engagent les membres de la communauté la plus proche des témoins. Outre la

---

[1022] Ce principe est imposé par l'article 54 alinéa 2 de la loi organique de juin 2004 précitée.

[1023] Ce terme signifie « silence » en langue Kinyarwanda.

[1024] Cette étude a été commanditée par la Commission Nationale pour l'Unité et le Réconciliation. Cf. Dialogue, *Revue d'information et de réflexion*, Kigali, *supra*, note 990, pp. 40 à 43.

[1025] Des campagnes de sensibilisation ont été organisées par les autorités locales et nationales pour informer la population de la nécessité de révéler toutes informations permettant d'établir la responsabilité individuelle des accusés ou de les innocenter.

réticence à dénoncer des parents ou des proches, la population a progressivement renoncé à s'exprimer aux audiences face aux pressions, intimidations, insultes et autres représailles de la part des familles des accusés. Au bout du compte, l'inefficacité des débats dans la recherche de la vérité en a découragé certains qui ont fini par « tourner le dos » au processus.

B. Une baisse importante du taux de participation de la population

572. En tant que modèle de justice participative, le fonctionnement des juridictions *Gacaca* dépendait essentiellement d'une implication massive et volontaire de la population. L'idée d'engager toute une communauté dans le traitement des crimes revêtait une double importance : d'une part, il s'agissait de briser la méfiance et la suspicion généralisée après le génocide et, d'autre part, contribuer à la recherche de la vérité. Or, il s'est avéré qu'au lieu de connaître des chiffres stables, jusqu'à la fin de leurs activités en juin 2012, les taux de participation aux audiences ont connu de fortes variations. Au démarrage de la phase pilote en 2004 jusqu'à la fin de la première année marquant la phase juridictionnelle (2005), il y a eu une présence massive de la population. Il est manifeste que le travail de sensibilisation accompli par les autorités locales a dans une certaine mesure été fructueux[1026]. Ainsi, la plupart des audiences se déroulaient devant un public composé d'au moins 300 à 500 personnes[1027], bien qu'il soit nécessaire de faire la distinction entre la notion de participation et celle de présence.

573. La majeure partie des personnes présentes aux procès ne participaient que très peu aux débats. Leur présence était plus silencieuse et observatrice que riche en informations sur le déroulement des faits. D'après les témoignages recueillis auprès de certains participants, ce mutisme s'explique pour diverses raisons allant du manque de confiance au refus de trahir des parents ou des proches impliqués dans les massacres. Au-delà de ce constat d'une forte participation aux premières audiences, il y a eu une forte diminution de la présence de la population aux assemblées *Gacaca* dans le courant de l'année 2007. Ce qui générait d'énormes difficultés pour le bon déroulement des procès.

[1026] Cette sensibilisation se faisait par voie d'affichage ou de diffusion de film expliquant l'importance de l'expression de la vérité et le fonctionnement des juridictions *Gacaca*.

[1027] Sachant qu'il existe une disparité régionale dans la participation comme le justifie l'enquête menée par l'ONG IRC entre 2005 et 2007. Au vu des résultats de l'enquête, 62% des personnes interrogées ont assisté aux procès *Gacaca* et seul 1 % ont déclaré n'y avoir jamais participé. Les niveaux de participation les plus élevés se trouvent dans la province de l'ouest (35% soit 6% de plus que la moyenne nationale). Les niveaux les moins élevés étaient enregistrés dans le sud (23%), à l'est (25%), et 30% au nord. Cf. *Revue d'information et de réflexion*, Dialogue, *supra*, note 990, p. 40.

574. Selon les témoignages recueillis, de nombreuses audiences ont eu lieu sans pour autant que le quorum exigé par la loi ne soit atteint[1028]. Après l'intérêt initial, la lassitude de la population s'est fait sentir. Plusieurs facteurs entrent en jeu pour expliquer ce désengagement progressif. Le sacrifice économique considérable que représente la participation aux assemblées en est une explication. Une telle contribution demande beaucoup de temps à la population, obligée parfois de se rendre deux fois par semaine aux audiences. Or, encore faut-il le rappeler, le Rwanda est un pays pauvre. Pour une population dont la survie dépend à 60 % de l'agriculture, la perte d'une journée de travail n'est pas sans incidence sur la vie quotidienne. Du côté des juges populaires également, le même problème s'est posé. Ils sont parfois les premiers à se désengager, car leur investissement dans les juridictions représente un manque à gagner[1029]. Afin de remédier à cette forme d'absentéisme, la loi *Gacaca* de juin 2004 rendait la participation aux audiences obligatoires, sous peine de sanction qui peut revêtir la forme d'une amende[1030].

575. La coercition s'est donc substituée à la participation volontaire. Néanmoins, on peut s'interroger sur l'efficacité d'une telle mesure, car, si le recours à la force est de nature à assurer une importante présence physique aux séances hebdomadaires des *Gacaca*, il ne peut suffisamment garantir une participation effective aux débats, notamment à la recherche de la vérité. Au contraire, l'idée de recourir à la contrainte risque de bloquer tout témoignage et empêcher ainsi l'établissement de la responsabilité individuelle des auteurs soupçonnés de participation au génocide.

576. Par ailleurs, à l'exception notable de nombreux rescapés, les survivants du génocide ont manifesté d'autres raisons qui les dissuadaient à manifester un intérêt plus significatif au processus *Gacaca.* Il en est ainsi de la corruption, de l'absence d'un mécanisme d'indemnisation et plus généralement de l'absence de vérité. De ce fait, une opinion générale et omniprésente accompagne le processus *Gacaca* : *toute la vérité sur le génocide n'est pas connue*. À propos de la crédibilité des témoignages, la population a eu un doute au sujet des motivations des témoins. Presque les deux tiers de la population (60 %) sont convaincus que les faux témoignages sont fréquemment donnés aussi bien par les témoins à charge que les témoins à décharge[1031]. Ces résultats démontrent un niveau bas de confiance dans la « vérité » dévoilée devant les *Gacaca.*

577. Il existe des espoirs déçus suite aux débats chaotiques et improductifs sur le plan de l'émergence de la vérité. Dans la même perspective, les peines

---

[1028] Selon le témoignage d'un juge populaire. Or, conformément à l'article 23 de la loi organique *Gacaca* de juin 2004, « le siège de la juridiction *Gacaca* ne peut se réunir valablement que si au moins sept de ses membres sont présents. Lorsque ce quorum n'est pas atteint suite aux membres absents, la séance est reportée… »

[1029] En ce sens, VAN BILLOEN Salomé, *op. cit.,* p. 86.

[1030] Cf. art. 29 loi organique 2004 précitée.

[1031] Cf. *supra*, Dialogue, *Revue d'information et de réflexion,* note 990, p. 42.

modifiées au fur et à mesure des amendements de la loi organique sur les *Gacaca* sont perçues par les rescapés comme disproportionnées par rapport à la gravité du crime de génocide[1032]. Aussi, du début jusqu'à la fin des procès *Gacaca,* aucune loi d'indemnisation n'a été promulguée. L'absence continue d'une décision politique claire sur cette question a généré chez les survivants un sentiment de frustration et de non-reconnaissance de leur souffrance. La majorité d'entre eux a perdu tout espoir à ce que leurs demandes légitimes de compensation soient concrétisées.

578. Enfin, quelles qu'en soient les raisons, l'absence d'une participation massive aux audiences dans de nombreuses localités a nui à la fiabilité des procédures. Ces nouveaux tribunaux n'ont pas connu réellement la ferveur populaire. De ce point de vue, Valérie Rosoux préférait employer l'expression « justice partiellement négociée[1033] » plutôt que celle d'une « justice populaire ». L'idée était surtout de démontrer que le recours au *Gacaca* n'est rien d'autre qu'une solution de compromis politique, comme c'était le cas avec la mise en place des Commissions Vérité et Réconciliation d'Afrique du Sud[1034]. Tel est le défi majeur auquel est confronté tout régime étatique post-conflit désirant trouver un équilibre entre la recherche d'une paix civile durable et celle de la justice.

579. Cette conception du « retour à la normale » dans le cas des sorties de crise a largement fait place à une vision renouvelée de ce que doit être une « transition[1035] ». Il s'agit d'une période au cours de laquelle une communauté panse ses blessures en menant une quête de la vérité au prisme de la restauration de l'État de droit. Apparaît ainsi une nouvelle forme de justice communément appelée « justice transitionnelle » qui, durant la phase de « cicatrisation », accompagne les sociétés encore traumatisées par les violences du passé. C'est dans ces circonstances que les juridictions *Gacaca* ont été mises en place afin d'exercer une fonction restauratrice que les juridictions ordinaires étaient incapables d'assurer, au vu de la limitation de leurs moyens et de l'ampleur des crimes commis. Tout en œuvrant pour la réconciliation du peuple rwandais, les juridictions *Gacaca* ont fonctionné comme de véritables juridictions pénales. C'est ce qui fait toute leur originalité, mettant ainsi au cœur des débats deux approches concurrentes sur les modèles de justice punitive et de justice restaurative.

[1032] Nous pensons notamment à la peine de TIG que certains survivants du génocide ont considéré comme une forme d'« amnistie déguisée ».

[1033] ROSOUX Valérie et MUGABÉ Aggée, « Le cas des Gacaca du Rwanda. Jusqu'où négocier la réconciliation ? », *supra*, note 909, p. 32.

[1034] Même si la plupart des victimes de l'apartheid auraient préféré que se tiennent de grands procès pour que justice soit faite. Pour une analyse de la question, cf. SIMPSON Graeme, « Amnistie et crime en Afrique du Sud après la Commission Vérité et Réconciliation », Cahier d'études africaines, 2004, pp. 99-126.

[1035] BRISSET-FOUCAULT Florence, « Vérité, justice, réconciliation ou comment concilier l'inconciliable », *La Découverte/ Mouvements,* 2008, p. 10.

§ 2– Les juridictions *Gacaca* : un mécanisme inédit de justice transitionnelle

580. Avant d'expliquer en quoi le système *Gacaca* peut être assimilé à un instrument de justice transitionnelle, il serait opportun de cerner les contours de ce nouveau concept très complexe et controversé. Située à la croisée du politique, du judiciaire, de l'éthique, de la psychologie et du religieux, l'expression « justice transitionnelle[1036] » apparaît pour la première fois en 1992 sous la plume de la juriste Ruti Teitel[1037]. Celle-ci l'a définie comme étant « *un concept de la justice, intervenant en période de changement politique, qui se caractérise par une réponse juridique aux méfaits de régimes répressifs révolus*[1038] ». Cette définition n'est toutefois pas unanimement admise en doctrine en raison des divergences d'appréciation de la notion de justice transitionnelle[1039]. De nombreux auteurs ont soulevé l'imprécision du concept qui peut souvent prêter à confusion[1040]. À cet égard, le juriste Ruffin Mabiala soutenait que, dans le binôme « justice transitionnelle », le concept de transition n'indique pas la qualité de la justice recherchée, mais plutôt le contexte dans lequel celle-ci est recherchée[1041]. Quant au terme de justice, il recouvre de multiples intentions normatives, éthiques, politiques, mais aussi des actions punitives, de guérison, et de réconciliation, prises dans le cadre de l'élaboration progressive d'un nouveau pacte sociétal[1042].

[1036] Il est importé du monde anglo-saxon sous le terme « transitional justice ».

[1037] Dans la même perspective, l'auteur Pierre Hazan situait la naissance et la légitimité de la justice transitionnelle dans la gestion par le monde occidental de l'héritage des crimes nazis. HASAN Pierre, *Juger la guerre juger l'histoire,* Paris, PUF, 2007, pp. 11 et 17.

[1038] Le rapport du Secrétaire général des Nations Unies propose une définition plus large en considérant la justice transitionnelle comme « *les divers processus et mécanismes mis en œuvre par une société pour tenter de faire face à des exactions massives commises dans le passé, en vue d'établir les responsabilités, de rendre la justice et de permettre la réconciliation. Peuvent figurer dans ces processus des mécanismes tant judiciaires que non judiciaires, avec (le cas échéant) une intervention plus ou moins importante de la communauté internationale, des mesures pénales contre des individus, des indemnisations, des enquêtes visant à établir la vérité, une réforme des institutions, des mesures d'épuration, ou une combinaison de ces mesures* » (rapport du Secrétaire des Nations Unies au Conseil de sécurité sur le Rétablissement de l'état de droit et l'administration de la justice pendant la période de transition dans les sociétés en proie à un conflit ou sortant d'un conflit, S/2004/616, 23 août 2004, § 8, p. 7).

[1039] Cette notion est devenue un véritable champ d'expertise dont le pionnier est l'ONG *International Center for Transitional justice* (ICTJ) créée en 2001. Pour les divergences d'interprétation, cf. LEFRANC Sandrine, « La JT n'est pas un concept », *La Découverte,* n° 53, 2008, pp. 61-69 ; HOURQUEBIE Fabrice, « La notion de justice transitionnelle a-t-elle un sens ? » : www.droitconstitutionnel.org/congresParis/comC5/HourquebieTXT.pdf

[1040] Dans cette perspective, Cherif Bassiouni qui fut président du comité de rédaction des statuts de la CPI à Rome en 1998 a préféré utiliser le concept de justice post-conflictuelle. Mais ce qualificatif est remis en cause par Pierre Hazan qui a donné l'exemple des sociétés qui n'opposent pas de belligérants entre eux, mais un État répressif qui opprime une partie de sa population. HANZAN Pierre, *op. cit.,* p. 46.

[1041] MABIALA Ruffin Viclère, *La justice dans les pays en situation de post-conflit,* L'Harmattan, 2009, p. 80.

[1042] *Idem*, p. 80.

581. Pour résumer le tout, Pierre Hazan précisait que ce n'est pas la justice, mais des sociétés qui sont en transition après avoir connu des dictatures sanglantes, des crimes contre l'humanité, voire des actes de génocide[1043]. Ce débat de fond n'empêche pas pour autant qu'un certain nombre de principes irréfutables, guidant l'exercice de la justice en période de transition, ait pu recueillir une adhésion collective. Même si aucune définition n'a jusque-là fait l'unanimité, la plupart des auteurs[1044] s'accordent sur le fait que la justice transitionnelle est orientée vers la réalisation de cinq objectifs : poursuites judiciaires, recherche de la vérité (historique), réconciliation entre protagonistes, octroi de réparation aux victimes, réforme des institutions judiciaires et politiques.

582. À l'analyse, ce sont les mêmes principes qui ont été mis en œuvre au Rwanda dans le cadre du processus de transition démocratique[1045]. Face aux conséquences multiples impliquant la population civile comme principale victime, les institutions judiciaires quasiment détruites, le PIB en baisse, les questions immédiates qui se posent sont celles des priorités comme dans tous les pays qui doivent hériter de leur passé criminel. Comment délimiter précisément le temps de la transition ? Par où commencer ? Par le développement, la justice ou des élections ? Autant de questions qui se posent et dont les réponses ne sont pas simples. Nous nous retrouvons ainsi confrontés au dilemme de la paix face à la justice.

583. Pour organiser une sortie de crise prudente, la création de commissions dites de « Vérité » est devenue une pratique assez fréquente (car jugés plus recommandables) dans les scénarios les plus divers de transition politique ou de négociations de paix. Parmi ces mécanismes, les Commissions Vérité et Réconciliation (CVR) d'Afrique du Sud sont souvent citées comme une « success story[1046] ». Elles sont sans conteste les plus populaires car les plus médiatisées[1047], d'où l'intérêt de les comparer avec les tribunaux *Gacaca.* Deux facteurs expliquent ce choix.

584. D'abord, le Rwanda et l'Afrique du Sud ont également reçu en héritage un conflit d'une violence extrême. Ensuite, les deux pays présentent

---

[1043] HAZAN Pierre, *op. cit.,* p. 11.

[1044] À ce sujet, cf. HOURQUEBIE Fabrice, *op. cit.,* p. 5 ; LEFRANC Sandrine, *op. cit.,* p. 62.

[1045] Pour rappel, la transition est amorcée après à la victoire militaire du Front patriotique rwandais qui a mis fin au génocide le 18 juillet 1994.

[1046] VALLY Hanif, « La paix avec la justice : l'amnistie en Afrique du Sud », *La Découverte,* n° 53, 2008, p. 102.

[1047] Créées en 1995 pour tourner la page de l'apartheid et solder les comptes de son passé, *les Truth and Reconciliation Commission* (expression plus familière) doivent surtout leur notoriété au nombre important des auditions publiques, mais aussi des fortes personnalités qui ont lourdement pesé sur le processus de recherche de la vérité : Nelson Mandela et l'archevêque Desmond Tutu. Mais les pionniers des commissions de vérité se trouvent en Amérique latine. La première de ces commissions a été créée en 1984 en Argentine avec la Commission Nationale sur les disparus, ensuite au Chili en 1990, puis au Salvador en 1992 et au Guatemala en 1994, à l'initiative de gouvernements de « transition démocratique » ou d'agence de l'Organisation des Nations Unies. À ce propos, cf. LEFRANC Sandrine, *op. cit.,* p. 63.

une grande diversité par le type et le statut de leur conflit national. Ce qui justifie sans doute un choix de l'amnistie pour l'Afrique du Sud et des poursuites pénales pour le Rwanda. Cela étant, chaque transition est unique et doit inventer ses propres instruments, procédés et procédures appropriés aux sorties de crise. D'ailleurs, comme l'a si bien rappelé Florence Brisset, la justice transitionnelle n'est pas un modèle importable tel quel. Il s'agit plutôt d'une « boîte à outils » que l'on tente d'adapter à chaque situation[1048]. Une telle affirmation se justifie parfaitement dans le contexte rwandais où le traitement des crimes met en jeu des paramètres inhabituels en raison de l'ampleur et des conséquences incommensurables : bilan élevé du nombre de victimes dans un délai très court, cruauté des méthodes employées dans les massacres, implication massive de la population, usage systématique de la violence sexuelle, etc.

585. Dans ces circonstances, il paraît évident que le choix de l'amnistie, tel qu'il a été adopté en Afrique du Sud[1049], n'aurait fait qu'entraîner le peuple rwandais dans un cycle de vengeance interminable. C'est pourquoi le nouveau gouvernement rwandais a considéré que la paix et l'unité nationale exigeaient de s'attaquer aux racines du génocide, notamment la « culture de l'impunité ». Ainsi, l'action de la justice s'est tout d'abord exercée devant les tribunaux ordinaires. Confrontées à une surpopulation carcérale sans précédent, les autorités rwandaises ont eu recours par la suite à d'autres solutions extrajudiciaires. C'est dans cet esprit que le modèle traditionnel *Gacaca* a été réhabilité pour donner naissance à de nouvelles juridictions populaires décentralisées à tous les niveaux du territoire. Le Rwanda a ainsi lancé un des plus ambitieux projets dans l'histoire de la justice transitionnelle. La particularité du système réside dans son mélange associant un modèle de justice essentiellement répressive axé sur la lutte contre l'impunité et celui d'une justice restaurative orientée vers la quête de la réconciliation et du « pardon » (A). Mais comme nous le verrons, une telle ambition excessive a aussitôt révélé ses limites (B).

A. Une justice essentiellement répressive orientée vers la quête de la réconciliation et du pardon

586. Il apparaît que l'une des spécificités les plus caractéristiques du génocide des Tutsi réside dans le fait que rescapés et bourreaux devraient cohabiter au sein d'un même État, surtout après le retour de toutes les catégories d'exilés entre 1994 et 1996, la diaspora tutsi et les réfugiés hutu. Par

---

[1048] En ce sens, BRISSET-FOUCAULT Florence, *op. cit.*, p. 11.

[1049] Sachant que la plus grande innovation de l'expérience sud-africaine a tenu à un principe, notamment celui d'une amnistie individuelle et conditionnelle. Seules les demandes d'amnistie liées à des violences politiques (et non à des violences criminelles) étaient recevables. Ce qui est tout à fait contraire aux amnisties générales octroyées en Amérique latine sous la pression des militaires.

conséquent, il appartenait au nouveau régime en place d'œuvrer pour l'unité du peuple rwandais[1050] tout en s'assurant que les présumés responsables ne puissent bénéficier d'une quelconque impunité. Cette approche est significative si l'on observe les stratégies de réconciliation nationale qui ont été adoptées durant la guerre froide. En effet, l'amnistie était admise comme étant la voie la plus plausible pour rétablir l'unité de la nation interrompue lors de la guerre.

587. Le besoin de justice et de vérité des victimes était simplement écarté par les États[1051] et les Nations Unies. La société renonçait ainsi à tirer les leçons du passé pour en éviter le retour. La page était tournée sans avoir été lue. Il a fallu attendre un demi-siècle plus tard pour que la justice transitionnelle renverse cette tendance. À la tension entre paix et justice[1052] s'ajoute l'opposition entre vérité et justice. Le silence, jadis censé être une garantie de l'unité nationale, est écarté au profit de la parole. Désormais, dans cette nouvelle ère, la consolidation de la paix doit inévitablement passer par l'énonciation de la « vérité[1053] » sur les crimes et leur répression. Tel fut le fameux slogan des nouvelles juridictions *Gacaca* « justice, vérité et réconciliation ».

588. Dans un souci de mieux situer l'importance de chacun de ces trois concepts dans le cadre de la transition démocratique au Rwanda, il nous a paru nécessaire de comparer les anciens *Gacaca* (institution sociale traditionnelle) et les nouvelles juridictions *Gacaca* compétentes pour traiter le contentieux du génocide. Du fait que le système a été entièrement réaménagé, certains juristes se demandent si on peut les considérer comme un modèle traditionnel. Certes, il n'y a pas de continuité progressive, mais il paraît sans conteste que le système *Gacaca* post-génocide a gardé certains aspects du modèle traditionnel[1054] tout en introduisant quelques modifications[1055]. Il est clair

---

[1050] C'est dans cette perspective qu'un centre national pour l'unité et la réconciliation nationale a été créé en 1999.

[1051] Telle fut d'ailleurs la conception du Général de Gaulle qui va jusqu'à justifier l'interdiction de diffusion à la télévision française du documentaire Le chagrin et la pitié, de Max Ophuls, au nom de l'unité nationale. En ce sens, HAZAN Pierre, *op. cit.*, p. 58.

[1052] Les liens complexes et parfois équivoques entre la paix et la justice (pénale surtout) ont déjà été évoqué par l'ancien procureur du tribunal de Nuremberg, qui considérait, qu'il « ne peut y avoir de paix sans justice, ni de justice sans loi, ni de loi digne de ce nom sans un tribunal chargé de décider ce qui est juste et légal dans des circonstances données ». Cf. Cahier de gestion des conflits n° 6, *De la paix à la justice : les enjeux de la réconciliation nationale,* Édition Université Nationale du Rwanda, novembre 2002, p. 22.

[1053] Il faut entendre par là une vérité historique, c'est-à-dire une interprétation sociale des violations commises.

[1054] Par exemple dans les nouvelles *Gacaca* post-génocide, la décentralisation au niveau local et la participation de la population aux assemblées correspondent aux mêmes critères que l'on retrouve dans le système traditionnel.

[1055] Malgré une transformation radicale, la loi de 2001 créant les nouvelles juridictions *Gacaca* a gardé les principes de base de la *Gacaca* traditionnelle tout en introduisant certaines modifications, en supprimant par exemple la discrimination faite aux femmes qui désormais pouvaient siéger dans les juridictions en tant que juge « intègre ».

qu'avec le maintien des *Gacaca* traditionnelles sans aucune modification, l'immense contentieux du génocide n'aurait pu être résolu. Ainsi, dans un souci d'éviter un risque de confusion, il y a lieu d'effectuer un parallélisme entre la *Gacaca* traditionnelle et les nouveaux *Gacaca* en tant que juridictions pénales.

589. Si l'on remonte dans la période coloniale, le système *Gacaca* n'était pas conçu pour juger, que ce soit sous forme de poursuite pénale, ni à statuer sur des crimes de sang. Cette compétence était exclusivement réservée aux juridictions classiques. De même, les décisions prises dans les anciennes *Gacaca* étaient essentiellement symboliques et avaient un caractère réparateur, avec des châtiments en guise de réparation pour les dommages subis. En un mot, la *Gacaca* traditionnelle reposait implicitement sur un système de négociation entre les parties du conflit afin de maintenir la cohésion sociale.

590. Contrairement aux nouvelles juridictions *Gacaca*, elles ne reposent plus sur une forme de négociation collective, mais plutôt sur une procédure contraignante qui ne dépend plus de l'accord final des parties. Ce système modernisé est investi de la mission de punir des présumés coupables de génocide en prononçant des peines pouvant aller jusqu'à la perpétuité. Néanmoins, la justice appliquée apparaît dans une certaine mesure « partiellement négociée », notamment avec la possibilité de commutations des peines en travail d'intérêt général. Cette mesure qui n'existe pas dans la législation pénale rwandaise a surtout pour finalité de promouvoir la réintégration sociale des condamnés (même objectif que les anciennes *Gacaca*).

591. Ensuite, le second critère important de distinction entre anciennes et nouvelles *Gacaca* réside dans l'établissement des faits. Cette question semble moins importante dans les anciennes institutions traditionnelles[1056]. Mais la nécessité d'une recherche de la vérité (que l'on qualifie souvent de « devoir de mémoire[1057] ») a pris une importance particulière dans le fonctionnement de la justice transitionnelle, au regard des violations massives des droits de l'homme qui sont commises[1058]. Tout comme les Commissions Vérité et Réconciliation, les juridictions *Gacaca* ont participé à cette démarche en se fondant sur le contexte politique, social et économique dans lequel les exactions ont été commises au Rwanda.

[1056] C'est un modèle que l'on pourrait qualifier d'accusatoire où la question fondamentale ne réside pas dans l'établissement des faits. Il s'agit avant tout d'une vérité approximative et négociée entre les parties d'arrêter le conflit.

[1057] C'est dans cette perspective que le gouvernement rwandais a mis en œuvre des programmes visant la conservation de la mémoire du génocide, en institutionnalisant par exemple une semaine de deuil national du 1er au 7 avril de chaque année. De même, des sites mémoriaux ont été aménagés dans certaines localités, compte tenu de l'ampleur des massacres qui y sont déroulés.

[1058] Cette vérité historique, qui est dévoilée à travers des audiences publiques, permet de « lire la page avant de la tourner » pour reprendre l'expression de Louis Joinet. Cf. JOINET Louis, « Face au dilemme de l'instauration des processus de justice transitionnelle », *Revue Mouvements* n° 53, *La Découverte,* 2008, pp. 48-53 (p. 52 citée).

592. L'idée du dévoilement de la « vérité » sur le génocide s'imposait. Les familles des victimes voulaient savoir ce qui était advenu des leurs. Dans quelles circonstances sont-elles assassinées ? Où étaient-elles enterrées ? Sur ce point, la procédure d'aveu a eu des effets positifs, si l'on en croit le nombre d'accusés ayant accepté de se confesser (soit 225 000 environ)[1059]. Comme l'a précisé le directeur d'Avocats Sans Frontières, « *beaucoup de vérité est sortie des Gacaca. Les familles des victimes ont su comment les choses se sont passées, beaucoup de corps ont été découverts dans des fosses communes*[1060] ». Outre ces avancées notoires, l'autre avantage qu'on peut tirer de la procédure d'aveu, c'est de pouvoir rendre une justice équitable en réhabilitant les innocents et en condamnant les coupables[1061]. Les aveux supposent également un désir sincère de repentance et celle-ci implore le pardon. La combinaison de ces deux notions ouvre la voie à la réconciliation.

593. Qu'est-ce qu'on entend par réconciliation ? Certes, cette notion est toujours combinée à la justice transitionnelle. Pourtant, bien que liées, elles n'ont pas la même signification. À première vue, le concept de réconciliation inclut une série de facteurs dont l'étendue illustre bien sa complexité. Dès lors, il importe d'apporter des clarifications théoriques nécessaires pour la suite de notre analyse. Si l'on se réfère au Petit Larousse, le terme « réconciliation », c'est *l'action de réconcilier des adversaires*, c'est-à-dire *ramener des personnes à la bonne entente, rétablir entre elles des relations amicales.*

594. En revanche, du côté de la doctrine, plusieurs définitions ont été proposées par des auteurs que l'on peut classer en deux groupes. Il y a les partisans d'une conception minimaliste qui s'opposent à ceux qui ont plutôt une conception maximaliste de la réconciliation[1062]. S'agissant des premiers, ils considèrent que la réconciliation implique avant tout l'établissement d'une sécurité minimale, c'est-à-dire « toute forme d'arrangement mutuel » entre anciens ennemis. Quant aux membres du second groupe, ils mettent en exergue l'idée d'un processus impliquant à la fois la vérité, la justice, le pardon et la paix.

595. Entre ces deux visions minimaliste et maximaliste se glisse la définition qui a été proposée par la Commission Nationale pour l'Unité et la Réconciliation du Rwanda. Selon cette institution, « *l'unité et la réconciliation des Rwandais se définissent comme un ensemble de pratiques des habitants qui ont la conviction de partager la même nationalité, la même culture et les mêmes droits, et*

[1059] Cf. summary of the report presented at the closing of *Gacaca* courts activities. Rapport publié par le Service National des Juridictions *Gacaca*, p. 10 (annexe 4).

[1060] De ce fait, le gouvernement rwandais, les survivants du génocide et quelques personnes de bonne volonté se sont engagés à rassembler les restes des personnes tuées pendant le génocide et à exhumer les corps qui avaient été entassés dans des fosses communes afin de les inhumer en toute dignité.

[1061] Mais comme nous l'avons précédemment démontré, la question de la crédibilité des aveux s'est réellement posée devant les tribunaux *Gacaca.*

[1062] ROSOUX Valérie, « Réconcilier : ambitions et pièges de la justice transitionnelle. Le cas du Rwanda », Droit et Société (*Revue internationale de théorie du droit et de sociologie juridique)*, n° 73, LGDJ, 2009, pp. 613-633 (p. 615 citée).

qui sont caractérisés par la confiance mutuelle, la tolérance, le respect, l'égalité, la complémentarité, la vérité, et prêts à s'entraider à soigner les blessures héritées d'une mauvaise histoire qu'ils ont traversée pour qu'enfin ils puissent se développer dans une paix totale[1063] ».

Dans cette définition, on y voit ce que Ruffin Mabiala traduit comme la « recréation d'une communauté », c'est-à-dire l'élaboration progressive d'un nouveau pacte sociétal accompagné par le renforcement du tissu social fracturé par les violations massives des droits humains[1064].

596. Cela étant, même si le concept demeure polysémique, il existe chez les auteurs un consensus selon lequel, la réconciliation est un processus ouvert sur le long terme, une vision à atteindre et qui nécessite impérativement le respect d'un certain nombre d'étapes préalables. C'est dans cette perspective que le juriste Louis Joinet a rappelé dans son rapport sur la lutte contre l'impunité, que « la conciliation vient avant la réconciliation »[1065]. D'une part, parce que la conciliation suppose un minimum de dialogue qui ne pourra que favoriser à long terme l'amorce d'un réel processus de réconciliation. D'autre part, parce que la réconciliation, quant à elle, relève exclusivement de la morale en ce qu'elle suppose un acte personnel, « le pardon ».

597. Même si d'autres catégories d'approches peuvent être évoquées, l'interrogation principale qui nous guide est surtout de nous focaliser sur le débat orienté vers la rhétorique de la réconciliation et du pardon qui accompagne habituellement les pays en transition. Ce faisant, est-il opportun de parler de réconciliation quand le passé reste douloureux ? Au Rwanda, 20 ans seulement après les faits, victimes et bourreaux sont-ils réellement prêts à tourner la page de l'histoire du génocide ?

À notre sens, c'est là où la situation devient inextricable. Afin de ne pas en rester à des considérations extérieures et normatives, nous avons jugé nécessaire d'interroger, au titre de l'expérience pratique, la population rwandaise en privilégiant surtout les témoignages des survivants et ceux des criminels repentis[1066].

598. S'agissant d'abord des tueurs, à la question posée « croyez-vous à la réconciliation nationale ? », une détenue nous a répondu ceci :

> « *c'est sur le banc de l'école que j'ai appris la haine, car l'histoire qui nous a été enseignée c'était de la division entre les populations [...]. Mais aujourd'hui, l'histoire enseignée c'est l'union des Rwandais et non la division. Donc la*

[1063] Cf. Commission Nationale pour l'Unité et la Réconciliation créée en 1999. Rapport « politique nationale d'unité et réconciliation », août 2007, pp. 4-5.

[1064] MABIALA Ruffin Viclère, *op. cit.*, p. 90.

[1065] JOINET Louis, *op. cit.*, p. 49.

[1066] Au cours de deux missions en 2010 (mars à juin) et 2011 (juin à juillet), nous avons interrogé une trentaine de personnes qui vivent à Kigali.

réconciliation nationale est possible grâce surtout aux juridictions Gacaca. Et l'État fait beaucoup d'efforts pour contribuer à cela[1067]. »

Les autres détenus interrogés sur la même question étaient du même avis, lorsqu'ils soutenaient que les *Gacaca* favorisent la réconciliation bien que le système présente quelques anomalies[1068]. Qu'en est-il de la vision des rescapés ?

599. En faisant le bilan des témoignages que nous avons recueillis, la majeure partie des survivants du génocide considère la réconciliation comme un objectif qui ne peut être atteint que dans le long terme. Comparé aux tueurs, c'est le même optimisme qui est affiché chez les survivants du génocide, mais avec un peu plus de réserve, comme le justifie l'extrait de ce témoignage :

« *je crois à la réconciliation. Mais c'est un processus qui sera long car l'idéologie de la haine a été longuement enseignée. Ce n'est pas facile, mais on est optimiste car il y a de nouvelles générations, des enfants nés après 1994 [...]. Mon pays, ma nation, est un corps qui doit se reconstruire. C'est un devoir moral pour tout Rwandais de contribuer à la reconstruction de la nation. C'est difficile, mais c'est faisable, donc ça doit se faire et ça se fera*[1069]. »

600. Pour autant, ces témoignages doivent être appréciés avec un minimum de réserve au regard d'autres opinions selon lesquelles il serait inopportun d'user du concept de réconciliation. À ce sujet, les paroles d'Esther Mujawajo sont emblématiques lorsqu'elle soutenait :

« *j'espère vraiment que je ne vais pas tomber du côté de la réconciliation nationale ! [...] je crains la facilité d'un tel projet : on serait tous beaux, on serait tous finalement devenus gentils, tout est bien nettoyé et hop, on recommence ! Mais on recommence quoi au juste ?*[1070] »

Ce récit soulève encore une fois de plus le caractère très controversé de la notion de **réconciliation**, surtout dans les pays ayant connu des violences extrêmes.

601. D'aucuns essayent d'en faire un usage restrictif comme l'archevêque Desmond Tutu, lorsqu'il soutenait que les Commissions Vérité d'Afrique du Sud n'avaient pas pour objectif principal d'atteindre la réconciliation, mais

---

[1067] Témoignage recueilli à la prison de Kigali auprès d'une ancienne journaliste (56 ans) condamnée à 30 ans de prison par une juridiction *Gacaca* pour incitation à la haine à travers la Radio Télévision Libre des Mille collines (RTLM). Entretien réalisé le 15 juillet 2011.

[1068] Interview d'un ancien bourgmestre accusé d'incitation au génocide et condamné à 30 ans de prison par une juridiction *Gacaca* en 2009. Témoignage recueilli le 15 juillet 2012 à la prison de Kigali. Témoignage recueilli le même jour auprès d'un autre détenu condamné à la même sentence pour organisation de réunions clandestine et incitation au génocide. Il s'est dit également optimiste pour la réconciliation nationale.

[1069] Entretien avec un prêtre à Kigali (Rwanda), 15 mai 2010.

[1070] MUJAWAYO Esther, *La fleur de Stéphanie : Rwanda entre réconciliation et déni,* 2006, Paris, Flammarion, p. 17.

plutôt de la « promouvoir[1071] ». Il mettait l'accent sur la dimension spirituelle du concept de « pardon », par la simple reconnaissance du mal commis[1072]. Ainsi, placée au cœur de l'enjeu de la justice transitionnelle, la figure du pardon n'en renvoie pas pour autant à une signification univoque, homogène et explicite. Elle semble présupposer l'existence d'un sens courant et unique du terme, largement déterminé par sa signification religieuse et plus exactement chrétienne[1073]. En cela, le pardon est perçu comme « un acte de miséricorde, don gratuit de Dieu qui, mettant fin à la situation de rupture créée par le péché, rétablit l'homme dans sa relation d'amour avec lui[1074] ». Mais au-delà de cette dimension théologique, le terme « pardon » peut être associé à d'autres pratiques comme l'aveu, le remord ou la demande d'excuses. Dès lors, la frontière apparaît impalpable entre ce qui relève du registre de la foi et de la loi. Lorsqu'on se situe dans le contexte rwandais ayant opté pour la voie judiciaire et non l'amnistie, on peut se demander quel sens il faudrait donner au concept de « pardon ».

602. Susceptible de guérir la souffrance des victimes, le pardon est souvent présenté comme la voie habituelle qui mène à la réconciliation. Il est ainsi demeuré au cœur du discours des autorités politiques. Dans une allocution adressée au peuple rwandais le 18 juin 2002 lors de la mise en place officielle des juridictions *Gacaca*, le président de la République Paul Kagamé déclarait : « *les péchés qui ont été commis doivent être condamnés et punis, mais doivent être pardonnés. J'invite les coupables à être courageux et à avouer, à se repentir et à demander pardon.* »

603. Pour notre part, ce discours nous laisse tout à fait perplexe, car il s'inscrit en porte à faux avec les récits que certains rescapés nous ont livrés sur la question du pardon. Comme en témoigne l'extrait de cet entretien avec un prêtre :

> « *les gens à qui l'on doit demander pardon ne sont plus là [...]. Humainement parlant, le pardon est vraiment difficile à livrer. C'est d'autant plus difficile pour un crime aussi grave que le génocide. Mais ce n'est pas impossible car la parole divine nous aide à pardonner. La preuve, il y a des gens au Rwanda qui pardonnent et le font de tout cœur. Mais ce sont de rares cas* ».

1071 HAYNER Priscilla, *Unspeakable truts: confronting the state terror and atrocity,* London 2001. Citation initiale: "the reasonable mission of our commission is not to reach to reconciliation; but rather to promote it".

1072 Dans cette perspective, il a plusieurs fois salué « l'esprit magnanime de ceux qui auraient pu être consumés par l'amertume et le désir de vengeance mais qui ont montré une incroyable volonté de pardon ». À ce sujet, cf. PONS Sophie, *L'Apartheid, l'aveu et le pardon,* Paris, Bayard éditions, 2000, p. 45. Dans le même sens, TUTU Desmond, *Il n'y a pas d'avenir sans pardon. Comment se réconcilier après l'apartheid ?* Paris, Albin Michel, 2000, p. 39.

1073 Pour une analyse étymologique du concept de « pardon », cf. LEFRANC Sandrine, « Politique du pardon : amnistie et transitions démocratiques une approche comparative », thèse soutenue le 20 décembre 2000, IEP Paris, p. 453 et s.

1074 *Idem,* p. 455.

Et pour conclure, le témoin insistait bien sur le fait qu'« *il ne faut jamais forcer le pardon, c'est quelque chose qui ne se commande pas, que l'on n'impose pas. C'est comme dire à quelqu'un blessé à la plante des pieds de marcher aussi longtemps que possible. Il faut d'abord guérir la plaie avant de lui proposer de marcher*[1075] ».

604. Pour corroborer son récit, nous avons interrogé un instituteur qui nous a livré également une opinion assez stricte. Il disait à ce propos : « *pour moi, pardonner ce n'est pas simple. C'est d'ailleurs impossible. Le plus important c'est la coexistence pacifique et elle a été rendue possible grâce aux juridictions Gacaca*[1076]. »

Par ailleurs, à l'issue de nos entretiens, nous avons recueilli le témoignage presque surréaliste d'un prêtre qui fait figure d'exception. Il considérait le pardon comme un besoin vital aussi bien pour les victimes que les criminels. Pour illustrer ses propos, il affirmait :

> « *le bourgmestre qui avait ordonné aux tueurs d'assassiner ma famille est venu me demander pardon. J'ai pleuré et je l'ai pardonné. Mais en ce moment, il est en prison et sa femme est morte. Ses enfants étaient abandonnés, alors j'ai décidé de m'en occuper en payant par exemple leurs études [...]. D'autres victimes ont voulu faire comme moi et ils ont commencé à pardonner. Donc nous étions dans la logique selon laquelle, le bien doit triompher sur le mal*[1077]. »

À notre sens, ce témoignage demeure un symbole significatif de la « réconciliation » tant espérée par le nouveau gouvernement rwandais, même si le processus sera long.

605. Pourtant, dans un pays comme le Rwanda où la grande majorité de la population est chrétienne, on aurait pu penser que la question du « pardon » aurait fait moins de polémique. Par exemple, parmi tous les détenus rencontrés, la plupart nous ont affirmé avoir demandé pardon à leurs victimes. Mais la question principale qui nous intrigue c'est de savoir si ces demandes de pardon sont sincères. Difficile de le savoir surtout lorsqu'on constate que bon nombre de prévenus avaient accepté de passer aux aveux et de s'excuser devant les assemblées *Gacaca,* juste pour bénéficier d'allègement de peine, notamment le travail d'intérêt général. Ce qui fait que certains condamnés n'ont exprimé aucun remords par rapport aux crimes dont ils faisaient l'objet de poursuite.

606. En somme, l'analyse ci-dessus met en lumière le grand décalage qui existe entre ce qui relève du droit et ce qui appartient à la politique ; ce qui sépare la gestion officielle et la gestion individuelle des crimes lors de la chute de régimes coupables d'exactions massives sur leur population. C'est pourquoi il était impératif de comprendre la nature et les défis de la justice

---

[1075] Témoignage recueilli le 1er mai 2010 auprès de Monseigneur Didas Ruzindana, seul rescapé d'une famille de neuf enfants.

[1076] Témoignage recueilli le 30 avril 2010 auprès de Jonh Gassana, un ancien réfugié qui a quitté le Rwanda en 1964, date à laquelle l'ethnie Tutsi a été victime de massacres récurrents orchestrés par l'ancien régime. De retour au Rwanda à la fin du génocide, il a pu constater que plusieurs membres de sa famille ont été décimés.

[1077] Témoignage recueilli le 6 mai 2010 auprès d'Abbé Aubarde, un rescapé du génocide qui a fait des études supérieures en théologie et qui est devenu prêtre depuis 1984.

transitionnelle et ses retombées sur la société rwandaise depuis la mise en place des juridictions *Gacaca* en 2002. Cette nouvelle forme de justice offre des perspectives intéressantes tout autant dans l'intérêt des victimes que celui de leurs bourreaux. Mais elle n'est pas le remède absolu de tous les maux.

607. Certes, la notion de justice transitionnelle même imparfaite est la clé pour garantir une paix durable en empêchant les violences du passé de resurgir. Pour autant, il ne s'agit pas d'une justice « bon marché ». L'expérience sud-africaine, dont de nombreux travaux permettent d'en saisir les étapes successives, montre en quoi l'aboutissement du processus de justice transitionnelle demeure affaibli à cause de l'équilibre fragile sur lequel il repose[1078]. Les juridictions *Gacaca* ont également connu quelques écueils en laissant derrière elles un héritage qui est loin de faire l'unanimité.

B. Un pari ambitieux vivement critiqué

608. Les dilemmes de la justice transitionnelle au Rwanda sont exacerbés par certains handicaps qui trouvent leur origine dans l'instrumentalisation politique des juridictions *Gacaca.* Le nouveau gouvernement d'Union nationale a investi ces tribunaux populaires de plusieurs missions, dont les plus importantes étaient de punir des personnes soupçonnées de participation au génocide, tout en favorisant la réconciliation d'un peuple meurtri. Ces deux objectifs contradictoires, quoique louables, se sont avérés difficilement réalisables.

609. En d'autres termes, l'idée de faire jouer cette trilogie « punir, pardonner et réconcilier » au sein d'une même institution n'a pas eu les effets escomptés. Pour cause, les termes de justice et de pardon sont non seulement opposés, mais inconciliables[1079]. Il faut comprendre que le pardon n'est jamais

---

[1078] L'une des plus grandes faiblesses de la *Truth and Reconciliation Commission (*TRC) a été son incapacité à affronter véritablement la nature complexe de la criminalité en essayant de séparer politique et crime pour construire la réconciliation à un niveau politique. Ainsi, la ligne de démarcation floue entre violence politique et violence criminelle a compliqué le travail quotidien des comités d'amnistie de la TRC. Au total, sur les 7116 demandes d'amnistie reçues et traitées par les comités d'amnistie de la TRC, seulement 1167 d'entre eux ont abouti. Sur le total des demandes, 5143, soit plus des deux tiers, ont été rejetées administrativement. Sur ce nombre, 3559 refus ont été justifiés par le fait qu'aucun objectif politique n'avait pu être établi. À ce propos, cf. article de Graeme Simpson, « Amnistie et crime en Afrique du Sud après la Commission Vérité et réconciliation », Cahiers d'Études africaines, 2004, p. 100 et s.

[1079] Cela ne signifie pas pour autant que la justice pénale est en contradiction avec la justice transitionnelle. Au contraire elles sont en parfaite complémentarité. Il s'agit plutôt d'une vision plus étendue de la justice qui n'est pas fondée uniquement sur sa fonction répressive. La justice transitionnelle repose sur une vision plus vaste et plus profonde de la justice, qui n'est pas basée sur la seule fonction punitive. C'est en quelque sorte une justice d'exception. La spécificité de cette justice réside aussi dans le fait qu'elle dépasse bien le cadre national pour déployer ses moyens au plan international. Sur ce point, Fabrice Hourquebie soutenait que « la force de la notion se trouve dans sa fluidité et sa capacité à s'adapter à la diversité des situations qu'elle entend saisir. HOURQUEBIE F., « La notion de justice transitionnelle a-t-elle un sens ? », *supra,* note 1039, p. 10.

accordé par la justice. Il peut être accepté par la victime éventuellement, accordé par Dieu si l'on y croit ou encore par l'État qui amnistie ou gracie. De même, le pardon ne mène pas forcément à la réconciliation. C'est dans ce contexte où la tâche des *Gacaca* s'est davantage compliquée, lorsqu'il fallait confronter le choix de la fonction répressive aux enjeux politiques de la réconciliation. Celle-ci ne se confond ni avec la peine qui relève du pénal, ni avec le pardon qui relève de la morale ou de la religion.

610. Certes, la justice peut favoriser le rétablissement de la paix sociale, alors que la réconciliation est un long processus qui recouvre une réalité beaucoup plus complexe qu'une instance judiciaire ne saurait concrétiser. Dès lors, le risque d'une confusion entre ces différents registres juridique, psychologique et théologique était inévitable ; d'où la critique récurrente de mélanges des genres formulée par bon nombre d'auteurs à l'encontre du système *Gacaca*. Comme le rappelait à ce propos Paul Ricoeur : « *assigner à la justice le double objectif de punition et de la réconciliation, c'est lui demander d'assurer le cycle court et le cycle long du jugement*[1080]. »

611. Pour aller plus loin, Etienne Jaudel soutenait qu'« *au risque de bousculer l'ordre naturel des choses [...] l'une des fonctions risque de ne pas atteindre son but, pire de renforcer le sentiment d'injustice*[1081] ». Sans conteste, ce sentiment d'injustice nous l'avons bien observé chez les rescapés du génocide qui pour la plupart ont dénoncé les aménagements de peines introduits par la loi de 2008 sur les *Gacaca*[1082]. Cette législation permettait aux personnes reconnues coupables de génocide de commencer à purger leur peine par le TIG et d'être dispensées même de la peine d'emprisonnement. Une telle mesure imposée par le gouvernement rwandais est perçue par les rescapés comme une forme d'« *amnistie déguisée* ». À cela il faut ajouter l'absence de toute forme de réparation ne serait-ce symbolique.

612. À l'heure actuelle où les juridictions *Gacaca* ont clôturé leurs activités, aucune loi sur l'indemnisation des victimes n'a été publiée malgré les projets qui ont été entamés par l'État rwandais au lendemain du génocide[1083]. Pourtant, le droit des victimes à obtenir réparation est un principe reconnu par les législations nationales et internationales. Sur ce point, le juriste français Louis Joinet avait formulé dans un rapport trois exigences essentielles concernant les droits des victimes : le droit de savoir (que leurs souffrances soient connues), le droit à la justice (que les coupables soient publiquement et

---

[1080] RICŒUR Paul, « L'acte de juger », *Le juste*, Paris, Éditions Seuil, 1995.

[1081] JAUDEL Etienne, *Justice sans châtiment, les Commissions Vérité-Réconciliation*, Éditions Odile Jacob, 2009, pp. 11-12.

[1082] Cf. art. 21 alinéa 2 et 3 de la loi organique *Gacaca* 2008 précitée.

[1083] Il s'agit notamment du projet de loi sur l'indemnisation qui était annoncé dans la loi organique n° 8/96 du 30/08/ 96 sur l'organisation des poursuites des infractions constitutives du crime de génocide ou de crimes contre l'humanité.

équitablement condamnés), et le droit à la réparation des préjudices de toute nature qu'elles ont subis[1084].

613. Les difficultés d'accorder une indemnisation aux victimes ont amené les autorités politiques rwandaises à privilégier les deux autres revendications : le droit à la vérité et le droit à la justice. Toutefois, pour faire émerger la vérité dans le processus *Gacaca,* les juges se sont heurtés à la tâche quasiment insurmontable de vérifier la crédibilité des aveux formulés par les prévenus ou d'interroger les témoins potentiels. Le manque de témoignages est dû à des facteurs que nous avons précédemment évoqués. Il s'agit notamment de la non-comparution des témoins convoqués, leur réticence à témoigner par solidarité ethnique ou par crainte de représailles. Cette peur est surtout accentuée par les vagues de libération de prisonniers survenue en 2003 et 2005 sur décision du président de la République[1085].

614. Une telle mesure a causé une forme d'insécurité chez les rescapés, comme l'indique le bureau départemental de la justice de l'association IBUKA[1086]. Entre 1995 et 2008, environ 156 rescapés ont été tués, et en 2009, 24 d'entre eux ont également été assassinés pour avoir témoigné à charge devant les procès *Gacaca*[1087]. On dénote ainsi des modes de violence dans la transition. De pareilles circonstances se sont produites en Afrique du Sud, à la suite de l'échec dramatique des poursuites pénales menées contre des personnalités éminentes de l'apartheid telles que Wouter Basson et Magnus Malan[1088].

615. En définitive, même si le système *Gacaca* constitue une initiative particulièrement originale, il se trouve que les missions qui leur ont été confiées dépassent de loin celles qui sont habituellement attribuées aux autorités judiciaires. Plusieurs chercheurs comme Alexander Hinton sont de cet avis, lorsqu'il soutenait que « *l'ambition excessive des initiatives à court terme de justice de transition constitue l'une des plus grandes carences des juridictions Gacaca*[1089] ». Il est indéniable que l'accent porté sur la rapidité de traitement du contentieux du génocide, plutôt que sur la qualité de celui-ci, aura sans doute des conséquences négatives sur le processus de réconciliation nationale[1090].

[1084] Cf. rapport Louis JOINET, Commission des droits de l'Homme, Question de l'impunité des auteurs des violations des droits de l'homme, E/CN.4/Sub.2/1997/20, 26 juin 1997, § 48.

[1085] Cette décision concernait notamment les personnes âgées ou malades et les suspects qui ne disposaient pas encore de dossier au parquet. En 2002 et en 2005 à la suite d'un communiqué présidentiel. Cf. Revue Dialogue, *supra*, note 990, p. 36.

[1086] Ce nom désigne en langue rwandaise (souviens-toi). Il s'agit d'une association sans but lucratif fondée en août 1994 et regroupant les survivants du génocide des Tutsi.

[1087] Entrevue personnelle avec le responsable des affaires juridiques de l'association IBUKA, 11 mai 2010.

[1088] Le premier fut le chef du programme d'armement chimique du gouvernement et le second, ancien ministre de la Défense.

[1089] LABAN HINTON Alexander (dir.), *Transitional Justice. Global Mechanisms and Local Realities after Genocide and Mass Violence*, Rutgers University Press, 2010, 288 p.

[1090] Même si la population rwandaise dans son ensemble est d'accord sur le fait que les *Gacaca* constituent une étape importante vers la réconciliation.

CONCLUSION DU CHAPITRE 2

616. La nouvelle mission des juridictions *Gacaca* (instaurées après le génocide) était de punir et réconcilier afin de reconstruire le tissu social déchiré par le génocide. En plus de faire justice, elles avaient l'ambition d'agir comme une thérapie permettant à la société rwandaise d'exorciser son passé et partir sur des bases saines pour une cohabitation pacifique et durable entre les rescapés victimes et leurs bourreaux. Il s'agissait là à la fois d'un pari et d'un défi de taille. La première leçon à tirer de cette expérience est que les juridictions *Gacaca* ne se ressemblent pas. Tout dépend de la population locale et l'influence du génocide dans un endroit donné.

617. Il y a des endroits où les *Gacaca* ont rencontré beaucoup d'obstacles dans toutes les étapes du processus, surtout dans les localités où il n'existait quasiment pas de survivants. Au cœur du système siégeaient les *Inyangamugayo* (personnes dites « intègres ») qui ont eu la tâche à la fois immense, délicate et difficile de rassembler des preuves, de les examiner et de rendre justice. La plupart des rescapés ont misé sur ces tribunaux populaires pour connaître la vérité, bien que celle-ci soit susceptible de réveiller la souffrance et la haine. À l'analyse, il y eut du tout dans les assemblées *Gacaca* : révélations et silences, vérités et contre-vérité, témoignage et dénis, et enfin des failles et des faiblesses.

CONCLUSION DU TITRE II

618. Le caractère particulier du génocide et son ampleur ont justifié la création de nouvelles juridictions *Gacaca,* un système de justice participative fondé sur des assemblées populaires. Le sort de ces tribunaux (réussite ou échec) dépendait surtout des relations sociales. Il y en a qui se sont facilement engagés dans le processus, d'autres n'y sont pas parvenus. De même, certains rescapés ont accepté les juridictions *Gacaca*, car il n'y avait pas d'autres alternatives et c'était le choix du gouvernement rwandais. En tout état de cause, l'histoire retiendra que ces juridictions populaires représentent à bien des égards la tentative la plus ambitieuse jamais entreprise dans le monde pour juger des actes liés au génocide et aux crimes contre l'humanité.

CONCLUSION DE LA PREMIÈRE PARTIE

619. Au terme de cette première partie portant sur le traitement interne des crimes graves commis au Rwanda, la problématique n'est pas entièrement résolue. Des zones d'ombres persistent car tous les conflits ne se prêtent pas à une solution juridictionnelle. Nous avons abordé le cas de l'Afrique du Sud dont l'activité des Commissions Vérité et Réconciliation est caractérisée par l'extrême rareté des procédures pénales. Et pourtant aujourd'hui, la page de l'apartheid semble définitivement tournée. Qu'en sera-t-il pour le Rwanda qui a opté pour la voie répressive ? La sanction judiciaire est-elle susceptible de mener un peuple meurtri et divisé vers une paix durable ? En d'autres termes, comment tirer le meilleur de la justice après des violations massives des droits de l'homme, qu'il s'agisse de génocide ou de crimes contre l'humanité ?

620. C'est cette équation complexe que le gouvernement rwandais de transition a tenté de résoudre en mobilisant dans un premier temps la justice classique. Pour juger les centaines de milliers de détenus soupçonnés de participation au génocide, différentes stratégies ont été utilisées afin d'accélérer les jugements : procès groupés de personnes ayant participé aux mêmes crimes, procès en « itinérance » permettant aux tribunaux de siéger sur les lieux où les crimes ont été commis, et recours à la procédure d'aveu. Malgré ces mesures considérables, les juridictions classiques se sont révélées incapables de prendre en charge le nombre élevé de détenus. C'est ce qui justifie le choix des autorités rwandaises d'avoir parié sur la justice traditionnelle *Gacaca*. Afin de l'adapter au contentieux du dernier génocide le plus rapide et le plus « réussi » du XXe siècle, le modèle traditionnel a été entièrement réaménagé sous forme de juridictions pénales à vocation rétributive donnant naissance à un système hybride imitant à la fois le droit coutumier et la justice classique.

621. La population (à la fois juge, témoins et partie) était censée conduire les enquêtes et les procès sans l'assistance de magistrats professionnels. Un tel choix a créé un malaise chez les observateurs, particulièrement les juristes et les organismes de défense de droits de l'homme[1091]. À l'heure actuelle où les

[1091] Nous citerons notamment ASF, PRI et HRW qui ont rédigé de nombreux rapports sur le déroulement des procès *Gacaca*.

activités des *Gacaca* ont été officiellement clôturées depuis le 18 juin 2012[1092], les interrogations se multiplient[1093]. Ces tribunaux ont-ils atteint l'ensemble des objectifs qui leur ont été assignés ? ont-ils répondu aux attentes de la population rwandaise ? Quelles sont les leçons édifiantes qu'on peut tirer de cette expérience ?

622. Certes, il est trop tôt pour en tirer un bilan définitif, compte tenu de nombreux facteurs sociologiques qui s'imbriquent dans le domaine juridique. Néanmoins, nous avons tenté d'y apporter des réponses plus claires en nous basant sur trois points essentiels : le déroulement des audiences, les décisions rendues à cet effet et les témoignages de la population, acteur clé du processus *Gacaca* (rescapés, bourreaux, juges populaires et autres participants au procès). Eu égard aux multiples fonctions qui leur ont été assignées, la première était essentiellement punitive, car elle consistait à **mettre fin à la culture d'impunité**. Sur ce point, les *Gacaca* n'ont pas définitivement mis fin aux actes de violence perpétrés à l'encontre de la minorité tutsi. Des cas d'assassinats se sont produits en marge des procès, comme l'ont révélé nos entretiens avec les rescapés et les autorités locales en charge du processus.

623. Eu égard à **l'accélération des procès**, les *Gacaca* étaient censés réduire de façon imminente la population carcérale (estimé à 120 000 détenus) pour rattraper le retard sur les affaires du génocide. Nous pouvons dire que cet objectif a été largement atteint, notamment avec le recours à la peine alternative à l'emprisonnement (TIG). Mais tout cela a été réalisé au détriment du respect de certaines normes du procès équitable. De même, les *Gacaca* ont été investis d'une **mission juridique et sociale** : faire émerger la vérité sur ce qui s'est passé pendant le génocide.

624. L'idée était de réunir les protagonistes (rescapés, témoins et personnes suspectes) pour établir les faits, condamner les coupables et réhabiliter les innocents. Il faut reconnaître que cet objectif était le plus difficile à atteindre, pour de nombreuses raisons que nous avons précédemment évoquées : problème de la crédibilité des aveux, non-comparution des témoins convoqués, faible taux de participation de la population aux audiences. En raison de ces obstacles, toute la vérité sur le génocide n'a pas été connue. Néanmoins, la procédure d'aveu et de plaidoyer de culpabilité a eu des effets positifs dans l'émergence de la vérité, aussi partielle et déformée qu'elle pût être. Un nombre significatif de rescapés nous ont déclaré que, grâce au système

---

[1092] Leurs activités sont officiellement closes par une organique n° 04/2012/OL du 15 juin 2012 portant suppression des juridictions *Gacaca* et fixant les mécanismes de résolution qui étaient de leur compétence.

[1093] Sachant que le crime de génocide est imprescriptible, la loi supprimant les juridictions *Gacaca* précise en ses articles 4 et 5 que les affaires liées au crime de génocide et autres crimes contre l'humanité perpétrés contre les Tutsi et qui pourraient survenir après, seront jugées soit devant le Tribunal de Grande Instance ou devant le Tribunal de Base en fonction du degré de responsabilité de l'auteur poursuivi. Cf. articles 4 et 5 de la loi organique n° 04/2012/OL du 15 juin 2012 portant suppression des juridictions *Gacaca* et fixant les mécanismes de résolution qui étaient de leur compétence. *Ibid.*

Gacaca, ils ont pu faire leur deuil en découvrant comment leurs proches ont été tués et où ils étaient enterrés.

625. Outre la révélation de la vérité qui constituait la clé de réussite du processus *Gacaca*, les tribunaux populaires ont été également investis de la mission la plus délicate (sociale et politique) de **réconcilier un peuple meurtri et traumatisé**. Sur cette question, nous partageons l'avis des sociologues selon lequel, il faudrait plusieurs générations pour savoir si l'objectif de réconciliation a été réellement atteint par les *Gacaca*. Vingt ans seulement après les faits, les séquelles du génocide sont toujours visibles. Les Rwandais continuent d'enterrer les victimes et consacrer chaque année une semaine de deuil national en leur honneur. Mais il existe encore de la méfiance entre les deux groupes « ethniques », même si le gouvernement rwandais a interdit d'évoquer publiquement les termes « Hutu » ou « Tutsi », afin de renforcer l'unité de la Nation.

626. Pour autant, la décision du gouvernement de soustraire de la compétence des *Gacaca* les crimes commis par le Front Patriotique Rwandais[1094] risque de fragiliser la réconciliation à long terme. Ces actes de vengeance considérés comme des crimes de guerre devaient en principe être jugés par les juridictions ordinaires et militaires. Nous avons tenté d'élucider cette question au cours de nos missions. Dans cette perspective, un membre de la Commission Nationale des Droits de la Personne (CNDP) soutenait que les actes de vengeance, particulièrement les viols perpétrés pas les militaires de l'actuel régime, ont été sévèrement réprimés[1095].

627. Toutefois, on ignore le nombre d'affaires qui ont été jugées. Dans ce contexte, les témoignages recueillis auprès de la population rwandaise reflètent des sentiments contradictoires ou qui évoluent parfois dans le même sens. Si certains ont approuvé les *Gacaca,* d'autres ont émis des réserves en évoquant deux principales raisons : l'absence de toute forme d'indemnisation pécuniaire pour les victimes[1096] et l'impunité portant sur les actes de vengeance perpétrés par les militaires de l'actuel régime. Est-ce une raison pour réduire le système *Gacaca* à une forme de « justice au rabais » ou « une justice des pauvres », comme l'a ainsi justifié le juriste Etienne Jaudel [1097] ? Par ailleurs, n'est-il pas exagéré de qualifier les *Gacaca* de « justice compromise », comme le

[1094] D'après une étude réalisée par le Haut-commissariat des réfugiés, les militaires du FPR (qui a mis fin au génocide) ont tué entre 25.000 et 45.000 personnes entre avril et août 1994. Pour plus d'information sur cette étude, cf. rapport de HRW, *supra*, note 930, p. 136.

[1095] Entretien réalisé le 10 mai 2011 à la CNDP, institution créée en mars 1999. Elle est chargée de promouvoir et protéger les droits de la personne au Rwanda.

[1096] La loi organique du 15 juin 2012 supprimant les *Gacaca* ne propose aucune solution sur la question de l'indemnisation des victimes. Le dernier alinéa de l'article 3 se contente de préciser que « *l'exercice d'une action civile en réclamation des dommages résultant du crime de génocide... est régi par une loi* ».

[1097] JAUDEL Etienne, *op. cit.*, p. 56.

prétendait Human Rights Watch ? Ou de « justice de vainqueur », pour reprendre l'expression de Valérie Rousoux[1098] ?

628. Cela étant, les *Gacaca* ont plus fait l'objet de critiques que de soutiens manifestes. La crédibilité du système s'en est ainsi ressortie fortement affaiblie. Pourtant, il peut être légitime de se demander quelle institution judiciaire au monde aurait pu mieux faire que les juridictions *Gacaca,* face à un contentieux impliquant plus de 120 000 suspects.

On a beau critiquer l'efficacité de cette justice hybride qui, selon certains chercheurs ou spécialistes, n'était pas la solution parfaite ou du moins idéale pour les cas de transition démocratique. Il faudrait néanmoins admettre que jusqu'à preuve du contraire, *Gacaca* a été malgré ses carences, le meilleur moyen pour sortir le Rwanda de l'impasse du traitement juridique et politique des conséquences sociales du génocide. D'ailleurs, lors des « réunions de réflexion[1099] » sur l'application du système *Gacaca* aux procès du génocide, aucune solution adéquate n'a été proposée par les observateurs extérieurs, si ce n'est quelques recommandations.

629. Les réponses les plus pertinentes ont été formulées par le Haut-Commissariat des droits de l'homme. L'idée principale consistait à transformer les *Gacaca* en une commission d'enquête sur les crimes tout en limitant leur compétence aux infractions contre les biens[1100]. L'application d'une telle mesure n'aurait certainement pas permis d'en finir à ce jour avec le contentieux démesuré du génocide. De même, l'exemple des tribunaux mixtes que nous avons précédemment étudiés[1101] ne semble pas non plus constituer une solution adéquate, dans la mesure où leur nature hybride a engendré des difficultés dans l'harmonisation entre deux ordres juridiques différents. Ainsi, l'application simultanée de deux droits matériels (interne et international) a parfois entraîné des vicissitudes au sein de ces juridictions internationalisées.

630. Finalement, la solution qui nous semble la plus opportune pour résoudre le contentieux du génocide aurait pu être la création d'une institution hybride avec des juges populaires assistés de magistrats professionnels et d'avocats. Un tel choix aurait pu dans une certaine mesure améliorer les garanties des droits des accusés ; mieux répondre aux besoins des victimes et récuser l'idée de procès expéditif dans le processus *Gacaca.* Enfin, quelles que soient les thèses avancées, les dirigeants rwandais ont naturellement reconnu

---

[1098] ROSOUX Valérie et MUGABE Aggée, « Le cas des *Gacaca* du Rwanda, jusqu'où négocier la réconciliation », *op. cit.,* p. 35.

[1099] Ces réunions eurent lieu tous les samedis du 9 mai 1998 au 13 mai 1999 sous la présidence de l'ancien président Rwandais Pasteur Bizimungu. Cf. *supra,* §§ 341 à 349 (émergence de l'idée *Gacaca* dans le traitement du contentieux du génocide).

[1100] Nations Unies, Haut-Commissariat aux droits de l'homme, *Gacaca, le droit coutumier au Rwanda,* rapport final de la 1ère phase d'enquête sur le terrain, Kigali, 30 juin 1996, p. 12.

[1101] Cf. titre 1 (partie 1) portant sur l'étude comparative entre et les Chambres spécialisées rwandaises, les Chambres extraordinaires du Cambodge, les Chambres spéciales du Timor et le Tribunal spécial de la Sierra Leone.

les imperfections du système[1102], tout en soutenant qu'il n'y avait pas d'autres solutions[1103]. Leur objectif n'était pas de faire consensus, mais de faire face à un dilemme auquel tout régime héritant d'un passé criminel est confronté : comment établir un compromis entre idéal de justice et réalisme politique ?

631. Pour y répondre, le Rwanda a fait de la lutte contre l'impunité la voie principale qui peut mener vers la réconciliation nationale. Ce surprenant paradoxe se situe entre, d'une part, l'orientation prise par de nombreux régimes étatiques installés après une dictature sanglante qui voit plutôt dans la justice un moyen de rétablir la cohésion sociale et, d'autre part, les mouvements de droit pénal international ou de droit humanitaire qui sont axés sur la poursuite et la répression des crimes contre l'humanité. C'est dans cette dernière configuration que le contentieux du génocide des Tutsi a été également confié à d'autres juridictions compétentes, au plan externe.

[1102] Comme en témoigne l'interview accordée à *Jeune Afrique* par le Président de la République Paul Kagamé. Ce dernier a tenté de relativiser les critiques à l'égard du système *Gacaca*, liées à la partialité des juges et au problème de la corruption en tenant ces propos : « *la justice parfaite n'existe nulle part au monde. Des juges achetés, des sentences iniques, des erreurs judiciaires, cela arrive au Rwanda comme ailleurs. Mais ce sont des cas isolés que nous efforçons à chaque fois de corriger. Des dizaines de milliers de jugements ont été prononcés par les Gacaca sans que cela soulève le moindre problème.* » Cf. article « Rwanda : pour en finir avec le génocide », Jeune Afrique, n° 2466, avril 2008, p. 30.

[1103] La communauté internationale s'est largement ralliée à cette opinion, car malgré le risque inhérent, certains pays européens ont fait le choix de soutenir le processus Gacaca. De ce point de vue, la Belgique a été le principal donateur, ensuite, Les Pays-Bas, etc. Cf. rapport HRW, 2011, *supra*, note 930, p. 145.

SECONDE PARTIE

LE TRAITEMENT JURIDICTIONNEL EXTERNE

632. Le système de la répression des crimes internationaux s'est progressivement doté d'un ensemble de règles et d'institutions. Celles-ci organisent la punition des individus responsables de graves violations du droit international humanitaire[1104]. C'est dans ce contexte que le principe de la responsabilité pénale individuelle a été consacré. Un tel principe a pris le contrepied de toute idée d'incrimination collective ou d'État criminel et cherche au contraire à placer chaque individu face à la conscience de sa responsabilité propre pour ses agissements personnels. D'une part, pour juger les auteurs de crimes graves, les conventions internationales imposent aux États de prévoir dans leurs systèmes juridiques nationaux des mécanismes de saisine de leur juridiction[1105]. D'autre part, le régime applicable aux crimes internationaux s'est considérablement renforcé après l'apparition de juridictions pénales internationales surtout depuis les années 1990. L'ensemble des règles s'articule autour de deux espaces normatifs interdépendants dans lesquels s'exerce une justice internationale **(Titre I)** et transnationale **(Titre II)**.

Titre I - Le traitement juridictionnel international
Titre II - Le traitement juridictionnel transnational

[1104] C'est l'ensemble des règles juridiques, d'origine conventionnelle ou coutumière, spécifiquement destinées à régler les problèmes humains découlant directement des conflits armés internationaux ou non internationaux, et qui restreignent le droit des parties au conflit d'utiliser les méthodes et les moyens de guerre de leur choix ou protègent les personnes et des biens affectés ou susceptibles de l'être par le conflit. Sur ce point, cf. BETTATI Mario, *Droit humanitaire*, 1ère édition, Dalloz, 2012, p. 1.
[1105] À ce propos, cf. les Quatre Conventions de Genève du 12 août 1949 (art. 49 Convention I).

TITRE I

LE TRAITEMENT JURIDICTIONNEL INTERNATIONAL

633. L'idée d'une justice pénale internationale correspond à une aspiration lointaine, qui fut largement préfigurée par la doctrine, avant de se trouver concrétisée en droit positif durant le XXe siècle[1106]. Le but était de s'écarter des mécanismes traditionnels qui voulaient que les auteurs d'actes contraires aux règles internationales soient jugés dans l'ordre interne du lieu où ils avaient été commis par leurs tribunaux et selon leur procédure[1107]. Ainsi, la première tentative en vue de créer une instance pénale pour traduire en justice des individus responsables de crimes internationaux remonte au lendemain de la Première Guerre mondiale[1108].

634. Par la suite, pendant la période de l'entre-deux-guerres, s'est constitué un mouvement en faveur de la création d'un système permanent de justice pénale internationale. En revanche, les divers projets annoncés n'ont pas connu de succès[1109]. Il a fallu attendre la fin de la Deuxième Guerre mondiale

---

[1106] SZUREK Sandra, « La formation du droit international pénal », in ASCENSIO Hervé et al, *Droit international pénal,* Paris, Pedone, 2000, pp. 7 à 22.

[1107] COMBACAU Jean et SUR Serge, *Droit international public,* Montchrestien, Paris, 2008, p. 320.

[1108] L'article 227 du traité de Versailles du 28 juin 1919 prévoyait la constitution d'un tribunal international pour la poursuite du Kaiser Guillaume II pour « *offense suprême contre la moralité internationale et l'autorité sacrée des traités* ». Néanmoins, une telle disposition ne fut jamais appliquée en raison du refus des Pays-Bas (où le Kaiser avait trouvé refuge) de livrer celui-ci aux alliés. En ce sens, cf. PAZARTZIS Photini, *La répression pénale des crimes internationaux,* Pedone, 2007, p. 13.

[1109] Il en est ainsi des deux conventions élaborées par la Société des Nations le 16 novembre 1937 à la suite de l'assassinat du roi Alexandre 1er de Yougoslavie, l'une portant sur la prévention et la répression du terrorisme et l'autre sur la création d'une cour pénale internationale. Ces deux conventions ne sont jamais entrées en vigueur, faute des ratifications requises. Le seul État qui les a ratifiées est l'Inde. Le défaut de ratification s'explique en grande partie par le fait que dans ces conventions, la notion de « terrorisme » n'a pas trouvé une définition suffisamment précise. Mais également, le déclenchement de la Seconde Guerre mondiale a détourné les États de la lutte contre le terrorisme. Pour une analyse approfondie de la question, cf. GLASER Stefan, « Le terrorisme international et ses divers aspects », *Revue internationale de droit comparé,* volume 25, n° 4, 1973, pp. 825-850 (page citée n° 826).

pour que les premiers tribunaux internationaux soient institués, afin de poursuivre les plus grands criminels de guerre. Il s'agit notamment du Tribunal de Nuremberg qui fut établi par l'accord de Londres du 8 août 1945[1110] . Le Tribunal de Tokyo est créé une année plus tard par une proclamation du commandant suprême des Forces alliées en Extrême-Orient. Ces deux tribunaux militaires constituent les premiers fondements d'un véritable droit international pénal, même si leur légitimité a fait l'objet de vives critiques.

635. Néanmoins, la doctrine s'accorde à considérer que le Tribunal militaire international (ci-après, « TMI ») de Nuremberg marque une étape décisive dans l'histoire de la justice pénale internationale[1111]. Pour la première fois est reconnue la responsabilité pénale internationale des dirigeants politiques et militaires d'un État pour crime contre la paix, crimes de guerre et crimes contre l'humanité[1112]. Sur ce point, on peut dire que l'adoption d'un grand nombre d'instruments juridiques après la Seconde Guerre mondiale découle plus ou moins directement du procès de Nuremberg. À titre d'exemple, nous citerons la Convention sur le génocide de 1948[1113], les Conventions de Genève de 1949[1114], ainsi que la Convention sur l'imprescriptibilité des crimes de guerre et des crimes contre l'humanité de 1968[1115].

636. Avec un peu de recul, force est de constater que ni les précédents de Nuremberg et de Tokyo ni les conventions internationales ratifiées par la suite n'ont réussi à prévenir les conflits et massacres ayant marqué la seconde moitié du XXe siècle. Ces événements ont favorisé l'émergence d'une nouvelle catégorie de tribunaux *ad hoc*, hybrides et la concrétisation du projet de création d'une Cour pénale internationale. Le principe de la création des tribunaux pénaux internationaux « *ad hoc* »[1116] a été adopté en réaction à la crise yougoslave, puis à la crise rwandaise qui fait l'objet de notre étude.

637. Pour faire face aux violations massives du droit humanitaire, le Conseil de sécurité a décidé de mettre en place un Tribunal international

---

1110 Accord portant sur la poursuite et le châtiment des grands criminels de guerre des Puissances européennes de l'Axe. Il a été signé par les quatre Puissances alliées ; dix-neuf autres États y ont adhéré par la suite.

1111 Sur ce point, cf. MOREILLON Laurent et al, *Droit pénal humanitaire,* Bruylant, Bruxelles, 2006, pp. 45-46.

1112 Pour une étude de cette question, cf. LA ROSA Anne-Marie, *Juridictions pénales internationales : la procédure et la preuve,* Paris, PUF, 2003, p. 16 et s.

1113 Convention internationale pour la prévention et la répression du crime de génocide adoptée à l'unanimité par l'Assemblée générale des Nations Unies le 9 décembre 1948 puis entrée en vigueur le 12 janvier 1951.

1114 Conventions de Genève du 12 août 1949 et leurs Protocoles additionnels I et II de 1977. Cf. BOUCHET-SAULNIER Françoise, *Dictionnaire pratique du droit international humanitaire*, 4e édition, Paris, La Découverte, 2013, pp. 161-163.

1115 Convention sur l'imprescriptibilité des crimes de guerre et des crimes contre l'humanité, adoptée le 26 novembre 1968, http://www.icrc.org/dih/INTRO/435?OpenDocument

1116 C'est-à-dire des juridictions disposant d'une compétence limitée dans le temps et dans l'espace.

chargé de juger les crimes commis sur le territoire de l'ex-Yougoslavie (ci-après, « TPIY »). Un an plus tard, un Tribunal international pour le Rwanda (ci-après, « TPIR » ou le « Tribunal ») est mis en place pour répondre de façon urgente aux violations massives du droit humanitaire commises sur le territoire rwandais. Ces deux juridictions sont indépendantes, car elles ont pour mission de juger des faits se produisant dans deux conflits de nature différente (conflit interne et conflit international). Pour autant, elles présentent beaucoup de similitudes et entretiennent même des rapports institutionnels assez forts. L'objet de notre étude est donc de nous focaliser sur les modalités de la création du TPIR (**Chapitre I**) dans une perspective comparative avec le TPIY et les anciens tribunaux militaires internationaux qui leur ont précédés (TMI de Nuremberg et de Tokyo). Ensuite, il conviendra d'évaluer la mission du Tribunal pour le Rwanda en expliquant en quoi il a contribué à la sanction des crimes contre l'humanité (**Chapitre II**). Partant de ce postulat, nous procéderons à une étude empirique du contentieux du Tribunal à partir des cas concrets tranchés par celui-ci[1117].

[1117] Notre étude s'est limitée aux 38 décisions qui sont définitivement tranchées par le Tribunal (en première instance et en appel). À quelques exceptions près, nous avons également étudié des jugements qui sont récemment rendus par la Chambre de première instance du TPIR et qui sont pendants en appel. D'une manière générale, les conclusions factuelles des Chambres de première instance sont confirmées par les juges de la Chambre d'appel, sauf quelques rares exceptions que nous évoquerons ultérieurement.

CHAPITRE I

L'INSTAURATION DU TRIBUNAL PÉNAL INTERNATIONAL POUR LE RWANDA

638. Bien que les faits qui ont accompagné l'éclatement de l'ex-Yougoslavie ne soient en rien comparables au génocide des Tutsi du Rwanda, la nécessité de créer une juridiction internationale est apparue dans les deux cas. À cet égard, l'exemple du Tribunal pénal international pour l'ex-Yougoslavie a constitué un précédent efficace et facilement transposable au Tribunal du Rwanda. Ces deux Tribunaux (ci-après, « TPI » ou « TPI *ad hoc* ») ont été créés dans l'urgence pour répondre à une situation de grave crise humanitaire. Ils ne reposaient pas sur un dispositif de règles de droit substantiel ou procédural. Leur mise en place est surtout l'aboutissement logique d'une série de résolutions du Conseil de sécurité et de rapports dénonçant les horreurs commises sur le territoire de l'ex-Yougoslavie et celui du Rwanda.

639. Il est vrai que le contexte entre les deux conflits est tout à fait différent. Mais, du point de vue juridique, les deux Tribunaux *ad hoc* étaient destinés dès le départ à s'inspirer mutuellement, car ils avaient un système institutionnel similaire (Procureur et Chambre d'appel)[1118]. Cela découle de leur processus de création (**Section 2**) et de certaines incriminations identiques telles que les crimes contre l'humanité et le génocide. Toutefois, au regard du droit international, le Tribunal pour le Rwanda se distingue relativement de celui de l'ex-Yougoslavie, surtout dans l'étendue de ses compétences (**Section 2**).

[1118] Les deux Tribunaux partagent la même Chambre d'appel. Mais depuis 2003, la résolution 1503 du Conseil de sécurité a modifié le Statut du TPIR en prévoyant la désignation d'un Procureur qui lui est propre.

SECTION 1 — LE PROCESSUS DE CRÉATION DU TPIR

640. Face à l'extermination du groupe tutsi que l'on peut considérer comme l'un des plus grands drames humains qu'ait connus le monde depuis la fin de la Seconde Guerre mondiale, la communauté internationale s'est mobilisée dans le cadre de l'Organisation des Nations Unies. Celle-ci se trouve ainsi associée à la gestion de la crise rwandaise par le déploiement d'une action dans trois domaines essentiels : militaire, humanitaire et droits de l'homme[1119]. Dans le même contexte, on s'interroge sur l'attitude ambiguë des Nations Unies lorsqu'elle décide de réduire considérablement le nombre de Casques bleus présents au Rwanda en pleine période des massacres[1120]. Dès lors, l'idée de mettre en place une juridiction pénale spéciale pour poursuivre les principaux responsables du génocide fut interprétée comme un aveu d'impuissance a *posteriori*[1121]. C'est durant la période d'avril à novembre 1994 qu'ont été prises les initiatives essentielles aboutissant à la mise en place du TPIR. Elle repose pour une très large part sur des travaux préparatoires (**§ 1**) à l'appui desquels le Conseil de sécurité adopte la résolution 955 créant ledit Tribunal **(§ 2).**

§ 1–Les travaux préparatoires à la mise en place du Tribunal

641. Les réponses des Nations Unies sur la question des droits de l'homme à la situation prévalant au Rwanda furent qualifiées d'« initiatives multiples et salutaires » par le juriste Fatsah Ouguergouz[1122]. Trois importantes décisions ont été prises à ce niveau. Elles sont le fait du Haut-Commissaire des Nations Unies aux droits de l'homme, de la Commission des droits de l'homme et du Conseil de sécurité. Moins d'un mois après le début du génocide, le Conseil de sécurité publiait un communiqué où, tout en condamnant les massacres, il « rappelait » que le meurtre de membres d'un groupe ethnique avec l'intention

---

[1119] Cette action est menée à travers les organes suivants : la Mission des Nations Unies pour l'Assistance au Rwanda (MINUAR), le Haut-Commissariat des Nations Unies aux Réfugiés (HCR), le Fonds des Nations Unies pour l'Enfance (UNICEF), l'Organisation mondiale de la Santé (OMS), le programme alimentaire mondial (PAM), l'Organisation pour l'Alimentation et l'Agriculture (FAO), le Programme des Nations Unies pour le Développement (PNUD), et le Centre des Nations Unies pour les Droits de l'Homme. Le Département des affaires humanitaires du Secrétariat de l'ONU, en collaboration avec la FAO, le HCR, l'OMS, le PAM, le PNUD et l'UNICEF, a créé le Bureau d'urgence des Nations Unies pour le Rwanda (UNREO), chargé de coordonner les secours d'urgence au Rwanda. Pour une étude approfondie sur l'intervention des Nations Unies dans la crise rwandaise, cf. OUGUERGOUZ Fatsah, « La tragédie rwandaise du printemps 1994 : quelques considérations sur les premières réactions de l'Organisation des Nations Unies », *Revue générale de droit international public,* 1996, pp. 149-177 (page 159 citée).

[1120] Cf. *supra*, introduction, § 61.

[1121] En ce sens, cf. DE FROUVILLE Olivier, *Droit international pénal, Sources, Incriminations, responsabilité,* Paris, Pedone, 2012, p. 18.

[1122] *Idem*, p. 160.

de détruire ce groupe en tout ou partie constituait un crime de droit international[1123]. Simultanément, la Commission des droits de l'homme de l'ONU, réunie en session extraordinaire, désignait un Rapporteur spécial chargé de recueillir des informations dignes de foi sur les causes profondes des atrocités commises au Rwanda (A). Donnant suite aux informations communiquées par le Rapporteur spécial des droits de l'homme, le Conseil de sécurité décide dans sa résolution 955 de mettre en place une commission impartiale d'experts chargée de faire la lumière sur les violations graves commises sur le territoire rwandais (B).

A. La nomination d'un Rapporteur spécial par la Commission des droits de l'homme

642. Alors que la genèse du Tribunal *ad hoc* pour l'ex-Yougoslavie avait été délicate[1124], la mise en place du Tribunal pour le Rwanda a été beaucoup plus rapide. Un des éléments essentiels ayant joué dans le sens de cette accélération est le rôle du Haut-commissaire des Nations Unies aux droits de l'homme, M. José Ayala, nommé au début de 1994 à l'issue de la conférence mondiale de Vienne[1125]. Dès sa prise de fonction, il adressa le 14 avril 1994 au Secrétaire général des Nations Unies un mémorandum dans lequel il suggérait que des mesures essentielles soient prises afin d'empêcher la dégradation de la situation des droits de l'homme au Rwanda[1126]. De même, lors d'une visite effectuée dans ce pays les 11 et 12 mai 1994, le Haut-commissaire arrêta le principe d'une enquête internationale sur les violations des droits de l'homme[1127]. À cet égard, il fit trois recommandations importantes à la Commission des droits de l'homme : la nomination d'un Rapporteur spécial, la mise en place d'une équipe de spécialistes des droits de l'homme chargée de l'assister dans sa tâche[1128] et le soutien au processus de paix par un vaste programme d'assistance dans le domaine des droits de l'homme.

[1123] Cf. 3371e séance du Conseil de sécurité, *« La situation concernant le Rwanda »*, New York, Nations Unies, 30 avril 1994, doc. [S/PV.3371], p. 2.

[1124] Dans ce contexte, les Européens étaient divisés sur la question d'une intervention militaire pour mettre fin aux massacres en ex-Yougoslavie. Sur le processus de création du TPIY, cf. LESCURE Karine, *Le Tribunal pénal international pour l'ex-Yougoslavie*, Paris, Montchrestien, 1994, 203 p.

[1125] Celle-ci a eu lieu du 14 au 25 juin 1993. Le poste de Haut-Commissaire des Nations Unies aux droits de l'homme a été créé par l'Assemblée générale par sa résolution 48/141 du 20 décembre 1993 aux termes de laquelle celui-ci « sera le fonctionnaire des Nations Unies auquel incombera à titre principal, la responsabilité des activités des Nations Unies dans le domaine des droits de l'homme » (paragraphe 4).

[1126] Cf. rapport du Haut-Commissaire des Nations Unies aux droits de l'homme, M. José Ayala Lasso sur sa mission effectuée du 11 au 12 mai 1994. Document Nations Unies, Conseil économique et social, E/CN.4/S-3/3, 19 mai 1994, pp. 3-4 (paragraphe 12).

[1127] OUGUERGOUZ Fatsah, *op. cit.*, p. 161.

[1128] Sur la proposition du Haut-Commissaire, la Commission des droits de l'homme créa de manière inédite en 1994, l'Opération des droits de l'homme au Rwanda consistant en l'envoi sur place de spécialistes des droits chargés d'une triple mission : dissuasion, persuasion et enquête.

643. Réunie en session extraordinaire les 24 et 25 mai 1994, la Commission des droits de l'homme a mentionné pour la première fois « certains actes s'apparentant au génocide[1129] ». À cette fin, un Rapporteur spécial (le doyen René Degni-Segui) a été chargé « *d'enquêter sur place sur la situation des droits de l'homme au Rwanda et de recueillir, auprès des gouvernements, des particuliers et des organisations intergouvernementales et non gouvernementales, tous renseignements dignes de foi sur la situation des droits de l'homme dans le pays, y compris sur causes profondes des atrocités récentes et les responsabilités en la matière* [...][1130] ». Tout en reconnaissant que le Rapporteur spécial n'avait pas les pouvoirs d'un procureur, le Haut-commissaire suggéra que les informations compilées devaient être d'une qualité telle qu'elles puissent être utilisées comme pièces à conviction dans le cadre d'éventuelles poursuites judiciaires devant les tribunaux nationaux du Rwanda ou d'autres pays[1131].

644. À l'issue de ses différentes missions effectuées au Rwanda, le Rapporteur spécial caractérisait, dès son premier rapport[1132], la responsabilité politique des différentes composantes des forces de sécurité gouvernementales et de certains des organes de l'État rwandais dans le génocide. Il recommanda ainsi la création d'« *une juridiction pénale internationale ad hoc chargée de connaître des faits et de juger les coupables* ». Dans son deuxième rapport[1133], il mettait plus en relief l'insécurité qui continuait à régner au Rwanda, ainsi que la situation préoccupante des réfugiés et des personnes déplacées. Enfin, dans un troisième et quatrième rapport[1134], il stigmatisait les ambiguïtés, sinon les limites de l'action des organes des Nations Unies[1135]. L'ensemble de ces informations servira de cadre juridique au Conseil de sécurité qui, comme dans

---

Pour une étude détaillée, cf. BARBIER Sandrine, « Les commissions internationales d'enquête et d'établissement des faits », in ASCENSIO Hervé et al, *Droit international pénal,* 2e édition, *op. cit.*, p. 780.

1129 Les 24 et 25 mai 1994, le Haut-commissaire aux droits de l'homme nommé par le Secrétaire général des Nations Unies - invitait les membres de la Commission des droits de l'homme à se réunir d'urgence.

1130 Résolution S-3/1, *situation des droits de l'homme au Rwanda,* adoptée par consensus par la Commission des droits de l'homme le 25 mai 1994. Il en est ainsi pour l'ex-Yougoslavie où un rapporteur spécial Tadeusz Mazowiecki a été nommé par la résolution 1992/S-1/1 du 14 août 1992 pour enquêter sur les violations graves du Droit international humanitaire.

1131 Cf. rapport d'enquête adressé au Secrétaire général sur les violations graves du droit international humanitaire commises au Rwanda et communiqué au Conseil de sécurité le 25 juillet 1994. Document Nations Unies, Conseil de sécurité, S/1994/867, 25 juillet 1994, p. 9 (paragraphe 30).

1132 Cf. 1er rapport publié le 28 juin 1994, Document Nations Unies, E/CN/4/1995/7.

1133 Rapport publié le 12 août 1994, Document Nations Unies, E/CN.4/1995/12.

1134 Cf. 3e rapport publié le 11 novembre 1994, Document des Nations Unies, E/CN.4/1995/70 et le 4e rapport qui constitue une synthèse des trois premiers, publié le 18 janvier 1995, Document Nations Unies, E/CN.4/1995/71.

1135 BOURDON William, « Qui peut arrêter les coupables ? », in VERDIER Raymond et al, *Rwanda. Un génocide du XXe siècle, op. cit.*, p. 78.

le cas de l'ex-Yougoslavie[1136], créa une Commission d'experts indépendants chargée d'enquêter et d'établir des faits sur le « *génocide éventuel* [1137] » commis au Rwanda.

B. La mise en place d'une commission d'enquête et d'établissement des faits

645. Les commissions d'enquête et d'établissement des faits qui intéressent le droit international pénal peuvent être définies comme des commissions internationales établies pour enquêter sur les crimes internationaux – crime de guerre, crime contre l'humanité, génocide – et recueillir des informations et preuves afin de préparer l'éventuelle poursuite de leurs auteurs devant des tribunaux internationaux et/ou nationaux[1138]. Compte tenu de leur rareté jusqu'au conflit en ex-Yougoslavie, ces dites commissions ne sont pas assez connues et ont peu retenu l'attention de la doctrine[1139].

646. La communauté internationale n'avait institué que deux commissions pour enquêter sur les crimes de guerre et pour préparer d'éventuelles poursuites devant les instances judiciaires nationales ou internationales. Il s'agit de la Commission de 1919 sur les responsabilités des auteurs de la guerre et sur la mise en œuvre des sanctions pour violation des lois et coutumes de guerre, la Commission des Nations Unies pour les crimes de guerre de 1943[1140]. Cependant, l'émergence d'un nombre important d'organismes compétents en matière de règlement des différends de maintien de la paix et de surveillance des droits de l'homme a multiplié les cadres juridiques et politiques dans lesquels des commissions d'enquête sur les crimes internationaux pouvaient être créées[1141]. Le conflit en ex-Yougoslavie constitue la première illustration de cet état de fait.

[1136] Se déclarant gravement alarmé par des informations qui faisaient état de violations flagrantes et généralisées de droit humanitaire international, notamment dans la République de Bosnie-Herzégovine, le Conseil de sécurité créa une commission d'experts par la résolution 780 (1992) du 6 octobre 1992. Ce document est publié sur le site officiel des Nations Unies : www.un.org/Docs/scres/1993/scres93.htm

[1137] Cf. résolution 935 (1994) par laquelle le Conseil de sécurité demandait au Secrétaire général de constituer d'urgence une Commission d'experts indépendants. Celle-ci était composée de M. Atsu Koffi Amega (Togo), président, Mme Haby Dieng (Guinée) et M. Salifou Fomba (Mali). Sur ce point, cf. OUGUERGOUZ Fatsah, *op. cit.*, p. 166.

[1138] BARBIER Sandrine, « Les commissions internationales d'enquête et d'établissement des faits », *op. cit.*, p. 773.

[1139] *Ibid.*

[1140] Pour une étude détaillée, cf. BASSIOUNI Chérif, « La commission des experts des Nations Unies établies par résolution 780 du Conseil de sécurité (1992) », *Revue internationale de droit pénal,* n° 66, 1995, pp. 194-197.

[1141] BARBIER Sandrine, *op. cit.*, p. 774 et s.

647. C'est en juillet 1992, à la suite de l'émergence de preuves de tueries massives et de « nettoyage ethnique »[1142] en Bosnie-Herzégovine, que le Conseil de sécurité autorise l'établissement d'une Commission d'experts. Celle-ci avait pour mission d'enquêter sur les violations du droit international humanitaire commises dans l'ex-Yougoslavie[1143]. La création de cette Commission constitue un précédent important permettant d'établir un organe similaire au Rwanda[1144]. Il convient à ce titre de relever que les deux Commissions d'experts en ex-Yougoslavie et au Rwanda étaient censées répondre aux standards internationaux en la matière[1145] : indépendance et impartialité, clarté du mandat, garanties suffisantes accordées aux personnes mises en cause ainsi qu'aux victimes et témoins, publicité du rapport, etc. De même, leur mandat (identique)[1146] ne se limitait pas à l'établissement des faits *stricto sensu,* mais comprenait également la formulation de conclusions juridiques, notamment sur la qualification juridique des faits et sur le droit applicable devant les Tribunaux pénaux internationaux.

648. Au-delà de ces considérations d'ordre général, la commission d'experts pour le Rwanda avait concrètement pour mission de présenter au Secrétaire général des conclusions quant aux éléments de preuve concernant les violations du droit international humanitaire commises sur le territoire rwandais, y compris d'éventuels actes de génocide[1147]. En outre, la commission était chargée de manière significative d'établir des faits liés à une situation qualifiée de « menace à la paix ». Sa création ne repose pas sur

---

[1142] En ce sens, ASCENSIO Hervé, « Le temps des horreurs », in *Le Tribunal pénal international de La Haye : le droit à l'épreuve de la « purification ethnique »,* L'Harmattan, 2000, p. 15 et s.

[1143] À ce propos, il est important de rappeler que la Commission des Experts de 1992 n'était pas la première commission d'enquête concernant la région de l'ex-Yougoslavie. Au début du vingtième siècle, la Fondation Carnegie pour la Paix internationale avait établi une commission composée de personnalités internationales pour enquêter sur les atrocités qui auraient été commises contre des prisonniers de guerre et des civils pendant les deux guerres des Balkans de 1912 et 1913. Pour une étude approfondie, cf. BASSIOUNI Chérif, « La commission des experts des Nations Unies établie par la résolution 780 du Conseil de sécurité », *Revue internationale de droit pénal,* n° 66, 1995, p. 200.

[1144] Par ailleurs, le Conseil de sécurité a créé d'autres commissions internationales d'enquête au Burundi (1995), au Soudan (2004) et au Liban (2005). Lesdites Commissions sont plus médiatisées que celles qui ont été instituées au Rwanda et en ex-Yougoslavie. En ce sens, BARBIER Sandrine, *op. cit.,* p. 782 et s.

[1145] Il s'agit des normes qui découlent notamment des Principes régissant les enquêtes des Nations Unies sur les allégations relatives à des massacres. *UN Department of Public Information,* ST/DPI/1710, 1997 ou encore l'Ensemble de principes actualisés pour la protection et la promotion des droits de l'homme par la lutte contre l'impunité (principes 8 à 13), E/CN.4/2005/102/Add.1, 8 février 2005.

[1146] La commission d'experts du Rwanda s'analyse comme une véritable copie de la commission de l'ex-Yougoslavie au vu des missions qui leur ont été confiées. Cf. résolutions 780 (1992) et 935 (1994) du Conseil de sécurité des Nations Unies. **Remarques** : toutes les résolutions et rapports publiés dans le cadre de la création du TPIR et du TPIY peuvent être consultés sur www.un.org/Docs/scres/1993/scres93/.htm

[1147] Cf. article 1er de la résolution 935 du 1er juillet 1994.

l'article 34 de la Charte des Nations Unies relatif au règlement des différends, mais sur l'article 24 § 1 qui donne au Conseil des pouvoirs généraux en matière de maintien de la paix. Cette dynamique est semblable à celle ayant présidé à la création du TPIY, puisqu'elle établit un principe de responsabilité pénale individuelle pour commission de crimes internationaux[1148].

649. En s'appuyant sur les conclusions du Rapporteur spécial René Degni-Segui, la commission d'experts conclut dans son rapport préliminaire,

> « qu'il est amplement prouvé que des personnes, appartenant à l'une et l'autre partie au conflit armé qui s'est déroulé au Rwanda durant la période du 6 avril au 15 juillet 1994, ont commis des violations graves du droit international humanitaire, en particulier de l'article 3 commun aux quatre Conventions de Genève du 12 août 1949 et de plusieurs dispositions du Protocole additionnel aux Conventions de Genève et relatif à la protection des victimes des conflits armés non internationaux du 8 juin 1977 (protocole II)[1149]... ».

Dans son rapport final rendu au terme de quatre mois après des consultations avec divers États, organisations internationales et ONG, la Commission confirmait détenir des « *preuves accablantes attestant que des actes de génocide avaient été commis à l'encontre du groupe tutsi par des éléments hutu agissant de manière concertée, planifiée, systématique et méthodique, en violation de l'article II de la Convention de 1948 pour la prévention et la répression du crime de génocide*[1150] ».

650. En conséquence de ce qui précède, et après avoir examiné d'autres modalités possibles, la commission avait recommandé d'étendre la compétence du TPIY aux crimes commis au Rwanda et de ne pas créer un autre TPI *ad hoc.* Le but était surtout de préserver l'unité de « l'interprétation juridique et de l'application du droit international pénal[1151] ». Cependant, le Conseil de sécurité a retenu une solution différente en décidant de créer un Tribunal spécial pour le Rwanda. Celui-ci devait partiellement utiliser le mécanisme mis en place pour le Tribunal de l'ex-Yougoslavie. C'est dans cette perspective que la résolution 955 a été adoptée. Celle-ci a toutefois fait l'objet de nombreuses controverses.

§ 2–L'adoption de la résolution 955 créant le TPIR : les controverses

651. La mise en place du Tribunal pénal international pour le Rwanda repose sur la résolution 955 du Conseil de sécurité, adoptée le 8 novembre 1994 en vertu du chapitre VII de la Charte des Nations Unies. L'institution de

---

[1148] ALBARET Mélanie et al, *Les grandes résolutions du Conseil de Sécurité des Nations Unies,* Dalloz, 2012, p. 216.

[1149] Nations Unies, « Rapport préliminaire de la Commission d'experts indépendants ». Doc. S/1994/1125, 4 octobre, 1994, pp. 31-32.

[1150] Rapport, S/1994/1125, § 148, p. 31.

[1151] Rapport, S/1994/1125, § 140, p. 30.

ce Tribunal a été précédée d'une demande de l'État rwandais qui, hasard du calendrier, était membre du Conseil de sécurité. Sur ce point, le gouvernement rwandais de transition a vivement participé aux négociations et délibérations au sein du Conseil, ce qui n'était pas le cas des États de l'ex-Yougoslavie lors de la création du TPIY. Pourtant, cela n'a pas empêché le Rwanda de s'opposer finalement au vote de la résolution 955 pour diverses raisons (A). De même, la légitimité du Tribunal a fait l'objet de vives critiques (B), comme ce fut le cas avec les anciens Tribunaux militaires (de Nuremberg et Tokyo) dont les procès furent marqués par des préoccupations d'ordre politique plutôt que juridique.

A. L'opposition du Rwanda au vote du Conseil de sécurité

652. Dans un premier temps, la commission d'experts avait proposé d'étendre la compétence du TPIY au Rwanda, afin de poursuivre les principaux responsables du génocide. Cette solution a échoué à cause de l'opposition vigoureuse du Rwanda qui estimait qu'une telle solution ne prenait pas suffisamment en compte la gravité du génocide. Le gouvernement rwandais a ainsi joué un rôle actif dans la mise en place du TPIR[1152]. Malgré ce soutien initial, le Rwanda a voté contre la résolution 955 instituant le TPIR, en raison de plusieurs désaccords dont les plus importants portaient sur la composition et le siège du Tribunal (1), sa compétence *ratione temporis* et surtout l'exclusion de la peine capitale (2)[1153].

1) Sur la composition et le siège du Tribunal

653. D'une part, le gouvernement rwandais insistait sur le fait que le Tribunal devait comprendre un ou plusieurs ressortissants rwandais. L'une des raisons invoquées se justifiait par le fait que les juges rwandais qui siègeraient au Tribunal seraient mieux placés que des juges étrangers pour appliquer la législation rwandaise[1154]. Cet argument a été écarté par le Conseil de sécurité qui soutenait que le droit applicable devant le Tribunal serait le droit

---

[1152] Mais un tel soutien répondait à des motivations assez complexes. Les autorités rwandaises invoquaient surtout le fait qu'il serait impossible de parvenir à un véritable état de réconciliation nationale sans mettre un terme à la culture de l'impunité qui existait plusieurs décennies avant le génocide. De même, avec la mise en place d'un Tribunal pénal international, le Rwanda entendait « couper court à tout soupçon de justice expéditive ». Ce qui n'a malheureusement pas été le cas, notamment après l'instauration des juridictions coutumières *Gacaca.* Sur la participation du gouvernement rwandais au processus de création du TPIR, cf. MÉGRET Fréderic, *Le Tribunal Pénal International pour le Rwanda,* Paris, Pedone, 2002, pp. 24-25.

[1153] GUILLOT Philippe, « Les relations entre le Rwanda et le TPIR », in *La répression internationale du génocide rwandais,* (dir. BURGOGUE-LARSEN Laurence), Bruylant, Bruxelles, 2003, p. 28 et s.

[1154] *Mémorandum du Gouvernement rwandais sur l'installation du Tribunal international,* Kigali, 4 novembre 1994, p. 2.

international. D'autre part, le gouvernement rwandais avait suggéré que le Tribunal international puisse siéger (ne serait-ce que de manière itinérante) à Kigali pour des raisons socio-culturelles, psychologiques, juridiques et même économiques[1155]. Cette argumentation n'a été que partiellement suivie. En effet, le Conseil de sécurité a certes reconnu qu'il était nécessaire de rapprocher le Tribunal du lieu de commission du génocide (précisément des justiciables et des victimes), tout en décidant de fixer le siège du TPIR à Arusha en Tanzanie[1156]. Cette décision permettait de mieux garantir l'impartialité, mais aussi la sécurité des accusés. L'ONU a préféré choisir un pays africain voisin du Rwanda[1157], en ouvrant cependant à Kigali, un Bureau pour le Procureur du TPIR.

2) Sur la compétence ratione temporis et l'application de la peine de mort

654. La peine de mort était réclamée par le gouvernement rwandais en cohérence avec sa propre législation nationale[1158]. Les Nations Unies s'y opposèrent fermement en vertu de la politique tendant à l'abolition, partout dans le monde, de la peine capitale[1159]. Quant à la compétence *ratione temporis* du Tribunal, elle est limitée à la période du 1er janvier au 31 décembre 1994. Le gouvernement rwandais a critiqué le choix de ces dates, estimant que le génocide est le résultat d'une longue période de planification pendant laquelle des projets pilotes d'extermination ont été testés avec succès[1160]. Plus précisément, les autorités rwandaises considéraient que les poursuites devaient commencer à compter du déclenchement de la guerre civile d'octobre 1990 conformément à la loi organique rwandaise n° 08/96 du 30 août 1996 *sur l'organisation des poursuites des infractions constitutives du crime de génocide ou de crimes contre l'humanité.*

655. Au regard de ces divergences, et en l'absence d'un consensus, la décision de créer le TPIR fut soumise au vote du Conseil de sécurité. Ainsi, la

---

[1155] *Ibid.*

[1156] Cette solution a été adoptée en vertu de la résolution 977 (1995) du Conseil de sécurité.

[1157] Ce choix reflète non seulement le critère de « proximité », mais il est également symbolique dans la mesure où la ville tanzanienne a abrité de 1992 à 1994 les négociations entre les parties au conflit rwandais, lesquelles avaient notamment conduit à la signature de l'Accord de paix d'Arusha du 4 août 1993. La violation de cet accord a toutefois engendré l'aggravation de la crise rwandaise d'avril à juillet 1994.

[1158] Mais la peine de mort est abolie au Rwanda depuis juillet 2007.

[1159] Cf. deuxième protocole facultatif se rapportant au Pacte international relatif aux droits civils et politiques, visant à abolir la peine de mort, adopté et proclamé par l'Assemblée générale des Nations Unies dans sa résolution 44/128 du 15 décembre 1989. Sur la même question, voir par exemple résolution 62/149 adoptée le 18 décembre 2007 (moratoire sur l'application de la peine de mort), A/Res/62/149. D'autres textes ont également été votés.

[1160] Cf. Déclarations de vote à l'occasion de la création du Tribunal, procès-verbal provisoire de la 3453e séance du Conseil de Sécurité, Nations Unies, S/PV.3453, p. 15.

résolution 955 fut adoptée par treize voix pour[1161], une abstention (Chine)[1162] et une voix contre, celle du Rwanda. La mise en place de cette nouvelle juridiction s'inscrit dans un mouvement amorcé l'année précédente par la résolution 827 (1993) instituant le TPIY[1163]. En somme, les deux résolutions adoptées sur le fondement du Chapitre VII de la Charte des Nations Unies formalisent l'idée selon laquelle la création d'un Tribunal international contribuerait à réparer effectivement les effets des violations du droit humanitaire et à les faire cesser. Mais cette hypothèse est loin de faire l'unanimité. La méthode utilisée par le Conseil de sécurité pour créer simultanément deux juridictions pénales n'a pas manqué de susciter des interrogations dont les premiers accusés ont tenté de tirer profit. De manière significative, la légitimité du TPIR et du TPIY est contestée sur le fondement de l'incompétence du Conseil de sécurité à créer un organe judiciaire.

B. Une remise en cause des compétences du Conseil de sécurité pour instituer un organe judiciaire

656. D'emblée, il faut préciser qu'aucune disposition de la Charte des Nations Unies ne reconnaît au Conseil de sécurité le pouvoir d'instituer un Tribunal pénal international. Ce faisant, comment peut-on justifier la création des deux Tribunaux *ad hoc ?* Cette question met en exergue deux types de problèmes relatifs aux compétences du Conseil ainsi qu'à ses pouvoirs. Parmi les pouvoirs généraux détenus par ce dernier, figure celui de se doter d'organes subsidiaires[1164], nécessaires à l'accomplissement de ses missions. La Charte lui a conféré une telle faculté en même temps que l'Assemblée générale[1165].

657. Cependant, à la différence de cette dernière, le Conseil est susceptible d'accroître les moyens dont il dispose dans le cadre de l'exercice de ses fonctions. À cette fin, il peut user de l'autorité que lui confère l'article 25 de la Charte pour mettre en place un organe subsidiaire, investi de pouvoirs judiciaires, et dont les décisions s'imposent à tous les États membres des Nations Unies. En d'autres termes, la décision de créer un tribunal international s'intègre inévitablement dans l'application de l'article 24-1 de la Charte qui reconnaît au Conseil une responsabilité principale en matière de

---

[1161] Argentine, Brésil, Djibouti, Espagne, États-Unis, France, Nigéria, Nouvelle-Zélande, Sultanat d'Oman, Pakistan, Royaume-Uni, Fédération de Russie, République tchèque).

[1162] Celle-ci estimait que le recours au chapitre VII de la Charte des Nations Unies ne pouvait justifier la création d'une juridiction pénale internationale.

[1163] Cf. résolution 827 (1993) du 25 mai 1993 disponible sur le site des documents officiels de Nations Unies : www.un.org/Docs/scres/1993/scres93.htm

[1164] Au sens de l'article 29 de la Charte des Nations Unies.

[1165] À ce sujet, l'Assemblée générale a créé le Tribunal administratif de l'ONU par une résolution de 1949. Mais celui-ci n'avait pas posé de problème majeur compte tenu du caractère spécifique, à usage interne du contentieux considéré. En ce sens, cf. MARTIN, P.-M., « La compétence de la compétence » (à propos de l'arrêt *Tadić*, Tribunal pénal international, Chambre d'appel, 2 oct. 1995), *Recueil Dalloz Sirey,* 1996, 19e Cahier-Chronique, p. 157.

maintien de la paix[1166]. Malgré la clarté de ces dispositions, le fondement juridique du TPIR et celui de l'ex-Yougoslavie furent remis en cause comme ce fut le cas avec les Tribunaux militaires de Nuremberg et de Tokyo[1167]. Cette question a suscité un grand débat doctrinal opposant deux thèses. Une grande partie des auteurs est défavorable à la création d'une juridiction pénale internationale par le Conseil de sécurité, tandis que rares sont ceux qui approuvent la procédure autoritaire du Conseil.

658. D'abord, le premier argument contre l'approche suivie pour l'institution de tribunaux *ad hoc* au Rwanda et en ex-Yougoslavie insistait sur le fait qu'on ne peut pas créer un organe de type judiciaire sur la base d'une résolution d'un organe de l'ONU, quel qu'il soit[1168]. Dans ce cas de figure, l'adoption d'un traité international constitue la « *méthode normalement utilisée*[1169] ». Face à cette critique, la raison principale invoquée par le Conseil en faveur de la création du TPIR est la célérité. Un tel choix, largement imposé par les circonstances, a présenté l'avantage de la souplesse[1170]. Pour des raisons tenant à l'urgence, il semblait donc nécessaire de recourir à la méthode « institutionnelle ».

659. L'avantage de cette procédure est qu'elle est rapide à la fois pour l'adoption du texte et pour sa mise en œuvre puisque, à la différence d'un traité, il n'existe aucune procédure de ratification[1171]. Sur ce point, le Conseil évoquait les risques liés à la lenteur en matière de conclusion des traités, à la non-participation des États principalement visés par l'institution à créer, et à la tentation d'autres États de ne pas contribuer aux précédents qui pourraient un jour se retourner contre eux-mêmes. Cette hypothèse était surtout prévisible pour l'ex-Yougoslavie où les États directement concernés[1172] auraient certainement refusé de ratifier le traité international. C'est pourquoi dans sa résolution 827 instituant le TPIY, le Conseil a pris soin de mentionner que la création du Tribunal était « *une mesure spéciale* » permettant de poursuivre les

---

[1166] WECKEL Philippe, « L'institution d'un Tribunal international pour la répression des crimes de droit humanitaire en Yougoslavie », *Annuaire français de droit international (AFDI),* 1993, p. 239.

[1167] La légitimité du Tribunal de Tokyo a fait l'objet de vives critiques, notamment en raison de la forte influence exercée par les États-Unis lors de sa création et durant le procès. En effet, le Tribunal n'a pas été créé sur la base d'une convention internationale comme le Tribunal de Nuremberg, mais par voie d'ordonnance, promulguée le 19 janvier 1946 par le général américain Mac Arthur en sa qualité de Commandant suprême de forces alliées dans le Pacifique. En ce sens, BASSIOUNI Chérif, « L'expérience des premières juridictions pénales internationales », in ASENSCIO Hervé et al, *Droit international pénal,* 2e édition, *op. cit.,* p. 743 et s.

[1168] MUBIALA Mutoy, *op. cit.*, p. 940.

[1169] MÉGRET Fréderic, *op. cit.*, p. 27.

[1170] TAVERNIER Paul, « La mise en place des juridictions pénales internationales », *R.I.C.R,* n° 828, 1998, p. 650.

[1171] Cet argument a été développé dans le rapport de présentation du statut du TPIY par le secrétaire général des Nations Unies. Doc S/25704, §§ 20-21.

[1172] Il s'agit de la République de Serbie, les deux Républiques rivales de Bosnie-Herzégovine et la République de Croatie.

personnes présumées responsables de violations graves du droit international humanitaire[1173]. De même, il précisait avoir agi en vertu du Chapitre VII de la Charte des Nations Unies afin de contribuer à la restauration et au maintien de la paix[1174].

660. Le cadre juridique choisi et les finalités poursuivies étaient donc clairs. Certes, la liste des actions énumérées à l'article 41 de la Charte[1175] n'inclut pas la création d'un organe subsidiaire telle qu'une juridiction pénale internationale *ad hoc.* Mais rien ne justifie que cette liste soit exhaustive. Au contraire, l'article 41 donne une définition implicite des mesures qui peuvent être prises par le Conseil. Celles-ci ne doivent pas comprendre « l'emploi de la force armée ». Par conséquent, la création d'un organe judiciaire semble parfaitement se justifier. **La mise en place du TPIR** s'inscrit dans cette même dynamique au regard de la résolution 955. Celle-ci revêt deux aspects.

661. Le premier peut être identifié par une interprétation extensive du Chapitre VII de la Charte des Nations Unies. Il s'agit d'une libre appréciation par le Conseil de ce qui peut constituer une menace contre la paix au sens de l'article 39 de la Charte[1176]. Ainsi, la résolution 955 reconnaît explicitement que les violations flagrantes, généralisées et systématiques du droit humanitaire en situation interne peuvent donner lieu à une telle menace. Le second aspect réside dans le choix par le Conseil de mesures pour faire face à cette menace contre la paix. Ainsi, la décision de créer un organe judiciaire[1177] afin de poursuivre les présumés responsables des massacres, est censée dissuader de nouvelles violations, et favoriser un retour rapide à la paix. Dans ce contexte, le Conseil poursuit un raisonnement déjà entamé dans la résolution 774 (1992) relative à la situation en ex-Yougoslavie[1178]. Il réaffirmait l'idée que les violations du droit international humanitaire, même établies au territoire d'un seul État, sont susceptibles de constituer une menace

---

[1173] Cf. résolution 827 (1993) du 25 mai 1993, § 6, disponible sur le site des documents officiels des Nations Unies : www.org/Docs/scres/1993/scres93.htm

[1174] *Idem,* § 11.

[1175] Au terme de cet article, « le Conseil de sécurité peut décider quelles mesures n'impliquant pas l'emploi de la force armée doivent être prises pour donner effet à ses décisions, et peut inviter les Membres des Nations Unies à appliquer ces mesures. Celles-ci peuvent comprendre l'interruption complète ou partielle des relations économiques et des communications ferroviaires, maritimes, aériennes, postales, télégraphiques radioélectriques et des autres moyens de communication, ainsi que la rupture des relations diplomatiques ».

[1176] Selon les dispositions de cet article, « le Conseil de sécurité constate l'existence d'une menace contre la paix, d'une rupture de la paix ou d'un acte d'agression et fait des recommandations ou décide quelles mesures seront prises conformément aux articles 41 et 42 pour maintenir la paix ou rétablir la sécurité internationale ».

[1177] À titre d'organe subsidiaire du Conseil de sécurité selon l'article 29 de la Charte des Nations Unies.

[1178] À cet effet, le secrétaire général des Nations Unies rattachait directement l'institution du TPIY à l'application du Chapitre VII. Il considérait que cette juridiction est créée à titre de mesure coercitive destinée à contraindre les parties au conflit à respecter les résolutions précédentes, notamment la résolution 771 (1992) du 13 août 1992. Cf. rapport Secrétaire général, 3 mai 1993, S/25704.

à la paix et la sécurité internationales. Pour aller plus loin, la résolution 955 confirme une tendance forte du droit international : la souveraineté ne justifie plus des violations massives des droits de la personne[1179].

662. Ensuite, une seconde thèse remet en cause le pouvoir du Conseil d'agir sur la base du chapitre VII. Brièvement, les tenants de cette thèse ont considéré que la décision de créer une juridiction pénale *ad hoc* ne devrait pas relever du champ de mesures coercitives, mais plutôt du chapitre VI sur le règlement pacifique des différends[1180]. Il est vrai que la principale mesure qui contribue à la restauration de la paix est évidemment celle qui est prise par les belligérants à mettre un terme aux hostilités. Mais rappelons que dans le cas du Rwanda, les efforts de médiation entamés en 1993 par l'OUA et la Tanzanie n'ont pas permis de mettre fin aux combats entre les forces armées du gouvernement rwandais (FAR) et celles du Front patriotique rwandais (FPR)[1181]. C'est dans cette perspective que le Conseil de sécurité créa en octobre 1993 sous le Chapitre VI, la Mission des Nations Unies pour l'Assistance au Rwanda (MINUAR)[1182]. Toutefois, à l'été 1994, cette force militaire ne disposait pas du mandat nécessaire pour faire face aux auteurs des crimes, après deux mois de massacres ininterrompus.

663. Face à l'ampleur et la gravité des massacres constatés, une réaction prompte s'imposait, notamment à l'égard des personnes soupçonnées d'être les « grands responsables » de ce qui fut qualifié par la suite de « génocide ». Le recours au Chapitre VII de la Charte des Nations Unies apparaissait donc comme la seule solution juridique efficace pour le Conseil de maintenir l'ordre sur le territoire rwandais. Pour ainsi dire, l'affirmation d'une interdépendance entre la paix et la justice n'est pas dénuée de fondement. L'esprit de la résolution 955 pourrait donc se résumer par l'expression « pas de paix sans

---

[1179] Dans son discours d'acceptation du prix Nobel de la paix en 2001, l'ancien secrétaire général des Nations Unies Koffi Annan soutenait qu'« *il n'est plus acceptable de voir des gouvernements flouer les droits de leur citoyen sous prétexte de souveraineté...* » Cette allégation souligne la rupture entre le respect de la souveraineté étatique et la protection des droits de la personne. Pour une analyse plus détaillée de la question, cf. ALBARET Mélanie et al, *op. cit.*, p. 217.

[1180] En ce sens, cf. TOMUSCHAT Christian, « A system of International Criminal Prosecution is Taking Shape », *Review of International Commission of Jurist* n° 50, 1993, p. 60.

[1181] Des négociations furent engagées à Arusha (Tanzanie) le 16 mars 1993 et aboutirent à la signature d'un traité de paix le 4 août 1993. Mais celui-ci n'a jamais pu être mis en œuvre en raison de certaines divergences entre les parties signataires. Outre cet échec, le 11 août 1993 (soit une semaine après la signature des accords de paix), le rapporteur spécial de l'ONU pour les exécutions sommaires, arbitraires et extrajudiciaires publie un rapport accablant sur le Rwanda. Il y parle sans détour d'actes de génocide en cours dans le pays. Ce rapport est le fruit d'une enquête de terrain réalisé quatre mois plus tôt au Rwanda. Mais sa publication passera inaperçue, laissant la voie au pire. Sur ce point, cf. ESSOUNGOU André-Michel, *Justice à Arusha : un tribunal politiquement encadré face au génocide rwandais,* L'Harmattan, 2006, p. 31.

[1182] D'une manière générale, la MINUAR avait pour mandat de « *contribuer à l'instauration et au maintien d'un climat propre à assurer la mise en place et le fonctionnement du Gouvernement de transition* ». Cf. rapport du Secrétaire général sur le Rwanda, Documents Nations Unies, Conseil de Sécurité, S/26488, 24 septembre 1993, p. 14, § 66.

justice[1183] ». La compétence du Conseil semble alors reposer sur de solides bases, puisque l'article 41 de la Charte l'autorise à « *décider quelles mesures n'impliquant pas l'emploi de la force armée doivent être prises* » en cas de menace contre la paix.

664. Au sens large, l'article 41 attribue au Conseil une grande marge de liberté pour invoquer le Chapitre VII. C'est sur la base du même texte qu'en 2000, il a été créé au sein de l'ONU « une commission internationale de l'intervention et la souveraineté des États » qui a inspiré le rapport Evans - Sahnouri « sur la responsabilité de protéger[1184] ». D'ailleurs, comme le faisait remarquer Mohammed Bedjaoui, chaque organe des Nations Unies dispose de la « *compétence de la compétence* » pour interpréter les dispositions de la Charte qui le concerne[1185]. En l'occurrence, le Conseil s'arroge une compétence organique qu'il exerce pour mettre en place un organe judiciaire doté de pouvoirs propres de décision. C'est donc cette démarche constructive qui justifie l'institution des deux *tribunaux ad hoc* pour le Rwanda et l'ex-Yougoslavie[1186].

665. Enfin, une autre tendance dans la doctrine dénonce « le caractère éminemment politique des décisions du Conseil de sécurité[1187] ». Comme le déclarait Frédéric Mégret, « *la critique juridique classique des juridictions ad hoc découle du fait que leur institution ne doit rien à une décision juridique, et tout à une décision politique*[1188] ». Si la critique politique semble la plus fondée, comment peut-on défendre une lecture cohérente du chapitre VII de la Charte ? Pour tenter d'y répondre, rappelons d'abord que ledit chapitre s'applique aux « *actions en cas de menace contre la paix, de rupture de la paix et d'acte d'agression* ». En vertu de l'article 39 de la Charte, le Conseil

---

1183 ALBARET Mélanie et al, *op. cit.*, p. 217.

1184 Ce rapport a été adopté par l'Assemblée générale le 16 septembre 2005, suivi du Conseil de sécurité le 28 avril 2006 (résolution 1674) qui autorise l'usage de la force non seulement en cas de menace contre la paix, mais aussi lorsqu'un État ne peut ou ne veut protéger sa population contre « les génocides, les crimes de guerre, le nettoyage ethnique et les crimes contre l'humanité ». Sur ce point, cf. TURPIN Dominique et MASCLET Jean-Claude, *Libertés publiques et droits fondamentaux*, Éd. Foucher, 2009, p. 19. Sur la même question, cf. contribution de Franck LATTY, « La mise en œuvre de la responsabilité de protéger pour les victimes du Kosovo », in S.F.D.I., *La responsabilité de protéger,* Colloque de Nanterre, Paris, Pedone, 2008, pp. 249-258.

1185 BEDJAOUI Mohamed, « Un contrôle de la légalité des actes du Conseil de sécurité est-il possible ? », in *Le Chapitre VII de la Charte des Nations Unies,* Paris, Pedone, 1995, pp. 255-297.

1186 Même si la création du TPIY a été approuvée à l'unanimité, tous les membres du Conseil de sécurité n'ont pas adhéré pour autant à l'utilisation de la procédure autoritaire des décisions de maintien de la paix. Certains de ces États comme le Brésil ou la Chine ont pris part à une décision qu'ils analysaient comme un détournement de procédure tout en considérant que la situation en ex-Yougoslavie leur interdisait de s'opposer à cette entorse à la légalité des Nations Unies. En ce sens, WECKEL Philippe, « L'institution d'un Tribunal international pour la répression des crimes de droit humanitaire en Yougoslavie », *Annuaire français de droit international (AFDI),* 1993, p. 234.

1187 MUBIALA Mutoy, *op. cit.,* p. 941.

1188 MÉGRET Fréderic, *op. cit.,* p. 36.

constate l'existence d'une de ces trois situations et décide quelles mesures doivent être prises conformément aux articles 41 et 42 de la Charte.

666. Contrairement à **l'agression**, qui est essentiellement une notion juridique, la notion de **menace contre la paix** peut être qualifiée de politique et celle de **rupture de la paix** plutôt factuelle. À première vue, la défense d'une conception objective de la justice semble éloignée des fonctions traditionnelles du Conseil, organe essentiellement politique dénué d'autorité judiciaire. Même si sa mission est de faire cesser « les menaces à la paix », l'article 41 de la Charte qui prévoit une liste de mesures à cet effet ne semble guère l'investir du pouvoir de rendre la justice. C'est dans cette perspective que le professeur Emmanuel Decaux se demandait si la création des Tribunaux pénaux internationaux *ad hoc* ne pouvait pas être qualifiée d'une « justice d'exception » ou de « justice de circonstance », avec le risque de parti pris que cela implique[1189].

667. La pertinence d'une telle question semble parfaitement se justifier dans le cas du Rwanda où les deux dossiers les plus politiquement sensibles ont été écartés, par rapport aux poursuites contre les principaux responsables du génocide. D'une part, il était prévu après la création du TPIR qu'il n'y aurait pas d'enquête sur l'attentat contre l'avion du président rwandais, événement déclencheur du génocide[1190]. D'autre part, il n'y aura pas non plus de mise en accusation pour les crimes commis par ceux qui sont sortis vainqueurs de la guerre civile[1191]. Ces éléments illustrent bien les antagonismes qui existent parfois entre la recherche de la justice et le maintien de la paix.

668. En somme, comme nous avons pu le constater, la création de deux Tribunaux pénaux internationaux *ad hoc* par un acte unilatéral du Conseil de sécurité a soulevé de nombreuses critiques, parfois contradictoires. Certes, des considérations politiques et pratiques ont largement déterminé le choix du chapitre VII de la Charte. Il faut reconnaître également que ces juridictions constituent une réponse à la situation paradoxale que constitue l'impunité des auteurs des crimes les plus graves. Désormais, la mise en cause de la responsabilité pénale individuelle de ces auteurs de violation démontre que le droit international humanitaire ne s'adresse pas seulement aux États, mais qu'il engage également les individus.

669. Cela étant, l'intervention du Conseil de sécurité doit être analysée comme un premier pas dans l'ère de la justice pénale internationale. Pour la première fois dans l'histoire de l'humanité, la communauté internationale (et non pas un groupe de puissances victorieuses) a été en mesure de mettre en place une institution susceptible de rendre la justice pénale et de veiller au

---

[1189] DECAUX Emmanuel, « La mise en place des juridictions internationales pénales *ad hoc* », *op. cit.*, p. 94.

[1190] CRUVELLIER Thierry, *Le tribunal des vaincus : un Nuremberg pour le Rwanda*, Paris, Calmann-Lévy, 2006.

[1191] *Ibid.*

respect de la dignité humaine[1192]. La création simultanée des deux Tribunaux pour l'ex-Yougoslavie et le Rwanda fait que le deuxième emprunte largement au premier. Cet emprunt n'exclut pas toutefois des différences, compte tenu de la spécificité de chaque juridiction au regard du droit international.

SECTION 2 — LA SPÉCIFICITÉ DU TPIR AU REGARD AU DROIT INTERNATIONAL

670. Le TPIR est le fruit d'une histoire qui le distingue de tous les autres tribunaux internationaux. L'originalité de sa création réside dans le fait qu'il procède d'une institution (les Nations Unies)[1193] plutôt que d'une convention internationale, comme ce fut le cas avec la Cour pénale internationale et le Tribunal spécial pour la Sierra Leone[1194]. Par ailleurs, inscrits dans une décision du Conseil de sécurité, le Statut du TPIR (tout comme celui du TPIY) et les conséquences juridiques qui en découlent s'imposent à tous les États membres des Nations Unies[1195]. Ce faisant, la spécificité du Tribunal peut s'analyser par rapport à ses compétences (**§ 1**), aux règles de droit applicables (**§ 2**) et au régime de sanction (**§ 3**).

§ 1–L'étendue ou l'exercice de la compétence du TPIR

671. Conformément au préambule de son Statut, le TPIR est chargé de juger les personnes présumées responsables d'actes de génocide et d'autres violations graves du droit international humanitaire commis sur le territoire du Rwanda entre 1er janvier et 31 décembre 1994. Il juge également les Rwandais accusés de tels actes perpétrés sur le territoire d'États voisins pendant la même période[1196]. Cette disposition définit les compétences personnelle (A), matérielle (B), temporelle et territoriale (C) du Tribunal.

A. La compétence *ratione personae*

672. Au terme de l'article 5 du Statut du TPIR, seules les personnes physiques doivent faire l'objet de poursuites devant le TPIR[1197]. La

---

[1192] Même s'il faut reconnaître que le Tribunal de Nuremberg - créé en Allemagne par les puissances victorieuses - n'était pas en réalité un organe judiciaire international représentant la communauté internationale tout entière.
[1193] Le même raisonnement est valable pour le TPIY.
[1194] Les Statuts de ces deux juridictions sont des traités qui ne lient que les parties signataires.
[1195] Cf. art. 25 Charte des Nations Unies.
[1196] Cf. préambule du Statut du TPIR, résolution 1329 (2000) adoptée par le Conseil de sécurité en sa 4240e séance du 30 novembre 2000.
[1197] Cf. article 5 du Statut du TPIR (même disposition que l'article 6 du statut du TPIY).

responsabilité des personnes morales est ainsi exclue de la compétence du Tribunal[1198], ce qui constitue, selon le professeur Éric David, une occasion manquée de mettre en cause la responsabilité de la communauté internationale pour l'abandon du Rwanda et de son peuple au pire des crimes[1199]. Le TPIR se distingue aussi du Tribunal de Nuremberg dont le Statut permettait de déclarer criminelles certaines formations nazies comme les SS ou la Gestapo[1200]. Dans la même perspective, le Tribunal visait également les personnes physiques en ces termes : « *[c] e sont des hommes, et non des entités abstraites, qui commettent les crimes dont la répression s'impose, comme sanction du droit international*[1201] ». C'est une nouvelle conception juridique née du Traité de Versailles qui met en exergue l'idée selon laquelle, les auteurs des crimes de guerre doivent en répondre en justice. Le même principe a été repris par l'article 6 alinéa 1 et 2 du Statut du TPIR qui prévoit que « *quiconque a planifié, incité à commettre, ordonné, commis ou de toute autre manière aidé et encouragé à planifier, préparer ou exécuter un crime [...] est individuellement responsable dudit crime ».* Le Statut du TPIR prévoit également en son article 6 que la qualité officielle d'un accusé, même chef d'État ou de gouvernement ou haut fonctionnaire ne le met pas à l'abri des poursuites. Par conséquent, la protection liée aux immunités ne peut être invoquée par les accusés[1202].

673. Enfin, le dernier critère lié à la compétence matérielle du TPIR se définit par rapport à la qualité personnelle de l'auteur (c'est-à-dire sa nationalité). Ainsi, le Tribunal a l'obligation de poursuivre les Rwandais qui ont commis des crimes internationaux dans les camps de réfugiés installés juste au-delà des frontières rwandaises. La mise en œuvre de ce principe va certainement se heurter à des difficultés pratiques eu égard à la participation

---

[1198] Cette question a fait l'objet de débat à l'ONU qui jusque-là n'a pas abouti car tous les pays ne reconnaissent pas la responsabilité pénale des personnes morales. C'est le cas de la Belgique. Contrairement en droit français, le principe de la responsabilité pénale des personnes morales a été introduit depuis 1994. À ce titre, l'article 121-2 du Code pénal dispose : « *les personnes morales à l'exclusion de l'État sont responsables pénalement [...] des infractions commises pour leur compte, par leurs organes ou représentants ».* Cette disposition met en exergue deux chefs de responsabilité pénale que l'on retrouve également en droit anglais : la responsabilité personnelle ou *direct liability* et la responsabilité pour autrui ou *vicarious liability*, c'est à dire la responsabilité encourue par une personne pour les actes ou les omissions d'une autre personne. Pour une étude approfondie sur la responsabilité des personnes morales en droit anglais, cf. L'HOMME Th., « La responsabilité pénale des personnes morales en droit anglais », *Revue de droit pénal et de criminologie*, 75e année, janvier 1995, pp. 44-58 (page 46 citée).

[1199] Toutefois, l'auteur se réserve de préciser que le génocide était directement imputable au régime rwandais lui – même. DAVID Éric, « Des occasions manquées de mettre en cause la responsabilité de la communauté internationale dans le génocide rwandais », in BURGOGUE-LARSEN Laurence, *La répression internationale du génocide rwandais, op. cit.,* p. 245.

[1200] ZAPPALÀ Salvatore, *La justice pénale internationale,* Montchrestien, 2007, p. 66.

[1201] Cf. jugement du Tribunal militaire international, in *Procès des grands criminels de guerre devant le tribunal militaire international,* Tome I, publié par le secrétariat du Tribunal, Nuremberg, 1947-1949.

[1202] Le même principe est requis pour le TPY (art. 73 du Statut) et la CPI (art. 28).

massive des Rwandais dans la perpétration du génocide. C'est pourquoi le Rapporteur spécial a tenu à préciser qu'« *il sera pratiquement impossible au Tribunal international de connaître de tous les cas de personnes présumées responsables [...]. Sur ce point, il lui reviendra sans doute la compétence de connaître des cas des grands criminels, ceux qui ont conçu, organisé et fait exécuter les crimes contre l'humanité et aux tribunaux nationaux ceux des personnes présumées responsables se trouvant sur le ressort de leur territoire national*[1203] ».

Cette décision a inévitablement entraîné une justice à deux vitesses, dans la mesure où des poursuites judiciaires ont eu lieu aussi bien au Rwanda que dans les pays étrangers, où des présumés responsables du génocide ont trouvé refuge.

B. La compétence *ratione materiae*

674. Pour déterminer la compétence matérielle du Tribunal d'Arusha (TPIR), le Conseil de sécurité s'est exclusivement fondé sur les rapports de la Commission d'experts chargée d'enquêter sur les massacres commis au Rwanda. À cet effet, le Tribunal était compétent pour juger les auteurs des trois catégories de crimes, dont le génocide (art. 2), les crimes contre l'humanité (art. 3) et les violations de l'article 3 commun aux conventions de Genève de 1949 et au protocole additionnel (art. 4). Les incriminations retenues sont identiques à celles figurant dans le Statut du Tribunal pour l'ex-Yougoslavie. Elles visent des actes de même nature procédant des mêmes politiques (« solution finale » du problème tutsi au Rwanda et « nettoyage ethnique » dans l'ex-Yougoslavie mené par les Serbes essentiellement)[1204].

675. Le génocide est la seule infraction qui est définie de manière identique dans les deux Statuts (TPIR et TPIY). Ceux-ci reprennent textuellement la définition de l'article II de la Convention de 1948 sur la prévention et la répression du crime de génocide[1205]. Ainsi, dans le cas de l'ex-Yougoslavie, l'Assemblée générale des Nations Unies a qualifié le « nettoyage ethnique » de « forme de génocide[1206] ». À la différence du TPIY, le Tribunal pour le Rwanda accorde une place symbolique au crime de génocide. Pour la première fois, un juge en donne la définition. Quant à la définition du crime contre l'humanité figurant dans les Statuts des deux Tribunaux, elle comporte des différences et manque de précision.

676. Pour le TPIY, fortement inspiré du Statut du Tribunal de Nuremberg, le crime contre l'humanité est constitué d'une liste d'actes criminels[1207]

[1203] Nations Unies, Doc. E/CN.4/1996/7, 28 juin 1995, p. 12.

[1204] MUBIALA Mutoy, *op. cit.*, p. 947.

[1205] Cf. art. 4 (statut TPIY) et art. 2 (statut TPIR) ; DAVID Éric et HEIRMAN Pascale, *Code de droit international pénal,* Bruylant, 2009, p. 695 et s.

[1206] A/Rés.47/121, 18 décembre 1992, préambule, 9e considérant.

[1207] Assassinat, extermination, réduction en esclavage, expulsion, emprisonnement, torture, viol, persécutions pour des raisons politiques, raciales et religieuses, autres actes inhumains.

« commis au cours d'un conflit armé, de caractère international ou interne ». C'est pourquoi le « nettoyage » ou l'« épuration ethnique », bien que n'étant pas cités parmi les faits ciblés ou visés, peuvent être qualifiés de crimes contre l'humanité, car se traduisant par des « expulsions » ou des « persécutions pour des raisons politiques, raciales et religieuses[1208] ». De ce point de vue, la formulation retenue par l'article 3 du Statut du TPIR est plus précise. Le contexte dans lequel les crimes sont commis doit relever d'une « *attaque généralisée et systématique dirigée contre une population civile, quelle qu'elle soit, en raison de son appartenance nationale, politique, ethnique, raciale ou religieuse* ».

677. Enfin, une dernière différence qui apparaît entre les deux tribunaux *ad hoc* tient au fait que les actes perpétrés sur le territoire Rwandais ont eu pour cadre non pas une guerre *stricto sensu* (opposant deux États souverains), mais un conflit interne. En conséquence, le TPIR est incompétent pour connaître des violations des lois et coutumes de la guerre comme en ex-Yougoslavie. De surcroit, s'agissant des infractions aux conventions de Genève de 1949, sa compétence n'inclut que les « violations graves de l'article 3 commun » à ces conventions « et du protocole II auxdites conventions du 8 juin 1977[1209] ».

678. En comparaison avec les Tribunaux internationaux de Nuremberg et de Tokyo, les compétences des Tribunaux d'Arusha et de l'ex-Yougoslavie ne s'étendent pas au crime d'agression, également appelé crime contre la paix[1210]. Pourtant, la poursuite d'un tel crime aurait pu être justifiée devant le TPIR, en référence à l'attaque du Front patriotique rwandais (en 1990) contre l'ancien régime ayant mis en œuvre le génocide[1211]. Cet événement n'entre pas en revanche dans la compétence temporelle du Tribunal qui est strictement limitée à l'année 1994.

[1208] TAMA Jean-Nazaire, *Droit international et africain des droits de l'homme*, L'Harmattan, 2012, p. 289.

[1209] L'article 3 et le protocole II sont relatifs aux conflits armés non internationaux.

[1210] Au sortir de la Première Guerre mondiale, le crime contre la paix était déjà envisagé aux articles 227-228 du Traité de Versailles de 1919. Ces dispositions prévoyaient le jugement des personnes accusées d'avoir commis des actes contraires aux lois et coutumes de la guerre. En 1945, à l'issue de la Seconde Guerre mondiale, le crime contre la paix réapparaît à l'article 6 du Statut du TMI de Nuremberg qui le définit comme la « direction, la préparation, le déclenchement ou la poursuite d'une guerre d'agression, ou d'une guerre en violation des traités, assurances, ou accords internationaux, ou la participation à un plan concerté ou un complot pour l'accomplissement de l'un quelconque des actes qui précèdent ». Une définition semblable est donnée par l'article 5 a) du Statut du TMI de Tokyo. Pour une analyse approfondie, cf. DE FROUVILLE Olivier, *Droit international pénal, Sources, Incriminations, responsabilité,* Paris, Pedone, 2012, p. 314 et s.

[1211] Le Front patriotique rwandais (FPR) est un mouvement politique et militaire créé dans les années 80 par d'anciens réfugiés rwandais, installés en Ouganda. En 1990, il lance une offensive armée contre l'ancien régime rwandais pour réclamer la fin de la dictature et de l'idéologie d'exclusion des Tutsi. Pour plus de détails, cf. introduction générale de la thèse, §§ 35 à 41.

C. La compétence *ratione temporis* et *ratione loci*

679. En tant que mesure concourant au maintien de la paix, le mandat du Tribunal est circonscrit au minimum à la fois dans le temps et dans l'espace[1212]. Ainsi, la compétence *ratione temporis* est limitée à la période allant du 1er janvier 1994 au 31 décembre 1994[1213]. L'arbitraire de cette date retenue donnait lieu à un véritable « casse - tête juridique[1214] », même si le Secrétaire général de l'ONU a tenté de le justifier. À cet égard, il soutenait : « *bien que la chute, le 6 avril 1994, de l'avion qui transportait les Présidents du Rwanda et du Burundi soit considérée comme l'événement qui a déclenché la guerre civile et son cortège d'actes de génocide, le Conseil a décidé que la compétence ratione temporis du Tribunal débute le 1er janvier et se termine le 31 décembre 1994 de façon que la planification des crimes n'y échappe pas*[1215]. »

680. C'est le même principe qui a été retenu pour l'ex-Yougoslavie de manière à inclure les prémices de la crise ayant conduit à la création du Tribunal de La Haye (TPIY). Ainsi, la compétence dans le temps débutait le 1er janvier 1991, date retenue de manière aléatoire par le Secrétaire général de l'ONU. Celui-ci estimait que le choix d'une date « neutre » permet de remonter à l'origine de l'éclatement de l'ex-Yougoslavie et ne préjuge en rien le caractère international ou interne du conflit[1216]. À la différence du TPIR, la compétence du TPIY n'est pas limitée dans le temps, ce qui lui permet de connaître de tous les faits postérieurs à la crise yougoslave. C'est dans cette perspective que l'ancien président yougoslave Sloban Milosevic a été poursuivi pour des faits commis lors des événements du Kosovo au printemps 1999[1217].

681. En outre, la compétence géographique *(ratione loci)* du Tribunal de La Haye concerne en principe tout le territoire des États successeurs de la Yougoslavie, sans distinction[1218]. Pour le Rwanda, les particularités du conflit et la localisation des massacres ont justifié le choix pour le Conseil de sécurité d'étendre la compétence *ratione loci* du TPIR aux États voisins, avec une condition de nationalité. Sur ce point, il est important de rappeler que malgré

1212 Cf. art. 7 du Statut.

1213 Cette date constitue un compromis entre la position du gouvernement rwandais qui souhaitait que la période considérée s'achève le 17 juillet 1994 (date marquant la fin des actes criminels commis par l'ancien gouvernement hutu), et celles d'autres membres du Conseil de sécurité qui souhaitaient inclure dans la compétence du Tribunal les violations du droit international humanitaire postérieures à la prise du pouvoir par le gouvernement tutsi. Sur ce point, cf. ASCENSIO Hervé, *Droit international pénal, op. cit.,* p. 800.

1214 RAKOTOMANANA Honoré, « Le Tribunal International pour Rwanda », in *Rwanda. Un génocide du XXe siècle,* VERDIER Raymond et al, *op. cit.,* p. 105.

1215 Nations Unies, Rapport S/1995/134, § 14, www.un.org/Docs/scres/1993/scres93.htm

1216 Rapport du Secrétaire général, Doc. S/25704, 3 mai 1993, paragraphe 62.

1217 Cf. acte d'accusation, *Slobodan Milosevic et consorts,* IT-99-37-1, http://www.icty.org

1218 Art. 8 du Statut TPIY.

son caractère interne, le conflit rwandais a eu des répercussions sur le territoire des pays limitrophes où se sont réfugiés plus de deux millions de Rwandais.

682. Comme l'a bien précisé le Secrétaire général dans son rapport du 13 février 1995, « *en étendant ainsi la compétence territoriale du Tribunal, le Conseil avait à l'esprit essentiellement les camps de réfugiés situés au Zaïre et dans d'autres pays voisins dans lesquels de graves violations du droit international humanitaire auraient été commises dans le cadre du conflit rwandais*[1219] ».

Ce faisant, il ne prenait pas en compte les infractions commises dans les États voisins qui auraient pu être imputées à des ressortissants d'un État autre que le Rwanda, tout en étant liées au contexte du génocide. L'exclusion de la responsabilité des ressortissants non rwandais pour des crimes internationaux semble difficilement justifiée, alors que le Tribunal pour l'ex-Yougoslavie avait la compétence de juger les présumés responsables, quelle que soit leur nationalité. Malgré ces quelques divergences, les deux juridictions appliquent les mêmes règles de droit.

§ 2–L'application d'un droit mixte

683. À titre préliminaire, il faut noter que la nature même du droit international pénal résulte de la convergence de deux traditions juridiques différentes : la tradition de *common law* et celle romano-germanique ou de droit civil. En l'absence au niveau international et pendant une longue période[1220], de textes juridiques définissant les crimes internationaux, ce sont les décisions nationales et internationales qui ont constitué la base de ce droit[1221]. C'est pourquoi avec la création simultanée du Tribunal pénal international pour l'ex-Yougoslavie suivi du Tribunal pour le Rwanda, il fut nécessaire de combler l'absence de procédure pénale internationale, les procédures étatiques étant incompatibles avec les caractéristiques des juridictions pénales internationales.

684. Par ailleurs, les règles de Nuremberg et de Tokyo étaient extrêmement sommaires en matière de garanties procédurales. Il a fallu donc innover. Ainsi, la rédaction des Statuts des deux institutions *ad hoc* (TPIY et TPIR)[1222] a joué un rôle fondamental dans la codification du droit international pénal. Mais la création du TPIR fait resurgir un problème qui était déjà apparu lors de la mise en place du TPIY : celui de la recherche du droit applicable. Aucune des

---

[1219] Nations Unies, « Rapport présenté par le Secrétaire général en application du paragraphe 5 de la résolution 955 (1994) du Conseil de sécurité », Rapport S/1995/134, 13 février 1995, § 13. Cf. également art. 7 du Statut du TPIR (annexe 2).

[1220] Jusqu'à l'adoption du Statut de la Cour pénale internationale en 1998.

[1221] CASSESSE Antonio et al, *Les grands arrêts de droit international pénal,* Paris, Dalloz, 2012, p. 1.

[1222] À quelques différences près, le Statut du TPIR est une reprise intégrale de celui du TPIY.

dispositions du Statut du TPIR ou du TPIY ne mentionne les sources de droit applicable. Comment peut-on interpréter ce silence ?

685. En élaborant les Statuts des Tribunaux *ad hoc,* le Conseil de sécurité s'est contenté de donner brièvement les règles de droit applicables, pour ensuite laisser la responsabilité aux juges d'en définir les éléments constitutifs à la lumière du droit conventionnel, du droit coutumier[1223] et des principes généraux du droit. Étant donné que le droit international pénal fait partie intégrante du droit international général, les Tribunaux pénaux internationaux (ci-après « TPI ») doivent donc appliquer les sources du droit international telles quelles découlent de l'article 38 (1) du Statut de la Cour internationale de justice[1224]. Ce faisant, les Statuts du TPIR et du TPIY constituent avant tout les premières sources sur lesquelles les juges doivent se fonder (A). Ils appliqueront par la suite les traités internationaux auxquels les Statuts font explicitement référence et le droit international coutumier (B), soit lorsque le Statut du Tribunal s'y réfère explicitement, soit pour interpréter le contenu des dispositions du Statut. Enfin, en cas de lacune dans le droit applicable, conventionnel ou coutumier, les Tribunaux sont autorisés à recourir aux principes généraux du droit en tant que source subsidiaire (C).

A. Les Statuts comme sources primaires des Tribunaux pénaux internationaux

686. Les Statuts ont été rédigés pour donner un cadre juridique au TPIY et au TPIR, qu'il s'agisse des principes généraux guidant leur activité[1225], de la définition des infractions ou des règles de procédure. Toutefois, dans la détermination de ces différents éléments, les rédacteurs devaient s'assurer du respect du principe de légalité (*nullum crimen sine lege)*[1226], en s'appuyant sur des normes déjà existantes en droit international général au moment des faits. La règle veut que l'on ne puisse être condamné pour un crime qui n'existait pas à l'époque de la commission de l'acte incriminé. L'existence de ce principe en droit international est universellement reconnue.

1223 Les traités représentent le « noyau dur » du droit international pénal. Comparés à la coutume et aux principes généraux du droit, les avantages sont manifestes : clarté, précision, caractère explicite, engagement indubitable des parties. Même s'ils ne sont pas universellement ratifiés, ils peuvent contribuer à la clarification du droit existant. Cela s'est par exemple produit pour la définition du génocide à travers la Convention sur le génocide de 1948. Pour une étude approfondie sur l'application des traités en droit international pénal, cf. SIMMA Bruno et PAULUS Andreas, « Le rôle relatif des différentes sources du droit international pénal », in *Droit international pénal* (dir. ASCENSIO Hervé), *op. cit.,* pp. 71-72.

1224 Au terme des dispositions de cet article, les sources du droit international général sont : les conventions internationales, la coutume internationale et les principes généraux du droit. La doctrine et la jurisprudence sont considérées par ailleurs comme des sources auxiliaires.

1225 Par exemple le principe de la responsabilité pénale individuelle.

1226 « Il n'y a pas de crime, il n'y'a pas de peine sans loi. ». Formule latine qui exprime le principe fondamental de la légalité des délits et des peines. En ce sens, GUINCHARD Serge et DEBARD Thierry, *Lexique des termes juridiques,* Paris, Dalloz, 20e édition, 2013, p. 621.

687. Autrement, pour compléter les Statuts, le Conseil de sécurité a conféré aux juges de chaque Tribunal l'autorité d'élaborer eux-mêmes leur règlement de procédure et de preuve (ci-après « RPP ou le Règlement »)[1227]. L'octroi de ce pouvoir aux juges peut paraître contestable pour les juristes habitués à l'existence d'un Code de procédure pénale. Cependant, ce mode de formation de la procédure n'est pas nouveau, car il a déjà été utilisé à Nuremberg. Il est directement issu de la tradition anglo-saxonne[1228]. En effet, les juges sont certainement plus compétents que le Conseil de sécurité pour établir des règles de procédure cohérentes et adaptées aux circonstances en cause. Ce pouvoir réglementaire doit s'exercer dans le cadre des normes fixées par le Statut des TPI et par les principes généraux du droit international.

688. Au-delà de ces considérations d'ordre général, il importe de préciser que les Tribunaux pour le Rwanda et l'ex-Yougoslavie se doivent d'abord d'appliquer leur Statut respectif[1229]. Alors que le Statut de la CPI et celui du Tribunal pour la Sierra Leone sont des traités qui n'engagent que les parties signataires, les Statuts des *tribunaux ad hoc* sont des actes normatifs internationaux adoptés par le Conseil de sécurité. Dès lors, ils lient tous les États membres des Nations Unies[1230]. Ces textes ont été édictés en vertu d'un traité international, en l'occurrence la Charte des Nations Unies. Même si les Statuts sont différents d'un traité, pour les interpréter, la jurisprudence s'est inspirée des règles applicables en matière d'interprétation des traités codifiés dans la Convention de Vienne sur le droit des Traités de 1969[1231].

689. Parallèlement aux Statuts, il est également important de prendre en compte les Règlements de procédure de preuve (ci-après « les Règlements »). Ces documents sont des sources « secondaires » dans la mesure où ils ont uniquement vocation à faciliter l'interprétation et l'application des Statuts, soit en précisant les conditions d'application de certaines normes générales, soit en comblant d'éventuelles lacunes révélées par la pratique[1232]. Dans cette perspective, l'article 14 du Statut du TPIR précise que les juges devront adopter le Règlement du Tribunal pour l'ex-Yougoslavie en y apportant le cas échéant les modifications qu'ils jugeront nécessaires[1233]. Le but était que celui-ci « *serve de modèle, mais que l'on s'en écarte lorsque les circonstances*

[1227] Cf. art. 15 (TPIY) art. 14 (TPIR). Quant au Statut de Rome, il prévoit dans son article 51 que le Règlement de Procédure et de Preuve de la Cour sera adopté à la majorité des deux tiers par l'Assemblée des États partie, c'est-à-dire par les États.

[1228] DUPAQUIER Jean-François, *op. cit.*, p. 83.

[1229] Le même principe est valable pour les autres juridictions internationales (CPI, CIJ), les juridictions mixtes créées par les Nations Unies (Tribunal spécial pour la Sierra Leone, Chambres extraordinaires du Cambodge, etc.) ou encore la Cour de justice des Caraïbes, http://www.caribbeancourtofjustice.org/

[1230] Cf. art. 25 de la Charte des Nations Unies.

[1231] CASSESE Antonio et al, *Les grands arrêts du droit international pénal, op. cit.*, p. 6.

[1232] DE FROUVILLE Olivier, *Droit international pénal, op. cit.*, p. 62.

[1233] Statut du TPIR (annexe 2). Il est également publié par le *Code de droit international humanitaire*, 5e édition, Bruxelles, Bruylant, 2012.

particulières au Rwanda le justifient[1234] ». La volonté était donc au rapprochement. C'est pourquoi les Règlements des deux Tribunaux sont presque identiques. Ils décrivent en détail les différentes étapes de la procédure : la mise en accusation, le déroulement des procès, y compris l'appel, la communication de la preuve et la nature des débats, la procédure de révision, etc.

690. Nous pouvons ainsi distinguer par rapport aux Tribunaux de Nuremberg et de Tokyo un effort délibéré d'éviter certaines lacunes notoires, notamment pour répondre aux exigences quant au respect des normes internationales relatives au procès équitable. Il résulte de cette différence d'approche que la procédure devant les Tribunaux *ad hoc* est beaucoup plus proche du mode accusatoire (orale et publique) de la *common law*[1235]. Au regard de cette pratique, la défense et l'organe de poursuite (principaux protagonistes) assument la direction du procès alors que le jury se contente d'arbitrer les débats[1236]. Les parties doivent chacune réunir les preuves nécessaires à l'appui de leurs prétentions et les présenter à l'organe juridictionnel qui est appelé à trancher.

691. Bien que le mode accusatoire suppose la confrontation des parties sur un pied d'égalité, cette mise en opposition ne se manifeste réellement qu'au stade du procès proprement dit. Avant ce moment, seul l'organe de poursuite est actif parce qu'il lui incombe de mener l'enquête sur les allégations d'infractions et de recueillir les éléments de preuve nécessaires[1237]. Une telle mission est exercée au sein du TPIR tout comme au TPIY par le Procureur. Ce dernier est chargé d'une part d'instruire les dossiers, et d'autre part d'exercer les poursuites[1238]. Ses pouvoirs d'investigation spécifiés aux articles 39 à 43 du Règlement lui permettent d'interroger les suspects, les victimes et les témoins, et de procéder à des mesures d'instruction sur le territoire d'un État[1239]. Sur ce point, il ne fait aucun doute que la preuve testimoniale (ou témoignage oral) est privilégiée par les Tribunaux *ad hoc*. Un tel choix s'explique au moins pour deux raisons.

692. D'abord, ces juridictions ont opté pour le système accusatoire de la *common law*, selon lequel le Procureur constitue le seul organe de poursuite. Ainsi, il n'existe pas de juge d'instruction chargé de recueillir les preuves à charge et à décharge, conformément à la procédure pratiquée par le système romano-germanique.

[1234] Rapport du Secrétaire général des Nations Unies : S//1995/134, p. 5, § 18, 13 février 1995. Disponible sur le site : http://www.un.org/fr/sc/documents/search.shtml

[1235] Ce modèle s'oppose traditionnellement à la procédure inquisitoire (secrète et écrite) pratiquée par le système romano-germanique.

[1236] LA ROSA Anne-Marie, *Juridictions pénales internationales : la procédure et la preuve*, PUF, 2003, p. 30.

[1237] *Idem*, p. 31.

[1238] Cf. art. 15, § 1 Statut TPIR et art. 16, § 1 Statut TPIY (annexe 2).

[1239] En d'autres termes, le Procureur tient le pouvoir de mener les investigations comme le ferait un juge d'instruction en France.

Ensuite, il est important de rappeler que nombre des exactions commises l'ont été devant des témoins oculaires, que ce soit au Rwanda ou en ex-Yougoslavie. Et il n'existe quasiment pas de documents officiels susceptibles de prouver la commission de tels crimes. L'audition des témoins est donc un élément déterminant du système probatoire des Tribunaux *ad hoc*[1240]. La clarté et la véracité des procès-verbaux recueillis par le Procureur et ses enquêteurs revêtent à ce stade une grande importance, dans la mesure où les témoins pourront le cas échéant être appelés à la barre pour confirmer leurs témoignages initiaux.

693. Toutefois, le Procureur n'assume aucune obligation pour ce qui est de la recherche et de l'identification des preuves à décharge[1241]. Lorsque celui-ci estime détenir des preuves suffisantes contre un suspect, il rédige l'acte d'accusation[1242] qui devra être confirmé par un juge permanent de la Chambre de première instance[1243] désigné à cet effet. Dès son transfert au siège du Tribunal, l'accusé comparaît initialement devant une Chambre de première instance où il est formellement mis en accusation. Dans les sept jours, le Président de la Chambre de première instance désigne un juge chargé de la mise en état de l'affaire, c'est-à-dire de coordonner les échanges entre les parties pendant la phase préparatoire au procès et d'examiner l'avancement de l'affaire[1244].

694. Ce n'est qu'au stade du procès proprement dit que le débat contradictoire se matérialise[1245]. Chaque partie a le droit de soumettre à un contre-interrogatoire les témoins présentés par la partie adverse, dans le but de mettre en évidence les contradictions dont leurs dépositions sont entachées. L'organe juridictionnel à ce stade fait office d'arbitre et intervient de façon minimale dans la présentation des preuves, afin de ne pas privilégier la stratégie adoptée par l'une ou l'autre partie[1246]. Néanmoins, en raison de la présomption d'innocence, le Procureur assume le fardeau de la preuve et doit démontrer la véracité des charges au-delà de tout doute raisonnable. S'il n'y parvient pas, l'accusé doit être acquitté. En revanche, la confirmation des

---

[1240] Néanmoins, le principe du témoignage oral n'est pas absolu. Il a d'ailleurs été supprimé dans le Règlement du TPIY après une révision effectuée le 14 juillet 2000. Quant au Règlement du TPIR et au Statut de la CPI, ils prévoient d'autres modalités de témoignage telles que la déposition orale, l'enregistrement vidéo ou audio, ainsi que la présentation de documents ou de transcriptions écrites. Cf. art. 90 (A) RPP /TPIR et art. 69 al.2 Statut CPI.

[1241] Mais il a l'obligation de transmettre tout élément favorable à la défense dont il aurait connaissance. Cf. art. 68 Règlement des deux Tribunaux (TPIR et TPIY).

[1242] L'acte d'accusation consiste en un exposé succinct des faits et des crimes reprochés à l'accusé (art. 17 paragraphe 4 Statut TPIR et 18 paragraphe 4 Statut TPIY).

[1243] Sur l'organisation et la composition des Chambres du TPIR, cf. art. 10 et 11 de son Statut, puis chapitre 3 du Règlement.

[1244] MOREILLON Laurent et al, *op. cit.*, p. 259.

[1245] Pour une analyse sur le déroulement des procès devant le TPIR, cf. MÉGRET Fréderic, *op. cit.*, p. 91 et s.

[1246] Bien que la procédure soit accusatoire, les juges du TPIR n'exercent pas seulement le rôle d'arbitre comme le démontrent les articles 85 (B) et 89 (C) du Règlement faisant état du mode d'administration de la preuve et de l'interrogatoire des témoins.

charges clôt la procédure d'accusation et débouche sur la délivrance d'un mandat d'arrêt, au cas où l'accusé ne serait pas détenu à titre provisoire[1247].

695. Au total, il ressort de cette analyse que la procédure applicable devant les Tribunaux internationaux *ad hoc*, qu'il s'agisse de la phase préliminaire ou de la phase de jugement, s'est fortement inspirée du système accusatoire de *common law*. Une telle influence peut s'expliquer pour deux raisons essentielles. D'une part, les principes de *cross-examination*[1248] et d'égalité des armes, garantis par le Pacte relatif aux droits civils et politiques, sont plus proches du système de *common law*[1249]. D'autre part, comparé au système inquisitoire ou romano-germanique, le modèle accusatoire semble être un meilleur garant des droits de l'accusé[1250].

696. Cependant, les victimes sont généralement ignorées. Elles n'interviennent qu'en qualité de témoins ordinaires et ne bénéficient ni du droit à être informées et encore moins de celui à être consultées sur le déroulement de la procédure pénale[1251]. À cet égard, le Procureur peut décider d'abandonner les poursuites sans que les victimes s'y opposent, comme cela était le cas devant le TPIR[1252]. Cela étant, la procédure pénale internationale révèle aussi une évolution de la pratique des juridictions *ad hoc* vers une procédure hybride associant certains aspects de la *common law* et d'autres inspirés davantage du droit romano-germanique. Mais pour une grande partie, les normes du droit international restent un droit non écrit. Il en est ainsi de la coutume qui est une source à part entière du droit international pénal.

B. L'influence du droit coutumier

697. À défaut d'un Code pénal, le rôle des juges des Tribunaux *ad hoc* consiste le plus souvent à rechercher la règle applicable dans le droit positif, au-delà des sources primaires, en l'occurrence le Statut et le Règlement. Dans cette perspective, ils peuvent faire apparaître une norme déjà existante en ayant recours à la *coutume internationale*. Celle-ci est censée refléter une pratique généralisée des États acceptée par ceux-ci comme étant le droit[1253]. Pour déterminer ou évaluer une telle pratique, le juge fait généralement référence aux actes et déclarations des États, à la conclusion des traités, aux

---

[1247] Cf. art. 47 Règlement des deux Tribunaux *ad hoc* (TPIR et TPIY).

[1248] C'est-à-dire le contre – interrogatoire des témoins par la partie adverse.

[1249] MOREILLON Laurent et al, *op. cit.*, p. 259.

[1250] À ce propos, cf. art. 20 du Statut du TPIR (même disposition que l'article 21 Statut TPIY) qui reprend quasiment l'intégralité des dispositions de l'article 14 du Pacte international de 1966 relatif aux droits civils et politiques.

[1251] Néanmoins, le Tribunal pour le Rwanda prévoit dans son Règlement de procédure et de preuve d'importantes mesures de protection des victimes et des témoins. Ces mesures comprennent, sans y être limitées, la tenue d'audiences à huis clos et la protection de l'identité des victimes (cf. art. 21 du Statut).

[1252] Dans les deux affaires *Ntuyahaga Bernard* et *Rusatira Léonidas*, les accusés ont été libérés après le retrait de l'acte d'accusation, http://www.unictr.org/Cases/tabid/204/Default.aspx

[1253] DE FROUVILLE Olivier, *op. cit.*, p. 64.

législations nationales et aux décisions émanant de juridictions nationales ou internationales en matière de crimes internationaux[1254]. En d'autres termes, il est nécessaire que les États aient la volonté de s'engager sur le plan international pour créer une coutume internationale[1255].

698. Néanmoins, le juge vérifie toujours que la règle dégagée est bien adaptée à la matière du droit international pénal ; qu'elle ne rentre pas en conflit avec certains principes fondamentaux tels que les droits de la défense. Cela étant, une pratique purement interne ne saurait être la source d'une norme coutumière[1256], d'où l'intérêt de se focaliser sur le rôle de la coutume dans l'ordre juridique international. Il est vrai que la coutume internationale n'est pas citée par les Statuts des Tribunaux *ad hoc* en tant que source de droit applicable. Toutefois, dans son rapport établi conformément à la résolution 808 créant le TPIY, le Secrétaire général des Nations Unies notait : « *l'application du principe nullum crimen sine lege exige que le Tribunal international applique des règles du droit international humanitaire qui font partie sans aucun doute possible du droit coutumier, de manière que le problème résultant du fait que certains États, mais non la totalité d'entre eux, adhèrent à des conventions spécifiques ne se pose pas*[1257]. »

699. Sur ce point, rappelons que les Tribunaux d'Arusha (TPIR) et de La Haye (TPIY) sont compétents pour juger les personnes présumées responsables de violations graves du droit international humanitaire commis sur le territoire de l'ex-Yougoslavie ou du Rwanda[1258]. Il s'agit en l'occurrence des « violations des lois ou coutumes de la guerre[1259] » et de la « violation de l'article 3 commun aux Conventions de Genève et du Protocole additionnel II[1260] ». L'article 4 du Statut du TPIR ainsi que les articles 2 et 3 du Statut du TPIY visent des violations de ce qui est généralement connu dans les ouvrages traditionnels sous les noms de *droit de Genève* et *droit de La Haye*[1261]. Une telle distinction est fondée sur la compétence matérielle des deux Tribunaux.

700. Dans le Statut du TPIR, le Conseil de sécurité est allé plus loin sur le choix du droit applicable, comparé au Statut du TPIY. Il a inclus dans la

---

[1254] CASSESE Antonio, *Les grands arrêts de droit international pénal*, *op. cit.*, p. 13.

[1255] TPIY, affaire *Erdemovic*, arrêt Chambre d'appel, 7 octobre 1997, *Opinion individuelle présentée conjointement par les juges Mc Donald et Vorah*, § 50. À ce propos, www.icty.org

[1256] BARBERIS Julio, « Réflexions sur la coutume internationale », *AFDI*, 1990, pp. 9-46 (p. 21 citée).

[1257] Cf. rapport Nations Unies, 3 mai 1993, S/25704, § 34, http://www.un.org/fr/sc/documents/search.shtml

[1258] Contrairement aux Statuts du Tribunal de Nuremberg et de Tokyo, il n'était pas fait référence au droit humanitaire, mais aux crimes contre la paix.

[1259] Art. 3 Statut du TPIY.

[1260] Art. 4 Statut du TPIR et art. 2 Statut du TPIY.

[1261] Cette comparaison renvoie à une distinction formelle au regard du lieu où ont été adoptées les premières conventions sur le « droit de la guerre », et « droit de Genève » par référence à la première Convention de Genève du 22 août 1864 *pour l'amélioration du sort des militaires blessés dans les armées en campagne*.

compétence *ratione materiae* du Tribunal pour le Rwanda les violations du Protocole additionnel II qui, dans son ensemble, n'a pas encore été universellement reconnu comme faisant partie du droit international coutumier. L'incorporation du protocole II au Statut du TPIR a été généralement approuvée par la doctrine, puisqu'elle permet de reconnaître aux principes fondamentaux du Protocole un caractère coutumier[1262].

701. Pourtant, dans le cas de l'ex-Yougoslavie, plusieurs États s'étaient prononcés en faveur de l'application des protocoles additionnels au conflit. Ces normes n'avaient finalement pas été incluses dans le Statut du TPIY. Néanmoins, la Chambre d'appel du Tribunal de La Haye a, dès son premier arrêt (affaire *Tadić*), accordé une attention particulière au Protocole additionnel II en précisant que « *de nombreuses dispositions dudit Protocole peuvent maintenant être considérées comme déclaratives de règles existantes ou comme ayant cristallisé des règles naissances du droit coutumier [...]*[1263] ».

Cette approche a été suivie par le TPIR (affaire *Rutaganda*). La Chambre de première instance a rappelé que le Rwanda avait adhéré aux Conventions de Genève de 1949 et aux protocoles additionnels de 1977. Ainsi, les dispositions de ces instruments seraient dans tous les cas applicables compte tenu de leur statut coutumier en droit international[1264].

702. Pour autant, dans la pratique, l'application des normes de droit international coutumier n'est pas chose aisée. Au regard de la jurisprudence, les Tribunaux internationaux fixent deux conditions. Ils doivent non seulement vérifier si le comportement de l'accusé constitue une violation de règles coutumières ou conventionnelles, mais aussi prouver que la violation de ces règles entraîne une responsabilité pénale individuelle du coupable[1265]. Ces incertitudes - liées aux infractions contenues implicitement dans les Statuts des Tribunaux *ad hoc* - justifient pour une grande part que le droit international pénal soit considéré comme un droit prétorien[1266]. Pour ainsi dire, le juge dispose, dans cette matière, d'un pouvoir normatif considérable. Cela ne signifie pas pour autant qu'il doit exercer son pouvoir de manière arbitraire. Enfin, faut-il rappeler que le juge a également le devoir de déterminer les règles qui sont applicables au litige, quitte en cas de besoin à les créer lui-même au risque d'être poursuivi pour déni de justice. Dans cette perspective, il peut avoir recours à d'autres sources du droit complémentaires telles que les

---

[1262] Pour l'étude de cette question, cf. HOLLWEG Carsten, « Le nouveau Tribunal international de l'ONU et le conflit en ex-Yougoslavie : un défi pour le droit humanitaire dans le nouvel ordre mondial », *RDP* n° 5, 1994, p. 1392.

[1263] Chambre d'appel, Le Procureur c/ Duško Tadić, *Arrêt relatif à l'appel de la défense concernant l'exception préjudicielle d'incompétence,* IT-94-1-AR72, 2 octobre 1995, § 117 : http://www.icty.org

[1264] Le Procureur c/ Georges Rutaganda, Chambre I, affaire n° ICTR-96-3, 6 décembre 1999, §§ 88-89.

[1265] *Idem,* § 90.

[1266] Cf. notamment DE FROUVILLE Olivier, *op. cit.*, p. 66.

principes généraux du droit, afin de combler une absence totale de norme applicable.

C. Le recours aux principes généraux du droit à titre subsidiaire

703. Chaque source de droit a ses propres avantages et inconvénients. À défaut de règles conventionnelles et coutumières applicables dans un différend d'ordre juridique, les tribunaux pénaux internationaux se tournent vers les principes généraux du droit[1267] en vue de **combler** une lacune ou **interpréter** les règles du droit applicable. On dit qu'ils remplissent une « fonction supplétive » ou une « fonction interprétative[1268] ». Même si aucune des dispositions des Statuts et Règlements des Tribunaux *ad hoc* ne fait référence aux sources de droit applicable, ces textes fondamentaux mentionnent néanmoins les principes généraux du droit applicable à certaines questions. Il en est ainsi des moyens de défense contre un chef d'accusation[1269], l'administration de la preuve[1270], la grâce et la commutation des peines[1271]. À cet égard, le TPIR a eu recours aux principes généraux du droit pour interpréter certaines règles portant sur la présomption d'innocence. C'est le sens de l'arrêt *Akayesu.*

704. La Chambre de première instance soulignait que le texte anglais de l'article III de la Convention sur le génocide (transposé à l'article 2 du Statut) utilise le terme « killing » qui fait référence à une qualification trop générale[1272]. Alors que le terme « meurtre », retenu dans la version française, est plus explicite. Par conséquent, « *eu égard à la présomption d'innocence dont bénéficie l'accusé, et conformément aux principes généraux du droit criminel, la Chambre est d'avis qu'il convient de retenir la version la plus favorable à l'accusé et, décide que l'alinéa a) de l'article 2(2) du Statut doit*

[1267] Remarque : l'expression « principes généraux du droit » revêt plusieurs sens si l'on se réfère au dictionnaire de la terminologie du droit international. Mais selon la conception contemporaine, par principes généraux du droit, il faut entendre *l'ensemble des principes communs aux grands systèmes de droits contemporains et applicables à l'ordre international.* Cette conception est celle qui est la plus communément acceptée. À ce propos, cf. CARREAU Dominique, *Droit international,* 10e édition, Pedone, 2009, p. 269.

[1268] RAIMONDO Fabian, « Les principes généraux de droit dans la jurisprudence des tribunaux *ad hoc* : une approche fonctionnelle », in *Les sources du droit international pénal* (dir. DELMAS-MARTY Mireille et al), Société de législation comparée, 2005, p. 75 ; DE FROUVILLE Olivier, *op. cit.,* p. 64.

[1269] Cf. rapport du Secrétaire général établi conformément à la résolution 808 (1993) créant le TPIY. Rapport publié le 3 mai 1993 (S/25704), § 58.

[1270] Cf. article 89 (B) des Règlements du TPIY et du TPIR qui dispose : « dans les cas où le Règlement est muet, la Chambre saisie applique les règles d'administration de la preuve propres à permettre, dans l'esprit du Statut et des principes généraux du droit, un règlement équitable de la cause ».

[1271] Article 28, Statut du TPIY et article 27, Statut du TPIR.

[1272] Cette notion « pourrait comprendre aussi bien les homicides intentionnels que les homicides non intentionnels ». Cf. jugement *Akayesu,* affaire n° ICTR -96-4-T, 2 septembre 1998, § 500 : http://www.unictr.org

être interprété conformément à la définition du meurtre donné par le Code pénal rwandais, qualifiant le meurtre comme un homicide commis avec l'intention de donner la mort[1273] ».

705. Outre cette fonction « interprétative », la Chambre d'appel du TPIY a eu recours aux principes généraux du droit en tant que source de droit « supplétive[1274] » dans sa décision *Erdemovic*[1275]. Dans cette affaire, l'accusé était condamné par la Chambre de première instance pour crimes de guerre et crimes et crime contre l'humanité[1276]. Il interjeta appel en alléguant qu'il avait été contraint de commettre les infractions dont il était accusé. Ainsi, la question principale qui se posait était celle de savoir si la contrainte pouvait être invoquée comme un argument de défense en droit international. En d'autres termes, la contrainte en tant que moyen de défense, peut-elle entièrement exonérer l'auteur d'un massacre de civils innocents, de sa responsabilité pénale ?

706. Dans la mesure où le Statut du Tribunal pénal pour l'ex-Yougoslavie ne traite pas cette question[1277], ni aucune règle de droit international coutumier, les juges avaient estimé que le droit applicable était celui énuméré à l'article 38 du Statut de la CIJ[1278]. Suivant la logique des dispositions de cet article, la majorité de la Chambre d'appel décida par trois voix contre deux que la contrainte n'est pas un argument de défense suffisant pour exonérer la responsabilité d'un soldat accusé de meurtre de civils innocents. Pour en arriver à cette conclusion, les juges Mc Donald et Vohrah ont préalablement entrepris une étude comparative des « systèmes juridiques mondiaux » (vingt-sept systèmes étudiés), afin de déduire si possible l'existence d'un principe général de droit applicable[1279].

707. Tout en précisant que cet examen ne constitue pas une « analyse comparative exhaustive », les juges ont conclu que « *les nations civilisées retiennent pour principe général du droit qu'un accusé mérite moins le blâme et la peine maximale lorsqu'il a commis l'acte répréhensible sous l'empire de la contrainte*[1280] ».

1273 *Idem*, §§ 500-501.

1274 C'est-à-dire en l'absence de règle de droit international conventionnel et coutumier en la matière. Pour une étude approfondie de la question, cf. RAIMONDO Fabian, *op. cit.*, p. 84.

1275 TPIY, *Le Procureur v. Erdemovic,* arrêt Chambre d'appel, affaire n° IT-96-22-A, 7 octobre 1997, *supra,* note 1255.

1276 L'accusé (un Croate Bosniaque) a plaidé coupable d'avoir participé aux exécutions sommaires d'environ 1200 musulmans de Bosnie.

1277 De même, aucune disposition des Statuts des Tribunaux militaires (Nuremberg et Tokyo) ne traitait de la contrainte en termes généraux ou en tant qu'excuse du meurtre de personnes innocentes, ni dans l'Accord de Londres. *Le Procureur c/ Erdemovic, supra,* note 1255.

1278 Comme le droit international pénal demeure une branche du droit international public, les tribunaux internationaux doivent en principe appliquer les sources du droit international général notamment prévues à l'article 38 (1) du Statut de la CIJ (*supra,* note 1224).

1279 Cf. affaire Erdemovic, « opinion individuelle présentée conjointement par les juges Mc Donald et Vohrah », *supra,* note 1255.

1280 *Ibid,* § 66.

Quant à la règle applicable, ils estimaient que les différents systèmes juridiques qui prévalent dans le monde ne s'accordent pas sur la question de savoir si la contrainte peut exonérer totalement une personne accusée d'avoir tué des innocents[1281]. Dès lors, l'accusé ne pouvait être acquitté des crimes pour lesquels il était poursuivi, mais pouvait bénéficiait de circonstances atténuantes. Même si cette approche semble logique, la décision de la Chambre d'appel a été critiquée par les juges Cassese et Stephen dans leur opinion dissidente[1282]. Deux positions s'affrontent.

708. Selon le juge Antonio Cassese, il existe en droit international coutumier une règle générale admettant la contrainte comme moyen de défense. À partir du moment où aucune règle spéciale concernant le meurtre ne vient y déroger, « en vertu du droit et de la logique », il y a lieu d'appliquer la règle générale[1283]. Pour que la contrainte soit invoquée avec succès comme argument de défense, il avait mentionné des critères généraux établis par la jurisprudence. Dans le même ordre d'idée, le juge Stephen proposa que la contrainte soit reconnue comme moyen de défense en droit international en tant que principe général de droit. La raison résulte non seulement de l'approche du système romano-germanique, mais aussi d'une « simple question de justice[1284] ». Il s'appuyait précisément sur la jurisprudence de *common law* dans l'affaire *Hostage* où il était admis qu'un principe pouvait être « élevé au rang du droit international », s'il a été accepté de manière générale comme règle fondamentale de droit interne par la plupart des nations[1285].

709. Pour notre part, le raisonnement suivi par les juges Cassese et Stephen paraît tout à fait soutenable à partir du moment où la grande majorité des

---

[1281] Si théoriquement le système de tradition civiliste reconnaît d'une manière générale la contrainte comme moyen de défense totalement exonératoire pour tous les crimes (France, Belgique, Pays-Bas, etc.), la législation d'autres systèmes juridiques rejette radicalement la contrainte comme moyen de défense opposable pour un meurtre (Norvège, Pologne, Éthiopie, etc.). Cf. arrêt *Erdemovic, supra,* note 1255, § 67.

[1282] Dans la grande majorité des tribunaux internationaux ainsi que devant plusieurs juridictions nationales, comme en Espagne, au Royaume-Uni et même devant la Cour constitutionnelle fédérale allemande, les juges ont la faculté de publier, au même titre que les arrêts et les jugements qui sont rendus, leur opinion individuelle c'est-à-dire leur opinion dissidente ou concordante. Dans une **opinion dissidente**, un juge exprime les raisons l'ayant conduit à ne pas adhérer aux motifs contenus dans la décision et à la décision qui en découle. Dans une **opinion concordante**, le juge ne conteste pas la solution adoptée mais discute sa motivation. Enfin, même si les opinions individuelles ne font juridiquement pas partie des décisions de justice, il n'en demeure pas moins que leur apport est indéniable. À cet égard, elles permettent à un commentateur extérieur d'avoir un véritable regard original ou une lecture plus transparente de la décision adoptée. Pour une analyse approfondie, cf. VAILHÉ Judith, « Les opinions individuelles des juges devant les Tribunaux internationaux », in *Les sources du droit international pénal* (dir. DELMAS-MARTY Mireille), *op. cit.*, p. 443 et s.

[1283] Arrêt Erdemovic, *supra*, note 1255.

[1284] *Ibid.*

[1285] *USA v. Wilhen List and others* (affaire *Hostage),* Law Reports, vol. VIII, London, 1949, pp. 34 à 49, http://www.loc.gov/rr/frd/Military_Law/pdf/Law-Reports_Vol-8.pdf (consulté le 14 février 2013).

systèmes juridiques considèrent la contrainte comme moyen de défense, même en cas de meurtre. Toutefois, il semble important de rappeler que la contrainte ne peut produire ses effets exonératoires que lorsque la gravité du crime commis était proportionnelle aux menaces.

En somme, si l'affaire *Erdemovic* est l'un des arrêts les plus controversés de la jurisprudence du TPIY, il ne constitue pas moins une décision exemplaire en matière de source du droit. Pour la première fois devant une juridiction pénale internationale, une étude comparée de la législation nationale est effectuée pour déterminer les principes de droit international coutumier[1286]. Ceci illustre la grande difficulté pour les juges des Tribunaux internationaux de maintenir un équilibre entre deux traditions juridiques différentes. Enfin, l'arrêt *Erdemovic* ainsi que les opinions dissidentes des juges ont contribué au développement du droit international, dans la mesure où la contrainte a été consacrée par le Statut de la CPI[1287].

710. Mais le TPIR a jusque-là adopté une position neutre. Par exemple dans l'affaire *Rutaganira*, la Chambre III a pleinement souscrit à la décision du TPIY précité (*Erdemovic*) aux termes de laquelle, « *la contrainte n'est pas un argument de défense suffisant pour exonérer entièrement un soldat accusé de crime contre l'humanité et/ou de crime de guerre impliquant le meurtre d'êtres humains innocents*[1288] ». Néanmoins, elle peut être retenue comme une circonstance atténuante, précise la Chambre[1289]. Or, dans une décision plus récente (affaire *Ndahimana)*[1290], la Chambre de première instance II du TPIR a adopté une position contraire. Dans le cas d'espèce, l'accusé était poursuivi pour avoir participé aux massacres de 1000 à 2000 civils tutsi réfugiés dans une église pendant le génocide. Il était ainsi reconnu coupable de génocide et extermination constitutive de crimes contre l'humanité, avec des circonstances aggravantes.

711. En revanche, dans son mémoire préalable à la présentation des preuves à décharge, la défense avait affirmé que *Ndahimana* avait été « victime de violence politique » et de menace par les miliciens armés. En se fondant ainsi sur des témoignages à décharge, la majorité des juges de la Chambre de première instance avait retenu des circonstances atténuantes. À cet égard, la Chambre avait conclu que « *la présence de l'accusé à l'église de Nyange ne contredisait pas l'assertion selon laquelle celui-ci était sous le coup de menaces [...]. Cette présence amène par ailleurs à penser que l'intéressé a pu*

[1286] CASSESE Antonio, *Les grands arrêts du droit international pénal, op. cit.*, p. 69. Un tel examen est également effectué dans l'affaire *Furundzija*, Chambre de première instance, jugement 10 décembre 1998, IT-95-17/1, http://www.icty.org

[1287] Cf. art. 31 (1) d.

[1288] *Le Procureur c/ Vincent Rutaganira*, affaire n° TPIR-95-1C-T, Chambre de première instance III, 14 mars 2005, § 161, citant l'arrêt *Erdemovic* du TPIY, 7 oct. 1997, *supra,* note 1255, § 19.

[1289] *Idem,* Chambre III, 14 mars 2005 (citant jugement Erdemovic II, Chambre de première instance, affaire n° IT-96-22-Tbis, jugement portant condamnation, 5 mars 1998, § 17).

[1290] *Le Procureur c/ Ndahimana,* affaire n° ICTR-01-68-T, 30 décembre 2011.

participer aux tueries sous l'effet de la contrainte plutôt que par extrémisme ou par haine ethnique[1291] ».

712. Le grand paradoxe que l'on peut constater dans ce jugement (comparé à l'arrêt *Erdemovic*) résulte du fait que l'accusé *Ndahimana* n'a jamais invoqué la contrainte comme moyen de défense. Il a tout simplement nié avoir participé aux crimes. La juge Florence Arrey n'a d'ailleurs pas manqué de relever cette erreur d'appréciation dans son opinion dissidente. Tout en contestant la décision de la Chambre de première instance du TPIR, elle soutenait que les rares éléments de preuve « donnant à entendre » que *Ndahimana* agissait sous la contrainte étaient peu convaincants[1292].

713. Autrement, dans son mémoire d'appel du 2 mai 2012, le Procureur du TPIR estimait que la contrainte n'a pas été dûment invoquée au procès ni comme moyen de défense ni comme simple élément de preuve[1293]. Il considérait ainsi la décision de la Chambre de première instance comme une erreur de fait et de droit manifeste. Pour conclure, il accusait la majorité des juges d'avoir abusé de leur pouvoir d'appréciation des peines, et demandait à la Chambre d'appel de corriger cette erreur en infligeant à *Ndahimana* une sanction plus sévère qui prend suffisamment compte de toute la gravité de ses crimes.

714. Outre la question de la proportionnalité de la peine soulevée par le Procureur, le jugement *Ndahimana* pose également le problème du cumul d'infractions et de responsabilités. En effet, le même comportement criminel peut constituer des infractions différentes et une pluralité de formes de responsabilités. En d'autres termes, est-il approprié de déclarer une personne coupable de génocide et d'assassinat comme crime contre l'humanité, et ceci sur la base d'un seul et même acte ?

Si cette question est résolue en droit interne[1294], elle ne trouve pas de réponse unanime en droit international pénal. Face au silence des textes internationaux, les Tribunaux pénaux pour le Rwanda et l'ex-Yougoslavie n'ont eu d'autre choix que d'élaborer leur propre doctrine dans le souci, d'une part, de rendre une justice impartiale et, d'autre part, de punir les accusés aussi sévèrement que possible au regard de la gravité des crimes qui leur sont reprochés.

[1291] *Idem*, § 868.

[1292] Jugement *Ndahimana c/ Procureur*, « opinion dissidente du juge Florence Rita Arrey », *supra*, note 1290, § 196.

[1293] À cet égard, il s'appuyait principalement sur l'arrêt précité (*Erdemovic*) du TPIY. *Procureur c/ Grégoire Ndahimana*, mémoire d'appel 2 mai 2012, affaire n° ICTR-01-68-A, § 45.

[1294] Cf. notamment à la jurisprudence des Chambres spécialisées rwandaises (première partie, chapitre 1). Pour une étude de la doctrine, cf. MERLE Roger et VITU André, *Traité de droit criminel, problèmes généraux de la science* criminelle, Paris, Cujas, 1997, p. 519.

§ 3–Les sanctions applicables

715. Le droit pénal est avant tout un droit infamant qui dispense une souffrance[1295]. Celle-ci consiste en *une sanction punitive, qualifiée comme telle par le législateur, infligée par une juridiction répressive au nom de la société, à l'auteur d'une infraction en rétribution de la faute commise*[1296]. Partant de cette définition, la nécessité d'imposer des sanctions aux responsables des crimes graves n'est pas récente. Cette idée s'est concrétisée avec les premières juridictions pénales internationales[1297], dans le but de sanctionner les grands criminels de guerre. Néanmoins, les peines ont fait l'objet d'une certaine évolution dans le temps.

716. Si les juges des Tribunaux militaires de Nuremberg et Tokyo disposaient d'un large pouvoir en ce domaine, ce n'est plus le cas pour les juges des Tribunaux pénaux *ad hoc* (TPIR et TPIY) et les juges de la CPI. Le contexte dans lequel les Tribunaux pénaux internationaux fonctionnent diffère largement de celui dans lequel évoluaient les Tribunaux de Nuremberg et de Tokyo. Ceux-ci pouvaient prononcer la peine capitale. Or, depuis la Seconde Guerre mondiale, l'ONU milite pour l'abolition de la peine de mort. C'est pourquoi il n'est pas surprenant de constater que les Statuts du TPIR et du TPIY prévoient seulement des peines privatives de liberté[1298]. Toutefois, le droit international ne prévoit pas la nature de la sanction ni de dispositions fournissant une grille qui permette aux juges de fixer la peine (B), et encore moins celui de son exécution (C). Ce qui a amené les Tribunaux *ad hoc* à recourir à la législation nationale des pays concernés (A), tout en instaurant un certain nombre de solutions originales à travers leur jurisprudence.

A. La référence au droit national

717. Afin de décider d'une sanction proportionnelle aux crimes commis, les juges du TPIR doivent avoir recours à la grille générale des peines d'emprisonnement appliquée par les tribunaux rwandais[1299]. Le même principe est requis pour le Tribunal pour l'ex-Yougoslavie[1300]. Le secrétaire général des Nations Unies considérait à cet effet que le recours au droit national – qui

---

[1295] KELLENS Georges, *Punir : pénologie et droit des sanctions,* Liège, Éditions juridiques de l'Université de Liège, 2000, p. 5.

[1296] GUINCHARD Serge et al, *Lexique des termes juridiques, op. cit.*, pp. 666-667.

[1297] En l'occurrence les Tribunaux militaires de Nuremberg et de Tokyo.

[1298] Les Tribunaux *ad hoc* (TPIR et TPIY) ne peuvent pas prononcer la peine de mort ni condamner à des peines de châtiment corporel ou encore de travaux forcés. Ces formes de peines sont prohibées notamment par les articles 7 et 10 du Pacte international relatif aux droits civils et politiques. Les TPI ne peuvent pas non plus prononcer des peines d'amende comme la CPI (art. 77.2). De même, la peine de mort est exclue du Statut de la CPI ainsi que des Statuts des tribunaux mixtes, notamment le TSSL, les Chambres extraordinaires cambodgiennes et les Chambres spéciales du Timor.

[1299] Cf. art. 23 (1) du Statut.

[1300] Cf. art. 24, § 1 du Statut.

n'était pas nécessaire pour ce qui était de la définition des crimes internationaux – était souhaitable concernant les peines[1301]. Reste à savoir quel sens il faudrait donner à cette référence.

718. Si les Statuts des deux Tribunaux disposent que la Chambre « a recours à la grille des peines d'emprisonnement », leur Règlement considère uniquement que le juge « tient compte » de ces grilles nationales, à côté d'autres facteurs dont la liste n'est pas restrictive[1302]. Il se pose ainsi un problème d'interprétation, car on ignore s'il s'agit d'une application souple ou rigide de la législation des États concernés[1303]. Dans cette hypothèse, des obstacles juridiques et pratiques étaient à prévoir.

719. Le premier obstacle est lié à la peine de mort appliquée aussi bien par le Code pénal rwandais que celui de l'ex-Yougoslavie[1304], alors que la peine capitale est exclue des Statuts du TPIR et du TPIY. Ceux-ci ne peuvent prononcer que des peines d'emprisonnement allant jusqu'à la perpétuité. **Le second obstacle** concerne spécifiquement le Tribunal pour l'ex-Yougoslavie, car le crime contre l'humanité n'entre pas strictement dans les prévisions du Code yougoslave, lequel prévoit le « *génocide et ces crimes de guerre contre la population civile*[1305] ».

720. Par ailleurs, l'article 38 du Code pénal de la République fédérale de l'ex-Yougoslavie ne prévoyait que des peines d'emprisonnement allant de cinq à quinze ans et une peine maximale d'emprisonnement de vingt ans. Les législateurs yougoslaves considéraient l'emprisonnement à vie comme un traitement cruel. Par conséquent, ils ne l'avaient pas inscrit parmi l'arsenal des peines pouvant être imposées par leurs tribunaux[1306]. Pour contourner ces différents obstacles, la référence à la grille générale des peines applicables a plutôt été interprétée par les Chambres des Tribunaux *ad hoc* comme un renvoi aux dispositions pertinentes des législations nationales en vigueur au moment de la perpétration des faits.

721. Concernant le TPIR, les Chambres ont rappelé que l'État rwandais a ratifié la Convention sur le génocide depuis 1975, et a prévu la répression de

---

[1301] Cf. rapport Nations Unies précité, 3 mai 1993, *supra,* note 1269, § 36.

[1302] Article 101 (B) du Règlement du TPIR et du TPIY.

[1303] Le Statut de Rome règle la question des peines applicables à l'article 77 en vertu duquel la Cour peut prononcer une peine d'emprisonnement pour 30 ans au plus, une peine d'emprisonnement à perpétuité « si l'extrême gravité du crime et la situation personnelle du condamné le justifient ».

[1304] Mais la peine de mort a été abolie au Rwanda depuis 2007. Elle a été également abolie en 1977 dans certaines des anciennes Républiques de l'ex-Yougoslavie à l'exception de la Bosnie – Herzégovine qui ne l'a abolie qu'en novembre 1998. La Bosnie a remplacé la peine capitale par des peines d'emprisonnement allant de 20 à 40 ans dans le cas des formes les plus graves des crimes commis de manière intentionnelle. À ce sujet, cf. *Gazette officielle de la Bosnie-Herzégovine,* n° 43-98, 20 novembre 1998.

[1305] Le Code pénal de la République fédérale socialiste de la Yougoslavie, adopté en 1976 et ayant pris effet le 1er juillet 1977, ne pénalise pas les crimes contre l'humanité en tant que tels.

[1306] TAVERNIER Paul (dir.), *Actualité de la jurisprudence pénale internationale, à l'heure de la mise en place de la Cour pénale internationale*, Bruxelles, Bruylant, 2004, p. 174.

ce crime dans sa législation pénale[1307]. En outre, le Rwanda a adopté en 1996 une loi organique sur *l'organisation des poursuites des infractions constitutives du crime de génocide et des crimes contre l'humanité, commises entre le 1er octobre 1990 et le 31 décembre 1994*. Dans le cas du Tribunal pour l'ex-Yougoslavie, celui-ci s'est référé au chapitre XVI du Code pénal de 1990 intitulé « Crimes contre l'humanité et droit des gens[1308] ». Toutefois, ces considérations ne sont pas suffisantes.

722. Les juges internationaux examinent non seulement la grille des peines des États concernés par les crimes, mais aussi la façon dont elle est appliquée par les juges nationaux. Ainsi, de nombreux rapports analysant la pratique de la fixation des peines par les juges des juridictions nationales yougoslaves ont été établis. Un de ces rapports, préparé en 1994 par deux juristes yougoslaves, mentionne que le nombre de peines prononcées par les juridictions nationales de leur pays pour des crimes de génocide ou crimes de guerre durant la période examinée (1982-1990) est si restreint qu'il ne leur permet pas d'en conclure de façon significative sur une pratique claire pouvant servir de référence au TPIY[1309].

723. Le Tribunal pour le Rwanda est parti de la même démonstration. Pour n'en prendre que quelques exemples, nous citerons l'arrêt *Akayesu* où la Chambre de première instance avait pu constater que la peine capitale et l'emprisonnement à vie ont été prononcés à maintes reprises par les juridictions rwandaises. Dans cette perspective, la Chambre avait estimé que ces décisions n'étaient pas suffisamment claires et motivées pour permettre au TPIR d'en tirer des conclusions pertinentes[1310]. De même, en s'appuyant sur l'affaire *Erdemovic* du TPIY[1311], la Chambre du TPIR précisait que la référence à la grille des peines de l'État concerné « *est de nature indicative dépourvue de toute valeur contraignante*[1312] ». Enfin, elle rappelait que « *la référence à la grille des peines rwandaises est destinée à guider la Chambre s'agissant de décider de la sentence appropriée et n'entame nullement le pouvoir d'appréciation discrétionnaire qu'elle a en cette matière*[1313] ».

1307 Cf. Jugement *Akayesu,* sentence, affaire n° ICTR -96-4, 2 octobre 1998, § 16 : http://www.unictr.org/

1308 Cf. art. 142 qui mentionne certaines infractions commises au mépris du droit international en temps de guerre de conflit armé ou d'occupation. Cependant, le Code pénal ne semble contenir aucune disposition qui fait référence aux crimes contre l'humanité.

1309 TAVERNIER Paul, *op. cit.,* p. 174.

1310 *Le Procureur c/ Jean Paul Akayesu, supra,* note 1307, § 15.

1311 Dans cette affaire, les juges considéraient que la grille générale des peines d'emprisonnement appliquée par les tribunaux de l'ex-Yougoslavie ne pouvait être la seule référence pour les Chambres du TPIY dans la détermination de l'échelle des peines. Une telle pratique reviendrait à méconnaître le caractère criminel universellement attaché aux crimes contre l'humanité […]. Cf. affaire *Erdemovic,* Chambre de première instance, jugement portant condamnation, 29 novembre 1996, §§ 38 et 40. www.icty.org

1312 Cf. jugement Kambanda, 4 septembre 1998, ICTR-97-23-S, § 23 ; cf. également motivations de la Chambre d'appel dans son arrêt, *Le Procureur c/ Serushago,* affaire n° ICTR-98-39-A, 6 avril 2000, § 30.

1313 Jugement Kambanda, *idem,* § 41.

724. Cela ne signifie pas pour autant que le recours à la grille générale des peines appliquées par les tribunaux nationaux n'ait aucune valeur. Au contraire, comme l'a rappelé l'avocate Anne-Marie la Rosa, les Chambres des Tribunaux pénaux internationaux devraient examiner chaque fois que cela est possible la pratique des tribunaux du Rwanda et de l'ex-Yougoslavie afin de « *tirer profit de l'expérience des juridictions internes*[1314] ». Cette référence tend à une harmonisation de la durée des peines et contribue de ce fait à minimiser les disparités qui ne peuvent se justifier par les particularités de chaque cas[1315].

725. Quoi qu'il en soit, la jurisprudence développée dès les premiers jugements des Tribunaux *ad hoc* a conclu que le recours à la grille des peines d'emprisonnement appliquées par les tribunaux nationaux n'est pas obligatoire. En tenant compte de l'inégalité des sanctions applicables entre le droit rwandais et le TPIR, la Chambre d'appel a décidé de s'inspirer de l'échelle des peines et des modalités de détermination de la peine appliquées dans d'autres pays que le Rwanda. Le but était de créer une règle inédite susceptible de faire face à la différence trop flagrante selon laquelle, pour un même crime, l'auteur encourt la peine capitale dans un système et l'emprisonnement à vie dans l'autre[1316]. En tout état de cause, la procédure suivie pour déterminer la peine applicable doit offrir à l'accusé l'ensemble des garanties fondamentales inhérentes à un procès équitable, notamment l'existence de voies de recours.

B. Les modalités de fixation de la peine et les possibilités de recours

726. À la lumière des difficultés rencontrées par les Tribunaux du Rwanda et de l'ex-Yougoslavie dans le recours à la grille générale des peines des États concernés, les juges internationaux disposent d'un pouvoir souverain pour prononcer les peines qu'ils estiment appropriées. Néanmoins, le châtiment infligé doit être adéquat en ce qu'il doit refléter la gravité de l'infraction (1) et la situation personnelle du condamné[1317], conformément à un principe d'individualisation et de proportionnalité de la peine (2) qui semble aller de soi, compte tenu de la spécificité du profil de chaque accusé.

[1314] LA ROSA Anne-Marie, *op. cit.*, p. 169.
[1315] *Idem*, p. 170.
[1316] De ce point de vue, la Chambre a jugé satisfaisante l'étude réalisée par le Max-Planck-Institut de droit pénal international et étranger de Freiburg (Allemagne). Celle-ci portait sur les modalités de fixation de la peine dans de nombreux pays dont le système judiciaire a été jugé comme acceptable. Dans le même sens, cf. MOREILLON Laurent, *op. cit.*, p. 339.
[1317] Cf. art. 23 alinéa 2 Statut TPIR. Dans le même sens, cf. Procureur c/ Ndahimana, *supra*, note 1290, § 849.

1) La gravité de l'infraction

727. Qualifiées de « violations graves du droit international humanitaire »[1318] ou de « crimes les plus graves qui touchent l'ensemble de la communauté internationale », les infractions relevant des juridictions pénales internationales présentent toutes un degré de gravité certain. Elles se distinguent toutefois entre elles par l'ampleur des dommages causés ou par l'intention spécifique requise. Ce faisant, la gravité du crime, qui permet de déterminer en partie le quantum de la peine, se mesure dans la jurisprudence des Tribunaux *ad hoc* au regard des circonstances propres à l'espèce, de la forme et du degré de participation de l'accusé à l'infraction, ainsi que du nombre de victimes.

728. Dans l'arrêt *Kambanda* précité, la Chambre de première instance avait rappelé l'ampleur des massacres d'environ 500 000 civils en l'espace de 100 jours. Elle qualifiait ainsi le génocide de « crime odieux » et les crimes contre l'humanité d'« atteintes de la plus haute gravité à la vie et à la liberté de l'homme[1319] ». Bien que chacun de ces crimes soit particulièrement horrible, les juges doivent apprécier la particularité de chacun d'entre eux et déterminer leur gravité respective afin de décider d'une peine juste et appropriée.

729. Pourtant, ni le Statut du TPIR ni celui du TPIY et encore moins leur Règlement n'instituent de hiérarchie entre les crimes internationaux qu'il s'agisse du génocide, du crime contre l'humanité ou du crime de guerre. Au-delà des Statuts des Tribunaux, aucun des instruments définissant ces trois infractions n'a prévu une peine ou une échelle de peines qui sanctionnerait leur commission. En effet, la Convention sur le génocide prévoit seulement que « *les Parties contractantes s'engagent à prendre, conformément à leurs constitutions respectives, les mesures législatives nécessaires pour assurer l'application des dispositions de la présente Convention, et notamment à prévoir des sanctions pénales efficaces frappant les personnes coupables de génocide*[1320] ... »

Les Conventions de Genève, quant à elles, se limitent à imposer aux parties l'obligation de prendre « toute mesure législative nécessaire » afin de fixer « les sanctions pénales adéquates aux personnes ayant commis, ou donné l'ordre de commettre, l'une ou l'autre des infractions graves[1321] ».

730. Face au silence des textes, les juges sont contraints de déterminer eux-mêmes la hiérarchie entre les différents crimes susmentionnés. Dans cette

---

[1318] Cf. préambule Statut TPIR et TPIY.

[1319] Procureur c/ Jean Kambanda, *supra*, note 1312, §§ 42-43 ; cf. aussi Chambre de première instance du TPIY qui qualifiait les crimes contre l'humanité de « faits graves de violence qui lèsent l'être humain en l'atteignant dans ce qui lui est le plus essentiel : sa vie, sa liberté, son intégrité physique, sa santé, sa dignité, etc. », jugement *Erdemovic, supra,* note 1255, § 28.

[1320] Convention pour la prévention et la répression du crime de génocide, 9 décembre 1948 (art. V).

[1321] Article 146 alinéa 1 et 2 de la Convention de Genève relative à la protection des personnes civiles en temps de guerre du 12 août 1949.

perspective, le TPIR a mis en place une échelle de gravité des crimes qu'il doit juger. Ainsi, dans le jugement *Kambanda* précité, les juges ont estimé qu'

> « il ne semble pas douteux à la Chambre que les violations de l'article 3 commun aux conventions de Genève et du protocole additionnel II, malgré leur gravité, soient considérées comme des crimes moindres que le génocide ou le crime contre l'humanité. Par contre, il lui paraît plus difficile d'établir une hiérarchie entre le génocide et le crime contre l'humanité quant à leur gravité respective. De l'avis de la Chambre, aussi bien le crime contre l'humanité, déjà puni par les juridictions de Nuremberg et de Tokyo, que le génocide, crime dont le concept même a été défini qu'ultérieurement, sont des crimes qui choquent particulièrement la conscience de l'humanité[1322] [...] ».

731. Pour aller plus loin, la Chambre a ensuite qualifié le **génocide** de « crime des crimes »[1323], car il se singularise par son dol spécial, l'intention de « détruire, en tout ou en partie, un groupe national, ethnique, racial ou religieux, comme tel[1324] ». À la lumière de ces considérations, il semblerait que le génocide soit placé au sommet de la hiérarchie de la gravité des crimes relevant de la compétence du TPIR[1325]. Celui-ci place ensuite au bas de l'échelle les violations de l'article 3 commun aux Conventions de Genève et du protocole additionnel II[1326].

732. Quant aux **crimes contre l'humanité**, considérés comme un crime d'une extrême gravité, ils ne peuvent que se situer au niveau intermédiaire. Le TPIY était également parti des mêmes prémisses. Ainsi, dans l'arrêt *Erdemovic*, la Chambre d'appel estimait que les crimes contre l'humanité étaient « intrinsèquement plus graves que les crimes de guerre », impliquant une sanction plus sévère pour les auteurs du premier[1327]. Finalement, la Chambre avait retenu qu'il « n'existe en droit aucune distinction entre la gravité d'un crime contre l'humanité et celle d'un crime de guerre[1328] ». Par conséquent, la hiérarchie des crimes mise en place par le TPIR n'a pas été systématiquement reprise par les juges du TPIY pour déterminer les peines applicables[1329]. Ces derniers semblent être plus en difficulté pour résoudre la

---

[1322] Cf. affaire *Kambanda,* jugement portant condamnation, *supra*, note 1312, § 14.

[1323] *Idem,* § 16. Cf. aussi *Le Procureur c/ Omar Serushago*, affaire n° ICTR-98-39-S, Chambre de Première instance I, sentence, 5 février 1999, § 15.

[1324] Art. 2 Statut TPIR.

[1325] Jugement *Akayesu*, sentence 2 octobre 1998, *supra,* note 1307, §§ 6 à 10.

[1326] Ces infractions font partie des crimes de guerre, de même que les violations des lois ou coutumes de la guerre qui relèvent plutôt de la compétence du TPIY.

[1327] Chambre d'appel, *Le Procureur c/ Erdemovic, supra*, note 1255, §§ 20 à 27 ; affaire *Tadić,* jugement relatif à la sentence, 14 juillet 1997, § 73.

[1328] Affaire *Tadić*, Chambre d'appel, arrêt concernant les jugements relatifs à la sentence, 26 janvier 2000, § 69 ; *Galic* (arrêt, § 442) ; arrêt *Le Procureur c/ Anto Furundzija*, affaire n° IT-95-17/1, 21 juillet 2000, §§ 240 à 243 ; arrêt, *Le Procureur c/ Kunarac et consorts*, affaires n° IT-96-23 et 23/1, 12 juin 2002, § 171.

[1329] Néanmoins, une chambre de première instance indiquait qu'il était soutenable de considérer le génocide comme étant le « plus grave des crimes » en raison de l'« intention spécifique de

question des frontières existant entre les crimes, d'où le manque de clarté et de cohérence dans la jurisprudence du Tribunal de La Haye.

733. Outre la question de la hiérarchie des crimes, le fait d'infliger des violences sexuelles aux femmes et jeunes filles dans le cadre d'un conflit est également pris en compte dans la détermination de la gravité de l'infraction, car ces victimes sont considérées comme « les plus vulnérables qui soient »[1330]. Cette approche est confortée par une autre décision de la Chambre de première instance du TPIY. Celle-ci considérait que « *la gravité des infractions du type de celles reprochées aux accusés a toujours été mesurée à l'aune de leurs conséquences pour la victime ou, au plus, pour les personnes touchées et leurs proches*[1331] *[...]* ». Par conséquent, la sanction peut varier en fonction du rôle plus ou moins important tenu par l'accusé dans la perpétration du crime. Se pose ainsi la question de l'individualisation et du principe de proportionnalité de la peine.

2) Le principe d'individualisation et de proportionnalité de la peine

734. Tous les grands systèmes modernes de droit pénal ont été construits à partir d'une réflexion sur la sanction ainsi que sur son adéquation par rapport à l'acte commis. Il suffit de lire Pierre-François Muyart de Vouglans[1332] ou Montesquieu pour s'en convaincre. Ainsi, ce dernier affirmait que « *la peine, pour être juste, doit être proportionnée à la qualité du crime, c'est là sans contredit la première et principale règle que doivent se proposer les législateurs et les Magistrats*[1333] ». Cette règle est également connue sous la forme de l'adage : « jamais plus qu'il n'est juste, jamais plus qu'il n'est utile[1334] ». Elle est reprise par les Statuts du TPIR et du TPIY qui précisent que la sentence doit être adaptée à la situation personnelle de l'accusé et à la gravité de l'infraction[1335].

735. Ces dispositions statutaires sont complétées par les Règlements de procédure et de preuve des deux Tribunaux qui précisent que, lorsqu'elle prononce une peine, la Chambre de première instance doit tenir compte de l'existence de circonstances aggravantes et de circonstances atténuantes, y compris la coopération que l'accusé fournit au Procureur avant ou après la

---

détruire » (jugement, *Le Procureur c/ Radislav Krstic,* Chambre de première instance, affaire n° IT-98-3, 2 août 2001, § 700).

[1330] TPIY, affaire *Kunarac et consorts*, n° IT-96-23 et 23/1, Chambre II, 22 février 2001, § 858.

[1331] Jugement, *Le Procureur c/ Mucic et consorts* (Affaire n° IT-96-21), 16 novembre 1996, §§ 1126-1227.

[1332] MUYART DE VOUGLANS Pierre-François, *Mémoire sur les peines infamantes,* 1781, in PORRET Michel, « atténuer le mal de l'infamie : le réformisme conservateur de Pierre François Muyart de Vouglans », *Revue Crime, Histoire et Sociétés,* vol. 4, n° 2 (2000), p. 106, https://chs.revues.org/828

[1333] MONTESQUIEU, *De l'Esprit des lois* (1748, VI, xvi), Paris, 1961.

[1334] ORTOLAN Joseph, *Éléments de droit pénal,* 2e éd., 1859, p. 92.

[1335] Article 23, § 2 Statut du TPIR (une reprise intégrale de l'art. 24, § 2 du Statut du TPIY) et art. 78, § 1 du Statut de la CPI.

déclaration de culpabilité. L'examen de la pratique des juges du TPIR montre clairement que ces derniers n'ont pas dérogé à ces différents principes. Par exemple dans l'affaire *Kambanda,* la Chambre de première instance rappelait l'importance d'individualiser la peine, car, *« entre les coauteurs d'une même infraction, il n'y a qu'un élément commun : le délit objectif qu'ils ont commis avec sa gravité intrinsèque. Hormis ce trait qui les rapproche, de profondes différences séparent nécessairement leurs personnalités respectives et leurs responsabilités : leur âge, leurs antécédents, leur éducation, leur intelligence [...]. Il n'est pas juste qu'ils soient a priori justiciables d'un châtiment de la même intensité*[1336]*. »*

736. Au regard de la jurisprudence, il s'avère que les juges accordent une importance fondamentale au Statut et aux fonctions du condamné, notamment son rôle de dirigeant ou de simple exécutant, tant dans la structure formelle de pouvoir que dans l'organisation des crimes. Les procès de hauts responsables rwandais *Kambanda, Akayesu*[1337], *Bagosora* et autres en sont de parfaites illustrations. Dans l'affaire *Bagosora*, la Chambre de première instance a conclu qu'

> « entre le 6 et le 9 avril 1994, *Bagosora* était la plus haute autorité du Ministère de la Défense et qu'il exerçait son contrôle sur les Forces armées rwandaises [...]. Elle souligne que des crimes, qui n'avaient pu être commis que sur ordre de *Bagosora* ou avec son autorisation ont été à l'origine d'une somme immense de souffrances humaines [...]. Cette situation aurait pu être évitée ou être au moins substantiellement limitée s'il avait bridé les militaires placés sous son contrôle et s'il les avait utilisés comme une force stabilisatrice au lieu d'en faire un instrument de mort lâché sur les victimes[1338] ».

737. Au vu de cette disposition, la Chambre considère que l'implication de l'accusé dans les massacres mérite les sanctions les plus sévères, car il a agi en tant que supérieur hiérarchique. Ce qui constitue en l'espèce une circonstance aggravante qui « *l'emporte très largement sur les éventuels facteurs atténuants à tenir en considération*[1339] ». Les mêmes conclusions (pour abus d'autorité ou de confiance[1340]) ont été retenues dans l'affaire *Kambanda*, Premier ministre du gouvernement rwandais au moment du génocide. Malgré la coopération qu'il a fournie au Procureur, l'accusé a été condamné à une peine d'emprisonnement à vie. Les juges estimaient que *Kambanda* avait

---

[1336] Affaire *Kambanda*, jugement portant condamnation, *supra,* note 1312, § 29 ; sur la même question, cf. affaire *Ndahimana*, jugement portant condamnation, *supra,* note 1290, §§ 860-861,

[1337] Jugement *Akayesu,* Décision relative à la condamnation, *supra*, note 1307, §§ 41-45.

[1338] *Le Procureur c/ Théoneste Bagosora*, Chambre de première instance I, affaire n° ICTR-98-41-T, jugement portant condamnation, 18 décembre 2008, §§ 2265-2267.

[1339] *Idem*, § 2275.

[1340] Sur ce point, cf. également la jurisprudence du TPIY : jugement *Mucic et consorts*, Chambre de première instance, affaire n° IT-96-21-T, 16 novembre 1998, §§ 1220, 1248 et 1268 ; jugement *Krnojelac,* Chambre de première instance II, cas n° IT-97-25-T, 15 mars 2002, § 514 ; jugement *Halilović,* Chambre de première instance, affaire n° IT-01-48-T, 16 novembre 2005, §§ 42 et 100.

« personnellement participé au génocide en distribuant des armes, en prononçant des discours incendiaires et en présidant d'autres réunions au cours desquelles les massacres ont été planifiés et débattus. Il a failli à l'obligation qui lui était faite de prendre toutes les mesures nécessaires et raisonnables pour empêcher ses subordonnées de commettre des crimes contre la population[1341] *... »*

738. En revanche, il n'est pas exclu que les juges tiennent compte d'autres facteurs pouvant justifier une diminution de la peine, malgré la gravité des faits reprochés à un accusé. L'affaire *Ndahimana* en est un exemple illustratif[1342]. Par ailleurs, d'autres faits tels que les remords sincères pour les victimes ainsi que l'aveu de culpabilité ont été admis comme circonstances atténuantes, même si les juges ont tenu à préciser que la diminution de la peine n'enlève rien à la gravité du crime[1343]. Cette approche est également confortée par les juges du TPIY qui estimaient qu'on ne saurait accorder trop d'importance aux éléments propres à la situation personnelle du condamné, à partir du moment où une affaire présente un certain niveau de gravité[1344]. Sur ce point, il est sans doute important de rappeler que, si la nature des circonstances atténuantes est une question de droit, l'évaluation ou l'équilibre à leur accorder dans la réduction de la sentence est une question de fait qui relève du pouvoir souverain d'appréciation des juges.

739. Certes, les parties ne peuvent indéfiniment remettre en cause un jugement, même lorsqu'elles n'en sont pas satisfaites. Cela est d'autant plus vrai lorsqu'il s'agit de décisions prononcées par les instances judiciaires les plus élevées. La qualification des juges qui y siègent devrait assurer la primauté du droit. De même, leurs décisions devraient bénéficier d'une autorité considérable et ne pas pouvoir être contredites devant une autre instance.

740. Au-delà de ces considérations générales, il est néanmoins difficile de s'éloigner des principes et garanties des droits de l'homme selon lesquels, « *toute personne déclarée coupable a le droit de faire examiner par une juridiction supérieure la déclaration de culpabilité et la condamnation, conformément à la loi*[1345] ». Cette garantie a été reprise et étayée par les Statuts et Règlements des Tribunaux du Rwanda et de l'ex-Yougoslavie. Afin d'éviter

---

[1341] *Le Procueur c/ Jean Kambanda,* jugement portant condamnation, *supra,* note 1312, § 44. Sur la même question, cf. affaire *Kayishema,* Chambre de première instance II, jugement et sentence, affaire n° ICTR-95-1, 21 mai 1999, §§ 5 et 7.

[1342] Il est condamné à une peine de quinze ans d'emprisonnement pour sa bonne moralité, l'absence d'antécédents judiciaires et son degré de coopération avec le Procureur. Cf. affaire *Ndahimana,* jugement portant condamnation, *supra,* note 1290, §§ 860-861. Sur la même question, cf. TPIY, affaire *Tadić*, jugement relatif à la sentence, 14 juillet 1997, § 63.

[1343] Cf. jugement, *Le Procureur c/ Georges Ruggiu,* Chambre de première instance I, affaire n° ICTR-97-32-I, 1er juin 2000, §§ 53, 69 et 81 ; affaire *Kayishama, supra,* note 1341, § 22.

[1344] Cf. jugement *Furundzija,* Chambre première instance, affaire n° IT-95-17/1, 10 décembre 1998, § 284 ; art. 2 du Protocole n° 7 à la Convention européenne des droits de l'homme et art. 8, § 4 de la Convention américaine relative aux droits de l'homme.

[1345] Art. 14, § 5 du Pacte international relatif aux droits civils et politiques.

les injustices manifestes, y compris la condamnation d'innocents, deux types de recours sont prévus par les textes fondamentaux des deux Tribunaux *ad hoc.*

3) Les voies de recours : l'appel et la révision

741. La complexité des questions de fait et de droit justifie que les condamnés puissent exercer certains recours et que la décision de première instance soit sujette à un réexamen par une instance supérieure. Ainsi, le recours en appel peut constituer un remède efficace dans les cas où des erreurs déterminantes auraient été commises en première instance. Contrairement aux actes constitutifs des TMI de Nuremberg et Tokyo qui ne prévoyaient pas de double degré de juridiction, les accusés condamnés par les Tribunaux pénaux internationaux peuvent bénéficier d'un droit d'appel[1346] tant sur la condamnation que sur la peine[1347]. C'est le minimum qu'exigent les règles internationales en matière de procès équitable[1348]. Dans cette perspective, le Statut du Tribunal pour le Rwanda et celui de l'ex-Yougoslavie prévoient la possibilité de faire appel pour erreur de droit[1349] qui invalide la décision ou erreur de fait[1350] ayant entraîné un déni de justice[1351]. La constitution du dossier d'appel doit nécessairement respecter les conditions fixées par les Règlements des Tribunaux *ad hoc.* Quant au délai pour interjeter appel, il est fixé à trente jours suivant la réception du jugement complet et du prononcé de la peine[1352].

742. Par ailleurs, la partie qui allègue une **erreur de droit** doit expliquer en quoi l'erreur invalide la décision. L'instance d'appel vérifie, dans un premier temps, si le jugement de première instance repose sur une décision erronée en

---

[1346] Sur ce point, l'article 12, § 2 du Statut du TPIR dispose que « la Chambre d'appel pour le TPIY servira également de Chambre d'appel pour le TPIR ». Dès lors, il n'existe pas une grande différence entre les deux Tribunaux au niveau de la procédure d'appel.

[1347] Par ailleurs, le droit d'appel est également reconnu à l'organe de poursuite (le Procureur), mais s'avère plus problématique, car il soulève inévitablement la question du réexamen d'un acquittement. Pour une étude approfondie, cf. LA ROSA Anne-Marie, *op. cit.,* p. 224 et s.

[1348] Cf. art. 14, § 5 du Pacte international relatif aux droits civils et politiques.

[1349] Le droit international pénal tout comme les systèmes juridiques nationaux appliquent le principe général selon lequel « nul n'est censé ignorer la loi ». Toutefois, il existe des cas où une erreur de droit peut être un motif d'exonération de la responsabilité si elle fait disparaître l'élément psychologique du crime (art. 32 Statut CPI).

[1350] En droit international, l'erreur de fait peut être considérée comme un motif d'exonération de la responsabilité pénale, lorsqu'elle fait disparaître l'élément intentionnel du crime (art. 32 alinéa 1 Statut CPI).

[1351] Cf. art. 24 Statut TPIR et art. 25 Statut TPIY. Contrairement aux juridictions internes, les condamnés ne peuvent faire opposition sur les décisions prononcées par les Tribunaux du Rwanda et de l'ex-Yougoslavie puisque le jugement par contumace est exclu du Statut des deux Tribunaux.

[1352] Art. 108 Règlement du TPIR.

droit[1353]. Si cela s'avère être le cas, elle doit, dans un second temps, vérifier l'importance de l'erreur[1354]. Ces deux conditions doivent en principe être remplies pour que l'appel puisse être recevable[1355]. Toutefois, la Chambre d'appel pourra exceptionnellement examiner une question de droit soulevée par une partie si elle n'invalide pas la décision rendue en première instance, à condition qu'elle présente un intérêt général pour la jurisprudence du Tribunal[1356].

743. Quant aux motifs fondés sur une **erreur de fait**, les instances d'appel ne peuvent annuler les conclusions auxquelles sont parvenues les Chambres de première instance. Seuls les cas qui font clairement apparaître que les juges du fond ont largement excédé leur pouvoir discrétionnaire justifie une intervention de l'organe d'appel. C'est du reste l'approche privilégiée par les Tribunaux pénaux internationaux lorsqu'ils se prononcent sur des questions liées à l'inadéquation de la peine. Par exemple, dans l'affaire *Tadić*, la Chambre d'appel du TPIY a considéré que l'erreur de fait ne peut se produire que lorsque la première instance aboutit à des conclusions auxquelles « *aucune personne douée d'une capacité normale de raisonnement ne saurait parvenir*[1357] ».

744. La Chambre d'appel du TPIR est arrivée aux mêmes conclusions dans l'arrêt *Ndahimana*, lorsque l'accusé soutient dans l'un de ses motifs d'appel que les circonstances atténuantes n'ont pas été évaluées à leur juste mesure[1358]. Cela étant, le rôle des juges d'appel se limite au contrôle de la légalité de la peine ou à la révision d'erreurs graves qui rendent la sanction injustifiée. Ils doivent dès lors éviter de modifier les conclusions factuelles des Chambres de première instance[1359]. Celles-ci ayant entendu les témoignages, elles sont mieux placées pour évaluer la preuve et rendre la décision la plus juste possible[1360]. Pour cela, la Chambre d'appel exige de la partie requérante de démontrer minutieusement les erreurs qui auraient probablement affecté la décision de première instance, en « *donnant les références claires et précises des dispositions du Statut, du Règlement, de la jurisprudence et/ou de toute*

[1353] La Chambre d'appel est composée de cinq juges dont aucun ne doit avoir eu à connaître de l'affaire en première instance (art. 15 Règlement du TPIR).

[1354] LA ROSA Anne-Marie, *op. cit.*, p. 28.

[1355] Pour une étude détaillée sur la procédure d'appel devant le TPIR, cf. MÉGRET Fréderic, *op. cit.*, p. 156 et s. ; LA ROSA Anne-Marie, *op. cit.*, p. 215 et s.

[1356] Arrêt Chambre d'appel, *Le Procureur c/ Ferdinand Nahimana et autres*, affaire n° ICTR-99-52-A, 28 novembre 2007, § 12.

[1357] Arrêt *Tadić*, Chambre d'appel, affaire n° IT-94-1-A, 15 juillet 1999, § 64. L'accusé a été condamné à une peine de vingt ans d'emprisonnement.

[1358] Chambre d'appel, *Le Procureur c/ Clément Kayishama et Obed Ruzindana*, affaire n° ICTR-95-1-A, motif de l'arrêt, 1er juin 2001, § 129.

[1359] À titre d'exemple, cf. arrêt *Musema*, Chambre d'appel, affaire n° ICTR-96-13-A, 16 novembre 2001, § 18.

[1360] Affaire *Aleksovski*, TPIY, arrêt Chambre d'appel du 24 mars 2000, affaire n°IT-95-14/1-A, § 63.

autre source de droit qu'il invoque[1361] ». C'est sans doute la raison pour laquelle, devant le TPIR, la défense a subi de cuisants échecs pour avoir développé des moyens d'appel pléthoriques et parfois non fondés. Cela ne signifie pas pour autant que les garanties d'une procédure équitable, en termes notamment d'indépendance, d'impartialité et d'objectivité, soient remises en cause.

745. Tout comme leurs homologues siégeant en première instance, les juges de la Chambre d'appel sont garants avant tout du caractère équitable de la procédure et de l'application effective de la présomption d'innocence. À ce titre, le Règlement des Tribunaux *ad hoc* prévoit la possibilité pour la partie requérante de présenter devant la Chambre d'appel, des moyens de preuve supplémentaires dont elle ne disposait pas au moment du procès de première instance[1362]. En tout état de cause, de nombreuses possibilités existent à cet égard et autorisent la juridiction d'appel à demeurer saisie ou renvoyer l'affaire en première instance[1363].

746. Outre cette alternative, les Statuts et Règlements des Tribunaux internationaux prévoient une autre voie de recours qui permet de mettre en cause des jugements définitifs. Il s'agit de la révision. La nécessité de prévoir un tel recours n'a jamais été remise en cause lors des discussions qui ont précédé la mise en place du TPIR ou du TPIY. C'est surtout l'identification des personnes pouvant y recourir ou les motifs justifiant la révision qui retiennent plus l'attention. Ainsi, comme l'énonce l'article 25 du Statut du TPIR, « *s'il est découvert un fait nouveau qui n'était pas connu au moment du procès de première instance ou en appel et qui aurait peut-être un élément décisif de la décision, le condamné ou le Procureur peut saisir le Tribunal international pour le Rwanda*[1364] ».

747. Le droit de demander la révision d'un jugement appartient donc au condamné ou au Procureur[1365]. Compte tenu du caractère exceptionnel de cette procédure[1366], les motifs justifiant le recours en révision sont généralement plus limités que ceux qui sous-tendent l'appel. Ce faisant, les Statuts et Règlements des TPI ne retiennent que l'hypothèse de la découverte d'un fait nouveau pour justifier un recours en révision[1367].

En d'autres termes, le fait nouveau doit avoir existé au moment du procès mais n'avoir été découvert par la partie intéressée qu'après le prononcé du

---

[1361] Chambre d'appel, *Georges Rutaganda c/ Le Procureur*, ordonnance de clarification et portant calendrier, affaire n° ICTR -96-3-A, 26 avril 2002.

[1362] Cf. art. 115 (A) RPP du TPIR et du TPIY.

[1363] Cf. art. 118 (c), RPP du TPIR.

[1364] Il s'agit de la même disposition que l'article 26 du Statut du TPIY.

[1365] Mais à la différence de la CPI, son statut étend la possibilité d'un recours en révision aux représentants de la personne reconnue coupable, en cas de décès de l'accusé (art. 84 Statut CPI).

[1366] Elle est limitée à quelques rares cas d'erreurs judiciaires et ne peut intervenir qu'en dernier ressort.

[1367] C'est d'ailleurs le motif le plus souvent allégué par les parties qui en font la demande. Cf. art. 25 Statut TPIR et 120-123 du RPP (mêmes dispositions que l'art 26 Statut du TPIY et art 119-122 du Règlement) ; art. 84 Statut de la CPI et règles 159-161 de la Cour.

jugement définitif. Par ailleurs, il ne suffit pas que le fait soit nouveau et que la partie qui demande la révision ait démontré toute la diligence dont elle a fait preuve. Il importe également de vérifier que le fait, s'il avait été établi lors du procès, aurait probablement entraîné un verdict différent. Dans ce cas de figure, avant de décider de la révision du jugement, la même Chambre qui a statué sur l'affaire effectuera un examen préliminaire de la demande[1368]. Si la majorité des juges retiennent que le fait nouveau aurait pu être « *un élément décisif de la décision*[1369] », la Chambre pourra ordonner la révision. Dans le cas contraire, la demande sera rejetée.

748. Invoquées de manière plus fréquente devant les tribunaux administratifs d'organisations internationales, les demandes en révision n'aboutissent que rarement à une modification de la décision initiale[1370]. Le même constat a été fait concernant les décisions rendues par le TPIR. À notre connaissance, sur l'ensemble des affaires jugées par le Tribunal, seules quatre demandes en révision ont été formulées par les condamnés et aucune n'a abouti[1371]. Dans la pratique, la procédure de révision a été utilisée à mauvais escient par les condamnés, précisément en dehors du cadre des principes reconnus par le Statut et le Règlement du Tribunal.

749. Selon une jurisprudence bien établie, « *seul un jugement définitif ou une décision relative à un appel interlocutoire qui met fin à une procédure peut être révisé*[1372] ». De même, la Chambre d'appel du TPIR a rappelé qu'« *un nouvel élément de preuve ne constituerait pas un motif suffisant pour une révision*[1373] ». Cependant, cette même Chambre a effectué un revirement spectaculaire lorsqu'elle a été saisie d'une demande de révision par le procureur dans l'affaire *Barayagwisa*. L'arrêt dont il demandait la révision a été rendu le 3 novembre 1999. Par cette décision, il était fait droit au recours intenté par *Jean Bosco Barayagwiza* contestant la légalité de son arrestation et de sa détention. La Chambre d'appel avait ordonné la remise en liberté immédiate de l'accusé, considérant que son droit à être informé sans délai des charges retenues contre lui avait été violé. Puis, à la demande du Procureur, la Chambre est revenue sur sa position en prononçant quatre mois plus tard un arrêt[1374] qui certes confirmait la violation des droits de l'accusé (appelant), mais rejetait sa demande de mise en liberté. Dans sa décision, la Chambre

---

[1368] ASCENSIO Hervé et al, *Droit international pénal*, 2e éd., *op. cit.*, p. 982.
[1369] Art. 25 Statut du TPIR.
[1370] LA ROSA Anne-Marie, *op. cit.*, p. 237.
[1371] Cf. *infra*, note 1372.
[1372] Chambre d'appel, *Pauline Nyiramasuhuko c/ Le Procueur*, Arrêt requête en révision, affaire n° ICTR-97-21-AR72, 16 juin 2000 ; *Laurent Semanza c/ Le Procureur,* arrêt requête de la décision de la Chambre d'appel du 31 mai 2000, affaire n° ICTR-97-20-A, 4 mai 2001 ; *Joseph Kanyabashi c/ Le Procureur*, arrêt (requête en révision ou réexamen), Chambre d'appel, affaire n° ICTR 96-15-AR 72, 12 septembre 2000.
[1373] *Ibid,* arrêt Semanza.
[1374] Chambre d'appel, arrêt *Jean-Bosco Barayagwiza c/ Le Procureur* (demande du Procureur en révision ou réexamen), affaire n° ICTR-97-19-AR72, 31 mars 2000.

d'appel a admis des « faits nouveaux » qui justifiaient selon elle la révision du premier arrêt.

750. Or, ces faits nouveaux portaient sur des questions qui avaient été déjà débattues dans le précédent arrêt. De même, ces faits étaient connus de la partie intéressée (le Procureur). Il avait simplement omis de les faire valoir. Cela étant, l'arrêt de la Chambre d'appel du 31 mars 2000 soulève deux questions controversées en matière de recours en révision contre les décisions des Tribunaux pénaux internationaux. **La première** porte sur la distinction entre l'émergence d'un fait authentiquement nouveau et la simple apparition de preuves additionnelles pour corroborer un fait déjà existant. La Chambre d'appel du TPIY a tenté de clarifier cette question dans l'affaire *Tadić* en considérant :

> « [...] Lorsqu'un demandeur souhaite présenter un fait nouveau qui n'a été découvert qu'après le procès, malgré toutes les diligences effectuées durant celui-ci pour le découvrir, l'article applicable est l'article 119. Dans ce cas, l'appelant ne demande pas l'admission d'éléments de preuve supplémentaire concernant un fait examiné lors du procès, mais celle d'un fait nouveau. C'est à la Chambre de première instance qui a rendu le jugement définitif qu'il revient d'étudier une demande en révision, c'est donc à celle-ci qu'il conviendrait d'adresser la demande. Dans pareil cas, la Chambre de première instance a pour tâche de réviser les jugements et de décider si le fait nouveau, s'il avait été avéré, aurait pu constituer un élément décisif [1375]. »

751. En poursuivant toujours son argumentation, la Chambre a déclaré qu'« il existe une distinction entre un fait et la preuve de ce fait ». Dès lors, « la simple découverte *a posteriori* de la preuve d'un fait connu au moment du procès ne constitue pas en soi un fait nouveau au sens de l'article 119 du Règlement[1376] ». Cette approche qui semble pourtant très pertinente n'a toutefois pas été reprise par le TPIR dans l'affaire *Barayagwiza*. Bien que les « faits nouveaux » soient connus par le Procureur, la Chambre d'appel a néanmoins décidé de les admettre. Par conséquent, elle n'a pas respecté les conditions identifiées de manière constante par les juridictions pénales internationales, en matière de révision des jugements. La Chambre a justifié sa position en prétendant que « *vouloir rejeter les faits présentés par le Procureur, compte tenu de leur influence sur l'arrêt, reviendrait tout simplement à détourner le regard de la réalité*[1377] ». Un tel revirement lui a valu de vives critiques, particulièrement du professeur William Schabas. Celui-ci estimait que la Chambre d'appel aurait considéré comme « faits

---

[1375] *Le Procureur c/ Duško Tadić,* Chambre d'appel, décision relative à la requête de l'appelant aux fins de prorogation de délai et d'admission de moyens de preuve supplémentaire, 15 octobre 1998, § 30.

[1376] *Ibid.*

[1377] *Ibid,* § 69.

nouveaux » des éléments de preuve qu'« *aucune juridiction pénale digne de ce nom n'admettrait*[1378] ».

752. Par ailleurs, **la seconde** question que soulève l'affaire *Barayagwiza* est celle de la révision d'une sentence d'acquittement. En principe, le recours en révision ne peut être exercé qu'au bénéfice de toute personne reconnue coupable d'un crime ou d'un délit et jamais au détriment d'une personne innocentée par la justice[1379]. Alors que dans sa requête adressée à la Chambre d'appel, le Procureur estimait que « *si la révision d'une décision n'était possible qu'après une condamnation, aucune injustice découlant d'un acquittement injustifié ne pourrait être corrigée*[1380] ». Un tel recours est d'ailleurs autorisé par le Règlement du TPIR, même si la Commission du droit international avait, dès 1994, proposé d'exclure la possibilité d'une révision d'un acquittement. À cet égard, la Commission considérait qu'en cas de poursuites dûment engagées, ce serait une violation du principe *non bis in idem* que d'autoriser la révision d'un acquittement au motif que des faits nouveaux sont découverts[1381]. C'est sans doute la raison pour laquelle le Statut de la CPI ne prévoit pas la possibilité d'une demande de révision qu'en cas de condamnation (art. 84). Cela étant, un jugement ayant acquis force de chose jugée, en raison de l'absence d'un droit d'appel[1382], de l'expiration du délai d'appel ou de l'épuisement des voies de recours est censé refléter la vérité et doit faire l'objet d'une exécution. Toutefois, quelle que soit la nature de la sanction prononcée, les juges sont tenus de déduire de la durée totale de la peine le temps que l'accusé a déjà passé en détention préventive[1383], avant de fixer les conditions d'exécution de la sentence.

C. L'exécution de la sentence

753. La question de l'exécution des peines prononcées par les juridictions pénales internationales est un élément essentiel que l'on pourrait qualifier

---

[1378] À ce sujet, cf. SCHABAS William, « International Decisions. Barayagwisa v. Procureur », *AJIL*, vol. 94, n° 3, 2000, p. 571.

[1379] Toutefois, les condamnations déjà effacées par une amnistie peuvent, en vertu de dispositions spéciales des lois d'amnistie, faire l'objet d'une révision. Cf. art. 622, alinéa 1 du Code de procédure pénale français dont les dispositions sont quasiment similaires à celles de l'article 180 du CPP rwandais.

[1380] Arrêt *Jean-Bosco Barayagwiza c/ Le Procureur*, *supra*, note 1374, § 46.

[1381] Cf. Projet de Statut de 1994 de la Commission de droit international, in *Annuaire C.D.I*, 1994, vol. II, 2e partie, p. 139.

[1382] C'est le cas de la CIJ dont le Statut (art. 60) prévoit explicitement que les arrêts sont définitifs et sans recours. Néanmoins, la révision de l'arrêt peut être demandée en cas de découverte de faits nouveaux (art. 61 Statut de la Cour).

[1383] Cf. art. 101 Règlement du TPIR et du TPIY. Dans le même sens, cf. *Le Procureur c/ G. Ruggiu*, affaire n° ICTR -97-32-I, Chambre de première instance I, jugement portant condamnation, 23 novembre 2009, § 81.

d'épine dorsale de la justice pénale internationale[1384]. En l'absence d'un lieu de détention pour les condamnés[1385], le débat interne aux Tribunaux *ad hoc* a longtemps porté sur la nécessité de trouver des États acceptant de faire exécuter les sentences prononcées. Comme l'a rappelé Hans Holthuis, ancien Greffier du TPIY, « *pour que le Tribunal mène à bien sa mission et qu'il soit suffisamment crédible, il est capital que les peines qu'il prononce soient exécutées comme il se doit dans un environnement carcéral sûr, où les condamnés sont détenus dans le respect des normes relatives aux droits de l'homme et aux conditions de détention*[1386] ». Une telle solution serait difficilement réalisable sans la volonté des États de coopérer avec les Tribunaux pénaux internationaux, afin d'accueillir les condamnés. Pour faciliter cette coopération, il a été introduit le principe d'un accord relatif à l'exécution des peines, signé entre les TPI et les pays acceptant de faire exécuter les peines prononcées[1387].

754. L'accord des États est régi par le principe du double consentement : ils doivent d'abord faire part de leur disposition générale à accueillir les accusés puis, à la suite du prononcé d'une sentence donnée, ils doivent consentir spécialement au transfert du condamné[1388]. Sur ce point, l'article 26 du Statut du TPIR prévoit que les peines d'emprisonnement prononcées par le Tribunal seront exécutées au Rwanda ou dans un État désigné sur la liste des pays qui sont disposés à recevoir des condamnés[1389]. Par principe, le Rwanda n'est pas exclu de la liste des États où les peines peuvent être purgées, à la différence de l'ex-Yougoslavie[1390]. En cela, l'exécution des peines de prison prononcées par les Tribunaux *ad hoc* diffère largement de celle des Tribunaux militaires internationaux, car les condamnés de Nuremberg et Tokyo furent incarcérés dans les deux États vaincus, l'Allemagne et le Japon.

[1384] PLÉNET Evelise, *Vers la création d'une prison internationale : l'exécution des peines prononcées par les juridictions pénales internationales,* L'Harmattan, 2010, p. 57.

[1385] Le TPIR dispose d'un établissement pénitentiaire construit par l'ONU à Arusha. Mais il ne s'agit là que d'un établissement pour la détention préventive.

[1386] PLÉNET Evelise, *op. cit.,* p. 57.

[1387] La rédaction de l'accord a été réalisée dans un souci d'organisation des compétences et des obligations incombant au Tribunal et à l'État d'accueil en vue de l'exécution des peines. PLÉNET Evelise, *idem,* p. 156.

[1388] DE FROUVILLE Olivier, *op. cit.,* p. 481.

[1389] Cette solution semble avoir été retenue pour des raisons liées notamment à la surpopulation carcérale au Rwanda et du fait que la sécurité des accusés ne pourrait y être assurée. MÉGRET Fréderic, *op. cit.,* p. 232. Par ailleurs, le TPIR a passé des accords avec quatre pays africains, dont le Bénin (26 août 1999), le Mali (12 février 1999), le Swaziland (30 août 2000), le Rwanda (4 mars 2008) et le Sénégal (22 novembre 2010). Les mêmes types d'accords ont été signés avec trois pays d'Europe, dont la France (14 mars 2003), l'Italie (17 mars 2004) et la Suède (21 avril 2004).

[1390] Cette situation se justifie par *la nature des crimes considérés et le caractère international du Tribunal*, d'après le rapport du Secrétaire des Nations Unies du 3 mai 1993 (para. 2) établi conformément à la résolution 808 (1993) du Conseil de Sécurité, S/25704, 3 mai 1993. Mais depuis la modification du Règlement du TPIY en 2002, le Tribunal a autorisé le renvoi d'actes d'accusation devant les juridictions nationales afin de désengorger les Chambres. Dans la même perspective, les condamnés purgeront leur peine sur leur territoire national.

755. À l'inverse, les textes fondamentaux des TPI (Statut, Règlement et directives pratiques) traitent essentiellement des principales règles régissant l'exécution des peines. Selon la procédure mise en place, lorsqu'une peine est définitivement prononcée, le greffier commence par établir une liste des États qui ont accepté de recevoir des condamnés pour purger leur peine. Ensuite, le Président du Tribunal prend une décision en désignant le pays d'accueil[1391]. Bien que l'exécution de la sanction se déroule selon les règles nationales de l'État choisi, le Tribunal se réserve ainsi le droit de vérifier la bonne application de la sentence, notamment les conditions de détention de l'accusé[1392]. Dès lors, il ne pourra y avoir de grâce ni de libération conditionnelle sans autorisation préalable du Président du Tribunal, en consultation avec les juges, même si la législation nationale de l'État où le prévenu purge sa peine le prévoit[1393].

756. Toutefois, dans la pratique, un obstacle s'est posé avec les États d'accueil tel que l'Italie qui a opté pour un système dualiste. Dans la législation dudit pays, il est prévu que la peine d'emprisonnement internationale peut être convertie en une peine nationale. Sur ce point, l'article 176 du Code pénal italien prévoit la possibilité de libération anticipée si la moitié de la peine a été effectuée, à condition que le condamné ait été détenu pendant au moins trente mois et que la durée de la peine restant à purger n'excède pas cinq ans. L'article précise également que les condamnés « *doivent, par leur comportement pendant la détention, avoir donné l'assurance de leur repentir* ». C'est sur la base de cette législation que la justice italienne avait accordé à l'accusé George Ruggiu[1394] la libération anticipée en avril 2009, en violation de l'article 27 du Statut du TPIR[1395].

757. Étant donné que ni le Statut ni le Règlement ne traite explicitement de la libération conditionnelle[1396], le TPIY a eu l'occasion de se prononcer sur cette question dans plusieurs affaires. Ainsi, la Chambre d'appel a clairement rappelé que « *les conditions dans lesquelles une personne condamnée peut bénéficier d'une remise de peine, d'une libération anticipée ou d'une commutation de peine sont fixées par la législation de l'État dans lequel elle*

[1391] Cf. art. 26 Statut du TPIR, art. 27 Statut TPIY et art. 103 du Règlement des deux Tribunaux.

[1392] Cf. art. 104 commun aux RPP des Tribunaux *ad hoc* (TPIR et TPIY).

[1393] Cf. art. 27 Statut TPIR.

[1394] Le TPIR avait accepté en 2008 que Georges Ruggiu soit transféré dans une prison italienne, en vertu d'un accord sur l'exécution des peines signé entre les Nations Unies et l'Italie, tout comme d'autres pays. Arrêté en juillet 1997 et jugé, puis condamné à 12 ans d'emprisonnement en 2000, il avait déjà effectué au moins dix ans de sa peine après son transfert en Italie en février 2009.

[1395] Conformément aux dispositions de cet article, « *si le condamné peut bénéficier d'une grâce ou commutation de peine en vertu des lois de l'État dans lequel il est emprisonné, cet État en avise le Tribunal* ».

[1396] Cette question est régie par les articles 27 du Statut du TPIR et article 28 du Statut du TPIY ainsi que le Chapitre IX commun aux RPP des deux Tribunaux. Pour le TPIY, cf. Directive pratique sur *l'appréciation des demandes de grâce, de commutation de la peine et de libération anticipée des personnes condamnées et* par *l'accord type relatif à l'exécution des peines,* 7 avril 1999 (mise à jour le 1er septembre 2009). Document disponible sur http://www.icty.org

est incarcérée[1397] ». Toutefois, la Chambre « *émet le souhait que toutes les mesures de cette nature soient portées préalablement à la connaissance du Tribunal*[1398] ».

758. Outre ces mesures, les Chambres du Tribunal sont intervenues dans la détermination du régime de l'exécution des peines, et plus précisément sur la durée d'emprisonnement en instaurant des périodes de sûreté. Tel fut le cas dans l'affaire *Tadić* où la Chambre de première instance préconisait que « *sauf circonstances exceptionnelles, la sentence de Duško Tadić ne soit pas commuée ou réduite de quelque autre manière en une peine d'emprisonnement d'une durée inférieure à dix ans à compter de la date de ce jugement ou de la décision d'appel finale qui pourrait être rendue ultérieurement*[1399] ».

Néanmoins, le condamné a pu bénéficier d'une libération anticipée en juillet 2008, conformément aux critères généraux fixés par le Règlement[1400]. Ainsi, pour décider du bien-fondé des demandes de grâce, de commutation de la peine et de la libération anticipée, le Président du Tribunal international se fonde sur les différents critères tels que la gravité de l'infraction commise, la volonté de réinsertion du condamné ainsi que le sérieux et l'étendue de la coopération fournie par l'accusé au Procureur[1401].

759. Au regard de ces critères, le président du TPIY s'est favorablement prononcé sur la libération anticipée d'une trentaine d'accusés condamnés pour leur implication dans les massacres en ex-Yougoslavie[1402]. À l'inverse, le TPIR a systématiquement rejeté les demandes de remise en liberté [1403] depuis la création du Tribunal en 1994. Il a fallu attendre octobre 2011 pour qu'un premier condamné bénéficie d'une libération anticipée. Dans sa décision, l'ancienne présidente du TPIR (Mme la juge Khalida Rachid Khan) s'est surtout fondée sur la jurisprudence du TPIY où les condamnés sont libérés après exécution des deux tiers de leur peine[1404]. Ce faisant, les aveux, les

---

[1397] *Le Procureur c/ Milomir Stakic*, arrêt Chambre d'appel, affaire n° IT-97-24-A, 22 mars 2006, § 392.

[1398] Cf. affaire *Erdemovic*, Chambre I, jugement portant condamnation, 29 novembre 1996, § 73 (3).

[1399] *Le Procureur c/ Duško Tadić,* Chambre de première instance, jugement relatif à la sentence, 14 juillet 1997, § 76.

[1400] Cf. art. 125 Règlement du TPIY et 126 du Règlement du TPIR.

[1401] *Ibid.*

[1402] Pour plus d'information sur la liste des condamnés ayant bénéficié d'une libération anticipée, cf. DE FROUVILLE Olivier, *op. cit.*, p. 485.

[1403] Le Président du Tribunal a motivé sa décision par la gravité des crimes dont était poursuivi Omar Serushago (condamné à 15 ans de prison), l'Italo-Belge Georges Ruggiu, seul européen jugé par le TPIR (condamné à 12 ans de prison) et Vincent Rutaganira (condamné à 6 ans de prison). Sur cette dernière affaire, la Chambre d'appel du TPIR avait précisé qu'en cas de refus pour une demande de grâce, de commutation de peine ou de libération anticipée, les décisions du Président du Tribunal relevaient de son pouvoir discrétionnaire et ne pouvaient faire l'objet d'un appel. Cf. affaire Rutaganira, decision on Appeal of the Decision of the President on Early Release, 24 August 2006.

[1404] *Le Procureur c/ Miroslav Tadić,* affaire n° IT-95-9-T, Décision du Président relative à la demande de grâce ou de commutation de peine de Miroslav *Tadić*, 24 juin 2004.

remords ainsi que le bon comportement attesté par l'administration pénitentiaire suédoise ont joué en faveur d'un accusé du TPIR[1405]. S'en sont suivies deux autres décisions dans lesquelles le TPIR a ordonné la libération d'un ancien maire, Juvénal Rugambara, et d'un lieutenant-colonel, Tharcisse Muvunyi, condamnés respectivement à des peines de 11 et 15 ans de réclusion[1406].

760. Enfin, dans un souci d'harmonisation avec la pratique du TPIY où les condamnés sont éligibles à la remise en liberté anticipée au terme des deux tiers de leur peine, le président du Mécanisme pour les Tribunaux pénaux internationaux (MTPI)[1407] a accordé en décembre 2012 la libération anticipée à deux condamnés du TPIR détenus au Mali. Ainsi, dans sa décision le juge Meron a conclu que les condamnés du TPIR et du TPIY « *devraient être considérés comme éligibles après avoir terminé les deux tiers de leur peine, indépendamment du tribunal qui les a condamnés*[1408] ». Il souligne toutefois que cette condition n'est pas suffisante pour accorder la libération anticipée à tout condamné qui en fait la demande. Même si le TPIR semble assouplir sa position sur les remises de peine, il n'en demeure pas moins que la plupart des juges émettent des réserves sur les demandes de libération anticipée.

761. En somme, il est à préciser que le prononcé définitif des jugements ne met pas fin à la tâche des juridictions internationales *ad hoc*, qu'il s'agisse du TPIR ou du TPIY. La nature du régime d'exécution des peines et sa mise en œuvre permettent de légitimer et d'apporter une crédibilité aux missions qui leur sont confiées. C'est dans ce cadre que lesdits Tribunaux entamèrent la pratique de conclure des accords bilatéraux avec les États susceptibles d'accueillir des condamnés pour faire exécuter leur peine. Dans un souci de préserver l'exercice de la souveraineté, ces derniers sont soumis au régime carcéral du pays d'accueil. Néanmoins, l'exécution de la sentence doit se faire en conformité avec les normes internationales relatives à l'emprisonnement tel que celles-ci sont inscrites dans les accords susvisés. Partant de ce postulat, on peut considérer que le régime juridique de l'exécution des peines se traduit par la mise en place d'un régime mixte combinant droit national procédant des

---

1405 Il s'agit de Michel Bagaragaza, condamné à huit ans de prison en novembre 2009 pour complicité de génocide. Il était détenu en Suède en juillet 2010. Pour plus de détails, http://www.hirondelle.org

1406 Dans une décision datée du 8 février 2012, la présidente du Tribunal a fait valoir les mêmes arguments (aveux et repentir) dans la libération de *Bagaragaza*, pour donner une suite favorable à la demande de remise en liberté de *Rugambarara*. Ce dernier a été condamné à 11 ans de réclusion pour crime contre l'humanité. Mais contrairement au deuxième condamné Tharcisse Muvunyi (qui n'avait pas plaidé coupable), dans une décision rendue par le Président du Tribunal (juge Vagn Joensen) le 6 mars 2012, celui-ci estimait que « la libération anticipée est maintenant appropriée puisque trois quarts de la peine infligée à Muvunyi ont été exécutés ». Consulter http://www.hirondelle.org

1407 Ce mécanisme a été créé par le Conseil de sécurité le 22 décembre 2010 pour mener à bien les travaux du TPIR et du TPIY, à l'heure où ces institutions approchent de la fin de leur mandat respectif. Pour plus d'informations, consulter http://unmict.org/index_fr.html

1408 Pour plus de précision, http://www.hirondelle.org

États signataires et droit international émanant des Tribunaux pénaux internationaux.

762. La règle principale est que la sanction soit exécutée conformément aux droits et procédures de l'État d'accueil ; à condition que l'exécution de la sentence soit soumise au contrôle des autorités du Tribunal. L'exercice de ce droit de regard semble problématique, car il crée une forme de dualité entre droit national et droit international[1409]. En d'autres termes, les conflits entre lois nationales des États d'accueil et les principes posés par les Tribunaux pénaux internationaux sont inévitables, notamment dans le domaine de la remise des peines. C'est la question de la suprématie du droit international sur les législations internes qui se pose. Dès lors, un compromis ou un équilibre s'impose entre les deux ordres juridiques, afin d'assurer l'effectivité de l'exécution des sentences prononcées par les juridictions internationales pénales.

[1409] Comme l'a rappelé le Professeur Robert Roth, « le problème n'est pas nouveau et se pose depuis que sont mises en œuvre les procédures de transfèrement de prisonnier, qui leur permettent de purger leur peine dans un environnement qui leur est familier [...] ». HENZELIN Marc et ROTH Robert, *Le droit pénal à l'épreuve de l'internationalisation,* Bruylant, 2002, p. 350.

CONCLUSION DU CHAPITRE 1er

763. Près de cinquante ans après la Seconde Guerre mondiale, une justice exercée par des Tribunaux militaires créés par quelques États vainqueurs a fait place à deux juridictions spécifiques (TPIR et TPIY), instituées par l'organe exécutif des Nations Unies. Confronté aux massacres qui se sont déroulés du 6 avril au 17 juillet 1994 au Rwanda, le Conseil de sécurité ne pouvait manquer de réagir, comme ce fut le cas avec les atrocités perpétrées en ex-Yougoslavie. La question se posait pourtant de savoir s'il fallait étendre la compétence du TPIY au Rwanda ou créer un nouveau Tribunal. Finalement, la seconde solution fut retenue.

764. Malgré la nature différente des deux conflits, le TPIY a servi comme organe transitoire pour l'établissement matériel du Tribunal pour le Rwanda. Pour autant, ce rapprochement n'exclut pas des différences entre les deux juridictions. Certes, les juges du TPIR se sont souvent inspirés de la jurisprudence du TPIY. Mais les deux juridictions ont eu à évoluer dans des contextes géopolitiques tout à fait opposés. Ce faisant, le TPIR doit être analysé comme une juridiction autonome qui, du point de vue substantiel, marque une étape importante dans l'évolution du droit international pénal et humanitaire.

CHAPITRE II

LA CONTRIBUTION DU TPIR AU DÉVELOPPEMENT DU DROIT INTERNATIONAL PÉNAL ET HUMANITAIRE

765. Malgré leur légitimité controversée, les Tribunaux militaires de Nuremberg et de Tokyo ont incontestablement tracé les fondements du droit international pénal. C'est sur cette base que les Tribunaux pénaux *ad hoc* pour le Rwanda et l'ex-Yougoslavie ont construit un édifice impressionnant en consacrant de nouveaux concepts et définitions tout au long de leur jurisprudence[1410]. En outre, comme nous l'avons montré, les juges du TPIR se sont souvent inspirés des décisions du TPIY, compte tenu surtout du fait que les deux juridictions partagent la même Chambre d'appel. Mais la contribution du TPIR au développement du droit international ne se limite pas à sa capacité à légitimer ou à contester les raisonnements suivis par son homologue de La Haye.

766. Les multiples décisions rendues jusqu'ici ont donné l'occasion au TPIR de développer une jurisprudence innovante (**Section 1**) dans le domaine du droit international général, du droit international humanitaire, et surtout en matière de répression des crimes sexuels. Il est vrai que les juges des TPI *ad hoc* ne pouvaient s'inspirer de la pratique (peu instructive) des anciens Tribunaux militaires de Nuremberg et Tokyo. Ce faisant, l'efficacité du Règlement de procédure et de preuve et son adéquation aux impératifs de la justice pénale internationale ne pouvaient visiblement s'apprécier qu'au fur et à mesure de l'évolution du travail du Tribunal pénal *ad hoc* avec l'expérience concrète des procès. C'est dans ce contexte que le TPIR a pu construire progressivement une jurisprudence enrichissante en prenant en compte des

[1410] Au-delà de leur apport juridique, l'expérience des deux tribunaux *ad hoc* a notamment permis de réactiver le vieux projet (qui paraissait irréalisable) de création d'une Cour criminelle internationale permanente. À ce propos, cf. BITTI Gilbert, « Les tribulations de la justice pénale internationale au 20e siècle : la création d'une Cour criminelle internationale permanente : affrontement ou conciliation des dogmes en procédures ? », in *Actes de la conférence internationale à l'occasion du 25e anniversaire de l'institut supérieur international de sciences criminelles,* Syracuse, Italie, 16-20 décembre 1997, Éditions Erès, Toulouse, 1998, pp. 395-442.

acquis majeurs obtenus en matière de droits de l'homme de ces cinquante dernières années. D'une manière générale, le recours aux arrêts des cours régionales de protection des droits de l'homme et à la jurisprudence du TPIY a permis au TPIR de favoriser la cohérence de la jurisprudence internationale (**Section 2**).

SECTION 1 - UNE JURISPRUDENCE INNOVANTE

767. Avec l'instauration des Tribunaux pénaux *ad hoc* pour l'ex-Yougoslavie et pour le Rwanda (ci-après les « TPI »), le Conseil de sécurité des Nations Unies a créé les premières instances judiciaires internationales habilitées à poursuivre et condamner le crime de génocide, même si leur compétence judiciaire est limitée dans le temps et dans l'espace. Mais le bilan des deux Tribunaux diffère largement. Si le conflit en ex-Yougoslavie n'a généré que quelques cas isolés de massacres génocidaires, la situation du Rwanda est de nature différente dans la mesure où un génocide a été perpétré, à grande échelle, envers une minorité ethnique (les Tutsi). Par conséquent, le TPIR a jugé plusieurs accusés pour génocide, devenant ainsi la première juridiction internationale à prononcer une condamnation pour ce type de crime (**§ 1**). Dans la même perspective, le Procureur du Tribunal s'est lancé dans des enquêtes et poursuites de grande envergure concernant les violences sexuelles perpétrées pendant le génocide. Les décisions prononcées ont largement contribué au développement de la justice internationale dans la lutte contre les violences à l'égard des femmes, en période de conflit armé ou en temps de guerre (**§ 2**). Il s'agit bien d'une volonté proclamée de mettre fin à l'impunité dont bénéficiaient traditionnellement les auteurs des crimes sexuels.

§ 1–Le TPIR, première juridiction internationale à prononcer une condamnation pour crime de génocide

768. Lors du procès des grands criminels de guerre nazis, l'accusation se servit à maintes reprises du terme de « génocide[1411] ». Pourtant, les atrocités commises durant la Seconde Guerre mondiale furent punies sous la qualification de crimes contre l'humanité et de crimes de guerre. Dans une résolution adoptée en 1946, l'Assemblée générale des Nations Unies avait toutefois considéré que le type de crime contre l'humanité relevant de la persécution ou génocide[1412] constituait un « *crime de droit des gens que le*

[1411] Cf. Jugement TMI de Nuremberg, *Procès des grands criminels de guerre devant le Tribunal militaire international* : Nuremberg, 14 novembre 1945 - 1er octobre 1946, édité à Nuremberg (1er janvier 1947), vol. I, pp. 43-44.

[1412] Même si le génocide est une forme de crime contre l'humanité, les normes concernant ces deux crimes diffèrent quant au bien juridique qu'elles protègent. Dans le cas du génocide c'est

monde civilisé condamne[1413] ». C'est à partir de cette période qu'ont été élaborés les standards de base qui finalement donneront lieu le 9 décembre 1948 à l'adoption de la Convention pour la prévention et la répression du crime de génocide (ci-après « la Convention de 1948[1414] »). Celle-ci définit de façon précise le génocide, puis en a fait un crime international appartenant au droit coutumier et au *jus cogens*[1415].

769. En d'autres termes, la Convention de 1948 s'adresse à tous les États et leur impose de prendre toutes les mesures adéquates pour punir les actes de génocide[1416]. À cet égard, elle prévoit deux régimes de responsabilité. Il s'agit d'une part de la responsabilité des États qui ont commis des actes de génocide ou omis de les prévenir ou punir. D'autre part, la Convention prévoit que la responsabilité pénale des individus qui commettent des actes de génocide peut être engagée et que ceux-ci peuvent être traduits devant des tribunaux nationaux ou internationaux.

770. Si d'un point de vue historique, l'incrimination du « génocide » *stricto sensu* n'a fait l'objet que de rares applications[1417], il n'y a eu en revanche aucune utilisation de la notion devant une juridiction internationale pénale[1418].

---

la notion de groupe qui est privilégiée. Or, dans le cas du crime contre l'humanité, on ne parle pas de personne physique en tant que telle. cf. MOREILLON Laurent et al, *Droit pénal humanitaire,* Bruylant, Bruxelles, 2006, p. 150.

[1413] Le 11 décembre 1946, l'Assemblée générale des Nations Unies a officiellement défini le génocide comme étant « *le refus du droit à l'existence de groupes humains entiers, de même que l'homicide est le refus du droit à l'existence à un individu ; un tel refus bouleverse la conscience humaine, inflige de grandes pertes à l'Humanité qui se trouve ainsi privée des apports culturels ou autres de ces groupes, et est contraire à la loi morale ainsi qu'à l'esprit et aux fins des Nations Unies...* ». Résolution AG 96 (I), http://www.un.org/fr/documents/garesolution.shtml

[1414] La Convention est entrée en vigueur le 12 janvier 1951 à la suite du dépôt du vingtième instrument de ratification.

[1415] En théorie juridique internationale, le *jus cogens* comprend une petite catégorie de normes fondamentales impérieuses, par lesquelles tous les États sont liés et auxquelles il ne peut être dérogé en aucune circonstance. Il est ainsi reconnu un caractère universel et impératif à certaines normes fondamentales du droit international. Aucune violation, quelle qu'elle soit, d'une norme de *jus cogens* ne saurait être justifiée. Pour une analyse approfondie, cf. HARHOFF Frederik, « La consécration de la notion de *jus cogens* dans la jurisprudence des tribunaux pénaux internationaux », in *Actualité de la jurisprudence pénale internationale : à l'heure de la mise en place de la Cour pénale internationale* (dir. TAVERNIER Paul), Bruylant, Bruxelles, 2004, p. 67 et s.

[1416] Les principes qui sont à la base de la Convention de 1948 ont été reconnus par la Cour internationale de justice (CIJ) comme liant les États, même en dehors de tout lien conventionnel.

[1417] Cf. par exemple affaire Pol Pot-Ieng Sary, anciens ministres du Cambodge, jugés et condamnées à mort par contumace pour « génocide », jugement du 19/08/1979, Doc officiel Nations Unies, AG/34/491 (20 septembre 1979). L'Assemblée générale des Nations Unies avait également qualifié d'« actes de génocide » le massacre massif de civils palestiniens dans les camps réfugiés de Sabra et Shatilla par des milices chrétiennes du 16 au 18 septembre 1982. Le bilan était estimé entre 700 et 800 morts (Assemblée générale des Nations Unies, 108e séance plénière, 16 décembre 1982, Rés. 37/123 D, *La situation au Moyen-Orient*, p. 46. Document consulté le 3 mai 2013 sur le site http://www.un.org/fr/ga/).

[1418] Il est vrai que la CIJ a été saisie de la question en 1993. Sur ce point, elle a rendu deux ordonnances qui traitent plus particulièrement du concept de génocide et deux arrêts sur sa compétence à juger de la question soumise devant elle. Cf. Affaire relative à l'application de la

En cela, le TPIR constitue la première instance judiciaire à prononcer une condamnation pour ce type de crime à l'encontre d'un ancien bourgmestre (Jean Paul Akayesu[1419]). Dans ce contexte, la Chambre de première instance a rappelé l'élément déterminant pour qu'un acte puisse être qualifié de génocide : l'auteur doit être animé d'une intention spécifique de détruire en tout ou en partie un groupe national, ethnique, racial ou religieux[1420]. Cependant, cette définition ne règle pas toutes les ambiguïtés qui entourent le concept de génocide telles que l'élément moral, c'est-à-dire « l'intention de détruire ». Comment évaluer un concept aussi abstrait ? Existe-t-il un seuil quantitatif nécessaire eu égard au « groupe sélectionné » pour que soit établi un génocide ? Comment identifier les groupes visés ?

771. À la lecture de la jurisprudence, le TPIR répond en partie à ces interrogations[1421]. C'est surtout dans l'interprétation des éléments constitutifs du crime de génocide (A) ainsi qu'aux infractions qui lui sont propres (B) que le Tribunal apporte des éléments de réponse et, par là même, innove. Quant au seuil quantitatif requis pour qu'un acte puisse être qualifié de génocide, de nombreuses ambiguïtés subsistent à ce jour. Si les juges du TPIR n'ont pas hésité à donner une réponse, la doctrine reste très divisée sur cette question.

---

convention pour la prévention et la répression du crime de génocide, *Bosnie-Herzégovine c/ Yougoslavie (Serbie et Monténégro)*, mesures conservatoires, ordonnance du 8 avril 1993, CIJ, Recueil 1993, pp. 1 et 8. Ensuite, cf. affaire relative à l'application de la convention pour la prévention et la répression du crime de génocide, *Bosnie-Herzégovine c/ Yougoslavie (Serbie et Monténégro,* nouvelles demandes en indication de mesures conservatoires, ordonnance du 13 septembre 1993, CIJ, Recueil 1993, p. 325 ; arrêt d'exceptions préliminaires du 11 juillet 1996 relatives à l'application de la Convention pour la prévention et la répression du crime de génocide, *Bosnie-Herzégovine c/ Yougoslavie (Serbie et Monténégro)*, CIJ, Recueil 1996, p. 595. Les deux ordonnances de même que l'arrêt susvisé ne traitent pas du fond du litige. C'est dans un arrêt du 26 février 2007 que la CIJ va définitivement trancher cette affaire. Statuant sur le fond, la Cour a certes estimé qu'un génocide avait été commis à Srebrenica par certains éléments de l'armée des Serbes de Bosnie, pour autant, elle a conclu qu'un tel crime ne pouvait être imputé à un organe de la République fédérale de Yougoslavie (Application de la Convention pour la prévention et la répression du crime de génocide, *Bosnie-Herzégovine c/ Serbie-et-Monténégro*, arrêt, CIJ, Recueil 2007, §§ 379 à 394). Cette décision a fait l'objet de nombreux commentaires selon lesquels un des auteurs a évoqué une « impression d'impunité ». En ce sens, cf. SOREL Jean-Marc, « Les multiples lectures d'un arrêt : entre sentiment d'impunité et sentiment de cohérence, une décision à relativiser », *RGDIP*, 2007, p. 260. Tandis qu'un autre auteur dénonçait un critère « absurde » d'attribution retenue par la Cour. En ce sens, cf. ASCENSIO Hervé, « La responsabilité selon la Cour internationale de justice dans l'affaire du génocide bosniaque », *RGDIP,* 2007, p. 290. Enfin, pour une autre lecture analytique de cette décision, cf. CORTEN Olivier, « L'arrêt rendu par la CIJ dans l'affaire du crime de génocide *(Bosnie-Herzégovine c/ Serbie)* : vers un assouplissement des conditions permettant d'engager la responsabilité d'un État pour génocide ? », *AFDI,* Paris, CNRS Éditions, vol. 53, 2007, pp. 249-279.

1419 Le Bourgmestre est équivalent à la fonction de maire en France.

1420 Cf. article 2 du Statut du TPIR qui reprend mot pour mot l'article II de la Convention de 1948 sur la répression du crime de génocide (annexe 2).

1421 Le TPIY a également apporté quelques solutions, même s'il n'a rendu que très peu de décisions relatives au crime de génocide.

A. L'interprétation des éléments constitutifs du crime de génocide

772. Du point de vue statutaire, le Tribunal pour le Rwanda tout comme celui de l'ex-Yougoslavie reprennent textuellement les articles II et III de la Convention de 1948. Ainsi, selon les dispositions de l'article II, « le génocide s'entend de l'un quelconque des actes ci-après, commis dans l'intention de détruire, en tout ou en partie, un groupe national, ethnique racial ou religieux comme tel :

a) meurtre de membres du groupe ;
b) atteinte grave à l'intégrité physique ou mentale de membres du groupe ;
c)soumission intentionnelle du groupe à des conditions d'existence devant entraîner sa destruction physique totale ou partielle ;
c) mesures visant à entraîner les naissances au sein du groupe ;
d) transfert forcé d'enfants du groupe à un autre groupe[1422] ».

L'analyse de cette définition permet de distinguer l'élément moral du crime, c'est-à-dire l'intention génocidaire (1) et l'élément matériel constitué par un ou plusieurs actes visant un groupe spécifique (2).

1) L'élément moral : l'intention spécifique

773. Lorsqu'un accusé doit répondre des charges de génocide, les juges doivent vérifier à la fois qu'il y a eu atteinte volontaire à un groupe et intention d'y participer. Toutefois, il incombe au Procureur de prouver au-delà de tout doute raisonnable qu'il y a bien eu une intention spécifique de la part de l'auteur présumé du crime. Cet élément subjectif constitue l'une des particularités inhérentes au crime de génocide que la jurisprudence internationale qualifie de *dol spécial* ou *dolus spécialis*[1423]. Il s'agit d'un concept défini par la Chambre de première instance du TPIR comme étant l'intention requise qui exige que le criminel ait nettement cherché à provoquer le résultat incriminé[1424].

[1422] Cf. art. 2 Statut TPIR, art. 4 Statut TPIY et art. 6 Statut CPI.

[1423] C'est l'intention spécifique qui permet de distinguer le génocide du crime de droit commun et des autres crimes du droit international humanitaire. À cet égard, l'Assemblée générale des Nations Unies, dans sa résolution 96 (I) (*supra,* note 1413) faisait la distinction entre le crime de génocide et l'homicide volontaire. Elle décrit le génocide comme le « le refus du droit à l'existence à des groupes humains entiers » tandis que l'homicide est considéré comme « le refus du droit à l'existence à un individu ».

[1424] TPIR, Ch. I, jugement, *Jean Paul Akayesu*, affaire n° ICTR-96-4-T, 2 septembre 1998, § 498. Cf. également aux commentaires de Roger Merle et André Vitu qui, par opposition au dol spécial, utilisent le concept de « dol général », c'est-à-dire un rapport de concordance entre les faits tels que les a compris l'agent et les faits décrits par la loi. Il s'agit en l'occurrence d'une infraction intentionnelle caractérisée par une relation psychologique entre le résultat et l'intelligence de l'auteur. Sur ce point, cf. MERLE Roger et VITU André, *Traité de droit criminel : problèmes généraux de la science criminelle, droit pénal général,* Cujas, 1997, 7e édition, p. 727 et s.

774. Pour aller plus loin, la Chambre rappelle que l'auteur du crime doit avoir agi avec *l'intention de détruire, en tout ou partie, un groupe national, ethnique, racial ou religieux, comme tel*[1425]. Elle reprend ici l'esprit de l'article II de la Convention de 1948. Mais cet article ne donne aucune indication sur la manière dont il faut interpréter le critère de l'intention. Il laisse en suspens plusieurs questions telles que la preuve de l'intention spécifique d'éliminer un groupe, le sens qu'il faut donner à l'expression « *en tout ou partie* » et enfin le groupe spécial visé. Les juges d'Arusha ont consacré des développements intéressants à chacune de ces questions, même si certains points seront infirmés dans la jurisprudence ultérieure du TPIR et du TPIY également.

775. Concernant tout d'abord **l'intention criminelle** ou *mens rea*, cette notion occupe un rôle crucial dans le processus de qualification et d'interprétation d'un crime de génocide. C'est surtout dans la façon de la rechercher et de l'interpréter que les décisions rendues par le TPIR symbolisent leur originalité et, par là même, contribuent au développement du droit international. Sur ce point, le Tribunal semble disposer d'une certaine indépendance par rapport au texte de la Convention de 1948. En effet, dans l'affaire *Akayesu* précitée, la Chambre de première instance considère que l'intention est un facteur d'ordre psychologique qui est difficile, voire impossible d'appréhender[1426]. C'est pourquoi à défaut d'aveux de la part d'un accusé, son intention peut se déduire d'un certain nombre de faits, tel que par exemple l'ensemble de ses actes et propos[1427], ou encore le contexte général de perpétration d'autres actes répréhensibles systématiquement dirigés contre le même groupe[1428].

776. Pour conclure, la Chambre soutient que « *d'autres facteurs tels que l'échelle des atrocités commises, leur caractère général, dans une région ou un pays, ou encore le fait de délibérément et systématiquement choisir les victimes en raison de leur appartenance à un groupe particulier, tout en excluant les membres des autres groupes, peuvent également permettre de déduire une intention génocidaire*[1429] ».

Cette méthode de qualification sera réaffirmée sans équivoque dans la jurisprudence postérieure du Tribunal qui reconnaît que l'intention génocidaire peut être mise en lumière par l'existence d'une ligne de conduite délibérée du délinquant [1430] ou à partir d'un faisceau d'indices[1431].

[1425] *Idem,* Akayesu, § 498.

[1426] *Idem,* § 23.

[1427] Au Rwanda, les discours haineux et les insultes envers les Tutsi étaient récurrents. Ils étaient qualifiés tantôt de « cafards » ou de « serpents ». Cf. par exemple TPIR, Ch. I, jugement et sentence, *Alfred Musema*, affaire n° ICTR-96-13-T, 27 janvier 2000, §§ 901, 910, 932 et 933.

[1428] Jugement *Akayesu, supra,* note 1424, § 523.

[1429] *Idem*, § 523.

[1430] Pour ne citer que quelques exemples, Cf. TPIR, App., motifs de l'arrêt, *Clément Kayishema et Obed Ruzindana,* affaire n° ICTR-95-1-A, 1er juin 2001, § 158 ; App., arrêt, *Ferdinand Nahimana et consorts*, affaire n° ICTR- 99-52-A, 28 novembre 2007, §§ 524-525 ; App., arrêt, *Sylvestre Gacumbitsi,* affaire n° ICTR-2001-64-A, 7 juillet 2006, §§ 40-41. Concernant le TPIY,

777. Par ailleurs, dans une décision rendue le 24 juin 2011, la Chambre de première instance se réserve de préciser que « *la preuve qu'une aide limitée et sélective a été apportée à quelques individus n'empêche généralement pas de conclure raisonnablement à l'existence de l'intention de génocide*[1432] [...] ».

La particularité des massacres commis au Rwanda permet sans doute de justifier une telle affirmation. Même si la question de la démonstration de l'intention spécifique demeure une équation relativement difficile à résoudre, la manière dont les criminels s'en sont systématiquement pris au groupe tutsi lors des événements rwandais de 1994 atteste d'une réelle volonté d'extermination[1433]. Le fait de leur infliger des blessures ou encore de les « entasser » dans des bâtiments publics pour les empêcher de s'enfuir atteste, de manière irréfragable, que l'intention spéciale était bien présente. Si le TPIR s'est jusque-là attaché à démontrer l'existence au Rwanda d'un génocide en tant que tel, et d'en punir sévèrement les auteurs, pour le TPIY, cela n'a pas été toujours le cas.

778. Pendant le conflit en ex-Yougoslavie, des « cas isolés » de massacres génocidaires ont été perpétrés à l'encontre des musulmans de Bosnie. Mais la plupart des personnes poursuivies par le Procureur du TPIY ont été acquittées, faute de pouvoir établir une « intention spécifique » ou *dolus specialis* [1434]. L'affaire *Jelicić* en est un exemple illustratif[1435]. De l'avis de la Chambre de première instance, même si le comportement du prévenu visait expressément les musulmans, « *celui-ci aurait tué de façon arbitraire, plutôt que sur la base*

Cf. App., arrêt, *Goran Jelisić,* IT-95-10-A, 5 juillet 2001, § 47. Dans le cas d'espèce, la Chambre d'appel suit le même raisonnement que la Chambre de première instance du TPIR dans l'affaire *Akayesu* (*supra,* note 1424, §§ 147-148).

[1431] Dans l'affaire *Rutaganda*, la défense avait contesté les critères retenus par le TPIR dans le jugement Akayesu pour déterminer l'intention génocidaire. Ce motif d'appel a toutefois été rejeté. App., arrêt, *Georges Anderson Rutaganda*, affaire n° ICTR-96-3-A, 26 mai 2003, §§ 521 à 531.

[1432] TPIR, Ch. II., jugement portant condamnation, *Pauline Nyiramasuhuko et consorts,* affaire n° ICTR-98-42-T, 24 juin 2011, § 5732. Cf. également arrêt Nahimana et consorts, *supra,* note 1430, § 1101.

[1433] À ce propos, cf. HATZFELD Jean, *Une saison de machette*, Éditions Seuil, 2003. L'auteur relate entre autres, les différentes formes de blessures infligées au groupe tutsi (tranchage de tendon d'Achille, dépeçage à la machette, etc.)

[1434] Depuis le début des procès, près de dix accusés devaient répondre des charges de génocide. Quatre d'entre eux sont acquittés, trois décédés (dont Slobodan Milosevic, ancien président de la République fédérale de Yougoslavie, acte d'accusation 22 novembre 2001), deux reconnus coupables (affaires *Krstic*, 19 avril 2004 ; *Popovic et autres,* 10 juin 2010) et une affaire en cours (*Karadzic* et *Mladic*), selon les informations relevées sur le site www.icty.org

[1435] Dans le cas d'espèce, la Chambre s'est déclarée convaincue que l'élément matériel du génocide, c'est-à-dire le meurtre d'un groupe ciblé, a été établi au-delà de tout doute raisonnable. Néanmoins, elle considère que l'élément intentionnel du génocide, à savoir la conscience claire de l'accusé de participer à un projet génocidaire, n'a pas été clairement établi par le Procureur. Toutefois, la Chambre se réserve de préciser que l'absence ce cette démonstration ne signifiait pas qu'il n'y avait pas eu de génocide à Brcko (nord-est de la Bosnie- Herzégovine) en 1992. TPIY, Ch. I., jugement, *Goran Jelisić*, IT-95-10-T, 14 décembre 1999, §§ 64 à 108.

d'une intention claire de destruction d'un groupe[1436] ». Dans de telles circonstances, le doute doit toujours bénéficier à l'accusé[1437]. En revanche, dans l'affaire *Karadzić* et *Mladic,* les juges de première instance ont suivi un raisonnement différent en considérant que l'intention spécifique au crime de génocide n'a pas à être clairement exprimée[1438]. On observe ainsi une certaine incohérence dans la jurisprudence du TPIY[1439], comparé au raisonnement qui a été suivi par le TPIR.

779. Il est vrai que la situation du Rwanda diffère de celle de l'ex-Yougoslavie dans la mesure où l'intention d'exterminer le groupe tutsi peut facilement être établie, si l'on s'en tient ne serait-ce qu'aux discours de haine véhiculés par les médias et aux massacres récurrents ayant précédé le génocide. Dans d'autres contextes, l'élément intentionnel de ce crime est plus difficile à établir. Tel fut le cas, lorsque la Commission internationale d'enquête constituée pour évaluer la situation au Darfour a exclu de qualifier de génocide les attaques des tribus dans la région soudanaise. La commission considérait que *« la politique consistant à attaquer, tuer ou transférer de force les membres de certaines tribus ne procédait pas de l'intention de détruire, en tout ou en partie, un groupe racial, ethnique, national ou religieux, comme tel. Il semblerait plutôt que ceux qui ont planifié et organisé les attaques contre des villages l'aient fait dans l'intention d'en chasser les habitants, principalement aux fins de la répression de la rébellion*[1440] *».*

[1436] *Idem,* § 108.

[1437] Ce jugement sera confirmé par la Chambre d'appel. Mais les développements qu'elle consacre (notamment au § 62) ne nous semblent pas tout à fait convaincants pour pouvoir justifier un acquittement. Cf. TPIY, App., arrêt, *Goran Jelisić,* IT-95-10-A, 5 juillet 2001, §§ 62 à 70.

[1438] Le Procureur c/ Radovan Karadzić et Ratko Mladic, *Examen de l'acte d'accusation dans le cadre de l'article 61 du Règlement de procédure et de preuve.* Décision de la Chambre de première instance I, TPIY, 11 juillet 1996, § 60. Par ailleurs, la Chambre de première instance III a rendu oralement le 28 juin 2012 une décision d'acquittement en faveur de *Radovan Karadzić.* Mais cette décision est annulée par la Chambre d'appel dans un arrêt rendu récemment le 11 juillet 2013, celle-ci estimant que la Chambre de première instance a eu tort d'acquitter *Radovan Karadzić* du crime de génocide commis à l'encontre des musulmans et Croates de Bosnie. L'affaire est ainsi renvoyée à la Chambre de première instance pour un nouveau procès. TPIY, App. *Radovan Karadzić*, IT-95-5/18-AR98bis.1, 11 juillet 2013, § 115 et s.

[1439] L'une des questions fondamentales qui s'est surtout posée devant le TPIY c'est la distinction entre le génocide et le nettoyage ethnique. Il est difficile de tracer une frontière entre les deux concepts car certains éléments sont communs aux deux crimes dans leur définition. L'élément qui caractérise la purification ethnique est de chasser un peuple de son territoire, mais cet acte peut également se produire dans le cadre d'un génocide. Si certains auteurs font la différence entre les deux crimes, pour d'autres, une telle distinction est dépourvue de sens. À ce propos, v. les commentaires du juge Lauterpacht, « Application de la Convention pour la prévention et la répression du crime de génocide », CIJ, Recueil 1993, p. 325.

[1440] Conseil de Sécurité, Nations Unies, *Rapport de la* Commission *internationale d'enquête sur le Darfour,* Doc. S/2005/60, 1er février 2005, p. 4 (rapport établi en application de la résolution 1564 (2004) du Conseil de sécurité).

780. Dès lors, ce débat sur l'interprétation de l'intention génocidaire soulève une autre question portant sur la destruction du groupe visé « **en tout ou en partie** ». Cette expression suppose qu'il n'est pas nécessaire que l'auteur ait eu l'intention de détruire la totalité du groupe, il suffit qu'il ait eu intention d'en détruire « une partie ». Donc théoriquement, il serait possible de qualifier un seul meurtre de génocide si l'auteur avait spécifiquement pour intention de détruire en tout ou partie un groupe. Sur ce point, de nombreuses questions demeurent en suspens car la Convention de 1948 ne fixe pas le nombre de victimes requises pour qu'un génocide soit établi. Le but était d'éviter que des actes de violence isolés soient nécessairement qualifiés de génocide[1441].

781. Il est donc possible de considérer qu'il y a génocide même si les victimes sont peu nombreuses. Un extrait du jugement du TPIR (affaire *Akayesu*) exprime cette ligne de pensée. Ainsi, de l'avis de la première Chambre,

> « concrètement, pour que l'un quelconque des actes incriminés au paragraphe (2) de l'article 2 du Statut soit constitutif de génocide, il doit avoir été commis à l'encontre **d'un** ou **de plusieurs individus,** parce que cet ou ces individus étaient membres d'un groupe spécifique et en raison même de leur appartenance à ce groupe[1442] ». En d'autres termes, « la victime du crime de génocide est le groupe lui-même, et non pas le seul individu[1443] ».

782. En outre, la Chambre rappelle que l'expression « **détruire en tout ou en partie un groupe ethnique** » n'implique pas une approche numérique. Il n'existe aucun « chiffre planché[1444] » ou « nombre minimal[1445] » de victimes pour établir un génocide. Mais la Chambre reviendra partiellement sur sa position pour mettre en exergue un critère qualitatif en s'appuyant sur l'importance de la partie du groupe visé. À ce propos, elle indique qu'il suffit que l'auteur ait voulu détruire une « partie substantielle[1446] » du groupe ciblé

[1441] Cette question a déjà fait l'objet d'un débat en 1982 lorsque l'Assemblée générale des Nations Unies avait (sans plus de précision) qualifié d'acte de génocide le massacre massif de civils palestiniens dans les camps de réfugiés de Sabra et Shatilla. Mais une telle décision ne faisait pas l'unanimité. Cf. Assemblée générale des Nations Unies, 108e séance plénière, 16 décembre 1982, Rés. 37/123, *La situation au Moyen-Orient*, p. 46. Document consulté le 3 mai 2013 sur le site http://www.un.org/fr/ga/ . Pour d'autres exemples de qualifications émises au sein de l'ONU, cf. W.-A. SCHABAS, *Genocide in International,* Cambridge, CUP, 2000, p. 454 et s.

[1442] Akayesu, *supra,* note 1424, § 521.

[1443] TPIR, Ch. I., jugement et sentence, *Georges Anderson Rutaganda,* affaire n° ICTR-96-3, 6 décembre 1999 § 60 ; Ch. I., *Musema, supra*, note 1427, § 165.

[1444] TPIR, Ch. III., jugement et sentence, *Mikaeli Muhimana*, affaire n° ICTR- 95-1B-T, 28 avril 2005, § 498.

[1445] TPIR, Ch. III., jugement, *Sylvestre Gacumbitsi*, affaire n° ICTR-2001-64-T, 17 juin 2004, § 253.

[1446] TPIR, Ch. I., jugement portant condamnation, *Aloys Simba*, affaire n° ICTR-2001-76-T, 13 décembre 2005, § 412 ; Ch. II., jugement portant condamnation, *Grégoire Ndahimana*, affaire n° ICTR-01-68-T, 30 décembre 2011, § 803.

pour que l'intention génocidaire soit établie[1447]. Le même raisonnement sera suivi par le TPIY dans les affaires *Jelicić*[1448], *Krstić, Popović et consorts*[1449] tout en y ajoutant d'autres éléments pertinents. C'est surtout dans l'affaire *Krstić* que l'argumentation des Chambres du TPIY est plus intéressante, car elles donnent une définition plus explicite des termes « en partie[1450] ». En résumé, la Chambre d'appel insiste sur le fait que la partie du groupe visé serait « *représentative de l'ensemble du groupe, ou essentielle à sa survie*[1451] ».

783. Du côté de la doctrine, l'interprétation de l'expression « *en tout ou en partie* » est très controversée. Pour certains auteurs, les membres du groupe ciblé par l'auteur du crime doivent être d'une importance capitale, eu égard au but de la Convention de 1948 qui est de traiter de crimes de masse[1452]. Les opposants à cette conception se prononcent contre l'introduction d'un seuil considérable de victimes pour que l'acte incriminé puisse être qualifié de

---

1447 Le Tribunal d'Arusha s'est notamment aligné sur la définition de la Commission du droit international. Cf. Rapport de la Commission du droit international sur les travaux de sa quarante-huitième session (6 mai – 26 juillet 1996), *Annuaire de la Commission du droit international*, Nations Unies, New York et Genève, 1998, Document A/51/10, vol. II (deuxième partie), p. 47.

1448 En l'espèce, la Chambre de première instance procède par une double qualification de l'intention génocidaire. La première fait allusion à une « *volonté de destruction massive* » du groupe. La seconde traduit plutôt une « *volonté de destruction sélective* » d'un nombre de personnes, en raison de l'impact que pourrait avoir leur disparition pour la survie du groupe. TPIY, Ch. I., jugement, *Goran Jelisić, supra*, note 1435.

1449 Rappel des faits : au cours du mois de juillet 1995, après la chute de Srebrenica, des milliers d'hommes musulmans de Bosnie ont été détenus dans des conditions déplorables avant d'être exécutés sommairement. Parallèlement à ces exécutions de masse, des femmes, des enfants et des personnes âgées, musulmans de Bosnie, ont été transférés hors de cette partie de la Bosnie Orientale. Dans cette affaire, la Chambre soutenait que seul *Vujadin Popovic* savait que l'intention qui animait les forces bosno-serbes n'était pas simplement de tuer ceux qui tombaient entre leurs mains, mais bien « *d'en tuer le plus grand nombre* » dans le but d'anéantir le groupe tout entier. TPIY, Ch. II., jugement, *Popovic et consorts,* IT-05-88T, 10 juin 2010, § 1178.

1450 TPIY, Ch., jugement, *Radislav Krstic*, IT-98-33-T, 2 août 2001, §§ 582 à 590 (jugement confirmé par la Chambre d'appel dans un arrêt du 19 avril 2004, §§ 15 à 23).

1451 TPIY, App., arrêt, *Radislav Krstic*, IT-98-33, 19 avril 2004, § 12. Cette appréciation de la notion de "groupe" sera entérinée par la CIJ qui considérait pour sa part, qu'« *il peut être utile de tenir compte non seulement de l'importance numérique de la fraction du groupe visé, mais aussi de sa place au sein du groupe tout entier* ». Cf. Affaire *Bosnie-Herzégovine c/ Serbie* (relative à l'application de la Convention sur le génocide), arrêt 26 février 2007, CIJ, Recueil 2007, p. 43 (§§ 198 à 200).

1452 Dans une lettre adressée au Sénat des États-Unis lors des débats relatifs à l'article II de la Convention sur le génocide, Raphael Lemkin soutenait dans la même perspective que l'intention de détruire « en partie » devait s'interpréter comme une volonté de détruire « une partie substantielle du groupe [...] et telle que cette destruction affecte l'ensemble du groupe ». LEMKIN Raphael, in *Executive Sessions of the Senate Foreign Relations Committee, Historical Series,* 1976, p. 370. Dans le même sens, cf. NSEREKO N., Daniel D., *Genocide: a crime Against Mankind,* in MC DONALD, Gabrielle Kirk and SWAAK-GOLDMAN, Olivia (eds). **Substantive and Procedural Aspects of International Criminal Law:** the Experience of International and National Courts, v. 1. The Hague: Kluwer Law International, 2000, p. 113-140.

génocide[1453]. Mais, quelle que soit l'hypothèse retenue, les juges internationaux sont tenus de se conformer aux dispositions de l'article II de la Convention de 1948 (texte largement accepté par la communauté internationale). Il ressort clairement de cet article qu'il n'est pas essentiel d'aboutir à un résultat final de la destruction pour que le crime de génocide soit commis. Il suffit d'avoir perpétré l'un quelconque des actes qu'énumère l'article II dans l'intention claire de détruire un des quatre types de groupes protégés par la Convention.

2) L'élément matériel : les groupes visés

784. Également appelé *actus reus,* l'élément matériel du génocide est constitué par un ou plusieurs actes dirigés contre un groupe, ce dernier étant une cible. Il s'agit de cinq catégories d'actes énumérés de façon limitative dans les alinéas *a* à *e* de l'article 2 du Statut du TPIR : *« meurtre de membres du groupe ; atteinte grave à l'intégrité physique ou mentale des membres du groupe ; soumission intentionnelle du groupe à des conditions d'existence devant entraîner sa destruction physique totale ou partielle ; mesures visant à entraîner les naissances au sein du groupe ; transfert forcé d'enfants du groupe à un autre groupe* ». De cette définition, il en ressort des actes qui entrent dans la catégorie du génocide « physique » ou « biologique[1454] ».

785. Par ailleurs, la Convention exige que l'acte prohibé soit commis en raison de l'appartenance de la victime à un groupe national, ethnique, racial ou religieux[1455]. A *priori,* l'imprécision de la portée des notions de race, d'ethnie

---

[1453] En ce sens, cf. CHIAVARIO Mario (dir.), *La justice pénale internationale entre passé et avenir,* Dalloz, Éditions Giuffré, 2003, p. 252.

[1454] Cf. alinéas *a* à *c* de l'article 3 de la Convention qui fait référence aux actes de « génocide physique » et les alinéas *d* et *e* qui énumèrent des actes de « génocide biologique ». Sur ce point, le projet de la Convention de 1948 contenait des dispositions visant le génocide « culturel » qui couvraient tous actes prémédités commis dans l'intention de détruire la langue, la religion ou la culture d'un groupe dans les rapports quotidiens ou dans les écoles, ou la destruction des bibliothèques, musées monuments historiques, lieux de cultes, ou l'interdiction d'en faire usage. Mais la notion de génocide « culturel » a été éliminée du texte final de la Convention adoptée par l'Assemblée générale des Nations Unies. Cf. rapport Commission du droit international, 48e session, 6 mai-26 juillet 1996, *supra,* note 1447, p. 48 ; TPIR, jugement Akayesu, *supra*, note 1424, § 507.

[1455] La rédaction de la Convention de 1948 a suscité un profond désaccord entre les États, car elle ne protège pas tous les types de groupe humains. De nombreux États souhaitaient que les groupes politiques soient inclus dans le champ de protection de la Convention. Ce à quoi les Soviétiques se sont opposés. Dans le même ordre d'idée, deux rapporteurs de la Sous-Commission des droits de l'homme des Nations Unies avaient proposé d'étendre la qualification de « génocide » à d'autres groupes cibles tels que les groupes politiques. Finalement cette proposition ne sera pas retenue. À ce propos, Cf. rapports successifs de Nicomède Ruhasyankiko et de Benjamin Whitaker « Study of the question of the prevention and punishment of the crime of genocide », E/CN.4/Sub.2/416, 4 juillet 1978 ; E/CN.4/Sub.2/1985/6, 2 juillet 1985. Dans le même sens, cf. MOREILLON Laurent et al, *op. cit.,* p. 152.

et de nation s'avère problématique. La crainte de voir certains massacres échapper à la qualification du génocide ne peut être écartée au moins pour deux raisons : la difficulté de définir les quatre groupes susmentionnés et le fait de limiter le crime de génocide à ces seuls quatre groupes. Cette question n'a pas fait l'objet d'un traitement spécifique dans les travaux préparatoires à la création du TPIR[1456]. Le Tribunal devait donc déterminer duquel des groupes protégés par la Convention de 1948 pouvait-on identifier ou qualifier la population tutsi, principale victime du génocide au Rwanda. S'agit-il d'un groupe national, ethnique, racial ou religieux ?

786. D'emblée, le processus d'identification des **groupes** ne semblait poser aucune difficulté aux juges du TPIR, car les citoyens rwandais étaient individuellement identifiés en fonction de leur appartenance ou non à l'un des trois groupes ethniques, à savoir les Tutsi, les Hutu et les Twa. Dans l'affaire *Akayesu* précitée, la Chambre de première instance a pu contourner l'ambiguïté des termes employés par les rédacteurs de la Convention de 1948, en considérant que « *le crime de génocide aurait été conçu comme ne pouvant viser que des groupes « stables », constitués de façon permanente et auxquels on appartient par naissance, à l'exclusion des groupes plus « mouvants », qu'on rejoint par un engagement volontaire individuel, tels les groupes politiques et économiques*[1457] *».* Cette disposition met en exergue une conception purement objective de la notion de groupe à la lumière de la Convention de 1948.

787. De l'avis de la Chambre, à l'époque du génocide, les Tutsi constituaient un groupe « ethnique » selon les classifications officielles sur les cartes d'identité rwandaises comportant la mention « Hutu » ou « Tutsi[1458] ». Ce faisant, ils apparaissent comme un groupe « stable » et « permanent » protégé par la Convention de 1948[1459]. Les atteintes dont ils ont été victimes peuvent ainsi être qualifiées de crime de génocide. Tout en poursuivant son raisonnement, la Chambre va jusqu'à proposer une définition claire pour chacune des catégories de groupe visées par la Convention de 1948.

- ❖ S'agissant tout d'abord du **groupe national**, les juges d'Arusha se sont fondés sur une décision de la CIJ[1460] qui estimait que « *le groupe national qualifie un ensemble de personnes considérées comme*

[1456] Les rapports successifs du Rapporteur spécial de la Commission des droits de l'homme et ceux de la commission d'expert du Conseil de sécurité sont quasiment muets sur la question. Pour la Commission des droits de l'homme, Cf. 3e rapport publié le 11 novembre 1994, Document des Nations Unies, E/CN.4/1995/70 et le 4e rapport qui constitue une synthèse des trois premiers, publié le 18 janvier 1995, Document Nations Unies, E/CN.4/1995/71. Cf. aussi rapport final de la commission d'experts indépendants, Doc. S/1994/1125

[1457] Jugement Akayesu, *supra,* note 1424, § 511.

[1458] *Idem,* § 702.

[1459] *Idem,* §§ 516 et 701.

[1460] Cf. affaire *Nottebohm,* arrêt du 6 avril 1955, Recueil CIJ 1955, p. 4

partageant un lien juridique basé sur une citoyenneté commune, jointe à une réciprocité de droits et de devoirs[1461] ».

Cette approche semble toutefois trop restrictive dans la mesure où elle exclut les minorités nationales qui n'ont aucune reconnaissance en droit interne.

- ❖ Ensuite, le **groupe ethnique** est considéré comme étant « *un groupe dont les membres partagent une langue ou une culture commune*[1462] », et le **groupe racial** comme étant « *un groupe fondé sur les traits physiques héréditaires, souvent identifiés à une région géographique, indépendamment des facteurs linguistiques, culturels, nationaux ou religieux*[1463] ».

- ❖ Enfin, le **groupe religieux** est défini comme « *un groupe dont les membres partagent la même religion, confession ou pratique de culte*[1464] ».

788. Partant de ces trois définitions, le TPIR a réaffirmé dans ses jugements ultérieurs que la population tutsi est un groupe « ethnique[1465] » ou « racial[1466] ». Mais à notre sens, cette lecture se révèle superficielle et contestable, car les progrès de la génétique conduisent aujourd'hui à rejeter toute tentative de classification raciale[1467]. De même, il a été largement démontré par des historiens (notamment spécialiste de la région des Grands Lacs) que « Tutsi » et « Hutu » ont toujours partagé la même langue, la même religion et les mêmes rites[1468]. La distinction de ces deux groupes serait avant tout issue de l'idéologie « raciste » de la colonisation.

789. En d'autres termes, l'opposition binaire « Hutu » et « Tutsi » est une création purement artificielle imposée par les puissances coloniales qui se sont ensuite appuyées sur l'un, puis sur l'autre de ces groupes pour asseoir leur puissance[1469]. En réalité, l'appartenance à l'un des deux groupes Hutu-Tutsi dépendait traditionnellement de la situation économique de l'individu et de sa famille. Nos entretiens avec des survivants du génocide et d'anciens réfugiés

---

[1461] Jugement Akayesu, *supra,* note 1424, § 512.

[1462] *Idem,* § 513. Mais cette définition semble difficilement s'appliquer dans le cas du Rwanda ou les Tutsi et les Hutu partagent la même langue, la même culture et la même religion.

[1463] *Idem,* § 514.

[1464] *Idem,* § 515.

[1465] TPIR, Ch. II., jugement, *Kayishema et Ruzindana,* affaire n° ICTR-95-1-T, 21 mai 1999, § 526.

[1466] TPIR, Ch. I., sentence, *Omar Serushago,* affaire n° ICTR-98-39-S, 5 février 1999, § 26-1

[1467] En ce sens, cf. Convention sur l'élimination de toutes les formes de discrimination raciale (art. 1), entrée en vigueur le 4 janvier 1969.

[1468] NGIJOL Gilbert, *Autopsie des génocides rwandais, burundais et l'ONU* : *la problématique de la stabilité dans les pays de la région des Grands Lacs*, Éditions Présence Africaine, 1998, p. 22 et s. ; B. Bruneteau, *Le siècle des génocides* : *violences, massacres et processus génocidaire de l'Arménie au Rwanda,* Paris, Armand colin, 2004, p. 206.

[1469] Cf. jugement *Kayishema et Ruzindana* (*supra,* note 1465, §§ 34 à 37) qui consacre des développements intéressants sur cette question.

le confirment. Dès lors, la qualification du groupe des Tutsi comme groupe stable par le TPIR s'est révélée particulièrement peu pertinente dans le contexte rwandais, car l'appartenance à tel ou tel groupe n'était pas irrévocable[1470]. Partant de cette hypothèse, force est constater que l'interprétation novatrice de la notion de groupe par la Chambre de première instance I ne sera pas suivie par les autres Chambres du Tribunal (Chambre II et Chambre III), encore moins par le TPIY[1471]. Confrontés à la complexité de la situation rwandaise, les juges du TPIR vont relativiser l'approche objective de la notion de groupe prise dans les jugements *Akayesu* et *Serushago*[1472].

790. Désormais, le TPIR privilégie une conception à la fois subjective et objective des groupes protégés par la Convention sur le génocide. Une approche mixte va progressivement être développée dans la jurisprudence du Tribunal. Cette approche apparaîtra pour la première fois dans l'affaire *Kayishema* et *Ruzidana.* Ainsi, le Tribunal considère un groupe ethnique comme un groupe dont les membres ont en commun une langue et une culture (approche objective) ; ou un groupe qui se distingue comme tel, c'est-à-dire *une auto-identification* ; ou encore un groupe reconnu comme tel par d'autres, y compris les auteurs des crimes (approche subjective)[1473].

791. De plus, la première Chambre du TPIR va davantage clarifier sa position dans l'affaire *Rutaganda* en admettant cette fois-ci que :

> « les concepts de nation d'ethnie, de race et de religion ont fait l'objet de nombreuses recherches et qu'il n'existe pas, en l'état, de définitions précises et généralement et internationalement acceptées. Chacun de ces concepts doit être apprécié à la lumière d'un contexte politique social et culturel donné. En outre, la Chambre note que dans le cadre de l'application de la Convention sur le génocide, l'appartenance à un groupe est par essence une notion plus subjective qu'objective [car] la victime est perçue par l'auteur du crime de génocide comme appartenant au groupe dont la destruction est visée[1474]. »

La Chambre se réserve toutefois de préciser que la définition subjective ne suffit pas elle seule pour identifier les groupes victimes, au sens de la Convention de 1948[1475].

[1470] À cet égard, il ressort d'un nos entretiens avec une ancienne réfugiée rwandaise que, bien avant le génocide, il était possible de changer de groupe notamment en fonction des affinités avec les autorités locales. Elle nous indiquait être d'origine Tutsi avant de devenir Hutu. Cette situation était causée par la discrimination pour l'accès à l'éducation ou aux postes de responsabilité à l'égard de certains Rwandais tutsi (témoignage recueilli le 18 mai 2010 à Kigali). Traditionnellement, l'appartenance à l'un des deux groupes ethniques dépendait de la situation économique de l'individu et de sa famille. Les limites entre ces deux groupes n'étaient pas claires.

[1471] Le TPIR a statué en premier sur la question avant le TPIY.

[1472] Jugement *Akayesu, supra,* note 1424, § 512 et jugement Serushago, *supra,* note 1466, § 26.1.

[1473] Jugement *Kayishema et Ruzindana, supra,* note 1465, § 98.

[1474] Jugement Rutaganda, *supra,* note 1443, § 56 (les groupes victimes potentielles du génocide).

[1475] *Idem,* § 57.

792. D'une manière générale, les trois Chambres de première instance du TPIR ont conclu que la question de savoir si un groupe donné bénéficie de la protection prévue à l'article 2 de la Convention sur le génocide - doit s'apprécier au cas par cas, sur la base des critères objectifs du contexte social ou historique considéré et des perceptions subjectives des auteurs présumés des infractions[1476]. Cette conception mixte domine aujourd'hui dans la jurisprudence du TPIR[1477]. Pourtant, elle ne sera pas suivie par le TPIY qui privilégie plutôt une approche purement subjective du groupe. Ainsi, dans l'affaire *Jelisić,* la Chambre de première instance reconnaît certes la possibilité de définir le groupe religieux de façon objective. Néanmoins, elle estime que

> « [...] tenter aujourd'hui de définir un groupe national, ethnique ou racial à partir de critères objectifs et scientifiquement non contestables serait un exercice à la fois périlleux et dont le résultat ne correspondrait pas nécessairement à la perception des personnes concernées par cette catégorisation[1478] ».

793. L'appartenance à un groupe doit être appréciée à partir d'un critère subjectif, c'est-à-dire « *la stigmatisation, par la collectivité, du groupe en tant qu'entité ethnique, raciale ou nationale distincte, qui permettra de déterminer si la population visée constitue, pour les auteurs présumés de l'acte, un groupe ethnique, racial ou national*[1479] ». Les mêmes conclusions sont retenues dans le jugement *Kirstic*[1480]. Même si une partie de la doctrine salue le détachement progressif de la jurisprudence internationale de l'approche objective[1481], jusque-là il ne s'est pas encore concrétisé une définition généralement admise, relative aux caractéristiques des différents groupes protégés par la Convention de 1948.

[1476] Cf. jugement Musema, *supra,* note 1427, §§ 161 à 163 ; TPIR, Ch. I, jugement, *Ignace Bagilishema,* affaire n° ICTR-95-1A-T, 7 juin 2001, § 65 ; Ch. III., jugement et sentence, *Laurent Semanza,* affaire n° ICTR-97-20-T, 15 mai 2003, § 317 ; jugement Gacumbitsi (2004), *supra,* note 1445, § 254 ; TPIR, Ch., jugement, *Athanase Seromba,* affaire n° ICTR-2001-66-I, 13 décembre 2006, § 318.

[1477] La même analyse sera confirmée par la Cour internationale de justice dans l'affaire Bosnie-Herzégovine *c/* Serbie-et-Monténégro, *supra,* note 1418, § 196.

[1478] TPIY, jugement Jelisić, *supra,* note 1435, § 70.

[1479] *Ibid.*

[1480] Jugement Krstic, 2 août 2001, *supra,* note 1450, § 557. Au-delà de cette approche dite « subjective », la Chambre du TPIY précise également que la stigmatisation du groupe peut s'effectuer selon des critères positifs ou négatifs. Une « approche positive » consistera pour les auteurs du crime à distinguer le groupe en raison de ce qu'il estime être les caractéristiques nationales, ethniques, raciales ou religieuses propres à ce groupe. Une « approche négative » consistera à identifier des individus comme ne faisant pas partie du groupe auquel les auteurs du crime considèrent appartenir et qui présente selon eux des caractéristiques nationales, ethniques, raciales ou religieuses propres, l'ensemble des individus ainsi rejetés constituant, par exclusion, un groupe distinct. Mais seule l'approche positive sera exclusivement consacrée dans la jurisprudence postérieure du TPIY. À ce propos, cf. App., arrêt, *Milomir Stakic,* IT-97-24-A, 22 mars 2006, §§ 16 à 28 ; jugement Popovic et consorts, *supra,* note 1449, § 809. Enfin, l'approche positive du « groupe » sera reprise par la CIJ dans l'affaire *Bosnie-Herzégovine c/ Serbie-et-Monténégro, supra,* note 1451, § 196.

[1481] CHIAVARIO Mario, *La justice internationale entre passé et avenir,* Dalloz, 2003, p. 237.

794. En somme, il est vrai que la détermination du groupe devant les deux Tribunaux *ad hoc* pour le Rwanda et l'ex-Yougoslavie apparaît parfois incohérente, surtout en suivant l'ordre chronologique des décisions rendues. Néanmoins, cette jurisprudence marque une évolution remarquable en droit international, car elle privilégie une approche subjective, inédite, accordant une place primordiale à l'individu. Ce faisant, la Chambre de première instance du TPIR a dressé un constat judiciaire[1482] sur les faits qui se sont déroulés au Rwanda, avant d'en déduire que l'ethnie tutsi était un groupe protégé par la Convention de 1948 sur le génocide[1483]. Dans la même perspective, la jurisprudence du Tribunal marque un pas important de la reconnaissance de l'individu en tant que sujet de droit international pénalement responsable.

B. L'incrimination des infractions connexes au génocide

795. La consécration des crimes internationaux s'est accompagnée de la consolidation du principe de la responsabilité pénale applicable aux individus. L'identification de la personne pénalement responsable renvoie particulièrement à l'étude des modes individuels de participation à l'infraction (auteur, coauteur, complice). À ce titre, le Statut du TPIR a consacré un ensemble de règles permettant de rattacher la commission d'un crime à un individu[1484]. Selon les dispositions de l'article 6 (1), « *quiconque a planifié, incité à commettre, ordonné, commis ou de toute autre manière aidé et encouragé à planifier, préparer ou exécuter un crime visé aux articles 2 à 4 du présent Statut est individuellement responsable dudit crime*[1485] ». Cette disposition met en exergue le principe de la responsabilité pénale individuelle pour crime de droit international, qui aujourd'hui est considéré comme faisant partie intégrante du droit coutumier[1486].

[1482] Cette procédure est notamment prévue par l'article 94 du Règlement de procédure et de preuve du TPIR.

[1483] En ce sens, Cf. Chambre III, jugement et sentence, *Laurent Semanza*, affaire n° ICTR-97-20-T, 15 mai 2003, § 423 et Annexe II du jugement, p. 197 et s. Cf. également TPIR, Ch. I., jugement portant condamnation, *Tharcisse Renzaho,* affaire n° ICTR-97-31-T, 14 juillet 2009, § 762 et Chambre III, jugement et sentence, *Jean Baptiste Gatete*, affaire n° ICTR-2000-61-T, 31 mars 2011, § 584.

[1484] Sauf identification particulière du crime en droit international, les principes d'imputabilité d'un acte criminel à son auteur restent les mêmes, tant en droit interne qu'en droit international. Sur ce point, cf. ZAKR N., « La responsabilité pénale individuelle devant le Tribunal pénal international pour le Rwanda », *Revue de droit pénal et de criminologie,* janvier 2002, p. 58.

[1485] Pour rappel, les crimes visés aux articles 2 à 4 du Statut du TPIR concernent le génocide, les crimes contre l'humanité et les violations de l'article 3 commun aux Conventions de Genève et du protocole additionnel II (crimes de guerre).

[1486] Ce principe est le legs durable du Statut et du jugement du Tribunal de Nuremberg qui donne un sens à l'interdiction des crimes de droit international, en prévoyant que les individus qui commettent de telles infractions encourent une responsabilité et sont passibles de châtiment. Cf. rapport de la Commission du droit international sur les travaux de sa quarante-huitième session (6 mai – 26 juillet 1996), *supra,* note 1447, p. 19. Sur le même sujet, cf. article 4-1) de la

796. Par ailleurs, lors des travaux ayant abouti à l'adoption de la Convention sur le génocide, le Secrétariat des Nations Unies estimait que la Convention devrait incriminer certains actes matériels préparatoires, un accord ou une entente, ou une propagande systématique incitant à la haine, et, de nature à conduire au génocide[1487]. Afin de tenir compte des impératifs de prévention d'un tel crime, l'article III de la Convention de 1948sanctionne outre celui qui commet personnellement un acte de génocide, l'entente, l'incitation, la tentative et la complicité dans le génocide[1488]. Tel que nous l'avons déjà démontré, le génocide est la première infraction qui entre dans la compétence du TPIR. Dès lors, la majorité des accusés condamnés a été reconnue coupable de ce crime. De même, l'incitation (1) et l'entente en vue de commettre le génocide (2) ont fait l'objet d'une jurisprudence abondante. La complicité dans le génocide a fait l'objet d'une application spécifique (3). Quant à la tentative de commettre un génocide, elle n'apparaît nullement dans la jurisprudence du Tribunal.

1) L'incitation directe et publique à commettre le génocide

797. En droit international pénal, l'incitation en tant que telle (c'est-à-dire, l'incitation à commettre un crime, sans qu'elle soit nécessairement suivie par la perpétration du crime) est seulement punissable en cas de génocide. Cela s'explique par l'extrême gravité de ce crime[1489]. C'est sans doute la raison pour laquelle, l'incitation revêt une importance spécifique devant le TPIR, tant il est vrai que le génocide n'aurait sans doute pas eu lieu sans les discours prononcés publiquement par des autorités politiques et la propagande massive des médias de masse. À cet égard, l'affaire *Akayesu* est le premier jugement des Tribunaux pénaux internationaux à mettre en œuvre l'infraction d'incitation directe à commettre un génocide[1490].

Convention contre la torture et autres peines ou traitements cruels, inhumains ou dégradants (Document de l'Assemblée générale de l'ONU, résolution 39/44, 10 décembre 1984) ; Cf. également article 3 de la Convention internationale sur l'élimination et la répression du crime d'apartheid, adoptée par l'Assemblée générale des Nations Unies dans sa résolution 3068 (XXVIII) du 30 novembre 1973 et entrée en vigueur le 18 juillet 1976.

[1487] L'objectif était surtout de se conformer à la résolution 96 I) de L'Assemblée générale. Cf. comptes rendus analytiques des séances de la sixième Commission de l'Assemblée générale des Nations Unies du 21 septembre au 10 décembre 1948. Documents officiels de l'Assemblée générale, p. 8.

[1488] Cet article est également repris par les Statuts du TPIR (art. 2) et TPIY (art. 4). Mais seule « l'incitation directe et publique à commettre le génocide » figure dans le Statut de Rome créant la Cour pénale internationale.

[1489] Pour les autres crimes internationaux, l'incitation est punissable seulement si elle est suivie du crime ; elle doit en outre être directe et explicite. En ce sens, CASSESE Antonio, *Les grands arrêts du droit international pénal*, *op. cit.*, p. 391.

[1490] Mais la plus célèbre condamnation pour incitation à commettre des crimes de portée internationale a sans doute été celle prononcée contre Julius Streicher, par le Tribunal de Nuremberg, en raison des articles violemment antisémites qu'il avait publiés dans l'hebdomadaire *Der Stürmer*. Le Tribunal de Nuremberg a estimé que : « *le fait pour Streicher*

798. Dans son jugement du 2 septembre 1998, le Tribunal s'est tout d'abord intéressé au sens du crime « d'incitation » en faisant référence à la *common law* qui le définit comme « *le fait d'encourager ou de persuader une autre personne à commettre une infraction*[1491] ». Les systèmes de tradition civiliste, quant à eux en revanche, pénalisent l'incrimination directe et publique sous la forme de provocation, c'est-à-dire une action visant directement à provoquer autrui à commettre un crime ou un délit par des discours, cris ou menaces ou par tout moyen de communication audiovisuelle[1492]. Cette définition semble avoir été privilégiée par la Chambre de première instance du TPIR qui considérait que l'incitation directe et publique doit être définie (quel que soit le système juridique) à la lumière de l'article 2(3) c du Statut du TPIR comme : *« le fait de directement provoquer l'auteur ou les auteurs à commettre un génocide, soit par des discours, cris ou menaces proférées dans des lieux ou réunions publiques, soit par des écrits, imprimés vendus ou distribués, mis en vente ou exposés dans des lieux ou réunions publics, soit par des placards ou affiches, exposés au regard du public, soit par tout autre moyen de communication audiovisuelle*[1493]*. »*

799. Par conséquent, l'infraction d'incitation met en exergue trois éléments constitutifs, en plus des éléments subjectifs liés à la commission du génocide : le fait de directement provoquer l'auteur ou les auteurs à commettre un génocide, le faire publiquement, et de manière spécifique. Au-delà de la définition proposée, la question qui s'est posée devant le Tribunal était celle de savoir si le crime d'« incitation à commettre un génocide » pouvait être puni même s'il n'avait pas été suivi d'effet. À ce propos, la Chambre de première instance estimait que ce genre de crime devrait être considéré dans la catégorie des infractions dites inachevées ou « *inchoate offense* » en *common law*. Il s'agit d'infractions pour lesquelles seul compte l'acte criminel en tant que tel, et non le résultat de cet acte, qui peut ou non avoir été atteint[1494]. Pour conclure, la Chambre soutenait que

> « ces actes sont, en eux-mêmes, particulièrement dangereux parce que porteurs d'un très grand risque pour la société, même s'ils ne sont pas suivis d'effet ». [Ce faisant], « le génocide relève évidemment de cette catégorie de crimes dont la gravité est telle que l'incitation directe et publique à le commettre doit être pénalisé

---

d'inciter au meurtre et à l'extermination, à une époque où les juifs dans l'Est étaient massacrés dans des conditions inqualifiables, constitue manifestement la persécution pour des raisons politiques et raciales en rapport avec des crimes de guerre au sens du Statut et un crime contre l'humanité [...] » (jugement Nuremberg, §§ 322 à 324, cité par la Chambre de première instance du TPIR dans l'affaire Akayesu, *supra,* note 1424, § 550).

[1491] Jugement Akayesu, *idem,* § 555.

[1492] *Ibid.*

[1493] Akayesu, *supra*, note 1424, § 559.

[1494] *Idem,* § 561.

en tant que telle, même dans les cas où l'incitation n'aurait pas atteint résultat escompté par son auteur[1495] [...] ».

800. Néanmoins, tout en admettant que l'incitation « directe » serait « plus qu'une simple suggestion, vague et indirecte », le Tribunal a reconnu le besoin d'interpréter le terme « direct » dans le contexte de la culture et de la langue rwandaise, en s'appuyant notamment sur la question de savoir si les personnes à qui le message était destiné en ont directement saisi la portée[1496]. Les juges évalueront au cas par cas si l'incitation peut être considérée comme directe ou non.

801. Ces conclusions juridiques seront confirmées dans l'affaire *Nahimana et autres* dite des « Médias de la haine »[1497]. Dans le cas d'espèce, les mis en cause avaient systématiquement fait usage des médias écrits et radiophoniques pour exhorter les auditeurs et les lecteurs à débusquer, puis à exterminer le groupe tutsi[1498]. Pour statuer sur la responsabilité pénale de chacun, le Tribunal devait se prononcer sur deux éléments essentiels : d'une part, le lien de causalité entre les propos diffusés par les accusés et les massacres qui s'en sont suivis ; d'autre part, la distinction entre le discours haineux et l'incitation au génocide.

802. Sur le premier point, citant l'affaire *Streicher* du Tribunal de Nuremberg et les *affaires turques* jugées par la CEDH, la première Chambre du TPIR rappelle que la jurisprudence internationale n'exige nullement qu'il y ait un lien de causalité spécifique entre les propos incriminés et tel effet direct avéré[1499]. Elle considère que « *c'est parce qu'il a pour potentiel de provoquer le génocide que le discours caractérise l'incitation*[1500] ». En d'autres termes, « *l'incitation est un crime, quel que soit l'effet vers lequel il tend*[1501] ». Dès lors, la relation de cause à effet entre les propos incriminés et les massacres

[1495] *Idem,* § 562. La responsabilité pénale individuelle de l'accusé est reconnue pour sa participation directe et indirecte dans la commission d'actes de génocide visant spécifiquement la population Tutsi. Il est condamné à la perpétuité et l'appel rejeté par un arrêt du 1er juin 2001.

[1496] *Idem,* §§ 557-558. À ce propos, il est important de rappeler que pendant le génocide, un langage codé était utilisé par les principaux responsables politiques pour appeler à l'extermination de l'ethnie Tutsi. Ainsi, le terme « ennemi » désignait le groupe Tutsi, « débroussailler » était synonyme de « pourchasser » et le terme « travail » renvoyait au verbe « tuer ». D'une manière générale, ces concepts étaient bien compris par les Rwandais. Pour un exemple pertinent illustrant des faits similaires, cf. notamment affaire *Niyitegeka,* TPIR, Ch. I., jugement portant condamnation, affaire n° ICTR-96-14, 16 mai 2003, §§ 434 à 437.

[1497] Trois accusés étaient mis en cause dans cette affaire. Nahimana et Barayagwiza étaient responsables de la programmation de la Radio Télévision Libre des Mille Collines (RTLM), tandis que Hassan Ngeze était fondateur, propriétaire et rédacteur en chef du journal « Kangura » qui publiait des articles et éditoriaux incitant à l'extermination du groupe Tutsi. TPIR, Ch. I., jugement et sentence, *Ferdinand Nahimana* et *autres*, affaire n° ICTR-99-52-T, 3 décembre 2003, §§ 123, 1011, 1015, 1033, 1034 et 1038.

[1498] *Idem,* §§ 949, 950 et 1013.

[1499] *Idem*, § 1007.

[1500] *Idem*, § 1015.

[1501] *Idem*, § 1029, et arrêt Chambre d'appel, *supra,* note 1430, § 678.

généralisés « des Tutsi » n'est pas une condition indispensable pour que soit constituée l'incitation directe et publique à commettre un génocide[1502].

803. À partir du moment où la Chambre d'appel contredisait les juges de première instance, on se demande bien pourquoi les conclusions factuelles formulées par ces derniers n'ont pas été annulées comme ce fut le cas dans l'affaire dite « des Médias de la haine ». Dans le cas d'espèce, la Chambre de première instance avait reconnu les trois accusés coupables de crime d'entente pour avoir « *sciemment agi de concert, utilisant les institutions qu'ils contrôlaient [...] pour promouvoir un programme commun, à savoir cibler la population Tutsi pour la détruire*[1503] ».

Cependant, la Chambre d'appel s'était démarquée de ce raisonnement, estimant qu'« *un juge des faits raisonnables pouvait aussi conclure que ces institutions avaient collaboré pour promouvoir l'idéologie « Hutu Power » dans le cadre du combat politique opposant Hutu et Tutsi ou pour propager la haine ethnique contre les Tutsi, sans toutefois appeler à la destruction en tout ou partie de ce groupe*[1504] ».

804. En fin de compte, l'idée d'une entente visant l'extermination de la minorité Tutsi a subi des revers juridiques impressionnants dans la jurisprudence du TPIR. Tout en faisant référence à la jurisprudence des TMI, du Comité des droits de l'homme des Nations Unies et à la Cour européenne des droits de l'homme, la Chambre de première instance a conclu que « *les rédacteurs en chefs et éditeurs sont généralement tenus responsables des médias qu'ils contrôlent [...]. Mais le discours doit être interprété dans son contexte pour en apprécier l'impact potentiel* »[1505]. Ce raisonnement nous mène au deuxième élément sur lequel le Tribunal devait se prononcer, à savoir la **distinction entre les discours haineux et l'incitation directe** à commettre le génocide[1506]. Cette question qualifiée de « faux débat » par le Procureur du TPIR a été définitivement tranchée par la Chambre d'appel dans un arrêt du 28 novembre 2007. De l'avis de la Chambre,

> « [...] il y a une différence entre le discours haineux en général (ou l'incitation à la discrimination ou à la violence) et l'incitation directe et publique à commettre le génocide. En effet, il y aura incitation directe à commettre le génocide si le discours constitue un appel direct à commettre un ou des actes de génocide

---

[1502] Jugement Nahimana, *supra,* note 1497, § 1015. Mais dans le jugement Akayesu, la Chambre de première instance avait admis le contraire en considérant qu'il y avait une relation de cause à effet entre les propos de l'accusé et les massacres des Tutsi. Cf. jugement Akayesu, *supra,* note 1424, §§ 674-675.

[1503] Jugement Nahimana et consorts, *supra,* note 1497, §§ 1054-1055.

[1504] Arrêt Nahimana et consorts, 28 novembre 2007, *supra,* note 1430, § 910.

[1505] Jugement Nahimana et consorts, *supra,* note 1497, §§ 1001 à 1003.

[1506] C'est l'un des moyens d'appel soulevé par les accusés (tous condamnés en première instance pour incitation directe et publique à commettre le génocide entre autres). Ils faisaient valoir que les émissions de la RTLM antérieures au 6 avril 1994 (date de déclenchement du génocide) ne constituaient pas de l'incitation directe et publique à commettre le génocide, mais plutôt une prévention contre une éventuelle attaque du Front patriotique rwandais (partie politique et militaire d'opposition). Cf. arrêt Nahimana et consorts, *supra,* note 1430, § 729.

énumérés à l'article 2 (2) du Statut ; une suggestion vague et indirecte ne suffira pas. Dans la plupart des cas, une incitation directe et publique à commettre le génocide pourra être précédée ou accompagnée de discours haineux, mais seule l'incitation directe et publique à commettre le génocide est prohibée en vertu de l'article 2(3) c du Statut[1507] ».

Sur ce point, les juges d'appel ont approuvé les conclusions factuelles de la Chambre de première instance, citant dans le contexte rwandais des exemples où certaines émissions radio constituent un « discours haineux » et non une incitation directe à commettre le génocide. Inversement, des émissions et des extraits d'articles, qui dans leur ensemble « dénigraient les Tutsi », sont considérés comme une véritable incitation directe à commettre le génocide[1508]. L'exemple le plus édifiant est l'article intitulé « *Les dix commandements* » publié en 1990 par le journal « Kangura[1509] ». La Chambre considère que cet article exhortait les « Bahutu » à cesser d'avoir pitié des « Batutsi » et à prendre toutes les mesures nécessaires pour dissuader l'ennemi (désigné comme la population Tutsi) d'une nouvelle agression[1510]. Le texte constituait un appel sans équivoque aux Hutu à exterminer les Tutsi. Enfin, de l'avis de la Chambre, les articles et éditoriaux parus dans le journal « Kangura » étaient manifestement destinés « *à attiser les flammes de la haine*[1511] ».

805. Les rédacteurs ont encouragé la violence en véhiculant le message selon lequel « *la machette devait être utilisée afin d'éliminer les Tutsi pour de bon*[1512] ». Il en est de même pour certaines émissions diffusées sur les ondes de la RTLM. L'expression « *échauffer les esprits* » était utilisée appelant ainsi les auditeurs à exterminer l'ennemi, c'est-à-dire la population Tutsi, « *identifiable par sa taille et son apparence*[1513] ». Cet appel à la destruction du groupe tutsi constitue sans aucun doute un des signes précurseurs du génocide qui a poussé la population hutu à une « frénésie meurtrière ». Au vu de ces éléments de preuve, la Chambre d'appel a conclu « *au-delà de tout doute raisonnable* » que les trois accusés mis en cause dans l'affaire des « Médias de la haine » étaient tous animés de l'intention du génocide. En conséquence, ils sont reconnus coupables (entre autres) d'incitation à commettre le génocide, en application de l'article 6 (1et 3) du Statut du TPIR[1514].

1507 *Idem,* §§ 684 et 692.

1508 *Idem,* § 696. Toutefois, la Chambre d'appel avait partiellement annulé les conclusions de la Chambre de première instance sur les modes d'imputation de la responsabilité pénale consacrés par l'article 6 du Statut du TPIR.

1509 Ce terme signifie en langue rwandaise « réveille-le ». C'est le journal le plus célèbre au Rwanda à l'époque du génocide. Cf. jugement Nahimana et consorts, *supra,* note 1497, § 139.

1510 *Idem,* § 153.

1511 *Idem,* § 950.

1512 *Ibid.*

1513 *Idem,* § 1032.

1514 Les dispositions de cet article mettent en exergue la responsabilité pénale individuelle et la responsabilité du supérieur hiérarchique. Toutefois, les peines prononcées en première instance sont légèrement réduites, allant de l'emprisonnement à vie à 35 ans. Cf. dispositif arrêt Nahimana et consorts, *supra,* note 1430, p. 422 et s. Sur la même question, cf. affaire Ruggiu

806. En somme, l'affaire *Nahimana et consorts,* jugée devant la Chambre de première instance du TPIR, puis tranchée devant la Chambre d'appel, est intéressante à plus d'un titre. Non seulement elle retrace le rôle des mass media dans l'exécution du génocide du Rwanda, mais elle soulève également des questions essentielles sur lesquelles la justice pénale internationale ne s'est pas prononcée depuis les procès de Nuremberg. Il en est ainsi de l'équilibre à maintenir entre la protection de la liberté d'information et les impératifs de la sécurité nationale. Ce faisant, la Chambre de première instance procède à une analyse de la liberté d'expression en vertu des instruments internationaux des droits de l'homme, afin que la mise en cause de la responsabilité des auteurs pour incitation au génocide ne porte pas atteinte à ce droit fondamental[1515].

807. Enfin, force est de constater que les verdicts de culpabilité rendus jusque-là par le TPIR pour incitation directe et publique à commettre le génocide résultent des discours « incendiaires » prononcés publiquement devant de grands rassemblements de personnes, ainsi que d'autres moyens de communication lancés à travers les médias pour mobiliser la population en masse[1516]. Il a été établi que les publications d'articles de journaux et de propos diffusés dans certaines émissions radio ont provoqué le meurtre à grande échelle de civils tutsi. C'est sans doute la raison pour laquelle les Procureurs qui se sont succédé au TPIR ont également usé de l'incrimination d'« entente » ou de complot pour mettre en cause la responsabilité des personnes ayant une institution sous leur contrôle, comme ce fut le cas dans l'affaire des « Médias » susvisée.

(ancien journaliste et animateur à la RTLM), condamné à une peine d'emprisonnement de 12 ans pour incitation directe et publique à commettre le génocide et crime contre l'humanité. TPIR, Chambre I, jugement portant condamnation, *Georges Ruggiu*, affaire n° ICTR-97-32, 1er juin 2000, p. 19 (a plaidé coupable).

[1515] Jugement Nahimana, 3 décembre 2003, *supra,* note 1497, §§ 983 à 1010. Cette question sera traitée plus loin au paragraphe portant sur l'influence croisée des décisions du TPIR et celles des Cours régionales de protection des droits de l'homme.

[1516] En ce sens, cf. affaire *Bikindi*, un chanteur rwandais accusé d'avoir participé à la campagne « anti tutsi » orchestré au Rwanda en 1994 par le biais de ses compositions musicales et de ses discours prononcés lors des rassemblements publics. Il est condamné à 15 ans d'emprisonnement pour incitation publique et directe à commettre le génocide. TPIR, Ch. III., jugement, affaire n° ICTR-01-72-T, *Simon Bikindi*, 2 décembre 2008, §§ 426 à 460 (appel rejeté). Pour des faits similaires, cf. notamment jugement Niyitigeka, *supra,* note 1495, §§ 434 à 437 (appel rejeté). Cf. également affaire Kalimanzira, condamné en première instance à 30 ans d'emprisonnement pour incitation directe et publique à commettre le génocide, entre autres (Ch. III., jugement, *Calixte Kalimanzira*, affaire n° ICTR-05-88-T, 22 juin 2009, § 751). Mais il est acquitté par la Chambre d'appel du chef d'accusation d'incitation à commettre le génocide et sa peine est réduite à 25 ans (App., arrêt, *Kalimanzira*, affaire n° ICTR-05-88-A, 20 octobre 2010, § 243). Enfin pour des exemples de condamnation portant sur l'incitation directe et publique à commettre le génocide, cf. affaire Nyiramasuhuko et autres, *supra,* note 1432, §§ 5995 à 6001 et §§ 6036 à 6038.

2) L'entente en vue de commettre le génocide

808. Incriminée par l'article 2(3) (b) du Statut du TPIR[1517], cette infraction demeure controversée en droit international, car elle n'est pas perçue de manière identique dans le système de *common law* et celui de tradition civiliste[1518]. Sur ce point, les travaux préparatoires de la Convention sur le génocide n'ont retenu que le concept « *conspiracy* ». Néanmoins, les juges du TPIR tentent de maintenir un équilibre entre les deux traditions juridiques. À ce titre, il ressort de la jurisprudence du Tribunal que les Chambres ont été saisies de la question de l'entente dans plusieurs affaires distinctes : Kambanda, Musema, Ntakirutimana, Niyitigeka, Nahimana et consorts, Ntagerura et consorts, Kajelijeli, Seromba, Bagosora et consorts, Pauline Nyiramasuhuko, Zigiranyirazo et Gatete.

809. C'est surtout le jugement *Musema* qui retrace la genèse du crime d'entente, avant que la question ne soit abordée à nouveau dans les décisions postérieures du Tribunal[1519]. En prenant en compte les deux définitions proposées dans la tradition romano-germanique et en *common law*[1520], la Chambre de première instance du TPIR fait observer que l'entente en vue de commettre le génocide relève d'« *une résolution d'agir sur laquelle au moins deux personnes se sont accordées en vue de commettre un génocide*[1521] ». Le fait de s'accorder constitue l'élément matériel de ce crime[1522]. Un tel accord peut être prouvé dans le contexte du génocide des Tutsi en tenant compte d'un élément matériel, à savoir l'organisation de réunions dont le but est de planifier les massacres[1523].

810. Quant à l'élément moral, il réside dans l'intention concertée de commettre le génocide, c'est-à-dire de détruire, en tout ou en partie, un groupe

---

[1517] Nous retrouvons les mêmes dispositions dans l'article 4 (3) (b) du Statut du TPIY. Toutefois, le Statut de Rome ne prévoit pas cette forme d'incrimination.

[1518] Si l'entente (ou conspiracy) est considérée comme un délit en droit anglo-américain, elle n'a pas d'équivalent en droit français, comme le précisait le représentant de la France lors des Travaux préparatoires de la Convention sur le génocide. Pour un aperçu global de la notion dans les différents systèmes juridiques, cf. jugement Musema, *supra,* note 1427, § 187.

[1519] La notion d'« entente » a déjà été utilisée à Nuremberg et Tokyo. À cet effet, elle avait permis d'inclure les crimes contre l'humanité comme étant le résultat d'une entente en vue de commettre un crime contre la paix. Dans le sens de cette analyse, cf. MÉGRET Fréderic, *op. cit.,* p. 205.

[1520] Dans les systèmes de common law, « *l'infraction d'entente est généralement constituée lorsque deux ou plusieurs personnes ont arrêté un accord en vue d'un dessein commun ; ce dessein étant contraire à la loi* ». Dans les systèmes de tradition romano-germanique, « l'entente ou le complot font exception au principe selon lequel la simple résolution criminelle et les actes préparatoires sont généralement considérés comme impunissables », sauf dans des cas de crime particulièrement grave comme le complot visant l'atteinte à la sûreté de l'État. Cf. jugement Musema, *supra,* note 1427, §§ 186 et 190.

[1521] *Idem,* § 191.

[1522] TPIR, App., arrêt, *Athanase Seromba,* affaire n° ICTR-01-66-A, 12 mars 2008, § 221. Cf. aussi arrêt *Nahimana* et autres, *supra,* note 1430, § 896.

[1523] Arrêt Seromba (*ibid*) ; Nahimana et consorts (*ibid*) ; Niyitegeka, Chambre I, jugement portant condamnation, affaire n° ICTR-96-14, 16 mai 2003, §§ 427-428, §§ 474-475).

national, ethnique, racial ou religieux, comme tel[1524]. Partant de cette définition, la Chambre précise que c'est plutôt le procédé de l'entente qui est incriminé et non pas le résultat[1525]. En d'autres termes, l'accord est punissable même s'il ne débouche pas sur la perpétration du génocide. Il s'agit en l'occurrence d'une infraction dite « formelle[1526] » et « continue[1527] » qui trouve son aboutissement dans la perpétration des actes envisagés par l'entente[1528]. Mais dans le jugement *Musema* (première décision à définir le crime d'« entente »), l'une des principales questions qui s'est posée était celle de savoir si un accusé pouvait être reconnu coupable à la fois de génocide et d'entente en vue de commettre un tel crime. Il s'agit notamment du problème de cumul de plusieurs formes de responsabilité qui s'est posé dans de nombreuses affaires jugées par le TPIR. Là encore, le système de *common law* et la tradition civiliste sont partagés sur la question[1529].

811. Dans l'affaire *Musema,* la Chambre de première instance était partie de la logique selon laquelle, il faut retenir la position la plus favorable à l'accusé ; avant de conclure qu'il ne serait pas nécessaire de prononcer une double condamnation pour génocide et crime d'entente en vue de commettre le génocide, si le prévenu était reconnu coupable pour les mêmes faits[1530]. Celui-ci fut acquitté du crime d'entente, même si la peine d'emprisonnement à vie a été retenue pour d'autres infractions[1531]. Pour autant, la Chambre d'appel n'a pas souscrit à l'avis exprimé par la Chambre de première instance, estimant qu'en général, le cumul de qualification peut être permis à partir du moment où chaque disposition du Statut qui sous-tend la condamnation présente un

---

[1524] Jugement Musema, *supra,* note 1427, § 192 ; jugement Niyitigeka, *idem,* § 423 ; Nahimana et consorts, *idem,* §§ 894 à 896.

[1525] Musema, *idem,* § 193.

[1526] L'indifférence au résultat est d'abord le propre de l'infraction formelle. C'est indépendamment de sa réalisation qu'elle se commet, ce qui en fait une infraction de structure très différente de l'infraction matérielle (infraction de résultat). En outre, l'infraction formelle n'est qu'une infraction de comportement, consommée par la seule action ou omission incriminée, peu importe que le résultat correspondant ait été ou non suivi d'effets. C'est l'exemple de l'empoisonnement ou le non-respect des règles de santé et de sécurité dans le monde du travail. À ce propos, cf. MAYAUD Yves, *Droit pénal général,* PUF, 2010, p. 212.

[1527] L'infraction est continue lorsque l'action ou l'omission qui en caractérise la matérialité est susceptible de se manifester inchangée dans le temps, pour être reconductible à l'infini. C'est cette vocation à durer qui fait la continuité, et non la durée effective. L'exemple classique c'est le recel qui se caractérise par le fait de détenir une chose en connaissance de sa provenance délictueuse. MAYAUD Yves, *idem,* p. 198

[1528] Jugement Nahimana et consorts, *supra,* note 1497, § 1044.

[1529] Dans le système romano-germanique, un accusé ne peut être reconnu coupable d'entente que si l'infraction principale n'a pas été consommée. Dans la tradition anglo-saxonne, un accusé peut être reconnu coupable à la fois d'entente et de l'infraction principale, notamment au cas où l'objet de l'entente s'étend au-delà des infractions, effectivement consommées. Jugement Musem*a*, *supra*, note 1427, §§ 196-197.

[1530] *Idem*, §§ 198 et 941.

[1531] La sentence est confirmée par la Chambre d'appel dans un arrêt du 16 novembre 2001, affaire n° ICTR-96-13-A, § 399.

élément constitutif nettement distinct qui fait défaut dans l'autre[1532]. Dès lors, on note une certaine ambiguïté dans l'affaire *Musema.*

812. Au total, sur les douze affaires jugées par le Tribunal, les Chambres ont acquitté huit accusés du crime d'entente[1533] et n'ont retenu que quatre cas où l'existence d'un plan d'extermination des Tutsi était justifiée[1534]. Il en est ainsi de l'affaire *Kambanda*, ancien premier ministre du Rwanda et premier chef du gouvernement à avoir plaidé coupable devant une juridiction pénale internationale[1535]. Bien que la jurisprudence ne soit pas toujours d'une grande clarté sur la question[1536], il semble que la preuve d'un accord entre les accusés soit difficile à rapporter.

813. Dans leur requête, les Procureurs qui se sont succédé au TPIR ont fait valoir d'une manière générale, l'existence d'un « plan commun » en vue

---

[1532] *Idem*, §§ 360 à 363.

[1533] Chambre d'appel, arrêt Nahimana et consorts, *supra,* note 1430, dispositif de l'arrêt, p. 422 et s. Ensuite, dans l'affaire Ntagerura, l'accusé est acquitté de tous les chefs d'accusation (y compris l'entente en vue de commettre le génocide) par la Chambre de première instance. TPIR, Ch. III., jugement et sentence, *André Ntagerura* et *autres*, affaire n° ICTR-99-46-T, 25 février 2004, § 804 (acquittement confirmé par la Chambre d'appel le 8 février 2006, affaire n° ICTR-99-46-A, dispositif de l'arrêt, p. 163). Cf. aussi jugement Musema, *supra,* note 1427, § 399 ; jugement Seromba, *supra,* note 1476, p. 82 (décision confirmée par la Chambre d'appel mais la peine de 15 ans prononcée en première instance est commuée en peine d'emprisonnement à vie dans un arrêt du 12 mars 2008, *supra,* note 1522, § 240). Sur la même question, cf. TPIR, Ch. II., jugement et sentence, *Juvenal Kajelijeli,* affaire n°ICTR-98-44A-T, 1er décembre 2003, §§ 794 à 798, condamné à la peine d'emprisonnement à vie (décision confirmée en appel avec une peine réduite à 45 ans, arrêt 23 mai 2005, affaire n° ICTR-98-44A) ; Ch. I., jugement et sentence, *Elizaphan* et *Gérard Ntakirutimana*, affaires n° ICTR-96-10 et ICTR-96-17-T, 21 février 2003, § 731, condamné respectivement à des peines de 10 et 25 ans d'emprisonnement (appel rejeté le 13 décembre 2004) ; Ch. III, jugement, *Protais Zigiranyirazo*, affaire n° ICTR-01-73-T, 18 décembre 2008, §§ 288 et 395 (la peine de 20 ans prononcée en première instance est annulée par la Chambre d'appel et l'accusé définitivement acquitté). Enfin, cf. affaire Bagosora et consorts, Ch. I., jugement et sentence, affaire n° ICTR-98-41-T, 18 décembre 2008, §§ 2084 à 2113 (décision Chambre d'appel rendue le 14 décembre 2011).

[1534] Cf. affaire *Niyitigeka*, condamné à la peine d'emprisonnement à vie pour génocide et à titre subsidiaire entente et incitation directe et publique à commettre le génocide, entre autres, jugement 16 mai 2003, *supra,* note 1523, §§ 427 à 429 (appel rejeté). Cf. également jugement *Pauline Nyiramasuhuko et consorts* (un procès groupé impliquant six accusés dont l'un est condamné pour entente en vue de commettre le génocide, entre autres), Chambre II, 24 juin 2011, *supra,* note 1432, §§ 5668 à 5728. Enfin, cf. affaire *Gatete*, accusé acquitté du crime d'entente par la Chambre de première instance mais reconnu coupable par la Chambre d'appel dans un arrêt du 9 octobre 2012 (TPIR, App., arrêt, *Jean Baptiste Gatete*, affaire n° ICTR-00-61-A).

[1535] Il a été condamné à la peine d'emprisonnement à vie pour génocide, entente en vue de commettre le génocide et incitation directe et publique à commettre le génocide. TPIR, Ch. I, jugement portant condamnation, *Jean Kambanda*, affaire n°ICTR-97-23-S, 4 septembre 1998, p. 31 (décision confirmée en appel par un arrêt du 19 octobre 2000, affaire n° ICTR-97-23-A, p. 41).

[1536] Par exemple dans l'affaire Kambanda précitée (note 1535), la Chambre de première instance a admis un cumul de déclarations de culpabilité, alors que dans l'affaire Musema, elle s'est contredite en estimant qu'il n'était pas nécessaire de condamner un accusé pour crime d'entente à partir du moment où il est déjà reconnu coupable de génocide. Cf. jugement Musema, *supra,* note 1427.

d'exterminer la population Tutsi (exemple affaire des « Médias » et *Kajelijeli*)[1537]. Cet accord pouvait résulter de réunions clandestines au cours desquelles étaient préétablies des listes de Tutsi à rechercher (*affaire Seromba*)[1538]. Mais dans ces trois exemples précités, la Chambre d'appel a conclu d'une manière générale que l'organe de poursuite n'avait pas établi au-delà de tout doute raisonnable que les massacres perpétrés après le 6 avril 1994 (date de déclenchement du génocide) étaient le résultat d'une entente ou d'un plan auquel les accusés mis en cause avaient adhéré[1539]. Peut-on à ce moment parler d'échec de la procédure de mise en accusation?

814. Quoi que l'on puisse dire, les décisions d'acquittement prononcées par les Chambres du TPIR par rapport au crime d'entente n'ont pas eu de conséquence significative sur le quantum de la peine[1540]. Cette question s'est également posée devant le TPIY dans l'affaire *Popovic et consorts,* mais avec moins d'ambiguïté[1541]. À l'issue d'un procès groupé, la Chambre de première instance a estimé que le génocide et l'entente en vue de commettre le génocide faisaient partie intégrante des crimes reprochés aux forces Bosno-Serbes. Ainsi, elle s'est fondée sur le caractère coordonné et systématique des massacres perpétrés à Srebrenica pour établir la preuve d'un accord entre les accusés[1542]. En revanche, sur la base des principes relatifs au non-cumul des peines, la Chambre n'a pas jugé nécessaire de prononcer une condamnation

---

[1537] Cf. jugement Nahimana et consorts, 3 décembre 2003, *supra,* note 1497, §§ 1049 à 1054, jugement Kajelijeli, 1er décembre 2003, *supra*, note 1533, § 785.

[1538] Jugement Seromba, 13 décembre 2006, *supra*, note 1476, §§ 348 à 351.

[1539] *Idem,* §§ 348-349.

[1540] Pour ne citer que deux exemples, cf. jugement Seromba (*supra*, note 1476), condamné en première instance à une peine de 15 ans d'emprisonnement et acquitté du crime d'entente en vue de commettre le génocide. Mais la Chambre d'appel a durci la sentence en prononçant une peine d'emprisonnement à vie (arrêt Seromba, *supra,* note 1522). Dans le même sens, cf. affaire Musema, acquitté du crime d'entente en première instance et en appel, puis condamné à une peine d'emprisonnement à vie (jugement Musema, *supra*, note 1427).

[1541] Dans le cas d'espèce, *Popovic* et ses coaccusés étaient soupçonnés d'avoir conclu un accord avec plusieurs autres personnes dans le but de chasser les musulmans de Srebrenica et d'exécuter sommairement les hommes musulmans valides capturés après la chute de Srebrenica le 11 juillet 1995. Ces crimes atroces commis à Srebrenica et Žepa (un village de Bosnie Herzégovine dont la majorité est musulman) impliquaient 7 accusés dont 5 étaient poursuivies pour génocide et entente en vue de commettre le génocide, entre autres. TPIY, acte d'accusation, *Le Procureur c/ Vujadin Popovic et consorts,* affaire n° IT-05-88-T, 4 août 2006, p. 19.

[1542] Trois accusés sont acquittés du chef d'entente et deux reconnus coupables de génocide et d'entente en vue de commettre le génocide, entre autres. Selon les conclusions de la Chambre, Vujadin Popovic connaissait l'existence du plan depuis son élaboration et a été tenu informé de toute son évolution. Sa participation à toutes les phases de ce plan démontre que, non seulement il connaissait l'intention destructrice du projet, mais qu'il la partageait. De même, les efforts énergiques déployés par Ljubiša Beara (cheville ouvrière de l'entreprise meurtrière) pour recruter du personnel, obtenir du matériel et superviser les exécutions, sont la preuve de sa « détermination sinistre » à tuer le plus grand nombre de personnes possible (jugement *Popovic et consorts,* 10 juin 2010, *supra,* note 1449, §§ 881 à 886).

pour entente eu égard au chef d'accusation de génocide déjà retenu contre les prévenus[1543].

815. Pour ainsi dire, le TPIY n'a pas adhéré à l'approche du TPIR qui consiste à cumuler les incriminations pour génocide et entente en vue de commettre le génocide, comme ce fut le cas dans les affaires précitées (*Kambanda, Niyitegeka* et *Gatete)*[1544]. Cette question liée au cumul d'infractions et de responsabilité est quelque peu controversée dans la jurisprudence des Tribunaux pénaux internationaux, car elle ne trouve pas de réponse unanime en droit international pénal. Pour ce faire, le TPIY a établi des normes « dites critères *Celebici* » selon lesquelles, « *seuls des crimes distincts peuvent justifier un cumul de déclarations de culpabilité. Un tel cumul n'est possible [...] que si chacune des dispositions du* [Statut] *comporte un élément nettement distinct qui fait défaut dans l'autre*[1545] ». Ce raisonnement semble tout à fait justifié surtout en matière de complicité dans le génocide, infraction réprimée par l'article III (§ e) de la Convention de 1948[1546].

3) La complicité dans le génocide

816. Dans certains droits nationaux, la même peine est infligée aussi bien à l'auteur principal d'une infraction qu'à son complice[1547]. Dans d'autres systèmes nationaux, comme en Allemagne, la législation prévoit des peines moins lourdes pour ceux qui ont participé à une infraction à titre accessoire[1548]. En droit international pénal, ni les traités ni la jurisprudence ne prévoient des

---

[1543] Elle estimait que l'intention requise pour commettre l'entente en vue de commettre le génocide est la même que celle du crime de génocide. Cf. jugement Popovic, *idem,* §§ 2117 à 2129. La Cour internationale de justice avait suivi la même logique, en considérant qu'il ne serait guère utile d'établir « judiciairement » des infractions connexes au génocide si les conditions d'incrimination d'un tel crime sont déjà remplies. Arrêt CIJ, 26 février 2007 (Bosnie-Herzégovine c/ Serbie-et-Monténégro, *supra,* note 1451, § 380.

[1544] Jugement Kambanda, *supra,* note 1535 et jugement Niyitegeka, *supra,* note 1523. En ce qui concerne l'affaire *Gatete,* l'accusé a été acquitté du crime d'entente en vue de commettre le génocide par la Chambre de première instance. Celle-ci a notamment suivi le raisonnement des juges de première instance du TPIY (affaire Popovic, *supra,* note 1449) qui estimaient qu'il n'est pas nécessaire de retenir le crime d'entente si un accusé est déjà reconnu coupable de génocide (TPIR, Chambre III, jugement et sentence, affaire n° ICTR-2000-61-T, 31 mars 2011, §§ 654 à 662). Mais la Chambre d'appel n'a pas adhéré à cette approche, puisqu'elle a fait droit à la requête du Procureur, en déclarant Jean-Baptiste Gatete coupable d'entente en vue de commettre le génocide, entre autres. Cf. arrêt du 9 octobre 2012, affaire n° ICTR-00-61-A, § 288.

[1545] TPIY, App., arrêt, *Zejnil Delacic et autres* (« camp de Celebici »), IT-96-21-A, 20 février 2001, §§ 412-413. Ce procès portait sur des événements survenus en 1992 dans un camp de prisonniers situé près de la ville de Celebici, en Bosnie-Herzégovine. Des détenus y ont été tués, torturés, violés. De façon générale, ils ont été victimes de traitement cruel et inhumain.

[1546] Cf. art. 2, § 3 (e) du Statut du TPIR et art. 4, § 3 (e) du Statut du TPIY.

[1547] Cf. art. 121-6 du Code pénal français en vertu duquel : « *sera puni comme auteur le complice de l'infraction* ».

[1548] Cf. art. 7 du Code pénal allemand.

sanctions différentes en fonction de la forme de responsabilité. Par conséquent, quel que soit le degré de participation d'une personne à l'infraction, cette dernière est considérée comme auteur principal. Néanmoins, le principe de la responsabilité pénale individuelle pour complicité dans la commission du crime de génocide est différent de celui qui est requis pour les autres catégories de crimes internationaux[1549].

817. Avant d'entrer dans le vif du sujet, il s'avère nécessaire de s'intéresser à la définition de la notion de complicité. Selon le dictionnaire de droit international, est complice celui qui « *sans être auteur d'un crime, en a, par son comportement, facilité la réalisation*[1550] ». Cette définition est proche de celle proposée par le TPIR dans son premier jugement rendu (affaire *Akayesu*). Ainsi, le complice d'une infraction est assimilé à « *celui qui s'unit à une infraction commise par une autre*[1551] ».

818. Compte tenu de la grande similitude existant entre les définitions de la complicité dans les systèmes romano-germaniques et en *common law,* la Chambre de première instance a considéré qu'il était nécessaire de recourir aux trois premières formes de participation criminelle prévues à l'article 91 du Code pénal rwandais, constitutives de complicité dans le génocide[1552]. Il s'agit notamment de la complicité par **fourniture de moyens** (armes, instrument...), la complicité par **aide ou assistance**[1553] et la complicité par **instigation**. Quant à l'élément moral (*mens rea*), il n'est pas nécessaire que le complice soit

---

[1549] La complicité dans la perpétration d'un crime contre la paix, d'un crime de guerre ou d'un crime contre l'humanité est considérée comme un crime au regard du droit international. Par exemple, le Code des crimes contre la paix et la sécurité de l'humanité traite en son article 2-3 (d) de la complicité. Selon les dispositions de cet article, est pénalement responsable tout individu qui « en *connaissance de cause, fournit une aide ou une assistance à la commission d'un crime ou la facilite de toute autre manière, directement et de façon substantielle, y compris en procurant les moyens de le commettre* » (rapport de la Commission du droit international sur les travaux de sa quarante-huitième session, 6 mai - 36 juillet 1996, *supra,* note 1447, p. 21 (§ 11). Dans le même ordre d'idée, l'article 6 du Statut du Tribunal militaire international de Nuremberg, annexé à l'Accord de Londres du 8 août 1945, prévoyait la responsabilité secondaire des dirigeants, organisateurs, provocateurs ou complices qui ont pris part à l'élaboration ou l'exécution d'un plan concerté ou d'un complot pour commettre l'un quelconque des crimes visés par le Statut. La responsabilité envisagée dans le cadre d'un plan concerté ou d'un complot ne concernait que les crimes contre la paix (ou crime d'agression). En ce qui concerne la complicité pour crimes de guerre ou crimes contre l'humanité, c'est plutôt le TPIY qui aborde la question en s'appuyant notamment sur les affaires jugées par les commissions militaires des États-Unis et sur la jurisprudence des juridictions militaires britanniques. Jugement *Furundzija,* affaire n° IT-95-17/1-T, 10 décembre 1998, *infra,* note 1558, § 209.

[1550] SALMON Jean (dir.), *Dictionnaire de droit international public,* Bruylant, 2001, p. 219.

[1551] D'où le terme de « criminalité d'emprunt » consacré par la doctrine. Cf. jugement Akayesu, *supra,* note 1424, §§ 527-528.

[1552] *Idem,* §§ 533 à 537. Cf. également Code pénal rwandais du 18 août 1977 révisé en 2003, puis en 2012 par la loi organique n° 01/2012/OL du 02/05/2012 portant Code pénal, Gazette officielle, n° spécial du 14 juin 2012. Mais dans cette dernière version, le complice n'est pas passible des mêmes peines que l'auteur ou le coauteur (art. 98 et 99), contrairement à ce qui était prévu par le Code pénal de 1977 (art. 89).

[1553] Que l'on retrouve également dans le Code pénal français (art. 121-7).

animé du dol spécial du génocide qui requiert l'intention spécifique de détruire en tout ou partie un groupe national, ethnique, racial ou religieux pour que la responsabilité pour fait de complicité soit retenue[1554].

819. Cependant, la Chambre se réserve de bien préciser qu'il existe une différence entre la complicité dans le génocide et l'encouragement à planifier, préparer, ou exécuter un génocide, prévu à l'article 6 (1) du Statut du TPIR[1555]. La complicité nécessite un acte positif (acte de commission) et l'encouragement peut être assimilé à une « inaction ou abstention[1556] ». Or, à la lecture du jugement *Semanza*, on note une certaine ambiguïté par rapport à l'affaire *Akayesu* dans la mesure où la Chambre de première instance du TPIR a adopté une position contraire, en estimant que « *la mens rea requise pour la complicité dans le génocide correspond à celle qui est exigée pour l'aide et l'encouragement et les autres formes de responsabilité du complice visées à l'article 6 §1*[1557] ». Dans cette affaire, les juges ne font pas « par essence » la distinction entre la complicité dans le génocide visée à l'article 2-3) du Statut du TPIR et la définition de « l'aide et l'encouragement » prévue à l'article 6 dudit Statut.

820. C'est l'approche consacrée dans l'affaire *Akayesu* qui fera jurisprudence. En effet, de l'avis de la Chambre, la complicité dans le génocide ne nécessite que « *l'intention propre au complice d'aider ou d'assister, en connaissance de cause, une ou plusieurs autres personnes à commettre un crime de génocide*[1558] ». La participation criminelle du complice peut être antérieure ou postérieure à l'acte de l'auteur principal, et il n'est pas indispensable que le complice soit présent lors de la perpétration du crime[1559]. Cela étant, la complicité suppose nécessairement l'existence d'une infraction principale. Pour qu'un chef d'accusation de complicité dans le génocide puisse être retenu, il est important de prouver qu'un crime de génocide a été effectivement commis.

[1554] Jugement Akayesu, *supra,* note 1424, § 540. C'est d'ailleurs ce qui permet de distinguer la complicité dans le génocide de la complicité pour les autres crimes internationaux (crimes contre la paix, crime de guerre et crimes contre l'humanité). Pour qu'il y ait complicité, outre l'aide ou l'assistance, il faut encore qu'il y ait, de la part de l'État qui assiste, une intention de collaborer à la réalisation d'un acte illicite, et donc la connaissance du but spécifique en vue duquel l'État destinataire de l'assistance entend de servir de cette dernière. Cf. *Dictionnaire de droit international public*, SALMON Jean, *op. cit.*, p. 218.

[1555] Akayesu, *idem,* § 548. Sur la même question, cf. TPIY, arrêt Krstic, *supra*, note 1451, §§ 137 à 144.

[1556] Akayesu, *Ibid.*

[1557] Cf. jugement Semanza, 15 mai 2003, *supra,* note 1476, § 394.

[1558] Akayesu, *supra,* note 1424, §§ 540 et 547. Cependant, dans le traitement de la complicité en tant que crime de guerre ou crime contre l'humanité, la Chambre de première instance du TPIY considérait que l'aide fournie par le complice ne doit pas nécessairement constituer un élément indispensable, une condition *sine qua none* de la consommation du crime. Cf. jugement *Furundzija*, affaire n° IT-95-17/1-T, 10 décembre 1998, § 209.

[1559] TPIR, Ch. III., jugement portant condamnation, *Michel Bagaragaza*, affaire n° ICTR-05-86-S, 17 novembre 2009, § 44. Dans le même ordre d'idées, cf. TPIY, Ch., jugement, *Duško Tadić*, IT-94-1-T, 7 mai 1997, §§ 691- 692.

821. Toutefois, la logique voudrait qu'une même personne ne puisse être en même temps l'auteur principal et le complice d'un fait spécifique[1560]. Comme le précise la Chambre de première instance, « *le même fait reproché à un accusé ne peut être à la fois constitutif de génocide et de complicité dans le génocide pour cet accusé*[1561] ». Autrement dit, la complicité dans le génocide et le crime de génocide s'excluent mutuellement[1562]. Ce principe domine aujourd'hui dans la jurisprudence du TPIR. Tous les accusés condamnés pour crime de génocide ont été acquittés du chef de complicité dans le génocide[1563], à l'exception de l'ancien Premier ministre rwandais Jean Kambanda[1564]. Les autres accusés sont uniquement reconnus coupables pour complicité dans le génocide[1565].

822. En somme, l'incrimination du génocide et des infractions connexes (incitation, entente ou complicité) revêt une grande importance devant le TPIR, même si dans certains cas, il a été difficile pour l'organe de poursuite, de fournir les éléments de preuves nécessaires pouvant justifier une condamnation. Les progrès imposés par le Tribunal sont significatifs en termes d'imputabilité de la responsabilité. Non seulement les exécutants peuvent être traduits en justice, mais aussi, leurs supérieurs n'échappent pas aux poursuites.

823. En outre, le fait pour un accusé de voir sa responsabilité pénale engagée en vertu de l'article 6 (1) du Statut du TPIR ne fait pas obstacle à une

---

1560 En dépit de cette logique qui paraît tout à fait évidente, l'organe de poursuite du TPIR a retenu à la fois les deux crimes (complicité dans le génocide et crime de génocide) dans l'affaire Kambanda, *supra,* note 1312.

1561 Jugement Akayesu, *supra,* note 1424, § 532.

1562 Jugement Nahimana et consorts, 3 décembre 2003, *supra,* note 1497, § 1056. Mais dans le traitement de la complicité pour crimes de guerre ou crimes contre l'humanité, cette fusion est possible. TPIY, affaire *Tadić*, jugement 7 mai 1997, *supra,* note 1559, § 738.

1563 Pour ne citer que quelques exemples, cf. affaire Musema, jugement 27 janvier 2000, *supra,* note 1427, § 175 ; affaire *Kajelijeli,* jugement et sentence, 1er décembre 2003, *supra,* note 1533, § 847 ; affaire *Seromba,* jugement 13 décembre 2006, *supra,* note 1476, §§ 343 et 372 ; affaire Kalimanzira, jugement 22 juin 2009, *supra,* note 1516, §§ 504-505 ; affaire *Pauline Nyiramasuhuko et autres*, jugement 24 juin 2011, *supra,* note 1432, § 5981. Toutes ces décisions sont confirmées par la Chambre d'appel (avec réduction ou durcissement de la peine dans certains cas).

1564 Étant donné que l'accusé avait plaidé coupable de toutes les charges retenues contre lui (y compris le génocide et la complicité dans le génocide), la Chambre de première instance l'a condamné à la peine d'emprisonnement à vie pour l'ensemble des chefs d'accusation. Cf. jugement Kambanda, 4 septembre 1998, *supra,* note 1312, p. 31 (décision confirmée en appel).

1565 Cf. par exemple, affaire *Semanza*, accusé reconnu coupable de complicité dans le génocide et crimes contre l'humanité, jugement 15 mai 2003, *supra,* note 1476, § 436 ; affaire *Bagaragaza* (poursuivi alternativement pour entente en vue de commettre le génocide et complicité dans le génocide. Mais seul le crime de complicité a été retenu, jugement 17 novembre 2009, *supra,* note 1559, § 44. Concernant le TPIY, cf. affaire *Krstic* dans lequel l'accusé était condamné en première instance à une peine de 46 ans d'emprisonnement pour crime de génocide, entre autres (jugement 2 août 2001, *supra,* note 1450, § 727). Mais par un arrêt du 4 avril 2004, la Chambre d'appel estimait que la responsabilité de *R. Krstic* n'est engagée qu'en tant que complice dans le génocide commis à Srebrenica. Sa peine est ainsi réduite à 25 ans d'emprisonnement. Cf. dispositif arrêt Chambre d'appel, affaire n° IT-98-33-A, *Radislav Krstic*, IT-98-33, 19 avril 2004 p. 108.

déclaration additionnelle de culpabilité en application de l'article 6 (3), c'est-à-dire la responsabilité du supérieur hiérarchique. Il est vrai que ces deux articles constituent chacune une forme de responsabilité pénale individuelle. En revanche, elles se situent à des niveaux différents qui nécessitent forcément une analyse distincte[1566]. La responsabilité du supérieur hiérarchique divise profondément les différents systèmes juridiques de nature à empêcher l'émergence d'un « *principe général du droit* » faisant l'unanimité[1567]. Malgré ces obstacles, la jurisprudence du TPIR a apporté une contribution exemplaire, particulièrement à la répression des crimes sexuels.

§ 2–L'extension de la répression des crimes sexuels

824. Depuis l'Antiquité, il existe des codes de guerre qui punissent les soldats coupables d'actes inhumains sur les terrains d'action[1568]. Traditionnellement, le viol ne figurait pas dans ces codes. Les femmes étaient considérées comme la propriété de leur mari et classées dans la catégorie des biens du vaincu ou désignées comme « butins de guerre[1569] ». Ce n'est qu'au cours du XIXe et XXe siècle que la codification du viol devient plus probante. Ainsi, c'est le code *Lieber* de 1863[1570] qui fut l'un des premiers outils à être mis en place afin de sanctionner ce type de crime.

825. Après la Seconde Guerre mondiale, la communauté internationale va s'interroger sur la portée réelle du viol[1571]. C'est ainsi qu'en 1946, à

[1566] Les deux formes de responsabilité ne sont pas cumulatives. Par exemple si la responsabilité pénale individuelle d'un accusé est engagée au titre de l'article 6 (1) du Statut du TPIR, sa responsabilité en tant que supérieur hiérarchique (art. 6-3) ne pourra être retenue qu'à titre de circonstances aggravantes.

[1567] Pour une analyse synthétique de la question, CHAUMETTE Anne-Laure, « Les personnes pénalement responsables », in ASCENSIO Hervé et al, *Droit international pénal,* 2e éd., *op. cit.*, pp. 483 à 485.

[1568] GUEVINET Karima, *Violences sexuelles, la nouvelle arme de guerre*, Paris, Éditions Michalon, 2001, p. 162.

[1569] BONNET Catherine, « Le viol des femmes survivantes du génocide du Rwanda », in VERDIER Raymond et al, *Rwanda. Un génocide du XXe siècle*, Paris, L'Harmattan, 1995, p. 20.

[1570] Rédigé par Francis Lieber (professeur au *Columbia College* à New York), il s'agit d'un manuel d'instructions destiné aux combattants de l'Union engagés lors de la guerre de Sécession de 1861-1865. Ce code fut ensuite promulgué par le Président Lincoln le 24 avril 1863 sous le titre d'« instructions pour le comportement des armées des États-Unis en campagne ». Selon les dispositions de l'article 44, « *toute violence délibérée contre les personnes dans le pays envahi, toute destruction de biens non ordonnée par un officier qualifié, tout vol, pillage ou mise à sac [...], tout* ***viol,*** *blessure, mutilation ou mise à mort de ses habitants, sont interdits sous peine de mort ou de toute autre peine grave proportionnée à la gravité de l'offense* ». Pour une étude approfondie de la question, cf. SCHINDLER Dietrich et TOMAN Jiri, *Droit des conflits armés,* Genève, CICR, 1996, p. 3.

[1571] En ce sens, cf. J. LILLY Robert, *La face cachée des GI'S : les viols commis par les soldats américains en France, en Allemagne et en Angleterre pendant la Seconde Guerre mondiale,* Paris, Éditions Payot, 2003, 371 p. Dans cet ouvrage, l'auteur estime qu'entre 1942 et 1945, plus de 17 000 femmes et enfants avaient été victimes de viol.

Nuremberg, les vainqueurs l'ont inscrit parmi les crimes contre l'humanité imputés aux pays de l'Axe[1572]. De même, les quatre Conventions de Genève du 12 août 1949 élargissent considérablement la protection des individus aux conflits internes[1573]. En 1977, deux protocoles additionnels ont été ajoutés aux Conventions de Genève. Le deuxième protocole additionnel relatif à la protection des victimes des conflits armés non internationaux (Protocole II) prohibe « *les atteintes à la dignité de la personne, notamment les traitements humiliants et dégradants, le viol, la contrainte à la prostitution*[1574]... »

826. Les conflits en ex-Yougoslavie et au Rwanda ont révélé qu'il était impératif que ces lois internationales historiques dépassent la phase théorique, et soient finalement appliquées devant une instance juridictionnelle. Dans la même perspective, la communauté internationale a adopté une réaction plus institutionnalisée que par le passé, vis-à-vis des crimes de genre commis au cours de conflits armés. Face à l'ampleur du viol des femmes bosniaques, comme arme du nettoyage ethnique en fin d'année 1992[1575], le Conseil de sécurité de l'ONU a qualifié le viol systématique de crime contre l'humanité par la résolution 808 du 3 mai 1993[1576].

827. Il a été également démontré au Rwanda que des milliers de femmes tutsi ont été violées, sexuellement mutilées ou réduites à l'état d'esclaves

---

[1572] Ces crimes sont énumérés à l'article n° 10 du Conseil de contrôle. Néanmoins, le Statut du Tribunal de Nuremberg ne faisait pas du viol un crime et aucun accusé n'a été poursuivi pour ce type d'infraction. À titre d'exception, le Tribunal de Tokyo avait jugé deux commandants de l'armée japonaise condamnés pour avoir commis des crimes à l'égard des « femmes de confort » (c'est-à-dire réduites au rôle d'esclaves sexuelles). De tels actes étaient considérés comme une violation des coutumes et conventions admises de la guerre. Nous faisons notamment référence à l'article 46 de la Convention IV de La Haye de 1907 concernant les lois et coutumes et de la guerre qui stipule que « *l'honneur et les droits de la famille [...] doivent être respectés* » par les parties en guerre. Le viol était donc considéré comme un crime d'honneur plutôt qu'un acte de violence. À ce propos, cf. GUEVINET Karima, *op. cit.*, p. 163.

[1573] L'article 3 de ladite Convention s'efforçait de protéger les civils et rappelait ainsi l'interdiction « *des atteintes portées à la vie et à l'intégrité corporelle, notamment le meurtre sous toutes ses formes, les mutilations, les traitements cruels, tortures et supplices ; les atteintes à la dignité des personnes, notamment les traitements humiliants et dégradants* ». Mais le terme de viol n'apparaît nullement dans cette disposition.

[1574] Outre les Conventions de Genève, d'autres textes internationaux en matière de protection des droits de l'homme interdisent la violence contre les femmes. Il en est ainsi de la Convention contre la torture et autres peines ou traitements cruels, inhumains ou dégradants (art. 1er), adoptée le 10 décembre 1984 et entrée en vigueur le 26 juin 1987.

[1575] Sur ce point, l'Assemblée parlementaire du Conseil de l'Europe estimait que 20 000 femmes auraient été victimes de viols et d'autres formes de violences sexuelles. « *Bosnie-Herzégovine : présentation d'informations à l'Examen périodique de l'ONU par Amnesty International. Septième session du groupe de travail de l'EPU.* Février 2010. Document disponible sur le site www.amnesty.org (consulté le 12 juin 2013).

[1576] Résolution 808 (1993) du Conseil de Sécurité, 3 mai 1993, S/25/704. De même, l'ONU considère le viol et toute autre forme de violence de genre comme des crimes imprescriptibles au regard du droit international, et le Conseil de sécurité appelle à les exclure du bénéfice des mesures d'amnistie prises par les États dans le cadre de processus de règlement des conflits. À ce propos, cf. CUBERO José, *La femme et le soldat : viols et violences de guerre du Moyen âge à nos jours,* Éditions Imago, 2012, p. 324.

sexuelles pendant le génocide[1577]. Pour la première fois dans l'histoire, avec la création des deux tribunaux pénaux internationaux *ad hoc* pour l'ex-Yougoslavie et pour le Rwanda, le viol est manifestement un crime passible de poursuites. Le viol commis en temps de guerre figure explicitement parmi les crimes contre l'humanité après l'assassinat, l'extermination, la réduction en esclavage, l'expulsion, l'emprisonnement et la torture[1578]. Aussi, le Statut du TPIR indique expressément que le viol est une violation de l'article 3 commun aux Conventions de Genève et au Protocole additionnel II des dites Conventions[1579].

828. En marge de cette évolution textuelle, le TPIR a posé un jalon supplémentaire dans la répression des violences sexuelles commises en période de conflits armés. À ce titre, l'arrêt *Akayesu* constitue une décision emblématique, car le viol venait d'être considéré pour la première fois devant une instance juridictionnelle, comme un acte constitutif du crime de génocide (A). Compte tenu également de la participation active des femmes à l'extermination du groupe tutsi, certaines d'entre elles ont commis des actes de violence sexuelle sur d'autres femmes. Ainsi, le TPIR va condamner une ancienne ministre pour viol constitutif de crimes contre l'humanité (B). Cette décision est une première dans la justice pénale internationale.

A. La consécration du viol comme élément constitutif du crime de génocide : l'affaire *Akayesu*, une décision emblématique

829. Bien que le viol soit incontestablement interdit de longue date par le droit de la guerre, la question de la mise en cause de la responsabilité pénale individuelle pour ce type d'infraction en droit international humanitaire demeurait ambiguë. À ce titre, la prise en compte des crimes de nature sexuelle par le TPIR paraît emblématique au vu des rapports publiés sur la pratique des violences à l'égard des femmes tutsi pendant le génocide[1580]. Dans le procès

---

[1577] Selon un rapport publié par Amnesty International, entre 250 000 et 500 000 viols auraient été commis au Rwanda en 1994, au cours des cents de violence génocidaire qui ont dévasté le pays. Cf. Amnesty International, « *Vies détruites, corps brisés : halte aux crimes commis contre les femmes lors des conflits armés* ». Éditions Francophones, octobre 2004, p. 5. Sur la question du viol et des mutilations sexuelles, cf. également BONNET Catherine, *op. cit.*, pp. 748 à 797.

[1578] Cf. art. 3 Statut TPIR et art. 5 Statut TPIY. Cf. également Tribunaux mixtes (exemple du TSSL qui fait explicitement du viol un crime de guerre).

[1579] Cf. art. 4 (e) du Statut TPIR.

[1580] Durant le génocide, l'utilisation de la violence sexuelle était guidée par la haine ethnique diffusée à travers les médias. De nombreux stéréotypes basés sur les caractéristiques des femmes tutsi ont été récupérés par la radio ou la presse afin d'alimenter le discours racial. Celles-ci furent visées en raison des stéréotypes sexuels qui faisaient d'elles des femmes belles, désirables, mais inaccessibles aux Hutu. Sur ce point, certains observateurs pensent que presque toutes les femmes et jeunes filles qui ont survécu au génocide ont été violées. Comme l'indique le rapporteur des Nations Unies sur le Rwanda, « *la règle était le viol et l'exception, le non-viol* ». Dans ce contexte, cf. DEGNI-SÉGUI René, *Rapport sur la situation des Droits de l'homme au Rwanda* (en application du paragraphe 20 de la résolution S-3/1 du 25 mai1994, E/CN.4/1996/68), 29 janvier 1996, p. 7.

engagé contre *Jean Paul Akayesu*, des faits de viol ne figuraient pas au départ sur l'acte d'accusation[1581]. À la lumière de ce que des témoins ont révélé de façon spontanée et en réponse aux questions posées par les juges, l'acte d'accusation a été amendé en vertu des articles 3 (g), 3 (i) et 4 (e) du Statut du TPIR[1582]. Une telle procédure avait permis à la Procureure Louise Arbour d'inclure des allégations de viol et des charges supplémentaires contre l'accusé[1583]. Ce dernier devait donc répondre à titre subsidiaire de viol constitutif de crime contre l'humanité.

830. Les développements de la Chambre de première instance dans le jugement rendu en septembre 1998 sont particulièrement instructifs. À défaut d'une définition généralement reconnue en droit international pénal, des notions de viol et de violences sexuelles, le Tribunal s'est notamment distingué en consacrant ses propres définitions. Ainsi, de l'avis de la première Chambre,

> « constitue le viol tout acte de pénétration physique de nature sexuelle sur la personne d'autrui sous l'empire de la coercition[1584] ». Elle considère en outre la violence sexuelle comme une partie intégrante du viol, c'est-à-dire : « tout acte sexuel commis sur la personne d'autrui sous l'empire de la **coercition ».** L'acte de violence sexuelle, loin de se limiter à la pénétration physique du corps humain, peut comporter des actes qui ne consistent pas dans la pénétration ni même dans des contacts physiques[1585] ».

Partant de ce raisonnement, la Chambre élargit aussi le champ d'application de l'article 2 du Statut du TPIR, en considérant que les viols et violences sexuelles tels qu'ils sont décrits à l'acte d'accusation sont bien constitutifs de génocide au même titre que d'autres actes, s'ils ont été commis dans

[1581] Pour rappel, *Akayesu* était poursuivi en raison de sa participation directe et indirecte aux meurtres et mauvais traitements commis sur de nombreux Tutsi qui cherchaient refuge au Bureau communal de Taba en 1994. De nombreuses femmes tutsi ont été violées et sexuellement mutilées en présence de l'accusé.

[1582] Selon les dispositions de ces trois articles, le viol est qualifié d'acte inhumain, de crime contre l'humanité et de crime de guerre. Cf. Statut du TPIR (annexe 2). Cf. également art. 50 du Règlement du TPIR qui met en exergue les différents critères permettant au Procureur de modifier l'acte d'accusation.

[1583] Elle fut pendant trois ans Procureur du TPIR et du TPIY (1996 à 1999). Les allégations de violence sexuelle ont été pour la première fois portées à l'attention de la Chambre par le biais du témoignage d'une femme tutsi qui affirmait que des fillettes avaient été violées au Bureau communal parfois en présence de l'accusé Jean Paul Akayesu. Pour plus de détails cf. jugement Akayesu, 2 septembre 1998, *supra,* note 1424, p. 168 et s.

[1584] *Idem,* §§ 688. Cette définition sera confirmée dans les décisions postérieures du Tribunal (affaires Musema, Niyitigeka, Muhimana, Semanza, Seromba, Renzaho, etc.), avant d'être reprise par le TPIY dans l'affaire Celibici ou Mucic et consorts, *supra,* note 1331, §§ 478-479.

[1585] Sur ce point, la Chambre précise que la coercition ne doit pas nécessairement se manifester par une démonstration de force physique. À titre d'exemple, elle fait référence à tout ce qui constitue des menaces, intimidations, chantages et d'autres formes de violences qui génèrent la peur ou le désarroi, jugement Akayesu, *supra,* note 1424.

l'intention de détruire en tout ou en partie, un groupe spécifique, ciblé en tant que tel[1586].

831. En outre, elle qualifie indirectement le viol, de génocide biologique et de génocide physique. D'une part, il peut s'agir d'une méthode « *visant à entraver les naissances au sein du groupe*[1587]», dans la mesure où la victime du viol peut refuser « *subséquemment de procréer*[1588] ». D'autre part, les juges d'Arusha insistaient sur le fait que le viol et les violences sexuelles sont l'« *un des pires moyens d'atteinte à l'intégrité de la victime, puisque cette dernière est doublement attaquée : dans son intégrité physique et dans son intégrité mentale*[1589] ».

Enfin, ils considéraient que le viol pouvait être assimilé à un acte de torture lorsqu'il était commis par une personne agissant à titre officiel, tel qu'un agent de la fonction publique[1590]. On assiste ainsi à une véritable évolution par rapport à la conception traditionnelle qui faisait du viol une atteinte à l'honneur de la femme plutôt qu'un acte de violence[1591].

832. Au-delà de ces considérations d'ordre général, la première Chambre du TPIR a conclu qu'il y a eu suffisamment d'éléments de preuves crédibles, pour établir au-delà de tout doute raisonnable qu'au cours des événements de 1994, des filles et des femmes tutsi ont été soumises à des sévices sexuels, battues et tuées dans la commune de Taba[1592]. Des témoins ont également décrit des actes de violence sexuelle, le déshabillage forcé et l'humiliation publique des filles et des femmes[1593]. Par exemple, au vu des témoignages recueillis, il était établi que l'accusé (Akayesu) s'était adressé à des Interahamwe (milices populaires)[1594] en ces termes : « *ne me demandez plus jamais quel est le goût d'une femme tutsi*[1595] ». Ce faisant, les juges sont arrivés à la conclusion selon laquelle :

> « cette représentation de l'identité ethnique par le sexe montre très clairement que les femmes tutsi ont été assujetties à des actes de violence sexuelle du seul fait qu'elles étaient Tutsi. La violence sexuelle était une étape dans le processus de

---

1586 *Idem*, §§ 731 à 734.

1587 *Idem*, §§ 507 et 508. Il s'agit notamment d'un des éléments matériels du crime de génocide visé à l'art. 2 (d) du Statut du TPIR.

1588 *Ibid.*

1589 *Idem*, § 731. Cf. également. art. 2 (b) Statut TPIR.

1590 *Idem*, § 597.

1591 Cf. art. 46 de la Convention IV de La Haye de 1907 concernant « les lois et coutumes de la guerre », *supra,* note 1572.

1592 Jugement Akayesu, *supra,* note 1424, § 449.

1593 Même après avoir « contre-interrogé » les témoins à charge appelés par l'accusation, la défense n'a jamais contesté des incidents spécifiques de violence sexuelle. Toutefois, elle a établi des contradictions dans les témoignages. Cette stratégie était considérée par la Chambre comme impertinente.

1594 À quelques exceptions près, la plupart des cas de viol et les autres cas de violences sexuelles décrites par les témoins à charge ont été commis par des *Interahamwe.*

1595 Jugement Akayesu, *supra,* note 1424, § 732.

destruction du groupe tutsi, destruction de son moral, de la volonté de vivre de ses membres, et de leurs vies elles-mêmes[1596]. »

833. Outre la consécration du viol et des violences sexuelles en tant qu'élément constitutif du crime de génocide, l'affaire *Akayesu* relance également le débat sur la responsabilité du supérieur hiérarchique, un principe qui trouve son origine dans le droit du commandement militaire[1597]. Mais son application aux civils est traditionnellement contestée, d'où l'intérêt d'y attacher une attention particulière. Cette forme de responsabilité est visée à l'article 6 (3) du Statut du TPIR qui dispose : « *le fait que l'un quelconque des actes visés aux articles 2 et 5 du présent Statut a été commis par un subordonné ne dégage pas son supérieur de sa responsabilité pénale s'il savait ou avait des raisons de savoir que le subordonné s'apprêtait à commettre cet acte ou l'avait fait et que le supérieur n'a pas pris les mesures nécessaires et raisonnables pour empêcher que ledit acte ne soit commis ou en punir les auteurs* ».

834. Au regard de cette disposition, trois éléments constitutifs sont mis en exergue : un lien formel entre le supérieur hiérarchique et ses subordonnés, un élément moral « **savoir ou avoir des raisons de savoir** » et, enfin, un défaut d'empêcher ou de punir[1598]. Il s'agit d'une sorte de responsabilité pour omission, imputable aux supérieurs hiérarchiques qui n'auraient pas pris les mesures nécessaires et raisonnables afin de prévenir ou punir les infractions commises par leur subordonné. Dans le cas d'espèce, il a été établi que l'accusé (Akayesu) incarnait l'autorité communale et qu'il exerçait une fonction exécutive civile dans la subdivision territoriale administrative de la commune[1599]. Statuant sur sa position d'autorité, la première Chambre du TPIR estimait que : « *l'accusé **avait des raisons de savoir et savait** effectivement que des actes de violences sexuelles se commettaient à l'intérieur ou près des locaux du bureau communal et n'a pris aucune mesure pour empêcher lesdits actes ou en punir les auteurs*[1600]. » En effet, il ressort de cette analyse que le mis en cause encourageait publiquement ceux qui

---

[1596] *Ibid.*

[1597] Cette question était déjà à l'ordre du jour des Tribunaux internationaux de Nuremberg et de Tokyo. La doctrine de la responsabilité du supérieur hiérarchique a ensuite été revisitée et discutée notamment par les tribunaux américains (notamment dans les affaires *Yamashita et Hostage)*, avant d'être codifiée dans l'article 86 du Protocole additionnel I (8 juin 1977) aux Conventions de Genève de 1949, puis dans les Statuts du TPIY (art. 7, § 3), du TPIR (art. 6, § 3) et de la CPI (art. 28). Pour une analyse approfondie des affaires susvisées, cf. CASSESE Antonio et al, *Les grands arrêts de droit international pénal*, *op. cit.*, p. 339.

[1598] Le Statut du TPIR a repris les critères de l'article 86 al.2 du Protocole additionnel I de 1977 aux Conventions de Genève de 1949. Ces trois éléments sont également mentionnés à l'article 6 du *Projet de code des crimes contre la paix et la sécurité de l'humanité* de la Commission du droit international (document de l'ONU A/51/10, 1996).

[1599] Pendant le génocide, il était bourgmestre dans la commune de Taba. Cette fonction est identique à celle de maire en France ou bourgmestre en Belgique. Cf. jugement Akayesu, *supra,* note 1424, § 61.

[1600] *Idem,* § 691.

commettaient des atrocités. La théorie du « spectateur-approbateur[1601] » retrouve ici tout son sens.

835. Dans son application du fondement logique de la responsabilité du supérieur hiérarchique, la Chambre du TPIR fait observer que même si des éléments de preuve permettaient de conclure qu'il existait un rapport de supérieur hiérarchique/à subordonné entre l'accusé et les miliciens armés impliqués dans les viols, il n'était « nullement » établi dans l'acte d'accusation que ces derniers étaient les subordonnés de l'accusé[1602]. Or, un tel rapport est un élément fondamental de l'infraction pénale visée à l'article 6(3), à savoir la responsabilité du supérieur hiérarchique.

836. Partant de ce postulat, la Chambre s'est abstenue d'apprécier la responsabilité du prévenu au titre de l'article 6 (3), mais considère que la responsabilité individuelle de celui-ci est uniquement engagée en application de l'article 6 (1) pour avoir expressément ordonné, incité, aidé et encouragé à commettre des actes de violences sexuelles[1603]. Cela étant, le TPIR est le premier Tribunal pénal international depuis celui de Tokyo à s'être prononcé sur l'élément « **avait des raisons de savoir** » d'un supérieur hiérarchique, par rapport à un crime commis ou sur le point d'être commis par un subordonné[1604].

837. Par ailleurs, l'intérêt principal que porte l'affaire *Akayesu* c'est qu'elle soulève une autre question, à savoir s'il faut distinguer la responsabilité du supérieur hiérarchique selon qu'il s'agit d'un fonctionnaire militaire ou civil[1605]. Pour tenter de résoudre cette question, le TPIR a adopté au départ une position plutôt nuancée en se fondant notamment sur les procès du Tribunal de Tokyo au cours desquels certaines autorités civiles ont été condamnées pour des crimes de guerre, en application du principe de la responsabilité du supérieur hiérarchique. C'est le cas de l'affaire *Hirota,* ancien ministre des Affaires étrangères du Japon reconnu coupable du « viol collectif de *Nankin*[1606] ». Dans le cas d'espèce, le Tribunal de Tokyo lui avait reproché

[1601] On retrouve ce concept notamment dans la jurisprudence du TPIY (affaire Furundzija). La Chambre de première instance considérait qu'un « *spectateur approbateur qui est tenu par les auteurs du crime en si haute estime que sa présence vaut encouragement, peut être reconnu coupable de complicité de crime contre l'humanité* ». Jugement Furundzija, 10 décembre 1998, *supra,* note 1558, § 207.

[1602] Jugement Akayesu, *supra,* note 1424, § 691.

[1603] *Idem,* §§ 692-693. La Chambre avait par ailleurs précisé que la responsabilité pénale de l'accusé en tant que supérieur hiérarchique était engagée pour avoir ordonné et approuvé des meurtres commis dans sa commune. Cf. jugement Akayesu, p. 11 (§§ 13, 14, 15) et § 691.

[1604] En ce sens, cf. TAVERNIER Paul (dir.), *Actualité de la jurisprudence pénale internationale, à l'heure de la mise en place de la Cour pénale internationale*, Bruxelles, Bruylant, 2004, p. 93.

[1605] Une telle distinction est effectuée par le Statut de la CPI qui prévoit une réglementation plus stricte pour le supérieur hiérarchique militaire comparée au supérieur civil (cf. art. 28).

[1606] La « Guerre de l'Asie-Pacifique » qui, enclenchée contre la Chine le 7 juillet 1937, se caractérise par l'indicible accumulation d'atrocités subies tant par les combattants que par les civils. Les femmes, au cœur des massacres, en particulier celui de Nankin, sont victimes de viols massifs. Les chiffres varient entre 8000 et 80 000 viols souvent collectifs, commis par de petits

« *d'avoir imprudemment méconnu l'obligation juridique de garantir le respect des lois et coutumes de la guerre*[1607] ». Son inaction était ainsi assimilée à « une négligence criminelle[1608] ».

838. Toutefois, dans une opinion séparée (opinion dissidente), le juge néerlandais *Rölling* estimait que l'accusé aurait dû être acquitté, car le principe de la responsabilité du supérieur hiérarchique doit être appliqué à un dirigeant civil dans un cadre restreint[1609]. Ce faisant, la première Chambre du TPIR ne s'est pas souscrite à la thèse des juges du tribunal militaire de Tokyo, consistant à assimiler la responsabilité du supérieur hiérarchique à « une négligence criminelle ». Elle s'est surtout fondée sur la position du juge Rölling, en estimant que l'application du principe de la responsabilité pénale du supérieur hiérarchique à une autorité civile doit se faire « au cas par cas ».

839. De l'avis de la Chambre, il s'agit notamment « *d'évaluer le pouvoir d'autorité effectivement dévolu à l'accusé afin de décider s'il avait le pouvoir d'imposer toutes mesures nécessaires et raisonnables pour empêcher la commission des actes incriminés ou en punir les auteurs*[1610] ».Tout en poursuivant son raisonnement dans sa jurisprudence ultérieure, la Chambre s'est montrée plus précise en considérant qu'il fallait évaluer l'élément intentionnel de l'infraction, c'est-à-dire les « raisons de savoir » du supérieur hiérarchique. Ainsi, dans l'affaire *Kayishema*, elle estimait :

> « [...] S'il est facile de concevoir que la responsabilité individuelle du supérieur hiérarchique est engagée dès lors qu'il avait « des raisons de savoir » qu'un crime avait été commis ou s'apprêtait à être perpétué, en revanche, *la mens rea* requise pour qu'une telle responsabilité soit retenue est difficile à cerner [1611]. »

Sur ce point, la Chambre a jugé opportun de s'inspirer du Statut de Rome qui fait la distinction entre les obligations qui pèsent sur les chefs militaires et celles qui sont imputées aux supérieurs hiérarchiques civils[1612].

---

groupes de soldats. Puis, dans les cours de la guerre, d'autres sont réduites à un esclavage sexuel organisé au service des unités de l'armée impériale. À ce propos, cf. CUBERO José, *La femme et le soldat : viols et violences de guerre du Moyen âge à nos jours,* Éditions Imago, 2012, pp. 150 à 162.

1607 Jugement Akayesu (citant l'affaire Hirota), *supra,* note 1424, § 490.

1608 Une responsabilité pour négligence oblige les supérieurs hiérarchiques à mettre en place un système leur permettant de savoir si des infractions sont ou pourraient être commises. Akayesu, *Ibid.*

1609 *Ibid.* Dans cette affaire, le juge Rölinglling avait démissionné du Tribunal militaire international de l'Extrême Orient pour protester contre l'extension de la responsabilité du ministre japonais des Affaires étrangères. Il avait contesté la responsabilité du supérieur hiérarchique, arguant qu'au sein d'un gouvernement, il existe une séparation des tâches et que seuls les supérieurs hiérarchiques en charge des armées doivent être tenus pour responsables. CASSESE Antonio, *Les grands arrêts de droit international pénal, op. cit.*, p. 354 ; sur la même question, cf. TAVERNIER Paul, *op. cit.*, p. 81 et s.

1610 Jugement Akayesu, *supra,* note 1424, § 491. La Chambre de première instance a réitéré les mêmes conclusions dans le jugement Musema, *supra,* note 1427, § 135.

1611 Arrêt Kayishema et Ruzindana, 1er juin 2001, *supra,* note 1430, § 226.

1612 *Idem,* §§ 227-228.

840. Pourtant, un an après le jugement *Kayishema*, elle abandonnera très vite cette position en privilégiant la voie « uniforme[1613] ». Celle-ci consiste à appliquer les mêmes mesures aussi bien pour les chefs militaires que pour les supérieurs civils en position d'autorité. Pour arriver à une telle conclusion, le TPIR a repris les règles tirées du célèbre arrêt *Mucic et consorts* du TPIY, premier verdict de culpabilité qui érige le principe de la responsabilité du supérieur hiérarchique au rang de normes de droit international coutumier[1614]. À l'image de cette décision, la jurisprudence des deux Tribunaux (TPIR et TPIY) insiste sur le fait que la responsabilité du supérieur hiérarchique repose en dernière analyse sur le pouvoir du supérieur (qu'il soit militaire ou civil) de contrôler les agissements de ses subordonnés[1615].

841. Il ne s'agit pas d'une responsabilité objective[1616] ou d'une responsabilité en vertu d'une « négligence criminelle[1617] », comme le prétendaient les juges de Tokyo dans l'affaire *Hirota* précitée. Par conséquent, le seul fait pour un accusé d'occuper un poste de ministre pendant le génocide ne permet pas de conclure que celui-ci exerçait un contrôle effectif sur ses subordonnés[1618]. Cela suppose qu'à défaut d'éléments de preuves directes ou circonstancielles, « *on ne saurait présumer que le supérieur avait connaissance des infractions commises par ses subordonnés*[1619] ». Finalement, les deux Tribunaux *ad hoc* pour le Rwanda et pour l'ex-Yougoslavie ont consacré une définition générale de la responsabilité du supérieur hiérarchique libellé comme suit :

> « Un lien de subordination doit être établi par la démonstration de l'existence d'un rapport hiérarchique officiel ou non. Le supérieur doit avoir eu le pouvoir ou l'autorité, *de jure* ou *de facto*, d'empêcher ou de punir l'infraction commise par ses subordonnés. Le supérieur doit avoir exercé un contrôle effectif sur les

---

[1613] Jugement Musema, 27 janvier 2000, *supra,* note 1427, §§ 147-148 ; jugement Bagilishema, 7 juin 2001, *supra,* note 1476, § 43 ; jugement Semanza, 15 mai 2003, *infra,* note 1616, § 400.

[1614] Zdravko Mucic était commandant civil d'un camp de détention (camp Celibici) en Bosnie Herzégovine. Sa responsabilité était engagée en qualité de supérieur hiérarchique pour tous les crimes énoncés dans l'Acte d'accusation : détention illégale de civils, actes de torture ayant causé des atteintes graves à l'intégrité physique, meurtres, pillage, etc. TPIY, Ch., jugement, *Mucic et consorts*, IT-96-21-T, 16 nov. 1998, §§ 333 à 363, § 722 et arrêt Chambre d'appel, IT-96-21-A, 20 février 2001, §§ 192 à 196.

[1615] Jugement Mucic et consorts, *idem,* § 378. Pour le TPIR, cf. par exemple Ch. I, jugement et sentence, *François Karera*, affaire n° ICTR-01-74-T, 7 décembre 2007, § 564 (décision confirmée en appel le 2 février 2009) ; jugement Renzaho, 14 juillet 2009, *supra,* note 1483, §§ 752 à 757 (décision confirmée en appel 1er avril 2011).

[1616] Affaire *Semanza,* Chambre III, jugement et sentence, 15 mai 2003, affaire n° ICTR-97-20-T, §§ 404 - 405.

[1617] TPIR, App., arrêt, *Ignace Bagilishema*, affaire n° ICTR-95-1, 3 juillet 2002, §§ 34-35. Le TPIY a suivi le même raisonnement dans l'affaire Blaskic, App., arrêt, IT-95-14-A, 29 juillet 2004, § 63.

[1618] Sur ce point, cf. affaire *Niyitigeka* (ancien ministre de l'information du gouvernement intérimaire rwandais, mis en place après le déclenchement du génocide). TPIR, Chambre I, jugement portant condamnation, affaire n° ICTR-96-14, 15 mai 2003, §§ 474 - 475.

[1619] Jugement Mucic et consorts, *supra,* note 1614, § 386.

subordonnés au moment des faits. Par contrôle effectif on entend la capacité matérielle d'empêcher la commission de l'infraction ou d'en punir les auteurs principaux[1620]. »

842. Il ressort des termes de cette disposition une question essentielle qui n'est pas de savoir si le supérieur avait autorité sur un territoire quelconque, mais s'il contrôlait effectivement les personnes ayant commis un crime. Ce faisant, la Chambre de première instance du TPIY partait de l'idée selon laquelle, « *un supérieur hiérarchique ne saurait ignorer délibérément les agissements de ses subordonnés*[1621]». Néanmoins, elle admet qu'« *il ne peut être tenu pour pénalement responsable que s'il avait à sa disposition des informations particulières l'avertissant des infractions commises par ses subordonnés*[1622] ». Cette jurisprudence sera suivie par le TPIR[1623]. Finalement, les deux Tribunaux *ad hoc* sont arrivés à la conclusion que la responsabilité du supérieur hiérarchique n'est pas une forme de responsabilité sans faute, mais bien une responsabilité pour faute personnelle[1624].

843. Malgré cette évolution marquante depuis la Seconde Guerre mondiale, la synthèse de la jurisprudence des deux Tribunaux nous laisse perplexe (des zones d'ombres) sur les critères de mise en application de la responsabilité du supérieur hiérarchique, notamment quant à l'élément moral requis. Tantôt les juges estimaient que la *mens rea* doit s'apprécier à travers des preuves directes ou à l'aide de « preuves circonstancielles[1625] » ; tantôt ils évaluaient le seuil du devoir d'agir du supérieur hiérarchique comme n'étant atteint que « *lorsqu'un crime est déjà en train d'être commis*[1626] ».

844. Quoi que l'on puisse dire, il faut admettre que le critère moral « **aurait dû savoir** » est un concept trop large et parfois difficile à cerner. De même, la délimitation des rapports qui unit le supérieur à son subordonné n'est pas non

---

[1620] Pour le TPIR, App., arrêt, *Ntagerura et consorts*, affaire n° ICTR-99-46-A, 7 juillet 2006, § 341 ; jugement Bagosora et consorts, 18 décembre 2008, *supra,* note 1338, § 2012. Concernant le TPIY, cf. arrêt Blaskic, 29 juillet 2004, *supra,* note 1617, §§ 67 à 69 ; arrêt Mucic et consorts, 20 février 2001, *supra,* note 1614, § 197.

[1621] Jugement Mucic et consorts, *supra,* note 1331, § 387.

[1622] *Idem,* § 393 ; cf. aussi Chambre I, jugement, *Tihomir Blaskic*, IT-95-14-T, 3 mars 2000, §§ 322 à 332.

[1623] Jugement Bagilishema, 7 juin 2001, *supra,* note 1476, § 46.

[1624] TPIY, arrêt Mucic et consorts, 20 février 2001, *supra,* note 1614, § 239. De même, le TPIR a assimilé l'élément moral à une négligence flagrante ou intention délictueuse. Jugement Musema, 27 janvier 2000, *supra,* note 1427, § 131.

[1625] Ce faisant, la Chambre de première instance du TPIY a jugé nécessaire de faire référence à une liste d'indices énumérés par le rapport de la Commission d'experts des Nations Unies. Jugement Mucic et consorts, *supra,* note 1331, § 386. Dans le même sens, cf. TPIR, jugement Bagilishema, *supra,* note 1476, § 968.

[1626] TPIY, Ch., jugement, *Hadzihasanovic et Kubura*, IT-01-47-T, 15 mars 2006, § 119. Cf. également arrêt de la Chambre d'appel sur cette même affaire qui d'ailleurs a annulé les conclusions des juges de première instance sur l'évaluation du critère moral de la responsabilité du supérieur hiérarchique, mais sans indiqué de manière précise les critères permettant d'apprécier l'élément moral « avait des raisons de savoir ». App., arrêt, IT-01-47-A, 22 avril 2008, §§ 156 à 164.

plus toujours facile à établir. À notre sens, la difficulté d'appréhender ces notions pourrait certainement être liée à la tendance pour les Tribunaux *ad hoc* (TPIR et TPIY) à vouloir appliquer à la fois deux systèmes juridiques dont l'un est réticent au principe de la responsabilité pour omission. Si les systèmes de tradition « *common law* » ont développé la théorie du risque pour admettre à titre exceptionnel que des personnes aient une « *vicarious liability* » (responsabilité indirecte), les systèmes de tradition civiliste, quant à eux, visent dans la plupart des cas, la faute de la personne mise en cause.

845. Comme nous l'avons d'ailleurs précédemment rappelé dans l'affaire *Akayesu*, la Chambre de première instance avait exclu toute possibilité de mettre en cause la responsabilité de l'accusé en tant que supérieur hiérarchique pour des faits de viols ou de violences sexuelles, car rien ne pouvait justifier que les miliciens armés impliqués dans de tels actes étaient ses subordonnés[1627]. Ainsi, la Chambre estimait que seule une responsabilité pour faute pouvait être retenue. Au vu de ces considérations, les critères de mise en cause de la responsabilité du supérieur hiérarchique demeurent toujours controversés en droit international.

846. Enfin, quelle que soit la conclusion qu'on peut tirer de l'affaire *Akayesu* dont il est question ici, l'évolution de la procédure menée par le TPIR démontre cette nouvelle attention portée aux crimes de genre. Même si le prévenu n'a pas physiquement commis des actes de viol ou de violences sexuelles, les juges considèrent que la commission de tels agissements a été officiellement tolérée et facilitée par le mis en cause, aux dépens de sa qualité de Bourgmestre. Ainsi, dans le verdict prononcé par le Tribunal, l'accusé est reconnu coupable de viol et d'autres actes inhumains constitutifs de crime contre l'humanité, car ces faits « *s'inscrivaient dans le cadre d'une* ***attaque généralisée*** *et* ***systématique*** *perpétrée contre la population civile Tutsi à Taba et plus généralement au Rwanda, entre le 7 avril et la fin de juin 1994* [1628] ». La procédure initiée par le TPIR dans cette affaire sera réappliquée dans la jurisprudence postérieure, débouchant ainsi sur d'autres condamnations pour des faits de viol constitutifs de génocide[1629], de crime de guerre[1630] ou de crime

---

[1627] Jugement Akayesu, *supra,* note 1424, § 691.

[1628] *Idem*, § 695. Le Tribunal fait directement référence à la définition du concept de crime contre l'humanité, c'est-à-dire « *des crimes commis dans le cadre d'une attaque généralisée et systématique dirigée contre une population civile, quelle qu'elle soit en raison de son appartenance nationale, politique, ethnique, raciale ou religieuse* ... » Cf. art. 3 du Statut du TPIR.

[1629] Cf. affaire *Rukundo*, accusé reconnu coupable d'agression sexuelle. Dans cette décision, la Chambre de première instance a conclu que le mis en cause était animé de l'intention de détruire en tout ou en partie le groupe ethnique Tutsi, compte tenu des propos qu'il a tenus avant d'agresser la victime. Ch. II, jugement, *Emmanuel Rukundo,* affaire n° ICTR-2001-70-T, 27 février 2009, §§ 575 et 576 (même raisonnement suivi par la Chambre d'appel, arrêt 20 octobre 2010, affaire n° ICTR-2001-70-A, § 270).

[1630] Cf. affaire *Renzaho*, un ancien préfet reconnu coupable entre autres de viol constitutif de crime de guerre et crime contre l'humanité en sa qualité de supérieur hiérarchique. Jugement 14 juillet 2009, *supra*, note 1483, §§ 794 et 811. La peine d'emprisonnement à vie est confirmée par la Chambre d'appel dans un arrêt du 1er avril 2011.

contre l'humanité[1631]. Ce faisant, le jugement *Pauline Nyiramasuhuko et consorts*[1632] a plus retenu notre attention. Il s'agit de la première affaire internationale dans laquelle une femme est condamnée pour des actes de violence sexuelle comme élément constitutif de crime contre l'humanité.

B. La condamnation d'une ancienne ministre pour viol : une première dans la justice pénale internationale

847. Depuis le jugement *Plavšić*[1633], aucune femme n'avait comparu devant une juridiction pénale internationale. Comparé à l'affaire *Nyiramasuhuko*[1634] *et consorts,* le TPIR devait statuer sur une question beaucoup plus délicate liée à la participation d'une femme politique dans des crimes sexuels pendant le génocide. Sur la base des faits établis par le Procureur, entre le 19 avril et la fin du mois de juin 1994, de nombreux civils, principalement d'ethnie Tutsi s'étaient réfugiés au bureau de la préfecture de Butare (sud du Rwanda) pour

---

[1631] Cf. affaire *Musema* (mise en cause de sa responsabilité pénale individuelle pour le viol d'une femme tutsi et condamné à la peine d'emprisonnement à vie), jugement 27 janvier 2000, *supra,* note 1427, §§ 965, 966 et 975 (appel rejeté) ; affaire *Gacumbitsi* (responsabilité pénale individuelle engagée pour incitation au viol des femmes tutsi et condamné à 30 ans d'emprisonnement), jugement 17 juin 2004, *supra,* note 1445, §§ 321 à 333. Toutefois dans un arrêt du 7 juillet 2006, la Chambre d'appel a durci la peine en le condamnant à la prison à vie (*supra,* note 1430). Cf. également affaire *Muhimana*, un conseiller municipal condamné à la perpétuité pour avoir entre autres personnellement violé des femmes tutsi, jugement 28 avril 2005, *supra,* note 1444, §§ 16 à 33 et § 585 (appel rejeté par un arrêt du 21 mai 2007). Enfin, affaire *Semanza,* un ancien bourgmestre condamné à 25 ans de prison pour incitation au viol, entre autres, jugement 15 mai 2003, *supra,* note 1616, §§ 476 à 479, §§ 586 à 588 (décision confirmée par la Chambre d'appel avec un durcissement de la peine qui est fixée à 35 ans d'emprisonnement, arrêt 20 mai 2005, p. 162). Cf. aussi, affaire *Hategekimana,* un lieutenant reconnu coupable en tant que supérieur hiérarchique du viol commis par un militaire et condamné à la peine d'emprisonnement à vie. Ch. III, jugement portant condamnation, affaire n° ICTR-00-55B-T, 6 décembre 2010, §§ 728 et 730 (décision confirmée par la Chambre d'appel dans un arrêt du 8 mai 2012, affaire n° ICTR-00-55B-A, § 307). Enfin, cf. affaire Bagosora (un ancien colonel reconnu coupable de viol constitutif de crime contre l'humanité, entre autres). Considéré comme le principal commanditaire du génocide des Tutsi, il est condamné en 2008 à la peine d'emprisonnement à vie par la Chambre de première instance I (sentence annulée, puis fixée à 35 ans par la Chambre d'appel dans un arrêt du 14 décembre 2011).

[1632] Cette décision est également référencée comme « Groupe de Butare ».

[1633] En tant que coprésidente du gouvernement serbe, *Biljana Plavšić* a participé à une campagne de séparation ethnique, visant à persécuter des musulmans et des Croates de Bosnie, ainsi que d'autres populations non serbes. Elle a été reconnue coupable de persécutions pour des raisons politiques, raciales et religieuses en tant que crimes contre l'humanité. Mais pour avoir plaidé coupable, des circonstances atténuantes ont été retenues avec une peine fixée à 11 ans d'emprisonnement. TPIY, Ch., jugement portant condamnation, *Biljana Plavšic*, IT-00-39 & 40/1-S, 27 février 2003.

[1634] Membre du gouvernement intérimaire mis en place après l'assassinat de l'ancien président rwandais (élément déclencheur du génocide), elle est arrêtée le 18 juillet 1997 au Kenya et transférée au centre de détention des Nations Unies à Arusha (Tanzanie). Pour un profil détaillé de l'accusée, cf. jugement Nyiramasuhuko et consorts, 24 juin 2011, *supra,* note 1432, §§ 8 à 14.

fuir les massacres. Ainsi, l'ancienne ministre de la Femme et de la Promotion Féminine (Pauline Nyiramasuhuko) aurait ordonné aux militaires et aux miliciens armés de violer les femmes et jeunes filles Tutsi, puis de tuer d'autres réfugiés, avant de les jeter dans des fosses communes[1635]. Ce procès s'est officiellement ouvert le 12 juin 2001 dans le cadre d'« **une jonction d'instances**[1636] ».

848. L'accusée était poursuivie (entre autres) du chef de viol constitutif de crime contre l'humanité au regard de l'article 3 (g) du Statut du Tribunal et en tant que supérieur hiérarchique dans la commune de Butare. Après 10 ans de procédure, le Tribunal a rendu son verdict le 24 juin 2011, en procédant à la même analyse que dans l'affaire précédente (*Akayesu*). D'une part, il s'avérait nécessaire de vérifier si les actes de violences sexuelles visés dans l'acte d'accusation s'inscrivaient dans une attaque généralisée et systématique pour être qualifiés de crimes contre l'humanité. D'autre part, l'appréciation du statut de l'accusée (en tant que supérieur hiérarchique) devait également être prise en compte dans le verdict de culpabilité rendu par le Tribunal.

849. Sur le premier point : alors que dans la précédente décision analysée (*Akayesu*), la Chambre de première instance du TPIR définissait le viol comme *« tout acte sexuel commis sur la personne d'autrui sous l'empire de la* ***coercition*** *»*[1637], dans la présente affaire (Nyiramasuhuko et consorts), la Chambre s'est écartée de cette définition restrictive. Elle s'est plutôt appuyée sur l'approche suivie par le TPIY dans le traitement des crimes sexuels. Après un examen approfondi de la législation de plusieurs systèmes juridiques internes et de la jurisprudence, la Chambre de première instance du TPIY avait conclu que :

> « **L'élément matériel** du viol est constitué par la pénétration sexuelle non consentie, fut-elle légère, du vagin ou de l'anus de la victime par le pénis du violeur ou par tout objet utilisé par lui, ou de la bouche de la victime par le pénis du violeur ou par tout autre objet utilisé par lui, ou de la bouche de la victime par le pénis du violeur, l'absence de consentement donné librement et volontairement s'appréciant au vu des circonstances. **L'élément moral** du viol réside dans l'intention de procéder à cette pénétration sexuelle tout en sachant qu'elle se produit sans le consentement de la victime. L'emploi de la force ou la menace de

---

[1635] *Idem,* §§ 2754 à 2758 et §§ 2687 à 2700. À l'appui de ces allégations, le Procureur s'est notamment fondé sur les dépositions des témoins à charge. Cf. §§ 2750 à 2766 ; §§ 2781 et 5867. Toutefois, l'accusée a plaidé non coupable des 11 chefs d'accusation retenus contre elle (y compris le viol constitutif de crime contre l'humanité), § 15 du jugement.

[1636] Il s'agit notamment d'une procédure prévue par le Règlement du TPIR en vertu de laquelle des personnes, accusées d'infractions commises à l'occasion de la même opération ou qui auraient agi sur une même sphère géographique, peuvent être mises en accusation et jugées au cours d'un même procès (art. 2 et 48 du Règlement de procédure et de preuve). Cette technique a été mise en place par le Procureur dans le procès « des médias de la haine » précédemment analysé. Mais dans le cadre de la présente affaire (Nyiramasuhuko et consorts), notre analyse sera spécifiquement fondée sur les conclusions des juges de première instance visant l'ancienne ministre.

[1637] Jugement Akayesu, 2 septembre 1998, *supra,* note 1424, § 688.

son emploi constitue certes une preuve incontestable de l'absence de consentement, mais l'emploi de la force n'est pas en soi un élément constitutif du viol [1638]. »

Cette définition qui met plus en exergue l'absence de consentement de la victime a le mérite d'être plus claire et plus pertinente au regard des infractions imputées à l'accusée (Nyiramasuhuko).

850. Dans le cas d'espèce, à l'appui de nombreux témoignages, des femmes et jeunes filles tutsi (réfugiés) ont été contraintes à se dévêtir avant d'être physiquement agressées, puis violées en public ou après avoir été enlevées[1639]. Bon nombre d'entre elles étaient également victimes de viol collectif[1640]. Dans de telles circonstances, il paraît tout à fait légitime d'exclure toute idée de consentement des victimes. Partant de cette analyse, la Chambre de première instance du TPIR réitère ses conclusions antérieures sur l'existence d'une attaque généralisée et systématique dirigée contre la population civile tutsi[1641]. Ainsi, le fait de contraindre les victimes à se « *dévêtir complètement* » est qualifié d'« *acte inhumain* ». De l'avis de la première Chambre du TPIR, ces éléments de preuve suffisaient pour condamner l'accusée de viol constitutif de crime contre l'humanité[1642].

851. Sur le deuxième point : le Tribunal devait également évaluer la responsabilité de l'ancienne ministre en tant que supérieur hiérarchique, sur le fondement de l'article 6 (3) du Statut. Rappelons que le but fondamental de ce texte est « *de veiller à ce qu'un individu moralement coupable soit tenu pour responsable de toute atrocité commise sous son commandement*[1643] ». Mais comme nous l'avons précédemment indiqué, le domaine de la responsabilité par omission est inscrit dans un cadre bien restreint qui suppose la réunion de trois critères essentiels.

852. Dans la jurisprudence constante du TPIR (et du TPIY également), le Procureur doit démontrer que l'accusé était le supérieur *de jure* ou de *facto* de l'auteur du crime et exerçait un contrôle effectif sur ce subordonné (1) ; que l'accusé « savait ou avait des raisons de savoir » que le crime était sur le point d'être commis ou avait été commis (2) ; et enfin, prouver qu'il n'a pas pris les mesures adéquates pour empêcher ou punir lesdits crimes (3)[1644]. Après avoir apprécié la totalité des éléments de preuve présentés par le Procureur et la

---

[1638] Jugement Nyiramasuhuko et consorts, *supra,* note 1432, § 6075 (citant l'arrêt *Kunarac et consorts* du TPIY, IT-96-23 et IT-96-23/1-A, 12 juin 2002, §§ 127-128).

[1639] Nyiramasuhuko et consorts, *idem,* § 6135.

[1640] *Idem,* §§ 2700-2701.

[1641] *Idem,* §§ 6042 à 6044.

[1642] *Idem,* § 6093.

[1643] Jugement Kayishema et Ruzindana, 21 mai 1999, *supra,* note 1341, § 516.

[1644] Pour une analyse pertinente de ces trois critères, cf. notamment TPIR, jugement Semanza, 15 mai 2003, *supra,* note 1476, §§ 399 à 407.

défense[1645], la Chambre II du TPIR a conclu dans la présente affaire (Nyiramasuhuko et consorts*)* qu'

> « il existait une relation de subordination entre Nyiramasuhuko et les Interahamwe [milice populaire] qui l'accompagnaient au bureau de la préfecture de Butare. **Le contrôle effectif** qu'elle exerçait sur ces derniers résultait de ceci, qu'elle les avait amenés au bureau de la préfecture en compagnie de son fils Ntahobali et de ce que les ordres qu'elle avait donnés ont été exécutés. Elle avait connaissance des actes de viol et ne les a ni empêchés ni punis. La responsabilité de Nyiramasuhuko est de ce fait engagée en sa qualité de supérieur hiérarchique à raison des viols perpétrés au bureau de la préfecture de Butare[1646] ».

853. Contrairement à l'affaire *Akayesu* précédemment analysée, le TPIR franchit cette fois un nouveau palier en établissant un lien direct entre les viols commis par les milices hutu et la responsabilité de l'ancienne ministre en tant que supérieure hiérarchique. Mais l'apport essentiel de l'affaire *Nyiramasuhuko* réside surtout dans la problématique de la criminalité féminine en période de conflit armé[1647]. Jusque-là peu d'études se sont focalisées sur cette question. La perception des femmes en tant que victimes a été longtemps privilégiée[1648]. Inspirés par l'idéologie féministe, certains auteurs ont tenté de réduire la sévérité de leurs actes à un pur hasard ou au résultat d'une manipulation masculine[1649].

854. Une telle conception mérite d'être relativisée dans le cadre du génocide des Tutsi, car, en tant que tueurs individuels ou complices, les femmes ont été décrites comme les « *principaux architectes de la violence*[1650] ». L'affaire *Nyiramasuhuko* en est une parfaite illustration puisque

---

[1645] Au total, 189 témoins ont été présentés par les deux parties au procès (information recueillie lors de l'audience du 24 juin 2011 à laquelle nous avons assisté). De même, la Chambre a réfuté la thèse de la défense selon laquelle « *il était contraire à la moralité de Nyramusuhuko qui avait consacré toute sa vie à aider les femmes du Rwanda d'ordonner de commettre des viols* ». Jugement portant condamnation, *supra,* note 1432, § 2153.

[1646] Cf. jugement précité, § 6088. D'après le témoignage d'une rescapée, l'accusée s'était adressée aux militaires et miliciens armés en ces propos : « *[A] la préfecture, il y a encore beaucoup de saleté, telle que ces femmes Tutsi qui, jadis, étaient arrogantes et ne voulaient pas épouser des Hutu, maintenant c'est à vous, Hutu, de faire ce que vous voulez d'elles* ». Ce témoignage parmi tant d'autres a été jugé par la Chambre « crédible et fiable ». Jugement Nyaramushuko, 24 juin 2011, *supra,* note 1432, §§ 2764-2765, § 2773, §§ 2698 à 2705, §§ 2754 à 2758 et § 2781.

[1647] C'est la seule femme qui a été jugée et condamnée par le TPIR. D'autres ont comparu devant les juridictions classiques et coutumières du Rwanda. Cf. première partie de la thèse.

[1648] Évidemment, il ne s'agit pas ici de remettre en cause le statut des femmes en tant que victime, mais plutôt de s'interroger davantage sur les crimes ou actes violents qui leur sont souvent imputés.

[1649] Pour une étude approfondie de la question, cf. SJOBERG Laura and GENTRY Caron, *Mothers, monsters, whores : women's violence in global politics,* London/ New York, Zed Books, 2007.

[1650] HOGG Nicole, « La participation des femmes au génocide rwandais : des mères ou des monstres ? », *Revue internationale de la Croix-Rouge*, vol 92, n° 877, mars 2010, pp. 69-102. Document disponible sur le site www.icrc.org (uniquement en anglais).

la mise en cause a également été reconnue coupable d'avoir participé au plan d'extermination des civils tutsi[1651]. Par ailleurs, l'intérêt qui réside dans cette décision est qu'elle démontre comment le viol et les violences sexuelles peuvent constituer un instrument d'avilissement d'un groupe ethnique. D'ailleurs, la Chambre de première instance n'a pas manqué de souligner cet aspect en considérant que « *les atteintes portées à l'intégrité physique ou mentale des réfugiés au bureau de la préfecture, lors de la perpétration de ces viols, étaient d'une gravité telle qu'elles menaçaient de détruire, en tout ou en partie, le groupe ethnique tutsi. Tous ces viols obéissaient à une intention de génocide*[1652] ».

855. Au vu de cette disposition, il est regrettable que le Procureur se soit limité au chef d'accusation de viol constitutif de crime contre l'humanité, alors que des éléments de preuves irréfutables auraient permis au Tribunal de prononcer également une condamnation pour viol constitutif de crime de génocide[1653]. Ce cumul de culpabilité n'aurait certainement pas influé sur le quantum de la peine (emprisonnement à vie fixée à l'unanimité par les juges)[1654], mais il aurait permis de mieux prendre en considération l'ampleur des crimes de nature sexuelle perpétrés pendant le génocide.

856. Cela étant, le jugement *Nyiramasuhuko et consorts* constitue la 9e condamnation prononcée par le TPIR sur les 12 accusés poursuivis jusque-là pour des faits de viols ou de violences sexuelles[1655]. Ce bilan peut paraître dérisoire ou insignifiant, comparé au nombre d'accusés condamnés par le TPIY pour des crimes comprenant des sévices sexuels et des viols[1656]. Mais à notre sens, la comparaison entre les Tribunaux *ad hoc* (TPIR et TPIY) sur le traitement des crimes sexuels ne doit pas s'arrêter à des considérations d'ordre

---

[1651] Jugement Nyiramasuhuko, 24 juin 2011, *supra,* note 1432, § 5678.

[1652] *Idem*, § 5873. Sur la motivation du jugement, cf. §§ 5865, 5869 et 5871.

[1653] Il s'agit d'un grave manquement que la Chambre de première instance n'a d'ailleurs pas manqué de souligner. Cf. jugement Nyiramasuhuko, *idem,* § 6087.

[1654] Compte tenu de nombreux témoignages à charge dont la plupart ont été jugés « crédibles et fiables » par la 1re Chambre, à notre avis, il est peu probable que la Chambre d'appel annule les conclusions des juges de première instance dans son arrêt qui sera rendu d'ici 2015.

[1655] En ce qui concerne l'acquittement des trois accusés pour insuffisance de preuve portant sur des faits de viol, cf. Chambre II, jugement et sentence, *Jean de Dieu Kamuhanda,* affaire n° ICTR-99-54 A-T, 22 janvier 2004, §§ 711-712. Il est néanmoins condamné à la prison à vie pour génocide et extermination constitutive de crime contre l'humanité, jugement § 750 (décision confirmée par la Chambre d'appel dans un arrêt du 19 septembre 2005). La même peine a été prononcée dans l'affaire *Niyitigeka*, bien que celui-ci soit acquitté des accusations de viol constitutif de crime contre l'humanité. La Chambre de première instance l'a toutefois reconnu coupable de crime contre l'humanité (autres actes inhumains) pour avoir perpétré des actes de violences sexuelles sur les cadavres de deux personnes (Chambre I, jugement portant condamnation, *Elizer Niyitigeka,* affaire n° ICTR-96-14-T, 16 mai 2003, §§ 465-466, § 480). Ce dernier exemple parmi d'autres révèle que pendant le génocide, les hommes ont également été victimes de mutilations sexuelles (notamment de castration). L'extrait du § 303 du jugement Niyitegeka en est une parfaite illustration. Enfin, Cf. affaire *Gatete*, un ancien bourgmestre acquitté de viol constitutif de crime contre l'humanité, pour insuffisance de preuves (jugement 31 mars 2011, *supra,* note 1482, §§ 16 et 18).

[1656] Sur 70 personnes poursuivies par le TPIY, trente d'entre elles avaient été condamnées au début de l'année 2011. Pour plus de détails, http://www.icty.org/sid/10314

statistiques[1657]. À la lecture de la jurisprudence, force est de constater que les deux Tribunaux suivent la même procédure tout en essayant de trouver une définition adéquate à la notion de « viol ».

- **Du point de vue procédural**

857. Les Tribunaux *ad hoc* s'appuient sur les témoignages des survivants et témoins des crimes. À ce titre, des procédures spéciales ont été introduites par l'article 96 du Règlement qui dispose que le témoignage d'une victime de violences sexuelles n'a pas besoin d'être corroboré[1658]. Le même article précise que le comportement sexuel antérieur de la victime ne peut être utilisé comme moyen de défense ou élément de preuve[1659]. Par ailleurs, dans un souci de mieux garantir l'intimité des victimes de viol ou de violences sexuelles, certaines questions ne font pas l'objet de débats en audience publique[1660]. Enfin, des mesures de protection novatrices ont été mises en place pour garantir la sécurité des témoins les plus vulnérables[1661].

- **Par rapport aux définitions du viol**

858. L'effort auquel se sont livrés les juges d'Arusha et de La Haye est remarquable, car ils ont suivi une logique permettant de tenir compte du climat de terreur et des atrocités qu'ont subies les femmes pendant les conflits en ex-Yougoslavie et au Rwanda. Le TPIR a tenté pour la première fois de définir le viol comme *« tout acte sexuel commis sur la personne d'autrui sous l'empire de la* ***coercition***[1662] ». Cette définition jugée certes un peu théorique a été approuvée par la Chambre de première instance du TPIY[1663]. Celle-ci a néanmoins jugé nécessaire de prendre davantage en compte les objets utilisés dans la perpétration du viol, car « *la plupart des systèmes juridiques de*

1657 Peut-être l'un des aspects qui mérite d'être souligné, c'est le manque d'intérêt affiché au début des procès par le Procureur du TPIR pour mener des enquêtes approfondies sur les crimes de nature sexuelle perpétrés pendant le génocide. Aussi bien dans l'affaire *Akayesu* que dans le jugement *Nyiramasuhuko* précité, les actes de viol ou de violences sexuelles ne figuraient pas initialement dans les faits incriminés. Sur ce point, le TPIR a fait l'objet de nombreuses critiques. Mais cette défaillance a pu être corrigée très rapidement grâce à la procédure permettant d'amender un acte d'accusation pour y rajouter des charges supplémentaires (cf. art 50 du Règlement du TPIR). La lutte contre les violences sexuelles est finalement devenue une priorité pour le TPIR, alors que le TPIY s'est lancé dès sa création dans des enquêtes et poursuites de grande envergure concernant des crimes sexuels commis en Bosnie Herzégovine. À ce titre, il est le premier tribunal pénal international à avoir prononcé des condamnations pour viol en tant que torture (arrêt Mucic et consorts, 20 février 2001, *supra,* note 1614) et pour esclavage sexuel en tant que crime contre l'humanité (arrêt Kunarac et consorts, 12 juin 2002, *supra*, note 1328). Pour un bilan détaillé du nombre d'accusés inculpés, www.icty.org/sid/10314

1658 Cf. art. 96 (i) du Règlement de procédure et de preuve du TPIR. Il s'agit du même article du Règlement du TPIY.

1659 *Idem,* art. 96 (iv).

1660 Cf. art. 79 du Règlement TPIR/TPIY.

1661 Cf. art. 75 Règlement TPIR/TPIY.

1662 Jugement Akayesu, 2 septembre 1998, *supra*, note 1424, § 688.

1663 Jugement Delacic (ou Mucic) et consorts, 16 novembre 1998, *supra,* note 1331, § 479.

common law ou de tradition civiliste [le considère] *comme la pénétration forcée du corps humain par le pénis ou l'introduction d'un autre objet dans le vagin ou l'anus*[1664] ».

859. Pour aller encore plus loin que leur homologue d'Arusha, les juges de première instance du TPIY estimaient que « *la pénétration buccale forcée par l'organe sexuel masculin constitue une atteinte à la dignité humaine particulièrement humiliante et dégradante*[1665]». Après quelques flottements jurisprudentiels, la Chambre d'appel du TPIY apporte une légère modification concernant les définitions proposées par les jugements *Furundzja* et *Kunarac*[1666], avant d'adopter une solution définitive et claire. À ce titre, l'arrêt *Kunarac et consorts* constitue un exemple pertinent dans la définition de l'élément matériel et moral du viol[1667]. Cette décision jugée « persuasive » par la Chambre II du TPIR fera jurisprudence[1668]. Dans le même ordre d'idées, les juges d'Arusha ont rappelé que la définition du viol proposée par le jugement *Akayesu* et les éléments constitutifs énumérés dans l'affaire *Kunarac* du TPIY ne sont « *ni incompatibles, ni substantiellement différents dans leur application* [1669] ».

860. En somme, la conclusion la plus plausible qu'on peut tirer de cette analyse conceptuelle, c'est la complémentarité des deux Tribunaux pénaux *ad hoc*. La procédure novatrice mise en place a porté ses fruits, eu égard au nombre de condamnations prononcées et à la sévérité des peines infligées aux accusés poursuivis pour des faits de viol[1670]. L'engagement des juges d'Arusha et de La Haye contre les violences faites aux femmes, prouve que la justice

---

[1664] Dans cette affaire qui portait exclusivement sur des sévices sexuels, la Chambre estimait qu'il était essentiel de recourir aux principes généraux du droit commun aux grands systèmes juridiques du monde, afin de dégager une définition plus précise du viol. Cf. jugement Furundzija, 10 décembre 1998, *supra,* note 1558, §§ 177 à 185 (même raisonnement suivi par la Chambre d'appel dans son arrêt du 21 juillet 2000).

[1665] *Idem,* § 183.

[1666] Cette décision passe en revue la législation interne de plusieurs États. TPIY, Ch., jugement, *Kunarac et consorts,* IT-96-23-T et IT-96-23/1-T, 22 février 2001, §§ 438 à 460.

[1667] Cf. arrêt Kunarac et consorts, 12 juin 2002, *supra,* note 1638, §§ 127-128. Quant à la CPI, elle élargit l'incrimination du viol à d'autres actes à caractère sexuel, tels que « l'esclavage sexuel, la prostitution forcée, la grossesse forcée et la stérilisation forcée ». Cf. art. 7 § 1 (g) Statut CPI.

[1668] À titre d'exemples, cf. jugement Kamuhanda, 22 janvier 2004, *supra,* note 1655, § 709 ; jugement Renzaho, 14 juillet 2009, *supra,* note 1483, §§ 791-792.

[1669] Cf. jugement Muhimana, 28 avril 2005, *supra,* note 1444, §§ 550-551.

[1670] Par exemple, s'agissant du TPIR, à quelques exceptions près, tous les accusés reconnus coupables d'actes de viol ou de violences sexuelles ont écopé d'une peine d'emprisonnement à vie. Cf. affaires *Akayesu, Gacumbitsi, Muhimana, Musema, Renzaho, Nyiramasuhuko, supra,* note 1630. Quant au TPIY, jusqu'en 2011, 78 personnes, soit 48% des 161 accusés, ont dû répondre des chefs d'accusation de violences sexuelles. 28 avaient été condamnés pour des crimes de violences sexuelles au titre de l'article 7 (1) du Statut du TPIY qui fait référence à la responsabilité pénale individuelle. Et quatre parmi ces accusés ont été reconnus coupables en tant que supérieurs hiérarchiques, pour ne pas avoir empêché ou puni les auteurs des crimes. www.icty.org/sid/10586.

pénale internationale peut mettre fin à l'impunité des crimes sexuels commis en période de conflit armé.

861. Enfin, au-delà de leur complémentarité, il semble nécessaire de rappeler que la création simultanée des Tribunaux internationaux pour l'ex-Yougoslavie et le Rwanda, fait que le second emprunte largement au premier. Certaines décisions du TPIY sont ainsi une source d'inspiration pour les juges du TPIR. Dans la même perspective, ces derniers font référence à la jurisprudence développée par les systèmes régionaux de protection des droits de l'homme, dans un souci de mieux garantir aux accusés le respect du droit au procès équitable. Cette démarche d'ouverture a permis au TPIR de s'aligner sur un courant jurisprudentiel harmonieux.

SECTION 2 — UNE JURISPRUDENCE COHÉRENTE

862. Les Tribunaux pénaux *ad hoc* du Rwanda et celui de l'ex-Yougoslavie partagent la même Chambre d'appel composée des mêmes juges. Ils ont également adopté un règlement de procédure et de preuve quasiment similaire, en vue de promouvoir l'uniformité de leur jurisprudence. Outre ce rapport de proximité, en se fondant sur les sources du droit dans lesquelles ils sont autorisés à puiser[1671], les deux Tribunaux font de plus en plus appel à leurs propres décisions pour consolider ou réfuter une argumentation spécifique. Cette pratique connue sous la théorie du « précédent judiciaire » a été surtout utilisée par le Tribunal d'Arusha (ci-après « TPIR ») pour statuer sur un certain nombre de questions très délicates (*hard cases*), mais qui ne sont pas en soit novatrices, car elles furent déjà tranchées par les juges de La Haye.

863. C'est ce qui justifie, d'une part, la référence aux arrêts du TPIY (**§ 1**) et, d'autre part, le recours à la jurisprudence des cours régionales de protection des droits de l'homme (**§ 2**) comme moyen d'interprétation de la règle de droit applicable devant le TPIR. Quant à la jurisprudence nationale, les juges internationaux ont bien conscience d'une primauté du droit international par rapport au droit interne. Ainsi, ils s'accordent à penser que le recours à la législation nationale n'est possible que lorsque les sources classiques du droit international sont insuffisantes ou inexistantes, ou lorsqu'aucune notion indépendante ne peut être dégagée[1672].

[1671] Outre leurs Statuts ou Règlement, les Tribunaux *ad hoc* doivent appliquer le droit international tel qu'il découle des sources consacrées à l'article 38 alinéa 1(d) du Statut de la CIJ, c'est-à-dire les conventions internationales, la coutume internationale, les principes généraux du droit, les « *décisions judiciaires et la doctrine des publicistes les plus qualifiées des différentes nations, comme moyen auxiliaire de détermination des règles de droit* ».

[1672] Pour une étude de la question, cf. BUCK Valentine, « La procédure pénale internationale et l'utilisation du droit comparé », in CHIAVARIO Mario (dir.), *La justice pénale internationale entre passé et avenir*, Paris-Milan, Dalloz-Guiffré, 2003, p. 59.

§ 1–Les emprunts à la jurisprudence du TPIY

864. Pour asseoir l'autorité de sa future jurisprudence, la Chambre d'appel du TPIY a tranché dès son premier arrêt (*affaire Tadić*) des questions juridiques fondamentales du droit international humanitaire et pénal. En conséquence, la Chambre va s'appuyer sur ce précédent pour statuer sur ses décisions ultérieures[1673]. Dans la même perspective, il est aisé de constater à la lecture des affaires jugées par le TPIR que les juges ont souvent cité la jurisprudence du TPIY, non pas pour établir une règle coutumière internationale ou un principe général de droit, mais uniquement pour appliquer la solution à un problème juridique. Ce constat peut être illustré par un examen plus attentif de deux questions clefs telles que le contrôle de légalité de la création d'un organe judiciaire par le Conseil de sécurité (A) et la doctrine de l'entreprise criminelle commune (B).

A. Le contrôle de légalité de la création d'un organe judiciaire par le Conseil de sécurité

865. Pour tenter de se soustraire à la justice, il n'est pas rare de voir dans les procès internationaux les accusés soulever des questions ou exceptions préjudicielles, c'est-à-dire un moyen permettant à la défense de s'opposer à l'ouverture du procès[1674]. Cette procédure peut porter sur les vices de forme de l'acte d'accusation, sur le rejet d'une demande de commission d'office d'un avocat ou encore sur l'incompétence du Tribunal[1675]. Dans ce dernier cas, il était inévitable que la compétence du Conseil de sécurité pour créer un organe judiciaire soit contestée, puisqu'aucune disposition de la Charte des Nations

---

[1673] Sur ce point, il est important de rappeler que le recours à la règle du précédent n'est pas prévu par les Statuts et Règlements du TPIR et du TPIY. Mais le renvoi fait par les juges internationaux à leur propre jurisprudence a fortement suscité l'intérêt de la doctrine qui a démontré trois niveaux d'influence entre les Chambres des TPI : le lien horizontal entre Chambres de première instance, le lien vertical entre Chambres de première instance et Chambre d'appel ou l'autorité d'une décision de la Chambre d'appel vis-à-vis d'une Chambre de première instance et enfin, le lien horizontal entre Chambres d'appel, c'est-à-dire la nécessité pour les juges de la Chambre d'appel de suivre leurs décisions antérieures en vue de garantir *la sécurité et la prévisibilité juridiques*. Dans le sens de cette distinction, cf. DELLA MORTE Gabriele, « Les tribunaux pénaux internationaux et les références à leur propre jurisprudence », in DELMAS-MARTY Mireille (dir.), *Les sources du droit international pénal*, Société de législation comparée, 2004, pp. 211-222.

[1674] En procédure pénale, on distingue les questions préjudicielles à l'action qui empêchent le déclenchement de l'action publique, dans l'attente d'une décision judiciaire, et les questions préjudicielles au jugement qui suspendent la procédure jusqu'à la résolution de la difficulté juridique par le juge compétent. À ce propos, cf. GUINCHARD Serge (dir.) et DEBARD Thierry, *Lexique des termes juridiques*, Dalloz, 20e édition, 2013, p. 747.

[1675] Les exceptions préjudicielles doivent être soulevées dans les 30 jours suivant la communication par le Procureur à la défense de toutes les pièces jointes à l'acte d'accusation et avant l'audience au fond. Cf. art. 72 du RPP du TPIR et du TPIY.

Unies ne lui confère un tel pouvoir[1676]. Cette question a été soulevée lors du premier procès qui s'est tenu devant le Tribunal pour l'ex-Yougoslavie (*affaire Tadić*). Dans le cas d'espèce, la défense avait fait valoir que le TPIY n'était pas légalement institué pour pouvoir juger l'accusé[1677].

866. Il s'agit d'un problème crucial qui remet en cause la fonction judiciaire d'un nouveau tribunal international dans un domaine jusque-là inexploré par la Charte des Nations Unies. Dès lors, le TPIY était contraint de statuer sur sa propre compétence, une mission délicate portant sur le contrôle par une juridiction internationale des décisions du Conseil de sécurité[1678]. Dans un premier temps, la Chambre de première instance avait esquivé cette question, au motif que le Tribunal pénal pour l'ex-Yougoslavie n'était pas une juridiction constitutionnelle susceptible d'examiner les décisions des organes des Nations Unies[1679].

867. Mais dans son arrêt du 2 octobre 1995, la Chambre d'appel fut d'un avis opposé, considérant que l'article 41 de la Charte conférait un large pouvoir discrétionnaire au Conseil de sécurité pour décider des mesures à prendre en cas de menace à la paix et à la sécurité internationale[1680]. Par conséquent, la création d'un tribunal pénal était entièrement justifiée[1681]. Dans cette hypothèse, la Chambre semble se référer à la théorie des « pouvoirs implicites », une méthode d'interprétation dite *téléologique.* Celle-ci a été fréquemment utilisée par la Cour internationale de justice dans plusieurs affaires pour apprécier la compétence des institutions internationales ainsi que la portée de leurs actes[1682]. Ainsi, l'arrêt *Tadić* constitue un précédent utile

---

1676 Si le Statut du Tribunal militaire de Nuremberg interdisait aux accusés de contester la licéité de la juridiction devant laquelle ils comparaissaient (art. 3), pour le TPIR et le TPIY, aucune disposition textuelle n'exclut expressément cette contestation.

1677 La défense estimait notamment que les décisions du Conseil de sécurité ne sont pas « sacro-saintes » pour ne pas être réexaminées par un Tribunal international. TPIY, Ch., décision relative à l'exception préjudicielle d'incompétence soulevée par la défense, *Duško Tadić,* IT-94-1-T, 10 août 1995, § 14.

1678 Un problème similaire a été soumis à la Cour internationale de justice dans l'affaire opposant la Libye aux États-Unis à la suite de l'incident aérien au-dessus de Lockerbie, en Écosse. Mais la CIJ s'est déclarée incompétente pour statuer sur l'affaire au fond. En ce sens, cf. *Jamahiriya arabe c/ États-Unis,* affaire relative à des questions d'interprétation et d'application de la Convention de Montréal de 1971, mesures conservatoires, ordonnance du 14 avril 1992, C.I.J, Recueil 1992, p. 114.

1679 Cf. affaire *Tadić*, 10 août 1995, *supra,* note 1677, § 5.

1680 De telles mesures ne doivent pas constituer l'emploi d'une force armée. TPIY, App., *Arrêt relatif à l'appel de la défense concernant l'exception préjudicielle d'incompétence,* Duško Tadić, 2 octobre 1995, IT-94-1-AR72, §§ 34 à 36.

1681 À ce propos, tous les arguments avancés par la défense ont été rejetés par la Chambre d'appel. Mais la question de la licéité de la création d'un organe judiciaire par le Conseil de sécurité a fait l'objet d'interprétations divergentes au sein de la doctrine. Si certains ont évoqué des raisons d'ordre politique, d'autres soutiennent tout à fait le contraire. Voir notamment notre chapitre précédent portant sur l'instauration du TPIR (§§ 637 à 648).

1682 La théorie des « pouvoirs implicites » a été utilisée par la première Cour de La Haye (la CPJI) pour apprécier la compétence de l'Organisation internationale du travail. Cf. avis consultatif n° 13, 23 juillet 1926, sér. B, p. 18. La CIJ a également fait référence à cette méthode

pour la jurisprudence ultérieure du TPIY. C'est en cela qu'elle est fondamentale[1683].

868. Deux ans plus tard, la Chambre de première instance II du TPIR (ci-après, « deuxième Chambre ou Chambre II ») était également saisie d'une **exception préjudicielle d'incompétence** dans l'affaire *Kanyabashi*[1684]. Un ensemble d'arguments avait été soulevé par la défense pour contester la légalité de la création du TPIR : violation de la souveraineté des États et du principe du *jus de non evocando*[1685], incompétence du Tribunal pour apprécier la responsabilité pénale directe des présumés coupables, absence de garanties d'une justice équitable, et enfin inexistence d'un conflit international pouvant justifier une intervention du Conseil de sécurité[1686]. Toutes ces questions avaient pratiquement été tranchées, en des termes identiques, par la Chambre d'appel du TPIY dans l'affaire *Tadić* précitée. À l'appui des conclusions de cet arrêt, la deuxième Chambre du TPIR va à son tour rejeter la requête de la défense de *Kanyabashi*, en consacrant des développements qui méritent aussi une attention particulière.

869. S'agissant du **premier argument** avancé par la défense, celle-ci estimait que la création du TPIR par une résolution du Conseil de sécurité et non par la voie d'un traité international, violait la souveraineté des États, en l'occurrence celle du Rwanda. Cette allégation était jugée peu convaincante dans la mesure où le Tribunal d'Arusha a été créé à la suite de la demande du gouvernement rwandais[1687], ce qui n'était pas le cas pour les pays de l'ex-Yougoslavie. En tout état de cause, la deuxième Chambre avait rappelé que « *la qualité de membres des Nations Unies va de pair avec certaines limitations de la souveraineté des États membres*[1688] ».

870. La même observation s'applique à l'argument selon lequel la création du TPIR viole le principe du *jus de non evocando,* c'est-à-dire le droit pour l'accusé d'être jugé par les juridictions internes de l'État où il est soupçonné d'avoir commis ses crimes. Bien que ce droit soit garanti par diverses

interprétative dans plusieurs affaires : affaire Bernadotte de 1949, avis consultatif du 11 juillet 1950 sur le Sud-Ouest africain (pp.132 à 137), avis consultatif du 13 juillet 1954, sur l'effet des jugements du tribunal administratif (pp. 56-57). Par ailleurs, cette théorie est fréquemment utilisée (mais avec prudence) par la CJCE (exemple de l'avis de la Cour du 17 décembre 1959 en application de l'article 95 de la C.E.C.A., Rec. 1958-59.553). Pour plus de détails sur la question, cf. CARREAU Dominique et MARRELLA Fabrizio, *Droit international*, 11e édition, Pedone, 2012, p. 431 et s.

[1683] Pour un commentaire approfondi de cette décision, cf. SASSOLI Mario, « La première décision de la Chambre d'appel du Tribunal pénal international pour l'ex-Yougoslavie : Tadić (compétence) », *RGDIP,* 1996, pp. 101 à 134.

[1684] TPIR, Ch. II., décision sur l'exception d'incompétence soulevée par la défense, *Joseph Kanyabashi,* affaire n° ICTR-96-15-T, 18 juin 1997.

[1685] Ce principe suppose l'abandon de souveraineté de la part des États membres des Nations Unies, *infra,* note 1689.

[1686] Jugement Kanyabashi, *supra,* note 1684, § 7.

[1687] Même si l'on sait que le Rwanda s'est opposé au vote de la résolution 955 (créant le TPIR) pour des raisons que nous avons déjà évoquées dans notre précédent chapitre (cf. §§ 633 à 636).

[1688] TPIR, affaire Kanyabashi, *supra,* note 1684, § 13.

constitutions nationales[1689], il n'est pas protégé en droit international. Il ne figure ni dans la Déclaration universelle des droits de l'homme ni dans le Pacte international relatif aux droits civils et politiques. Partant de ce postulat, les deux Tribunaux *ad hoc* (TPIR et TPIY) vont suivre le même raisonnement en réaffirmant le principe de la primauté des TPI sur les juridictions nationales conformément à leur Statut[1690].

871. Mais la deuxième Chambre du TPIR va se révéler beaucoup plus audacieuse que la Chambre d'appel du TPIY, en allant jusqu'à énoncer la possibilité de sanction contre tout État qui aurait refusé de coopérer avec le Tribunal. Ainsi, selon la Chambre,

> « la primauté [...] du Tribunal tire sa justification exclusivement du fait qu'il a été créé en vertu du Chapitre VII de la Charte des Nations Unies, ce qui en retour l'habilite à émettre, sur le plan international, des ordonnances et demandes qui s'imposent directement aux États, sans qu'ils aient à y consentir. Le fait pour un État de ne pas se conformer à des ordonnances et demandes juridiquement contraignantes peut, dans certaines conditions, être porté par le Président du Tribunal à l'attention du Conseil de sécurité, pour suite à donner[1691] ».

872. Ensuite, la Chambre écarte assez rapidement l'argument selon lequel le Tribunal d'Arusha serait incompétent pour apprécier la responsabilité pénale des présumés auteurs du génocide. À ce propos, elle reprend indirectement l'argumentation développée par le Tribunal de Nuremberg selon lequel, « *les crimes contre le droit international sont commis par des personnes et non par des entités abstraites*[1692] ». Quant aux allégations liées aux **garanties d'une justice équitable**, la défense de *Kanyabashi* remettait en cause l'indépendance et l'impartialité du TPIR du fait qu'il a été créé par un organe politique (le Conseil de sécurité). Ainsi, le problème qui se posait était celui de savoir si la création d'un Tribunal international par un organe exécutif dérogeait au principe général selon lequel les tribunaux doivent être « établis par la loi[1693] ».

[1689] Cf. par exemple l'article 13 de la Constitution Belge de 2009 qui dispose : « *nul ne peut être distrait, contre son gré, du juge que la loi lui assigne* ». Il en est de même de la Constitution des Pays-Bas (art. 17) ou de la Constitution de l'Allemagne unifiée (art. 101) qui exige d'une manière générale qu'aucune personne ne soit privée de son « juge naturel » établi par la loi. Mais ce principe ne figure pas dans la Constitution française de 1958. Ce faisant, le droit au juge naturel demeure incertain en droit français. Pour une analyse pertinente de cette question, cf. JEULAND Emmanuel, « Le droit au juge naturel et l'organisation judiciaire », *Revue française d'administration publique*, n° 125, 2008/1, pp. 33-42.

[1690] À cet égard, la Chambre d'appel précisait que le principe de *Jus de non evocando* suppose dans une certaine mesure l'abandon de souveraineté de la part des États membres des Nations Unies. TPIY, arrêt Tadić, *supra*, note 1677, § 63.

[1691] TPIR, affaire Kanyabashi, *supra*, note 1684, § 32.

[1692] *Procès des grands criminels de guerre devant le TMI :* Nuremberg, 14 novembre 1945-1er octobre 1946, partie 22, jugement, § 447 (citée par la décision Kanyabashi, *idem*, § 34).

[1693] Ce principe est consacré par divers instruments internationaux tels que le Pacte international relatif aux droits civils et politiques adopté à New York le 16 décembre 1966. En vertu de l'article 14, « *[...] toute personne a droit à ce que sa cause soit entendue équitablement et publiquement par un tribunal compétent, indépendant et impartial, établi par la loi, qui décidera soit du bien-fondé de toute accusation en matière pénale dirigée contre elle, soit des*

Sur ce point, l'argumentation de la deuxième Chambre ne semble pas tout à fait convaincante lorsqu'elle prétendait au départ que « *partout dans le monde les juridictions pénales sont créées par des parlements qui sont des organes politiques par excellence*[1694] ». En suivant ce raisonnement, on pourrait tout aussi bien admettre la création d'un Tribunal international par la voie d'un traité, et ce malgré la lenteur d'une telle procédure.

873. Pourtant, la conclusion à laquelle la Chambre aboutit paraît tout à fait raisonnable et juste. Après avoir repris la jurisprudence *Tadić* selon laquelle un tribunal « établi par la loi » peut s'interpréter comme un tribunal créé en conformité avec la règle de droit[1695], la Chambre II du TPIR relève entre autres qu'« *il incombe au Tribunal de s'assurer que la cause de l'accusé (soit) entendu équitablement*[1696] ». Ce raisonnement peut se justifier à la lecture des dispositions du Statut et Règlement du Tribunal. Celles-ci consacrent les grands principes d'un procès équitable reconnus par les instruments internationaux de protection des droits de l'homme[1697]. Par conséquent, la deuxième Chambre du TPIR a jugé inopérant le grief tiré d'une violation du droit à être jugé par un tribunal indépendant et impartial.

874. Enfin, la défense de *Kanyabashi* mettait en avant une idée quelque peu fantaisiste en soutenant qu'il « *n'y avait pas un conflit international pouvant justifier une quelconque action du Conseil de sécurité* ». Certes, la Chambre reconnaît que le conflit rwandais était un conflit interne, car il n'opposait que les deux principaux groupes ethniques établis au Rwanda. Cependant, elle concède que « *les conflits internes, eux aussi, peuvent avoir des implications internationales propres à justifier une action du Conseil de sécurité*[1698] ». La Chambre a une fois de plus rejeté l'argument de la défense en poursuivant son raisonnement sur l'application de la responsabilité pénale individuelle aux conflits armés tant internes qu'internationaux. Partant de cette analyse, les juges du Tribunal d'Arusha ont montré la même détermination que ceux du Tribunal pour l'ex-Yougoslavie qui par ailleurs étaient confrontés à un conflit mixte (international et interne)[1699]. Il semblait arbitraire de séparer ces deux genres de conflits même si le droit international et le droit humanitaire ont prévu des règles spécifiques pour chacune des catégories de situation[1700].

---

contestations sur des droits et obligations de caractère civil ». Également, cf. art. 6 de la Convention de Sauvegarde des droits de l'homme et des libertés fondamentales, adoptée à Rome le 4 novembre 1950 ; et art. 8 de la Convention américaine des droits de l'homme, adoptée à San José le 22 novembre 1969.

[1694] TPIR, affaire Kanyabashi, *supra,* note 1684, § 39.

[1695] TPIY, arrêt Tadić, *supra,* note 1677, § 45.

[1696] Affaire Kanyabashi, *supra,* note 1684, §§ 43-44.

[1697] Cf. art. 12 et 20 du Statut du TPIR (reprise intégrale des articles 13 et 21 du Statut du TPIY) et articles 14, 62, 63 et 78 du Règlement des deux Tribunaux.

[1698] Affaire Kanyabashi, *supra,* note 1684, §§ 19 à 24.

[1699] TPIY, arrêt Tadić, *supra,* note 1677, § 77.

[1700] En ce sens, cf. développements consacrés par la Chambre d'appel. Dans une interprétation large et libérale du Statut du TPIY, elle a élargi la portée de l'article 3, incluant ainsi dans la compétence *ratione materiae* du Tribunal les crimes de guerre commis lors de conflits à

Sur ce point, la Chambre d'appel du TPIY considère qu'il n'est guère besoin de rattacher les crimes contre l'humanité à un conflit armé international[1701]. L'absence de lien entre les crimes contre l'humanité et un conflit armé international est désormais une règle établie en droit international coutumier. Cette interprétation novatrice sera maintes fois reprise par la jurisprudence des Tribunaux pénaux *ad hoc*[1702].

875. À la lumière des remarques qui précèdent, même si les juges du TPIR et du TPIY n'ont pas toujours suivi la même démarche intellectuelle sur l'étendue de leur compétence matérielle, ils ont abouti au même résultat, à savoir la suppression de la frontière entre conflit interne et conflit international. C'est l'une des grandes innovations consacrées par la jurisprudence des deux TPI dans l'affaire *Kanyabashi* et surtout l'arrêt *Tadić*. Celui-ci apporte des enseignements particulièrement intéressants qui ont retenu à juste titre l'attention de la doctrine. Comme le rappelait ainsi le professeur Jean-François Flauss, avec l'arrêt *Tadić*, « *le processus de cristallisation d'une règle coutumière sur les crimes de guerre dans les conflits internes s'est définitivement affirmé*[1703] ». C'est pourquoi il est considéré comme un arrêt fondateur[1704], car aucune institution n'avait auparavant affirmé que les violations graves du droit international humanitaire commises lors d'un conflit armé interne constituent des crimes de guerre[1705].

876. En l'absence d'un véritable Code pénal international, la Chambre d'appel a pu élaborer à partir de ses règles de compétence matérielle un système cohérent de droit international pénal, afin d'assurer une base juridique irréfutable à ses futures décisions. Il convient enfin de relever que l'arrêt *Tadić* - tout comme l'affaire *Kanyabashi* du TPIR - traduisent la volonté pour les Tribunaux *ad hoc* de mettre définitivement un terme aux questions ou exceptions préjudicielles, constamment soulevées par les accusés pour tenter d'échapper à la justice. Si cette opinion est vraisemblablement partagée par la doctrine[1706], ce n'est pas toujours le cas en ce qui concerne les formes de mises en cause ou d'imputation de la responsabilité pénale par les TPI. Il en est ainsi de la théorie de l'entreprise criminelle commune dont le fondement juridique

---

caractère interne. Pour mieux justifier sa démarche, la Chambre a démontré d'*un point de vue téléologique* que le Conseil de sécurité visait dans la création du TPIY à rétablir la paix et la sécurité en ex-Yougoslavie, sans se préoccuper du fait que les conflits soient internes ou internationaux. Arrêt Tadić, *idem*, § 72.

[1701] *Idem*, § 141.

[1702] Toutefois, un tel raisonnement n'aurait été possible devant la CPI où, selon l'article 22 (2) du Statut de Rome, « *la définition d'un crime est d'interprétation stricte et ne peut être étendue par analogie. En cas d'ambigüité, elle est interprétée en faveur de la personne qui fait l'objet d'une enquête, de poursuites ou d'une condamnation* ».

[1703] FLAUSS Jean-François (dir.), *Les nouvelles frontières du droit international humanitaire* : actes de Colloque du 12 avril 2002, Bruxelles, Bruylant, 2003, Collection Droit et Justice n° 52, p. 107.

[1704] MARTIN Pierre-Marie, « La compétence de la compétence », *Recueil Dalloz,* 1996, p. 162.

[1705] CASSESE Antonio et al, *Les grands arrêts du droit international pénal*, *op. cit.*, p. 22.

[1706] À ce propos, cf. MOREILLON Laurent et al, *Droit pénal humanitaire*, Bruylant, 2006, p. 52.

est de plus en plus contesté. Celle-ci a été abondamment discutée depuis l'arrêt *Tadić*. Étant donné son importance dans le traitement des crimes de masse, elle mérite une mention particulière.

B. La consécration de la théorie de l'entreprise criminelle commune par l'arrêt *Tadić*

877. Selon un principe général consacré par les systèmes juridiques internes, nul n'est punissable qu'en raison de son fait personnel[1707]. Si le droit national reste souvent attaché à cette conception assez stricte, la justice pénale internationale va, pour sa part, développer de nouvelles règles et théories sur la question. Cette rupture s'explique par le fait que les infractions perpétrées lors d'un conflit armé sont généralement le produit combiné de multiples auteurs, souvent adossés à des structures administratives ou militaires[1708]. Afin de mieux adapter les règles classiques de la responsabilité individuelle aux crimes de masse[1709], le TPIY a expressément élaboré une notion connue sous le nom de théorie ou doctrine de l'entreprise criminelle commune (ci-après, « ECC ») ou *Joint Criminal Enterprise* (JCE)[1710]. Avec cette doctrine, il est désormais possible de retenir un accusé responsable d'avoir participé à l'exécution d'un projet collectif de nature criminelle, alors même qu'il n'était pas spécifiquement auteur direct et matériel d'un crime.

878. Ce mode d'imputation de la responsabilité pénale divise aussi bien la doctrine que la jurisprudence dans la mesure où elle semble porter atteinte au principe de la légalité criminelle, tant dans sa dimension formelle que dans sa dimension matérielle[1711]. C'est sans doute la raison pour laquelle la Cour pénale internationale l'a entièrement écarté au profit d'une autre théorie (celle de la coaction)[1712], tandis que le TPIR et les juridictions hybrides ne l'ont

---

[1707] Cf. art. 121-1 du Code pénal français et art. 27, § 1 de la Constitution italienne.

[1708] SEMELIN Jacques, « Qu'est-ce qu'un crime de masse ? », *Critique internationale,* n° 6, janvier 2000, pp. 143-158.

[1709] L'usage de ce concept désigne les crimes de droit international en l'occurrence le génocide, les crimes de guerres et crimes contre l'humanité.

[1710] Cette théorie s'inscrit notamment au sein d'une longue tradition qui remonte au jugement de Nuremberg. Mais elle trouve surtout son origine dans la jurisprudence nationale des pays de *common law* (Royaume-Uni, États-Unis, Canada…). Dans les pays de tradition romano-germanique, la doctrine de l'ECC est généralement couverte par l'infraction d'association de malfaiteurs ou qualifiée de coaction, soit de complicité. Cf. CASSESE Antonio et al, *Les grands arrêts du droit international pénal, op. cit.*, p. 42.

[1711] BEAUVAIS Pascal et KHALIFA Ahmed, « Les modes collectifs de participation à l'infraction », in ASCENSIO Hervé (dir.), *Droit international pénal,* 2e édition, *op. cit.*, p. 510.

[1712] Sur ce point, cf. affaire *Thomas Lubanga* où une Chambre préliminaire de la CPI a formellement écarté l'application de la notion d'ECC au motif que, le régime des différentes formes de responsabilités individuelles et communes, défini dans le Statut de la CPI, est beaucoup plus approuvé que celui retenu dans le Statut des Tribunaux *ad hoc*. Décision sur la confirmation des charges, *Lubanga*, Chambre préliminaire I, 29 janvier 2007, ICC-01-04/-01/06, §§ 334 à 337.

reconnu que tardivement[1713]. Au vu des critiques assez virulentes formulées à l'encontre de cette théorie d'ECC, il convient de s'interroger tout d'abord sur son fondement juridique avant d'analyser sa pertinence dans la jurisprudence des Tribunaux pénaux *ad hoc.*

879. Par rapport à son fondement juridique, il convient de préciser que la théorie de l'ECC ne figure pas explicitement dans les Statuts des TPI du Rwanda et celui de l'ex-Yougoslavie. Les deux Tribunaux devaient donc faire face à des dispositions *incomplètes* ou *lapidaires* en matière de participation aux crimes internationaux, qu'il s'agisse du génocide, des crimes de guerre ou de crimes contre l'humanité. C'est dans cette perspective que le TPIY a eu recours à une interprétation large de l'article 7(1) de son Statut[1714], dans le but de démontrer l'existence en droit international coutumier de la doctrine de l'entreprise criminelle commune en tant que forme de responsabilité pénale individuelle. Cette théorie a été appliquée pour la première fois dans le célèbre arrêt *Tadić* du 15 juillet 1999. À ce propos, la Chambre d'appel considérait que « *toutes personnes impliquées dans des violations graves du droit international humanitaire doivent être traduites en justice, quelle que soit la manière dont elles ont commis ces violations ou y ont participé*[1715] ».

La Chambre justifie sa démarche par le fait que la plupart des crimes internationaux ne sont que l'émanation d'un comportement criminel collectif[1716]. Partant de cette analyse, elle en a déduit que *« la responsabilité pénale internationale s'applique à des actes perpétrés par un groupe d'individus agissant de concert en vue d'atteindre un but criminel commun*[1717] ».

880. Autrement dit, le principe essentiel du but commun réside dans le fait qu'un individu ayant sciemment participé à un projet criminel collectif doit être tenu responsable de tous les actes illicites résultant du plan originel. Un tel raisonnement soulève une difficulté particulièrement sensible qui est celle de l'écart entre un plan criminel initial et sa réalisation. Comment saisir d'une manière à la fois efficace et équitable la contribution accessoire d'un individu à un dommage d'une ampleur considérable ? Face à ce défi majeur, la Chambre d'appel a élaboré trois catégories distinctes en matière de participation à une entreprise criminelle commune. Il s'agit notamment de la

---

[1713] Cette doctrine a été admise comme forme de responsabilité par le Tribunal spécial pour la Sierra Leone (TSSL), les Chambre extraordinaires au sein des Tribunaux cambodgiens ainsi que les panels de la Cour de Dili au Timor Leste. En ce sens, DE FROUVILLE Olivier, *Droit international pénal, op. cit.*, p. 356 et s. Du même auteur, cf. ouvrage, *Punir les crimes de masse : entreprise criminelle commune ou coaction*, Éditions Nemesis, Bruxelles, 2012, p. 201 et s.

[1714] Selon les dispositions de cet article repris par l'article 6 (1) du Statut du TPIR, « *quiconque a planifié, incité à commettre, ordonné, commis ou de toute autre manière aidé et encouragé à planifier, préparer ou exécuter un crime visé aux articles 2 à 4 du Statut est individuellement responsable dudit crime* ».

[1715] TPIY, App., arrêt, *Duško Tadić*, IT-94-1-A, 15 juillet 1999, § 190.

[1716] *Idem*, § 191.

[1717] *Idem*, § 193.

forme dite « élémentaire », la forme « systémique » et la forme « élargie » ou extensive[1718]. Quelle que soit la catégorie en cause, la jurisprudence requiert un élément matériel (*actus reus*) et un élément moral (*mens rea)*[1719].

881. Dans la **première catégorie,** tous les coauteurs agissant de concert sont animés de la même intention criminelle de réaliser le but commun[1720]. Ensuite, la **deuxième catégorie** d'ECC, qui est une « variante » de la première, se caractérise par l'existence d'un système criminel organisé. Elle est décrite à l'image du fonctionnement d'un « camp de concentration[1721] ». Enfin, **la troisième catégorie** concerne les affaires de violence collective au cours de laquelle des crimes commis ne faisaient pas partie du projet criminel, mais sont une conséquence naturelle et prévisible de sa réalisation[1722]. C'est sur la base de cette troisième forme d'ECC que la Chambre d'appel avait condamné *Dusco Tadić* pour des meurtres commis en période de conflit armé, alors qu'en réalité aucun élément de preuve matérielle de sa participation physique à ces crimes n'était établi[1723].

882. À première vue, cette condamnation viole les principes fondamentaux du droit pénal car elle rend une personne responsable pour les actes d'autrui. Néanmoins, l'arrêt *Tadić* a acquis une force majeure obligatoire puisqu'il sera largement repris et développé dans la jurisprudence postérieure du TPIY[1724]. À cette occasion, la Chambre d'appel va plus loin dans son raisonnement initié dans l'affaire *Tadić*, en précisant que les personnes impliquées dans une ECC, quel que soit leur rôle, sont coupables en qualité de coauteurs (et non pas en tant que complices)[1725]. De même, la responsabilité pour participation à une

---

[1718] *Idem*, § 195. La distinction entre les trois formes d'ECC apparaît surtout de manière explicite dans l'arrêt *Vasiljevic* du TPIY, IT-98-32-A, 25 février 2004, § 97.

[1719] L'« *actu reus* » est commun aux 3 catégories d'ECC et comprend trois éléments : pluralité des accusés, existence d'un but commun, et participation de l'accusé à la réalisation de ce but commun. Quant à la *mens rea*, elle varie en fonction de la catégorie dont relève le dessein commun en question. Cf. arrêt Tadić, *supra*, note 1715, §§ 227-228.

[1720] *Idem*, §§ 196 à 201.

[1721] *Idem*, § 202.

[1722] *Idem*, §§ 204-205.

[1723] Parmi les 31 chefs d'accusation retenus à l'encontre de Tadić, il lui était reproché d'avoir participé le 14 juin 1992 à une attaque avec un groupe armé au cours de laquelle cinq personnes ont été tuées. Dans l'un des motifs d'appel invoqués par le Procureur, celui-ci prétendait que de telles exactions s'inscrivaient dans une politique de nettoyage ethnique à l'encontre des non-Serbes. Toujours selon l'Accusation, les actes commis par Tadić et sa présence sur les lieux ont contribué « *de façon directe et significative à la réalisation de cette politique* ». Au regard de ces faits, la Chambre d'appel considérait que c'est à tort que les juges de première instance avaient acquitté Tadić du meurtre des cinq personnes. Cf. arrêt Tadić, *supra,* note 1715, §§ 175 à 183.

[1724] Cf. notamment affaire *Kvocka et consorts*, App., arrêt, IT-98-30/1-A, 28 février 2005 ; App., arrêt, *Mitar Vasiljevic*, IT-98-32-A, 25 février 2004 ; App., arrêt, *Milorad Krnojelac*, IT-97-25-A, 17 septembre 2003 ; App., arrêt, *Milan Martic,* IT-95-11-A, 8 octobre 2008.

[1725] Pour une nette distinction entre l'ECC et d'autres formes de responsabilité pénale, cf. arrêt Kvocka et consorts, *idem*, § 90.

ECC, quelle qu'elle soit, ne nécessite pas forcément une entente ou un accord entre l'accusé et l'auteur principal du crime en question[1726].

883. À la lumière de cette jurisprudence bien établie, le Procureur du TPIR s'est appuyé sur la doctrine de l'ECC pour mettre en cause la responsabilité individuelle de certaines personnes soupçonnées de participation au génocide des Tutsi. Ainsi, dans l'affaire *Karemera et autres*, la Chambre de première instance a réaffirmé l'origine coutumière de la responsabilité pénale individuelle sur le fondement de la théorie de l'ECC. À cet égard, elle a considéré que les dispositions de l'article 6 (1) du Statut du TPIR étaient applicables à tous les crimes relevant de la compétence du Tribunal y compris le génocide[1727]. Pour appuyer son raisonnement, la Chambre estime que le fait de retenir la responsabilité du chef de participation à une ECC en présence de conflits armés internes, ne constitue en aucun cas une violation du principe *nullum crimen sine lege*, comme le soutenait la thèse de la défense[1728].

884. Même si les juges du TPIR ont reconnu sans hésitation le lien entre l'ECC et le crime de génocide, pour autant, toutes les requêtes du Procureur n'ont jamais réellement abouti, à l'exception des deux affaires *Simba* et *Gatete*. Dans l'affaire *Simba*, il était reproché au prévenu d'avoir participé à une opération de grande envergure au cours de laquelle des milliers de Tutsi regroupés dans différents lieux proches ont été massacrés en une journée. Au vu des éléments de preuve analysés, les juges de première instance ont admis à l'unanimité que la seule conclusion raisonnable à laquelle ils pouvaient aboutir face à un tel carnage, c'est l'existence d'un dessein criminel commun en vue d'exterminer la population Tutsi[1729].

885. Pour déterminer dans quelle mesure la responsabilité de l'accusé était engagée en raison de ces crimes, la Chambre note en particulier que ce dernier était « *une personnalité nationale qui inspirait le respect au sein de la société rwandaise et qui était bien connue de sa région natale. De ce fait, sa présence, aussi brève fût-elle, lors des attaques susmentionnées a dû être ressentie par les assaillants comme une approbation de leurs actes*[1730] ». Partant de ce postulat, les juges ont conclu que l'assistance fournie par le mis en cause avait

---

[1726] TPIY, App., arrêt, *Radoslav Brdanin*, IT-99-36-A, 3 avril 2007, § 418.

[1727] TPIR, Ch. III., Décision relative aux exceptions préjudicielles d'incompétence soulevées par la défense de Joseph Nzirirera, Édouard Karemera, André Rwamakuba et Mathieu Ngirumpatse relativement à l'entreprise criminelle commune, affaire n° ICTR-98-44-T, 11 mai 2004, § 46. Voir également Chambre d'appel, "Decision on interlocutory Appeal regarding application of Joint Criminal Enterprise to the crime of genocide", *André Rwamabuka,* affaire n° ICTR-98-44-AR72.4, 22 octobre 2004, § 31.

[1728] Karemera et consorts, *idem,* §§ 5 à 44.

[1729] Il était poursuivi sur la base de la première catégorie de l'ECC (« forme élémentaire »), c'est-à-dire celle qui requiert que les coauteurs agissent dans un but commun en partageant la même intention criminelle. Selon les témoignages retenus par la Chambre, l'accusé avait fourni une assistance logistique aux assaillants (miliciens armés et gendarmes) en leur distribuant des fusils, des grenades et des armes traditionnelles, et en leur exhortant de se « *débarrasser de la saleté* », c'est-à-dire le groupe tutsi. Cf. affaire *Simba*, jugement portant condamnation, 13 décembre 2005, *supra,* note 1446, §§ 392 à 405.

[1730] *Idem*, § 403.

eu un effet « substantiel » sur les meurtres qui ont suivi[1731]. Par conséquent, il est condamné à 25 ans d'emprisonnement pour génocide et assassinat constitutif de crime contre l'humanité, en raison de sa participation à une ECC visant à tuer les civils tutsi[1732]. La Chambre de première instance a abouti aux mêmes conclusions dans l'affaire *Gatete,* mais en prononçant une sentence plus lourde allant jusqu'à la peine d'emprisonnement à vie[1733].

886. Si ces verdicts peuvent être perçus comme un succès pour le Procureur du TPIR, force est de constater que les autres cas de poursuite ou tentatives fondées sur la doctrine de l'ECC se sont plutôt soldés par des échecs[1734]. Dans les quatre affaires relevées dans la jurisprudence, les juges considéraient que les actes d'accusation étaient entachés de *vices de forme*, car le Procureur n'avait pas mentionné de manière explicite les faits essentiels permettant aux accusés de préparer suffisamment leur défense[1735]. Sur ce point, la Chambre d'appel du TPIR est restée fidèle à la jurisprudence constante du TPIY en déclarant ce qui suit :

> « si le Procureur entend s'appuyer sur la doctrine de l'ECC pour retenir la responsabilité pénale de l'accusé comme auteur principal des crimes considérés et non comme complice, il doit le préciser de manière non ambiguë dans l'acte d'accusation et indiquer la forme d'ECC qu'il invoquera. En outre, il doit indiquer le but de cette entreprise, l'identité des coparticipants et la nature de la participation de l'accusé à cette entreprise[1736]. »

887. Cette approche semble avoir été guidée par le souci pour les Tribunaux *ad hoc* de se conformer aux normes de procès équitable à la lumière des

---

[1731] *Idem,* § 415.

[1732] *Idem,* § 426 (appel rejeté).

[1733] En l'espèce, l'accusé était également poursuivi pour sa participation à une ECC de forme élémentaire, c'est-à-dire celle qui requiert la même intention criminelle chez tous les coauteurs qui visent à réaliser un projet commun (TPIR, Ch. III, jugement portant condamnation, *Jean Baptiste Gatete*, affaire n° ICTR-2000-61-T, 31 mars 2011, §§ 589 à 608 et §§ 638 à 651). Cependant, la peine est réduite par la Chambre d'appel pour une durée de 40 ans dans son arrêt du 9 octobre 2012, affaire n° ICTR-00-61-A, § 288.

[1734] Devant le TPIY, le bilan est plus significatif. Entre le 1er janvier 2000 et le 1er janvier 2012, 82 personnes sur un total de 109 ont été poursuivies sur le fondement de l'ECC, soit 75 % des actes d'accusation. En ce sens, cf. BEAUVAIS Pascal et KHALIFA Ahmed, « Les modes collectifs de participation à l'infraction », *op. cit.,* p. 510.

[1735] TPIR, App., arrêt, *Elizaphan et Gérard Ntakirutimana,* affaire n° ICTR-96-10-A et ICTR-96-17-A, 13 décembre 2004, §§ 475 à 484 ; App., arrêt, *André Ntagerura et al*, affaire n° ICTR-99-46, 7 juillet 2006, §§ 33 à 45 ; App., arrêt, *Sylvestre Gacumbitsi,* 7 juillet 2006, *supra,* note 1430, §§ 161 à 178. Dans le même sens, Cf. Chambre III, jugement, *Simon Bikindi*, 2 décembre 2008, *infra,* note 1791, § 402, affaire dans laquelle (pour insuffisance de preuves), la Chambre de première instance n'avait pas retenu la responsabilité de l'accusé au titre d'une participation à un plan criminel visant la destruction du groupe ethnique tutsi.

[1736] TPIY, arrêt *Krnojelac,* 17 septembre 2003, *supra,* note 1724, §§ 138 à 145 ; arrêt *Kvočka et consorts*, 28 février 2005, IT-98-30/1-A, § 28, §§ 41-42. Cf. aussi décisions de la Chambre de première instance : décision relative aux exceptions préjudicielles soulevées par la Défense, *Jovica Stanišić et autre*, IT-03-69-PT, 14 novembre 2003 ; décision relative à l'exception préjudicielle déposée par *Predrag Banovic* pour vice de forme de l'acte d'accusation, 4 avril 2003, *Mejakić et consorts*, IT-02-65-PT, 4 avril 2003.

dispositions de leur Statut[1737]. Mais à ce jour, la doctrine de l'ECC demeure toujours contestée, notamment au sein du TPIY. Dans son opinion dissidente, le juge Schomburg l'a qualifiée de « concept artificiel » qui, non seulement porte atteinte au principe *nullum crimen sine lege* et en plus, n'a aucune « valeur ajoutée » sur la sentence prononcée[1738]. Pourtant, la Chambre d'appel du TPIY soulignait dans l'affaire *Kvovac* et *consorts* qu'une ECC n'est qu'un moyen de commettre un crime, mais elle ne constitue pas un crime en soi[1739]. Toutefois, cette assertion est mise en doute par d'autres auteurs qui ont démontré le contraire[1740].

888. Face aux critiques doctrinales et jurisprudentielles persistantes, d'aucuns s'interrogent sur l'avenir de la théorie de l'ECC devant les juridictions pénales internationales[1741]. Quelles que soient les controverses que ce concept a pu soulever, nous estimons que les Chambres du TPIR l'ont appliqué avec la plus grande prudence ou réserve. Ces tentatives jurisprudentielles de délimiter avec précision les contours du principe de la responsabilité pénale individuelle témoignent une fois de plus de la difficulté de juger les crimes de masse.

889. Pour faire face aux lacunes ou aux insuffisances du droit international pénal, les juges d'Arusha (tout comme ceux de La Haye) s'inscrivent dans une logique tendant à trouver un équilibre entre une répression efficace des crimes les plus graves et le modèle d'une justice garantissant une procédure équitable. À ce titre, les traités régionaux relatifs aux droits de l'homme (conventions européennes et interaméricaines) - de même que la jurisprudence à laquelle ils ont donné lieu - constituent des sources essentielles permettant d'élucider l'application et l'interprétation du droit applicable devant le TPIR. D'où le débat sur les influences croisées entre TPI et juridictions régionales de protection des droits de l'homme.

§ 2–Les emprunts à la jurisprudence des juridictions régionales de protection des droits de l'homme

890. La prise en compte d'un standard minimal de protection des droits de l'homme dans le traitement des crimes de droit international est d'évolution récente, si l'on s'intéresse de plus près aux procès tenus devant les TMI de

---

[1737] Cf. article 20 (2) (4) du Statut du TPIR et art. 21 (2) (4) du Statut du TPIY.

[1738] TPIY, App., arrêt, *Milan Martic*, IT-95-11-A, opinion séparée du juge Schomburg, 8 octobre 2008, §§ 4 et 9.

[1739] Cf. arrêt *Kvočka et consorts*, 28 février 2005, *supra,* note 1736, § 91.

[1740] À ce propos, cf. ROTH Robert, « Responsabilité pénale individuelle pour délits collectifs : droit continental », in DE FROUVILLE Olivier (dir.), *Punir les crimes de masse : entreprise criminelle commune ou coaction, op. cit.,* p. 71.

[1741] BEAUVAIS Pascal et KHALIFA Ahmed, *op. cit.,* pp. 513 à 515.

Nuremberg et de Tokyo[1742]. Les raisons susceptibles d'expliquer la référence habituelle aux instruments universels et régionaux de garantie des droits des justiciables ont été longuement développées par les Chambres du TPIY[1743]. Tout en ayant conscience des « différences structurelles » qui existent entre le droit international humanitaire (droit matériel applicable devant les Tribunaux *ad hoc*) et les droits de l'homme[1744], la Chambre d'appel estimait que ces deux corpus juridiques procèdent d'une même finalité qui est celle du respect des valeurs et de la dignité humaine[1745]. D'où l'idée d'une « complémentarité parfaite » entre les deux branches évoquées du côté de la doctrine[1746]. À ce titre, William Schabas estimait que la méfiance traditionnelle entre droits de l'homme et droit pénal semble désormais évoluer. Il fait remarquer que les droits de l'homme sont devenus « pénalistes » et passent désormais par la lutte contre l'impunité, la condamnation des amnisties abusives et la création de nouvelles institutions répressives telles que les tribunaux *ad hoc* et la CPI[1747].

[1742] La préoccupation au respect des droits de l'homme était quasiment inexistante. Plusieurs éléments tels que l'application de la peine de mort, le recours au procès *in absentia* (ou jugement par contumace) et l'absence d'un second degré de juridiction permettent de corroborer cette idée.

[1743] L'une des principales raisons invoquées est la rareté des précédents en droit international humanitaire. En ce sens, cf. TPIY, Ch., jugement, *Kunarac et consorts*, IT-96-23-T, 22 février 2001, § 467. D'autres raisons ont également été abordées par le juge Antonio Cassese qui estimait qu'en dégageant des principes communs aux 43 États membres, la Cour européenne des droits de l'homme présente un « *échantillon de systèmes juridiques extrêmement intéressant du point de vue du droit comparé* ». Pour une lecture analytique plus détaillée, cf. CASSESE Antonio, « L'influence de la CEDH sur l'activité des Tribunaux pénaux internationaux », in DELMAS-MARTY Mireille (dir.), *Crimes internationaux et juridictions internationales,* PUF, 2002, p. 149. Dans le même ordre d'idées, la Cour interaméricaine a également construit une jurisprudence riche et pleine de nuances adaptées aux exigences du continent américain. Cf. BURGOGUE-LARSEN Laurence et UBEDA DE TORRES Amaya, *Les grandes décisions de la Cour interaméricaine des droits de l'homme,* Bruxelles, Bruylant, 2008, p. 677.

[1744] À ce propos, la Chambre de première instance du TPIY rappelait que « *dans le domaine des droits de l'homme, l'État est le garant ultime des droits protégés ; il est de son devoir et de sa responsabilité de les faire observer* [tandis que] *dans le domaine du droit international humanitaire, et surtout dans le cadre des poursuites internationales, l'État joue un rôle marginal sur le plan de la responsabilité* ». En d'autres termes, les juridictions internationales pénales se prononcent non pas sur la responsabilité d'un État, mais sur la culpabilité d'individus. Cf. jugement Kunarac et consorts, *supra,* note 1743, § 470.

[1745] TPIY, App., arrêt, *Delacic et consorts,* 20 février 2001, *supra,* note 1545, § 149.

[1746] LAMBERT-ABDELGAWAD Élisabeth, « Les Tribunaux pénaux pour l'ex-Yougoslavie et le Rwanda et l'appel aux sources du droit international des droits de l'homme », in DELMAS-MARTY Mireille (dir.), *Les sources du droit international pénal*, Société de législation comparée, 2004, p. 102. D'autres auteurs comme Paul Tavernier se demandaient si le droit pénal et les droits de l'homme ne seraient pas des « frères siamois » condamnés à vivre ensemble, même si les perspectives sont assez distinctes. TAVERNIER Paul, « Les Tribunaux pénaux internationaux et le droit international des droits de l'homme », in DELMAS-MARTY Mireille (dir.), *op. cit.,* p. 395 et s.

[1747] À l'inverse, il estimait que la justice pénale constituait un mécanisme indispensable de la protection des droits de l'homme. Néanmoins, les deux systèmes ont des origines et des finalités différentes. Ce qui entraîne plusieurs difficultés et même certaines incohérences. SCHABAS William-A., « Droit pénal international et droit international des droits de l'homme : faux

Cette assertion semble tout à fait se justifier au regard des règles de procédure inscrites dans les Statuts des TPI du Rwanda et de l'ex-Yougoslavie.

891. Il est aisé de constater que l'article 20 du Statut du TPIR est calqué sur l'article 14 du Pacte international relatif aux droits civils et politiques [1748] (disposition similaire à l'article 6 de la CEDH). On retrouve des droits analogues dans la Convention américaine relative aux droits de l'homme (1969) et dans la Charte africaine des droits de l'homme et des peuples de 1981. Les juges du TPIR se sont emparés de cette large base textuelle afin de se conformer aux garanties minimales du procès équitable admis dans les cadres onusien et européen[1749]. Ces prémisses étant rappelées, comment démontrer l'influence des décisions de la Cour EDH et de la Cour interaméricaine sur le fonctionnement du TPIR ?

892. Pour y répondre, nous avons tenté une évaluation générale de la méthode d'utilisation des arrêts des Cours régionales par les Chambres du TPIR, illustrée par quelques exemples d'application particulière. Sur ce point, l'analyse des jugements et arrêts révèle que dans certaines affaires, les Chambres ont volontairement puisé dans la jurisprudence de la Cour EDH ou de la Cour IDH, non seulement en matière de procédure pénale internationale (A), mais également pour ce qui est du droit pénal substantiel (B). Pour ainsi dire, la jurisprudence des cours régionales des droits de l'homme a surtout été utilisée en tant que source d'interprétation des garanties procédurales prévues par le Statut et Règlement du Tribunal ou comme moyen auxiliaire de détermination des règles de droit, conformément à l'article 38 du Statut de la CIJ[1750].

A. L'interprétation des garanties procédurales

893. Les grands instruments de protection des droits de l'homme prévoient toute une panoplie de normes consacrées au conflit entre l'individu - titulaire des droits- et le système de justice pénale auquel il est assujetti. Il s'agit principalement de garanties générales du procès équitable telles que le droit à la présomption d'innocence, le droit à une assistance juridique, le droit de faire

---

frères ? », in HENZELIN Marc et ROTH Robert, *Le droit pénal à l'épreuve de l'internationalisation,* LGDJ, 2002, pp. 165 à 181.

[1748] Il s'agit des mêmes dispositions de l'article 21 du Statut du TPIY. Sur ce point, cf. rapport du Secrétaire général établi conformément au paragraphe 2 de la résolution 808 (1993), Doc.N.U. S/25704 (1993), § 106.

[1749] Parmi les normes régionales et onusiennes citées, une place importante est accordée au premier rang, au pacte international relatif aux droits civils et politiques (ratifiés par un grand nombre d'États) et, ensuite à la Convention EDH. Quant à la convention américaine et la Charte africaine des droits de l'homme, elles n'ont été mentionnées qu'à titre exceptionnel.

[1750] Pour rappel : outre leurs Statuts ou Règlement, les Tribunaux *ad hoc* doivent appliquer le droit international tel qu'il découle des sources consacrées à l'article 38 alinéa 1(d) du Statut de la CIJ, c'est-à-dire les conventions internationales, la coutume internationale, les principes généraux du droit, les « *décisions judiciaires et la doctrine des publicistes les plus qualifiées des différentes nations, comme moyen auxiliaire de détermination des règles de droit* ».

appel, pour n'en citer que quelques-unes. Dans le cadre de notre étude, l'exemple qui nous semble le plus marquant porte sur les garanties entourant l'arrestation d'un accusé, précisément la durée de la détention préventive pendant la période préparatoire au procès. C'est une question de procédure particulièrement importante dans le cadre de laquelle la jurisprudence des cours régionales (notamment celle de la cour EDH) a été prise en compte par le TPIR. En effet, les règles en matière de droits de l'homme exigent qu'un accusé soit jugé dans un délai raisonnable[1751]. Cette question s'est posée pour la première fois devant le TPIR dans l'affaire *Barayagwiza*[1752], avant d'être abordée à nouveau dans d'autres décisions telles que l'arrêt *Semanza*[1753], l'arrêt *Kajelijeli* et l'arrêt *Gatete* du 9 octobre 2012[1754].

894. Par exemple, dans l'affaire *Kajelijeli*, la Chambre d'appel devait déterminer si le droit du suspect d'être informé dans le plus court délai des raisons de son arrestation a été respecté, conformément aux normes du droit international relatif aux droits de l'homme[1755]. Autrement dit, la question qui se posait était celle de savoir si les juges de première instance avaient commis une erreur en ne concluant pas à la violation des droits de l'accusé durant la période allant de son arrestation au Bénin jusqu'à son transfert au Tribunal d'Arusha[1756]. Après avoir rappelé qu'aucune disposition spécifique du Statut ou du Règlement du TPIR ne traite des modalités de l'arrestation d'un suspect par un État, la Chambre d'appel estime qu'il existe un devoir partagé de sauvegarder les droits de celui-ci dans le cadre de la coopération internationale en matière pénale[1757].

[1751] Cf. art. 5, § 3 de la Convention EDH et art. 9, § 3 du Pacte international relatif aux droits civils et politiques (PIDCP).

[1752] En l'espèce, les juges commencent par citer la jurisprudence abondante du Comité des droits de l'homme des Nations Unies sur la durée légale de la période pendant laquelle un suspect peut être détenu sans être mis en accusation, avant d'indiquer à titre illustratif quelques affaires tranchées par la Cour européenne des droits de l'homme. TPIR, App., arrêt, *Jean Bosco Barayagwiza*, affaire n° ICTR-97-19-AR72, 3 nov. 1999, §§ 63 à 86.

[1753] TPIR, App., décision, *Laurent Semanza*, affaire n° ICTR-97-20-A, 31 mai 2000.

[1754] TPIR, App., arrêt, *Jean Baptitste Gatete*, affaire n° ICTR-00-61-A, 9 octobre 2012.

[1755] Ce droit est reconnu par les articles 9. 2 et 14. 3 du Pacte international relatif aux droits civils et politiques, l'article 6.3 (a) de la Convention européenne de sauvegarde des droits de l'homme et des libertés fondamentales et l'article 7. 4 de la Convention américaine relative aux droits de l'homme.

[1756] La Chambre de 1re instance avait condamné *Juvénal Kajelijeli* à la peine d'emprisonnement à vie en vertu, d'une part, de l'article 6.1 du Statut du TPIR (responsabilité pénale individuelle) pour avoir ordonné, incité, aidé et encouragé à commettre le génocide et le crime contre l'humanité et, d'autre part, pour ne pas avoir empêché (en sa qualité de bourgmestre) les crimes commis dans certaines communes (responsabilité du supérieur hiérarchique). L'accusé a fait appel de cette décision en évoquant à l'appui de sa requête plusieurs arguments, notamment des erreurs de droit qui auraient été commises par la Chambre de première instance, portant sur l'illégalité de son arrestation et de sa détention. Cf. arrêt *Kajelijeli*, 23 mai 2005, *supra,* note 1533, § 3, § 197 et §§ 211 à 213.

[1757] *Idem*, §§ 219 et 220.

895. À titre illustratif, la Chambre fait référence à une décision de la Cour interaméricaine des droits de l'homme (*affaire Suarez Rosero*) pour aboutir au raisonnement selon lequel :

> « un juge de l'État requis est appelé à communiquer au détenu la demande de remise (ou d'extradition) et à l'informer de toute accusation portée à son encontre, à vérifier son identité, à examiner toute contestation manifeste de la régularité de l'affaire, à s'enquérir de l'état de santé du suspect et à porter la situation du détenu à la connaissance d'une personne jouissant de sa confiance[1758]. »

Pour étayer son raisonnement sur la durée de la détention provisoire[1759], la Chambre d'appel se réfère également aux principes posés par la jurisprudence de Strasbourg selon lesquels, un délai de deux jours est permis (affaire *Grauzinis c/Lithuanie*), mais que quatre jours et six heures constituent une violation même dans des affaires complexes, sans parler d'une semaine ou plus (affaire *Brogan* et *autres c/Royaume-Uni*)[1760]. Partant de cette analyse, la Chambre d'appel du TPIR a considéré dans l'affaire *Kajelijeli* précitée que les juges de première instance ont commis une erreur « *en ne concluant pas que la détention de l'accusé au Bénin pour un total de 85 jours sans accusation et sans comparution dans le plus court délai devant un juge était manifestement illégale...*[1761] ».

[1758] *Idem*, § 221. La Chambre d'appel cite l'affaire *Suarez Rosero* dans laquelle la Cour interaméricaine considérait que le fait de maintenir l'accusé en détention pour 36 jours viole son droit de disposer du temps nécessaire, ainsi que des facilités requises pour préparer sa défense. Cf. Cour IDH, 12 novembre 1997, *Suarez Rosero c/ Équateur*, Série C, n° 35, § 1, *in fine*, et § 2. Pour une analyse détaillée de cette décision, cf. BURGOGUE-LARSEN Laurence, « Le bannissement de l'impunité : décryptage de la politique jurisprudentielle de la Cour interaméricaine des droits de l'homme », *Revue trimestrielle des droits de l'homme*, n° 89, Bruylant, 2012, p. 7 et s.

[1759] Les instruments internationaux pertinents ne prévoient aucun délai spécifique concernant la comparution initiale des suspects en détention provisoire. C'est plutôt l'expression « court délai » ou « délai raisonnable » qui est consacrée. Cf. *supra*, note 1755.

[1760] Arrêt Kajelijeli, *supra*, note 1533, § 230 (citant la Cour EDH). Celle-ci s'est plusieurs fois livrée à une appréciation du caractère raisonnable de la durée de la détention provisoire. Voir à ce propos les affaires *Tepe c/ Turquie*, §§ 64 à 70 ; *Öcalan c/ Turquie*, § 106. Ces décisions sont interprétées à la lumière de l'article 5.3 de la Convention européenne des droits de l'homme en vertu duquel : « *toute personne arrêtée ou détenue [...] doit être aussitôt traduite devant un juge ou un magistrat habilité à exercer des fonctions judiciaires* ». À première vue, la durée maximale de la détention provisoire n'est pas mentionnée dans cette disposition. En raison de cette ambigüité, la Cour EDH a longtemps considéré qu'il serait impossible, compte tenu de la diversité des systèmes juridiques des États parties, de traduire la notion de « délai raisonnable » « en un nombre fixe de jours, de semaines, de mois ou d'années ou en des durées variant suivant la gravité de l'infraction » (*Stögmüller c/ Autriche*, 10 novembre 1969, § 4, Série A n° 9). En somme, selon une jurisprudence constante de la Cour EDH, la mise en liberté provisoire s'impose dès que le maintien en détention cesse d'être raisonnable. Sur ce point, très peu de motifs de maintien en détention provisoire font échapper les États à une condamnation pour violation de l'article 5.3 de la Conv EDH. Cf. affaire *Neumeister c/ Autriche*, 27 juin 1968, cité par Frédéric SUDRE et al, *Les grands arrêts de la Cour européenne des droits de l'homme*, 6e éd., PUF, 2003, p. 223 et s.

[1761] Arrêt *Kajelijeli*, *supra*, note 1533, § 231.

896. Par ailleurs, la responsabilité de la violation des droits de l'appelant quant à sa détention provisoire est également imputable au Procureur du TPIR qui, de l'avis de la Chambre, « *n'a pas formulé de demande dans un délai raisonnable en application des articles 40 et 40 bis du Règlement* », dans le but de transférer l'accusé au Tribunal[1762]. Ce faisant, la Chambre a conclu à la violation simultanée du Règlement et des normes internationales des droits de l'homme[1763].

897. Des conclusions analogues ont été tirées dans l'affaire *Barayagwiza* précitée où cette même Chambre d'appel avait fait application de la règle de **l'abus de procédure**[1764], compte tenu du fait que l'appelant a été détenu pendant une durée excessive de 11 mois sans qu'aucune charge lui soit notifiée[1765]. À cet égard, elle rappelait qu'en vertu des normes internationales, la détention provisoire (au cours de la période préparatoire au procès) doit être l'exception plutôt que la règle[1766]. Même si le Tribunal doit connaître des crimes très graves nécessitant des enquêtes complexes, un accusé qui en principe jouit de la présomption d'innocence ne doit pas être maintenu en détention pendant une durée excessivement longue. Ensuite, dans la même affaire, le droit du « suspect[1767] » de contester la légalité de sa détention (*habeas corpus*) constitue un autre domaine d'interaction entre les travaux du TPIR et les arrêts des cours régionales.

[1762] *Ibid.*

[1763] Arrêt *Kajelijeli*, § 227. Cf. également l'arrêt *Gatete* où la peine d'emprisonnement à vie prononcée en première instance est ramenée à 40 ans par la Chambre d'appel, en raison de la violation du droit de l'accusé d'être jugé sans retard excessif. TPIR, App., arrêt, *Jean Baptitste Gatete*, 9 oct. 2012, *supra,* note 1754, §§ 284 à 288.

[1764] Le Tribunal fait spécifiquement référence à la jurisprudence de la Chambre des Lords qui définit la règle de l'abus de procédure comme étant un processus par lequel, « des *juges peuvent refuser de se déclarer compétents lorsqu'au vu des violations graves et flagrantes dont les droits de l'accusé font l'objet, l'exercice d'une telle compétence pourrait s'avérer préjudiciable à l'intégrité du tribunal* » (arrêt Barayagwiza, 3 novembre 1999, *supra,* note 1752, §§ 74-75). C'est sur la base de cette règle que les juges de la Chambre d'appel du TPIR avaient rejeté à l'unanimité l'acte d'accusation dressée par le Procureur, avant d'ordonner la mise en liberté immédiate du détenu (cf. dispositif de l'arrêt *Barayagwiza* § 113). Cependant, à la suite d'une demande en révision introduite par le Procureur, la Chambre d'appel est revenue sur sa position en prononçant quatre mois plus tard un arrêt. Certes, cette décision confirmait la violation des droits de l'accusé (appelant), mais rejetait sa demande de mise en liberté. TPIR, App., arrêt (demande du Procureur en révision ou réexamen), *Jean Bosco Barayagwiza*, affaire n° ICTR-97-19-AR72, 31 mars 2000.

[1765] Arrêt Barayagwiza, 3 novembre 1999, *supra,* note 1752, §§ 86 et 101.

[1766] *Idem*, § 62. Sur le même sujet, cf. arrêt *Semanza* où la Chambre d'appel considérait qu'un suspect arrêté sur ordre du Tribunal bénéficie du droit d'être informé sans délai des charges relevées contre lui, et ce droit s'exerce dès l'arrestation et le placement d'un suspect en garde à vue. Cf. arrêt du 31 mai 2000, *supra,* note 1753, § 78.

[1767] En vertu de l'article 2 du Règlement de procédure et de preuve du TPIR (RPP), on entend par suspect « [t]*oute personne physique au sujet de laquelle le Procureur possède des informations fiables qui tendent à montrer qu'elle aurait commis une infraction relevant de la compétence du Tribunal* ». Dans le même ordre d'idées, l'article 47 (H) du Règlement précise qu'un suspect acquiert le statut d'un « accusé » après confirmation d'un acte d'accusation dressé contre lui.

898. Bien qu'aucune disposition spécifique du Statut et Règlement du Tribunal ne traite de la question, la Chambre d'appel a considéré la requête en *habeas corpus* comme faisant partie intégrante des droits fondamentaux garantis par le droit international des droits de l'homme[1768]. Par souci de cohérence dans la jurisprudence internationale, la Chambre s'est ainsi référée à un avis consultatif de la Cour interaméricaine pour les besoins d'une définition de la notion d'habeas corpus[1769], avant de s'intéresser aux différents arrêts de la Cour européenne. Celle-ci a développé plusieurs arguments de principe tendant à démontrer que la requête en *habeas corpus* doit systématiquement être entendue, « *même si la Cour EDH décide ultérieurement que la détention était légale*[1770] ». Une telle mesure permet au suspect d'accéder aux informations requises afin de mieux préparer sa défense[1771]. Apparaît ainsi une autre question essentielle de procédure qui est celle du droit à l'assistance juridique ou d'être assisté d'un conseil de son choix[1772]. Les conditions d'exercice de ce droit ne sont pas réglementées par les textes de référence du TPIR (Statut et Règlement) ni par les conventions internationales.

899. Pour une meilleure interprétation des dispositions statutaires du Tribunal[1773], la jurisprudence de la Cour EDH a été une fois de plus d'une certaine utilité pour les juges du TPIR[1774]. Ainsi, dans sa décision du 11 juin 1997 (affaire *Ntakirutimana*), la première Chambre du Tribunal a, à la lumière de la position de la Cour EDH (affaire *Croissant c/Allemagne*), considéré que le droit au libre choix de son défenseur ne peut être considéré comme absolu[1775]. Lors de la désignation d'un avocat d'office, le juge peut exiger le choix d'un conseil si l'intérêt de la justice l'impose. Par deux autres arrêts allant dans le même sens, la Chambre d'appel du TPIR a confirmé cette analyse en affirmant que « *le droit à l'assistance gratuite d'un avocat ne*

[1768] Sur le fondement de cette procédure, la Chambre avait conclu à la violation du droit de l'accusé de contester la légalité de sa garde à vue excessive. Cf. arrêt Barayagwiza, 3 novembre 1999, *supra,* note 1752, §§ 88 et 90 (décision confirmée dans l'arrêt *Semanza*, 31 mai 2000, *supra,* note 1753, § 114).

[1769] Avis consultatif OC 8/87, 30 janvier 1987, cité en note bas de page n° 235, arrêt *Barayagwiza, idem,* § 88.

[1770] *Idem,* § 89. La Chambre d'appel cite trois arrêts de la Cour EDH : De Wilde. Ooms and Versyp v. La Belgique, n° 1 Série A.12 (CEDH 1970), § 73 ; *Van Deer Leer c/ La Hollande*, Série A.170-A (CEDH 1990) et *Koendjbiharie c/ Les Pays-Bas*, Série A.185-B (CEDH 1990).

[1771] Arrêt Barayagwiza, *supra,* note 1752 (§ 80) citant un arrêt de la Cour EDH, *Nielsen c/ le Danemark,* n° 343/57, Annuaire de la Cour européenne des droits de l'homme, p. 462 (1962).

[1772] Cf. art. 14. 3 d) du Pacte international relatif au droit civil et politique, art. 6.3 c) de la CEDH et art. 8. 2d) de la Convention américaine relative aux droits de l'homme.

[1773] Cf. art. 42 du Règlement du TPIR et article 20 (4) du Statut qui sont une reprise intégrale de l'article 14 .3 (b) du Pacte international relatif aux droits civils et politiques.

[1774] Parmi les droits garantis par la Convention européenne des droits de l'homme, une place exceptionnelle est accordée aux droits de la défense reconnus à tout accusé dans le cadre d'un procès pénal.

[1775] Cour EDH, *Croissant c/ Allemagne,* 25 septembre 1992, requête n° 13611/88, cité par la Chambre d'appel du TPIR dans une décision faisant suite aux requêtes de l'accusé aux fins de remplacement du Conseil commis d'office. En ce sens, cf. *Ntakirutimana,* affaire n° ICTR-96-10-T, 11 juin 1997, p. 5 et s.

confère pas le droit de choisir son avocat[1776] ». Cette restriction semble avoir été motivée par le souci pour les juges du TPIR d'éviter toute forme d'utilisation abusive des accusés indigents à bénéficier d'une assistance juridique gratuite, compte tenu des ressources limitées du TPIR.

900. Quelles que soient les raisons avancées, il revient à la Chambre d'appel de vérifier si la voie empruntée cadre bien avec les exigences d'un procès équitable. Par exemple, conformément à une jurisprudence bien établie par la Cour EDH, en cas de carence manifeste d'un avocat commis d'office, les autorités judiciaires ont l'obligation de le contraindre à s'acquitter de sa tâche ou le remplacer[1777]. Cette conception rejoint bien la position de la première Chambre du TPIR qui, dans l'affaire *Akayesu*, avait décidé de radier un avocat commis d'office, car ce dernier ne remplissait pas les critères fixés par le Tribunal[1778]. On constate ainsi une difficile articulation entre droits de l'homme et droit pénal dans un contexte plus large des droits de la défense.

901. Une lecture attentive des décisions rendues jusque-là par le TPIR permet de conclure d'une manière générale que les juges de la Chambre d'appel partagent les mêmes opinions que ceux de la Cour EDH concernant les garanties procédurales[1779]. Partant de ce postulat, comment faudrait-il apprécier d'un point de vue qualitatif les retombées de l'usage des normes externes du droit international des droits de l'homme par le TPIR ?

[1776] Cf. conclusions de la Chambre d'appel dans l'arrêt *Kambanda,* affaire n° ICTR-97-23-A, 19 octobre 2000, § 33 (citant l'affaire *Ntakirutimana*). Le même raisonnement est suivi par la Chambre dans la célèbre affaire *Akayesu.* Mais elle se réserve de préciser que les restrictions qui entourent le droit de la défense ne s'appliquent qu'aux accusés « indigents » et non à ceux qui peuvent assumer financièrement les frais d'un conseil. TPIR, App., arrêt, *Jean Paul Akayesu,* affaire n° ICTR-96-4-A, 1er juin 2001, § 61.

[1777] Pour une lecture analytique des décisions pertinentes de la Cour EDH, cf. affaire *Sannico c/ Italie,* n° 30961/03, CEDH, arrêt du 27 avril 2006, § 51 ; arrêt *Daud c/ Portugal,* 21 avril 1998, JCP, 1999, I, 105, obs. F. Sudre ; arrêt *Czekalla c/ Portugal,* 10 octobre 2002, JCP, 2003, 107, n° 15, chron F. Sudre

[1778] TPIR, Chambre I, *Akayesu,* décision concernant un changement d'avocat commis d'office, affaire n° ICTR-96- 4-T, 31 octobre 1996 (confirmée par la Chambre d'appel dans son arrêt du 1er juin 2001, § 63).

[1779] L'arrêt *Kayishema et Ruzindana* rendu le 1er juin 2001 (*supra,* note 1430) en est un exemple pertinent, surtout en matière de respect du principe d'égalité des armes. Cette décision cite deux arrêts de la Cour EDH : *Brandstetter c/ Autriche* du 20 août 199 §§ 66-67 et arrêt *Ruiz-Mateos c/ Espagne* du 23 juin 1993, § 63. À l'analyse des décisions du TPIR, force est de constater que les juges d'Arusha se réfèrent beaucoup plus aux arrêts de la Cour de Strasbourg plutôt que ceux de San José. Cette situation s'explique sans doute par le fait qu'en matière de garanties procédurales, la jurisprudence de la Cour EDH est plus vaste et détaillée. D'ailleurs, la Cour interaméricaine emprunte souvent des développements de la Cour européenne. Sur ce point, cf. Cour IDH, 29 janvier 1997, Fond, *Genie Lacayo c/ Nicaragua,* Série C n° 30, § 77 (citant l'arrêt de la Cour EDH du 19 février 1991, *Motta c/ Italie,* Série A n° 195-1, § 30).

B. L'interprétation du droit pénal substantiel

902. L'influence des cours européennes et interaméricaines des droits de l'homme ne s'explique pas uniquement par les lacunes ou l'imprécision de certaines dispositions du Statut et Règlement du TPIR. Elle se justifie également par la similitude des intérêts protégés par les cours régionales et les TPI. Dans le cadre de la répression des infractions qui relèvent de sa compétence, il est intéressant de remarquer que le TPIR cite des affaires pertinentes rendues par la Cour EDH et la Cour IDH. Il s'agit ainsi pour lui d'apprécier la responsabilité pénale des auteurs de violations graves du droit international humanitaire, au regard de certains droits fondamentaux garantis par les traités internationaux et régionaux.

903. Sans prétendre à l'exhaustivité, nous citerons un exemple qui met en corrélation le droit à la liberté d'expression[1780] et l'infraction d'incitation directe et publique à commettre le génocide (prévue par l'article 2.c du Statut du TPIR). Sur ce point, le célèbre arrêt des « *Médias de la haine* » constitue un des éléments fondateurs de la jurisprudence du TPIR[1781]. L'une des questions principales qui se posait était celle de savoir : comment réprimer le crime d'incitation à commettre le génocide sans empiéter sur le droit à la liberté d'expression ?

904. Pour y répondre, la Chambre d'appel commence par écarter les jugements du Tribunal de Nuremberg dont se prévalaient les accusés[1782], avant de s'intéresser à la jurisprudence abondante consacrée par la CEDH en la matière[1783]. À cet égard, la Chambre reprend l'interprétation retenue par la Cour EDH selon laquelle, dans certaines circonstances, les impératifs de la sécurité nationale peuvent justifier des restrictions à la liberté d'expression[1784]. Par exemple dans l'affaire *Zana c/Turquie*, la Cour estimait qu'il fallait respecter le « juste équilibre » entre le droit d'un individu à la liberté d'expression et celui de toute société démocratique de se protéger des agissements d'organisations terroristes[1785]. Ce faisant, pour apprécier l'étendue

---

[1780] Ce droit est garanti par de nombreux traités internationaux et régionaux tels que : Déclaration universelle des droits de l'homme, 10 décembre 1948 (art. 19), Pacte international relatif aux droits civils et politiques, 16 décembre 1966 (art19), Convention internationale sur l'élimination de toutes les formes de discrimination raciale, 4 janvier 1969 (art. 5), Convention de sauvegarde des droits de l'homme et des libertés fondamentales usuellement appelée « CEDH », 4 novembre 1950 (art. 10.1), Convention américaine des droits de l'homme, 22 novembre 1969 (art. 13.1), Charte africaine des droits de l'homme et des peuples, 27 juin 1981 (art. 9).

[1781] La présente affaire met en exergue le rôle des médias (écrits et radiophoniques) dans le génocide du Rwanda.

[1782] Arrêt Nahimana et consorts, 28 novembre 2007, *supra,* note 1430, §§ 680 et 702.

[1783] *Idem,* § 705.

[1784] Jugement Nahimana, 3 décembre 2003, *supra,* note 1497, §§ 994.

[1785] *Idem*, §§ 994 à 999 (la Chambre cite une série d'affaires impliquant notamment la Turquie : *Zana c/ Turquie*, CEDH, arrêt du 25 novembre 1997 ; *Inal c/ Turquie*, CEDH, arrêt du 9 juin 1998 ; Arslan *c/ Turquie*, CEDH, arrêt du 8 juillet 1999, etc.).

de la responsabilité encourue par les rédacteurs en chef et éditeurs, les juges s'attachent davantage au contenu du texte qu'à son auteur[1786].

905. En accord avec cette jurisprudence, la première Chambre du TPIR a jugé dans l'affaire des Médias précitée que « *les rédacteurs en chef et éditeurs sont généralement tenus responsables des médias qu'ils contrôlent*[1787] ». Cependant, elle précise qu'il faut prendre en compte le contexte dans lequel ces propos sont exprimés pour déterminer s'il y'a lieu de retenir ou non le crime d'incitation au génocide[1788]. À ce titre, la Chambre relève que la diffusion de certaines émissions radio au Rwanda après le déclenchement du génocide - appelant ouvertement à l'extermination des civils tutsi afin « *de les rayer de la mémoire des gens et de la surface de la Terre*[1789] » - s'analysait comme une incitation directe et publique à commettre le génocide. Il en est ainsi de la publication d'un article de journal exhortant les lecteurs « *à une révolution mentale chez le Hutu, pour faire face à l'intraitable Tutsi, au cœur sec que ronge tranquillement le vers nazi*[1790] ». Dans de telles circonstances où la haine raciale et l'apologie de la violence sont mises en avant, il serait sans doute aberrant de parler de protection de la liberté d'expression.

906. D'ailleurs, dans sa jurisprudence ultérieure (affaire *Bikindi*), tout en reconnaissant l'importance de protéger le droit à la liberté d'expression, le TPIR rappelle que celui-ci n'est pas absolu[1791]. Dans un souci de plus grande rigueur, le Tribunal se réfère au côté de la jurisprudence de la Cour EDH, aux interprétations conférées par la Commission africaine des droits de l'homme et des peuples et celles de la Cour IDH (affaire *Olmedo Bustos et autres*)[1792]. Cet

---

[1786] Cf. affaire *Sürek c/ Turquie* (n° 1), CEDH, arrêt du 8 juillet 1999.

[1787] Chambre I, *Nahimana*, 3 décembre 2003, *supra,* note 1497, § 1001. Les conclusions du jugement sont confirmées par la Chambre d'appel dans son arrêt du 28 novembre 2007, *supra,* note 1430, §§ 694-695.

[1788] Pour rappel, l'incitation à commettre le génocide est un crime punissable même s'il n'est pas suivi d'effets. Cf. jugement *Akayesu,* 2 septembre 1998, *supra,* note 1424, § 561. Les juges s'appuyaient notamment sur le contexte historique et politique du Rwanda décrivant des situations dans lesquelles le groupe tutsi fut longtemps victime de massacres récurrents et visé par une campagne de « diabolisation » de la part des médias rwandais.

[1789] Arrêt Nahimana, *supra,* note 1430, § 756.

[1790] *Idem,* § 1052. Pour d'autres exemples d'incitation au génocide, cf. §§ 771 à 773 du même arrêt.

[1791] Les juges citent notamment les textes pertinents tels que : l'art. 7 de la Déclaration universelle des droits de l'homme, l'art. 20 du Pacte international relatif aux droits civils et politiques (PIDCP), ainsi que l'art. 10 (2) de la CEDH qui précise que « l'exercice du droit à la liberté d'expression comporte des devoirs et des responsabilités soumis à certaines formalités, conditions, restrictions, ou sanctions prévues par la loi ». À ce propos, cf. TPIR, Chambre III, jugement, *Simon Bikindi*, affaire n° ICTR-01-72-T, 2 décembre 2008, §§ 380 et 382 (décision confirmée par un arrêt de la Chambre d'appel du 18 mars 2010, affaire n° ICTR-01-72-A).

[1792] Commission africaine des droits de l'homme interprétant l'article 9 (2) de la Charte africaine des droits de l'homme dans deux affaires : *Amnesty International c/ Zambie*, Communication n° 212/99 (1999) ; Constitutional Rights Project and Civil Liberties Organization v. Nigeria, Communication n° 102/93 (1998). Cf. également *Olmedo Bustos* et al, Judgment, inter-american Court H.R, 5 February 2001. Ces décisions sont citées dans le jugement Bikindi, *supra,* note 1791, § 380.

attachement sans faille aux protections des droits de l'homme est un point commun aux systèmes autonomes des juridictions internationales.

907. Il faut reconnaître toutefois que l'influence du droit international des droits de l'homme sur le droit applicable devant le TPIR reste limitée sur le plan qualitatif. Comme le rappelait ainsi Elisabeth Lambert Abdelgawad, « *les TPI ne doivent pas tomber dans la tentation de la facilité et du moindre effort lors de l'interprétation du droit applicable, en s'appropriant uniquement l'interprétation conférée dans un autre contexte, celui du DIDH*[1793] ». L'implication de cette assertion est évidente. Si dans certaines affaires tranchées par les Chambres du TPIR, la jurisprudence de la Cour EDH ou de la Cour IDH s'est révélée décisive, voire indispensable, dans d'autres, les juges d'Arusha étaient contraints de s'en écarter, surtout en tenant compte des spécificités de la justice pénale internationale.

908. L'impératif de la lutte contre l'impunité est souvent incompatible avec les garanties procédurales offertes aux accusés. Sur ce point, l'affaire *Kanyabashi* du TPIR nous fournit un exemple pertinent des difficultés pratiques qui se posent en matière de respect minutieux des droits des justiciables. Ainsi, le problème qui se posait était celui de savoir si la création d'un tribunal international par un organe exécutif tel que le Conseil de sécurité dérogeait au principe général selon lequel les tribunaux doivent être « établis par la loi[1794] ». Tout en reconnaissant l'existence de ce droit fondamental, la première Chambre du TPIR n'a pas suivi l'interprétation de la Cour européenne fondée sur le principe de la séparation des pouvoirs. À l'appui de son argumentation, elle cite surtout l'arrêt *Tadić* du TPIY, en considérant qu'un tribunal établi par la loi peut s'interpréter comme un tribunal qui offre toutes les garanties d'équité et de justice aux accusés[1795].

[1793] LAMBERT-ABDELGAWAD Élisabeth, « Les Tribunaux pénaux pour l'ex-Yougoslavie et le Rwanda et l'appel aux sources du droit international des droits de l'homme », *op. cit.*, p. 110.

[1794] Ce principe est consacré par divers instruments internationaux tels que le Pacte international relatif aux droits civils et politiques adopté à New York le 16 décembre 1966. En vertu de l'article 14, « [...] *toute personne a droit à ce que sa cause soit entendue équitablement et publiquement par un tribunal compétent, indépendant et impartial,* ***établi par la loi****, qui décidera soit du bien-fondé de toute accusation en matière pénale dirigée contre elle, soit des contestations sur des droits et obligations de caractère civil ».* Cf. également art. 6 de la Convention de Sauvegarde des droits de l'homme et des libertés fondamentales, adoptée à Rome le 4 novembre 1950 et art. 8 de la Convention américaine des droits de l'homme, adoptée à San José le 22 novembre 1969.

[1795] La Chambre d'appel du TPIY était partie d'une première interprétation selon laquelle « établi par la loi » pouvait signifier « établi par un organe législatif ». Cette démarche est favorisée par la jurisprudence de la CEDH en vertu du principe de la séparation des pouvoirs reconnus par les systèmes nationaux. Néanmoins, la Chambre estimait que le principe de la séparation des pouvoirs ne pouvait logiquement s'appliquer en droit international, car la répartition des trois fonctions judiciaire, exécutive et législative entre les principaux organes de Nations Unies n'est pas clairement établie. À ce titre, elle considère qu'« *il n'existe pas d'organes officiellement habilités à promulguer des lois ayant un effet contraignant direct sur des sujets juridiques internationaux* ». En ce sens, cf. arrêt *Tadić*, 2 octobre 1995, *supra,* note 1165, §§ 43 à 45. Cf. aussi jugement *Kanyabashi,* 18 juin 1997, *supra,* note 1684, § 43.

909. Cette démarcation vis-à-vis de la jurisprudence de la Cour EDH peut être perçue comme un moyen pour les juges internationaux d'interpréter de façon téléologique les normes de droit international des droits de l'homme afin de les adapter à la spécificité des crimes en cause. Mais, une telle approche ne fait pas l'unanimité chez les pénalistes pour qui, l'interprétation stricte est le point de départ de toute mise en œuvre d'une norme répressive. À cet effet, l'adoption d'une approche juridiquement rigoureuse pourrait sans doute réduire la marge arbitraire du juge international. Comme l'indiquait le juge Antonio Cassese, « *toute interprétation évolutive, par le TPIR ou le TPIY, des éléments subjectifs et objectifs des crimes soumis à leur juridiction, doit être écartée au risque de porter atteinte aux droits des accusés*[1796] ». Cette argumentation appelle une remarque importante relative à **l'autonomie** des instances juridictionnelles. À ce propos, il est permis de rappeler que les juges des TPI du Rwanda et de l'ex-Yougoslavie refusent toute hiérarchie, qu'il s'agisse des Cours régionales des droits de l'homme ou de la Cour internationale de justice (organe juridictionnel principal du système des Nations Unies).

910. Chaque juridiction est un système autonome[1797]. Ce faisant, la Chambre d'appel du TPIR a clairement affirmé que les traités régionaux relatifs aux droits de l'homme[1798], de même que la jurisprudence à laquelle ils ont donné lieu, sont considérés à juste titre comme des sources qui peuvent éclairer l'application et l'interprétation du droit applicable devant le TPIR[1799]. En principe, ces textes et leur jurisprudence ne s'imposent pas au Tribunal. Néanmoins, la Chambre précise que les décisions de la Cour EDH et celles de la Cour IDH peuvent le cas échant avoir la valeur de précédent pour établir l'existence de la coutume internationale[1800].

911. Cela étant, citer la jurisprudence internationale n'implique pas forcément son approbation par les TPI *ad hoc* qui demeurent libres de parvenir à des conclusions différentes. Inversement, le même principe est valable pour la Cour EDH et la Cour IDH qui jusque-là n'ont eu recours à la jurisprudence du TPIR que dans de rares cas[1801]. Même si les juges des Tribunaux *ad hoc* ou

---

[1796] CASSESE Antonio, *Crimes internationaux et juridictions internationales*, *op. cit.*, p. 179.

[1797] Le principe a été posé par la Chambre d'appel du TPIY en l'arrêt *Tadić* du 2 octobre 1995 (*supra,* note 1165, § 11), avant d'être réaffirmé dans l'arrêt *Mucic et consorts* du 20 février 2001 (*supra,* note 1614, § 24).

[1798] La Chambre fait spécifiquement référence à la Convention européenne de Sauvegarde des droits de l'homme et des libertés fondamentales et à la Convention américaine relative aux droits de l'homme.

[1799] Arrêt *Barayagwiza,* 3 novembre 1999, *supra,* note 1752, § 40.

[1800] *Ibid.*

[1801] En ce sens, cf. arrêt de la Cour IDH du 25 novembre 2006 (Fond et réparations, *Prison Miguel Castro c/ Pérou,* Série C, n° 160, § 305) qui considérait que le fait pour des femmes enceintes et blessées d'être contraintes de rester entièrement dénudées devant des agents armés, est constitutif de violence sexuelle et est attentatoire à la dignité humaine. Cette décision fut l'occasion pour la Cour interaméricaine de se prononcer sur l'éradication de la violence contre les femmes en citant notamment le célèbre arrêt *Akayesu* du TPIR rendu le 2 septembre 1998 (§ 688). Il en est de même pour la Cour EDH qui était saisie d'une requête concernant une

onusiens et ceux des cours régionales engagent un dialogue, la réception réciproque des jurisprudences ne repose sur aucune règle juridique. C'est sans doute l'une des raisons pour laquelle une ancienne juge de la Cour EDH (Françoise Tulkens) s'inquiétait d'une autonomie des TPI qui risquerait de favoriser « *une sorte d'utilisation de la CEDH à la carte* [1802] ».

912. En tout état de cause, les pratiques relèvent qu'il ne peut y avoir une autonomie absolue de chacun des ensembles normatifs, nationaux et internationaux[1803]. L'échange est inévitable car l'isolement est devenu quasiment impossible. Ce raisonnement cadre parfaitement avec celui du premier président de la Cour de cassation française Guy Canivet qui rappelait en des termes évocateurs qu'« *une juridiction, qu'elle soit, interne ou internationale, ne peut être un lieu clos, c'est au contraire un carrefour, un carrefour circulaire où se croisent de manière ordonnée les décisions de justice qui construisent un droit en devenir permanent*[1804] ». L'idée qui semble être mise en exergue est qu'il ne peut y avoir une frontière infranchissable entre le droit interne et le droit international. Les deux ordres juridiques sont complémentaires.

913. L'analyse des décisions rendues par le TPIR tout comme le TPIY nous permet de conforter cette hypothèse, dans la mesure où les juges internationaux étaient souvent amenés à examiner de près divers systèmes nationaux[1805]. À ce propos, la jurisprudence des deux tribunaux affiche différents exemples de principes généraux dégagés à partir de la recherche d'éléments de convergence ou de divergence entre les systèmes de droit. Il en est ainsi des questions de droit pénal de fond telles que la participation

---

demande d'extradition d'un citoyen rwandais soupçonné de participation au génocide (*arrêt Ahorugezo c/ Suède*, 27 octobre 2011, requête 37075/09). En se fondant notamment sur un arrêt rendu par le TPIR (affaire *Uwinkindi*, 28 juin 2011, affaire n° ICTR-2001-75-R11 bis), la Cour estimait que le requérant ne serait pas exposé à un risque réel de déni de justice « flagrant » s'il était extradé vers le Rwanda pour y être jugé. Même si la jurisprudence du TPIR est rarement citée, dans une décision récente, la Cour EDH affirmait que les États sont tenus d'appliquer les résolutions contraignantes du Conseil de sécurité d'une manière conforme aux droits fondamentaux de l'homme. CEDH, *Nada c/ Suisse,* requête n° 10593/08, arrêt, 12 septembre 2012, §§ 195-196.

1802 Cf. Table ronde, « L'influence de la CEDH sur l'activité des Tribunaux pénaux internationaux », in CASSESE Antonio et al, *Crimes internationaux et juridictions internationales*, *op. cit.* p. 185.

1803 Mais les pratiques montrent également que la subordination étroite des uns aux autres est impossible. DELMAS-MARTY Mireille, « Droit comparé et droit international : interactions et internormativité », in CHIAVARIO Mario (dir.), *La justice pénale internationale entre passé et avenir,* Dalloz, 2003, p. 11.

1804 CANIVET Guy, « Les influences croisées entre juridictions nationales et internationales », *Revue de science criminelle*, 2005, p. 894.

1805 Bien qu'ils s'accordent à penser que le recours au droit interne n'est justifié que lorsque les sources classiques du droit international sont lacunaires ou inexistantes. Il en est ainsi du régime juridique de la peine applicable devant les TPI. En l'absence de règles spécifiques en droit international pénal, les deux tribunaux devaient recourir au système pénal rwandais et celui de l'ex-Yougoslavie (cf. art. 23 du Statut du TPIR).

criminelle[1806], ou de la définition du viol[1807], ou de questions de procédure comme l'aveu de culpabilité en tant que moyen d'atténuation de la peine[1808]. À défaut de dispositions dans le Statut des Tribunaux *ad hoc* ou de précédents jurisprudentiels spécifiques, les juges d'Arusha tout comme ceux de l'ex-Yougoslavie vont tenter de rechercher une solution adéquate en faisant appel au droit comparé.

914. En revanche, cette méthode comparative à elle seule ne suffit pas pour résoudre toutes les questions essentielles soulevées dans le traitement des crimes relevant de la compétence des TPI. Toute « *importation mécanique* » de notions tirées du droit national semble être exclue, au risque d'« *altérer ou de fausser* » la procédure pénale internationale[1809]. Ce faisant, un minimum d'*harmonisation* entre la norme interne et la norme internationale est nécessaire afin d'éviter certaines incohérences. L'un des exemples les plus

---

[1806] Par exemple dans l'affaire *Musema*, la Chambre de première instance du TPIR avait analysé en détail les systèmes de tradition romano-continentale et ceux de tradition anglo-saxonne pour en déduire que les éléments constitutifs de l'infraction d'entente en vue de commettre le génocide définis dans les deux systèmes juridiques étaient proches. Cf. jugement et sentence, 27 janvier 2000, *supra,* note 1427, §§ 186 à 198. Dans la même perspective, les juges de la Chambre d'appel du TPIY avaient préalablement entrepris une analyse comparative des systèmes juridiques mondiaux » afin de vérifier si la contrainte pouvait être admise comme cause d'exonération de la responsabilité pénale d'un soldat poursuivi pour crime de guerre et crime contre l'humanité. TPIY, App., arrêt (opinion individuelle présentée conjointement par les juges Mc Donald et Vohrah), *Drazen Erdemovic*, IT-96-22-A, 7 octobre 1997, §§ 56 à 75.

[1807] Cf. affaire *Furundzija* du TPIY. Après avoir considéré qu'il n'existe aucune définition précise en droit international conventionnel ou coutumier, la Chambre de première instance a admis qu'il était légitime de se tourner vers le droit interne. Partant de cette analyse, elle va comparer douze systèmes nationaux dont celui de la France, de l'Italie, de l'Allemagne, de l'Inde, de l'Ouganda, etc., avant d'en déduire, que malgré les disparités inévitables entre législations nationales, « *la plupart des systèmes juridiques de la common law ou de tradition civiliste considèrent le viol comme la pénétration forcée du corps humain par le pénis ou l'introduction d'un autre objet dans le vagin ou l'anus* ». En revanche, la Chambre avait relevé une différence fondamentale dans l'incrimination de la « pénétration orale forcée » que certains États considèrent comme une violence sexuelle, d'autres la qualifient de viol. Pour pallier ce manque d'uniformité, elle a jugé nécessaire de recourir aux principes généraux du droit afin d'aboutir à une solution adéquate. Cf. TPIY, jugement *Furundzija,* 10 décembre 1998, *supra,* note 1558, §§ 177 à 186. Mais dans sa jurisprudence ultérieure, le TPIY adoptera une définition du viol plus claire après avoir élargi sa méthode comparative à 26 pays. Cf. arrêt *Kunarac et consorts*, 12 juin 2002, *supra,* note 1638, §§ 127-128.

[1808] Sur ce point, les Statuts et le Règlement du TPIR et du TPIY comportaient très peu de dispositions sur le mécanisme du plaidoyer de culpabilité. Si dans les pays de *common law* le juge est libre dans la détermination de la peine en cas d'aveux, dans les pays de civil Law, le juge est lié par la détermination préalable de la peine. Dans la pratique, les juges internationaux retiennent un principe général selon lequel, l'aveu de culpabilité peut être une condition d'atténuation de la peine. Néanmoins, ils n'estiment pas être liés par un accord souvent établi entre le Procureur et l'accusé. Nous retrouvons ce cas de figure dans la jurisprudence du TPIR (affaire Kambanda) où l'accusé a été condamné à la peine d'emprisonnement à vie même après avoir plaidé coupable. Cf. jugement portant condamnation, 4 septembre 1998, *supra,* note 1535, §§ 52-53.

[1809] Cf. opinion dissidente du juge Antonio Cassese dans l'arrêt *Erdemovic* du TPIY, 7 octobre 1997, *supra,* note 1806, § 5.

significatifs dans la jurisprudence des TPI, c'est l'utilisation de la grille générale des peines au Rwanda et en ex-Yougoslavie conformément aux Statuts et Règlements des tribunaux *ad hoc*. Si dans le premier cas c'est le problème de la peine de mort qui se posait, dans le second, le droit pénal yougoslave visait le génocide tout en ignorant le crime contre l'humanité. Dans les deux cas de figure, les juges internationaux étaient contraints d'appliquer une méthode qui associe renvoi au droit interne et autonomie du droit international.

915. Par ailleurs, faudrait-il encore rappeler que la procédure pénale internationale est surtout marquée par le clivage entre deux grands modèles, celui des pays relevant de la *common law* et celui des pays de tradition civiliste. Pour ce faire, la Chambre d'appel du TPIY considérait dans son arrêt *Furundzija* que, lorsqu'une notion n'est pas définie en droit pénal international, les juridictions compétentes « *doivent s'attacher à dégager les dénominateurs communs à l'ensemble de grands systèmes juridiques et, en particulier, les notions de base que ceux-ci ont en commun*[1810] ». Ce « dénominateur commun » est à rechercher, selon Mireille Delmas-Marty, au croisement des systèmes et dans une interaction entre droits nationaux et droit international[1811]. Elle fait surtout usage du concept d'« hybridation », un processus permettant de combiner le « meilleur » de chaque système juridique, c'est-à-dire le plus pertinent, pour assurer à la fois les missions spécifiques de la justice pénale internationale et le respect des principes de droit international, notamment en matière de droits de l'homme[1812]. Pour autant, une telle approche aussi louable soit-elle ne manque pas de poser quelques difficultés, qu'il s'agisse de problèmes de fond ou de procédure. Les juges internationaux appartiennent eux-mêmes à des cultures juridiques différentes. Comment rapprocher deux visions totalement opposées et trouver un compromis sur des principes partagés ?

916. Il est évident que le risque d'affrontement est difficile à écarter. Le cas du TPIR est très révélateur à ce sujet. Selon le juge Laïty Kama[1813], la procédure inspirée de la *common law* du droit anglo-saxon était une source de lenteur du processus judiciaire. C'est à sa volonté d'introduire plus de *civil law*, autrement dit de droit romano-germanique, qu'il y a eu d'importantes modifications du Règlement de procédure et de preuve[1814]. Toutefois, l'ancien Procureur des deux Tribunaux *ad hoc*, Carla Del Ponte, n'était pas de cet avis.

[1810] Jugement *Furundzija*, 10 décembre 1998, *supra*, note 1558, § 178.

[1811] DELMAS-MARTY Mireille, « L'influence du droit comparé sur l'activité des Tribunaux pénaux internationaux », in CASSESE Antonio et DELMAS-MARTY Mireille (dir.), *Crimes internationaux et juridictions internationales*, Paris, PUF, 2002, p. 112.

[1812] *Idem*, p. 113.

[1813] Premier président du TPIR élu de 1995 à 1999 et ancien juge de la Chambre de première instance de ce Tribunal.

[1814] BURGOGUE-LARSEN Laurence, « De la difficulté de réprimer le génocide rwandais : l'expérience du Tribunal pénal international pour le Rwanda », in TAVERNIER Paul (dir.), *Un siècle de droit international humanitaire*, Bruxelles, Bruylant, 2001, p. 153.

Elle considérait qu'il était nécessaire de « réconcilier » les deux traditions juridiques pour aboutir à une décision équitable[1815]. Cette solution a été approuvée par le juge Antonio Cassese qui privilégiait, dans son opinion dissidente, « *l'interaction au sens d'une hybridation* ».

917. Pour aller plus loin, ce dernier estimait qu'il fallait s'opposer au plan international à la philosophie qui sous-tend l'un des systèmes au détriment de l'autre, ou de procéder à la juxtaposition d'éléments appartenant aux deux systèmes, alors que la procédure pénale internationale applique de préférence « *la combinaison et la fusion* » entre les deux systèmes juridiques[1816]. Ainsi, dans l'évolution de la jurisprudence du TPIR, force est de constater que la prédominance originelle du système accusatoire de la *common law* est petit à petit modérée par les décisions des Chambres.

918. Quoi qu'il en soit, il faut reconnaître que l'*hybridation* ne peut se limiter à l'élaboration de règles techniques ou de principes directeurs, mais elle pose surtout la question de leur interprétation en cas d'imprécisions ou de lacunes du droit écrit. Sur ce point, le TPIR a posé une norme fondamentale qui consiste à retenir l'interprétation la plus favorable à l'accusé, en cas de doute[1817]. Même si aucun texte international ne le mentionne dans l'énumération des garanties procédurales bénéficiant à l'accusé, il est possible de déduire raisonnablement l'existence d'un tel principe en se fondant sur la présomption d'innocence (reconnue expressément à l'article 11 (1) de la Déclaration universelle des droits de l'homme). Il s'agit donc pour les juges de dégager la meilleure règle de droit applicable à une situation donnée. La recherche de ces normes peut avoir pour origine des textes nationaux, des traités internationaux ou régionaux et de la jurisprudence qui en est issue[1818].

[1815] DEL PONTE Carla, *La traque, les criminels de guerre et moi,* Éditions Héloïse d'Ormesson, 2009, p. 139.

[1816] Cf. arrêt *Erdemovic,* Opinion individuelle et dissidente de M. le juge Cassese, 7 octobre 1997, *supra*, note 1806, § 4.

[1817] À titre d'exemples, cf. jugement *Kayishema* et *Ruzindana*, 21 mai 1999, *supra,* note 1465, § 103. Cf. également affaire Akayesu où la Chambre de première instance du TPIR estimait que « *les principes généraux du droit veulent qu'en matière pénale, la version la plus favorable à l'accusé soit retenue* », jugement 2 septembre 1998, *supra,* note 1424, §§ 500-501.

[1818] Dans cette perspective, il importe de préciser que le recours aux organes de protection des droits de l'homme ne se limite pas aux arrêts de la Cour EDH ou celle de la Cour IDH. Au vu des décisions rendues par les Chambres du TPIR, force est de constater que les juges d'Arusha s'intéressent également aux décisions du Comité des droits de l'homme des Nations Unies (organe principal interprétant l'application du Pacte international relatif aux droits civils et politiques) ou de la Commission interaméricaine des droits de l'homme. Tout en ayant conscience du principe de la primauté du TPIR sur les juridictions nationales, les juges n'hésitent pas à faire référence aux décisions des juridictions nationales (exemple de la Cour suprême du Canada dans l'affaire *Imanishimwe* ou de la Cour suprême de Bénin dans l'affaire *Kajelijeli*). Néanmoins, les arrêts de la Cour EDH ont une valeur et une portée beaucoup plus significatives que celles des tribunaux nationaux. Comme le justifiait Antonio Cassese, « *il s'agit d'un échantillon de systèmes juridiques extrêmement intéressant du point de vue du droit comparé* ». C'est ce trait essentiel qui rend la jurisprudence de la Cour EDH de loin plus intéressante pour les TPI que la jurisprudence de la Cour IDH. En ce sens, cf. CASSESE

919. En somme, le premier constat qui s'impose à l'issue de cette analyse est que l'influence de la jurisprudence des juridictions régionales (précisément la Cour EDH) s'est surtout manifestée au niveau de la procédure pénale internationale. Néanmoins, les juges du Tribunal d'Arusha étaient tout à fait conscients de la nécessité de prendre en compte la spécificité des crimes internationaux et, donc, des problèmes que suscite le recours à certaines notions ou certains principes énoncés dans la jurisprudence des juridictions régionales.

920. Si les normes de droit international des droits de l'homme sont en règle générale interprétées de façon téléologique et évolutive, afin de les adapter à la réalité contemporaine, une telle pratique ne peut être acceptée lorsque la liberté d'un individu est en jeu au cours d'un procès pénal. Ainsi, en vertu du principe *nullum crimen sine lege,* il n'est pas permis aux juges d'élargir la portée d'une norme pénale substantielle ou l'appliquer de manière extensive au détriment des justiciables.

921. Cela dit, le recours à la jurisprudence de la Cour EDH et de la Cour IDH a eu le grand mérite de faciliter aux Chambres du TPIR l'interprétation de certaines dispositions lacunaires du Statut ou Règlement du Tribunal. Dans la même perspective, les arrêts des juridictions régionales ont été utilisés par les juges du TPIR pour renforcer l'objectivité de leur démarche, c'est-à-dire une sorte de *« légitimation a posteriori »,* pour reprendre ainsi la terminologie employée par le juge Antonio Cassese[1819].

922. Mais en tout état de cause, la référence à la jurisprudence de la Cour EDH ou de la Cour IDH était un passage obligé pour le TPIR. Celui-ci a d'ailleurs confirmé tout au long de sa jurisprudence l'applicabilité de règles fondamentales posées par la CEDH et le Pacte international relatif aux droits civils et politiques (PIDCP). Partant de là, nous estimons pour notre part que le difficile équilibre entre lutte contre l'impunité et protection des droits des accusés semble avoir été atteint par le Tribunal d'Arusha. Du moins c'est la conclusion qui s'impose au vu des exemples de décisions analysés.

923. Enfin, un dernier aspect qui mérite d'être souligné, c'est la méthode d'*hybridation,* considérée comme la plus adaptée à la justice pénale internationale, par le fait qu'elle dépasse la distinction traditionnelle entre les modèles accusatoire et inquisitoire au profit d'un droit mixte fondé sur la notion de procès équitable. Sur ce point, il est légitime d'affirmer que l'interprétation croisée de deux systèmes juridiques différents a certes le mérite de clarifier le débat entre pénalistes et militants des droits de l'homme, mais ne permet pas de le trancher.

924. Cette justice sans hiérarchie (multiniveaux) qui associe juridictions pénales internationales et juridictions régionales des droits de l'homme pourrait peut-être ouvrir la voie vers la construction d'un véritable ordre

---

Antonio et DELMAS-MARTY Mireille, *Crimes internationaux et juridictions internationales,* PUF, 2002, p. 150.

[1819] CASSESE Antonio et DELMAS-MARTY Mireille, *idem*, p. 164.

juridique mondial. La viabilité d'un tel projet dépendra sans doute des progrès enregistrés par la CPI dans les prochaines années à venir, étant donné que le TPIR tout comme le TPIY sont des juridictions d'exception appelées à disparaître. Depuis 2003, les deux Tribunaux ont arrêté une stratégie devant leur permettre d'achever leurs travaux, conformément aux résolutions 1503 et 1534 du Conseil de sécurité[1820].

[1820] Résolution 1503 (2003) adoptée par le Conseil de sécurité le 28 août 2003, Nations Unies, S/RES/1503 (2003), § 7 ; résolution 1534 (2004) adoptée le 26 mars 2004, Nations Unies, S/RES/1534 (2004), § 3.

CONCLUSION DU CHAPITRE 2

925. L'expérience du TPIR s'est révélée positive dans une certaine mesure, malgré quelques lacunes et ambiguïtés relevées dans les textes (Statut et règlement) et dans la jurisprudence[1821]. Celle-ci marque une étape importante dans le développement du droit international pénal : première décision de justice à prononcer une condamnation pour génocide et incitation au génocide (affaire *Akayesu*), première condamnation d'un chef de gouvernement pour crimes de droit international (affaire *Kambanda*)[1822].

926. Pour la première fois, une juridiction internationale s'attaque aux crimes de nature sexuelle tout en proposant une définition de la notion de « viol ». Autant d'exemples qui peuvent se multiplier. Au-delà de ces progrès remarquables, le Tribunal a examiné les questions tenant à l'équité du procès en s'appuyant davantage sur les arrêts de la Cour EDH plutôt que sur les décisions de la Cour IDH. Ce choix s'explique surtout en raison de l'autorité incontestable et des enseignements précieux de la jurisprudence de la Cour européenne en matière de garanties judiciaires.

927. D'une manière générale, les juges du TPIR ont surtout recherché dans les affaires tranchées par les cours régionales des droits de l'homme des cas concrets desquels ils pouvaient s'inspirer, faute de précédent en droit international[1823]. Au fur et à mesure que la jurisprudence du TPIR se développe et s'enrichit, la nécessité de se référer aux arrêts des cours régionales s'affaiblit graduellement. Ce faisant, le Tribunal a jugé nécessaire d'affirmer avec force l'autonomie de sa jurisprudence surtout dans le cadre de

---

[1821] Dans le traitement des infractions connexes au génocide telles que le crime d'entente, la position de la Chambre d'appel paraît quelque peu ambiguë à la lecture des deux arrêts *Musema* et *Gatete*. Dans le premier cas, la Chambre n'avait pas adhéré à l'approche suivie par les juges de première instance qui excluent tout cumul de déclaration de culpabilité du génocide et de l'entente en vue de commettre le génocide. Néanmoins, elle n'a pas jugé nécessaire d'annuler les conclusions du jugement prononcé en première instance. Or, dans l'affaire *Gatete*, la Chambre a adopté une position contradictoire en déclarant l'accusé coupable de génocide et à titre subsidiaire, d'entente en vue de commettre le génocide (arrêt du 9 octobre 2012, *supra*, note 1534).

[1822] Celui-ci est en même temps considéré comme le 1er grand repenti de l'histoire de la justice pénale internationale.

[1823] Toutefois, le courant ne va pas dans un seul sens. Les Cours régionales ont eu également recours aux arrêts du TPIR même si c'est dans des cas très rares.

la hiérarchisation des crimes[1824], même si cette démarche ne nous paraît pas tout à fait convaincante.

928. Pour notre part, tous les crimes de droit international relèvent d'une extrême gravité et doivent être sanctionnés de la même manière. Quant aux droits des victimes, il est vrai qu'aucun traitement des dommages et intérêts n'est prévu dans les procès. Pour autant, le TPIR est considéré comme la première juridiction internationale s'attachant à organiser une division d'aide aux victimes et aux témoins avec un support matériel et psychologique.

929. Enfin, au terme de dix-neuf années d'activité, quatre-vingt-treize personnes ont été officiellement mises en accusation[1825]. Depuis l'ouverture du premier procès en janvier 1997, les Chambres ont prononcé cinquante-sept condamnations dont quarante-six confirmées en appel et dix acquittements[1826]. Au regard de ces chiffres et malgré le rythme lent des procédures, le bilan quantitatif paraît satisfaisant. Dès lors, il nous semble inopportun de parler d'échec bien que neuf personnes mises en accusation soient toujours en fuite.

[1824] À ce titre, il considérait le génocide comme « le crime des crimes », les crimes contre l'humanité « crime d'une extrême gravité » et enfin, sont placés au bas de l'échelle, les violations de l'article 3 commun aux Conventions de Genève et du protocole additionnel II (c'est-à-dire les crimes de guerre). Chambre I, jugement *Kambanda*, 4 septembre 1998, *supra,* note 1535, §§ 14-15 et §§ 42-43 ; jugement *Serushago*, 5 février 1999, *supra,* note 1466, § 15. Cependant, dans la jurisprudence ultérieure du TPIR, la Chambre d'appel (dans l'arrêt Kayishema) est opposée à la hiérarchie des crimes. Cf. Chambre d'appel, motifs de l'arrêt, affaire n° ICTR-95-1, 1er juin 2001, § 367.

[1825] Cf. rapport sur la stratégie d'achèvement des travaux du TPIR (10 mai 2013), Nations Unies, Conseil de sécurité, S/2013/310, § 3.

[1826] Pour un bilan chiffré plus détaillé, consulter le site du TPIR : www.unictr.org

CONCLUSION DU TITRE I

930. L'institution d'un tribunal international pour le Rwanda n'était pas la seule solution juridictionnelle dont disposait la communauté internationale qui aurait pu, par exemple, se contenter des juridictions nationales (rwandaises ou étrangères) pour juger les responsables du génocide. Cette création se justifie surtout par le fait que certaines puissances avaient manqué à leur obligation morale[1827]. Elles devaient donc rendre une justice à leur image. Ce faisant, il peut être utile de tirer des conclusions sur l'expérience de la mise en place du TPIR, en le comparant à celle des tribunaux militaires de Nuremberg et de Tokyo.

931. La création du TPIR (tout comme celle du TPIY) n'obéit pas seulement à des préoccupations d'ordre politique au cœur desquelles se trouve la question de leur légitimité. Ce processus rappelle en effet que l'exigence de justice est étroitement liée à ce qu'il est convenu d'appeler « la restauration et le maintien de la paix ». Les deux Tribunaux *ad hoc* pour le Rwanda et l'ex-Yougoslavie sont jusqu'à présent les seuls modèles de juridictions pénales instituées par la communauté internationale n'ayant pas été imposés par les vainqueurs aux vaincus dans un conflit international ou conflit armé. De même, il ressort de cette comparaison que les tribunaux militaires revêtent un caractère plus rudimentaire en matière de garanties procédurales.

932. Contrairement aux Tribunaux pénaux *ad hoc*, bien qu'ayant connu de grandes difficultés tout au début de leur fonctionnement, ils constituent sans aucun doute une véritable avancée quant au respect des garanties du procès équitable. D'une manière générale, les critiques majeures qui ont été formulées à l'encontre des Tribunaux militaires de Nuremberg et Tokyo ont été évitées lors de la mise en place des TPI *ad hoc*. Ceux-ci n'appliquent pas la procédure

---

[1827] Nous pensons notamment à la France, accusée d'avoir soutenu jusqu'au bout un « pouvoir génocidaire » ; la Belgique, attaquée pour avoir semé les graines du racisme en tant que puissance coloniale ; les États-Unis également sont discrédités pour avoir favorisé avec force le retrait des Casques bleus des Nations Unies et abandonné des dizaines de milliers de Rwandais aux mains des miliciens armés. Concernant la position de la France, cf. VERSHAVE François-Xavier, *Complicité de génocide ?: la politique de la France au Rwanda,* La Découverte, 1994,

qui a été possible sous le régime de leur prédécesseur, à savoir le jugement par contumace ou procès in *absentia*[1828].

933. Toujours sur le plan juridictionnel, il n'existait pas de possibilité pour les accusés d'interjeter appel devant les tribunaux militaires. Du point de vue du droit applicable également, il s'agissait d'une violation flagrante du principe *nullum crimen sine lege*[1829], car les crimes graves commis dans l'entre-deux-guerres n'étaient pas encore clairement établis ou définis par des textes[1830]. Mais la question de la non-rétroactivité ne s'est pas posée devant le TPIR, dans la mesure où le Rwanda avait déjà ratifié la convention sur le génocide, bien avant les massacres qui ont eu lieu sur son territoire. Pour autant, il faut reconnaître que les tribunaux onusiens (TPIR et TPIY) prêtent le flanc à quelques critiques.

934. En premier lieu, on constate l'absence de pouvoirs de police. À la différence des tribunaux interalliés, les tribunaux pénaux *ad hoc* n'ont pas le contrôle du territoire, ils ne détiennent souvent pas les suspects soupçonnés de participation aux crimes graves, pas plus que les éléments de preuve nécessaires à leur inculpation. Dans cette perspective, ils ne peuvent compter

---

[1828] Sur la question du jugement par contumace, les avis des auteurs sont partagés. Ainsi, un débat s'est développé sur les conséquences de l'absence d'une véritable procédure par contumace devant les TPI pour le Rwanda et pour l'ex-Yougoslavie. Certains estiment que l'engorgement du TPIY pourrait être évité si la procédure par contumace avait lieu, d'autres, comme l'ancien Procureur du TPIR (Louise Arbour) y voit le risque de transformer les affaires en procès d'archives avec une simple fonction historique. En ce sens, cf. BAZELAIRE Jean-Paul et CRETIN Thierry, *La justice pénale internationale* : *Son évolution, son avenir de Nuremberg à La Haye*, Paris, PUF, 1re édition, 2000, p. 108. Sur la même question, voir les commentaires d'un ancien enquêteur au Bureau du Procureur du TPIR qui considère que le jugement par contumace ne semble pas contraire à la notion de procès équitable. Au nom du droit de l'accusé d'être présent à son procès (art. 14, § 3 du Pacte international relatif aux droits civils et politiques), la procédure par contumace a été exclue de la pratique des juridictions internationales *ad hoc,* le TPIY et le TPIR. Se rendant toutefois compte de la paralysie qu'une telle exclusion peut causer, les juges ont mis en place une procédure de rattrapage, afin de ne pas rester impuissants face à l'inexécution du mandat d'arrêt lancé contre l'accusé. Mais à l'analyse, cette procédure se révèle une fausse alternative en ce qu'elle apparaît inutile, voire paradoxale. Sur ce point, cf. NIANG Mame Mandiaye, « Le Tribunal pénal international pour le Rwanda. Et si la contumace était possible ? », *RGDIP*, n° 2-1999, pp. 379-403.

[1829] Cet adage met en exergue l'interdiction de l'application rétroactive du droit pénal, « *pas d'infraction sans loi, pas de peine sans loi* ». Il s'agit d'une garantie fondamentale de la liberté de l'individu, reconnue par plusieurs instruments internationaux tels que la Déclaration des droits de l'homme et du citoyen de 1789 (art. 8), le Pacte international relatif aux droits civils et politiques (art. 15, § 1), la Conv EDH (art. 7, § 1), la Convention américaine relative aux droits de l'homme (art. 9) et la Charte africaine des droits de l'homme et des peuples (art. 7, § 2).

[1830] Les contestations portant sur le caractère rétroactif du droit utilisé ont affaibli la crédibilité des TMI où les juges minimisaient la portée du principe *nullum crimen* en tant que simple principe de « justice ». Par conséquent, ils ne se souciaient guère du fait que le crime contre l'humanité n'était pas un crime international avant le 08 août 1945 et que l'article 6 (c) du Statut de Nuremberg viole le principe fondamental de légalité, en l'occurrence le principe de la non-rétroactivité de la loi pénale. Des commentateurs vont renforcer l'argument selon lequel cette justice n'était qu'une justice de vainqueurs, essentiellement faite pour conforter légalement la victoire des Alliés. Pour une analyse approfondie de cette question, cf. DE FROUVILLE Olivier, *Droit international pénal,* Pedone, 2012, p. 47 et s.

que sur la coopération des États dans l'arrestation des fugitifs. Les tribunaux onusiens ont également été critiqués en raison de la longueur et la lenteur des procédures, et surtout de leurs coûts élevés.

935. En second lieu, une autre ombre plane sur l'activité des TPI, en l'occurrence celle du TPIR : c'est son incompétence à rendre une justice égale pour tous. Les critiques se sont concentrées sur le fait que les exactions commises par des membres du FPR (parti politique militaire présentement au pouvoir) ne sont pas passibles de poursuites devant le TPIR.

936. Enfin, d'un point de vue analytique, force est de constater qu'il est difficile, voire impossible d'examiner la jurisprudence du TPIR (quel que soit le thème abordé) sans pour autant faire référence à celle du TPIY. La création simultanée des deux Tribunaux fait que l'un s'inspire largement de l'autre à telle enseigne qu'un auteur s'était demandé si le TPIR n'était pas *une vraie ou fausse copie du TPIY*[1831]. Au-delà de ce rapport de proximité, il est vrai que les deux Tribunaux se contredisent parfois, notamment sur la question de la hiérarchisation des crimes en droit international ou sur l'interprétation des groupes visés par la Convention de 1948 sur le génocide (groupe national, racial, ethnique ou religieux)[1832]. Mais, dans la plupart des questions juridiques analysées, soit ils s'inspirent mutuellement soit ils se complètent. Et c'est ce qui fait toute la richesse de leur jurisprudence.

937. À l'heure où la date de leur fermeture est officiellement fixée au plus tard le 31 décembre 2014[1833], la transition vers un Mécanisme international chargé de préserver et de renforcer l'héritage des TPI marque le début d'un nouveau chapitre dans l'histoire du droit international[1834]. Ces juridictions *ad hoc* ayant une compétence limitée (surtout dans le temps), l'intérêt s'est concentré également sur la recherche d'une voie parallèle pour la poursuite des responsables de violations graves du droit international humanitaire et des droits de l'homme, qu'ils soient des gouvernants ou des exécutants. Face aux atrocités commises au Rwanda, le renforcement des capacités des juridictions nationales a étayé l'engagement du TPIR de combattre l'impunité à tous les niveaux, une façon de promouvoir l'idée d'une justice pénale sans frontières.

[1831] MUBIALA Mutoy, « Le tribunal pénal pour le Rwanda : vraie ou fausse copie du Tribunal pour l'ex-Yougoslavie ? », *RGDIP*, 1995, pp. 929-954.

[1832] Si le TPIR privilégie une interprétation mixte (c'est-à-dire objective et subjective), le TPIY se focalise sur une interprétation purement subjective de la notion de groupe.

[1833] Cf. résolution du Conseil de sécurité, S/RES/1966 (2010), § 3.

[1834] À ce jour, la Division du Mécanisme à Arusha est pleinement opérationnelle. Elle est chargée entre autres, d'assurer la suivie des affaires transférées par le TPIR vers les juridictions nationales.

TITRE II

LE TRAITEMENT JURIDICTIONNEL TRANSNATIONAL

938. Traditionnellement en droit pénal, les juges d'un État peuvent connaître seulement des infractions commises à l'intérieur du territoire national. Il s'agit du principe de territorialité, une manifestation de la souveraineté que chaque État exerce sur son propre territoire[1835]. C'est justement en vertu d'un tel principe qu'ont été poursuivis certains crimes commis en France par les forces d'occupations allemandes (affaires Barbie, Touvier et Papon)[1836]. Toutefois, l'application du critère de territorialité ne constitue pas à elle seule le meilleur moyen d'assurer une répression efficace des crimes considérés comme graves en droit international. Dans un contexte où les présumés coupables peuvent trouver refuge dans n'importe quel pays, les États détiennent le pouvoir de juger des infractions internationales même commises en dehors de leur territoire. Cette compétence extraterritoriale (**Chapitre 1**) a surtout connu un renouveau à l'issue des violations graves du droit humanitaire perpétrées sur le territoire rwandais.

939. En complément à la mission confiée au TPIR, les États ont l'obligation de rechercher, d'arrêter et de juger toute personne soupçonnée de participation au génocide conformément à leur législation nationale et aux normes applicables du droit international[1837]. On peut ainsi en déduire que l'efficacité

[1835] En droit international également, la compétence territoriale de l'État est un principe fondamental, incontesté. Elle présente deux caractéristiques classiques, traditionnelles, à savoir la *plénitude* et *l'exclusivité*. À ce propos, cf. CARREAU Dominique, *Droit international,* 10e édition, 2009, p. 314 et s. Sur la même question, cf. Max Hubert qui rappelait dans la sentence de *l'île de Palmes* que l'État a « compétence exclusive en ce qui concerne son propre territoire ». *Recueil des sentences arbitrales,* publié par les Nations Unies, sentence du 4 avril 1928, tome II, p. 831.

[1836] Sur ce point, cf. *Fédération nationale des déportés et internés résistants et patriotes et autres c/ Barbie,* Cass. Crim., 20 décembre 1985, n° 85-95166, *Bull. crim.* 1985, n° 407 ; *Paul Touvier*, Cass. Crim., 27 novembre 1992, n° 92-8240 ; *Maurice Papon*, Cass. Crim., 23 janvier 1997, n° 96-84822.

[1837] Cf. résolution 978 (1995), S/RES/978 (1995) du 27 février 1995, adoptée par le Conseil de sécurité en sa 3504e séance.

de la justice pénale internationale dépend encore largement des juridictions internes. Si l'initiative des poursuites relève en premier lieu de leur compétence, il ne saurait toutefois être question d'entraver l'exercice de la compétence du Tribunal international. Ce faisant, les rapports entre le TPIR et les juridictions nationales sont soumis à une réglementation spécifique fixée par le Conseil de sécurité des Nations Unies (**Chapitre 2**) afin d'éviter tout risque de conflit de compétence dans la répression des violations graves du droit international humanitaire.

CHAPITRE I

LE FONDEMENT DE LA COMPÉTENCE EXTRATERRITORIALE

940. La répression pénale des crimes du droit international humanitaire suppose indéniablement le contrôle du territoire afin de pouvoir arrêter les présumés coupables. Dans cette perspective, les autorités nationales semblent être mieux placées pour intervenir efficacement. En d'autres termes, les traités et les normes coutumières incriminant certains comportements nécessitent pour être respectés l'application de la théorie dite du « dédoublement fonctionnel[1838] ». Il s'agit précisément d'un devoir et d'une obligation d'agir de la part des États aux fins de protéger « *certains intérêts fondamentaux qui coïncident avec ceux de la communauté internationale*[1839] ». À cet égard, la compétence pénale exercée est dite « universelle », une règle reconnue par la plupart des systèmes juridiques nationaux comme celui du Rwanda[1840].

941. Si un tel principe a déjà été consacré par des doctrines très anciennes (**Section I**), il n'a réellement été projeté au-devant de la scène internationale qu'au courant des années 1990, notamment dans l'affaire *Pinochet*. Par la suite, en réaction aux atrocités commises au Rwanda, ce principe est mis en œuvre par plusieurs États afin de juger des présumés criminels du génocide présents sur leur territoire. Pour autant, les progrès enregistrés en matière de lutte contre l'impunité n'ont pas entièrement satisfait les espoirs suscités par les défenseurs du principe de l'universalité du droit de punir. Même si la pratique montre qu'une majorité des États est favorable à la compétence

---

[1838] Soutenue en particulier par Georges Scelle, cette doctrine pose le principe selon lequel, dans la société internationale et du fait de l'absence d'organes propres à celle-ci, les gouvernements et agents nationaux agissent à la fois pour le compte de leur État et pour celui de la société internationale en tant qu'organes d'exécution du droit international. Leurs fonctions se trouvent ainsi dédoublées. Sur ce point, cf. SALMON Jean (dir.), *Dictionnaire de droit international public*, Bruxelles, Bruylant, 2001, p. 306.

[1839] STERN Brigitte, « L'extraterritorialité revisitée », *AFDI*, 1992, pp. 239-313 (p. 253 citée).

[1840] Cf. loi organique n°51/2008 du 09/09/2008 portant Code d'organisation, de fonctionnement et de compétence judiciaires, *JO de la République du Rwanda*, n° spécial du 10 septembre 2008. Cette loi confère à la Haute Cour une compétence universelle à l'égard des crimes graves ayant une portée internationale.

universelle, la mise en œuvre d'un tel principe (**Section II**) soulève autant de problèmes qu'elle n'en résout et son champ d'application est de plus en plus limité.

SECTION 1 — LA CONSÉCRATION DU PRINCIPE DE LA COMPÉTENCE UNIVERSELLE

942. D'un point de vue technique, ce concept paraît relativement flou, car il se situe à la croisée de l'ordre juridique national et international[1841]. Selon une définition proposée par le professeur David Chilstein, « *la compétence universelle se présente comme l'expression unilatérale de la volonté répressive d'un État qui décide de se faire, seul, juge d'infractions qui lui sont en tout point étrangères, mais dont la gravité l'incite néanmoins à mettre en œuvre son appareil répressif*[1842] ». Il s'agit en l'occurrence d'une forme de « délocalisation extrême » de la justice pénale internationale[1843]. Pour ainsi dire, le principe a pour but ultime de lutter contre l'impunité des grands criminels qui ont réussi à échapper à leur justice nationale, grâce à des lois d'amnistie ou grâce à *l'asile de luxe* que leur offrent des pays complices.

943. Ce mode de répression marque aussi l'aboutissement de la suprématie reconnue à certains droits fondamentaux sur la souveraineté. Il est toutefois intéressant de signaler que l'idée d'une « répression universelle » de certaines infractions graves commises hors du territoire national n'est pas un phénomène nouveau. Ainsi, le concept même de compétence universelle se retrouve dans des doctrines qui remontent parfois jusqu'au Moyen Âge[1844]. Dès lors, un aperçu historique permettra de replacer les débats contemporains sur la compétence universelle dans une perspective évolutive (**§ 1**). Même si l'existence d'un tel principe est aujourd'hui difficilement contestable, ses fondements juridiques, notamment en droit coutumier, ne font pas toujours l'unanimité (**§ 2**).

[1841] MOULIER Isabelle, « La compétence universelle en droit international », thèse soutenue le 14 décembre 2006, p. 11, université Paris I-Panthéon-Sorbonne, disponible à la bibliothèque de droit Paris-Cujas.

[1842] CHILSTEIN David, « Compétence universelle et justice pénale internationale : observations sur les ressorts d'une articulation complexe », in *Archives de philosophie du droit,* Tome 53, Dalloz, 2010, p. 120.

[1843] Expression consacrée par Antoine GARAPON, « De Nuremberg au TPI : naissance d'une justice universelle », *Revue Critique internationale*, 1999, vol. 5 (pp. 167-180), page citée (p. 179).

[1844] GUILLAUME Gilbert, « La compétence universelle, formes anciennes et nouvelles », in *Mélanges Levasseur,* Litec, 1992, p. 23.

§ 1–Aperçu historique et portée juridique

944. La compétence universelle serait avant tout fondée sur des considérations d'ordre moral. Qualifiée également de *système de l'universalité du droit de punir*[1845], elle découlerait de l'idée selon laquelle certains crimes constituent des atteintes flagrantes à un ordre public international. Une telle conception trouve ses racines dans des doctrines très anciennes (A) qui préconisaient sous des modalités diverses le droit de punir les délinquants, quel que soit leur pays d'origine. Sur ce point, la compétence universelle pose un problème crucial qui est celui de juger des faits commis à l'étranger, par des étrangers, sur des victimes étrangères. En cela réside sa profonde singularité, car en droit pénal classique la compétence juridictionnelle d'un État ne peut s'exercer que si le crime a été commis sur le territoire de cet État ou par l'un de ses ressortissants. C'est ce qui fait de la compétence universelle une exception au principe de territorialité du droit pénal (B), pour la simple raison que ni le lieu de commission de l'infraction, ni la nationalité de son auteur, ni celle de la victime ne permettent objectivement de la rattacher au pays qui prétend en assurer la répression.

A. Un principe philosophique clairement énoncé

945. L'idée de réprimer des faits portant atteinte à l'ordre public universel est amorcée dès le XIIIe siècle par la doctrine italienne des statuts qui l'a considérée comme la meilleure méthode de lutter contre la délinquance[1846]. En effet, ce système est appliqué dans de nombreuses villes et principautés de la Renaissance à l'époque classique. L'origine de la répression universelle figure dans un texte du Code de Justinien - C.III.15. Celui-ci donne à la fois compétence au tribunal du lieu de commission du délit et à celui du lieu d'arrestation du coupable[1847].

946. Mais, c'est surtout Hugo Grotius, théoricien hollandais de la doctrine du *juris gentium* (droit des gens), qui, à l'aube du XVIIe siècle, donne au principe de l'universalité toute sa valeur philosophique, tout en posant les bases du droit international[1848]. À ce titre, il formule la loi dite « de la solidarité humaine » et considère que « *le crime envisagé comme une violation du droit naturel [...] est une offense à l'humanité tout entière. L'obligation de punir qu'il engendre est universelle. Elle se traduit, pour l'État dans le*

[1845] DONNEDIEU DE VABRES Henri, « Le système de la répression universelle : ses origines historiques - ses formes contemporaines », *Revue de droit international privé*, 1905, pp. 533-564 (p. 533 citée).

[1846] GUILLAUME Gilbert, *op. cit.*, p. 23.

[1847] DONNEDIEU DE VABRES Henri, *op. cit.*, p. 533.

[1848] GROTIUS Hugo, *De jure belli ac pacis,* 1625, trad. P. Pradier-Fodéré, édité par Denis ALLAND et S. GOYARD-FABRE, PUF, Léviathan, 1999, tome II, Livre II, chap. XXI, § III.

pouvoir duquel le criminel est tombé, par l'alternative fameuse d'extrader ou de punir : aut dedere, aut punire[1849] ».

947. Grotius croyait en l'existence d'une société universelle des hommes, supérieure aux États souverains[1850]. Même si son raisonnement s'est heurté au XVIIIe siècle à la réticence d'un autre courant philosophique soutenu par Montesquieu, Rousseau, Voltaire ou encore l'italien Cesare Beccaria[1851], la thèse de Grotius sur l'universalité dite « absolue » va triompher. De nombreux auteurs, dont Henri Donnedieu de Vabres, considéraient qu'il était de l'intérêt commun des États, voire de l'humanité tout entière, qu'un criminel étranger présent sur un territoire quelconque ne puisse échapper à la punition. C'est dans ce contexte qu'il reprendra la théorie de Grotius sur le *droit des gens* pour mieux décrire les nouvelles manifestations de la criminalité internationale[1852].

948. Par ailleurs, le renouvellement du droit international public après la Seconde Guerre mondiale a fait naître une autre catégorie jusque-là inédite de « délits de droit des gens », consacrée par le Statut du tribunal militaire international de Nuremberg (art. 6). Il s'agit notamment du crime contre la

---

[1849] DONNEDIEU DE VABRES Henri, *op. cit.*, p. 534.

[1850] Concernant l'influence de Grotius sur le droit naturel et le droit international, cf. HENZELIN Marc, *Le principe de l'universalité en droit pénal international* : *droit et obligation pour les États de poursuivre et juger selon le principe de l'universalité,* Bruylant, Bruxelles, 2000, pp. 91 à 97.

[1851] Ce mouvement doctrinal véhicule un principe selon lequel la compétence judiciaire et législative doit être strictement territoriale. Dans son ouvrage intitulé « De l'esprit des lois », Montesquieu considère que « *les lois politiques demandent que tout homme soit soumis aux tribunaux criminels et civils du pays où il est », c'est-à-dire aux tribunaux de son pays* (Montesquieu, *L'Esprit des lois*, livre 26, chapitres 16 et 21, Pléiade 1748). Cette thèse est défendue par Rousseau qui estimait pour sa part, « *quand l'État est institué, le consentement est dans la résidence : habiter le territoire, c'est se soumettre à la souveraineté* » (ROUSSEAU Jean-Jacques, *Du contrat social*, livre II, chapitre 12 et livre III, Paris, Garnier Flammarion, 1976). Mais les auteurs qui se sont les plus acharnés contre la thèse de Grotius sont, d'une part, Cesare Beccaria lorsqu'il déclara : « *on a osé dire qu'un forfait commis à Constantinople pouvait être puni à Paris par la raison que celui qui offense une société humaine mérite d'avoir tous les hommes pour ennemis et peut être l'objet de l'exécration universelle [...]. Un crime ne peut être puni que dans le pays où il a été commis, parce que c'est là seulement et non ailleurs, que les hommes sont forcés de réparer, par l'exemple de la peine, les funestes effets qu'a pu produire l'exemple du crime* » (BECCARIA, *Traité des délits et des peines* (1764) traduit de l'italien par Maurice Chevallier, Paris, Flammarion 1991, p. 138). D'autre part, Voltaire écrivait à juste titre : « *rien ne contribuera plus à rendre un esprit faux, obscur, confus, incertain, que la lecture de Grotius [...] et de presque tous les commentaires sur le droit public* ». Cf. Œuvres complètes de Voltaire, Tome VII, Dictionnaire philosophique, section II « Droits des gens, droit naturel, droit public », Paris, 1817, p. 789.

[1852] On peut citer entre autres, la traite des femmes et des enfants, qui a fait, dès 1902, l'objet d'un accord international conclu à Paris ; le trafic de publications obscènes qui donna lieu également à la formation d'une convention internationale, conclue à Paris en 1910 ; le trafic de stupéfiants, objet d'une convention signée à Genève le 26 juin 1936 et promulguée en France par décret du 12 mars 1940 ; le crime de faux-monnayage, dont la répression internationale fut déterminée, en 1929, par la France, à la suite de l'émission, en Hongrie, d'un grand nombre de faux billets de la Banque de France, destinée à atteindre le crédit de l'État français. DONNEDIEU DE VABRES Henri, « De la piraterie au génocide : les nouvelles modalités de la répression universelle », in *Mélange Ripert,* LGDJ, 1950, pp. 226 à 232.

paix ou guerre d'agression, des crimes de guerre, et enfin, des crimes de lèse-humanité[1853]. En un mot, ces infractions d'une exceptionnelle gravité mettent en jeu les relations internationales et causent un *trouble universel*, d'où l'intérêt pour les États de se prêter mutuellement assistance dans la défense de leur ordre public respectif. Le système de la répression universelle apparaît ainsi comme un des grands enjeux politiques et juridiques du XXIe siècle. Il n'a réellement été projeté au-devant de la scène internationale qu'au courant des années 1990.

949. Face au développement de la criminalité internationale, à la persistance des violations massives et systématiques du droit international humanitaire perpétrées en ex-Yougoslavie, Somalie, Rwanda ou encore au Timor oriental, les questions de l'impunité et les besoins de justice se sont révélés pressants. En réaction à de telles atrocités, il était de la responsabilité de chaque État de poursuivre les présumés coupables, les condamner, et ce, quel que soit le lieu où ils peuvent trouver refuge. C'est ce refus d'admettre tout déni de justice qui est à la base du principe de la compétence universelle. Il s'agit d'une exception au principe de la *territorialité* en vertu duquel, toute infraction commise sur le territoire d'un État relève de la compétence de ses tribunaux nationaux.

B. Une exception à la règle de territorialité du droit pénal

950. En règle générale, l'État ne peut normalement connaître d'une infraction commise en dehors de ses frontières que si le délinquant ou la victime ont la nationalité (principe de la personnalité) [1854] ou lorsqu'une telle infraction porte atteinte aux intérêts essentiels de la nation (principe de la compétence réelle ou principe de protection)[1855]. De telles conditions risquaient toutefois de laisser certains crimes impunis. C'est pourquoi certains États ont tenté dès le XIXe siècle d'en limiter les inconvénients en recourant à l'extradition[1856]. Mais encore faudrait-il rappeler que cette procédure connaît

---

[1853] En vertu de l'article 6 (c) du Statut de Londres, ce genre de crimes semble impliquer les attentats collectifs, inspirés aux dirigeants d'un État par la haine raciale, religieuse, le fanatisme politique, etc. Par ailleurs, le terme lèse-Humanité fut défini pendant le procès de Nuremberg par François de Menthon, procureur général pour la France comme « un crime contre la condition humaine », ou « un crime contre la conscience qu'ont les hommes de leur propre condition ». À ce propos, cf. DOBKINE Michel, *Crimes et humanité : extraits des actes du procès de Nuremberg,* 18 octobre 1945-1er octobre 1946, Paris, éd. Romillat, 1992, pp. 49-50.

[1854] Personnalité active par référence à la nationalité de l'auteur et passive par référence de celle de la victime. Pour une étude plus détaillée, cf. MAYAUD Yves, *Droit pénal général*, PUF, 3e édition, 2010, p. 102 et s.

[1855] Ce principe correspond notamment à un impératif de légitime défense de l'État. En ce sens, HENZELIN Marc, *Le principe de l'universalité en droit pénal international,* Bruylant, 2000, p. 29.

[1856] Il s'agit d'une procédure d'entraide répressive internationale par laquelle un État, appelé « État requis », accepte de livrer un délinquant qui se trouve sur son territoire à un autre État, l'« État requérant », pour que ce dernier puisse juger cet individu ou, s'il a déjà été condamné,

ses propres limites, dans la mesure où elle ne peut fonctionner de manière adéquate qu'entre pays ayant des systèmes judiciaires comparables, voire compatibles[1857]. Partant de cette analyse, le principe de la compétence universelle devrait en toute logique s'appliquer dès lors qu'il s'agit de protéger des *valeurs universelles*. Cette compétence exceptionnelle est surtout justifiée par le trouble social que cause, sur le territoire, la présence du criminel impuni. Pour reprendre ainsi un adage populaire, *« ubi te invenero, ibi te judicabo* : où je t'aurai trouvé, je te jugerai[1858] ».

951. Autrement dit, un État peut se déclarer compétent sans qu'il ait aucun critère de rattachement direct avec l'infraction, si ce n'est éventuellement la présence de l'auteur sur son territoire. Par conséquent, les poursuites sont confiées aux juridictions du pays où l'auteur de l'infraction est appréhendé. Ce titre de compétence accroît (au moins théoriquement) les chances de voir les auteurs des crimes internationaux effectivement jugés. Le système a pour lui d'être très efficace, d'abord en évitant toute revendication de compétence en rapport avec le pays de commission de l'infraction ou fondée sur la personnalité de son auteur ou des victimes, ensuite en faisant l'économie de l'extradition ou de mandats internationaux, puisque chaque État souverain se voit doté d'une reconnaissance pour agir sur la base de son propre droit national[1859]. En même temps, ce serait aussi déraisonnable de parler de compétence universelle dès qu'une infraction est punie par un État autre que celui où elle a été commise[1860]. Affirmer que l'action pénale s'exerce dans l'intérêt de tous les États n'implique pas forcément qu'ils soient tous appelés à l'exercer. Comme le rappelait ainsi le professeur Joe Verhoeven, *« la compétence universelle ne peut que susciter un monstrueux désordre si chacun prétend l'exercer*[1861] ». Cette affirmation suscite deux remarques importantes.

952. En premier lieu, toutes les infractions ne relèvent pas de la compétence universelle[1862]. L'objectif est surtout d'assurer une répression sans faille pour

---

pour lui faire subir sa peine. À ce propos, cf. GUINCHARD Serge et autres, *Lexique des termes juridiques*, 20e édition 2013, Dalloz, p. 412.

1857 Certains États refusent de répondre à une demande d'extradition en cas de doute sur les garanties procédurales (droits de la défense) ou le système répressif de l'État requérant (application de la peine de mort).

1858 SALMON Jean, *Dictionnaire de droit international public,* Bruylant, Bruxelles, 2001, p. 212.

1859 MAYAUD Yves, *op. cit.*, p. 113 et s.

1860 La question de l'application extraterritoriale du droit national a fait l'objet d'un grand nombre d'articles. En ce sens, cf. STERN Brigitte, « Quelques observations sur les règles internationales relatives à l'application extraterritoriale du droit », *AFDI,* vol. 32, 1986 pp. 7-52 ; DEMARET Paul, « L'exterritorialité des lois et les relations transatlantiques : une question de droit ou de diplomatie ? », *Revue trimestrielle de droit européen (RTDE)* n° 1, janvier-mars 1985, 21e année, pp.1-39.

1861 VERHOVEN Joe, « Vers un ordre répressif universel ? Quelques observations », *AFDI*, vol. 45, 1999, pp. 55-71 (p. 63 citée).

1862 À ce propos, les défenseurs de la théorie de l'universalité absolue (Grotius tout comme Francisco de Vitoria) faisaient la différence entre d'une part, les crimes touchant, par leur ampleur, la communauté internationale et, d'autre part, ceux de degré moindre qui devaient en

certaines catégories de crimes considérés comme « particulièrement graves » et lésant les intérêts de tous les États[1863]. Toutefois, ce système de répression ne contredit pas les autres principes traditionnels qui régissent la compétence des tribunaux pénaux internes[1864]. Il n'en constitue pas non plus une simple addition, mais plutôt une extension[1865]. Cette hypothèse se justifie par le fait que la dimension internationale et organisée de certains crimes tels que le génocide, les crimes contre l'humanité ou encore les crimes de guerre, nécessite l'adoption de critères de compétence plus larges.

953. En second lieu, la démarche vers la compétence universelle des juridictions nationales est surtout confortée par la « responsabilité de protéger » qui incombe aux États. Se pose ainsi la question de savoir jusqu'où doit s'étendre la responsabilité d'un État lorsque des violations graves du droit international humanitaire ont été commises en dehors de ses frontières ? Avec la création d'une Cour pénale internationale, quelle place est réservée au juge national dans la répression des violations graves du droit international humanitaire ?

Une analyse des fondements juridiques de la compétence universelle nous permettra d'apporter des éléments de réponse.

§ 2–Les fondements juridiques de la compétence universelle

954. À la fin de la Seconde Guerre mondiale, la liste des crimes pouvant relever de la compétence universelle s'est considérablement amplifiée afin de protéger les intérêts perçus comme étant essentiels à la *survie de l'humanité*. Ce faisant, le droit international crée ce que l'on pourrait appeler « une compétence liée », c'est-à-dire une obligation faite par les États de punir les criminels ou de les renvoyer vers d'autres juridictions nationales où ils

---

principe être poursuivis et jugés par l'État naturellement compétent. Pour une étude approfondie, cf. HENZELIN Marc, *Le principe de l'universalité en droit pénal international : droit et obligation pour les États de poursuivre et juger selon le principe de l'universalité*, Bruylant, 2000, p. 98.

1863 Dans cette catégorie d'infractions, le génocide, les crimes contre l'humanité et les crimes de guerre, de même que l'esclavage, le terrorisme ou encore l'apartheid sont retenus par la doctrine. À ce propos, cf. BASSIOUNI Cherif, « Universal jurisdiction for international crimes : historical perspectives and contemporary practice », *Virginia Journal of International Law*, 2001, vol. 42, pp. 105-134.

1864 Il s'agit notamment du principe de personnalité (personnalité active par référence à la nationalité de l'auteur et passive par référence de celle de la victime) et du principe de protection réelle.

1865 C'est la nature des faits reprochés (le fait qu'ils intéressent la communauté internationale dans son ensemble en raison de leur particulière gravité) qui justifierait l'extension de la compétence étatique. Il est d'ailleurs admis en droit international que cette extension de compétence ne porte pas atteinte à la souveraineté d'autres États depuis un arrêt de la Cour permanente de justice internationale (CPJI) rendu en 1927 (affaire *Lotus*). Pour une analyse détaillée, cf. CARREAU Dominique, *Droit international*, Pedone, Paris, 10e édition, 2009, p. 312, § 847.

pourront être poursuivis. Une telle mesure participe d'une politique de prévention d'infractions considérées comme particulièrement graves, à partir du moment où elles compromettent un intérêt interétatique immédiatement perceptible ou elles mettent en cause les fondements sur lesquels repose la communauté des États. Partant de cette analyse, il est intéressant de remarquer que les règles de droit international autorisant l'exercice de la compétence universelle trouvent principalement leur source dans les traités internationaux (A) et rarement dans le droit coutumier (B).

A. Les sources conventionnelles

955. Depuis plus d'un siècle, le droit international conventionnel édicte des règles de conduite dans des domaines extrêmement variés. Les valeurs ainsi protégées sont la vie et l'intégrité physique, la dignité, la sécurité, la santé et l'environnement[1866]. Dans le cadre de notre étude, le domaine lié à la vie et à l'intégrité physique retiendra plus notre attention. À cet égard, le champ d'application matérielle de la compétence universelle s'étend à des crimes internationaux qui sont généralement établis par les conventions internationales. Les modalités d'exercice de cette compétence varient toutefois selon le crime envisagé. Il convient de distinguer les infractions pour lesquelles l'instauration d'une compétence universelle est imposée par le droit international et d'autres pour lesquelles l'exercice d'une telle compétence est facultatif[1867].

956. En ce qui concerne la première catégorie d'infractions, elle a fait l'objet de très nombreux traités[1868] dont les plus souvent cités sont les quatre Conventions de Genève de 1949[1869] ainsi que la Convention de 1984 dite « de New York » contre la torture et autres traitements cruels, inhumains ou dégradants[1870]. Les deux textes édictent des règles qui imposent aux États

[1866] HUET André et KOERING-JOULIN Renée, *Droit pénal international,* Paris, PUF, 2005, p. 97.

[1867] C'est le cas notamment de la Convention de New York du 30 novembre 1973 sur l'élimination et la répression du crime d'apartheid (art. V), la Convention de Vienne du 20 décembre 1988 contre le trafic illicite de stupéfiants et substances psychotropes (art. 4, § 2-b). Pour un aperçu général de la liste des traités nationaux qui consacrent le principe de la compétence universelle, qu'elle soit obligatoire ou facultative, cf. BAILLEUX Antoine, *La compétence universelle au carrefour de la pyramide et du réseau,* Bruylant, 2005, p. 22 et s.

[1868] Le premier traité à avoir consacré une compétence universelle est la Convention de Genève du 10 avril 1929 pour la répression du faux monnayage (art. 9). Cette convention introduit pour la première fois non seulement le droit mais également *l'obligation* pour les États de *poursuivre et punir.* Nous pouvons également citer la Convention sur la haute mer de 1958 (art. 13), la Convention européenne pour la répression du terrorisme de 1977 (art. 6 et 7). Pour une liste exhaustive et un examen approfondi de chaque convention, cf. HENZELIN Marc dans son ouvrage consacré au principe de l'universalité, *op. cit.,* pp. 273 à 377.

[1869] Celles-ci forment une sorte de *code des crimes de guerre,* sans pour autant que le mot soit utilisé dans le texte. Mais la notion de crime de guerre apparaîtra plus tard dans l'article 85-5 du protocole I du 8 juin 1977.

[1870] Cf. art .5 al.2 et art. 7. A ce jour, 150 États l'ont ratifiée.

parties de prévoir dans leurs systèmes juridiques des mécanismes de saisine de leur juridiction afin de réprimer les crimes visés[1871]. Néanmoins, une nuance mérite d'être apportée sur l'application de ces traités internationaux.

957. Les Conventions de Genève de 1949 (premiers exemples de compétence universelle en droit des traités) obligent les États à punir les auteurs présumés d'une catégorie particulière de crimes de guerre, les « infractions graves » de ces Conventions. Conformément aux dispositions de l'article 49 de la Convention I, « *les Hautes Parties contractantes s'engagent à prendre toute mesure législative nécessaire pour fixer les sanctions pénales adéquates à appliquer aux personnes ayant commis ou ayant donné l'ordre de commettre l'une ou l'autre des infractions graves définies à l'article* [50][1872] ». Il apparaît sans ambiguïté que l'exercice de la compétence universelle est absolu et inconditionnel[1873]. Pour ainsi dire, l'État où se trouve l'auteur présumé est tenu de le poursuivre et de le juger, indépendamment de sa nationalité et d'une demande d'extradition[1874].

958. En revanche, dans la Convention de New York contre la torture le principe de la compétence universelle est subordonné à la règle *aut dedere, aut judicare* (soit extrader, soit juger)[1875]. Ainsi, les poursuites du chef de torture

---

[1871] Les États doivent notamment se conformer au principe de légalité en établissant en droit interne les peines accompagnant les crimes internationalement définis. Sur ce point, le législateur national a deux possibilités : soit il élabore, à la suite de chaque ratification d'une convention créant un ou plusieurs nouveaux chefs de compétence, une législation spécifique de mise en œuvre (adaptation par incorporation) ; soit il se dote d'une norme générale relative à la mise en œuvre de telles obligations (adoption par renvoi). A ce propos, cf. FICHET-BOYLE Isabelle et MOSSÉ Marc, « L'obligation de prendre des mesures internes nécessaires à la prévention et à la répression des infractions », in ASCENSIO Hervé et al, *Droit international pénal*, 2e édition, *op. cit.*, p. 1055 et s.

[1872] Les mêmes dispositions sont reprises aux articles 50 et 51 de la Convention II, art. 129 et 130 de la Convention III, art. 146 et 147 de la Convention IV ; Cf. aussi art. 88 du Protocole additionnel aux Conventions de Genève de 1949 (Protocole I du 8 juin 1977) qui stipule que « *les Hautes Parties contractantes s'accorderont l'entraide judiciaire la plus large possible dans toute procédure relative aux infractions graves aux Conventions et au présent Protocole [...]* ».

[1873] Toutefois, les interprétations des auteurs divergent, car certains ont retenu le principe « aut dedere aut judicare » (extrader ou punir). En ce sens, VANDERMEERSCH Damien, « Les poursuites et le jugement des infractions de droit humanitaire en droit Belge », in BOSLY Henri-D et al, *Actualité du droit international humanitaire*, Bruxelles, 2001, p. 148.

[1874] Certes, l'article 49 de la Convention I ne mentionne pas le terme « extradition » mais utilise le terme « remettre ». L'obligation prévue par la Convention est une obligation de rechercher et de poursuivre en premier lieu, avec une possibilité facultative pour l'État où se trouve le prévenu de le remettre à une autre État, à condition que celui-ci retienne aussi des charges suffisantes contre ce prévenu.

[1875] Comme le stipule l'article 7, « *l'État partie sur le territoire sous la juridiction duquel l'auteur présumé d'une infraction visée à l'article 4 est découvert, s'il n'extrade pas ce dernier, soumet l'affaire, dans les cas visés à l'article 5, à ses autorités compétentes pour l'exercice de l'action pénale* ». Ainsi, l'article 5 (§ 1) établit plusieurs bases de compétences des juridictions nationales en ces termes : « tout État partie prend les mesures nécessaires pour *établir sa compétence aux fins de connaître des infractions visées* à l'article 4 dans les cas suivants : a) quand l'infraction a été commise sur tout territoire sous la juridiction dudit État ou à bord

ne constituent une obligation que pour l'État sur le territoire duquel l'auteur présumé se trouve[1876]. Enfin, contrairement aux Conventions de Genève de 1949, la Convention contre la torture n'établit pas une obligation d'enquête et d'identification des auteurs des actes incriminés. Cette condition limitative ne préjuge en rien de l'efficacité de la répression des actes de torture commis lors d'un conflit armé, qu'il soit interne ou international. Cela s'explique par le fait que la Convention de New York peut être appliquée aux crimes de génocide, aux crimes contre l'humanité, et aux crimes de guerre lorsque ces infractions sont également susceptibles d'être qualifiées de torture. Sur ce point, l'interdiction universelle de la torture et l'application du principe de l'universalité, pour poursuivre et juger une telle infraction, ont été considérées par le TPIY comme une règle du droit coutumier, voire de *jus cogens*[1877]. Cette notion n'apparaît pas dans les décisions du TPIR analysées.

959. Il résulte d'une manière générale de l'analyse ainsi menée que l'objet principal des traités susvisés est clairement d'éviter l'impunité. Toutefois, force est de constater que l'encadrement normatif de la répression judiciaire nationale des crimes internationaux demeure encore insuffisant. Si l'obligation d'exercer une compétence pénale est exprimée de façon expresse dans certaines conventions multilatérales, aucun de ces textes n'a prévu une répression universelle du crime de génocide et des crimes contre l'humanité. Ce constat a suscité la recherche d'un tel principe dans le droit international coutumier[1878].

B. Des normes coutumières consolidées par la jurisprudence

960. Le droit international classique admettait déjà un cas de compétence universelle absolue et sans aucune restriction, celui des actes de piraterie en haute mer[1879]. Cependant, une question qui fait toujours débat est celle de

---

d'aéronefs ou de navires immatriculés dans cet État ; quand l'auteur présumé de l'infraction est un ressortissant dudit État ; quand la victime est un ressortissant dudit État et que ce dernier le juge approprié. Cette disposition met donc en exergue le principe de territorialité, le principe de la personnalité active et passive. À titre additionnel, l'article 5 (2) préconise l'applicabilité du **principe de la compétence universelle** en précisant que « *tout État prend également les mesures nécessaires pour établir sa compétence aux fins de connaître desdites infractions dans le cas où l'auteur présumé de celles-ci se trouve sur tout territoire sous sa juridiction et où ledit État ne l'extrade pas conformément à l'article 8 vers l'un des États visés au paragraphe 1 du présent article* ».

[1876] *Idem,* art. 5.

[1877] TPIY, Chambre première instance, jugement, *Furundzija,* IT-95-17/1-T, 10 décembre 1998, §§ 153 à 155.

[1878] L'article 38, § 1(b) du Statut de la Cour internationale de justice définit la coutume internationale « *comme preuve d'une pratique générale acceptée comme étant le droit* ».

[1879] Ce principe est mis en exergue par le droit coutumier tel que codifié à l'article 19 de la convention sur la haute mer du 29 avril 1958, repris à l'article 105 de la convention de Montego Bay du 10 décembre 1982. Pour une étude approfondie sur la compétence judiciaire universelle coutumière concernant les crimes de piraterie, cf. HENZELIN Marc, *Le principe de l'universalité en droit pénal international,* Bruylant, 2000, p. 263 et s.

savoir si le droit international coutumier reconnaît la possibilité d'une répression universelle des infractions particulièrement graves érigées en crimes internationaux tels que le génocide et les crimes contre l'humanité[1880]. L'émergence d'un tel principe est assez difficile à discerner, car il est souvent contesté dans la pratique des États. Néanmoins, une tendance semble s'affirmer au regard de la jurisprudence nationale et internationale qui se fonde sur une large interprétation des instruments internationaux pertinents.

961. En référence à la Convention sur le génocide, celle-ci prévoit uniquement le principe de la compétence territoriale ainsi que la compétence d'une Cour criminelle internationale[1881]. En dépit de ce vide juridique, les décisions jurisprudentielles tiennent aujourd'hui une place de plus en plus importante dans l'établissement d'une coutume en droit international pénal, qu'il s'agisse du génocide ou des crimes contre l'humanité. La célèbre affaire *Eichmann* en est une parfaite illustration. Dans le cas d'espèce, les juges du Tribunal de District de Jérusalem ont estimé que, même si la Convention de 1948 n'imposait pas l'exercice d'une compétence universelle, elle ne l'interdisait pas non plus[1882].

962. Le TPIY a œuvré dans le même sens en considérant que « *[...] les crimes internationaux étant universellement condamnés quel que soit l'endroit où ils ont été commis, chaque État a le droit de poursuivre et de punir les auteurs de ces crimes*[1883] ». La Cour internationale de justice va encore plus loin, lorsqu'elle considère que les principes qui sont à la base de la convention sur le génocide ont pour conséquence la condamnation dudit crime et la

---

[1880] Contrairement au crime de génocide qui a fait l'objet d'une convention en 1948, il n'existe aucune convention spécifique du crime contre l'humanité. Même si le concept est consacré dans les préambules des Conventions de La Haye de1899 et de 1907, il n'a été codifié que de façon très sommaire dans le Statut du Tribunal militaire de Nuremberg du 8 août 1945, avant d'être développé dans les Statuts des TPI pour l'ex-Yougoslavie (TPIY) et le Rwanda (TPIR), puis dans celui de la Cour pénale internationale. A ce jour, il n'existe aucun mécanisme conventionnel de compétence universelle généralement admis par les États concernant les crimes contre l'humanité. Cette catégorie d'infractions étant considérée trop large pour être définie de manière explicite.

[1881] Conformément à l'article VI de la Convention de 1948, « *les personnes accusées de génocide ou de l'un quelconque des autres actes énumérés à l'article III seront traduites devant les tribunaux compétents de l'État sur le territoire duquel l'acte a été commis, ou devant la cour criminelle internationale qui sera compétente à l'égard de celles de parties contractantes qui auront reconnu la juridiction* ». Si cette disposition devait être appliquée de manière formelle, les personnes impliquées dans les violations graves du droit international humanitaire commis sur le territoire rwandais n'auraient pu être jugées que par le TPIR et les juridictions nationales rwandaises.

[1882] District Court Judgement, *Attorney General of Israel v. Eichmann,*12 décembre 1961, *American Journal of International Law(AJIL),* 1962, vol. 805, §§ 17 à 25. Cette décision est confirmée par la Cour suprême d'Israël (Suprem Court Judgement, 29 mai 1962, *International Law Reports (IRL),* p. 35). Pour plus d'informations sur le procès d'Eichmann, cf. HAZAN Pierre, *Juger la guerre, juger l'histoire,* PUF, 2007, p. 34 et s.

[1883] TPIY, Chambre de 1re instance, jugement, *Antonio Furundzija,* IT-95-17/1-T, 10 décembre 1998, § 156.

coopération nécessaire « *pour libérer l'humanité d'un fléau aussi odieux*[1884] ». Partant de cette analyse, la Cour a conclu que « *les droits et obligations consacrés par la convention sont des droits et obligations erga omnes*[1885] », c'est-à-dire une norme qui s'impose à tous les États en dehors de tout lien conventionnel.

963. Au vu de ces différents exemples, il est aujourd'hui admis par une majorité au sein de la doctrine que le crime de génocide peut être poursuivi et jugé selon le principe de l'universalité, bien que l'article 6 de la Convention de 1948 mentionne le principe traditionnel de la territorialité du droit pénal[1886]. À ce propos, les partisans de la théorie de l'universalité dite « absolue » ont tenté de définir les « crimes internationaux » comme étant une atteinte grave aux valeurs universelles. Quelques formules consacrées reviennent fréquemment dans la littérature juridique contemporaine.

964. Certains auteurs ont tantôt évoqué des « *infractions de droit des gens*[1887] », des crimes relevant du « *jus cogens*[1888] », des « *crimes particulièrement odieux*[1889] » ou encore des « *crimes qu'on ne peut ni punir ni pardonner*[1890] ». D'autres, pour justifier la nécessité impérieuse de réprimer les crimes internationaux, parlent de « *la mise en danger* » de l'ordre public international[1891]. D'où l'idée d'« *une solidarité transnationale* » qui dépasserait les solidarités interétatiques entre États partageant des frontières communes[1892]. On perçoit la richesse, tout comme l'imprécision des termes souvent utilisés.

965. En somme, quelle que soit la terminologie employée, la pratique actuelle des États est encore très hétérogène pour que l'on puisse conclure de manière définitive à l'émergence d'une règle coutumière autorisant la répression universelle des crimes internationaux les plus graves. Cette

---

[1884] CIJ, arrêt *République démocratique du Congo c/ Rwanda : affaire des activités armées sur le territoire du Congo,* 3 février 2006, § 64, Recueil des arrêts, avis consultatifs et ordonnances. Décision consultée le 18 janvier sur le site www.icj-cij.org/

[1885] *Ibid.* Sur la même question, voir également l'avis de la CIJ dans lequel la mise en œuvre de la compétence universelle a été explicitement admise en 1996 dans l'affaire *Bosnie c/* RFY, 11 juillet 1996, § 31 ; Cour EDH dans l'affaire *Jorgic c/ Allemagne*, arrêt du 12 juillet 2007, §§ 66 à 72.

[1886] Rapport de la Commission du droit international sur les travaux de sa quarante-huitième session, 6 mai-26 juillet 1996, extrait de l'annuaire de la commission du droit international (Ann CDI), 1996, vol. II, p. 30. Dans le même sens, cf. DAVID Éric, *Élément de droit international et européen*, Bruxelles, Bruylant, 2009, p. 250.

[1887] HENZELIN Marc, *Le principe de l'universalité en droit pénal international*, *op. cit.*, p. 381.

[1888] DUPUY Pierre-Marie, « Normes internationales pénales et droit impératif (Jus Cogens) », in ASCENSIO Hervé et al, *Droit pénal international*, 2e édition, *op. cit.*, p. 81 et s.

[1889] Sur ce point, cf. VERHOEVEN Joe, « Vers un ordre répressif universel ? », *AFDI*, vol. 45, 1999, pp. 55-71 (p. 63 citée).

[1890] GARAPON Antoine, *Des crimes qu'on ne peut ni punir ni pardonner. Pour une justice internationale,* Éditions Odile Jacob, 2002, 352 p.

[1891] BASSIOUNI Cherif, « Universal jurisdiction for international crimes : historical perspectives and contemporary practice », *op. cit.*, p. 96 et s.

[1892] DELMAS-MARTY Mireille, *Le Relatif et l'Universel. Les forces imaginantes du droit.* T. 1, Seuil, 2004, p. 89.

observation témoigne d'une certaine incompréhension du principe de l'universalité du droit de punir. Si la plupart des pays comme le Rwanda ont une conception « maximaliste » du droit international[1893], d'autres, plus « minimalistes », n'ont pas mis en place de dispositif spécifique introduisant la compétence universelle dans leur législation[1894]. Pour ainsi dire, un certain nombre d'États rejette le principe d'une compétence universelle coutumière ou du moins s'abstiennent de la mettre en œuvre[1895]. Cependant, quel que soit le pays concerné, l'exercice de cette compétence pénale extraterritoriale est généralement soumis à certaines restrictions.

SECTION 2 — LES CONDITIONS ET LIMITES DE MISE EN ŒUVRE DE LA COMPÉTENCE UNIVERSELLE : LA POURSUITE DES GÉNOCIDAIRES RWANDAIS

966. La possibilité pour les tribunaux internes de juger des responsables de crimes internationaux soulève des questions essentielles liées au respect des principes fondamentaux du droit pénal tels que la règle de la non-rétroactivité et le principe de double incrimination[1896]. Ainsi, la ratification d'un traité prévoyant la compétence universelle ou l'existence d'une règle coutumière ne suffisent pas à elles seules à rendre effective l'exercice de la compétence universelle d'un État. Encore faudrait-il qu'il l'ait intégré dans son ordre interne par le mécanisme de l'incorporation[1897]. Toutefois, comme l'a si bien

---

[1893] Dans le cadre d'une réforme judiciaire entamée depuis 2003, le Rwanda a adopté une nouvelle loi organique qui confère à la Haute Cour une compétence universelle à l'égard des infractions qualifiées de « transfrontalières » telles que le génocide, les crimes contre l'humanité, le terrorisme, etc. (cf. art. 90 de la loi organique de 2008, *supra,* note 1840).

[1894] À titre d'exemple, Mireille Delmas-Marty citait le cas de la Russie ou de certains pays islamiques qui n'ont pas établi de dispositif spécifique réprimant la compétence universelle. Cf. *supra*, note 1892, pp. 210-211.

[1895] Le cas du Sénégal est l'exemple qui illustre le mieux cette pratique. A ce propos, cf. décision de la Cour de cassation du 20 mars 2001 qui considérait que les juridictions sénégalaises sont incompétentes pour statuer sur des allégations de crimes contre l'humanité dirigées contre l'ancien président tchadien Habré au motif que les faits qui lui sont reprochés ont été commis à l'étranger, bien que le suspect se trouvait sur le territoire sénégalais. Pour un commentaire détaillé de cette décision, voir la contribution pertinente du professeur Abdoullah Cissé, « Droit sénégalais », in CASSESE Antonio et DELMAS-MARTY Mireille, *Juridictions nationales et crimes internationaux,* PUF, 2002, p. 442 et s.

[1896] En vertu du principe de la compétence universelle, la double incrimination implique que les crimes pour lesquels le prévenu doit être jugé soient également incriminés par l'ordre juridique du *locus delicti commissi* (c'est-à-dire l'État du lieu de la commission de l'infraction). Mais cette règle semble incompatible avec la notion même de « compétence universelle ». En ce sens, cf. PEYRÓT LLOPIS Ana, *La compétence universelle en matière de crime contre l'humanité,* Bruxelles, Bruylant, 2003, coll. CREDHO n° 3, p. 85 et s.

[1897] Il s'agit notamment de différentes règles qui dans chaque pays régissent l'organisation et le fonctionnement de la justice pénale. Par exemple le droit français utilise deux techniques d'incrimination. Selon la forme le plus souvent utilisée, une loi ou un règlement, sans se référer à la convention, reproduit la norme internationale de comportement et édicte la sanction pénale

indiqué la Cour permanente de la justice internationale (CPJI) dans son célèbre arrêt *Lotus*, « *chaque État reste libre d'adopter les principes qu'il juge les meilleurs et les plus convenables*[1898] ». C'est sans doute ce qui justifie que l'intégration des crimes internationaux en droit interne varie considérablement d'un pays à l'autre.

967. Dans les systèmes civilistes, la compétence universelle est prévue dans leur Code pénal ordinaire (Israël (système mixte), Suisse[1899], Danemark). D'autres États ont choisi le Code de procédure pénale (France), une loi spécifique (Belgique, Pays-Bas, Espagne)[1900] ou encore un Code spécifique différent du Code pénal (Allemagne)[1901]. Au-delà de ces modèles d'incrimination très diversifiés, on assiste depuis une vingtaine d'années à un activisme accru de la part de certains États pour une répression des crimes internationaux commis à l'étranger par des citoyens étrangers contre d'autres étrangers. C'est l'Espagne qui s'est engagée la première dans cette voie, en sollicitant l'extradition du général Pinochet[1902]. D'autres pays d'Europe tels que l'Allemagne et la Belgique l'ont suivi sans guère d'hésitations, en se

---

encourue. C'est ce qu'on appelle *la technique de l'incorporation.* Elle a été utilisée par exemple à la suite de la ratification de la Convention de 1966 sur l'élimination de la discrimination raciale. Dans de rares cas, une loi ou un règlement se borne à se référer, sans la reproduire, à la convention et en sanctionne pénalement la transgression. C'est la technique de l'« intégration par référence » ou « par renvoi ». Quant au choix de la sanction pénale, la loi nationale qui incrimine la méconnaissance d'une norme de conduite posée par le droit international fixe à son gré la nature, le type et le quantum de la peine encourue. Toutefois, les conventions internationales prohibent la peine de mort. Sur ce point, cf. HUET André et KOERING-JOULIN Renée, *Droit pénal international,* Paris, PUF, 2005, n° 79 à 82.

1898 CPJI, Recueil des arrêts (affaire du « Lotus »), Série A- n° 10, 7 septembre 1927, p. 19, consultée en ligne le 2 février 2014 sur le site www.icj-cij.org/

1899 En Suisse, le principe de l'universalité est également régi par le Code pénal militaire afin de poursuivre les personnes soupçonnées d'avoir commis des crimes de guerre (art. 9 CPM).

1900 Par exemple en Espagne, les critères de compétence juridictionnelle sont précisés non pas dans le Code pénal, ni dans le Code de procédure criminelle ou loi de procédure criminelle, mais essentiellement dans la loi organique sur le pouvoir judiciaire 6/1985 du 1er juillet 1985 aux articles 23 et suivants du Livre 1er du Titre 1 intitulé « De l'extension et des limites de la juridiction ». Cette loi a fait l'objet de plusieurs modifications, dont la dernière date au 10 décembre 2003. Cf. loi organique 18/2003 portant coopération avec la Cour pénale internationale. Pour une étude approfondie de la compétence universelle exercée en Espagne, cf. BUCK Valentine, « Droit espagnol », in CASSESE Antonio et DELMAS-MARTY Mireille (dir.), *Juridictions nationales et crimes internationaux,* Paris, PUF, 2002, p. 122 et s.

1901 Les traités internationaux négociés par le gouvernement fédéral doivent en général faire l'objet d'une loi d'approbation, soumise au vote du *Bundestag,* ainsi que lorsque la loi fondamentale l'exige, du *Bundesrat* (art. 59 alinéa 2 et 77 alinéa 2-a). En ce sens, cf. CARPANO Éric et al, *Les grands systèmes juridiques étrangers,* Paris, Lextenso, 2009, p. 44.

1902 Cette affaire fut une occasion pour de nombreux juristes d'approfondir la réflexion sur la compétence des juridictions espagnoles en matière de crimes internationaux. A ce propos, cf. ROJAS Paz et al, *Pinochet face à la justice,* L'Harmattan, Paris, 1999, 157 p ; JIMENA QUESEDA Luis, « Compétence universelle et crimes internationaux : l'illustration par l'Espagne », *Revue de science criminelle et de droit pénal comparé (RSC),* n° 1, janvier/mars 2009, pp. 217-225.

dotant d'une législation adéquate à la suite des conflits qui ont ravagé l'ex-Yougoslavie et le Rwanda[1903].

968. Dans l'intérêt de notre étude, nous nous sommes uniquement focalisés sur les pays ayant exercé des poursuites judiciaires à l'encontre des présumés génocidaires rwandais. À cet égard, force est de constater que la compétence universelle en matière de génocide et de crimes contre l'humanité a connu un renouveau dans l'ordre juridique européen (**§ 1**). Ce qui a abouti à des condamnations pénales contre des ressortissants rwandais en exil. Outre l'implication de nombreux pays d'Europe, le Canada, tout comme les États-Unis ont contribué à cette politique de répression des crimes commis sur le territoire rwandais en 1994, bien que les tribunaux américains aient privilégié la législation interne au détriment des conventions internationales ratifiées par les États-Unis (**§ 2**). Quel qu'en soit l'usage, la compétence universelle apparaît comme un véritable instrument juridique répondant à un réel besoin de justice dans des sociétés marquées par des violences de masse issues le plus souvent d'un régime totalitaire. Pour autant, l'intérêt du principe ne doit pas dissimuler ses limites qui en réduisent considérablement la portée (**§ 3**).

§ 1–L'exercice d'une compétence universelle en Europe

969. L'étude des législations européennes montre que le choix de la répression universelle du génocide, des crimes de guerre et des crimes contre l'humanité a beaucoup évolué en fonction des États[1904]. Au regard des solutions diverses adoptées dans les législations nationales, il faut distinguer, **d'une part**, une compétence universelle dite « absolue » qui autorise les juridictions d'un État à engager des poursuites sans exiger de condition telle que la présence du suspect sur le territoire national et, **d'autre part,** une compétence universelle relative qui exige un lien de rattachement entre l'auteur présumé du crime et l'État qui envisage de le poursuivre (*l'État du*

[1903] La législation allemande prévoyait depuis longtemps une compétence universelle en matière de génocide après la ratification de la convention de 1948 par l'Allemagne. C'est dans cette perspective que l'article 220 (a) fut introduit dans le Code pénal allemand par une loi du 09/08/1954, entrée en vigueur en 1955. Mais à l'exception du génocide, la République fédérale d'Allemagne n'avait adopté aucune disposition incriminant spécifiquement les crimes contre l'humanité ou les crimes de guerre. Depuis le 30 juin 2002, un Code de droit pénal international (*Volkerstrafgesetzbuch*) est adopté. Ce nouveau Code couvre le génocide, les crimes contre l'humanité et les crimes de guerre.

[1904] Par exemple, en Suisse, seuls les crimes de guerre étaient réprimés avant que la Convention sur le génocide ne soit ratifiée en septembre 2000. De même qu'aux Pays-Bas, outre la torture, seuls les crimes de guerre étaient poursuivis à titre de compétence universelle avant l'adoption de la loi du 1er octobre 2003 sur les crimes internationaux. En ce sens, cf. RYNGAERT Cédric, « La compétence universelle sur le génocide et la torture en temps de guerre devant les tribunaux néerlandais : une évaluation des affaires afghanes et rwandaises », *Journal judiciaire de La Haye,* vol. 2/ 2007, pp. 14-40 (p. 15 citée).

for)[1905]. Sur le fondement de ces deux modèles, des procès symboliques liés au génocide du Rwanda ont eu lieu dans plusieurs pays occidentaux, notamment en Suisse[1906], Belgique, Suède, Finlande, Norvège, aux Pays-Bas[1907], en Allemagne[1908] et récemment en France[1909].

970. Sans prétendre à une analyse exhaustive, nous nous sommes intéressés principalement au droit belge et français. Le choix de la Belgique se justifie par le fait qu'elle reconnaissait initialement une compétence universelle extrêmement large pour ses tribunaux (A). L'État belge devient ainsi (à côté de la Suisse) l'un des premiers pays à avoir appliqué le principe de la répression universelle pour poursuivre et juger des auteurs du génocide des Tutsi. Quant à la France, le tableau est beaucoup plus sombre. Dès 1994, plusieurs plaintes avec constitution de partie civile ont été déposées devant les juridictions françaises, mais aucune n'avait abouti. Les poursuites judiciaires sont à nouveau relancées depuis 2007. Dans cette perspective, une première condamnation est prononcée par la Cour d'assises de Paris en mars 2014 (affaire *Simbikangwa*). L'exercice de la compétence universelle prévue par les lois françaises est toutefois soumis à la condition – absente, par exemple, du droit allemand[1910] – que les personnes suspectées se *trouvent* sur le territoire français (B).

[1905] Ce modèle est privilégié par la majorité des États qui ont consacré le principe de la compétence universelle dans leur ordre juridique interne.

[1906] La justice militaire est compétente en matière de violation du droit de la guerre et du droit humanitaire. C'est sur cette base qu'un ressortissant rwandais réfugié en Suisse a été condamné en avril 1999 à la réclusion criminelle à perpétuité par un tribunal militaire pour avoir ordonné et incité l'exécution de civils tutsi en 1994 (peine réduite en mai 2000 par le tribunal militaire d'appel à 14 ans d'emprisonnement). Toutefois, seul le crime de guerre a été retenu. Les chefs d'accusation de génocide et de crimes contre l'humanité ont été écartés par le tribunal, car à l'époque ces deux infractions n'étaient pas encore incriminées par le droit pénal suisse ni par le droit pénal militaire. A ce propos, cf. affaire *Fulgence Niyonteze* commentée par Marc HENZELIN, « La compétence universelle et l'application du droit international pénal en matière de conflits armés. La situation en Suisse », in BURGORGUE-LARSEN Laurence, *La répression internationale du génocide rwandais,* Bruylant, 2003, pp.155 à 174. Pour une analyse synthétique sur les faits et la procédure, cf. https://trialinternational.org/fr/latest-post/fulgence-niyonteze/

[1907] En mars 2013 une Néerlandaise d'origine rwandaise a été condamnée à 6 ans et 8 mois de prison pour incitation au génocide (affaire *Yvonne Basebya*). Il s'agissait de la première condamnation pour génocide prononcée par les Pays-Bas. Également, en mars 2009, un Rwandais est condamné en première instance à 20 ans d'emprisonnement pour des crimes de guerre commis pendant le génocide. Mais en juillet 2011, sa peine est commuée à la perpétuité par la Cour d'appel. Un autre suspect arrêté en janvier 2014 dans le cadre d'une enquête néerlandaise sur le génocide est en détention provisoire en attente d'être extradé au Rwanda qui en a fait la demande (affaire Mugimba*). Cf. International justice reporting* :
http://www.hirondellenews.com/fr/tpirrwanda/176-collaboration-avec-les-etats/collaboration-avec-les-etatsautres-etats

[1908] *Ibid.*

[1909] Cour d'assises de Paris statuant en première instance, affaire *Simbikangwa*, 14 mars 2014.

[1910] Cf. art 1er du Code allemand de droit pénal international « (*Volkerstrafgesetzbuch)* » en vertu duquel, les juridictions allemandes sont compétentes pour juger entre autres des crimes de

A. Une compétence des juridictions belges initialement fondée sur le principe de l'universalité « absolue »

971. Les quatre Conventions de Genève de 1949 précitées obligent les États à engager des poursuites pénales contre les auteurs présumés de crimes de guerre commis à l'étranger, quelle que soit leur nationalité[1911]. Plus de quarante ans après sa ratification par la Belgique[1912], celle-ci a adopté une loi établissant la compétence universelle pour les crimes de guerre. Il s'agit d'une législation votée le 16 juin 1993 qui conférait aux tribunaux belges la compétence de réprimer les infractions qualifiées de graves par les Conventions de Genève et leurs Protocoles additionnels I et II du 8 juin 1977, « indépendamment du lieu où celles-ci auront été commises[1913] ».

972. Conçue à l'origine pour les crimes de guerre, la compétence universelle a été étendue par la loi du 10 février 1999 aux crimes contre l'humanité et au génocide[1914]. Cette révision de la loi mettait ainsi en place une compétence universelle « absolue » en écartant explicitement tout moyen qui serait tiré d'une immunité, même accordée par le droit international[1915]. Mais dans le cadre des plaintes déposées devant les tribunaux belges contre des ressortissants rwandais soupçonnés de participation au génocide des Tutsi en 1994[1916], c'est la première loi sur la compétence universelle du 16 juin de 1993 qui prendra toute sa valeur. Étant donné qu'il s'agissait de crimes commis au

génocide, des crimes de guerre et des crimes contre l'humanité, même si les auteurs présumés ne sont pas présents sur le territoire allemand.

[1911] Ces dispositions ont atteint le rang de droit coutumier, applicable universellement. TPIY, Chambre première instance, jugement, *Furundzija,* IT-95-17/1-T, 10 décembre 1998, §§ 137.

[1912] C'est en vertu de la loi du 3 septembre 1952 que la Belgique a approuvé les Quatre Conventions du 12 août 1949, suivie d'une loi du 16 avril 1986 qui approuve les deux protocoles additionnels à ces Conventions.

[1913] Cf. art. 7 de la loi du 16 juin 1993 *relative à la répression des infractions graves aux Conventions internationales de Genève du 12 août 1949 et aux Protocoles I et II du 8 juin 1977 additionnels à ces Conventions*. Pour une analyse pertinente, cf. ANDRIES A. et al, « Commentaire de la loi du 16 juin 1993 relative à la répression des infractions graves au droit international humanitaire », *Revue de droit pénal et de criminologie,* Bruxelles, 1994, pp. 1114-1184.

[1914] Il est vrai que la Belgique avait déjà ratifié la Convention pour la prévention et la répression du crime de génocide par une loi du 6 septembre 1951. Même si la Convention n'impose pas aux États d'établir une compétence universelle pour justifier l'élargissement de la loi de 1993, les députés belges ont invoqué l'obligation qui incombe à la Belgique de prendre les mesures législatives nécessaires à l'application de la Convention ainsi que l'inscription du génocide et des crimes contre l'humanité dans le Statut de la Cour pénale internationale. Pour une analyse pertinente, cf. D'ARGENT Pierre, « La loi du 10 février 1999 relative à la répression des violations graves du droit international humanitaire », *Journal des Tribunaux* (Lausanne), 1999, p. 550.

[1915] Cf. article 5 de la loi de février 1999 sur la compétence universelle qui dispose : « *l'immunité attachée à la qualité officielle d'une personne, n'empêche pas l'application de la présente loi* ».

[1916] Ces plaintes émanaient de citoyens belges, rwandais, belgo-rwandais ou encore Zaïrois qui ont perdu des membres de leur famille. En ce sens, cf. DUPAQUIER Jean-François, *La justice internationale face au drame rwandais,* Karthala, 1996, p. 143.

cours d'un conflit armé, les juges se sont déclarés compétents en vertu de la compétence universelle en matière de crimes de guerre qui est reconnue dans les Conventions de Genève. À l'issue d'un procès groupé qui s'est tenu devant la Cour d'assises de Bruxelles le 8 juin 2001, quatre Rwandais, dont deux religieuses, ont été condamnés à des peines de douze à vingt ans de réclusion pour leur implication dans les massacres des Tutsi[1917]. La Cour considérait que les faits pour lesquels les accusés étaient poursuivis constituaient des « *crimes de droit international portant atteinte par action ou omission aux personnes et aux biens protégés par les conventions signées à Genève le 12 août 1949*[1918] *[...]* ».

973. Pour la première fois en Belgique des étrangers étaient jugés et reconnus coupables pour crimes de guerre commis en particulier lors d'un conflit armé interne. Il s'agissait d'un élargissement considérable de la portée du principe de l'universalité dont les Conventions de Genève limitaient l'application aux situations de conflit armé international. L'exercice d'une telle compétence était d'autant plus étendu qu'il se combinait à deux autres règles spécifiques. D'une part, toute personne qui se constituait partie civile provoquait automatiquement l'ouverture d'une instruction[1919]. D'autre part, l'immunité attachée à la qualité d'une personne ne pouvait constituer un obstacle aux poursuites contre l'auteur présumé d'un crime de droit international humanitaire.

974. C'est la combinaison de ces éléments qui explique le déluge de plaintes à caractère international déposées en Belgique au cours des dernières années contre plusieurs chefs d'États et de gouvernement ainsi que de hautes personnalités politiques d'États étrangers. Pour n'en citer que quelques exemples, ces plaintes visaient l'ancien président ivoirien Laurent Gbagbo, Saddam Hussein, Fidel Castro et Ariel Sharon pour son rôle présumé dans les

---

[1917] Lors de ce procès dénommé « *les quatre de Butare* », les accusés n'ont pas été condamnés pour génocide, car au moment des faits, l'incrimination d'une telle infraction n'était pas encore codifiée dans la législation belge. Pour autant, les accusés n'ont pas été extradés devant les juridictions rwandaises, car la peine de mort était toujours en vigueur au Rwanda. Pour une analyse détaillée du déroulement de ce procès, cf. MAY Patrick, *Quatre Rwandais aux assises belges : la compétence universelle à l'épreuve*, Paris, L'Harmattan, 2001.

[1918] Les quatre accusés n'ont pas été poursuivis en vertu de la loi de 1999 reconnaissant la compétence universelle en matière de génocide et de crimes contre l'humanité, car cette législation est postérieure aux faits qui leur sont reprochés. En d'autres termes, l'incrimination du génocide n'était pas encore introduite dans le droit pénal belge pendant le génocide perpétré au Rwanda en 1994. Cf. affaire des « quatre de Butare », arrêt du 8 juin 2001 de la Cour d'assises de l'arrondissement administratif de Bruxelles-Capitale. Décision consultée le 10 janvier 2014 sur https://competenceuniverselle.wordpress.com/jurisprudence-belge/

[1919] En procédure civile ou administrative, c'est la phase de l'instance au cours de laquelle les parties précisent et prouvent leurs prétentions et au cours de laquelle le tribunal réunit les éléments lui permettant de statuer sur elles. En procédure pénale, c'est la phase de l'instance pénale constituant une sorte d'avant-procès qui permet d'établir l'existence d'une infraction et de déterminer si les charges relevées à l'encontre des personnes poursuivies sont suffisantes pour qu'une juridiction de jugement soit saisie. Cf. GUINCHARD Serge et DEBARD Thierry, *Lexique des termes juridiques,* 20e édition, Dalloz, 2013, p. 506.

massacres de Sabra et Chatilla au Liban en septembre 1982[1920]. Au risque d'être confronté à des incidents diplomatiques récurrents, le gouvernement belge a dû prendre du recul dans sa politique de répression des crimes de droit international en adoptant une nouvelle loi le 5 août 2003[1921].

975. Pour éviter une instrumentalisation politique du système de la répression universelle des crimes considérés comme graves, les nouvelles dispositions législatives font que des poursuites peuvent être engagées seulement si l'auteur présumé des faits est belge ou réside en Belgique. Cette obligation d'un critère de rattachement territorial du criminel fut un moyen de rejeter certaines plaintes considérées comme « abusives ». Cela n'empêche pas pour autant la Belgique, de continuer à mener sa politique répressive en matière de violations graves du droit international humanitaire, même si elle a restreint de manière substantielle la portée du principe de l'universalité. C'est dans cette perspective que l'État belge a entamé un deuxième procès au terme duquel la Cour d'assises de Bruxelles a condamné deux hommes d'affaires rwandais pour leur participation à la planification et à l'exécution des civils tutsi pendant le génocide de 1994[1922]. Cet arrêt sera également suivi de deux autres décisions en juillet 2007[1923] et en 2009, date à laquelle un Rwandais surnommé « *le banquier du génocide* » a été condamné à 30 ans de réclusion pour des crimes de guerre[1924].

976. Enfin, en 2011, trois ressortissants rwandais, dont un ancien magistrat, ont été arrêtés à Bruxelles, puis inculpés de génocide et de crimes contre l'humanité[1925]. Au total, quatre procès liés au génocide du Rwanda ont été organisés devant la Cour d'assises de Bruxelles, en vertu du principe de la compétence universelle. L'État belge demeure ainsi le pays étranger qui a jugé le plus de génocidaires rwandais (huit condamnations assorties de peines

---

[1920] Sur ce point, cf. JOINET Louis, *Lutter contre l'impunité : dix questions pour comprendre et pour agir,* Éditions La Découverte, 2002, pp. 92-93.

[1921] Loi du 5 août 2003 relative aux violations graves du droit international humanitaire.

[1922] Les deux accusés ont été jugés en application de la nouvelle loi du 5 août 1993 sur la compétence universelle. Dans le cadre de cette affaire, ils étaient soupçonnés d'avoir soutenu des miliciens armés responsables de la mort d'environ 50.000 civils Tutsi. C'est le fait que les prévenus résidaient sur le territoire Belge qui justifiait les poursuites judiciaires. Ils ont été condamnés le 29 juin 2005 à des peines de 12 et 10 ans d'emprisonnement. Cf. affaires *Nzabonimana* et *Ndashyikirwa*, décisions de la Cour d'assises consultées le 10 janvier 2014 sur https://competenceuniverselle.wordpress.com/jurisprudence-belge/

[1923] Cette décision mettait en cause un ancien militaire rwandais tenu responsable dans la mort des 10 Casques bleus belges pendant le génocide. Le 5 juillet 2007, il est reconnu coupable par la Cour d'assises de Bruxelles et condamné à 20 ans d'emprisonnement. Cf. affaire *Ntuyahaga,* arrêt consulté le 25 janvier 2014 sur https://trialinternational.org/fr/latest-post/bernard-ntuyahaga/

[1924] Cf. arrêt de la Cour d'assises de Bruxelles (affaire *Ephrem Nkezabera*), décision consultée le 26 janvier sur https://competenceuniverselle.wordpress.com/jurisprudence-belge/

[1925] Les accusés sont libérés sous caution et placés sous contrôle judiciaire en attente de leur procès. Pour plus d'informations sur ces affaires, cf. *International justice reporting*, consulté le 30 janvier 2014 sur : http://www.hirondellenews.com/fr/tpirrwanda/173-collaboration-avec-les-etats/29770-200212-rwandabelgique-la-justice-belge-libere-sous-caution-un-ancien-magistrat-rwandais-

exemplaires). Ce bilan atteste dans une certaine mesure que la Belgique est loin d'être une terre d'asile ou un lieu de refuge privilégié pour les criminels de guerre, contrairement à ce que l'on pourrait prétendre s'agissant de la France.

B. Une compétence des juridictions françaises conditionnée par la présence du suspect sur le territoire national

977. La volonté de réprimer efficacement les crimes internationaux se trouve la mieux assurée par l'obligation faite aux États de traduire en justice les auteurs présumés. Or, il est de notoriété publique que certaines personnes soupçonnées de violations graves du droit international humanitaire ont pu séjourner en France[1926], d'autres y résident encore en toute impunité. Quelques mois après le début des massacres au Rwanda, différents articles de presse faisaient état de la présence sur le territoire français de plusieurs ressortissants rwandais suspectés d'être impliqués dans le génocide[1927]. À cet égard, une quinzaine de plaintes avec constitution de partie civile ont été déposées devant les tribunaux français, par des Rwandais d'origine Tutsi, réfugiés en France ou par des associations de défense des droits de l'homme telle que la FIDH.

978. Il a fallu attendre près de 20 ans après la fin du génocide, pour que le premier procès soit enfin ouvert devant la Cour d'assises de Paris le 4 février 2014. À l'issue de six semaines d'audience, l'ancien agent des services de renseignement rwandais (Pascal Simbikangwa) fut condamné le 14 mars 2014 à 25 ans d'emprisonnement pour sa participation directe au génocide des Tutsi[1928]. Avant l'énoncé de ce verdict, aucune plainte liée au génocide n'avait jusque-là réellement abouti. C'est le cas des affaires *Kalinda et autres, Wenceslas Munyeshyaka* et *Sosthène Munyemana,* pour ne citer que ces trois exemples[1929].

[1926] Pour n'en citer que deux affaires, c'est le cas de l'ancien vice-consul de Tunisie et du général algérien Nezzar visés par des plaintes pour torture. Les deux accusés ont réussi à se soustraire à la justice française, bien que l'ancien vice-consul soit condamné par contumace. En ce sens, cf. MASSÉ Michel, « Actualité de la compétence universelle. Chronique de droit pénal international », *Revue de science criminelle*, 2008, pp. 441-442.

[1927] DUPAQUIER Jean-François, *La justice internationale face au drame rwandais*, Karthala, 1996, p. 212.

[1928] Il était accusé de complicité de génocide et de complicité de crimes contre l'humanité. Pour les détails de ce procès, http://www.hirondellenews.com/fr/tpirrwanda/179-collaboration-avec-les-etats/collaboration-avec-les-etatsfrance/34613-150314-francerwanda-genocide-des-tutsis--25-ans-de-prison-pour-le-premier-rwandais-juge-en-france

[1929] Cf. affaire *Kalinda et autres*, plainte déposée à Paris le 7 juillet 1994, contre X, par quatre Rwandais et une mineure de nationalité française ; plainte du 12 juillet 1995 à Privas (en Ardèche) par quinze Rwandais contre un prêtre de même nationalité soupçonné d'avoir été impliqué dans le génocide des Tutsi (affaire *Munyeshyaka*) ; plainte déposée le 18 octobre 1995 par des rescapés du génocide et la FIDH contre un médecin rwandais résident à Bordeaux (affaire *Sosthène Munyemana*). En octobre 2008 il est condamné par contumace à perpétuité par un tribunal *Gacaca* au Rwanda. La demande d'extradition formulée par le gouvernement rwandais a été rejetée par la Cour d'appel de Bordeaux le 7 octobre 2010. Dans le cadre de cette

979. Comment justifier un tel échec ? S'agit-il d'une erreur de procédure de la part des victimes, d'une absence de disposition légale consacrant la compétence universelle en matière de génocide et de crimes contre l'humanité ou d'un manque de volonté politique vis-à-vis des autorités françaises comme le prétendaient de nombreux commentateurs[1930] ?

Ces interrogations ne sont pas sans intérêt, car, derrière elles, se profile un nouvel éclairage après l'adoption d'une loi spécifique portant *adaptation du Statut du TPIR à la législation française*[1931].

980. Il est vrai que plusieurs critiques ont été formulées par d'éminents juristes quant à la manière dont les *dossiers rwandais* ont été gérés par les juridictions françaises[1932]. Pour notre part, il peut être intéressant d'analyser chronologiquement cette jurisprudence nationale liée au contentieux du génocide, tout en tenant compte des évolutions législatives récentes en France. Au préalable, quelques développements succincts sont nécessaires afin de présenter les textes en vigueur (1) avant de les mettre en perspective avec les affaires précitées (2).

1) Les infractions soumises à la compétence universelle

981. D'emblée, il faut préciser que le système judiciaire français n'institue pas de compétence universelle absolue fondée sur le droit coutumier. De même, tout effet direct des conventions internationales semble être exclu dans la jurisprudence[1933]. Cela signifie que les traités ne sont pas *self-exécution*[1934]

---

dernière affaire, le parquet de Bordeaux avait requis l'ouverture d'une information judiciaire fondée uniquement sur la Convention de New York contre la torture. Mais depuis le 15 décembre 2011, l'accusé est mis en examen à Paris pour génocide et crimes contre l'humanité et placé sous contrôle judiciaire. Pour plus de détails : https://trialinternational.org/fr/latest-post/sosthene-munyemana/

[1930] De tels propos ont été émis par l'ancien secrétaire national de la FIDH (William Bourdon) qui dénonçait surtout l'insuffisance de moyens à la disposition des magistrats français pour instruire avec rapidité et efficacité les plaintes rwandaises auxquelles ils étaient saisis. BOURDON William, « Détention et poursuites judiciaires en France », in DUPAQUIER Jean-François, *La justice internationale face au drame rwandais,* Paris, Karthala, 1996, pp. 211 à 219.

[1931] Cf. loi n° 96-432 du 22 mai 1996 portant adaptation de la législation française aux dispositions de la résolution 955 du Conseil de sécurité des Nations Unies instituant un tribunal international en vue de juger les personnes présumées responsables d'actes de génocide ou autres violations graves du droit international humanitaire commis en 1994 sur le territoire du Rwanda et, s'agissant des citoyens rwandais sur le territoire d'États voisins, *JORF*, 23 mai 1996, p. 7695. Cette législation est disponible sur http://legifrance.gouv.fr

[1932] A ce propos, cf. MASSÉ Michel, « Ex-Yougoslavie, Rwanda : une compétence « virtuelle » des juridictions françaises ? », *Revue de science criminelle et de droit pénal comparé (RSC),* 1997, p. 893 ; BOURDON William, « Détentions et poursuites judiciaires en France », *op. cit.,* p. 211 et s.

[1933] Pourtant, il existe deux dispositions conventionnelles qui justifient le recours au chef de crimes contre l'humanité par le juge interne malgré l'absence de loi interne, et ce, sans léser le principe de légalité. Il en est ainsi de l'article 15. 2 du Pacte international relatif aux droits civils et politiques, adopté le 16 décembre 1966, qui dispose : « *rien dans le présent article ne*

ou auto exécutoires. Dès lors, la compétence universelle n'est admise que pour les actes dont l'État français s'est engagé à poursuivre sur la base d'un accord international. Comme le justifie l'article 689 du Code de procédure pénale, « *les auteurs ou complices d'infractions commises hors du territoire de la République peuvent être poursuivis et jugés par les juridictions françaises [...], lorsqu'une convention internationale donne compétence aux juridictions françaises pour connaître de l'infraction*[1935] ». Ces dispositions posent également le principe selon lequel les conventions internationales créant une

---

s'oppose au jugement ou à la condamnation de tout individu en raison d'actes ou d'omissions qui, au moment où ils ont été commis, étaient tenus pour criminels, d'après les principes généraux de droit reconnus par l'ensemble des nations. » Une disposition similaire est prévue par l'article 7 de la Convention européenne des droits de l'homme de 1950 qui, après avoir établi le principe de la non-rétroactivité de la loi pénale, précise dans son deuxième paragraphe que « *le présent article ne portera pas atteinte au jugement et à la punition d'une personne coupable d'une action ou d'une omission qui, au moment où elle a été commise, était criminelle d'après les principes généraux de droit reconnus par les nations civilisées* ». Néanmoins, l'application directe du droit international pénal dans l'ordre interne n'est pas admise par la jurisprudence française. La question s'est posée dans l'affaire dite des *Bosniaques* (des rescapés de camp de détention serbe qui s'étaient réfugiés en France à l'époque où ils ont déposé contre X une plainte avec constitution de partie civile pour génocide, crimes de guerre, crimes contre l'humanité et actes de tortures commis par des membres des forces serbes). La Chambre d'accusation de la Cour d'appel de Paris a considéré qu'« *en l'absence d'effet direct des dispositions [...] des quatre conventions de Genève et à défaut d'un texte de droit interne, les juridictions françaises sont incompétentes pour connaître des infractions commises à l'étranger, par des auteurs étrangers, sur des victimes étrangères* » (affaire *Javor et autres*, arrêt de la Cour d'appel de Paris du 24 novembre 1994). Cette motivation (ambigüe par rapport à l'art. 55 de la Constitution) est proche de celle de la Cour d'assises belge (affaire des *Quatre de Butare*) qui considérait que l'incrimination du génocide n'était pas encore introduite dans le droit pénal belge pendant le génocide perpétré au Rwanda en 1994. Dès lors, les accusés ne pouvaient être poursuivis que sur la base des dispositions des Conventions de Genève réprimant les crimes de guerre. Mais du côté de la doctrine, la question de l'incorporation des traités dans les différents ordres juridiques étatiques est très controversée, car deux tendances s'affrontent. Pour une majorité d'auteurs, les traités relatifs à la répression des crimes internationaux ne sont pas directement applicables en l'absence d'une loi transposant leurs dispositions en droit interne. En ce sens, cf. FICHET-BOYLE Isabelle et MOSSÉ Marc, « L'obligation de prendre des mesures internes nécessaires à la prévention et à la répression des infractions », in ASCENSIO Hervé et al, *op. cit.*, p. 1055 et s. Dans le même ordre d'idées, cf. BETTATI Mario, *Droit humanitaire*, Paris, Dalloz, 1re édition, 2012, p. 222 n° 420. À l'inverse, d'autres auteurs soutiennent que lorsque la norme internationale est suffisamment précise, la compétence universelle est directement applicable dans l'ordre interne sans pour autant qu'il y ait besoin de l'adoption préalable d'un texte d'application interne. Sur ce point, Brigitte Stern considère qu'une lecture pertinente des Conventions de Genève de 1948 permet de conclure qu'elles créent une compétence universelle directement applicable sans une intervention préalable des États. STERN Brigitte, « Le génocide rwandais face aux autorités françaises », in BURGORGUE-LARSEN Laurence, *La répression internationale du génocide rwandais,* Bruylant, Bruxelles, 2003, p. 140. Cette position est soutenue par Rafaëlle Maison, « Les premiers cas d'application des dispositions pénales des Conventions de Genève par les juridictions internes », *European Journal of International Law (EJIL),* 1995, pp. 260-273 (p. 273 citée).

[1934] Cette expression est consacrée par Claude Lombois, in « De la compassion territoriale », *Revue science criminelle*, avril-juin 1995, p. 401.

[1935] RENUCCI Jean-François et al, *Code de procédure pénale*, 54e édition, Dalloz, 2013, p. 1016.

compétence universelle obligatoire doivent être intégrées ou incorporées dans l'ordre juridique français[1936]. Tel est le cas avec la Convention de New York contre la torture de 1984.

982. Toutefois, en matière de répression des crimes de droit international humanitaire, force est de constater que les quatre Conventions de Genève de 1949 ne faisaient pas partie de la liste des traités internationaux transcrits dans l'ordre interne, bien qu'elles soient ratifiées par la France[1937]. Cette imperfection a eu des conséquences quelque peu négatives dans l'exercice de la compétence universelle. La façon dont les *dossiers rwandais* ont été traités démontre que la mise en œuvre du droit international par les magistrats français suscite quelques réserves. Leurs prises de position parfois contradictoires illustrent bien cet état de fait.

2) L'évolution de la jurisprudence dans le traitement des affaires rwandaises

983. En premier lieu, dans l'affaire *Kalinda* et *autres,* un juge d'instruction s'était déclaré incompétent sur les chefs de génocide, infractions graves aux Conventions de Genève et crimes contre l'humanité[1938]. Nous considérons cette décision comme très discutable si l'on s'appuie ne serait-ce que sur le droit commun. D'une part, le Code pénal de 1993 incriminait déjà le génocide et les crimes contre l'humanité[1939]. D'autre part, les requérants ne se fondaient pas sur le principe de la compétence universelle, mais plutôt sur le critère de la personnalité passive sur la base duquel un juge de nationalité identique à celle de la victime peut exercer sa compétence.

984. Comme le justifient les dispositions de l'article 113-7 du Code pénal (toujours en vigueur), « *la loi pénale française est applicable à tout crime,*

[1936] À ce titre, différentes conventions internationales sont intégrées dans l'ordre juridique français (art 689-2 à 689-9 du CPP). Il en est ainsi de la convention européenne de 1977 pour la répression du terrorisme, de la Convention sur la répression de la capture illicite d'aéronefs, signée à La Haye le 16 décembre 1970, etc.

[1937] Cela démontre que l'État français ne s'était pas conformé à ses obligations internationales telles qu'elles résultent de l'article 49 alinéa 1 de la Convention I de Genève qui stipule : « *les Hautes parties contractantes s'engagent à* ***prendre toutes les mesures législatives nécessaires pour fixer les sanctions pénales adéquates*** *à appliquer aux personnes ayant commis, ou donné l'ordre de commettre, l'une ou l'autre des infractions graves à la présente Convention...* ». Mais depuis août 2010, la transposition en France du principe de la compétence universelle pour les crimes de guerre, crime de génocide et crimes contre l'humanité a été réalisée par une loi portant adaptation du droit pénal à l'institution de la Cour pénale internationale (loi n° 2010-930 du 9 août 2010). Les conditions d'application de cette nouvelle disposition sont prévues dans l'article 689-11 du Code de procédure pénale.

[1938] Cf. ordonnance d'incompétence du juge d'instruction Hervé Stephen, TGI de Paris, 23 février 1995 (décision confirmée ultérieurement par un arrêt rendu le 22 novembre 1995 par la Chambre d'accusation de Paris).

[1939] Code pénal de 1993, Livre deuxième intitulé « Des crimes et des délits contre les personnes » (art, 211.1 à 213.5), loi n° 92-683 du 22 juillet 1992 portant réforme du Code pénal, *JO* 23 juillet 1992, p. 9875.

ainsi qu'à tout délit puni d'emprisonnement, commis par un Français ou par un étranger hors du territoire de la République lorsque la victime est de nationalité française au moment de l'infraction[1940] ». Malgré la clarté des termes employés, l'argument tiré de l'existence d'une plaignante française était écarté par le juge d'instruction pour la simple raison qu'il ne s'agissait que d'une victime par ricochet (victime indirecte)[1941]. Le juge s'en tient à une stricte lecture des dispositions conventionnelles en précisant que la Convention sur le génocide ne prévoit que le principe d'une compétence territoriale et d'une juridiction internationale. Dès lors, « *[...] les tribunaux français ne sauraient être compétents à l'égard des faits [...] perpétrés hors du territoire français*[1942] ».

985. En second lieu, indépendamment du principe de la personnalité passive soulevé dans l'affaire *Kalinda et autres*, une nouvelle procédure va être engagée à l'encontre d'un prêtre rwandais *Wenceslas Munyashyaka*. Celui-ci est accusé de complicité de génocide, de viol et traitements inhumains ou dégradants à l'encontre des Tutsi réfugiés au sein de la paroisse *Sainte-Famille* à Kigali[1943]. Cette affaire a connu plusieurs rebondissements judiciaires. Dans le cas d'espèce, les requérants n'avaient invoqué ni une compétence universelle d'origine coutumière ni les Conventions de Genève de 1949[1944]. Ils se sont plutôt fondés sur d'autres instruments internationaux tels que, par exemple, la Convention de 1968 sur l'imprescriptibilité des crimes de guerre et des crimes contre l'humanité, la Convention de 1948 sur le génocide et avec plus de pertinence sur la Convention de New York contre la torture[1945].

[1940] Dans l'affaire *Kalinda et autres,* l'une des plaignantes intervenait comme représentante légale de sa fille mineure de nationalité française.

[1941] Pourtant, ce raisonnement est en nette contradiction avec la jurisprudence de la Cour de cassation française qui avait jugé recevable l'action civile fondée sur le dommage moral subi par les proches d'une personne décédée ou non. La Cour faisait notamment référence à l'article 3 al.2 du Code de procédure pénale. Cass. fr. Chambre criminelle, 23 mai 1991.

[1942] Affaire *Kalinda et autres,* réquisitoire aux fins d'incompétence, procureur de la République, Tribunal de Grande Instance de Paris, 11 janvier 1995.

[1943] Pour plus de détails, https://trialinternational.org/fr/latest-post/wenceslas-munyeshyaka/

[1944] Cette démarche se justifie sans doute par le fait que, dans l'affaire dite *des Bosniaques* portant sur le conflit en ex-Yougoslavie, le TGI de Paris avait déjà rejeté le principe de compétence universelle fondé sur le droit international coutumier concernant les crimes contre l'humanité (décision confirmée par la Cour d'appel, puis validée par la Chambre criminelle de la Cour de cassation). A ce propos, cf. affaire *Javor et autres*, Ordonnance du TGI de Paris, 6 mai 1994 ; arrêt de la Cour d'appel de Paris du 24 novembre 1994 ; arrêt de la Cour de cassation, Chambre criminelle, 26 mars 1994, n° D95-81.527. Pour une analyse critique sur l'affaire des Bosniaques, cf. commentaires de Claude Lombois dans son article intitulé « De la compassion territoriale », *RSC*, 1995, p. 399.

[1945] La convention de New York contre la torture pouvait être légitimement invoquée, car elle est incorporée dans l'ordre juridique français (art. 689.2 CPP) après avoir été ratifiée en février 1986. Concernant la Convention de 1948 sur le génocide, elle ne prévoit pas de compétence universelle mais uniquement le principe de la compétence territoriale ainsi que la compétence d'une Cour criminelle internationale. S'agissant des autres textes sur la base desquels les plaignants s'étaient fondés, soient ils ne sont pas ratifiés par la France (c'est le cas de la Convention sur l'imprescriptibilité des crimes de guerre et des crimes contre l'humanité du 26

Celle-ci exige notamment la présence du suspect sur le territoire de l'État du lieu de son arrestation. Ce qui fut le cas dans l'affaire *Abbé Munyeshyaka* dont la présence sur le territoire français a été signalée au ministère de la Justice.

986. Le 25 juillet 1995, une information judiciaire est ouverte par un juge d'instruction pour « *génocide, crimes contre l'humanité et participation à un groupe formé ou à une entente établie en vue de la participation de ces crimes* ». En suivant le même raisonnement dans l'affaire dite des « Bosniaques[1946] », le Tribunal de grande instance de Privas a rejeté les chefs de génocide et crimes contre l'humanité tout en admettant la compétence universelle des juridictions françaises fondée sur la Convention de New York contre la torture, à l'exclusion de toute autre disposition interne ou internationale[1947]. Cependant, par un arrêt du 20 mars 1996, la Chambre d'accusation de la Cour d'appel de Nîmes a infirmé l'ordonnance du TGI en considérant que la France était incompétente pour « *juger des crimes commis à l'étranger, par un étranger, sur des étrangers*[1948] ».

987. Pour aboutir à une telle conclusion, la Cour considérait ce qui suit :

« Attendu que l'ensemble des actes imputés au mis en examen constitue les crimes de génocide et de complicité de génocide, définis à la fois par l'article 211-1 du code pénal et par la Convention pour la répression du crime de génocide (…) ; Attendu qu'en droit pénal interne le crime de génocide, défini par l'article 211-1 du Code pénal n'est caractérisé que si les faits criminels ont été commis en exécution d'un **plan concerté**, condition qui ne se retrouve pas pour les actes de torture visés de façon beaucoup plus générique à l'article 1 de la Convention de New York du 10 décembre 1984 ; Attendu que la compétence du juge d'instruction doit s'apprécier uniquement au regard **de la plus haute acceptation pénale, la plus spécifique, celle de génocide**, infraction distincte des tortures et actes de barbarie prévue par la Convention de New York du décembre 1984 et punie par les articles 222 du Code pénal (…) ; Attendu qu'en l'état actuel de notre législation aucune compétence ne peut être retenue (…) ».

988. Cette motivation prête à discussion et conduit à s'interroger sur le degré d'autonomie des juges par rapport à l'interprétation du droit international. D'une part, la Chambre donne une lecture plus restrictive de la définition du crime de génocide que celle proposée par l'article II de la Convention de 1948[1949]. L'exigence d'un « plan concerté » tel qu'il résulte de

---

novembre 1968) ou n'avaient pas de valeur juridique obligatoire (exemple de la résolution 3074 de l'Assemblée générale des Nations Unies du 3 décembre 1973 qui proclame neuf principes de la coopération internationale concernant le dépistage, l'arrestation, l'extradition et le châtiment des individus coupables de crimes de guerre et de crimes contre l'humanité).

[1946] Cf. *supra*, note 1933.

[1947] Cf. affaire *Munyeshyaka*, ordonnance d'incompétence partielle du TGI de Privas, 9 janvier 1996, n° d'instruction 95/081.

[1948] Arrêt *Munyeshyaka*, Chambre d'accusation, Cour d'appel de Nîmes, 20 mars 1996, n° 96-0160.

[1949] La définition proposée par le Code pénal français s'éloigne (sur certains points) de la définition internationale. Par exemple, l'élément moral c'est-à-dire « l'intention de détruire » a été supprimé par le législateur français, alors que ce critère fait la spécificité du crime de génocide en le distinguant notamment du crime de droit commun. De même, les groupes faisant

l'article 211.1 du Code pénal n'est pas tout à fait justifiée dans la mesure où un État ne peut restreindre la portée d'une convention internationale[1950]. Du moins pour la France, l'article 55 de la Constitution de 1958 illustre sans aucun doute cette hypothèse, car elle pose le principe de la primauté des traités sur les lois internes. D'autre part, en se fondant sur la jurisprudence internationale et sur les déclarations des témoins (maltraitance des réfugiés, viol des femmes tutsi, etc.)[1951], il semble évident que la Convention contre la torture aurait pu être appliquée en toute légitimité pour statuer sur l'affaire *Munyashyaka*. Comme l'a jugé la Cour EDH (*affaire Aydin c/Turquie)*, la pratique du viol pendant la détention peut être assimilée à une forme de torture[1952]. Le même raisonnement est suivi par la jurisprudence des Tribunaux *ad hoc* pour l'ex-Yougoslavie et le Rwanda[1953].

989. Quant à l'argumentation selon laquelle « *la compétence du juge d'instruction doit s'apprécier uniquement au regard de la plus haute acceptation pénale, la plus spécifique, celle de génocide* », il est dénué de toute pertinence. Il semble que la Chambre d'appel fasse allusion à l'hypothèse dans laquelle des infractions sont commises en concours idéal ou réel. Dans ce cas de figure, les faits doivent être punis sous la *plus haute expression pénale*. Or, si l'on se réfère à la jurisprudence de la Cour de cassation française (*affaire Ben Haddad*), un tel principe n'est applicable qu'au stade de la fixation de la peine[1954].

990. Une seule action matérielle d'un individu peut conduire à retenir à son encontre plusieurs infractions. Chacune des peines encourues peut ainsi être prononcée. Mais, la qualification correspondant à l'expression pénale la plus

---

l'objet d'un génocide sont énumérés de façons limitatives dans la Convention de 1948, alors que le Code pénal français précise que le groupe doit être identifié « à partir de tout autre caractère arbitraire ». Cet élargissement de la notion de « groupe » a d'ailleurs formellement été critiqué par la doctrine. En ce sens, cf. MASSÉ Michel, « Les crimes contre l'humanité dans le nouveau Code pénal français », *RSC*, avril-juin 1994, p. 379.

[1950] En règle générale, les États signataires reprennent dans leur législation interne la définition du génocide proposée par le droit international. Il en est ainsi de la loi anglaise « *Genocide Act* » de 1969, de la Belgique qui a intégralement repris dans sa loi du 10 février 1999 les termes employés dans la Convention de 1948. De même, l'ancien article 220 du Code pénal allemand et l'article 6 du nouveau Code de droit pénal international « *(Volkerstrafgesetzbuch)* » reprennent la définition de la Convention sur le génocide. Pour une traduction en anglais du Code pénal international allemand, cf. http://www.iuscomp.org/gla/statutes/VoeStGB.pdf

[1951] Selon les témoignages écrits joints à leur requête, une quinzaine de rescapés certifiaient qu'au sein de la paroisse « La Sainte Famille » à Kigali, le Père Wenceslas avait au cours du mois d'avril 1994 infligé des traitements inhumains aux Tutsi notamment en les privant d'eau, de nourriture, en les livrant aux miliciens Hutu. Il aurait également violé plusieurs femmes tutsi en échange de la vie sauve. Cf. mémoire en défense présenté à la Cour de cassation française lors de l'audience du 16 décembre 1997.

[1952] Cour EDH, requête n° 57/1996/676/866, 25 septembre 1997, §§ 82 à 84.

[1953] TPIR, Chambre I, jugement *Akayesu*, affaire n° ICTR-96-4-T, 2 septembre 1998, § 597 ; TPIY, affaire *Kunarac et consorts* ou Foca dit « procès du viol », arrêt Chambre d'appel du 12 juin 2002, affaire n° IT-96-23, §§ 142 à 148.

[1954] Cass.Crim, 3 mars, 1960, *RSC*, 1961, p. 105.

élevée l'emporte sur les autres[1955]. Sur ce point, on ne peut que réfuter le raisonnement suivi par la Cour d'appel de Nîmes, d'autant plus que la Convention contre la torture peut être appliquée aux crimes de génocide, aux crimes contre l'humanité ou aux crimes de guerre lorsque de telles infractions sont susceptibles d'être qualifiées de torture[1956].

991. En toute hypothèse, ces remarques mettent en évidence la fragilité de la motivation des arrêts en droit interne et son insuffisance en droit international. De même, la carence du législateur français à ne pas prendre les mesures législatives nécessaires après la ratification de certains traités[1957] a rendu les instruments internationaux de protection des droits de l'homme infructueux. Les décisions analysées ne font que confirmer une certaine réticence des juridictions françaises à exercer leur compétence extraterritoriale, multipliant autant que possible les obstacles vis-à-vis des plaignants. Compte tenu des arguments juridiques ambigus qui ont été invoqués par la Cour d'appel, on ne peut s'empêcher de penser que les autorités politiques françaises auraient pu influer sur la décision des juges[1958].

992. Mais, la mise en œuvre de la compétence universelle dans l'ordre juridique français, aussi chaotique et imparfaite soit-elle, sera partiellement corrigée après l'adoption d'une loi spécifique en 1996[1959]. Sur le fondement de cette nouvelle législation, la Chambre criminelle de la Cour de cassation a censuré la décision de la Cour d'appel de Nîmes avant d'ordonner la reprise des poursuites contre Wenceslas Munyeshyaka. Dans un arrêt du 6 janvier 1998, elle émettait les conclusions suivantes :

> « la qualification des faits n'étant définitivement établie que par les juridictions de jugement, saisies *in rem*, la règle selon laquelle les faits sont punis sous la **plus haute expression pénale** ne peut, au stade de l'instruction, déterminer la

---

[1955] *Ibid.* L'arrêt *Ben Haddad* en a posé le principe. Pour un commentaire approfondi, cf. PRADEL Jean et VARINARD André, *Les grands arrêts du droit pénal général*, 7e éd., 2009, p. 249 et s.

[1956] Cf. jurisprudence pertinente du TPIY et du TPIR sur la répression du viol, Chapitre II de la thèse, §§ 801, 816 et 828.

[1957] Nous pensons notamment à la Convention de 1948 sur le génocide et aux quatre Conventions de Genève de 1949.

[1958] Sur ce point, cf. analyse critique de BOURDON William, « Détentions et poursuites judiciaires en France », *op. cit.*, p. 214 et s.

[1959] Cette loi prévoit une compétence universelle des juridictions françaises pour poursuivre et juger les auteurs et les complices des crimes commis au Rwanda à condition qu'ils soient trouvés sur le territoire français. Cf. loi n° 96-432 du 22 mai 1996 portant adaptation de la législation française aux dispositions de la résolution 955 du Conseil de sécurité des Nations Unies instituant un tribunal international en vue de juger les personnes présumées responsables d'actes de génocide ou autres violations graves du droit international humanitaire commis en 1994 sur le territoire du Rwanda et, s'agissant des citoyens rwandais sur le territoire d'États voisins, *JORF*, 23 mai 1996, p. 7695. Cette législation est disponible sur http://legifrance.gouv.fr . De même, une nouvelle loi est adoptée depuis le 5 août 2013 (loi n° 2013-711°) laquelle en son chapitre IX porte adaptation de la législation française à la résolution 1966 (2010) du Conseil de sécurité des Nations Unies du 22 décembre 2010 instituant le Mécanisme pour les tribunaux pénaux internationaux (MTPI).

compétence des juridictions françaises ; qu'il suffit que les faits puissent être appréhendés sous une qualification conférant compétence aux juridictions françaises pour que celles-ci puissent instruire, même si les faits peuvent également être appréhendés sous une qualification plus grave ou spécifique ; que la juridiction française est compétente pour connaître d'une infraction commise à l'étranger par un étranger, dès lors qu'elle recouvre les mêmes faits que ceux qui, sous une autre qualification, ressortissent de sa compétence ; qu'en décidant que le juge d'instruction de Privas était incompétent pour connaître les faits imputés à Wenceslas Munyeshyaka, à savoir à la fois les crimes de génocide et de complicité de génocide et les actes visés à l'article 1er de la Convention de New York du 10 décembre 1984, la Cour d'appel a violé les textes susvisés[1960]. »

993. Au regard de cette disposition, la Cour de cassation reprochait surtout à la Chambre d'accusation de se limiter à la seule qualification pénale de génocide, alors que les actes commis pouvaient également être considérés comme des crimes de torture pour lesquels l'article 689-2 du Code de procédure pénale français admet une compétence universelle[1961]. Ce revirement jurisprudentiel (une pratique bien connue en droit européen)[1962] a eu pour effet positif l'ouverture d'autres informations judiciaires contre des présumés génocidaires rwandais réfugiés en France. Il en est ainsi de l'affaire *Laurent Bucyibaruta*, un ancien préfet mis en examen depuis mai 2000, puis placé sous contrôle judiciaire à la suite d'une plainte déposée par la FIDH et la Ligue des Droits de l'Homme. Dans l'intérêt d'une bonne administration de la justice, toutes les affaires liées au génocide du Rwanda sont centralisées au TGI de Paris qui sera désormais compétent. Ce qui a abouti à une jonction des deux affaires *Munyeshyaka* et *Bucyibaruta.*

994. Face à la lenteur de la procédure française, le TPIR a émis le 21 juin 2007 un mandat d'arrêt et de détention préventive à l'encontre de *Munyeshyaka* et de *Bucyibaruta*[1963]. La Chambre de l'instruction de la Cour d'appel de Paris a refusé d'exécuter le mandat d'arrêt au motif que les actes

---

1960 Arrêt *Munyeshyaka*, Cour de cassation, Chambre criminelle, affaire n° 96-82.491, publiée au bulletin criminel 1998, n° 2, p. 3.

1961 La Cour de cassation ne statuant qu'en droit, l'affaire est renvoyée devant la Cour d'appel de Paris qui, dans un arrêt du 23 juin 1999, étend la compétence des juridictions françaises au crime de génocide et aux crimes contre l'humanité en se fondant notamment sur la loi du 22 mai 1996 susvisée (note 1959).

1962 À vrai dire, pour qu'une juridiction décide d'abandonner sa jurisprudence dont la stabilité est source de sécurité juridique, il faut certains motifs impérieux qui nécessitent ce changement de cap jurisprudentiel. Ces motifs peuvent résulter d'une inadéquation du droit avec l'évolution de la société ou des lacunes que présente l'état du droit au regard de certains principes fondamentaux du système juridique. En ce sens, cf. CARPANO Éric (dir.), *Le revirement de jurisprudence en droit européen,* Bruxelles, Bruylant, 2012, pp. 185-186.

1963 Les mis en cause sont arrêtés en France le 20 juillet 2007 et placés en détention, avant d'être remis en liberté le 1er août 2007 par les autorités françaises. Un second mandat d'arrêt a été émis par le TPIR à l'issue duquel les deux suspects furent de nouveau arrêtés avant d'être remis en liberté sous contrôle judiciaire par les autorités judiciaires françaises le 19 septembre 2007. Cf. rapport initial de suivi de l'affaire *Bucyibaruta* et *Munyeshyaka,* Mécanisme pour les TPI, 12 juillet 2013, §§ 3 et 10, http://unmict.org/cases_fr.html, consulté le 12 octobre 2013.

d'accusation établis par la juridiction internationale n'étaient pas suffisamment motivés au regard de la loi sur la présomption d'innocence[1964]. Le second mandat d'arrêt émis par le TPIR le 13 août 2007 fut également un échec[1965]. Dans ce contexte, la France n'a pas respecté ses obligations internationales de coopérer avec le TPIR, conformément à la résolution 955 du Conseil de sécurité[1966].

995. Pour sortir de l'impasse, un accord est passé entre Paris et le tribunal international. Ce faisant, les deux dossiers *Munyashyaka* et *Bucyibaruta* sont renvoyés aux autorités françaises à qui revient la charge de saisir dans l'immédiat la juridiction nationale compétente[1967]. Il s'agit d'une forme de « délégation de compétence », une mesure qui intervient en application de la politique d'achèvement des travaux du TPIR[1968]. Dans l'état actuel des choses, ces deux affaires précitées (*Bucyibaruta* et *Munyeshyaka*) n'ont toujours pas été jugées et aucune décision n'a été rendue depuis 2007. Selon un rapport publié par le TPIR, dans la période de novembre 2006 à novembre 2009, les autorités françaises étaient surtout confrontées à un certain nombre de difficultés en raison de la rupture des relations diplomatiques entre la France et

---

[1964] Cf. arrêt Cour d'appel de Paris du 1er août 2007, Recueil Dalloz-2007, p. 2985 et s. (note P. GRECIANO).

[1965] Cf. arrêt de la Cour d'appel de Paris du 26 septembre 2007, n° 2007/05273. Cette décision fait état de nombreuses incohérences dans l'acte d'accusation émis par le TPIR et une erreur de traduction du crime contre l'humanité (version anglaise légèrement opposée à la version française). D'une manière générale la Cour d'appel a rejeté la demande du TPIR, car elle était contraire aux règles du droit international et de droit interne. A notre connaissance, un seul suspect a été extradé de la France vers le TPIR en juin 2008. Il s'agit d'un ancien préfet (affaire *D. Ntawukuriryayo*), arrêté à Carcassonne où il vivait depuis 1999. Pour plus d'information sur cette affaire, consulter le site du collectif des parties civiles pour le Rwanda : http://www.collectifpartiescivilesrwanda.fr/nos-actions/actions-en-justice/dominique-ntawukuriryayo/#

[1966] Cf. résolution 955 (1994) du 8 novembre 1994 créant le TPIR (art. 2).

[1967] Cette procédure est réglementée par l'article 11*bis* du Règlement de Procédure et de preuve (RPP) du TPIR.

[1968] Dans sa résolution 1966 (2010) au § 11, le Conseil de sécurité encourageait les Tribunaux *ad hoc* (TPIR et TPIY) à renvoyer vers les juridictions nationales les dossiers impliquant les accusés de « rang intermédiaire ou subalterne ». C'est dans cette perspective que deux affaires ont été renvoyées vers les juridictions françaises et huit autres relèvent désormais de la compétence des juridictions classiques rwandaises. Concernant les juridictions françaises, cf. *Le Procureur c/ Laurent Bucyibaruta*, affaire n° ICTR-2005-85-I, décision relative à la requête du Procureur aux fins de renvoi de l'acte d'accusation contre Laurent Bucyibaruta aux autorités françaises, 20 novembre 2007 ; *Le Procureur c/ Wenceslas Munyeshyaka,* affaire n° ICTR-2005-87-I, Décision relative à la requête du Procureur aux fins de renvoi de l'acte d'accusation contre *Wenceslas Munyeshyaka* aux autorités françaises, 20 novembre 2007. Cf. également résolution 1966 (2010) portant création du Mécanisme international chargé d'exercer les fonctions résiduelles des Tribunaux pénaux internationaux pour l'ex-Yougoslavie (TPIY) et pour le Rwanda (TPIR), adoptée par le Conseil de sécurité à sa 6463e séance du 22 décembre 2010, S/RES/1966 (2010).

le Rwanda[1969]. Ceci ne leur permettait pas d'effectuer des investigations au Rwanda ou de procéder à l'audition des témoins. Mais, depuis la création en janvier 2012 du Pôle *crimes contre l'humanité, crimes et délits de guerre* au sein du Tribunal de grande instance de Paris, les deux dossiers transférés en France avancent désormais à un rythme soutenu[1970].

996. Selon les observateurs chargés par le Procureur du TPIR de suivre les affaires précitées, les accusés ont le statut de mis en examen et sont placés en liberté sous contrôle judiciaire[1971]. Même si les magistrats en charge de ces dossiers soutiennent qu'ils sont tenus par le secret de l'instruction sur le fondement de l'article de 11 du Code de procédure pénale français, ils ont néanmoins souligné que les dossiers *Bucyibaruta* et *Munyeshyaka* sont l'une des priorités du Pôle judiciaire à Paris spécialisé dans l'instruction des crimes les plus graves[1972]. Selon le vice-procureur du Pôle, les enquêtes sur l'affaire *Munyeshyaka* continuent de progresser, l'information judiciaire pourrait être clôturée au début de l'année 2015 concernant l'affaire *Bucyibaruta*[1973].

997. Malgré ces progrès considérables, il faut rappeler qu'une vingtaine de dossiers liés au génocide sont actuellement pendants devant la justice française. À l'exception des affaires classées sans suite pour défaut de preuves[1974], les autorités françaises ont jusque-là refusé les demandes d'extradition formulées par le gouvernement rwandais, préférant appliquer la règle « *juger et non extrader* »[1975]. Peut-on rester optimiste surtout lorsqu'on

---

[1969] Cf. rapport initial de suivi de l'affaire *Bucyibaruta* et *Munyeshyaka*, 12 juillet 2013, § 11, document disponible sur http://unmict.org/files/cases/bucyibaruta/other/fr/130712.pdf , consulté le 30 octobre 2013.

[1970] *Idem,* § 17.

[1971] *Idem,* § 15.

[1972] Les magistrats instructeurs et des enquêteurs se sont déjà rendus plusieurs fois au Rwanda depuis 2010. Cf. rapport initial de suivi de l'affaire *Bucyibaruta, supra*, note 1970, § 16. Mais le 2 octobre 2015, le juge d'instruction a rendu **une ordonnance de non-lieu** concernant l'affaire *Munyeshyaka.*

[1973] Cf. 3e rapport de suivi, *Laurent Bucyibaruta,* affaire n° MICT-13-44, 24 janvier 2014, § 10, disponible en ligne : http://unmict.org/files/cases/bucyibaruta/other/fr/140124.pdf, consulté le 15 février 2014. Cf. aussi 3e rapport de suivi, *Wenceslas Munyeshyaka*, affaire n° MICT-13-45, 24 janvier 2014, §§ 9 et 10, http://unmict.org/files/cases/munyeshyaka/other/fr/140124.pdf, consulté le 15 février 2014.

[1974] C'est le cas notamment des affaires *L. Serubuga et F. Nereste.* A ce propos, cf. dossier du centre de droit international de l'université Libre de Bruxelles : http://competenceuniverselle.wordpress.com/en-france , consulté le 22 janvier 2014.

[1975] C'est l'exemple de la veuve de l'ancien président rwandais (Agathe Habyarimana) arrêtée le 3 février 2010 dans l'Essonne sur la base d'un mandat d'arrêt international émis par les autorités rwandaises. De même, dans un arrêt rendu le 13 novembre 2013, la Cour d'appel de Paris a ordonné contrairement à ses décisions antérieures l'extradition vers le Rwanda de deux personnes soupçonnées de participation au génocide, estimant que celles-ci bénéficieraient d'un procès équitable s'ils étaient renvoyés dans leur pays d'origine. Mais les deux suspects ont saisi la Cour de cassation qui dans un arrêt du 26 février 2014 a cassé la décision favorable à l'extradition rendue par la Cour d'appel. Sur le fondement de sa décision, la Cour de cassation estime qu'une telle extradition serait contraire au principe de la non - rétroactivité de la loi pénale, car les faits de génocide et de crimes contre l'humanité n'étaient pas incriminés par l'État rwandais à l'époque où le génocide s'est déclenché en 1994. Pour notre part, cette

sait que la France a été plusieurs fois condamnée par la CEDH pour la lenteur de sa procédure ?

998. Ce qui fut le cas dans l'affaire du prêtre rwandais *Munyashyaka* précitée[1976]. De même, dans l'affaire *Bucyibaruta,* la FIDH a dénoncé le caractère déraisonnable de la durée de l'information judiciaire et l'absence de volonté politique des autorités françaises de voir cette affaire aboutir[1977]. Pendant longtemps, les moyens nécessaires n'avaient pas été alloués aux juges d'instruction qui se sont succédé sur ce dossier. De même, la lenteur de cette procédure avait de toute évidence porté atteinte au bon fonctionnement de la justice dans sa quête de preuves pertinentes, surtout avec la disparition d'un certain nombre de témoins[1978]. Compte tenu de tous ces écueils dans le traitement du contentieux du génocide, il n'est pas étonnant que les relations franco-rwandaises reposent toujours sur des bases fragiles après trois ans de rupture diplomatique.

999. En somme, quoi que l'on puisse dire, il faut admettre qu'à l'heure actuelle, la justice française demeure en retard dans la gestion des *dossiers rwandais*, malgré une première condamnation pour génocide prononcée le 14 mars 2014 par la Cour d'assises de Paris[1979]. Beaucoup de progrès restent

---

argumentation suscite quelques réserves. Non seulement la Convention de 1948 sur le génocide a été ratifiée par le Rwanda depuis 1975, mais aussi le Code pénal rwandais prévoyait déjà des sanctions à l'encontre des actes constitutifs de génocide et de crimes contre l'humanité (meurtre, assassinat, viol, etc.). Dès lors, la loi de 1996 votée par le parlement rwandais à la fin du génocide n'établissait pas de nouvelles incriminations comme le sous-entend la Cour de cassation. Pour contrer toute critique fondée sur le principe de la non-rétroactivité de la loi pénale, le législateur rwandais avait pris le soin de préciser que les dispositions du Code pénal seraient applicables aux affaires liées au génocide. Ce faisant, le rejet des demandes d'extradition par la Cour de cassation française est loin d'être justifié, car les actes de participation criminelle (génocide, crimes contre l'humanité) sont tous constitués d'infractions déjà réprimées par le Code pénal rwandais.

[1976] Cf. arrêt de la Cour EDH, *Mutimara c/ France*, affaire n° 46621/99, 8 juin 2004. La Cour s'est fondée sur les articles 6 et 13 de la Convention européenne en considérant que la durée de la procédure constituait une violation du droit à un procès dans un délai raisonnable et du droit à un recours effectif. A noter toutefois qu'en octobre 2006 le prêtre *Munyeshyaka* a été jugé par contumace et condamné à la prison à vie pour complicité de génocide par la Cour militaire de Kigali (Rwanda).

[1977] Cf. second rapport de suivi, Mécanisme pour les TPI, *Laurent Bucyibaruta*, affaire n° MICT-13-44, 1er nov. 2013, §§ 15-16, http://unmict.org/files/cases/bucyibaruta/other/fr/131101.pdf, consulté le 28 février 2014.

[1978] *Idem*, § 24.

[1979] La compétence universelle n'a été que rarement appliquée (surtout en matière de torture) sur le fondement de l'article 689-2 du Code de procédure pénale. L'affaire *Ely Ould Dah* est le premier arrêt rendu pour violation de la Convention contre la torture et autres peines ou traitements cruels, inhumains ou dégradants du 10 décembre 1984, ratifiée par la France. Dans le cas d'espèce, la Cour d'assises de Nîmes a condamné par défaut un officier mauritanien à 10 ans de réclusion criminelle en 2005 pour des actes de torture et de barbarie commis en Mauritanie. La Cour européenne des droits de l'homme a déclaré irrecevable le recours intenté par l'accusé (CEDH, 17 mars 2009, *Ould Dah c/ France,* n° 13113/03). Ensuite, dans une autre jurisprudence, un diplomate tunisien a été également condamné in *absentia* par la Cour d'assises de Strasbourg en décembre 2008 pour des actes de torture commis en Tunisie. En ce sens, cf.

encore à faire en matière de lutte contre l'impunité des crimes de droit international, comparé aux autres pays tels que la Belgique. Celle-ci demeure exemplaire pour avoir condamné plusieurs génocidaires rwandais. Enfin, même si le cercle de l'exercice de la compétence universelle donne l'impression de se limiter à l'Europe de l'Ouest, il semble important de rappeler que des poursuites judiciaires ont également été exercées au Canada tout comme aux États-Unis.

§ 2–L'exercice d'une compétence universelle en Amérique du Nord

1000. Grâce à une extension de la compétence territoriale de ses tribunaux internes, le Canada a pu contribuer à la politique de répression des crimes graves commis sur le territoire rwandais (A) en jugeant des réfugiés soupçonnés de participation au génocide. Quant aux États-Unis, ils demeurent toujours réticents à appliquer le droit international, ce qui fait que la compétence universelle est spécifiquement limitée au plan civil (B).

A. Les poursuites judiciaires au Canada

1001. La compétence des tribunaux canadiens en matière pénale était strictement fondée sur le principe de territorialité[1980]. D'un point de vue historique, un tel système ne permettait pas l'exercice de la compétence universelle en rapport avec des crimes de guerre et des crimes contre l'humanité. En effet, après la Seconde Guerre mondiale, le Canada a été un pays de refuge des criminels de guerre. Cette présence, semble-t-il, était officiellement tolérée dans la mesure où plusieurs demandes d'extradition venant des pays de l'Europe de l'Est et d'Union soviétique ont été refusées[1981].

1002. À partir des années 80, une Commission d'enquête dite « Commission Deschênes » a été mise en place par le gouvernement canadien en vue d'examiner la situation des criminels de guerre[1982]. La publication d'un rapport a conclu que 774 criminels de guerre résidaient au Canada[1983]. Pour donner suite aux recommandations de la Commission d'enquête, le Code criminel ainsi que la loi sur la citoyenneté et la loi sur l'immigration ont été

MASSÉ Michel, « Actualité de la compétence universelle. Chronique de droit pénal international », *Revue de science criminelle*, 2008, p. 440 et s.

[1980] FLETCHER Georges P., « Les pays de l'Amérique du Nord - trois modèles de compétence universelle », in CASSESE Antonio et DELMAS-MARTY Mireille, *Juridictions nationales et crimes internationaux*, PUF, 2002, p. 472.

[1981] SCHABAS William A., « Détention et poursuites judiciaires au Canada », in DUPAQUIER Jean-François, *op. cit.*, p. 193.

[1982] La Commission était présidée par le juge Jules Dechênes, un ancien membre de la Chambre d'appel du TPIR. Cf. SCHABAS William A., *idem*, p. 194.

[1983] Cf. dossier électronique du centre de Droit international de l'université de Bruxelles consulté le 30/01/2014, http://competenceuniverselle.wordpress.com/au-canada/

modifiés dans l'hypothèse d'envisager des poursuites contre des auteurs soupçonnés de crimes de droit international humanitaire commis hors du territoire canadien.

1003. Une nouvelle disposition fut introduite à l'article 7 du Code criminel (§ 3.71) qui consacre le principe de la compétence personnelle (passive et active) ainsi que le principe de la compétence universelle[1984]. Cette législation relative aux crimes de guerre et aux crimes contre l'humanité constituait ainsi une exception à la règle générale de la portée territoriale du droit criminel canadien[1985]. Toutefois, la première tentative de mise en œuvre de la compétence universelle s'est soldée par un échec, car aucune des poursuites intentées à l'encontre des présumés criminels de guerre nazis n'a abouti à une condamnation[1986]. C'est surtout grâce à la ratification du Statut de Rome par le Canada en juillet 2000 que la compétence universelle a connu un renouveau avec l'adoption d'une nouvelle loi portant sur *le génocide, les crimes contre l'humanité et les crimes de guerre*[1987]. Sur la base de l'article 8 (b) de cette législation[1988], trois ressortissants rwandais soupçonnés de participation au

---

[1984] Mais le principe de la compétence universelle était conditionné par la présence du suspect sur le territoire canadien (art. 7, § 3.71-b) comme c'est le cas d'ailleurs en France et en Belgique. En l'absence du suspect sur le territoire, c'est le principe de la personnalité active ou passive qui s'appliquait (art. 7, § 3.71-a).

[1985] Pourtant, le Canada a ratifié depuis le 14 mai 1965 les Quatre Conventions de Genève du 12 août 1945 que certains auteurs considèrent comme ayant un effet direct dans l'ordre juridique interne. Cf. MAISON Rafaëlle, « Les premiers cas d'application des dispositions pénales des Conventions de Genève par les juridictions internes », *European Journal of International Law (EJIL),* 1995, p. 273.

[1986] Quatre affaires ont été portées devant les tribunaux canadiens, mais une seule a abouti à un jugement. Il s'agit notamment de la célèbre affaire *The Queen v. Finta.* Dans le cas d'espèce, Finta (officier des forces fascistes hongroises) était accusé de crimes de guerre et de crimes contre l'humanité pour avoir activement participé à l'Holocauste. Il était notamment poursuivi pour homicide involontaire, enlèvement, séquestration et vol, mais fut acquitté en première instance par un jury. L'appel du procureur fut rejeté par la Cour d'appel et par la Cour suprême. Pour un commentaire approfondi de cette décision, cf. FLETCHER Georges P., *op. cit.,* p. 473 et s. ; SCHABAS William A., *op. cit.,* p. 196 et s.

[1987] Contrairement à l'ensemble des lois canadiennes qui répriment des infractions commises sur le territoire canadien, la loi de juillet 2000 prévoit qu'une personne ayant commis à l'étranger des crimes graves de droit international humanitaire (génocide, crimes contre l'humanité ou crime de guerre) peut être poursuivie si elle réside au Canada. Cf. « *loi sur les crimes contre l'humanité et les crimes de guerre et visant la mise en œuvre du Statut de Rome de la Cour pénale internationale, et modifiant certaines lois en conséquence* », adoptée par le parlement canadien en juillet 2000 et entrée en vigueur le 23 octobre 2000 (L.C.2000, ch.24). Cette loi peut être consultée sur : http://laws-lois.justice.gc.ca/fra/lois/C-45.9/TexteComplet.html

[1988] Au terme de l'article 8 : « *quiconque est accusé d'avoir commis une infraction visée aux articles 6 ou 7 peut être poursuivi pour cette infraction si l'une des conditions suivantes est remplie :*

a) à l'époque : soit lui-même est citoyen canadien ou employé au service du Canada à titre civil ou militaire, soit lui-même est citoyen d'un État participant à un conflit armé contre le Canada ou employé au service d'un tel État à titre civil ou militaire, soit la victime est citoyen canadien, soit la victime est un ressortissant d'un État allié du Canada dans un conflit armé ;

b) après la commission présumée de l'infraction, l'auteur se trouve au Canada. »

génocide des Tutsi ont fait l'objet de poursuites devant les tribunaux canadiens.

1004. Dans la première affaire, un ancien dirigeant des miliciens armés était accusé d'avoir perpétré des actes de génocide, des crimes contre l'humanité et des crimes de guerre à l'encontre du groupe tutsi[1989]. Il a été reconnu coupable de l'ensemble des chefs d'accusation et condamné à la perpétuité par la Cour supérieure du Québec le 22 mai 2009, assortie d'une période de sûreté de 25 ans[1990]. Ce procès est considéré comme historique, car, pour la première fois, la justice canadienne venait de prononcer une condamnation pour crime de droit international en vertu d'une loi spécifique sur la compétence universelle. Dans la seconde affaire, le mis en cause est acquitté par la Cour supérieure de l'Ontario qui estimait que sa culpabilité n'avait pas été prouvée au-delà de tout doute raisonnable[1991]. Enfin, dans l'affaire *Mugesera* impliquant un ancien homme politique qui vivait au Québec depuis 1993, les autorités canadiennes ont fait le choix de l'extrader vers le Rwanda en janvier 2012[1992].

1005. En somme, si le modèle canadien de compétence universelle était dès le début voué à l'échec, dans l'état actuel du droit pénal, la loi sur les crimes contre l'humanité et les crimes de guerre votée en 2000 a permis au Canada de contribuer à la lutte contre l'impunité de crimes considérés comme graves et de remplir ses obligations résultant du Statut de Rome. Ce qui n'est pas le cas pour les États-Unis qui ont rejoint une minorité d'États en refusant de ratifier le Statut de Rome bien qu'ils l'aient signé en décembre 2000. En effet, les tribunaux fédéraux ne peuvent engager des poursuites judiciaires que pour des infractions codifiées dans le droit national américain. On y retrouve quasiment les mêmes crimes définis par le Statut de la Cour pénale internationale, notamment le génocide et les crimes de guerre. Mais en réalité, la répression

---

[1989] Cf. affaire Désiré Munyaneza, un Rwandais arrêté à Toronto le 19 octobre 2005 et poursuivi pour sept chefs d'accusation y compris des actes de violence sexuelle (§§ 69 à 154 du jugement). Le procès a débuté le 27 mars 2007. Au total, 66 témoins ont été entendus dont 30 pour la poursuite et 36 pour la défense (§§ 18 à 25 du jugement).
http://www.canlii.org/fr/qc/qccs/doc/2009/2009qccs2201/2009qccs2201.html

[1990] Cette décision a fait l'objet d'un appel qui est actuellement pendant devant la justice québécoise.

[1991] Il s'agit d'un ancien enseignant soupçonné d'avoir participé au massacre d'une centaine de civils tutsi pendant le génocide. Il est arrêté le 6 novembre 2009 en Ontario et son procès s'est ouvert le 28 mai 2012. Selon l'acte d'accusation établi par la Cour supérieure de justice, *Jacques Mungwarere* était poursuivi pour génocide et crimes contre l'humanité. Données consultées en ligne le 31 janvier 2014 sur le site du Centre canadien pour la justice internationale : http://www.ccji.ca/f/programmes/dossiers/index.php?DOC_INST=15

[1992] Le procès est en cours devant la Haute Cour de Kigali où il est poursuivi pour cinq chefs d'accusation, dont la planification et l'incitation à commettre le génocide. Selon un avocat spécialiste du conflit rwandais, le fameux discours prononcé par Léon Mugesera le 22 novembre 1992 dans la préfecture de Gisenyi au Rwanda est généralement considéré comme un des éléments précurseurs du génocide des Tutsi. Sur ce point, cf. GILLET Éric, « Les juridictions nationales », in VERDIER Raymond et al, *Rwanda, un génocide du XXe siècle,* Paris, L'Harmattan, 1995, p. 111.

universelle de ces crimes ne semble relever que de la théorie au regard du système pénal américain.

B. Une compétence des tribunaux fédéraux américains limitée au plan civil

1006. Contrairement aux autres pratiques observées en Europe et au Canada, l'affirmation d'une compétence à *l'américaine* revêt un caractère assez spécifique. Même si les États-Unis ont ratifié les principaux instruments internationaux du droit humanitaire[1993], l'extension de la compétence des États fédérés est limitée par la Constitution[1994]. Il est vrai qu'en matière pénale, le Congrès peut adopter des lois à effet extraterritorial. Celles-ci ne constituent pas pour autant des affirmations de compétence universelle[1995]. Seule la loi ratifiant la Convention contre la torture (art. 18 USC, § 2340A) semble établir de manière explicite le principe de l'universalité dans le droit positif américain[1996].

1007. Par ailleurs, la compétence juridictionnelle en matière de crime de génocide est régie par le *Restatement (Third) of the Foreign Relations Law*[1997], complété en 1987 par le « Genocide Convention Implementation Act ». Ce nouveau texte exige qu'il y ait un lien de rattachement territorial ou de

---

[1993] La Convention de 1948 sur le génocide a été ratifiée le 11 décembre 1988, mais avec des clauses de réserve et d'interprétation. Cf. loi de 1987 (loi Proxmire) portant transposition de la Convention de 1948 contre le génocide, Pub.L.100-606, nov.4, 1988. Cf. aussi Office of the Law Revision Counsel, United States Code, Title 18 (Crimes and Criminal Procedure), Part I (Crimes), Chapter 50 A (Genocide), § 1091(f), consulté en ligne le 4 février 2014 à l'adresse: http://uscode.house.gov/ . De même, les Quatre Conventions de Genève de 1949 ont été ratifiées le 8 février 1955 et les obligations issues de ces Conventions ont été intégrées au droit national par l'article 18 US Code, § 2441. Les Protocoles I et II sur les victimes de conflits armés ont été signés et non ratifiés. Quant à la Convention contre la torture et autres peines ou traitements cruels, inhumains ou dégradants, elle est ratifiée le 21 octobre 1994 et entrée en vigueur aux États-Unis le 20 novembre 1994. Cf. US Code Title 18, 2340A (Torture).

[1994] XIVe Amendement (1868) dans sa clause de sauvegarde des libertés individuelles (section 1).

[1995] STERN Brigitte, « Quelques observations sur les règles internationales relatives à l'application extraterritoriale du droit », *Annuaire français de droit international (AFDI)*, vol. 32, 1986, pp. 7-52.

[1996] Cet article dispose que les tribunaux américains ont compétence « *lorsque l'accusé est un ressortissant américain ou lorsque l'accusé est présent sur le sol américain, quelle que soit sa nationalité ou celle de sa victime* ». En ce qui concerne les crimes de guerre, même si les obligations en matière pénale issues des Conventions de Genève sont incorporées dans le droit américain, le § 2441 de l'article 18 US Code précise que le délinquant ou la victime doit être soit de nationalité américaine, soit membre des forces armées américaines. Dans ce cas de figure, la compétence juridictionnelle des tribunaux fédéraux ne peut être considérée comme universelle.

[1997] Cette loi dispose en son paragraphe 404, "« *[a] state has jurisdiction to define and prescribe punishment for certain offences recognised by the community of nations as of universal concern, such as piracy, slave trade, attacks* on or hijacking of aircraft, *genocide, war crimes, and perhaps certain acts of terrorism* ». Cf. PEYRÓT LLOPIS Ana, *op. cit.*, p. 88.

nationalité active, comme c'est le cas d'ailleurs dans la plupart des pays européens[1998]. À côté de ces deux législations nationales, les juges américains ont « redécouvert » dans les années 80 une très ancienne loi de 1789, le « *Allien Torts Claim Act* » en vertu de laquelle ils se sont arrogé le droit de se prononcer sur toute violation des droits de l'homme et plus généralement du droit international, perpétrée à l'étranger, par un étranger[1999]. Cette loi permet aux tribunaux fédéraux de première instance d'exercer leur compétence pour toute action civile introduite par un étranger et surtout de condamner le défendeur à payer des dommages et intérêts[2000]. C'est sur cette base que cinq victimes rwandaises ont déposé plainte contre un des planificateurs du génocide (Jean Bosco Barayagwiza) qui séjournait aux États-Unis au cours du mois de mai 1994, un mois après le début des massacres des Tutsi au Rwanda.

1008. Dans une décision rendue le 8 avril 1996, un juge fédéral s'est uniquement déclaré compétent au plan civil en émettant les conclusions suivantes :

> « l'accusé s'est engagé dans une conduite si inhumaine qu'il est difficile de concevoir une quelconque compensation au civil qui peut être un début de réparation pour les pertes des plaignants ou qui exprime adéquatement l'horreur de la société devant les actions de l'accusé. (...). On ne peut mettre une valeur en dollars sur les vies perdues du fait des actions entreprises par l'accusé et pour les souffrances infligées aux victimes innocentes de sa cruelle campagne. Cependant, malheureusement, une décision de nature financière est tout ce que la Cour peut offrir à ces plaignants[2001]. »

1009. À l'issue de ce jugement, le mis en cause est condamné à payer plus de 105 millions de dollars aux victimes[2002]. Toutefois, cette décision n'a jamais été exécutée, car les plaignants n'ont reçu aucune indemnisation et les

---

[1998] Cf. Office of the Law Revision Counsel, United States Code, Title 18 (Crimes and Criminal Procedure), Part I (Crimes), Chapter 50 A (Genocide), Section 1091, consultée en ligne le 4 février 2014 à l'adresse: http://uscode.house.gov/. Dans le même ordre d'idées, le Congrès des États-Unis a adopté le 30 avril 1994 le « Cambodian Genocide Justice Act » pour les crimes de génocide commis au Cambodge entre le 17 avril 1975 et le 7 janvier 1979.

[1999] Sur la compétence universelle en matière civile, cf. RENAUDIE Virgile, « Les États-Unis, pays des droits de l'homme ? Un instrument universel de protection des droits de l'homme méconnu : *le US Alien Tort claims Act* », *Revue internationale de droit comparé*, vol. 56, 2004, pp. 603-622.

[2000] Cf. Title 28-Judiciary et Judicial Procedure- US Code, Part IV- Chapter 85-Section 1350 - § 1350. Alien's action for tort: "*the district courts shall have original jurisdiction of any civil action by an alien for a tort only, committed in violation of the law of nations or a treaty of the United States*".

[2001] VANDEGINSTE Stef, « Réparation pour les victimes de génocide, de crimes contre l'humanité et de crimes de guerre au Rwanda », in MARYSSE Stefaan et REYNTJENS Filip (dir.), *L'Afrique des Grands Lacs : annuaire 2000-2001*, Paris, L'Harmattan, 2001, p. 116.

[2002] MÉGRET Fréderic, *Le tribunal pénal international pour le Rwanda,* Paris, Pedone, 2002, p. 86. Le même accusé condamné au plan civil a été également condamné au plan pénal par le TPIR à une peine d'emprisonnement de 32 ans. Cf. arrêt Chambre d'appel, Barayagwiza et autres, 28 novembre 2007, affaire n° ICTR-99-52-A, § 1097.

coupables ne pouvaient pas payer en tout état de cause une telle somme[2003]. Par ailleurs, au plan pénal, une femme d'origine rwandaise a été inculpée en juin 2010 par un jury fédéral du New Hampshire pour avoir obtenu la nationalité américaine de manière illégale (*affaire B. Munyenyezi*)[2004]. Dans son jugement de sentence, le juge de district (juge de première instance) a considéré que le rôle de l'accusée a été celui d'un participant actif à l'extermination des Tutsi et non « une simple spectatrice ». Elle est ainsi condamnée en juillet 2013 à 10 ans d'emprisonnement et déchue de sa nationalité américaine pour avoir dissimulé son rôle dans le génocide[2005]. Dans cette décision, force est de constater que le juge a esquivé l'application du principe de l'universalité fondé sur les conventions internationales (ratifiées par les États-Unis), préférant se référer à la loi sur *l'immigration et la nationalité*[2006].

1010. En somme, même si les juges fédéraux semblent montrer une volonté d'appliquer le principe de l'universalité à l'encontre de criminels présents sur le territoire américain, en pratique, l'exercice de cette compétence se limite au cas de torture[2007]. Les tribunaux fédéraux ne jouissent pas de compétence universelle pour les crimes de génocide, les crimes de guerre ou les crimes contre l'humanité. Les deux affaires rwandaises jugées au plan civil, puis au plan pénal, ne font que conforter une opinion prédominante dans la doctrine selon laquelle la compétence universelle n'est toujours pas pratiquée aux États-Unis ou du moins elle demeure rare[2008]. Pourtant, en vertu de l'article 6 de la Constitution américaine, les traités internationaux ratifiés par les États-Unis font partie intégrante du droit interne. Néanmoins, les tribunaux fédéraux considèrent avec un remarquable libéralisme que le Congrès peut, s'il le souhaite, ignorer le droit international[2009].

[2003] C'est le même problème qui s'est posé avec les multiples décisions prononcées au plan civil par les juridictions classiques rwandaises.

[2004] Hirondelle News Agency, International Justice Reporting, « Rwanda/USA, 17 juillet 2013 », article consulté le 12 février 2014 sur http://www.hirondellenews.com/fr/rechercher.

[2005] Selon de nombreux témoignages lors de son procès, elle était l'une des responsables d'un barrage routier dressé pour intercepter et tuer les civils tutsi. Il s'agit de la première femme impliquée dans le génocide à être inculpée aux États-Unis.

[2006] A ce propos, cf. titre 8 du Code américain, Section.1481 intitulée « Lost of nationality by native-born or naturalized citizen … », consulté le 13 février 2014 sur http://uscode.house.gov/

[2007] C'est ainsi que des affaires de tortures commises dans plusieurs pays d'Amérique latine et d'autres exactions commises aux Philippines, au Timor oriental, en Éthiopie ou en Bosnie ont été jugées. A ce propos, cf. DELMAS-MARTY Mireille, *Le Relatif et l'Universel. Les forces imaginantes du droit,* Tome 1, Seuil, 2004, p. 207.

[2008] PEYRÓT LLOPIS Ana, *op. cit.,* pp. 97 et 119 et s. Cf. également MUIR-WATT Horatia, « Privatisation du contentieux des droits de l'homme et vocation universelle du juge américain : réflexions à partir des actions en justice des victimes de l'Holocauste devant les tribunaux des États-Unis », *Revue internationale de droit comparé,* vol. 55, n° 4, octobre-décembre 2003, pp. 883-901.

[2009] Une telle pratique est d'ailleurs critiquée, notamment par les juristes américains eux-mêmes. En ce sens, cf. FLETCHER Georges P., « Les pays de l'Amérique du Nord - trois modèles de compétence universelle », *op. cit.,* p. 469.

1011. Si certains pays d'Europe ont témoigné depuis une vingtaine d'années d'un véritable « engouement » pour l'application de la compétence universelle[2010], il est tout aussi intéressant de relever un certain infléchissement dans la pratique des États qui s'étaient empressés d'instaurer une législation adoptant une portée extensive du principe de l'universalité. Ils ont ainsi tendance à réaffirmer ledit principe pour certains crimes particulièrement graves tout en multipliant les obstacles procéduraux qui sont de nature à en limiter l'exercice.

§ 3–Les obstacles à la mise en œuvre de la compétence universelle

1012. Bien qu'apparaissant en théorie comme un concept susceptible de rendre effective la justice à travers le monde, le principe de la compétence universelle se heurte encore à plusieurs obstacles d'ordre politique et juridique qui en limitent considérablement la portée pratique. Toute enquête sur des crimes internationaux commis en dehors des frontières étatiques reste toujours un exercice complexe, notamment sous l'angle de l'administration de la preuve. De même, la poursuite de hauts dirigeants politiques ou militaires s'est révélée problématique face à la prééminence de certaines règles coutumières sur celles qui régissent la compétence universelle. Il en est ainsi de la protection de l'immunité diplomatique en droit international, question qui s'est surtout posée devant la Cour internationale de justice dans l'affaire opposant la Belgique à la République Démocratique du Congo (A). D'autres obstacles d'ordre juridique et politique sont également à déplorer. Outre le manque d'empressement de certains États d'intégrer le principe de l'universalité dans leur droit interne, la crainte de voir les tribunaux nationaux engorgés de plaintes plus politiques que guidées par une réelle volonté de justice a entraîné un recul de la part des États qui en avaient été les premiers partisans[2011]. C'est ce qui justifie l'émergence de nouvelles législations restreignant l'application du principe de la compétence universelle (B).

A. Une protection renforcée de l'immunité diplomatique en droit international : l'arrêt controversé de la CIJ (affaire *Yerodia*)

1013. De prime abord, l'État dispose du monopole de la force légitime (arrestation, détention, condamnation) pour administrer la justice. De la même façon, il dispose de suffisamment de moyens pour éviter de la rendre. Surtout

---

[2010] CHILSTEIN David, « Compétence universelle et justice pénale internationale : observation sur les ressorts d'une articulation complexe », in *Archives de philosophie du droit*, tome 53, Dalloz, 2010, pp. 118-129 (p. 121 citée).

[2011] C'est l'exemple de la Belgique qui avait instauré une compétence juridictionnelle extrêmement large au point de susciter de virulentes critiques de la part des opposants au principe de l'universalité « absolue » tels que les juges Damien Vandermeersch et Antonio Cassese.

quand il s'agit de crimes aussi graves tels que les violations du droit international humanitaire, les régimes dictatoriaux cherchent à protéger à tout prix leurs hauts représentants (ministres, militaires de haut rang ou parlementaires) en s'abstenant d'engager des poursuites pénales. Afin d'éliminer tout risque d'impunité, le juge étranger peut se substituer au juge territorial défaillant, du moins en ce qui concerne le système de compétence universelle dite « absolue » ou par défaut. Un tel système est-il compatible avec certaines normes du droit international telles que le principe de l'immunité[2012] ou le principe sacrosaint de non-ingérence dans les affaires intérieures d'un État ?

1014. La question s'est notamment posée devant la Cour internationale de justice (ci-après « CIJ ») dans l'affaire *RDC c/ Belgique*. Dans le cas d'espèce, la CIJ a été saisie à propos du mandat d'arrêt lancé par un juge d'instruction belge contre le ministre congolais des Affaires étrangères (Abdoulaye Yerodia) alors en fonction. La République démocratique du Congo prétendait que la Belgique s'était arrogé à tort une « compétence universelle par défaut », qu'une telle compétence était illégale en ce qu'elle portait atteinte au « principe selon lequel un État ne peut exercer son pouvoir sur le territoire d'un autre État », au « principe de l'égalité souveraine » entre les États membres des Nations Unies, ainsi que de « l'immunité diplomatique du ministre des Affaires étrangères d'un État souverain[2013] ». Toutefois, la Cour ne se prononce pas sur la question de la légitimité de la compétence exercée par la Belgique. Dans un arrêt rendu le 14 février 2002, elle se limite à statuer sur le régime juridique des immunités personnelles des ministres des Affaires étrangères, en précisant que l'immunité de juridiction constitue une norme du droit international public qui s'impose à tous les États.

1015. De l'avis de la Cour, il existe une coutume internationale en vertu de laquelle, « *les fonctions d'un ministre des Affaires étrangères sont telles que, pour toute la durée de sa charge, il bénéficie d'une immunité de juridiction pénale et d'une inviolabilité totales à l'étranger. Cette immunité et cette inviolabilité protègent l'intéressé contre tout acte d'autorité de la part d'un autre État qui ferait obstacle à l'exercice de ses fonctions*[2014] ». Sur la base de

[2012] En droit international on distingue l'immunité dite *fonctionnelle* (pour tout acte accompli au nom et pour le compte de l'État) et l'immunité dite *personnelle* ou *diplomatique*, une protection supplémentaire accordée à certaines catégories d'individus, notamment les chefs d'État et de gouvernement, ministre des Affaires étrangères ou agents diplomatiques afin de leur permettre d'exercer leurs fonctions de façon efficace sans interférence d'autres États. Pour une étude détaillée de la question, cf. ZAPPALÀ Salvatore, *La justice pénale internationale*, Paris, Montchrestien, 2007, p. 94 et s.

[2013] L'ex-ministre était poursuivi pour incitation à la haine raciale, crimes de guerre et crimes contre l'humanité en vertu de la compétence universelle belge fondée sur les lois de 1993 et 1999. Cf. CIJ, Recueil des arrêts, avis consultatifs et ordonnances, « affaires relatives au mandat d'arrêt du 11 avril 2000 », *République démocratique du Congo c/ Belgique*, arrêt du 14 février 2002, §§ 13, 15 et 17.

[2014] La Cour se réfère plus précisément aux décisions rendues par de hautes juridictions nationales telles que la Chambre des Lords ou la Cour de cassation française pour en déduire

telles considérations, l'État belge est condamné à « mettre à néant le mandat d'arrêt » alors même qu'au moment du prononcé de la décision, M. Yerodia n'exerçait plus ses fonctions de ministre.

1016. Pour notre part, cette décision suscite certaines interrogations, car elle sort du cadre spécifique dans lequel le principe de l'immunité diplomatique doit s'appliquer[2015]. Sachant que l'exercice d'une compétence universelle absolue ne fait pas l'unanimité en droit international, il aurait été logique que la Cour se prononce tout d'abord sur cette question, c'est-à-dire qu'elle vérifie la légitimité de la compétence pénale extraterritoriale exercée par la Belgique. Mais ce ne fut pas le cas. Comme l'indiquait d'ailleurs le professeur Jean Salmon, « *devant un choix entre deux valeurs : un souci de répression des crimes les plus graves et le maintien des relations internationales routinières, la Cour choisit la seconde au nom du droit coutumier international dont elle est le porte-parole*[2016] ». En effet, les juges ne semblent pas tenir compte des circonstances selon lesquelles un ancien fonctionnaire peut être jugé pour les crimes commis, en tant qu'organe d'État, pendant l'exercice de ses fonctions.

1017. Il est vrai que si l'accusé est un chef d'État ou de gouvernement en exercice, le risque de mettre en danger le bon fonctionnement des institutions étatiques est trop grand pour lever l'immunité. C'est sans doute pour cette raison que l'engagement des juridictions françaises en matière de répression des crimes de torture a connu des limites. L'expérience a montré que l'immunité de juridiction pénale du Chef de l'État en exercice constituait souvent un frein. Comme le justifie un arrêt de la Cour de cassation française, « *la coutume internationale s'oppose à ce que les Chefs d'État en exercice puissent, en l'absence de dispositions internationales contraires s'imposant aux parties concernées, faire l'objet de poursuite devant les juridictions pénales internes*[2017] ».

---

qu'il n'existe aucune exception à la règle consacrant l'immunité de juridiction pénale et l'inviolabilité des ministres des Affaires étrangères en exercice, tout en précisant qu'« immunité » ne signifie pas « impunité ». Cf. CIJ, Recueil des arrêts, *idem,* §§ 54 à 61.

[2015] Dans le même sens, cf. critiques formulées par d'autres auteurs. HENZELIN Marc « La compétence pénale universelle. Une affaire non résolue par l'arrêt Yerodia », *RGDIP*, octobre-décembre 2002, numéro 4, pp. 820-854.

[2016] SALMON Jean, « Libre propos sur l'arrêt de la CIJ du 14 février 2002 dans l'affaire relative au mandat d'arrêt du 11 avril 2000 (RDC *c/* Belgique) », *Revue Belge de droit international,* Bruxelles, Bruylant, 2002, p. 514.

[2017] Cf. affaire *Kadhafi,* Cass. Crim., 13 mars 2001, RGDIP, 2001, p. 474 et note F. POIRAT. Ce fut également le cas lors de la visite du président zimbabwéen pour un sommet franco-africain en 2003. Le mandat d'arrêt émis par un juge à Paris n'a pas abouti à son arrestation. En ce sens, cf. BAROUDY Jinane, « La compétence universelle en mutation… », *Revue de science criminelle et de droit pénal comparé*, vol. 1, 2011, pp. 228-240 (p. 230 citée). D'autres exemples portant sur l'immunité diplomatique peuvent également être cités en France. Des plaintes ont été déposées contre l'ancien secrétaire américain à la défense (Donald Rumsfeld), accusée d'actes de tortures commis au sein de la base de Guantanamo, à Cuba et de la prison d'Abou Ghraib en Irak. La procédure a été classée sans suite. A ce propos, cf. MASSÉ Michel,

1018. En revanche, la question ne se pose plus si l'accusé est un ancien chef d'État ou de gouvernement. L'exception au principe d'immunité des agents étatiques est non seulement admise devant les juridictions internationales[2018], elle l'est également devant les juridictions nationales lorsque celles-ci exercent leur compétence universelle[2019]. Dans ce cas de figure, aucune immunité de juridiction pénale ne peut être opposée aux actes qualifiés de crimes de droit international[2020]. C'est l'un des apports fondamentaux de l'arrêt rendu par la Chambre des Lords britannique dans l'affaire *Pinochet*[2021].

1019. Du côté de la doctrine également, il est admis par certains auteurs que la spécificité des crimes internationaux de même que le caractère évolutif des droits de l'homme et du droit international ne sont pas compatibles avec le principe d'immunité. Sur le plan théorique, comme le précise Dominique Carreau, « *il n'existe aucune limite ratione personae à la mise en œuvre de la compétence universelle, sauf à nier l'existence de cette dernière*[2022] ». Cet argument n'est pas dénué de toute pertinence si on le met en parallèle avec d'autres entraves procédurales telles que la prescription et l'amnistie,

« Actualité de la compétence universelle, chronique de droit pénal international », *RSC,* 2008, pp. 440-449 (p. 444 citée).

[2018] En ce sens, cf. affaire *Milosevic*, ancien président de la République fédérale de Yougoslavie qui était poursuivi devant le TPIY pour crimes contre l'humanité, crimes de guerre et violations des lois et coutumes de la guerre (acte d'accusation du 28 juillet 2004). Mais la procédure judiciaire est close à la suite de son décès le 11 mars 2006. Pour plus d'information, http://www.icty.org/cases/party/738/4

[2019] Pour une étude pertinente de cette question, voir la thèse de Mathilde Philip Gay, « L'amnistie des dirigeants politiques : contribution à l'étude de la responsabilité en droit constitutionnel comparé et international », soutenue en 2005 à l'université Jean Moulin Lyon 3.

[2020] Cf. article 3 du projet de Code des crimes contre la paix et la sécurité de l'humanité, adopté en 1954 par la Commission du droit international qui précise : « *le fait que l'auteur a agi en qualité de chef d'État ou de gouvernement ne l'exonère pas de la responsabilité encourue pour avoir commis l'un des crimes définis dans les présents Codes* ». Cette disposition a été reprise en des termes légèrement modifiés dans les Statuts des Tribunaux pénaux internationaux pour l'ex-Yougoslavie (art. 7, § 2) et pour le Rwanda (art. 6, § 2) ainsi que dans le statut de la Cour pénale internationale (art. 27).

[2021] La Chambre des Lords s'est appuyée sur la jurisprudence *Furundzja* du TPIY en rejetant par deux fois l'exception d'immunité de Pinochet. Le premier jugement est annulé et dans le second, la Chambre des Lords s'est fondée sur la ratification par la Grande-Bretagne et le Chili de la Convention contre la torture. Dans l'arrêt du 24 mars 1999, il fut admis à l'unanimité que « *si le général avait encore assumé les fonctions d'un Chef d'État, il aurait bénéficié d'une immunité absolue* ». Ce qui n'était pas le cas. Mais toujours est-il que dans le cadre de cette affaire, le gouvernement britannique a fini par libérer l'ex-président chilien après dix-huit mois de détention, au motif que son âge avancé ne lui permettait pas de subir l'épreuve d'un procès. Pour une analyse de cette décision, cf. COSNARD Michel, « Quelques observations sur les décisions de la Chambre des Lords du 25 novembre 1998 et 24 mars 1999 dans l'affaire Pinochet », *RGDIP* n° 2, 1999, pp. 309-328.

[2022] CARREAU Dominique, « La compétence universelle au regard du droit international », in *Les droits et le droit : Mélanges dédiés à Bernard Bouloc,* Paris, Dalloz, 2007, p. 90.

également susceptibles d'empêcher l'exercice de l'action pénale[2023]. Compte tenu de la gravité des crimes de droit international, la logique voudrait que de telles infractions soient imprescriptibles.

1020. Pourtant, force est de constater que la plupart des instruments juridiques internationaux n'abordent pas la question de la prescription[2024] et n'interdisent pas explicitement aux États d'adopter des lois d'amnistie qui couvrent les crimes prévus dans les conventions. Néanmoins, les autorités nationales ne peuvent être considérées comme totalement libres pour prendre des mesures dont le seul objectif est de protéger les coupables contre des poursuites judiciaires. La question de la légitimité des lois d'amnistie s'est posée à maintes reprises dans le cadre de l'application des conventions en matière de droits de l'homme. Sur ce point, la justice internationale se veut moins clémente lorsqu'il s'agit de statuer sur des faits concernant des actes de torture.

1021. Au contraire, les modalités d'application de la compétence universelle sont plutôt renforcées. Comme ce fut le cas dans l'arrêt opposant un officier mauritanien à la France, la Cour EDH a rejeté l'argument selon lequel, la loi d'amnistie mauritanienne devait l'emporter sur le Code de procédure pénale français (art. 689-1 et -2)[2025] qui pose le principe de la compétence universelle. La Cour renvoie à la jurisprudence du TPIY en considérant que l'interdiction de la torture a valeur de norme impérative, c'est-

---

[2023] La justification théorique de la prescription est généralement que, passé un certain laps de temps après le délit, l'intérêt de la collectivité à punir le coupable diminue, puis disparaît. En ce sens, cf. ZAPPALÀ Salvatore, *La justice pénale internationale*, Montchrestien, 2007, p. 100.

[2024] Il convient ainsi de noter le silence de la Convention de 1948 sur le génocide. Les quatre Conventions de Genève de 1949 sur le droit humanitaire n'abordent pas non plus cette question. Le seul texte pertinent qu'on peut citer en la matière est la Convention sur l'imprescriptibilité des crimes de guerre et crimes contre l'humanité adoptée en 1968 par l'Assemblée générale des Nations Unies. Toutefois, ce traité ne compte aujourd'hui qu'une minorité d'États qui l'ont ratifié (54 États signataires) dont la France n'en fait pas partie. Cf. site des Nations Unies sur la Collection des traités : https://treaties.un.org/Home.aspx?lang=fr/

[2025] Dans le cadre de cette affaire, il est reproché à *Ely Ould Dah* (ex-capitaine dans l'armée mauritanienne) d'avoir participé entre 1990 et 1991 à la répression de groupes ethniques en Mauritanie, accusés d'avoir fomenté un coup d'État. En juin 1993, une loi d'amnistie fut adoptée par le gouvernement mauritanien en faveur des membres des forces armées, auteurs des infractions. En juin 1999, la FIDH et la Ligue des droits de l'homme déposent une plainte avec constitution de partie civile à l'encontre de l'officier mauritanien pour actes de torture. En juillet 1999, ce dernier est interpellé sur le territoire français lors d'un stage effectué à l'École du commissariat de l'armée de terre à Montpellier. Par un arrêt du 8 juillet 2002, la Chambre d'instruction de Nîmes renvoie *Ely Ould Dah* devant la Cour d'assises. Cette décision est confirmée par la Cour de cassation dans un arrêt du 23 octobre 2002 qui considérait que « *l'exercice par une juridiction française de la compétence universelle emporte la compétence de la loi française, même en présence d'une loi étrangère portant amnistie* ». Le 1er juillet 2005, la Cour d'assises du Gard rend deux arrêts. L'un condamne par contumace l'accusé (en fuite) à 10 ans d'emprisonnement pour des actes de torture et de barbarie. Dans le second arrêt, la Cour alloue des dommages et intérêts aux parties civiles. C'est dans cette perspective que la CEDH a été saisie.

à-dire de *jus cogens*[2026]. Il en découle que les États ne peuvent pas édicter des lois d'amnistie portant sur la torture. Si la Cour EDH a déjà admis le principe d'immunité des États en cas d'actions civiles en dommages et intérêts pour des actes de torture qui auraient été perpétrés en dehors de la loi de l'État du *for*, elle a tenu à rappeler que dans le cas d'espèce c'est la question de la responsabilité pénale individuelle qui se pose. Dès lors, écarter le droit français au profit de la législation mauritanienne favorisant l'amnistie, réduirait à néant le but poursuivi par la Convention contre la torture[2027]. À cet égard, il faut se féliciter de ce que la Cour EDH vienne de s'aligner sur la jurisprudence de la Cour interaméricaine des droits de l'homme qui s'était montrée beaucoup plus hostile à la pratique des États tendant à protéger leurs ressortissants auteurs de crimes graves.

1022. Dans un arrêt du 14 mars 2001 (affaire *Barrios Altos*), la Cour IDH avait déclaré nulles et non avenues deux lois du Pérou accordant l'amnistie pour des crimes de torture, exécutions sommaires et autres violations graves des droits de l'homme[2028]. Elle considérait ces lois contraires à certaines dispositions fondamentales de la Convention interaméricaine des droits de l'homme, telles que celles reconnaissant le droit effectif à un recours judiciaire contre toute violation des droits de l'homme. Pour conclure, la Cour avait décidé que ces lois étaient « *dépourvues d'effets juridiques* » avant d'ordonner au Pérou d'engager des poursuites pénales à l'encontre des personnes accusées des crimes susvisés.

1023. D'une manière générale, les juridictions régionales de protection des droits de l'homme et les tribunaux pénaux *ad hoc* envisagent la compétence universelle comme un moyen d'assurer l'effectivité des normes de *jus cogens*, au premier rang desquels figure l'interdiction de la torture. En d'autres termes, on assiste à la formation d'une règle coutumière qui interdit toute disposition d'amnistie relative aux crimes internationaux les plus graves[2029]. Cela illustre bien qu'on est en présence d'un processus d'affaiblissement de l'autorité de l'État, car la promulgation des lois d'amnistie est considérée comme un des attributs de sa souveraineté. Cette dernière hypothèse doit être évaluée à la lumière de la nécessité de concilier les légitimes désirs de justice avec les

---

[2026] Cour EDH, *Ould Dah c/ France*, 17 mars 2009, n° 13113/03, pp. 2 à 16 (citant l'affaire *Furundzija* de la Chambre de première instance du TPIY, 10 décembre 1998, §§ 153 à 155). Dans cette décision, les juges du TPIY ont également considéré qu'il serait absurde de laisser les États prendre des mesures nationales amnistiant les tortionnaires. De même, « la nature impérative de l'interdiction de la torture rend tout crime de torture imprescriptible ». Cf. jugement *Furundzija,* § 157.

[2027] Cour EDH, *idem,* p. 17.

[2028] Cf. arrêt *Chimbipuna Aguire c/ Pérou*, 14 mars 2001, §§ 41 à 44 et § 51.

[2029] Sur ce point, les différents organes des Nations Unies s'étaient déjà prononcés sur la portée de l'admissibilité de l'amnistie en droit international. À titre d'exemple, nous pouvons citer le comité des droits de l'homme des Nations Unies qui considérait que l'amnistie était incompatible avec les dispositions du Pacte international relatif aux droits civils et politiques, notamment au droit à un recours effectif et à une indemnisation. Cf. observations du Comité du 30 mars 1999 (cas du Chili) et du 25 juillet 1996 (cas du Pérou).

exigences de réconciliation nationale au sein des sociétés marquées par des violences de masse. L'histoire récente a connu des exemples très réussis d'amnistie qui ont su rétablir la paix entre les victimes et les criminels. Le cas de l'Afrique du Sud avec l'instauration de Commissions Vérité et Réconciliation illustre parfaitement cet état de fait.

1024. Quoi qu'il en soit, l'action de la justice internationale peut toujours être utile pour clarifier dans quelle limite des mesures nationales sont susceptibles de constituer une alternative légitime au procès pénal. Sur ce point, l'arrêt de la Cour internationale de justice précitée (affaire du mandat d'arrêt) a totalement remis en cause l'exercice extensif de la compétence universelle des juridictions belges, inspirée de la théorie de l'universalité absolue. Sans totalement renier cette thèse farouchement défendue par le philosophe Hugo Grotius, il faut reconnaître que sa mise en œuvre est source de grande difficulté. Le risque de voir les juridictions nationales engorgées de plaintes plus politiques que guidées par une réelle volonté de justice ne peut être écarté. C'est l'une des raisons pour lesquelles la Belgique a adopté une position nettement en retrait de sa position traditionnelle, en votant une législation beaucoup plus restrictive sur les conditions de mise en œuvre de la compétence universelle. D'autres États l'ont également suivie dans cette voie pour revenir à une conception plus mesurée du principe de l'universalité du droit de punir.

B. L'émergence de nouvelles législations restrictives

1025. Le mécanisme de la compétence universelle permettant de juger les crimes considérés comme les plus graves ne semble plus susciter un engouement excessif de la part de certains pays européens. Les réformes législatives qui ont lieu notamment en Belgique, en Espagne, en France, ou encore en Suisse, illustrent la volonté de ces États d'inclure dans le champ d'application de leur compétence extraterritoriale des infractions toujours plus nombreuses tout en multipliant les obstacles juridiques qui en limitent la mise en œuvre et en réduisent largement la portée.

1026. La Belgique et l'Espagne, qui avaient une conception très large du principe de l'universalité, s'étaient affranchies du seul élément qui permet de justifier en général l'exercice de la compétence universelle, à savoir la présence du suspect sur leur territoire. Elles avaient ainsi posé une compétence universelle in *absentia* ou par « défaut », c'est-à-dire sans aucune limitation territoriale. Toute personne pouvait saisir la justice belge par simple constitution de partie civile, quel que soit le lieu où se trouvait le suspect[2030]. En allant au-delà des recommandations expresses édictées par les Conventions

[2030] À titre d'exemple, cf. entre autres les plaintes visant George Bush Senior, Colin Powell, Ariel Sharon, Paul Kagamé (l'actuel président rwandais). En ce sens, cf. BAILLEUX Antoine, *La compétence universelle au carrefour de la pyramide et du réseau : de l'expérience Belge à l'exigence d'une justice pénale transnationale,* Bruylant, 2005, pp. 97-98.

de Genève, l'État belge a essuyé de nombreuses critiques de la part des opposants les plus farouches au principe de l'universalité « absolue ». À ce titre, le juge Antonio Cassese considérait qu'« *il est illusoire et dangereux de transformer les juges nationaux en une sorte de chevaliers errants de la nature humaine*[2031] ».

1027. La multiplication des incidents diplomatiques provoqués par la politique belge de répression universelle est à cet égard particulièrement révélatrice. C'est surtout la pression exercée par la communauté internationale (les États-Unis en particulier) qui a incité le législateur belge à emprunter une voie plus modeste dans sa promotion du droit international humanitaire. S'en est suivie une révision de la loi sur la compétence universelle en avril 2003, avant qu'elle ne soit abrogée quelques mois plus tard[2032]. Désormais, la compétence universelle *in absentia* que connaissait la Belgique pour les crimes de droit international humanitaire a été remplacée par une compétence personnelle active et passive élargie[2033]. De la même façon, l'Espagne qui avait les mêmes ambitions « universalistes » a fini par se rétracter. Une nouvelle loi adoptée en novembre 2009 considère dorénavant que la compétence universelle ne pourrait être appliquée que lorsque les auteurs présumés des faits se trouvent en Espagne, lorsque les victimes sont espagnoles ou lorsque la situation présente un lien de rattachement pertinent avec l'Espagne[2034].

1028. Quant à la France, elle reliait déjà l'arrestation de la personne suspectée à sa présence sur son territoire. Mais depuis juillet 2010, le Code de procédure pénale a fait l'objet d'une modification[2035]. L'exercice effectif de la compétence universelle demeure strictement réglementé[2036]. Par exemple, les

---

[2031] CASSESE Antonio, « y a-t-il un conflit insurmontable entre souveraineté des États et justice pénale internationale ? », in *Crimes internationaux et juridictions internationales*, DELMAS-MARTY Mireille (dir.), *op. cit.*, p. 13 et s.

[2032] Cf. loi du 5 août 2003. Celle-ci reconnaît désormais le principe de l'immunité des chefs d'État et de gouvernement conformément au droit international. Pour une étude des réformes législatives en Belgique, cf. D'ARGENT Pierre, « L'expérience belge de la compétence universelle : beaucoup de bruit pour rien ? », *RGDIP*, 2004, pp. 597-632.

[2033] LAGERWALL Anne, « Que reste-t-il de la compétence universelle au regard de certaines évolutions législatives récentes ? », *Annuaire français de droit international*, 2009, pp. 743-763 (p. 753 citée).

[2034] La question de la compétence extraterritoriale des juridictions espagnole était régie par l'article 23.4 de la loi du 1er juillet 1985 avant d'être modifiée en 2009.

[2035] Cette nouvelle législation permet de transposer en droit interne le génocide, les crimes contre l'humanité et les crimes de guerre. Cf. loi n° 2010-930 du 9 aout 2010 portant adaptation du droit pénal à l'institution de la CPI, *JORF* n° 0183 du 10 aout 2010 p. 14684. Pour un commentaire de la loi, cf. DE LAMY Bertrand, « Le droit pénal international à l'épreuve du contrôle de constitutionnalité », *Revue de science criminelle et de droit pénal comparé*, n°1, 2011, pp. 173-176

[2036] Même si les évolutions législatives récentes montrent que le champ d'application de la compétence universelle s'est étendu à des infractions considérées comme très graves en droit international. Sur ce point, la loi du 5 août 2013 instaure dans le Code de procédure pénale français (art. 689-13) un nouveau titre de compétence universelle afin de poursuivre les auteurs du crime de disparition forcée. Ce nouveau texte crée toutefois certaines modifications procédurales qui sont très critiquées par les juristes. En ce sens, cf. BRACH-THIEL Delphine,

ONG ne peuvent plus porter plainte lorsqu'une personne est suspectée de violation grave du droit international humanitaire. Seul le ministère public peut poursuivre l'auteur présumé à défaut de demande d'extradition.

1029. L'exigence de la double incrimination fait aussi partie des limites apportées à l'exercice de la compétence universelle[2037]. De même, les juridictions françaises ne sont habilitées à poursuivre les auteurs de crimes contre l'humanité et de crimes de guerre, qu'à condition que l'auteur dispose d'une « résidence habituelle » en France. Au regard de toutes ces mesures restrictives, on peut s'interroger sur la portée réelle de l'article 689-11 du Code de procédure pénale qui met en exergue la compétence extraterritoriale des juridictions françaises en cas d'infractions commises hors du territoire national. À ce propos, d'aucuns considèrent que la loi de 2010 vide de son sens le principe de la compétence universelle[2038]. On pourrait avoir la même appréhension vis-à-vis de la Suisse qui a restreint les possibilités d'actions pénales sur son territoire afin de se préserver d'un afflux de procédure à l'image de ce qui s'est produit en Belgique[2039].

1030. En somme, il résulte de ce qui précède que la Suisse, la Belgique tout comme l'Espagne ont inscrit la compétence universelle de leurs tribunaux dans un cadre plus restreint qu'auparavant en exigeant désormais un lien de rattachement du suspect sur leur territoire. Pourtant, cette tendance à limiter strictement les modalités d'exercice de la compétence universelle ne semble pas juridiquement justifiée au regard des engagements internationaux pris par ces différents pays. De ce point de vue, il peut être intéressant d'évoquer le cas de l'Allemagne qui fait figure d'exception en disposant depuis juin 2002 d'une compétence universelle *in absentia* (à caractère absolu)[2040]. L'adoption d'un Code pénal international de quatorze articles pose le principe de l'universalité sans exiger la présence du suspect sur le territoire allemand[2041]. Le seul

---

« Et une compétence universelle de plus… », *Actualité juridique pénale*, octobre 2013, n° 10, pp. 520-522.

[2037] Cela signifie que l'infraction visée doit être punissable à la fois sur le territoire de l'État du for et sur le territoire duquel il a été commis.

[2038] PHILIPPE Xavier et DESMAREST Anne, « Remarques critiques relatives au projet de loi portant adaptation du droit pénal français à l'institution de la Cour pénale internationale : la réalité française de lutte contre l'impunité », *RFDC*, 2010, n° 81, p. 41.

[2039] Sur l'évolution de la législation Suisse en matière de compétence universelle, cf. MOREILLON Laurent, « La Suisse et les crimes contre l'humanité », in MOREILLON Laurent et al (dir.), *Droit pénal humanitaire,* Bâle, Helbing Lichtenhahn, 2e éd., 2009, pp. 470 à 472.

[2040] Mais auparavant, les tribunaux allemands avaient établi l'exigence d'un point de rattachement spécifique entre le crime commis à l'étranger et la présence du suspect sur le territoire allemand. Cette exigence jurisprudentielle était notamment fondée sur le principe de non-ingérence découlant de la souveraineté des États étrangers. Pour une analyse détaillée de cette question, cf. ROTH Robert et JEANNERET Yvan, « Droit allemand », in *Juridictions nationales et crimes internationaux*, DELMAS-MARTY Mireille (dir.), *op. cit.*, p. 20 et s.

[2041] Cf. art 1er du Code allemand de droit pénal international « (*Volkerstrafgesetzbuch)* » en vertu duquel, les juridictions allemandes sont compétentes pour juger entre autres des crimes de génocide, des crimes de guerre et des crimes contre l'humanité, même si les auteurs présumés ne sont pas présents sur le territoire allemand. Ce code incorpore au droit allemand les obligations

assouplissement est d'admettre l'opportunité des poursuites qui permettra au parquet de tenir compte d'éventuelles difficultés diplomatiques ou pratiques[2042]. Si les juridictions allemandes avaient déjà statué sur des affaires de génocide liées au conflit en ex-Yougoslavie[2043], jusque-là aucune décision n'a été rendue sur la base du principe de compétence universelle tel qu'il est exprimé dans le nouveau Code de droit pénal international. Ainsi, la récente condamnation d'un réfugié rwandais à 14 ans d'emprisonnement par la Haute Cour régionale de Francfort est une première en Allemagne[2044].

1031. Malgré ces progrès enregistrés du côté des juridictions allemandes, il faut reconnaître qu'il y a autant de difficultés juridiques et politiques qui rendent incertaine l'efficacité pratique de la compétence universelle. Les États

---

internationales découlant du Statut de Rome. A l'exception du génocide, aucune mesure législative n'a été prise auparavant pour incriminer les crimes contre l'humanité et les crimes de guerre. Ces deux catégories d'infraction étaient punissables sur la base des dispositions ordinaires du Code pénal.

2042 En ce sens, cf. WERLE Gerhard et MANACORDA Stefano, « L'adaptation des systèmes pénaux nationaux au statut de Rome : le paradigme du « Volkerstrafgesetzbuch allemand », *RSC*, 2003, p. 501 et s.

2043 Depuis les procès de Nuremberg jusqu'au conflit qui a ravagé l'ex-Yougoslavie, l'exercice de la compétence universelle devant les juridictions allemandes était rare. On se souviendra de l'affaire *Eichmann*, un criminel de guerre nazi que l'Allemagne n'avait pas souhaité juger en fournissant à la Cour israélienne toutes les preuves nécessaires au procès. Mais à l'issue de la guerre en ex-Yougoslavie, des ressortissants bosniaques réfugiés en Allemagne ont été jugés et condamnés pour leur participation au génocide commis en Bosnie Herzégovine. Dans une première décision rendue le 23 mai 1997, la Cour suprême bavaroise a condamné *Novislav Djajic* à une peine d'emprisonnement de 5 ans pour complicité et tentative de meurtre. S'en est suivie l'affaire *Jorgic* dans laquelle l'accusé est condamné à une peine d'emprisonnement à vie par la Cour d'appel de Düsseldorf le 26 septembre 1997 (statuant en première instance). Cette décision fondée sur l'ancien article 220 (a) du Code pénal allemand est confirmée par la Cour fédérale de justice (arrêt du 30 avril 1999) et par la Cour constitutionnelle fédérale dans un arrêt du 12 décembre 2000. Celle-ci estimait que « *le principe de la compétence universelle fournissait un lien raisonnable justifiant d'examiner des faits commis hors du territoire allemand, tout en respectant le principe de non-intervention consacré par le droit international public [...]* ». Pour avoir épuisé toutes les voies de recours interne, l'accusé a saisi la Cour EDH qui, par un arrêt du 12 juillet 2007, a estimé que c'est à bon droit que les juges allemands se sont déclarés compétents pour statuer sur les accusations de génocide qui pesaient sur le requérant. Dès lors, il n'y a pas eu violation des articles 5, 6 et 7 de la Convention de sauvegarde des droits de l'homme et des libertés fondamentales (Cour EDH, affaire *Jorgic c/ Allemagne*, requête n° 74613/01, §§ 70 à 116). Pour une analyse synthétique des deux affaires jugées par les juridictions allemandes en vertu du principe de la compétence universelle, voir le site www.trial-ch.org/fr , consulté le 10 février 2014.

2044 Ce jugement met en cause un ancien maire accusé d'avoir ordonné et coordonné un massacre commis en 1994 au cours duquel ont péri plusieurs centaines de Tutsi qui avaient trouvé refuge dans une église. La demande d'extradition formulée par les autorités rwandaises a été rejetée par la justice allemande qui estimait que les conditions d'un procès équitable n'étaient pas garanties au Rwanda. Après une première comparution en 2011devant la Haute Cour régionale de Francfort, le parquet fédéral avait requis la perpétuité. Il s'agit de la première affaire rwandaise en relation avec le génocide des Tutsi jugée par une juridiction allemande. En ce sens, v. Hirondelle News Agency, International justice reporting, *Allemagne/Rwanda-Genocide des Tutsi* (affaire O. Rwabukombe), 18/02/2014, consulté en ligne sur www.hirondellenews.com/fr/.

étant souverains, ils n'agissent parfois qu'en fonction de leurs intérêts qui ne correspondent pas forcément à ceux de « l'humanité tout entière », comme le préconisait Henri Donnedieu de Vabres[2045]. Au-delà de ces obstacles, il ne faut pas perdre de vue les contraintes d'ordre matériel qui peuvent être une entrave à l'exercice de la compétence universelle. Le cas des pays d'Afrique est significatif à cet égard, même si le principe de l'universalité a été consacré par une bonne partie de leur législation nationale[2046].

1032. D'autres États refusent d'assumer le coût de fonctionnement excessif d'une justice pénale contre un étranger pour des crimes commis à l'étranger, préférant ainsi expulser les présumés criminels vers leur pays d'origine[2047]. Enfin, un dernier aspect qui mérite d'être souligné, c'est le risque de conflit de compétence entre deux ou plusieurs États susceptibles d'intervenir sur une même affaire, pour des motifs différents. Ce fait se justifie nécessairement lorsqu'un État invoque le principe de territorialité, tandis qu'un autre se fonde sur le principe de la nationalité[2048]. Est-ce à dire que tout État qui a souffert des

---

[2045] DONNEDIEU DE VABRES Henri, « De la piraterie au génocide : les nouvelles modalités de la répression universelle », in *Mélange Ripert,* LGDJ, 1950, pp. 226 à 232.

[2046] Par exemple, dans l'affaire Hissène Habré, la justice sénégalaise n'a jamais pu organiser de procès pour des raisons budgétaires (entre autres). Après 22 ans d'exil au Sénégal, l'ancien chef d'État déchu est arrêté à son domicile le 30 juin 2013, puis inculpé pour crimes contre l'humanité, crimes de guerre et tortures commis entre 1982 et 1990 lorsqu'il était au pouvoir au Tchad. Son procès s'est ouvert devant les Chambres africaines extraordinaires, créées au sein des juridictions sénégalaises sur le même modèle que les Chambres extraordinaires du Cambodge. Cette affaire jugée complexe nécessitait davantage de ressources financières. Ainsi, des accords ont été signés entre l'Union africaine, le Sénégal et les bailleurs de fonds internationaux sur le financement du tribunal dont le budget s'élève à 7,4 millions d'euros. D'autres donateurs tels que le Tchad, l'Union européenne, les Pays-Bas, l'Union africaine, les États-Unis, l'Allemagne, la Belgique, la France et le Luxembourg auraient contribué à la tenue de ce procès. Pour plus de détails sur cette question, v. Hirondelle News Agency International justice reporting, *Sénégal c/ Habré*, consulté en ligne le 15 mars 2014 sur www.hirondellenews.com/fr/. Pour une analyse pertinente de l'exercice de la compétence universelle devant les juridictions pénales africaines, cf. ONDO Télésphore, « La compétence universelle en Afrique : essai d'analyse », *Revue de droit international et de droit comparé,* Bruylant, Bruxelles, 2011, pp. 53 et s.

[2047] Tel est le cas par exemple du Danemark qui a ordonné l'extradition vers le Rwanda d'un de ses ressortissants soupçonné d'implication au génocide des Tutsi (décision rendue par le tribunal de Roskilde en novembre 2012, puis confirmée par la Cour suprême danoise le 7 novembre 2013).

[2048] C'est l'exemple de l'affaire *Hissène Habré* opposant le Sénégal à la Belgique. Les tribunaux sénégalais s'étaient déclarés incompétents pour juger l'ancien chef d'État du Tchad au motif que la Convention contre la torture ratifiée par le Sénégal n'était pas encore intégrée dans son ordre juridique interne (Cour d'appel de Dakar, Chambre d'accusation, arrêt n° 135, 7 juillet 2000 ; Cour de cassation pénale, affaire *République du Sénégal c/ Hissène Habré*, arrêt n° 14, 20 mars 2001). La Belgique s'était déclarée compétente, car certaines victimes des actes de tortures commis par l'ancien dictateur ont acquis la nationalité belge. En septembre 2005, après quatre années d'enquête, Habré est inculpé par un juge belge qui demande en même temps son extradition. Face à la réticence des autorités sénégalaises, la Belgique saisit la Cour internationale de justice qui, par un arrêt du 20 juillet 2012, ordonne au Sénégal de poursuivre l'ancien chef d'État tchadien « sans autre délai » à défaut de l'extrader.

conséquences morales de ces violations graves peut lancer des poursuites à l'encontre du criminel ?

1033. Force est de constater qu'aucune règle permettant de résoudre un conflit issu de l'exercice de la compétence universelle n'apparaît avec clarté, que ce soit dans l'ordre juridique national ou international. En d'autres termes, il n'existe pas de traité universel qui précise les compétences dont disposent les États les uns vis-à-vis des autres. Hormis la Convention de 1948 sur le génocide qui pose le principe de la compétence territoriale ainsi que la compétence d'une Cour criminelle internationale, les autres instruments internationaux n'établissent pas de compétence préférentielle au profit du juge du lieu de l'infraction ou du juge sur le territoire duquel le suspect est interpellé.

1034. Néanmoins, beaucoup d'arguments plaident en faveur de l'extradition. De l'avis de nombreux juristes, cette procédure doit être privilégiée par rapport à la punition lorsqu'elle permet d'attraire la personne présumée coupable d'un crime devant son juge « naturel », à condition que la volonté et la capacité de celui-ci de rendre la justice ne prêtent pas à doutes[2049].

Sauf que dans la pratique, il apparaît clairement que beaucoup d'États ne sont pas favorables à l'extradition. L'exemple de la France est illustratif à cet égard si l'on fait référence aux multiples demandes formulées par le gouvernement rwandais qui ont été rejetées. En fin de compte, malgré un nombre élevé de plaintes devant les tribunaux nationaux, les affaires qui aboutissent à la condamnation effective des personnes suspectées de crimes internationaux demeurent toujours rares (cf. tableau ci-dessous pour un bilan des affaires rwandaises jugées à l'étranger).

[2049] VERHOVEN Joe, « Vers un ordre répressif universel ? Quelques observations », *AFDI*, vol. 45, 1999, pp. 55-71 (p. 63 citée).

Les pays ayant jugé ou extradé des présumés génocidaires rwandais en vertu du principe de la compétence universelle	Nombre de suspects poursuivis et/ou extradés vers le Rwanda	Juridictions compétentes	Peines prononcées
SUISSE	1 jugé et condamné	Tribunal militaire de Genève (jugement du 30 avril 1999), tribunal militaire d'appel (arrêt du 26 mai 2000)	Perpétuité en première instance pour crimes de guerre et peine réduite en appel à 14 ans d'emprisonnement (affaire *Niyonteze*)
BELGIQUE	7 jugés et condamnés	Cours d'assises de Bruxelles : arrêts rendus respectivement en 2001, 2005, 2007 et 2009).	Peines comprises entre 12 et 30 ans d'emprisonnement pour crimes de guerre (*affaire des Quatre de Butare*)
CANADA	2 jugés (dont un acquitté) et 1 extradé	Cour supérieure du Québec : arrêt du 22 mai 2009	Emprisonnement à vie pour génocide, crime de guerre et crimes contre l'humanité (affaire pendante en appel)
FINLANDE	1 jugé et condamné	Tribunal d'Itä-Usimaa (jugement du 11 juin 2010), Cour d'appel d'Helsinki (arrêt du 30 mars 2012), Cour suprême de Finlande (arrêt du 22 octobre 2012)	Emprisonnement à vie pour participation au génocide (*affaire Bazaramba*) : peine en première instance confirmée en appel et par la Cour suprême
NORVÉGE	1 accusé condamné, 1 suspect extradé et 1 autre en détention préventive depuis le 31 mai 2013 en attente d'être extradé	Tribunal d'Oslo : jugement du 14 fév.2013	21 ans d'emprisonnement pour implication aux massacres des Tutsi (*affaire Bugingo*)
DANEMARK	1 exilé extradé le 3 juillet 2014	Décision du tribunal de Copenhague (nov. 2012) confirmé par la Cour suprême danoise (novembre 2013)	Comparution initiale devant un tribunal de Kigali le 14 juillet 2014 (Procès en cours).
ÉTATS-UNIS	2 jugés et 1 acquittement prononcé par le parquet fédéral le 26 août 2011	*Tribunal de New York : jugement rendu en avril 1996 (au plan civil) *Tribunal fédéral du *New Hampshire :* jugement juillet 2013 (au plan pénal)	*Condamnation au plan civil à titre de dommages et intérêt s'élevant à 105 millions de dollars (*affaire Barayagwiza*) * 10 ans d'emprisonnement pour fraude à l'immigration et dissimulation de participation au génocide (affaire *Munyenyezi*)
PAYS-BAS	2 jugés, puis condamnés et 2 suspects en cours d'extradition	*Cour d'appel néerlandaise : arrêt du 7 juillet 2011. *tribunal néerlandais : jugement du 1er mars 2013	*perpétuité pour actes de tortures ayant entraîné la mort (*affaire Mpambara*) *6 ans et huit mois d'emprisonnement pour incitation au génocide (*affaire Basebya*)

SUÈDE	1 jugé, puis condamné et 1 suspect extradé en juillet 2009	Tribunal de Stockholm : jugement du 20 juin 2013	Réclusion à perpétuité pour participation aux massacres des Tutsi (*affaire Mbanenande*)
ALLEMAGNE	1 jugé et condamné	Haute Cour régionale de Francfort : arrêt du 18 février 2014	14 ans d'emprisonnement pour complicité au génocide (*affaire Rwabukombe*)
FRANCE	1 jugés et condamné	Cours d'assises de Paris : arrêt du 14 mars 2014	25 ans d'emprisonnement en qualité d'auteur direct du génocide et de complicité de crime contre l'humanité (*affaire Simbikangwa*). L'accusé a interjeté appel.

Sources principales:

* International Justice reporting (Agence Hirondelles): http://www.hirondellenews.com/fr/
* Track Impunity Always (TRIAL): http://www.trial-ch.org/fr
* Rapport Assemblée générale des Nations unies, 29 juillet 2010, A/65/181 : www.un.org/fr

CONCLUSION DU CHAPITRE 1er

1035. Depuis son insertion dans l'ordre juridique de plusieurs États, la compétence universelle a connu des fortunes diverses. Qu'elle soit absolue ou relative, ce mécanisme de répression pénale des crimes considérés comme « odieux » aboutit en pratique à des résultats variant considérablement d'un État à un autre. Ainsi, la jurisprudence qui en résulte n'est pas homogène. L'analyse des affaires rwandaises jugées devant les tribunaux belges, français, canadiens et américains fut une occasion de vérifier en pratique le degré d'ouverture de leur système pénal. Un point commun qui peut être relevé dans les différentes législations nationales, c'est le critère de rattachement territorial du présumé criminel. Dans le même esprit, les différentes pratiques observées nous laissent à penser que l'exercice impartial et efficace de la compétence universelle est loin d'être acquis.

1036. Les enjeux politiques, l'immunité attachée à la qualité officielle d'un agent étatique et les difficultés procédurales liées à l'extradition sont très souvent invoqués pour justifier l'impossibilité de poursuivre les personnes suspectées de crime de droit international. Or, en réalité, ces motifs constituent davantage des prétextes pour la plupart des États ayant ratifié les instruments internationaux de protection des droits de l'homme. Cela étant, la compétence universelle n'a pas entièrement satisfait les espoirs suscités depuis sa promotion vers les années 90[2050]. Tout porte à croire que les États sont plus guidés par leurs propres intérêts nationaux (notamment le souci de préserver leur relation diplomatique) plutôt que de préserver les valeurs fondamentales de l'humanité lorsqu'elles sont en cause. Dès lors, les ratifications, censées permettre l'application des conventions internationales dans l'ordre juridique interne, apparaissent parfois comme une simple illusion.

1037. Si dans les affaires rwandaises la Belgique est passée d'un système pénal élargi à un système plus restreint de compétence universelle conditionnée par la présence du suspect sur le territoire, en France le système demeure très fermé. En faisant référence au nombre de plaintes déposées devant les juridictions françaises sans compter les multiples demandes

---

[2050] Cette situation s'explique surtout après l'échec des poursuites contre plusieurs personnalités politiques agissant au nom de l'État, tel fut le cas dans l'affaire Pinochet ou du capitaine mauritanien condamné par contumace en France.

d'extraditions rejetées, on peut admettre que la politique judiciaire de la France n'est pas à ce jour définitivement fixée sur la répression des crimes internationaux[2051]. Comparé aux autres pays qui ont jugé et condamné des présumés génocidaires rwandais (cf. tableau), il peut être légitime de considérer qu'un grand pas a été franchi en matière de lutte contre l'impunité des crimes d'une extrême gravité tels que le génocide, les crimes contre l'humanité et les crimes de guerre. Pour autant, le succès de la compétence universelle à l'échelle mondiale est loin d'être atteint à cause de la pratique disparate des États et de l'inexistence d'un modèle international fondé sur des principes majeurs qui servirait de guide à tous les pays concernés[2052].

1038. La répression des crimes graves devrait être une fonction collective, c'est-à-dire l'idée d'une « justice sans patrie » si chère au professeur Claude Lombois[2053]. Mais au regard des différents obstacles juridiques, politiques et d'ordre matériel, on pourrait s'interroger sur le risque d'un abandon total du principe de l'universalité pouvant entraîner l'impunité des personnes accusées de crimes graves. Un tel risque semble toutefois affaibli depuis la mise en place de la Cour pénale internationale (ci-après « CPI »). Cette juridiction permanente peut réagir à tout moment face à l'inertie des États refusant de poursuivre des personnes accusées de violations graves du droit international humanitaire.

1039. Pour autant, la CPI ne peut connaître d'affaires qui font « *l'objet d'une enquête ou de poursuites de la part d'un État ayant compétence en l'espèce*[2054] ». En d'autres termes, l'efficacité du dispositif judiciaire mis en place pour la répression des crimes internationaux dépend dans une large mesure de l'agencement des rapports entre les juridictions nationales et internationales. Eu égard à la pluralité des entités compétentes dans le traitement des crimes commis sur le territoire rwandais, la question qui se pose

---

[2051] Jusque-là, aucune demande d'extradition formulée par le gouvernement rwandais à l'encontre de présumés génocidaires n'a connu une issue favorable. En ce sens, cf. arrêt du 26 février 2014 dont les motivations de la Cour de cassation sont fondées sur le principe de légalité des délits et des peines et de non-rétroactivité de la loi pénale plus sévère. Recueil Dalloz du 13 mars 2014, n° 10/7591, « Génocide rwandais : rejet des demandes d'extradition », p. 610. Cette décision contredit l'arrêt de la Cour d'appel de Paris (novembre 2014) qui considérait que le génocide et les crimes contre l'humanité étaient bel et bien incriminés et réprimés par le droit rwandais en 1994 lors de l'extermination des civils tutsi.

[2052] Sur ce point, il est important de préciser que certains États ne connaissent aucun cas d'exercice de la compétence universelle. C'est le cas notamment de l'Arménie, du Pérou, de la Slovénie, etc. Malgré ce manque d'intérêt et le recul de certains États qui ont intégré le principe de l'universalité dans leur ordre interne, l'Assemblée générale des Nations Unies a confié à sa 6e commission (la commission des affaires juridiques) l'examen de la question de la compétence universelle. Sur ce point, un rapport a été publié le 29 juillet 2010. Ce document met en exergue la portée et l'application du principe de compétence universelle selon le droit interne, les traités internationaux et la jurisprudence sur la matière. Cf. Assemblée générale des Nations Unies, 65e session, doc A/65/181, 37 pages, disponibles sur le site www.un.org/fr

[2053] LOMBOIS Claude, « De la compassion territoriale », *Revue de science criminelle,* n° 2, avril-juin 1995, p. 403.

[2054] Cf. art. 17 du Statut de Rome.

maintenant est celle de savoir comment devront s'articuler les relations entre les juridictions nationales et le TPIR.

Leur compétence respective est encadrée par des normes internationales figurant dans le Statut et le Règlement du Tribunal ainsi que dans d'autres résolutions du Conseil de sécurité des Nations Unies.

CHAPITRE II

L'ENCADREMENT DE LA COMPÉTENCE EXTRATERRITORIALE

1040. L'articulation des rapports entre les juridictions internes exerçant une compétence universelle et la justice pénale internationale est un sujet complexe, car elle met en cause deux modalités de réalisation du droit pénal international radicalement opposées, tant dans leur conception que dans leur mise en œuvre. D'un côté, la communauté internationale s'organise pour sanctionner, au nom de l'ensemble des États, les actes gravement attentatoires à la dignité humaine. De l'autre, un État étranger, quel qu'il soit, fait œuvre de justice universelle, mais de façon unilatérale, comme s'il était, au fond, le représentant de la communauté internationale. Le développement simultané de deux modes de répression des crimes d'une exceptionnelle gravité, au plan interne et international, n'est pas sans susciter quelques interrogations. Comment devront s'articuler les relations entre les entités compétentes afin de mieux garantir la lutte contre l'impunité des auteurs de violations graves du droit international humanitaire? À quel niveau les intérêts d'une telle justice rendue au nom de l'humanité seront effectivement protégés et la légitimité du jugement reconnue et acceptée ?

1041. Lorsqu'on s'intéresse aux règles régissant l'articulation des compétences entre les différentes juridictions pénales internationales et celles des États pour réprimer les infractions entrant dans leur champ d'application, force est de constater qu'il n'a jamais été question d'exclure les juridictions internes. Dans le cadre du traitement du contentieux du génocide, les relations entre le TPIR et les juridictions nationales sont plutôt fondées sur le principe des compétences concurrentes[2055]. Néanmoins, dans un souci de prévenir tous risques de conflit de compétence avec les tribunaux nationaux, le Conseil de

[2055] Cf. article 8 (1) du Statut du TPIR qui dispose : « *le tribunal pénal international pour le Rwanda et les juridictions nationales sont concurremment compétents pour juger les personnes présumées responsables de violations graves du droit international humanitaire* » (disposition identique à l'article 9-1 du Statut du TPIY). Contrairement à la Cour pénale internationale, elle ne dispose que d'une compétence subsidiaire. Cela signifie qu'elle ne tire la raison de son intervention que de l'impuissance ou de l'inaction des ordres nationaux.

sécurité des Nations Unies a octroyé certaines prérogatives au TPIR (tout comme au TPIY). Les décisions rendues par ces institutions judiciaires internationales prévalent sur celles des juridictions internes étatiques (**Section I**). Pourtant, cette entorse à la souveraineté est plus apparente que réelle, car les États détiennent encore le monopole de la force.

1042. Pour être plus précise, la mise en œuvre du droit international pénal est tributaire de la volonté politique des États. D'une part, pour s'acquitter du mandat qui lui a été confié et affronter certaines difficultés pratiques[2056], le TPIR doit s'en remettre aux autorités étatiques et accepter des compromis[2057]. D'autre part, en raison de ses ressources limitées, le Tribunal est contraint de concentrer ses activités sur certains crimes, laissant de côté ceux qui pourront être poursuivis au plan interne. C'est ce qui justifie l'instauration de normes supplémentaires par le Conseil de sécurité dans le but d'assouplir les relations entre le Tribunal international et les juridictions nationales (**Section II**) pour une bonne administration de la justice internationale.

SECTION 1 — L'AUTORITÉ JURIDICTIONNELLE DU TPIR À L'ÉGARD DES TRIBUNAUX NATIONAUX

1043. À première vue, l'instauration du TPIR présente différents atouts par rapport aux juridictions nationales. Il est censé transcender les intérêts des États et rendre la justice au nom de la communauté internationale de façon impartiale et indépendante. Dès lors, le principe des compétences concurrentes, évoqué plus haut, est assoupli par la reconnaissance de la primauté du Tribunal sur les juridictions nationales[2058]. Il s'agit d'une prérogative « exceptionnelle » qui lui est reconnue avec, comme conséquence, le droit de demander aux autorités nationales, à tout stade de la procédure « de se dessaisir » en sa faveur (**§ 1**). Non seulement cette possibilité accorde au TPIR une place hiérarchiquement supérieure par rapport aux juridictions internes, mais aussi le Conseil de sécurité impose expressément aux États de

[2056] On peut ainsi relever la saisie des éléments de preuves, l'audition des témoins, l'absence de police judiciaire pour arrêter des suspects ou accusés.

[2057] La même remarque est valable pour le TPIY, mais il ne s'agit pas ici de mener une étude comparative entre les deux institutions.

[2058] Tout comme le principe de la primauté du droit international sur le droit national, il existe une primauté de la compétence des tribunaux pénaux *ad hoc* sur celle des États, expressément consacrée dans les Statuts et Règlements des TPI (art. 8 alinéa 2 du Statut du TPIR, art. 9 alinéa 2 statut TPIY et art. 8 à 11 du Règlement de procédure et de preuve des deux tribunaux internationaux). Cf. également art. 8 (2) Statut du Tribunal spécial de la Sierra Leone (TSSL). À noter toutefois que la primauté du TSSL est limitée aux juridictions sierra-léonaises. À l'opposé de la Cour pénale internationale, son action est guidée par le principe de la complémentarité (art. 1er Statut de Rome).

collaborer avec le Tribunal[2059] (**§ 2**). Une telle obligation découle des dispositions du Chapitre VII et de l'article 25 de la Charte des Nations Unies.

§ 1–L'obligation de se dessaisir en faveur du Tribunal international

1044. Cette règle est la conséquence directe du mode de création du TPIR sur la base du chapitre VII de la Charte des Nations Unies. Cela implique que les juridictions internes ne peuvent se déclarer compétentes lorsque les faits font l'objet de poursuites au niveau international. Il revient plutôt au Procureur du Tribunal international de demander de plein droit à ce que les juridictions nationales se dessaisissent (A) des dossiers dans lesquels les accusés ont occupé des fonctions d'autorité lors de la perpétration des crimes en cause. Pourtant, malgré le caractère urgent de la procédure, les juridictions étatiques exercent un contrôle minimum sur les requêtes de dessaisissement qui leur sont adressées par la Chambre de première instance du Tribunal international (B).

A. Une prérogative exclusivement réservée aux Procureurs des TPI *ad hoc*

1045. Le dessaisissement implique avant tout qu'une procédure soit en cours devant un tribunal national[2060]. Ce faisant, toute procédure engagée au niveau international, dès le stade de l'enquête, justifie le dessaisissement du juge interne concernant le même accusé poursuivi pour les mêmes faits. Les raisons les plus souvent avancées sont liées à une bonne administration de la justice et à l'efficacité de la répression au niveau international[2061]. Dans le cas du TPIR, une marge de manœuvre très importante est laissée au Procureur. Ce dernier peut légalement déposer une requête en vue du dessaisissement des juridictions nationales, si la procédure nationale porte sur des crimes qui font ou devraient faire l'objet d'une enquête au regard de la « *gravité des infractions* », de la « *qualité de l'accusé au moment des infractions*

[2059] Cf. art. 28 (Statut TPIR), 29 (Statut TPIY) et art. 54 des Règlements de procédure et de preuve (RPP) des TPI *ad hoc*.

[2060] Dans le cas contraire, le Procureur demandera uniquement à l'État qui a déjà mené une enquête de lui transmettre toutes les informations pertinentes, en vertu de l'obligation de coopération des États avec les TPI.

[2061] À noter toutefois que les conditions du dessaisissement formulées par l'article 9 du Règlement du TPIR semblent plus larges que celles du TPIY. Pour une étude portant sur la procédure d'autorisation du dessaisissement devant le TPIY, cf. LESCURE Karine et TRINTIGNAC Florence, *Une justice internationale pour l'ex-Yougoslavie, mode d'emploi du Tribunal pénal international de La Haye,* L'Harmattan, Paris, 1994, p. 85 et s. Sur la même question, cf. l'ouvrage publié par Juristes Sans Frontières, *Le Tribunal international de La Haye. Le droit à l'épreuve de la " purification ethnique ",* L'Harmattan, 2000, pp. 58 à 63.

alléguées », c'est-à-dire sa position hiérarchique ou de « *l'importance générale des points soulevés par l'affaire*[2062] ».

1046. La principale conséquence qui découle de cette disposition est la suspension des poursuites nationales, au moins tant que les procédures sont en cours devant le tribunal international. Dans ce cas de figure, le contrôle et la décision du bien-fondé de la demande de dessaisissement incombent à la Chambre de première instance[2063], même si l'initiative de la procédure appartient au Procureur. Lorsque la Chambre considère que les conditions requises sont satisfaites, elle demande officiellement à la juridiction de l'État concerné de se dessaisir de l'affaire et de lui remettre l'accusé. Cette décision est également subordonnée à la transmission des éléments d'enquête, des copies du dossier d'audience et, le cas échéant, à une expédition du jugement[2064].

1047. Le refus d'un État de répondre à une demande officielle de dessaisissement dans un délai de soixante jours[2065] entraîne des conséquences. Celles-ci peuvent déboucher sur des sanctions prises par l'Assemblée générale des Nations Unies telles que la rupture des relations diplomatiques, la suspension de certains droits au sein de l'organisation et l'interruption totale ou partielle des relations économiques[2066]. Ce cas de figure est toutefois rare dans la mesure où les demandes de dessaisissement adressées aux juridictions nationales ne s'appliquent qu'à un nombre restreint de suspects ayant occupé les postes de responsabilité les plus élevés[2067]. Le but est surtout d'encourager les juridictions internes à exercer leur compétence conformément aux lois et procédures nationales[2068].

1048. Cependant, à la lecture des dispositions du Statut et Règlement des TPI, force est de constater qu'il n'existe aucune procédure obligatoire d'information réciproque entre les juridictions pénales internationales et les tribunaux internes. Si les États sont tenus d'informer le Tribunal international de l'exercice de leur compétence judiciaire, à la demande de ce dernier (art. 8 RPP du TPIR et du TPIY), rien n'a été prévu en sens inverse[2069]. C'est

---

[2062] Art. 9 RPP du TPIR

[2063] Art. 10 RPP du TPIR

[2064] Art. 10 (B) RPP du TPIR.

[2065] Ce délai est fixé à compter de la date à laquelle le greffier a notifié la demande de dessaisissement à l'État dont relève la juridiction (art. 11 RPP du TPIR).

[2066] Cf. art. 41 de la Charte des Nations Unies.

[2067] Par exemple, dans le cas du Rwanda très peu d'affaires ont fait l'objet d'un dessaisissement des juridictions nationales étrangères. Dans ce contexte, cf. art. 9 (b) du RPP du TPIR qui prévoit expressément que les enquêtes du Procureur mettent essentiellement l'accent sur les personnes en position d'autorité.

[2068] Selon un rapport publié par le Secrétaire général des Nations Unies conformément à la résolution 808 /1993) du Conseil de sécurité créant le TPIY, le principe de compétences concurrentes a, entre autres, pour finalité d'encourager l'exercice de la compétence judiciaire par les États (UN Doc. S/25704, 3/05/1993, § 64, p. 18).

[2069] Pour une étude pertinente de cette question, cf. LAMBERT-ABDELGAWAD Élisabeth, « Le dessaisissement des tribunaux nationaux au profit des tribunaux pénaux internationaux : un encadrement abusif par le droit international de l'exercice de la compétence judiciaire

pourquoi la demande de dessaisissement est surtout critiquée à cause de son caractère fondamentalement unilatéral. D'aucuns le considèrent comme une « procédure expéditive », car la requête du Procureur est souvent avalisée deux jours plus tard par la Chambre de première instance du Tribunal international[2070]. À ce titre, le contrôle exercé par la Chambre sur le bien-fondé de la demande de dessaisissement n'a jusque-là constitué en soi aucun obstacle. Néanmoins, les enjeux sont considérables puisque le dessaisissement peut se révéler être une pratique « abusive » à l'adresse de l'État souverain initialement saisi de l'affaire. Le problème s'est exceptionnellement posé avec la France lorsque la Cour d'appel de Paris a refusé de faire droit à des requêtes adressées par le TPIR[2071].

1049. À l'issue d'un accord trouvé entre la France et le Tribunal international, celui-ci s'est finalement dessaisi au profit des juridictions françaises même si un auteur privilégie l'expression « compétence déléguée[2072] ». Cela étant, le caractère effectif de la primauté du Tribunal international sur les juridictions nationales dépend de la réponse que ces dernières apporteront aux demandes officielles de dessaisissement dont elles sont saisies. Au regard de la jurisprudence du TPIR, toutes les requêtes adressées aux États (bien qu'elles soient relativement limitées) ont connu une issue favorable. Il existe toutefois un contrôle minimum exercé par les juridictions internes sur la régularité des demandes de dessaisissement adressées aux autorités politiques étatiques.

B. Une procédure internationale soumise à un contrôle formel du juge interne

1050. Les demandes officielles de dessaisissement doivent être adressées aux autorités politiques de l'État concerné qui, en même temps, jouent le rôle de simple intermédiaire entre le Tribunal international et le juge interne[2073].

---

interne ? », *Revue générale de droit international public (RGDIP)*, 2004, p. 412 et s. (pp. 404-436).

[2070] LAMBERT-ABDELGAWAD Élisabeth, « Les États face à l'obligation de dessaisissement de leurs organes judiciaires au profit des Tribunaux pénaux internationaux, l'illusion d'un contrôle étatique ? », *RSC*, 2004, p. 186 (pp. 185-194).

[2071] Il s'agit en l'occurrence des affaires *Munyashyaka* et *Bucyibaruta*, actuellement en phase d'instruction au Tribunal de grande instance de Paris, plus précisément au Pôle judiciaire spécialisé pour les crimes contre l'humanité et les crimes et délits de guerre.

[2072] En ce sens, cf. CAHN Olivier, « Le jugement en France par délégation d'une juridiction pénale internationale », *RSC*, 2008, p. 273 et s. (pp. 273-302).

[2073] Par exemple en France, c'est le ministre de la Justice qui assure ce rôle. Par la suite, la Chambre criminelle de la Cour de cassation dispose d'un délai d'un mois du dépôt de la requête pour statuer. Cf. art. 3 et 4 de la loi n° 95-1 du 2 janvier 1995 portant adaptation de la législation française aux dispositions de la résolution 827 du Conseil de sécurité des Nations Unies instituant un tribunal international en vue de juger les personnes présumées responsables de violations graves du droit international humanitaire commises sur le territoire de l'ex-Yougoslavie depuis 1991. Les articles 2 à 16 de cette loi s'appliquent aux personnes poursuivies par le TPIR (art. 2 de la loi n° 96-432 du 22 mai 1996 portant adaptation de la législation

Celui-ci dispose d'un pouvoir plus ou moins étendu de contrôle des requêtes formulées par la Chambre de première instance du Tribunal international. Mais le contrôle varie considérablement d'un État à l'autre. Par exemple en Belgique, l'article 6 de la loi du 22 mars 1996 précise que le dessaisissement ne peut être prononcé qu'« après audition de la personne intéressée[2074] ». Sur ce point, lorsque les autorités sont saisies d'une requête de dessaisissement en faveur du Tribunal international, il revient à la Cour de cassation d'exercer un triple contrôle qui consiste à vérifier l'identité de la personne, l'identité des faits et enfin, la compétence du tribunal international concerné[2075]. Toutefois, la Cour de cassation ne pourra apprécier l'opportunité du dessaisissement compte tenu de la primauté de compétence pénale qui est accordée aux tribunaux internationaux par rapport aux juridictions pénales nationales[2076].

1051. C'est en vertu d'un tel principe que le Procureur du TPIR a exigé des tribunaux belges qu'ils se dessaisissent d'un certain nombre d'affaires mettant en cause des accusés qui occupaient une position d'autorité au moment de la perpétration du génocide. Il s'agit en l'occurrence des affaires *Bagosora*[2077], *Ndayambaje*, *Kanyabashi* et *Higarino*[2078]. La Chambre de première instance justifiait le bien-fondé des motifs avancés par le Procureur au titre de l'article 8 (2) du Statut du TPIR et de l'article 9 (iii) de son règlement[2079].

---

française aux dispositions de la résolution 955 du Conseil de sécurité des Nations Unies instituant un tribunal international en vue de juger les personnes présumées responsables d'actes de génocide ou d'autres violations graves du droit international humanitaire commis en 1994 sur le territoire du Rwanda et, s'agissant des citoyens rwandais, sur le territoire d'États voisins).

2074 Cf. loi belge du 22 mars 1996 relative à la reconnaissance du TPIY et du TPIR, et à la coopération avec ces tribunaux ; article 47 du Code de droit international pénal publié par Éric DAVID et Pascale HEIRMAN, 2e édition, Bruylant, 2009, p. 1718.

2075 VANDERMEERSCH Damien, « La répression en droit belge des crimes de droit international », in *La répression nationale des violations du droit international humanitaire (systèmes romano-germanique),* Genève, Comité international de la Croix-Rouge (CICR), 1998, p. 165.

2076 Cf. article 8 (2) du Statut du TPIR qui dispose : « le Tribunal international pour le Rwanda a la primauté sur les juridictions nationales de tous les États. À tout stade de la procédure, il peut demander officiellement aux juridictions nationales de se dessaisir en sa faveur conformément au présent Statut et à son Règlement ».

2077 Il est notamment considéré comme le « cerveau » du génocide des Tutsi. Selon l'acte d'accusation établi par le Procureur du TPIR, Bagosora faisait partie d'un groupe d'officiers supérieurs hutu qui, pendant de nombreuses années, planifiaient l'extermination systématique des Tutsi et de Hutu modérés dans le but d'assurer la domination politique des extrémistes hutu au Rwanda. Parallèlement, la Belgique avait émis un mandat d'arrêt international contre ce haut dirigeant rwandais qui était impliqué dans l'assassinat de dix soldats belges après le déclenchement du génocide. Toutefois, le Procureur du TPIR avait officiellement demandé au Royaume de Belgique de se dessaisir, estimant que les crimes qui faisaient l'objet d'une instruction au niveau national faisaient également l'objet d'une enquête devant le Tribunal international. Le fait que l'accusé occupait le poste de directeur de cabinet du ministère de la Défense était un motif complémentaire justifiant la requête du Procureur.

2078 Pour plus de détails sur l'affaire, https://trialinternational.org/fr/latest-post/alphonse-higaniro/

2079 TPIR, Chambre I, affaire n° ICTR-96-7-D, « décision faisant suite à la requête du procureur aux fins d'obtenir une demande officielle de dessaisissement », 17 mai 1996, p. 7 ; Chambre de

C'est ainsi que les juridictions belges se sont dessaisies des poursuites pénales qu'elles avaient déjà engagées dans ces affaires.

1052. Outre la Belgique, la Chambre de première instance du TPIR a officiellement demandé au gouvernement fédéral suisse de se dessaisir en faveur du Tribunal international, notamment dans l'affaire *Musema*[2080]. Étant donné que la demande portait sur les mêmes faits que ceux pour lesquels le prévenu était poursuivi en Suisse, indépendamment de leur qualification juridique, le tribunal militaire a estimé que les conditions de dessaisissement étaient réunies. Il a dès lors prononcé dans son arrêt du 8 juillet 1996, le dessaisissement de l'autorité pénale suisse en faveur du TPIR[2081]. Néanmoins, cette décision fut contestée par le prévenu qui considérait que l'acte d'accusation établie par le TPIR n'avait pas suffisamment détaillé les charges retenues contre lui.

1053. Le Tribunal fédéral estimait toutefois que l'autorité saisie d'une demande de transfèrement n'a pas à vérifier le bien-fondé de l'accusation portée contre un suspect. Même si la Suisse a pris l'initiative de faciliter les conditions de remise des suspects au TPIR, elle subordonne son accord à une seule condition, en l'occurrence une décision de transfert de la part du Tribunal international[2082]. Par ailleurs, les autorités nationales doivent s'assurer que le Tribunal international jugera effectivement la personne mise en cause. À ce propos, un État peut refuser de donner suite à une demande de dessaisissement ou de transfèrement si l'objectif visé par la juridiction internationale est de soustraire le prévenu à un jugement pénal. Un tel risque ne semble pas se poser avec le TPIR dont la mission spécifique qui lui est octroyée est de poursuivre les principaux responsables des crimes graves commis sur le territoire rwandais[2083]. Cela justifie sans doute pourquoi les

---

première instance, *Le Procureur c/ Ndayambaje*, affaire n° ICTR-96-8-I, 21 juin 1996 ; Chambre II, *Le Procureur c/ Kanyabashi*, affaire n° ICTR-96-2-D, 11 janvier 1996. À noter par ailleurs que la décision de la Chambre de première instance faisant droit à une requête en dessaisissement n'est pas susceptible d'appel ou de révision (TPIR, Chambre II, *Le Procureur c/ Joseph Kanyabashi,* affaire n° ICTR-96-15-I, 23 mai 2000, « décision relative à la requête en extrême urgence en *Habeas corpus* et arrêt des procédures », § 73).

[2080] Il s'agit du directeur de l'usine à thé de Gisovu au Rwanda, arrêté le 11 février 1995 en Suisse. Le Procureur Richard Goldstone avait saisi Le Tribunal international d'une demande officielle de dessaisissement le 4 mars 1996. Sur ce point, cf. TPIR, Chambre I, *Le Procureur c/ Alfred Musema,* jugement et sentence, affaire n° ICTR-96-13-T, 27 janvier 2000, § 17.

[2081] Pour une analyse plus détaillée sur cette affaire, cf. MOREILLON Laurent et al, *Droit pénal humanitaire,* Bruylant, 2009, p. 322.

[2082] *Ibid.*

[2083] D'ailleurs, à notre connaissance, il n'existe qu'un seul cas de figure (affaire *Higaniro*) dans lequel le TPIR a demandé aux juridictions belges de se dessaisir avant de conclure à une insuffisance de preuves à l'encontre de l'accusé. En conséquence, les poursuites ont été relancées en Belgique où le mis en cause a été reconnu coupable par la Cour de cassation, puis condamné à une peine d'emprisonnement de 20 ans. Pour plus de détails sur cette décision, cf. TRIAL, *supra,* note 2078.

tribunaux belges et suisses ont réduit autant que possible les obstacles procéduraux pour assurer une collaboration efficace avec le Tribunal[2084].

1054. En revanche, pour d'autres États, le contrôle interne des conditions de dessaisissement est subordonné au respect de certaines garanties procédurales. À cet égard, la législation grecque est certainement la plus pertinente dans la mesure où la loi n° 2665 précise, non seulement que la décision interne doit être motivée (art. 10), mais également, que cette décision est susceptible d'appel devant la Cour suprême (art. 5)[2085]. Pour autant, l'existence d'un contrôle au niveau interne n'enlève en rien au caractère obligatoire de la requête internationale de dessaisissement soumise aux États [2086]. Ceux-ci répondent aux demandes d'information et de transfèrement des accusés au siège des TPI, faute de quoi ils contreviendraient à leur obligation de coopération.

§ 2–Une coopération étatique obligatoire

1055. En l'absence d'une procédure de jugement par contumace et d'un pouvoir de police, la coopération des États apparaît comme la véritable clef de réussite, le principe de base permettant au TPIR d'accomplir la mission qui lui a été confiée par le Conseil de sécurité des Nations Unies. Pourtant, même si la création du Tribunal a permis de juger les plus grands responsables du génocide du Rwanda qui auraient peut-être échappé à la justice internationale, un tel succès n'est cependant pas le gage d'une collaboration sans faille de la part des États. Pour mieux appréhender cette question, il serait sans doute nécessaire de rappeler tout d'abord les principes directeurs régissant la coopération des États avec le TPIR (A) avant de se pencher sur le bilan de cette coopération à l'approche de la fin du mandat du Tribunal (B).

A. Les normes régissant la coopération internationale

1056. L'obligation générale de coopérer avec les tribunaux *ad hoc* résulte essentiellement des résolutions du Conseil de sécurité et des instruments

---

[2084] Mais aussi pour le cas de l'Afrique, au moins trois dossiers ont été transférés par la Zambie vers le TPIR. En ce sens, cf. MÉGRET Fréderic, *Le Tribunal pénal international pour le Rwanda,* Pedone, Paris, 2002, p. 83.

[2085] Cf. loi grecque n° 2665 du 15 décembre 1998 portant application des résolutions n° 827/25-5-1993 et 955/8-11-1994, votées par le Conseil de sécurité des Nations Unies et portant création des deux tribunaux pénaux internationaux chargés de juger les violations du droit international humanitaire qui ont été perpétrées sur les territoires de l'ex-Yougoslavie et celle du Rwanda, JO n° 279, 17 décembre 1998.

[2086] Même si en réalité il faut reconnaître que la France et les États-Unis sont les deux rares pays à s'opposer manifestement à la primauté du TPIR sur leurs juridictions nationales répressives. Pour le cas des États-Unis, cf. MBADINGA ITSOUHOU Mousounga, « Variations des rapports entre les juridictions pénales internationales et les juridictions nationales dans la répression des crimes internationaux », *RTDH*, n° 56, Bruylant, octobre 2003, pp. 1236-1237.

juridiques régissant l'activité des TPI (Statut et Règlement)[2087]. Ainsi, l'article 2 de la résolution 955 précise que « *tous les États apporteront leur pleine coopération au Tribunal international et à ses organes*[2088]... ». Cette disposition est complétée par le Statut du TPIR qui règle sans ambiguïté la question de la coopération judiciaire en rappelant que les États doivent répondre « *sans retard à toute demande d'assistance* » du Tribunal[2089]. Les formes que peut prendre cette coopération sont variables. Ce faisant, le Statut dresse une liste non limitative des différents types d'obligations auxquelles les États sont soumis : l'identification et la recherche des personnes, la réunion des témoignages et la recherche des preuves[2090], l'expédition des documents, l'arrestation ou la détention des personnes, le transfert ou la traduction de l'accusé devant le tribunal[2091]. Cette source particulière justifie à elle seule que l'obligation s'impose autoritairement à l'ensemble des États membres des

---

[2087] Pour les deux tribunaux pénaux *ad hoc* du Rwanda et de l'ex-Yougoslavie, les règles en matière de coopération étatique sont identiques. Leurs Statuts respectifs utilisent l'expression « coopération et entraide judiciaire ». Sur la coopération entre le TPIY et les États, cf. TAVERNIER Paul, « La coopération étatique : entre raison d'État et entraide juridictionnelle », in BURGOGUE-LARSEN Laurence (dir.), *La répression internationale du génocide rwandais,* Bruylant, 2003, p. 3 et s. En revanche, des différences apparaissent entre la coopération avec les TPI, investis de l'autorité du Conseil de sécurité et la CPI née d'une simple convention internationale. Pour l'étude de cette question, cf. MASSÉ Michel, « Une nouvelle dimension de la coopération judiciaire en matière pénale : la coopération verticale », *RSC*, 2002, p. 884 et s.

[2088] Résolution 955 (1944) du 8 novembre 1994 créant le Tribunal international pour le Rwanda sur la base du chapitre VII de la Charte des Nations Unies. De même, le Conseil de sécurité a adopté d'autres textes incitant les États à agir conjointement avec les juridictions pénales internationales dans l'intérêt de la prévention des crimes internationaux et de la pacification des relations sociales. Par exemple, dans la résolution 978 adoptée à sa 3504e séance, le Conseil de sécurité *prie instamment* « [...] les autorités nationales compétentes d'arrêter et de mettre en détention, conformément à leur législation nationale et aux normes applicables du droit international, les personnes trouvées sur leur territoire contre lesquelles il existe des preuves suffisantes qu'elles se sont rendues coupables d'actes entrant dans la compétence du Tribunal international pour le Rwanda » (S/RES/978 (1995), 27 février 1995, § 1). Dans le même sens, cf. résolution 1165 (1998) dans lequel le Conseil *demande instamment* aux États de coopérer pleinement avec le TPIR et avec ses organes (S/RES/1165 (1998), 30 avril 1998). Outre les actes autoritaires adoptés principalement par le Conseil de sécurité, l'obligation de coopérer découle également de l'article 25 de la Charte des Nations Unies. Ces documents peuvent être consultés sur http://www.un.org/fr/sc/documents/search.shtml

[2089] Cf. art. 28 (même disposition que l'article 29 du Statut du TPIY). Cf. aussi art. 54 du Règlement de procédure et de preuve (RPP) des deux tribunaux *ad hoc*.

[2090] Selon une interprétation large de l'article 28 du Statut du TPIR, la Chambre de première instance considère que trois conditions doivent être réunies lorsque la coopération d'un État est sollicitée en matière de production de preuve: les parties (le Procureur ou la défense) doivent indiquer avec toute la précision possible les éléments de preuve recherchés, préciser en quoi ces éléments présentent un intérêt pour le procès, établir que des efforts ont été vainement fournis pour les obtenir (TPIR, Chambre II, *Le Procureur c/ Augustin Ngirabatware*, « Décision relative à la requête du procureur tendant à faire solliciter la coopération de la France par voie d'ordonnance », affaire n°ICTR-99-54-T, 30 mars 2011, § 12).

[2091] Art. 28 (alinéa 2) Statut du TPIR.

Nations Unies[2092] et l'emporte sur les obstacles éventuels des législations nationales. Cela implique qu'aucun État ne peut se prévaloir des dispositions de son droit interne pour échapper à ses obligations conformément au principe de primauté du droit international[2093]. En conséquence, le Tribunal international dispose indirectement à travers le Conseil de sécurité d'un pouvoir légitime pour faire exécuter ses ordonnances et ses décisions. Une telle prérogative est toutefois limitée au plan juridique.

1057. Lorsqu'un mandat d'arrêt ou un ordre de transfert de l'accusé n'est pas exécuté, le Tribunal n'est pas habilité à prendre des sanctions pénales à l'encontre de l'État récalcitrant. Autrement dit, il « *n'est pas investi du pouvoir de prendre des mesures coercitives contre les États*[2094] » mais, ne dispose que du seul recours d'« informer » son organe de tutelle (le Conseil de sécurité) qui peut éventuellement user de ses prérogatives politiques pour convaincre ou contraindre l'État réticent. Pour autant, les dispositions des articles 7, 59 (B) et 61 (E) du RPP[2095] ne suffisent pas à contrecarrer la mauvaise volonté des États de collaborer avec les tribunaux pénaux *ad hoc*. En cas de refus de coopération, le régime de sanction prévu semble manifestement inefficace dans la mesure où l'action du Conseil de sécurité s'est toujours limitée à des menaces « d'adoption de mesures d'ordre économique[2096] » ou à un simple rappel fait aux États de mise en conformité de leurs dispositifs législatifs internes.

1058. Or, à notre connaissance, aucun État n'a fait l'objet de sanction pour défaut de coopération avec les tribunaux internationaux. Cette carence explique dans une certaine mesure pourquoi l'exécution des décisions du TPIR a parfois posé des difficultés, bien que ce Tribunal représente une véritable

---

[2092] Néanmoins, la Charte des Nations Unies, dont certaines dispositions ont une valeur coutumière, n'ignore pas la situation des États non membres qui sont visés notamment à l'article 2, § 6 aux termes duquel, « *L'Organisation fait en sorte que les États qui ne sont pas membres des Nations Unies agissent conformément à ces principes dans la mesure nécessaire au maintien de la paix et de la sécurité internationale* ». A ce propos, cf. MAHIOU Ahmed, « Commentaire de l'article 2 paragraphe 6 », pp. 133 à 139, in COT Jean-Pierre et PELLET Alain, *La Charte des Nations Unies*, Commentaire *article par article*, Paris, Economica, 1991, 2e édition, 1571 p. Sur la même question, se référer à la résolution 3074 de l'Assemblée générale des Nations Unies du 3 décembre 1973 énonçant des principes de la coopération internationale en ce qui concerne le dépistage, l'arrestation, l'extradition et le châtiment des individus coupables, de crimes de guerre et crimes contre l'humanité.

[2093] Cf. art. 58 du Règlement des TPI qui précise que « *les obligations énoncées à l'article 28 du Statut prévalent sur tous les obstacles juridiques que la législation nationale ou les traités d'extradition auxquels l'État est partie pourraient opposer à la remise ou au transfert de l'accusé au tribunal* ».

[2094] Le principe a été posé par la Chambre d'appel du TPIY dans son arrêt du 29 octobre 1997, *Le Procureur c/ Tihomir Blaškić*, « arrêt relatif à la requête de la République de Croatie aux fins d'examen de la décision de la Chambre de première instance II rendue le 18 juillet 1997 », §§ 25 et 33. Décision disponible sur http://www.icty.org/x/cases/blaskic/acdec/fr/71029JT3.html

[2095] Cf. art. 7*bis*, 59 (B) et 61 (E) du Règlement de procédure et de preuve des deux TPI *ad hoc*.

[2096] Sur ce point, cf. MBADINGA ITSOUHOU Mousounga, « Variations des rapports entre les juridictions pénales internationales et les juridictions nationales dans la répression des crimes internationaux », *op. cit.*, pp. 1228-1229.

institution supranationale qui s'impose aux États. Dans la pratique, même si plusieurs pays ont participé à l'arrestation des plus hauts responsables du génocide des Tutsi, le principe de la primauté absolue du Tribunal international sur les juridictions nationales a été singulièrement mis à mal par certains acteurs récalcitrants comme le Rwanda en certaines occasions. Il en résulte un bilan plutôt contrasté de la coopération internationale.

B. La coopération entre les États et le TPIR : un bilan contrasté

1059. La concrétisation de la répression pénale internationale dépend en partie de la volonté politique des États. C'est ainsi que le Conseil de sécurité des Nations Unies appelle à la coopération effective des États avec les TPI en adaptant leur législation interne à cette exigence si nécessaire. Au-delà des normes définies dans le Statut et Règlement des Tribunaux internationaux, plusieurs États ont volontairement adopté de nouvelles lois destinées à réglementer et à faciliter la coopération avec les tribunaux *ad hoc*[2097]. Pour autant, l'adoption d'une législation adéquate ne garantit pas forcément qu'un État s'acquitte de ses obligations internationales.

1060. Si l'étendue de la coopération étatique a fait l'objet de précisions intéressantes dans la jurisprudence du TPIR, encore faut-il analyser comment les États ont mis en œuvre une telle coopération. Celle-ci couvre un champ d'application très large, c'est-à-dire qu'elle doit s'étendre à toutes les phases de la procédure, dès le stade des recherches et des enquêtes du Procureur, pendant tout le déroulement du procès et après que le verdict soit rendu. Par ailleurs, l'enjeu le plus important dans la coopération étatique est sans doute la recherche des éléments de preuve sur le territoire duquel les crimes ont été commis (1) et l'arrestation des suspects réfugiés dans différents pays (2). L'obligation pour les États de fournir au Tribunal international des documents a été longuement évoquée dans la jurisprudence du TPIR à propos de ses relations complexes avec le gouvernement rwandais.

[2097] En décembre 1995, la Suisse a adopté un arrêté fédéral relatif à la coopération avec le TPIY et le TPIR. La coopération comprend essentiellement la transmission spontanée de renseignements et de moyens de preuve ; le dessaisissement des juridictions suisses, le transfèrement des personnes poursuivies, l'entraide et la délégation de l'exécution des peines. En ce sens, cf. ZIMMERMANN Robert, *La coopération judiciaire internationale en matière pénale,* Bruylant, Bruxelles, 2e édition, p. 73. Dans le même sens, cf. loi américaine du 10 février 1996 relative à l'application des accords du 5 octobre 1994 et du 25 janvier 1995 avec le TPIY et le TPIR ; la loi française du 22 mai 1996 portant adaptation de la législation française aux dispositions de la résolution du Conseil de sécurité instituant le TPIR (JORF, 26 mai 1996) et la circulaire du 22 juillet 1996 relative à cette loi (JORF, 31 août 1996). Il en est de même de la Belgique qui a adopté la loi du 22 mars 1996 relative à la reconnaissance du TPIY et du TPIR et à la coopération avec ces tribunaux. À propos de cette législation, voir commentaires de Damien VANDERMEERSCH, « La loi du 22 mars 1996 relative à la reconnaissance du Tribunal international pour l'ex-Yougoslavie et du Tribunal international pour le Rwanda et à la coopération avec ces tribunaux », *Revue de droit pénal et de criminologie,* 1996, pp. 855-888.

1) Un début de coopération complexe entre le TPIR et l'État rwandais

1061. Au regard de la méthode de création du TPIR par une résolution du Conseil de sécurité, les États se voient imposer une obligation juridique *erga omnes* de respecter les ordonnances et décisions du tribunal. Ainsi, lors de sa 4674e séance :

> *« le Conseil de sécurité rappelle à tous les États, notamment aux Gouvernements rwandais et yougoslave, qu'ils sont strictement tenus, en vertu de ses résolutions 955 (1994) et 827 (1993) et des statuts des Tribunaux, de coopérer pleinement avec les Tribunaux et leurs organes, et qu'ils ont notamment le devoir de donner suite aux demandes des Tribunaux pour ce qui est de l'arrestation ou de la détention des accusés et de leur remise ou transfèrement aux Tribunaux, de mettre les témoins à la disposition des Tribunaux et de contribuer aux enquêtes que mènent les Tribunaux[2098]. »*

1062. Cette disposition fait ressortir deux formes de coopération dites passive et active[2099]. Dans le premier cas de figure, l'État met son territoire à disposition du Tribunal international, afin qu'il puisse agir sur place et rassembler toutes les preuves nécessaires[2100]. Quant à la coopération active, elle consiste à offrir à la juridiction internationale l'appui de la police et des tribunaux nationaux, en partageant les informations détenues par ceux-ci ou en recherchant activement les éléments nécessaires à l'enquête internationale. À cet effet, la particularité du génocide des Tutsi fait que le bon déroulement des procès devant le TPIR repose essentiellement sur la coopération de l'État rwandais pour la réunion des éléments de preuves ainsi que la comparution des témoins et des victimes.

1063. Une telle collaboration n'a pas toujours été harmonieuse même si la création du Tribunal international émane, à l'origine, d'une demande du Rwanda. En effet, les cinq premières années suivant le fonctionnement du Tribunal ont été rendues difficiles par le défaut de coopération du gouvernement rwandais de transition. Si dans certaines affaires le Procureur invoque fermement la primauté prévue par l'article 28 du Statut du TPIR, dans d'autres, il cède aux pressions du nouveau régime rwandais post-génocide[2101]. Sans qu'il soit besoin d'évoquer ici toutes les difficultés qui ont résulté de cette relation houleuse, il convient d'en rappeler les étapes essentielles. C'est surtout la lenteur des procès, la perception d'une « justice à deux vitesses[2102] »

[2098] Déclaration du Président du Conseil de sécurité, 18 décembre 2002, Doc S/PRST/2002/39, § 5, disponible sur http://www.un.org/fr/sc/documents/search.shtml

[2099] DESPLAND Delphine, « La procédure de coopération des États à l'égard des TPI et de la CPI », in MOREILLON Laurent et al, *Droit pénal humanitaire*, 2e édition, *op. cit.*, p. 350.

[2100] Dans le cas du génocide du Rwanda par exemple, la collecte des éléments de preuve dépend de l'accès au lieu des massacres (églises, établissements publics, fosses communes, etc.).

[2101] Tel est le cas de l'affaire *Karamira*, un fugitif extradé par les autorités éthiopiennes vers le Rwanda où il fut jugé, condamné, puis exécuté publiquement en février 1998. Sur ce point, cf. COTÉ Luc, « Le Tribunal pénal international pour le Rwanda : un Tribunal dans la tourmente », *L'Afrique des Grands Lacs,* Annuaire 2005-2006, p. 426, pp. 415-442.

[2102] Selon Frédéric Mégret, *op. cit.*, p. 76.

et les graves dysfonctionnements au sein de l'administration du Tribunal international et du bureau du Procureur qui, pendant une longue période, alimentent le malaise entre le Rwanda et le TPIR[2103].

1064. Le second point de discorde est la révélation publique de la présence de suspects de génocide au sein de certaines équipes de la défense à Arusha et des allégations de mauvais traitement des témoins[2104]. Mais l'un des principaux points de friction émane surtout de l'arrêt de la Chambre d'appel du TPIR qui met fin aux poursuites contre Jean Bosco Barayagwiza, un ancien diplomate rwandais accusé d'avoir joué un rôle crucial dans la planification et l'extermination des Tutsi[2105]. Cette décision est formellement critiquée par le gouvernement rwandais qui, à l'époque, annonce la « suspension » de sa coopération avec le Tribunal international en l'accusant de partialité[2106]. Certes, il peut paraître « absurde » que les dirigeants Tutsi rwandais, ceux-là mêmes qui avaient mis fin au génocide, aient cherché à bloquer les procédures judiciaires entamées devant le TPIR. Pourtant, dans un rapport adressé au Conseil de sécurité en juillet 2002, le Procureur du TPIR accuse le gouvernement rwandais d'avoir empêché les survivants du génocide de se rendre au siège du Tribunal international pour témoigner[2107]. Ce qui a entraîné

[2103] Dès le début du mandat du TPIR, le gouvernement rwandais de transition perçut le Procureur comme un « compétiteur » dans la recherche des principaux suspects du génocide, remettant ainsi en cause le principe de la primauté du Tribunal international sur les juridictions nationales. Par exemple, l'État rwandais avait formulé une demande d'extradition auprès de la justice camerounaise pour juger celui qui est considéré comme le « cerveau du génocide », le colonel Bagosora arrêté en mars 1996 au Cameroun. L'ancien Procureur du TPIR Richard Goldson annonçait clairement qu'il revenait au Tribunal international de juger le prévenu. Pour une étude approfondie, cf. GUILLOT Philippe, « Les relations entre le Rwanda et le TPIR », in BURGOGUE-LARSEN Laurence (dir.), *La répression internationale du génocide rwandais,* collection du CREDHO n°4, *op. cit.* p. 30 et s.

[2104] D'importantes contradictions ont été soulevées sur la question du traitement et de la protection des témoins devant le TPIR. A ce propos, cf. rapport publié par International Crisis Group, « Tribunal Pénal International pour le Rwanda : Le Compte à Rebours », rapport Afrique n° 50, 1er août 2002, pp. 10-13.

[2105] Selon les enquêtes menées par le bureau du Procureur du TPIR, *Barayagwiza* était le fondateur du Comité pour la défense de la République (CDR), un parti extrémiste qui s'efforçait de rallier les Hutu de toutes sensibilités politiques à la lutte contre les Tutsi. Il fut arrêté et incarcéré par les autorités camerounaises en mars 1996 avant d'être transféré à la prison d'Arusha du TPIR où il est resté en détention préventive pendant une longue période. Cependant, la Chambre d'appel statua en faveur de l'accusé, considérant qu'il a été victime de violations graves et répétées de ses droits au cours de la procédure préalable à son procès (TPIR, Chambre d'appel, arrêt *Barayagwiza,* affaire n°ICTR-97-19-AR72, 3 novembre 1999, §§ 105 à 112).

[2106] Cf. rapport International Crisis Group (ICG), « Tribunal Pénal International Pour le Rwanda : l'urgence de juger », 7 juin 2001, p. 24 et s.

[2107] Le Procureur du TPIR se plaignait notamment de la difficulté d'obtenir la pleine coopération des autorités rwandaises dans le cadre de ses enquêtes. À l'époque, il explique en quoi le fait de ne pouvoir disposer de témoins en provenance du Rwanda risquait de porter atteinte à la capacité même du Tribunal international de s'acquitter de son mandat. Toutefois, ces allégations sont démenties par le représentant permanent du Rwanda auprès des Nations Unies dans une lettre adressée au Président du Conseil de sécurité le 26 juillet 2002. Cf. Document officiel des

aux mois de mai et juin 2002 l'ajournement de trois procès, retardés de plusieurs mois par les juges d'Arusha, faute de pouvoir entendre des témoins à charge[2108]. Le risque d'une paralysie de l'activité du Tribunal fut réel, car la preuve se faisait essentiellement par témoignage.

1065. Durant le conflit rwandais, les exactions ont été commises devant des témoins directs. Dès lors, la déposition d'un certain nombre de témoins rwandais était indispensable à l'accusation dans les procès des génocidaires présumés. À ce titre, le Procureur a la charge d'identifier les témoins importants, de recueillir leur témoignage, de s'assurer de la cohérence et de la fiabilité des dépositions. Cette tâche considérable ne peut s'effectuer en soi sans une parfaite collaboration des autorités rwandaises. D'ailleurs, il apparaît dans les Statuts du Tribunal international l'expression « coopération et entraide judiciaire »[2109].

1066. Pour aller plus loin, la Chambre d'appel du TPIR qualifie la collaboration des États membres des Nations Unies d'« obligation impérative »[2110] tout en rappelant que, « *[...] si un quelconque gouvernement décidait pour une raison ou une autre de ne pas coopérer avec le tribunal, ce dernier en saisirait le Conseil de sécurité* [2111]», comme le prévoit le Règlement (art. 59 et 61). Malgré une telle menace[2112], aucune sanction n'a été prise à l'égard du gouvernement rwandais, si ce n'est une déclaration plutôt laconique de portée générale émise par le Conseil de sécurité des Nations Unies[2113]. La seule issue favorable pour le TPIR consistait à recourir à la voie diplomatique pour surmonter les obstacles liés au défaut de coopération de l'État rwandais[2114]. En réponse aux critiques formulées par les autorités de Kigali[2115],

---

Nations Unies, S/2002/842, pp. 3 et 4. Voir aussi rapport établi par le Procureur du TPIR (29 juillet 2002, doc. S/2002/847, § 4 et lettre du 14 août 2002 adressée au Président du Conseil de sécurité, S/2002/938, § 2). Les rapports adressés par le TPIR au Conseil de sécurité sont disponibles sur http://www.un.org/fr/sc/documents/search.shtml.

2108 Les demandes adressées aux autorités rwandaises pour le transfèrement des témoins se sont révélées infructueuses. Cf. rapport du 29 juillet 2002, documents officiels des Nations Unies, S/2002/847, § 3. Cf. aussi rapport adressé au Conseil de sécurité par la Présidente du TPIR, 13 août 2002, S/2002/923, § 12.

2109 Art. 28 Statut TPIR.

2110 TPIR, arrêt *Barayagwiza*, 3 novembre 1999, § 60, *supra*, note 2105.

2111 TPIR, Chambre d'appel, arrêt (demande en révision du Procureur ou réexamen), *Jean Bosco Barayagwiza,* affaire n°ICTR-97-19-AR72, 31 mars 2000, § 34. À noter toutefois que les deux décisions rendues par la Chambre d'appel respectivement en 1999 et 2000 sont contradictoires.

2112 Cf. rapport adressé au Conseil de sécurité par la Présidente du TPIR qui dénonçait la défaillance du Rwanda à remplir son obligation de coopération, *supra,* note 2107.

2113 Cf. Déclaration du Président du Conseil de sécurité des Nations Unies, 18 décembre 2002, Document officiel des Nations Unies, S/PRST/2002/39, disponible en ligne : www.un.org.

2114 Ce qui n'était pas le cas pour le TPIY. Comme le démontre l'expérience de l'ex-Yougoslavie, les États concernés par les poursuites (exemple de la Croatie) ne mettaient guère d'enthousiasme à exécuter les décisions rendues par le Tribunal de La Haye. D'ailleurs, dans l'affaire *Karadzic et autres,* la Chambre de 1re instance avait conclu au refus de coopération de la République fédérale de Yougoslavie et de l'administration des Serbes de Bosnie, « laissant le soin au Président du Tribunal d'en informer le Conseil de sécurité » (TPIY, Chambre de première instance, *Le Procureur c/ Radovan Karadzić et Ratko Mladic*, « examen des actes

le Tribunal international a noué un dialogue constructif. Ainsi, d'importants efforts furent déployés par les juges et le Procureur du TPIR afin de convaincre le gouvernement rwandais d'apporter une aide concrète pour l'exécution du mandat du Tribunal international.

1067. D'une part, la Chambre d'appel était revenue sur sa décision d'acquittement en faveur de *Barayagwiza,* à la suite d'un recours en révision déposé par le Procureur Carla Del Ponte[2116]. Toutefois, le revirement opéré dans cette affaire peut être interprété comme le résultat des pressions politiques exercées par le régime de Kigali[2117], même si la Chambre d'appel qualifiait le TPIR d'« *organe judiciaire indépendant, dont les décisions sont exclusivement fondées sur la justice et le droit*[2118] ». D'autre part, pour protéger l'intégrité du processus judiciaire devant le Tribunal international, le greffier du Tribunal avait annoncé la rupture du contrat de quatre enquêteurs recrutés par des équipes de la défense et soupçonnés d'avoir participé au génocide[2119]. De même, des représentants du Tribunal international se sont rendus à intervalles réguliers au Rwanda[2120]. La méthode ainsi employée a porté ses fruits dans la mesure où le gouvernement rwandais a fini par admettre qu'il était de son intérêt de coopérer avec le Tribunal international pour que les personnes soupçonnées de participation au génocide soient interpellées et jugées[2121].

1068. En tout état de cause, les autorités rwandaises ne pouvaient à la fois prétendre à la réconciliation nationale et bloquer sciemment les procès devant

---

d'accusation dans le cadre de l'article 61 du Règlement de procédure et de preuve », affaire n°IT-95-5-R61, IT-95-18-R61, 11 juillet 1996, §§ 96 à 101).

2115 L'ensemble de ces critiques est énuméré dans la lettre adressée au Président du Conseil de sécurité par le représentant permanent du Rwanda auprès de l'ONU (Doc Nations Unies, S/2002/842).

2116 Le Procureur considérait qu'il était inconcevable qu'un accusé puisse échapper à la justice internationale sur la base d'un simple vice de procédure. La Chambre d'appel suspendit l'ordre de libération de Barayagwiza avant de le condamner à une peine de 25 ans d'emprisonnement dans un arrêt rendu le 31 mars 2000. Cf. *supra*, note 2111.

2117 Pour plus de détails sur cette question, cf. DEL PONTE Carla, *La traque, les criminels de guerre et moi,* Éditions Héloïse d'Ormesson, 2009.

2118 *Idem,* § 34.

2119 Cf. *supra*, rapport International Crisis Group, « Tribunal Pénal International Pour le Rwanda : le Compte à Rebours », note 2104, p. 10.

2120 Cf. *supra*, rapport International Crisis Group, « Tribunal Pénal International Pour le Rwanda : l'urgence de juger », note 2106, p. 25 et s.

2121 Même si le Rwanda est le principal concerné dans la recherche des éléments de preuve matérielle ou testimoniale, des demandes de communication de preuve ont été adressées aux autorités françaises et belges. Dans cette perspective, la jurisprudence de la Chambre d'appel pose le principe selon lequel, « *les États ne peuvent pas retenir des documents en raison de préoccupations liées à leur sécurité nationale, mais le Tribunal ne doit pas faire abstraction des préoccupations légitimes de l'État, notamment celles se rapportant à sa sécurité internationale...* » (TPIR, Chambre III, *Le Procureur c/ Karemera et autres*, « décision sur la requête de Joseph Nzirorera aux fins d'obtenir la coopération du Royaume de Belgique », affaire n°ICTR-98-44 T, 10 décembre 2009, § 2 ; TPIR, Chambre II, *Le Procureur c/ Augustin Ngirabatware*, « décision relative à la requête du Procureur tendant à faire solliciter la coopération de la France par voie d'ordonnance », affaire n°ICTR-99-54-T, 30 mars 2011).

le TPIR. Cela étant, l'ensemble des démarches entreprises par le TPIR visant à préserver ou renforcer ses relations avec le gouvernement du Rwanda reflète bien la difficulté à superposer un Tribunal international à la souveraineté d'un État. C'est tout le paradoxe qu'on retrouve au niveau de la justice pénale internationale du fait qu'elle dépend étroitement du pouvoir politique, alors qu'elle devrait constituer elle-même un pouvoir indépendant.

1069. Bien que les relations entre le TPIR et le Rwanda se soient stabilisées après un an de tourmente, il faut toutefois admettre que derrière leurs rapports de force se cachait un enjeu beaucoup plus important. Il s'agit de l'enquête spéciale ouverte par le Bureau du Procureur du TPIR sur des crimes qu'auraient commis en 1994 les Tutsi du Front patriotique rwandais (parti politique au pouvoir depuis la fin du génocide). Si Carla Del Ponte voulait dans le cadre de l'exercice de ses fonctions que justice soit faite pour tous les camps du conflit rwandais, le silence du nouveau Procureur (Hassan Bubacar Jallow) laisse entrevoir que les exactions commises par les militaires du FPR ne feront pas l'objet de poursuites devant le TPIR. Du moins, jusqu'à ce jour où la fin des activités du TPIR est annoncée pour décembre 2014, sa compétence est limitée aux actes de génocide commis par l'ancien régime rwandais déchu[2122]. Cette forme de justice pénale « sélective » demeure une question controversée et ne cessera d'entacher la crédibilité du Tribunal international.

1070. Au-delà de ce contexte politique que nous ne pouvons sous-estimer, il s'avère nécessaire de rappeler que le besoin de coopération du TPIR avec les États ne se limite pas à celui du Rwanda pour garantir l'effectivité de ses actes juridictionnels et l'efficacité de son rôle judiciaire. Certes, les questions relatives aux témoignages et à la communication des preuves matérielles occupent une place importante dans l'entraide judiciaire. D'un autre côté, l'arrestation et la détention préventive des fugitifs expriment en réalité le degré le plus élevé d'assistance dans le cadre de la coopération avec les juridictions pénales internationales. C'est aussi dans ce domaine que subsistent les résistances les plus préjudiciables pour lutter contre l'impunité des crimes commis contre le droit international. Mais pour notre part, il peut être légitime d'affirmer que le succès du TPIR s'explique en partie par la pleine coopération des États sur le territoire desquels les personnes accusées ou suspectées ont pu être appréhendées.

[2122] Cependant, le président rwandais Paul Kagamé était formellement opposé aux enquêtes sur les crimes commis par les militaires du FPR, considérant d'une part que ces poursuites favorisaient la thèse d'un double génocide au Rwanda et d'autre part, les juridictions rwandaises auraient déjà sanctionné de tels crimes. Mais une telle hypothèse reste encore à vérifier. En ce sens, cf. DEL PONTE Carla, *op. cit.*, pp. 371 à 395.

2) *Une coopération globalement satisfaisante dans l'exécution des mandats d'arrêt internationaux*

1071. Les Tribunaux pénaux *ad hoc* pour le Rwanda et l'ex-Yougoslavie ne peuvent passer outre la présence des accusés au procès, car ils écartent toute possibilité de jugement par contumace. Dans cette perspective, la remise des personnes mises en cause[2123] apparaît comme la condition *sine qua none* de l'efficacité de la justice pénale internationale. Dans le cadre de la répression des violations graves du droit international humanitaire, les États membres des Nations Unies ont l'obligation d'arrêter les personnes désignées ou réclamées par les TPI[2124]. Ce faisant, l'exécution de mandats d'arrêt constitue un des actes les plus coercitifs, quel que soit le régime juridique concerné.

1072. L'absence de coopération de l'État requis dans ce domaine paralyse en outre l'action publique. C'est pourquoi l'arrestation et la remise sont souvent présentées par la doctrine comme le *nœud gordien* de la justice pénale internationale[2125]. Il s'agit de deux formes d'assistance qui illustrent avec acuité la tension qui peut exister entre la coopération obligatoire des États et la prise en compte du standard minimum de protection des droits de l'homme ou des justiciables. Dans cette hypothèse, le Règlement des Tribunaux *ad hoc* prévoit la possibilité d'un recours introduit par les suspects en cas de violation des garanties internationalement reconnues contre la privation arbitraire de liberté[2126].

1073. Par ailleurs, lorsque l'irrégularité de la détention dépasse un seuil de gravité, le Tribunal international peut exceptionnellement renoncer à l'exercice des poursuites et ordonner des mesures d'indemnisation pour la personne détenue illégalement. L'expérience du TPIR en est une parfaite illustration

---

[2123] La remise d'un individu à une juridiction internationale, également appelé « transfert », est un concept développé par les Tribunaux pénaux *ad hoc* et repris par la Cour pénale internationale. Cette procédure, qui met en cause les relations entre États souverains et juridictions internationales, doit être distinguée de l'extradition, définie comme « l'acte par lequel un gouvernement livre un individu prévenu d'un crime ou d'un délit commis hors de son territoire à un autre gouvernement qui le réclame pour le faire juger et punir » (CALVO Carlos, *Dictionnaire manuel de diplomatie et de droit international public et privé,* New Jersey, Lawbook Exchange, 2009, p. 183).

[2124] Art. 28 et 29, § 2 (d et e) des Statuts respectifs du TPIR et du TPIY. Cf. aussi articles 55 à 61 du Règlement de procédure de preuve (RPP) des deux TPI.

[2125] UBEDA-SAILLARD Muriel, « L'obligation de coopérer avec les juridictions internationales », in ASCENSIO Hervé et al, *Droit international pénal,* Paris, Pedone, 2012, p. 1152 et s. Dans le même sens, cf. thèse de doctorat (la coopération des États avec les juridictions pénales internationales) soutenue le 4 décembre 2009 à l'université Paris-Ouest Nanterre La Défense.

[2126] En vertu de l'article 40 du Règlement de procédure et de preuve des TPI, le Procureur peut solliciter la coopération de tout État en vue de l'arrestation provisoire des suspects et/ou accusés en cas d'urgence, c'est-à-dire dans l'hypothèse où l'attente de la délivrance et de la transmission d'un mandat d'arrêt en bonne et due forme serait rédhibitoire pour l'arrestation effective du fugitif. Celui-ci est placé en détention préventive, en attendant de comparaître devant l'instance judiciaire qui statuera sur son transfèrement (cf. article 627-6 du Code de procédure pénale français).

comme en témoigne l'affaire *Barayagwiza* dans laquelle la Chambre d'appel avait conclu à un vice de procédure, avant d'exiger la libération immédiate du détenu[2127]. Même si la demande de transfert obéit à des conditions de fond et de forme[2128], elle dépendra également de la bonne volonté des États [2129]. À cet égard, le nombre d'arrestations et de transferts des suspects vers le TPIR s'est considérablement accru au fil des années, marquant une meilleure coopération des États (en particulier africains).

1074. Les arrestations visant des dirigeants politiques rwandais accusés de génocide ont été effectuées dans dix-sept pays différents[2130]. Le Kenya a arrêté

[2127] Cf. *supra,* décisions du 3 novembre 1999 et du 31 mars 2000 rendues par la Chambre d'appel du TPIR, *Jean Bosco Barayagwiza,* n°ICTR-97-19-AR7), notes 2105 et 2111.

[2128] D'un point de vue formel, la demande de transfert ne peut intervenir qu'après confirmation de l'acte d'accusation par la Chambre de première instance (art. 18 Statut TPIR et art. 40 du Règlement). Sur le fond, la requête ne peut être sollicitée par le Procureur que dans l'hypothèse où il estime détenir suffisamment d'éléments à charge pour justifier la comparution d'une personne. À titre d'exemple, cf. TPIR, *Le Procureur c/ Laurent Semanza* (ordonnances aux fins de transfert et de placement en détention provisoire), affaire n°ICTR-97-20-DP, 3 mars 1997. Sur la même question, cf. Chambre III, Décision sur « requête en annulation de la procédure d'arrestation et de détention de Laurent Semanza pour cause d'illégalité », affaire n°ICTR-97-20-I, 6 octobre 1999.

[2129] Dans un cadre général, les lois d'adaptation ou d'application des Statuts du TPIR et du TPIY ne tirent pas toujours les conséquences de la primauté des TPI sur les juridictions nationales et organisent des procédures de contrôle qui nuisent souvent à la qualité de la coopération. En effet, les juges internes se sont souvent reconnus (implicitement) compétents pour examiner des décisions émanant du TPIR. Par exemple dans l'affaire *Emmanuel Rukundo,* le tribunal fédéral suisse considérait que l'État ne soutiendrait pas une demande de transfert de l'accusé vers Arusha si la procédure n'était pas conforme aux standards les plus élevés en matière de droit de l'homme en l'occurrence la Conv EDH et le Pacte international relatif aux droits civils et politiques. Une fois les conditions remplies, l'accusé a été transféré vers le TPIR où il a été jugé et condamné (Tribunal fédéral suisse Chambre d'accusation, affaire *Rukundo,* 10 août 2001 ; TPIR, Chambre d'appel, arrêt, *Emmanuel Rukundo*, affaire n°ICTR-2001-70-A). Contrairement à la France, un contrôle plus strict est exercé par rapport aux demandes d'arrestation et de remise formées par le TPIR. Dans deux arrêts rendus par la Cour d'appel de Paris, celle-ci refusa d'exécuter les mandats d'arrêt visant un prêtre rwandais (Wenceslas Munyeshyaka) et un ancien préfet (Laurent Bucyibaruta), au motif que les actes d'accusation établis par le Procureur international étaient entachés d'illégalité. Finalement, à l'issue d'un accord passé entre le TPIR et les autorités françaises, les deux affaires sont renvoyées devant les juridictions françaises dans le cadre de la stratégie d'achèvement des travaux du TPIR (cf. arrêt donnant avis sur le mandat d'arrêt délivré par le Tribunal pénal international pour le Rwanda aux autorisations françaises aux fins d'arrestation et de détention, Cour d'appel de Paris, Huitième Chambre de l'instruction, arrêts du 25 juillet 2007 et du 1er août 2007, dossiers n°2007/04254 et 2007/04252. En ce sens, http://www.ictrcaselaw.org/Homefr.aspx

[2130] Les États africains ont livré 38 suspects en 1997, un an après l'ouverture des procès devant le TPIR. Afrique du Sud (1), Bénin (2), Burkina Faso (1), Cameroun (9), Côte d'Ivoire (2), Kenya (13), Mali (1) Namibie (1), Tanzanie (1), Togo (2), Suisse (1), Zambie (3). Dans la même dynamique, des États européens et les États-Unis ont également livré des suspects au Tribunal. Il s'agit notamment de la Belgique (3), Danemark (1), Grande-Bretagne (1), Suisse (1), France (3), États-Unis (1). Sur ce bilan, cf. TAVERNIER Paul, in BURGOGUE-LARSEN Laurence, *La répression internationale du génocide rwandais, op. cit.,* p. 15. Pour le cas de la France, malgré la contestation des faits pour lesquels les suspects sont accusés, la Cour de cassation française a rejeté les pourvois formés contre les décisions de remise. Au cours de l'année 2000,

en une seule journée treize leaders rwandais lors d'un coup de filet planifié par le Procureur du TPIR Louise Arbour[2131]. Paradoxalement, ces arrestations mettent parallèlement en lumière la persistance des protections dont bénéficient certains criminels[2132]. Dans cette dynamique, les États-Unis ont pratiqué une forme originale de coopération en offrant une récompense financière (5 millions de dollars) à toute personne qui fournirait des renseignements permettant d'arrêter un suspect recherché par le TPIR ou le TPIY[2133]. Toutefois, il s'est révélé que ce programme fut plus porteur d'espoirs dans la recherche des suspects rwandais et n'a guère été fructueux pour l'arrestation des criminels de guerre inculpés par le Tribunal pour l'ex-Yougoslavie[2134].

1075. Il est vrai qu'à ce jour, sur les 93 personnes mises en accusation par le TPIR pour violations graves du droit international humanitaire au Rwanda en 1994, 9 sont toujours en fuite. Néanmoins, la question des fugitifs, aussi préoccupante soit-elle dans le contexte de l'achèvement des travaux du Tribunal, ne doit pas occulter le bilan plutôt positif de la coopération des États en la matière. Enfin, faut-il encore rappeler que le TPIR ne dispose pas d'établissement pénitentiaire pour que les condamnés puissent exécuter leur peine. Dans cette perspective, des accords ont été signés avec plusieurs États membres des Nations Unies[2135].

1076. En dernière analyse, il peut être légitime de s'interroger sur la portée réelle du principe de primauté des TPI sur les juridictions nationales[2136].

---

deux Rwandais réfugiés sur le territoire français ont été remis au TPIR. Il s'agit de François-Xavier Nzuwonemeye (un ex-officier de l'armée rwandaise) et Jean de Dieu Kamuhanda, ex-ministre de l'Enseignement supérieur). Puis, le 5 juin 2008, Dominique Ntawukulilayo, un ancien sous-préfet est transféré vers le TPIR (Bulletin des arrêts de la Cour de cassation n°1, Chambre criminelle, *JO* de la République française, janvier 2000, pourvoi n°00-81874 ; TPIR, Chambre III, *Ntawukulilayo*, affaire n°ICTR-05-82-T, jugement portant condamnation, 3 août 2010, pp. 171-175).

[2131] En ce sens, cf. DEL PONTE Carla, *op. cit.*, pp. 114-115.

[2132] À ce titre, le Kenya est accusé d'avoir toujours protégé l'un des fugitifs les plus recherchés par le TPIR (Félicien Kabuga), un homme d'affaires rwandais. Cf. International Crisis Group, « Tribunal pénal international pour le Rwanda : l'urgence de juger », rapport Afrique n° 30, 7 juin 2001, p. 16 et s. Sur le même sujet, voir la lettre adressée au président du Conseil de sécurité par le Procureur du TPIR dans laquelle ce dernier considérait que le niveau de coopération du Kenya et de la RDC n'est pas à la hauteur de leurs obligations juridiques (Nations Unies, Conseil de sécurité, docs/2008/356, « Lettre datée du 3 juin 2008, adressée au Président du Conseil de sécurité par le Secrétaire général », p. 3).

[2133] À l'origine, cette mesure ne visait que l'arrestation des accusés du TPIY. Mais le Sénat puis la Chambre des Représentants ont entériné un amendement qui étend le programme de primes aux suspects du TPIR. C'est ainsi qu'une nouvelle loi a été signée le 2 octobre 2000 par le président Clinton. Cf. International Crisis Group, « Tribunal pénal international pour le Rwanda : l'urgence de juger », *supra*, note 2106, pp. 21-22.

[2134] *Ibid.*

[2135] C'est le cas notamment du Mali et du Bénin où la plupart des condamnés purgent actuellement leur peine. Des accords ont également été signés avec six autres pays, dont le Swaziland, la France, l'Italie, la Suède, le Rwanda et le Sénégal.

[2136] À cet égard, la critique est aisée et quasi unanime en doctrine. Dans une certaine mesure, le principe de la primauté des TPI est assimilé « à un désaveu des justices nationales, qui se voient

Certes, le caractère *ad hoc* de ces Tribunaux et les garanties de bonne justice qu'elles sont supposées incarner justifient dans une certaine mesure que leur compétence l'ait emportée sur celle des juridictions nationales. Dans le même ordre d'idées, cette primauté est interprétée comme un moyen d'éviter tout risque de déni de justice au niveau interne. Or, comme nous avons pu l'observer, sans une pleine coopération des États, le mandat du TPIR était, dès le départ, voué à l'échec. En clair, primauté n'équivaut pas exclusivité. Au contraire, « *l'idée qui fonde la justice pénale internationale n'est pas de bâtir une justice supranationale excluant la justice nationale, mais de montrer l'exemple et de contribuer au rapprochement progressif entre les systèmes pénaux nationaux, donc à l'harmonisation*[2137] », précisait avec justesse Mireille Delmas-Marty.

1077. Au vu de toutes ces considérations, le principe de primauté tant proclamé par le Tribunal international est tempéré par des solutions qui privilégient la concurrence avec les juridictions nationales, aboutissant ainsi à la décentralisation progressive de la justice pénale internationale. Autrement dit, la fin annoncée du mandat du TPIR tout comme celui du TPIY a révélé la recherche d'un certain degré de complémentarité dans l'administration de la justice avec les juridictions internes. Une telle pratique se rapproche sensiblement de la voie qui est suivie par la Cour pénale internationale[2138].

SECTION 2 — LA RÉGULATION DES RAPPORTS ENTRE LE TPIR ET LES JURIDICTIONS NATIONALES

1078. Avant l'annonce de la fin des activités du TPIR, la coopération des États et le dessaisissement des juridictions nationales se faisaient à sens unique. La question de la *coopération inversée* s'est posée, mais il semble que le Tribunal international ne l'a jamais comprise dans un sens réciproque. Cette hypothèse est mise en évidence dans l'affaire *Ntuyahaga* où, un ancien officier des forces armées rwandaises, recherché par la justice internationale, s'est volontairement rendu au siège du TPIR pour prouver son innocence. Cependant, en l'absence d'éléments de preuve suffisants, le Procureur du TPIR sollicita le retrait de l'acte d'accusation initialement établi contre

---

privées de leur droit à juger au gré de la sélection effectuée par les TPI ». En ce sens, cf. TRIBOLO Julie, « L'articulation des compétences des juridictions internes avec celles des juridictions internationales », in ASCENSIO Hervé et al (dir.), *Droit international pénal,* 2e édition, *op. cit.*, p. 1047, n° 23.

2137 DELMAS-MARTY Mireille, « La Cour pénale internationale et les interactions entre droit international pénal et droit pénal interne », *RSC*, 2005, p. 476, pp. 473-480.

2138 Dans un entretien accordé par le Procureur du TPIR le 18 mai 2010 à Kigali, celui-ci considérait que la relation entre le TPIR et les juridictions nationales est fondée sur la concurrence et la coopération, « *en pratique, la primauté est devenue coopération. Cela signifie que le TPIR coopère sous forme de complémentarité* ».

l'intéressé ainsi que son transfert vers la Belgique[2139]. La Chambre de première instance fit droit à la première demande. Mais, elle a estimé qu'il n'entrait pas dans ses compétences d'ordonner qu'une personne soit remise à un État, car, sur le fondement de l'article 8 du Statut du TPIR, celui-ci ne pouvait se dessaisir au profit d'un État quelconque[2140].

1079. Il est clair qu'au-delà des arguments juridiques avancés, la coopération s'apparentait à un exercice dans le cadre duquel les autorités étatiques étaient non seulement tenues de répondre aux demandes ou aux injonctions du Tribunal, mais aussi, celui-ci leur refusait parfois le peu de renseignements qu'elles sollicitaient. En d'autres termes, il n'y a pas eu d'entraide judiciaire au sens de services rendus, à charge de réciprocité et, donc, sur un pied d'égalité[2141]. Le cadre conceptuel dans lequel opérait le Tribunal international était celui d'une coopération obligatoire des États qui se faisait à son seul avantage. En revanche, compte tenu de la durée limitée des fonctions du Tribunal, l'articulation de ses relations avec les États est désormais envisageable dans les deux sens. Ainsi, en mai 2004, le Règlement de procédure et de preuve du TPIR (article 11 *bis*) a fait l'objet d'une modification plus substantielle[2142] de manière à autoriser le renvoi aux juridictions nationales d'affaires dont les tribunaux internationaux s'étaient initialement saisis. Il s'agit d'une mesure préconisée par le Conseil de sécurité dans la stratégie d'achèvement des travaux des TPI qui, en même temps, prévoit la création d'un *Mécanisme* chargé d'assurer les fonctions résiduelles du TPIR et celles du TPIY.

1080. Dans le prolongement de l'activité menée par les tribunaux *ad hoc*, leur compétence respective est répartie entre les juridictions étatiques et le *Mécanisme résiduel* (**§ 1**). En effet, la stratégie d'achèvement de leurs travaux a engendré un mouvement inverse de dessaisissement de certaines affaires en faveur des juridictions nationales, accompagné d'une assistance technique. Cette nouvelle concurrence de juridictions s'effectue selon les normes liées au respect du droit de l'accusé à un procès équitable. Par conséquent, il est peu probable que le justiciable court le risque d'être poursuivi et/ou puni deux fois pour les mêmes faits. Dans le cas contraire, le principe *non bis in idem* (**§ 2**) apparaît comme un outil de résolution d'éventuels conflits de compétences entre juridictions pénales internes et internationales.

[2139] Le Royaume de Belgique avait demandé que l'accusé lui soit remis pour être jugé par ses propres tribunaux nationaux et que, à défaut, il soit confié à la Tanzanie. Sur cette question, cf. BAZELAIRE Jean-Paul et CRETIN Thierry, *La justice pénale internationale* : *Son évolution, son avenir de Nuremberg à La Haye*, Paris, PUF, 1re édition, 2000, p. 97.

[2140] TPIR, Chambre I, *Le Procureur c/ Bernard Ntuyahaga*, affaire n°ICTR-98-40-T, Décision faisant suite à la requête du Procureur aux fins de retrait de l'acte d'accusation, 18 mars 1999.

[2141] Nous faisons notamment référence à la Belgique qui a apporté un soutien sans faille au TPIR en se dessaisissant des poursuites pénales engagées contre trois accusés. Cf. affaires précitées (Ndayambaje et Bagosora), *supra*, notes 2077 et 2079.

[2142] C'est le 13e amendement du Règlement depuis son adoption en juin 1995.

§ 1–La répartition des compétences entre le *Mécanisme résiduel* et les juridictions nationales

1081. Six ans après l'ouverture du premier procès (affaire *Akayesu*), le TPIR était censé mettre fin aux enquêtes à la fin 2004, clôturer l'ensemble des procès en première instance à la fin 2008 et terminer l'ensemble de ses travaux en 2010[2143]. Toutefois, ces dates butoirs n'ont pas été respectées en raison de l'insuffisance de ressources et d'autres facteurs liés à la complexité des procédures judiciaires au niveau international[2144]. C'est dans cette perspective que le Conseil de sécurité a créé par sa résolution 1966 (2010)[2145], un Mécanisme spécial chargé d'exercer certaines fonctions essentielles des TPI (A). Sa principale mission consiste à juger les fugitifs faisant partie des principaux responsables des crimes commis au Rwanda et en ex-Yougoslavie. Les affaires impliquant des accusés de « rangs intermédiaires ou subalternes » sont renvoyées de préférence vers les juridictions nationales compétentes (B).

A. La transition du TPIR vers le Mécanisme résiduel

1082. Créé pour une période initiale de quatre ans[2146], le MTPI (ci-après « le Mécanisme ») est perçu comme « *une petite entité efficace à vocation temporaire*[2147] », succédant aux TPI dans leurs compétences matérielles, temporelles et personnelles[2148]. Il est régi par un Statut annexé à la résolution 1966 et un Règlement quasiment identique à celui des Tribunaux pénaux *ad hoc*. D'un point de vue organisationnel, le Mécanisme est divisé en deux sections. L'une exerce les fonctions résiduelles du TPIR (située à Arusha) et l'autre exerce celles du TPIY (située à La Haye)[2149]. Dans un souci d'efficacité et de coordination, les deux entités partagent les mêmes organes (Procureur, Chambre d'appel, Greffe, et un Haut responsable permanent[2150]), à

[2143] Cf. résolution 1503 (2003) adoptée par le Conseil de sécurité le 28 août 2003, Nations Unies, S/RES/1503 (2003), § 7 ; résolution 1534 (2004) adoptée le 26 mars 2004, Nations Unies, S/RES/1534 (2004), § 3.

[2144] Cf. lettre datée du 29 septembre 2003, adressée au Secrétaire général (Kofi Annan) par le président du TPIR. Nations Unies, Conseil de sécurité, Doc S/2003/946 (§§ 35-36 et § 43) consulté le 10 octobre 2013 sur le site www.unictr.org

[2145] Résolution 1966 (2010) portant création du Mécanisme international chargé d'exercer les fonctions résiduelles des Tribunaux pénaux internationaux pour l'ex-Yougoslavie (TPIY) et pour le Rwanda (TPIR), adoptée par le Conseil de sécurité à sa 6463e séance du 22 décembre 2010, S/RES/1966 (2010).

[2146] *Idem,* § 17.

[2147] *Idem*, p.2.

[2148] Cf. art. 1er du Statut du Mécanisme.

[2149] La date d'entrée en vigueur pour la division chargée des fonctions résiduelles du TPIR est le 1er juillet 2012 et celle du TPIY à une date plus récente (1er juillet 2013). Cf. résolution 1966 (2010) du Conseil de sécurité, *supra,* note 2145, § 1.

[2150] Il s'agit en l'occurrence du Président du Mécanisme (le juge *Theodor Meron)*, seul membre de l'institution nommé à temps plein. Il est chargé entre autres de coordonner le travail des Chambres et de superviser les activités du greffe (art. 11 Statut du Mécanisme).

l'exception d'une Chambre de première instance propre à chaque entité[2151]. Au total, 25 juges indépendants doivent en principe siéger auprès des deux divisions du Mécanisme, mais uniquement en fonction des besoins de l'institution[2152].

1083. À la lumière des considérations énoncées ci-dessus, l'intérêt de notre étude sera plus porté sur la Division du Mécanisme assurant les missions du TPIR (ci-après « Division du Mécanisme d'Arusha »). Pendant la période initiale du fonctionnement de cette nouvelle entité, le TPIR a clôturé tous les dossiers de première instance contre l'ensemble des 93 personnes mises en accusation. Ceci inclut 55 jugements concernant 75 accusés[2153]. Les procédures d'appel ont pris fin dans le cas de 46 personnes[2154]. Il était également prévu que toutes les affaires pendantes en appel devant le TPIR seraient tranchées avant la fin 2014, sauf celles de l'affaire *Butare* dont l'arrêt est attendu en juillet 2015[2155]. À l'issue de ce bilan, la transition du TPIR vers la Division du Mécanisme d'Arusha est déjà amorcée.

1084. Conformément au mandat qui lui a été confié, le Mécanisme a commencé ses travaux le 1er juillet 2012 avec l'entrée en activité de la Division d'Arusha, chargée d'exercer les fonctions résiduelles du TPIR. La plupart des fonctions judiciaires et pénales du Tribunal ont déjà été transférées vers cette nouvelle institution[2156]. L'une de ses principales missions a été de juger les personnes faisant partie « des plus hauts dirigeants » responsables des crimes perpétrés au Rwanda[2157]. Parmi eux, trois sont encore en fuite. Sur ce point, le juge de permanence de la Division du Mécanisme d'Arusha a déjà eu à trancher plusieurs requêtes confidentielles concernant ces trois fugitifs[2158]. Dans la même perspective, la Chambre d'appel du Mécanisme a rendu sa première décision par laquelle elle a rejeté une demande de commission d'office d'un conseil de la défense concernant une requête en révision[2159]. En l'espèce, la Chambre estimait que la requête était dépourvue de fondement, car

---

[2151] Art. 4 Statut du Mécanisme.

[2152] Art. 8 Statut du Mécanisme.

[2153] Cf. rapport sur la stratégie d'achèvement des travaux du TPIR (10 mai 2013), Nations Unies, Conseil de sécurité, S/2013/310, § 3, consulté le 10 octobre 2013 sur www.unictr.org

[2154] *Ibid.*

[2155] Cf. rapport sur la stratégie d'achèvement des travaux du TPIR, *supra,* note 2152, §§ 20 et 26.

[2156] *Idem*, § 6.

[2157] Outre ces fonctions spécifiques, le Mécanisme exerce des fonctions permanentes, notamment la protection des victimes et des milliers de personnes ayant témoigné dans des affaires définitivement tranchées par le TPIR (art. 20 du Statut). Le Mécanisme assure également d'autres fonctions telles que le contrôle de l'exécution des peines (art. 25), la gestion des archives du TPIR, etc. (art. 27).

[2158] Rapport sur la stratégie d'achèvement des travaux du TPIR (10 mai 2013), *supra*, note 2153.

[2159] Condamné à la perpétuité, l'accusé faisait notamment valoir à l'appui de sa demande, l'existence de faits nouveaux qui auraient pu être des éléments décisifs dans son procès (Mécanisme pour les TPI, Chambre d'appel, *François Karera c/ Le Procureur*, Décision relative à la demande de commission d'office d'un conseil de la défense, affaire n°MICT-12-24-R, 4 décembre 2012).

« *le Statut du Mécanisme, son règlement de procédure et de preuve et sa Directive [...] ne prévoient pas la commission d'office d'un conseil au stade de la demande en révision*[2160] ». Elle a également relevé que le requérant a repris pour l'essentiel les arguments déjà écartés par la Chambre d'appel du TPIR[2161], avant de rappeler enfin, que les décisions portant rejet d'une demande de révision sont définitives et ne peuvent faire l'objet d'un nouvel examen[2162].

1085. Outre cette décision, le jugement rendu le 20 décembre 2012 par le TPIR (affaire *Le Procureur c/Augustin Ngirabatware*) a fait l'objet du premier appel interjeté devant le Mécanisme contre la déclaration de culpabilité[2163]. Il en est de même de la supervision et de l'exécution des peines qui est déjà passée sous la compétence du Président du Mécanisme[2164]. Ce dernier a rendu le 11 décembre 2012 la première décision du Mécanisme faisant droit à une demande de libération anticipée[2165]. Enfin, à l'heure où la fin du mandat du TPIR est officiellement fixée au plus tard le 31 décembre 2014, neuf accusés demeurent toujours en fuite. Cependant, aucun ne relève de la compétence du Tribunal. Les trois fugitifs prioritaires relèvent exclusivement de la compétence du *Mécanisme* basé à Arusha[2166]. L'une des missions les plus délicates pour cette nouvelle instance judiciaire sera l'arrestation de ces trois « fugitifs de très haut niveau[2167] ». Dans un premier rapport adressé au Conseil de sécurité par le Président du MTPI (juge Theodore Meron), ce dernier soutient que « *l'arrestation et la poursuite des fugitifs restent une priorité essentielle pour le Mécanisme*[2168] ».

[2160] *Idem*, § 10.

[2161] TPIR, Chambre d'appel, "Decision on requests for reconsideration and review", *François Karera*, affaire n°ICTR-01-74-R, 26 mars 2012.

[2162] Mécanisme pour les TPI, affaire *François Karera,* 4 décembre 2012, *supra,* note 2159, § 11.

[2163] Cf. rapport sur l'avancement des travaux présenté par le Procureur du Mécanisme pour les tribunaux pénaux internationaux, M. Hassan Bubacar Jallow (pour la période allant du 15 novembre 2012 au 23 mai 2013), Nations Unies, Conseil de sécurité, S/2013/309, § 8.

[2164] Cf. rapport sur la stratégie d'achèvement des travaux du TPIR (au 10 mai 2013), *supra,* note 2158, § 58.

[2165] Mécanisme pour le TPI, « Décision du Président du Mécanisme relative à la libération anticipée de Paul Bisengimana et à la requête aux fins de déposer une version publique expurgée », affaire n°MICT-12-07, 11 décembre 2012, *Le Procureur c/ Paul Bisengimana*, §§ 20 à 35. De l'avis du président du Mécanisme, étant donné que l'accusé a purgé plus des deux tiers de la peine de 15 ans qui lui a été infligée, ce dernier remplit les conditions requises pour pouvoir bénéficier d'une libération anticipée. Le 12 décembre de la même année, le Président a également fait droit à la demande de libération anticipée présentée par Omar Serushago. Cf. rapport du Président du Mécanisme international appelé à exercer les fonctions résiduelles des tribunaux, le juge *Theodore Meron*, sur l'avancement des travaux du Mécanisme entre le 15 novembre 2012 et le 23 mai 2013, Nations Unies, Conseil de sécurité, S/2013/309, § 30.

[2166] Rapport stratégie d'achèvement (au 10 mai 2013), *supra*, note 2164, § 15.

[2167] Il s'agit notamment de Félicien Kabuga (un homme d'affaires), Augustin Bizimana (ancien ministre de la Défense) et le major Protais Mpiranya.

[2168] Cf. rapport Président du Mécanisme, *supra*, note 2165, § 41.

1086. À l'appui de l'organisation internationale de police criminelle, du Département américain de la justice, le Bureau du Procureur a intensifié ses efforts visant à localiser les trois principaux fugitifs, en se concentrant particulièrement sur la région des Grands Lacs et les pays de l'Afrique Australe[2169]. Au-delà de ce nouveau choix de politique pénale, l'achèvement des travaux du TPIR est orienté vers un partage de la compétence répressive avec les juridictions nationales[2170], pour autant que la Chambre de première instance soit convaincue que la juridiction en question est en mesure d'assurer un procès équitable et que l'accusé ne soit pas condamné à la peine capitale[2171]. Si le Procureur international était habituellement préoccupé à traquer les fugitifs grâce à la collaboration des États, désormais, il devait assurer la mission plus délicate consistant à convaincre les États d'accepter la responsabilité de juger des personnes accusées de crimes graves. Cette nouvelle orientation s'est concrétisée avec le renvoi de dix affaires vers les juridictions nationales pour des procès[2172].

B. Une compétence subsidiaire déléguée aux juridictions nationales

1087. Dans le cadre du processus de délocalisation de la justice pénale, il ne s'agissait pas seulement de désengorger le Tribunal international, mais l'objectif était aussi d'associer les juridictions nationales compétentes des pays impliqués dans la répression du génocide des Tutsi. C'est dans cette perspective que huit affaires ont été renvoyées vers le Rwanda pour être jugées et deux autres relèvent désormais de la compétence des juridictions françaises[2173]. Le choix du Rwanda ne se discute pas, car c'est le territoire sur lequel les violations graves du droit international humanitaire ont été commises. De plus, l'État rwandais demeure le seul pays à avoir manifesté

[2169] Cf. rapport sur l'avancement des travaux présenté par le Procureur du Mécanisme pour les tribunaux pénaux internationaux, M. Hassan Bubacar Jallow, *supra*, note 2163, § 7.

[2170] C'est notamment la résolution 1503 qui en énonce le principe, puis les résolutions 1534 et 1966 le confirment et le précisent. Cf. résolution 1503 (2003) adoptée par le Conseil de sécurité le 28 août 2003, Nations Unies, S/RES/1503 (2003), § 7 ; résolution 1534 (2004) adoptée le 26 mars 2004, Nations Unies, S/RES/1534 (2004), § 3 et résolution 1966 (2010) portant création du Mécanisme international chargé d'exercer les fonctions résiduelles des Tribunaux pénaux internationaux pour l'ex-Yougoslavie (TPIY) et pour le Rwanda (TPIR), adoptée par le Conseil de sécurité à sa 6463e séance du 22 décembre 2010, S/RES/1966 (2010).

[2171] Cf. art 11*bis* (c) du Règlement de procédure et de preuve du TPIR qui définit les conditions encadrant le renvoi d'une affaire vers les tribunaux internes.

[2172] Il en est de même pour le TPIY qui a renvoyé huit affaires devant les juridictions nationales, en l'occurrence celles d'ex-Yougoslavie, principalement en Bosnie-Herzégovine après la création en mars 2005 d'une Chambre spécialisée dans les crimes de guerre auprès de la Cour d'État. Pour plus d'informations sur cette question, consulter le site du TPIY : http://www.icty.org/sid/8934

[2173] Depuis 2007, ces dossiers sont pendants devant le pôle judiciaire créé au sein du TGI de Paris. Les deux accusés sont mis en examen et placés sous contrôle judiciaire en attente de leur procès.

systématiquement sa disponibilité pour accueillir au moins la majorité des dossiers destinés au renvoi, à défaut d'en recevoir la totalité[2174].

1088. Toutefois, l'un des obstacles majeurs qui se posait au Rwanda était l'application de la peine de mort, alors que celle-ci est contraire aux principes fondamentaux des Nations Unies. De ce point de vue, la loi adoptée par le Parlement rwandais abolit la peine de mort[2175]. Pourtant, malgré cette avancée significative, les premières tentatives de transfert de certains accusés vers les juridictions rwandaises se sont soldées par un échec cuisant du Procureur du TPIR. En effet, plusieurs demandes de renvoi formulées avaient été rejetées par les Chambres de première instance du Tribunal[2176]. Celles-ci estimaient que les juridictions rwandaises ne remplissaient pas les conditions nécessaires à un procès équitable[2177].

1089. À la suite d'une nouvelle série de réformes judiciaires mises en œuvre par l'État rwandais, le Tribunal international a aujourd'hui changé de position. Cette évolution positive est marquée par l'adoption d'une loi organique relative au renvoi d'affaires à la République du Rwanda[2178]. Selon

---

[2174] A ce propos, cf. procès-verbaux de la 5697e réunion du Conseil de sécurité, UN. Doc. S/PV.5697, p. 15.

[2175] Cf. loi organique n°31/2007 du 25 juillet 2007 portant abolition de la peine de mort publiée sur le site http://www.peine de mort.org.

[2176] Au total, six demandes de renvoi ont été formulées par le Procureur. Il s'agit notamment de l'affaire *Fulgence Kayishema*, Chambre III, décision relative à la requête du Procureur en renvoi de l'affaire vers la République du Rwanda, ICTR-01-67-R11bis du Règlement, 16 décembre 2008 ; affaire *Yussuf Munyakazi*, Chambre d'appel, décision relative à l'appel interjeté par le Procureur aux fins du renvoi de l'affaire en vertu de l'article 11*bis*, ICTR-97-36-R11bis, 8 octobre 2008 ; affaire *Gaspard Kanyarukiga,* Chambre d'appel, décision relative à l'appel interjeté par le Procureur aux fins du renvoi de l'affaire en vertu de l'article 11*bis*, 30 octobre 2008 ; affaire *Hategekimana*, App., décision relative à l'appel interjeté du Procureur aux fins du renvoi de l'affaire en vertu de l'article 11*bis*, ICTR-00-55 B-R11bis, 04 décembre 2008 ; affaire *Gatete,* Ch., décision relative à la requête du Procureur en renvoi de l'affaire vers la République du Rwanda, ICTR-2000-61-R11bis, 17 novembre 2008). Mais dans l'affaire *Bagaragaza* (première requête en transfert d'affaire du TPIR vers une juridiction nationale), le principal problème qui se posait était l'absence d'incrimination du génocide dans le Code pénal norvégien (Ch., décision relative à la requête du Procureur en renvoi de l'affaire aux autorités du Royaume de la Norvège, *Michel Bagaragaza*, ICTR-2005-86-R11bis, 19 mai 2006). Toutes les décisions rendues en première instance sont confirmées par la Chambre d'appel, bien que celle-ci estime dans certaines affaires que les juges de la 1re Chambre du TPIR ont commis des erreurs de droit ou de fait.

[2177] Parmi les principales difficultés soulevées par les Chambres, figurait le problème de la comparution des témoins à décharge résidant hors du Rwanda et le risque pour l'accusé d'être mis en isolement cellulaire en cas de condamnation à la peine de réclusion criminelle à perpétuité. Sur ce point, la Chambre d'appel estimait que « *l'isolement cellulaire peut constituer une violation des normes internationales si elle n'est pas appliquée comme une mesure exceptionnelle nécessaire, proportionnée, temporaire et entourée d'un minimum de garantie contre l'arbitraire* », ce qui est conforme à la jurisprudence constante de la CEDH et du comité des droits de l'homme. Pour plus de précision, cf. Chambre III, décision relative à la requête du Procureur en renvoi de l'affaire vers la République du Rwanda, *Kayishema*, ICTR-01-67-R11bis du Règlement, 16 décembre 2008, § 24.

[2178] Cf. loi organique n°11/2007 du 16 mars 2007 relative au renvoi d'affaires à la République du Rwanda par le TPIR et par d'autres États, in *J.OR. R* n° spécial du 19/03/2007.

les dispositions de l'article 3, « *les personnes dont les dossiers sont transférés au Rwanda en provenance du TPIR ne peuvent être poursuivies que pour les crimes relevant de la compétence de ce dernier* ». En laissant l'acte d'accusation tel quel, la primauté du TPIR est respectée par les juridictions rwandaises. Il en est de même pour l'article 6 de cette même loi qui énonce que le greffier de la Haute Cour de la République rwandaise communique au Procureur du TPIR toute décision rendue par cette juridiction dans un délai de dix jours à compter de la date de prise de la décision. Ceci traduit la volonté du Rwanda de se conformer au devoir de tous les États de coopérer avec le Tribunal. Aussi, les éléments de preuve recueillis conformément au Statut et au RPP du TPIR sont recevables devant la Haute Cour de la République[2179].

1090. En outre, la loi organique de 2007 prévoit de désigner des personnes chargées de suivre le déroulement des affaires renvoyées au Rwanda[2180]. Celles-ci ont accès aux audiences, aux documents et aux dossiers se rapportant à l'affaire ainsi qu'à tous les lieux de détention. Mieux encore, au terme de l'article 20, « *en cas d'annulation d'une ordonnance de renvoi d'une affaire par le TPIR en vertu de l'article 11 bis de son Règlement de Procédure et de Preuve, l'accusé est remis sans délai au TPIR de même que tous les dossiers, documents, pièces à conviction et autres éléments additionnels spécifiés dans l'ordonnance portant annulation* ». On retrouve également les mêmes garanties conformes aux conditions minimales de détention prévues par l'Assemblée générale des Nations Unies dans sa résolution 43/173 du 9 décembre 1998[2181].

1091. Dans un souci de répondre expressément aux préoccupations exprimées par les juges du TPIR, statuant sur les demandes de renvoi formulées antérieurement par le Procureur du Tribunal, le Rwanda a modifié la loi de 2007 relative au renvoi d'affaires en adoptant une nouvelle législation le 26 mai 2009[2182]. Celle-ci comporte une liste de droits spécifiques de l'accusé prévus par les conventions internationales de protection des droits de l'homme[2183] et d'autres garanties telles que l'audition par voie de vidéoconférence en cas d'empêchement d'un témoin résidant à l'étranger[2184].

[2179] *Idem* (art. 7).

[2180] *Idem* (art. 19).

[2181] *Idem,* art. 23 de la loi qui prévoit que le Comité international de la Croix-Rouge ou un observateur nommé par le Président du TPIR a le droit de vérifier les conditions de détention des personnes qui ont été transférées au Rwanda par le TPIR et qui y sont détenues.

[2182] Loi organique n° 3/2009/du 26 mai 2009 modifiant et complétant la loi organique du 16 mars 2007 relative au renvoi d'affaires à la République du Rwanda par le TPIR et par d'autres États.

[2183] C'est par exemple le droit d'être présent à son procès. Les accusés jugés par contumace doivent être rejugés une fois appréhendés ou qu'ils se livrent eux-mêmes à la justice (art. 13 (8) de la loi de transfert de mai 2009). De même, les accusés reconnus coupables ont le droit d'interjeter appel ou de demander la révision de leur procès (articles 16, 17 et 24 de la loi de transfert, *supra*, note 2182).

[2184] Art. 14 et 14*bis* de la loi de transfert.

1092. Au vu de ces progrès remarquables, la réticence des Chambres du TPIR par rapport au transfert d'affaires vers les juridictions rwandaises est de moins en moins affirmée. Le cadre juridique rwandais est désormais jugé approprié, car il satisfait aux critères requis par l'article 11*bis* du Règlement du TPIR fixant les conditions de renvoi des affaires vers les juridictions nationales. Conformément au rapport publié par le Bureau du Procureur, huit affaires ont déjà fait l'objet de renvoi devant les juridictions rwandaises[2185].

1093. Dans l'affaire *Jean Uwinkindi*, premier accusé à être transféré au Rwanda le 19 avril 2012[2186], le procès s'est ouvert à Kigali le 14 janvier2013 devant la Haute Cour du Rwanda[2187]. De même, le 3 mai 2013, la Chambre d'appel du TPIR a confirmé l'ordonnance de renvoi de l'affaire *Munyagishari* au Rwanda pour y être jugée, sous réserve de modification de l'acte d'accusation. Il s'agissait de la dernière demande de renvoi en suspens présentée par le Procureur en application de l'article 11*bis* du Règlement concernant un détenu du TPIR[2188]. Quant aux six autres accusés qui font partie des fugitifs recherchés par le TPIR, leurs dossiers ont été renvoyés au Rwanda en vue d'un procès, une fois qu'ils seront appréhendés.

1094. En somme, le suivi de tous les dossiers relève de la compétence du Mécanisme pour les TPI qui a primauté de compétence sur les juridictions internes[2189]. Par conséquent, la décision de renvoyer une affaire devant les autorités nationales concernées peut à tout moment être révoquée, si l'intérêt de la justice le commande[2190]. Cela étant, le TPIR continue de progresser vers l'achèvement de son mandat[2191]. Les services administratifs du Tribunal se sont essentiellement attachés à la réduction des effectifs, tout en continuant à assurer les fonctions judiciaires qui restent à accomplir. De même, il était prévu que le Mécanisme commence à réduire sa dépendance vis-à-vis de

---

2185 Cf. rapport stratégie d'achèvement des travaux du TPIR (au 10 mai 2013), *supra,* note 2153, § 37.

2186 TPIR, *Le Procureur c/ Jean Uwinkindi,* affaire n°ICTR-01-72-AR11 bis, « décision relative à l'appel interjeté par Uwinkindi contre le renvoi de son affaire au Rwanda, et aux requêtes connexes », 16 décembre 2011, disponible sur : http://www.ictrcaselaw.org/docs/20111216-dco-0175-01-fr.PDF , consulté le 5 avril 2014.

2187 Celle-ci est compétente pour connaître en premier ressort les affaires transférées au Rwanda (article 1re loi organique n° 03/2009/OL du 26/05/2009 modifiant et complétant la loi organique n° 11/2007 du 16/03/2007 relative au renvoi d'affaires à la République du Rwanda par le TPIR et par d'autres États, Journal officiel de la République du Rwanda, 26 mai 2009). Pour plus d'informations sur l'évolution de l'affaire *Uwinkindi,* cf. Mécanisme des Tribunaux pénaux internationaux, affaire n° MICT-12-25, « rapport de suivi affaire Uwinkindi », 27 mars 2014, disponible sur http://unmict.org/files/cases/uwinkindi/other/fr/140327.pdf

2188 Cf. rapport sur l'avancement des travaux présenté par le Procureur du Mécanisme pour les TPI, M. Hassan B. Jallow, *supra,* note 2163, § 12.

2189 Art. 6, § 5 du Statut du Mécanisme, annexé à la résolution 1966 (2010) du Conseil de sécurité.

2190 Art. 49 du Statut du Mécanisme.

2191 Cf. rapport sur la stratégie d'achèvement des travaux du TPIR (au 10 mai 2013), § 27, *supra,* note 2153.

l'administration du TPIR en 2014[2192]. Le transfert des dossiers ainsi que la prise en charge des archives sont également en cours.

1095. Enfin, *«la transition sans heurt »* des fonctions pénales du TPIR se déroule comme prévu, tel que l'avait souhaité le Conseil de sécurité dans sa résolution 1966 (2010)[2193]. Cet ensemble de mesures exprime le désir de la communauté des États d'accélérer la fin d'un exercice judiciaire international devenu trop coûteux. Autrement, si la fermeture prochaine du Tribunal pour le Rwanda devrait réduire les risques de voir survenir des conflits de compétences entre juridictions pénales internes et internationales, la question garde néanmoins toute sa pertinence. Il ne faudrait pas perdre de vue que les réponses apportées à cette question (bien qu'elles semblent secondaires) participent aussi de l'efficacité et de l'effectivité de la justice internationale et transnationale. La détermination de la juridiction compétente permet de résoudre certaines questions procédurales accessoires, comme celles qui relèvent de l'autorité de la chose jugée ou de la règle fondamentale *non bis in idem*.

§ 2–L'application du principe *non bis in idem*

1096. Il s'agit d'un principe général du droit pénal selon lequel, nul ne doit être rejugé pour une infraction après un jugement définitif portant sur les mêmes faits. Traduit littéralement par « pas deux fois dans le même », cette règle s'applique, avant tout, au niveau national en tant que garantie de la sécurité juridique des citoyens. Dans cette perspective, les conséquences sont de deux ordres. D'une part, le *non bis in idem* empêche une deuxième poursuite au niveau procédural. D'autre part, au niveau substantiel, l'interdiction est de ne pas être puni une deuxième fois[2194]. Toutefois, avec l'apparition des tribunaux pénaux *ad hoc* et hybrides, le risque de concurrence verticale entre des juridictions nationales et supranationales a soulevé la question du respect de la règle *non bis in idem* à ce niveau. Concrètement, il s'agit de déterminer si l'une des juridictions compétentes pourrait juger des faits déjà réprimés par l'autre juridiction en retenant une qualification juridique différente à l'égard de ces mêmes faits. Dans l'ordre juridique

---

[2192] *Idem*, § 78.

[2193] Cf. § 3 de la résolution 1966 (2010) portant création du Mécanisme international chargé d'exercer les fonctions résiduelles des Tribunaux pénaux internationaux pour l'ex-Yougoslavie (TPIY) et pour le Rwanda (TPIR), adoptée par le Conseil de sécurité à sa 6463e séance du 22 décembre 2010, S/RES/1966 (2010).

[2194] C'est la principale conséquence juridique consacrée dans la plupart des systèmes judiciaires au monde. Le fondement légal le plus fréquent est le Code pénal (exemple Pays-Bas, Russie), le Code de procédure pénale (Allemagne, Belgique, France, etc.). Pour un aperçu général de l'application de la règle *non bis in idem* au niveau national, cf. rapport de José Luis DE LA CUESTA, « Les compétences criminelles concurrentes nationales et internationales et le principe *ne bis in idem* », *Revue internationale de droit pénal (RIDP),* 2002/3-4, vol. 73, pp. 739-751.

international, le principe *non bis in idem* s'applique sous réserve de quelques exceptions tenant compte de la spécificité des crimes commis contre le droit international (A). La question paraît plus complexe lorsqu'il s'agit d'appréhender le principe sous sa dimension transnationale (B).

A. L'instauration d'un régime dérogatoire dans l'ordre juridique international

1097. En droit international humanitaire, la première référence au principe *non bis in idem* apparaît dans la Convention de Genève du 27 juillet 1929 relative au traitement des prisonniers de guerre[2195]. De même, les instruments internationaux de protection des droits de l'homme considèrent ledit principe comme une des garanties fondamentales qui doit accompagner toute procédure pénale[2196]. Mais dans un souci de mieux combattre l'impunité des crimes considérés comme d'une exceptionnelle gravité (génocide, crime contre l'humanité et crime de guerre), les Statuts des TPI *ad hoc* prévoient une réglementation spécifique qui s'accompagne de quelques entorses à la règle *non bis in idem.* En effet, tout en respectant le fondement du principe, un accusé qui a déjà été traduit devant une juridiction nationale pour des faits qualifiés de violations graves du droit international humanitaire, peut à nouveau être poursuivi par le TPIR (tout comme le TPIY) dans l'un des cas suivants :

- « si le fait pour lequel il a été jugé était qualifié de crime de droit commun ;
- si la juridiction nationale n'a pas statué de façon impartiale ou indépendante ;
- si la procédure engagée devant elle visait à soustraire l'accusé à sa responsabilité pénale internationale ;
- si la poursuite n'a pas été exercée avec diligence[2197]. »

[2195] A ce propos, cf. article 52 au terme duquel, « [...] *un prisonnier ne pourra, à raison du même fait ou du même chef d'accusation, être puni qu'une seule fois* ». Les mêmes dispositions sont reproduites dans les Conventions III (art. 86) et IV (art. 117) de Genève du 12 août 1949 ainsi que dans l'article 75 (4) (h) du Protocole additionnel I de 1977 aux Conventions de Genève relatif à la protection des victimes des conflits armés internationaux (documents disponibles sur www.icrc.org).

[2196] Cf. Pacte international relatif aux droits civils et politiques du 19 décembre 1966 (art. 14 (7)) ; Convention américaine relative aux droits de l'homme du 22 novembre 1969 (art. 8 (4)) et enfin Protocole n°7 à la Convention EDH (art. 4), adopté le 22 novembre en 1984. Pour autant, une nuance mérite d'être apportée dans l'interprétation de ces trois textes. À la différence du Pacte international relatif aux droits civils politiques et de la Convention EDH, la Cour interaméricaine considère que la Convention américaine se réfère à la poursuite pour les « mêmes faits » et non à la condamnation pour une même « infraction » (Cour IDH, 4 septembre 1998, Exceptions préliminaires, *Castillo Petruzzi et autres c/ Pérou*, Série C n°41, § 73, affaire commentée dans « Les Grandes décisions de la Cour interaméricaine », in BURGOGUE-LARSEN Laurence et UBEDA DE TORRES Amaya, Bruylant, 2008, p. 696 et s.).

[2197] Art. 9 Statut TPIR et art. 10 Statut TPIY. Ce genre d'exception a également été prévu par les Statuts des tribunaux pour la Sierra Leone (art. 9, § 2-b), pour le Timor oriental (ATNUTO Regulation 2000/15, art. 11.3) et le Statut de Rome (art. 20, § 3).

1098. On peut tirer d'une lecture attentive de cette disposition que les seules poursuites dans un État ne sont pas effectivement suffisantes pour bloquer une procédure devant les TPI *ad hoc*. La question a été évoquée pour la première fois par la Chambre de première instance du TPIY dans le jugement *Tadić* [2198], avant d'être abordée à nouveau par le TPIR dans l'affaire opposant le Procureur à Laurent Semanza. Celui-ci remettait en cause la légalité des poursuites engagées devant le Tribunal en ce qu'elles auraient violé le principe *non bis in idem*, du fait qu'une procédure avait déjà été engagée contre lui au Cameroun.

1099. La Chambre d'appel, se fondant sur le précédent *Tadić*, a considéré tout d'abord que le principe *non bis in idem* ne s'appliquait que lorsqu'une personne « *aurait effectivement déjà été jugée*[2199] ». Ensuite, la Chambre a tenté de clarifier le terme « juger » en précisant qu'elle « *implique que les procédures engagées au niveau national constituent un procès concernant les faits visés par les chefs d'accusation retenus par ailleurs contre l'accusé par le Tribunal et à l'issue duquel un jugement définitif a été rendu*[2200] ». Un jugement sur le fond d'une juridiction nationale semble donc essentiel pour empêcher de nouvelles poursuites devant les juridictions pénales internationales *ad hoc*[2201].

1100. En sens inverse, l'article 9 du Statut du TPIR dispose que « *nul ne peut être traduit devant une juridiction interne pour les faits constituant de graves violations du droit international humanitaire [...] s'il a été jugé pour les mêmes faits par le Tribunal international pour le Rwanda*[2202] ». Sur le fondement de cette disposition, il apparaît clairement que les juges internationaux disposent d'un pouvoir d'appréciation suffisant pour déroger au principe *non bis in idem* lorsque les juges nationaux ne le peuvent en aucun

---

[2198] Cf. affaire n°IT-94-I-T, « décision sur la requête de la défense sur le principe *non bis in idem* », Chambre de 1re instance II, 14 novembre 1995, §§ 4 à 12.

[2199] TPIR, décision Chambre d'appel, affaire n°ICTR-97-20-A, *Semanza*, 31 mai 2000, § 74.

[2200] *Ibid.* Dans le même ordre d'idées, les Panels spécialisés dans la répression des crimes graves au Timor oriental ont eu à se prononcer sur la question dans l'affaire *Wiranto et autres* concernant cinq accusés qui ont déjà été traduits devant le Tribunal *ad hoc* pour les Droits de l'homme de Jakarta. Dans le cas d'espèce, le juge a reconnu que l'acquittement de deux accusés et l'annulation de la condamnation de trois autres en appel soulevaient des questions relatives à l'indépendance, l'impartialité et la bonne foi de la procédure indonésienne. Ce qui justifie l'organisation d'un nouveau procès devant les Panels spécialisés. Cf. *the Deputy General Prosecutor for serious crimes v. Wiranto et al,* "Legal Ruling Concerning the Applicability of *Ne Bis In Idem*, at the Arrest Warrant Stage of the Proceedings", 5 May 2005, §§ 33 à 34.

[2201] Contrairement à la CPI, l'article 17 du Statut de Rome prévoit qu'une affaire est irrecevable devant la Cour, notamment lorsqu'elle « *fait l'objet d'une enquête ou de poursuites de la part d'un État ayant compétence en l'espèce* » ou lorsqu'elle « *a fait l'objet d'une enquête de la part d'un État ayant compétence en l'espèce et que cet État a décidé de ne pas poursuivre la personne concernée, à moins que cette décision ne soit l'effet du manque de volonté ou de l'incapacité de l'État de mener véritablement à bien des poursuites* ». De même, le principe *non bis in idem* s'applique devant la CPI en cas de jugement émanant d'une autre juridiction internationale (art. 20 du Statut).

[2202] Art. 9 alinéa 1 Statut TPIR (même disposition que l'article 10 alinéa 1 du Statut du TPIY).

cas. Ces derniers sont privés du droit d'exercer leur compétence dès lors que le Tribunal international a déjà exercé la sienne.

1101. Il en découle des conséquences juridiques qui, une fois de plus, rappellent le principe de la primauté des TPI *ad hoc* sur les juridictions nationales. À ce titre, l'article 13 du Règlement de procédure et de preuve des TPI prévoit l'application stricte du principe *non bis in idem*, puisqu'une Chambre de première instance peut rendre une ordonnance motivée invitant la juridiction interne « à mettre fin définitivement aux poursuites ». Par conséquent, un jugement définitif du tribunal international bloque toute nouvelle poursuite sans pour autant que l'exécution de la sanction ne soit exigée[2203]. Sur ce point, le TPIR apporte une précision importante dans le jugement *Ntuyahaga* en considérant que par acquittement, il faut entendre une décision de la Chambre considérant que les preuves disponibles sont « *insuffisantes pour fonder une condamnation*[2204] ». C'est pourquoi la demande du Procureur visant le transfert de l'accusé vers les juridictions belges pour un nouveau procès fut rejetée par la Chambre de première instance du TPIR[2205].

1102. Par ailleurs, la question s'est posée de savoir s'il y a lieu d'appliquer le principe *non bis in idem* aux chefs d'accusation retirés dans le jugement portant condamnation. La Chambre a répondu par la négative en considérant que le principe ne peut être invoqué pour empêcher que l'accusé soit traduit devant une autre juridiction, dans l'hypothèse où les charges ont été abandonnées sans qu'un jugement définitif n'ait été rendu[2206]. Une approche similaire est développée dans la jurisprudence de la Cour interaméricaine des droits de l'homme. Avec une interprétation moins radicale du principe de l'autorité de la chose jugée[2207], la Cour admet que

> « le principe non bis in idem n'est pas applicable quand la procédure qui finit avec le non-lieu ou l'acquittement du responsable d'une violation des droits de l'homme, qui constitue une violation du droit international [...] n'a pas eu lieu de façon indépendante et impartiale conformément aux garanties procédurales. Un

---

[2203] DE LA CUESTA José Luis, rapport, *supra*, note 2194, p. 697.

[2204] Trial Chamber I, the *Prosecutor v. Bernard Ntuyahaga,* « decision on the Prosecutor's motion to withdraw the indictment », affaire n°ICTR-98-40-T, 18 March, 1999.

[2205] TPIR, Chambre I, *Le Procureur c/ Bernard Ntuyahaga*, affaire n°ICTR-98-40-T, Décision faisant suite à la requête du Procureur aux fins de retrait de l'acte d'accusation, 18 mars 1999.

[2206] TPIR, Chambre de première instance II, *Le Procureur c/ Joseph Nzabirinda*, affaire n° ICTR-2001-77-T, jugement portant condamnation, 23 février 2007, §§ 40 à 47.

[2207] Dans ses décisions antérieures, la Cour avait toujours adopté une approche plutôt protectrice du principe de l'autorité de la chose jugée en déclarant à maintes reprises la violation de l'article 8, § 4 portant sur la règle *non bis in idem* (Cour IDH, 4 septembre 1998, Exceptions préliminaires, *Castillo Petruzzi et autres c/ Pérou*, Série C n°41, § 73 ; Cour IDH, 30 mai 1999, Fond et réparation, *Castillo Petruzzi et autres c/ Pérou*, Série C n°52, § 219, affaire commentée dans « Les Grandes décisions de la Cour interaméricaine », in BURGOGUE-LARSEN Laurence et UBEDA DE TORRES Amaya, Bruylant, 2008, p. 697).

arrêt prononcé dans ces circonstances a comme effet une chose jugée 'apparente' ou 'frauduleuse'[2208] ».

Il s'agit notamment d'un revirement spectaculaire qui, selon la Cour, se justifie par les exigences de la justice et la protection des droits des victimes[2209].

1103. Au-delà de ces quelques restrictions posées par la jurisprudence du TPIR et celle de la Cour interaméricaine, les juges d'Arusha retiennent une autre exception qui s'applique au principe *non bis in idem*. C'est la possibilité pour le Tribunal international d'admettre des accusations multiples qui aboutissent à un cumul de déclaration de culpabilité. La Chambre de première instance s'est prononcée sur la question lorsque la défense soutenait que le cumul de chefs d'accusation à l'encontre d'un accusé entraîne une violation du principe *non bis in idem*. Dans ses conclusions, la Chambre rejette cet argument en précisant que ce principe ne peut être invoqué « *lorsque l'on soulève un problème de cumul d'infractions, que ce cumul soit réel ou idéal, comme la distinction en est faite dans les systèmes juridiques de tradition romano-continentale*[2210] ».

1104. La Cour EDH a suivi la même logique en considérant que le simple fait qu'un seul acte soit constitutif de plusieurs infractions n'était pas contraire à l'article 4 du protocole 7, si ces infractions différaient dans leurs « éléments essentiels[2211] ». Dès lors, il n'est pas rare de relever dans la pratique du TPIR qu'un accusé soit condamné pour plusieurs crimes en raison du même acte[2212]. Ce qui semble surtout déterminant pour les juges, c'est d'appliquer la peine la plus sévère au stade du prononcé de la sentence (système de confusion des peines), une démarche permettant de garantir à l'accusé de ne pas être puni deux fois à raison des mêmes faits.

1105. En somme, il ressort clairement des lignes qui précédent que le principe *non bis in idem* n'est plus « un droit absolu ». Dans certaines circonstances, la poursuite des responsables des crimes contre l'humanité et de violations des droits de l'homme peut justifier la « mise à l'écart » de la

---

[2208] Cour IDH, 29 novembre 2006, Fonds et réparations, *La Cantuta c/ Pérou,* Série C n°162, § 153.

[2209] Cour IDH, 26 septembre 2006, Fonds et réparations, *Almonacid Arello c/ Chili,* série C n°154, § 154.

[2210] TPIR, Chambre I, *Le Procureur c/ Ferdinand Nahimana,* affaire n°ICTR-96-11-T, 24 novembre 1997, « décision relative à l'exception soulevée par la défense sur des vices de forme de l'acte d'accusation », § 37.

[2211] Cf. arrêt *Franz Fischer c/ Autriche,* 29 août 2001, § 25. Pour un commentaire approfondi, cf. SUDRE Frédéric et autres, *Les Grands arrêts de la Cour EDH,* 6e éd., PUF, 2011, p. 437 et s.

[2212] Déjà dans son premier jugement (affaire *Akayesu*), le TPIR admettait la possibilité de retenir deux infractions contre un accusé à raison des mêmes faits au moins dans trois hypothèses : 1) lorsque les infractions comportent des éléments constitutifs différents ; 2) lorsque les dispositions créant les infractions protègent des intérêts distincts ; ou encore 3) lorsqu'il est nécessaire d'obtenir une condamnation pour les deux infractions pour rendre entièrement compte du comportement de l'accusé (TPIR, Chambre I, affaire n°ICTR-96-4-I, 2 septembre 1998, § 468).

protection garantie par le principe *non bis in idem*. Si l'argumentation des Chambres du TPIR et des juridictions régionales de protection des droits de l'homme semble parfois tout à fait convaincante, les conditions d'application du principe au niveau transnational sont toutefois beaucoup plus sujettes à critiques.

B. L'hétérogénéité de la règle dans le cadre transnational

1106. L'extension progressive de la compétence des juridictions étatiques à des infractions commises hors du territorial national est de plus en plus affirmée, bien que le principe de territorialité demeure le principal critère d'application du droit pénal. Étant donné que le juge du lieu des faits n'est pas toujours le mieux placé en termes de moyens, d'impartialité ou de volonté de poursuite et compte tenu de la capacité limitée des juridictions internationales, le recours aux critères de compétence extraterritoriale présente un intérêt légitime, surtout lorsque l'auteur des faits s'est réfugié à l'étranger.

1107. La répression des crimes commis sur le territoire rwandais en est un exemple illustratif au regard du nombre considérable de fugitifs jugés par des juridictions pénales nationales en vertu du principe de la compétence universelle. À cet égard, l'une des garanties essentielles est le principe *non bis in idem* qui protège l'accusé contre le cumul des poursuites et des sanctions pour la même infraction. La problématique reste toutefois non résolue en matière de compétences concurrentes ou de conflits de compétences entre juridictions internes. C'est dans le cas où une des juridictions revendiquerait sa compétence alors que l'autre a déjà, par une décision devenue définitive, poursuivi et/ou jugé l'infraction concernée.

1108. Au niveau transnational, il n'existe pas de réglementation spécifique dans l'application de la règle *non bis in idem*, compte tenu de la pratique disparate des États[2213]. Dans le cadre de notre étude, l'intérêt de la question réside dans le fait que des présumés génocidaires déjà condamnés par contumace par les juridictions rwandaises, sont parallèlement poursuivis en France[2214]. C'est le cas des affaires *Munyeshyaka*[2215] et *Munyemana*[2216]

[2213] L'application du principe *non bis in idem* au niveau interne diffère d'un système juridique à l'autre. Il existe des cas exceptionnels dans lesquels l'ouverture d'une nouvelle poursuite n'est pas empêchée par la décision finale préalable (exemple Belgique) ou en cas de jugement *in absentia* et par défaut (Algérie). D'autres pays ne connaissent que la règle *bis poena idem*. Pour cela, la juridiction nationale doit simplement imputer sur la peine qu'elle prononce la peine déjà prononcée et subie à l'étranger (exemple Hongrie, Japon, Norvège, Pologne). Pour une analyse comparée approfondie, cf. HUET André et KOERING-JOULIN Renée, *Droit pénal international*, 3e édition, Paris, PUF, 2005, p. 267.

[2214] Selon le président de la FIDH, 25 instructions portant sur le génocide au Rwanda sont en cours devant la justice française. En ce sens, cf. www.fidh.org.

[2215] En octobre 2006, le prêtre *Munyeshyaka* a été jugé par contumace et condamné à la prison à vie pour complicité de génocide par la Cour militaire de Kigali (Rwanda). Pour un aperçu général des faits et de la procédure, https://trialinternational.org/fr/latest-post/wenceslas-munyeshyaka/

pendantes à Paris devant le Pôle judiciaire spécialisé dans le traitement des crimes contre l'humanité, crimes et délits de guerre. Dans l'hypothèse où la violation de la règle *non bis in idem* serait invoquée par les accusés, comment les juridictions françaises pourront-elles justifier leur compétence ? En d'autres termes, une décision pénale étrangère de condamnation fait-elle obstacle à de nouvelles poursuites en France à raison des mêmes faits ?

1109. Certes, la législation française interdit la double poursuite à l'encontre d'une personne qui a été déjà jugée à l'étranger pour la même infraction[2217]. De même, dans une très ancienne décision de la Cour de cassation, celle-ci considérait que « *des considérations d'humanité [...] répugnent à ce qu'un individu puisse être jugé deux fois pour le même fait*[2218] ». Mais en pratique, l'application de la règle *non bis in idem* est subordonnée à d'étroites conditions. Ainsi, il est important de distinguer selon que l'infraction a été commise en France[2219] ou à l'étranger. Dans le second cas, la décision étrangère doit être « définitive ». Pour apprécier ce caractère définitif du jugement, la jurisprudence a établi un certain nombre de critères, refusant ainsi l'autorité de la chose jugée à une affaire classée sans suite par un parquet étranger[2220] ou aux jugements étrangers rendus par défaut[2221].

1110. En conséquence, la condamnation par contumace est une procédure de jugement ne permettant pas d'invoquer la règle *non bis in idem* comme moyen de défense. Cette question sera certainement soulevée dans le cadre des affaires rwandaises précitées qui doivent être jugées prochainement par la justice française. Celle-ci a jusque-là rejeté toutes les demandes d'extradition formulées par l'État rwandais. De ce fait, les personnes visées n'ont jamais

---

[2216] En octobre 2008, *Sosthène Munyemana* est condamné par contumace à perpétuité par un tribunal *Gacaca* du Rwanda. La demande d'extradition formulée par le gouvernement rwandais a été rejetée par la Cour d'appel de Bordeaux le 7 octobre 2010. Dans le cadre de cette dernière affaire, le parquet de Bordeaux avait requis l'ouverture d'une information judiciaire fondée uniquement sur la Convention de New-York contre la torture. Mais depuis le 15 décembre 2011, l'accusé est mis en examen à Paris pour génocide et crimes contre l'humanité et placé sous contrôle judiciaire. En ce sens, https://trialinternational.org/fr/latest-post/sosthene-munyemana/

[2217] Cf. art. 113-9 du CP et art. 692 du CPP français. Sur le fondement de ces deux textes, dans certains cas, « *aucune poursuite ne peut être exercée contre une personne justifiant qu'elle a été jugée définitivement à l'étranger pour les mêmes faits et, en cas de condamnation, que la peine a été subie ou prescrite* ». Toutefois, certaines infractions commises et jugées à l'étranger ne donnent pas lieu à l'application du principe *non bis in idem.* Il en est ainsi des crimes ou délits attentatoires aux intérêts fondamentaux de la nation, contrefaçon du sceau de l'État et de monnaies nationales, crimes ou délits contre les agents ou les locaux diplomatiques ou consulaires français (art. 113-10 CP).

[2218] Cass.req., 14 avril 1868, S., 1868, 1, 183, citée par André HUET et Renée KOERING-JOULIN, *op. cit.*, p. 225, n° 151.

[2219] Dans ce cas de figure, le principe *non bis idem* ne peut être invoqué. Dès lors, une poursuite pénale serait possible, indépendamment de la décision rendue à l'étranger, en vertu du principe de territorialité de la loi pénale française (art. 113-2 alinéa 2 du CP).

[2220] Cour d'appel de Nîmes, 10 novembre 1967, D.1968, p. 112.

[2221] Crim.19 février 1904 JDI, 1907, P.721, citée par Laurent DESESSARD, « France, les compétences criminelles concurrentes nationales et internationales et le principe *ne bis in idem* », *Revue internationale de droit pénal (RIDP),* 2002/3-4, vol. 73, p. 928, pp. 913-940.

purgé leur peine au Rwanda - alors qu'une telle condition est exigée en France pour faire valoir le principe de l'autorité de la chose jugée devant leurs tribunaux répressifs[2222]. À ce sujet, la position de la doctrine est édifiante.

1111. Pour des considérations de politique criminelle, il serait « scandaleux » que l'impunité soit assurée à celui qui, condamné dans un pays, s'est soustrait frauduleusement à l'exécution de la sentence en se réfugiant dans un autre pays[2223]. Néanmoins, les auteurs restent divisés sur les critères d'appréciation d'un jugement « définitif » rendu par des juridictions étrangères. Pour certains, la décision étrangère ne sera définitive que lorsqu'elle ne pourra plus être frappée d'une voie de recours ordinaire ou extraordinaire[2224]. À l'instar d'autres auteurs, le caractère définitif ou « non provisoire » de la décision doit être apprécié selon la loi étrangère, car seule cette solution permet d'éviter des erreurs commises par « l'emploi d'expressions identiques mais correspondant à des réalités différentes[2225] ».

1112. D'une manière générale, la doctrine est partagée sur la question de l'appréciation de la règle *non bis in idem* en fonction de la loi étrangère ou de la législation française[2226]. Mais la position dominante dans la littérature française est d'examiner la question de la compétence d'après les règles internes et non conformes aux règles étrangères[2227]. De ce fait, il est prévu qu'une poursuite devrait être irrecevable en France, si l'exécution de la peine est suspendue à l'étranger par un sursis ou une libération conditionnelle[2228]. Ce qui n'est pas le cas concernant les deux affaires rwandaises précitées[2229] dans lesquelles les accusés ont été jugés et condamnés *in absentia* par les tribunaux rwandais. La question qui reste en suspens est celle de savoir si les magistrats du Pôle judiciaire de Paris se montreront inflexibles par rapport à la jurisprudence antérieure française, en réaffirmant l'ineffectivité de la règle *non bis in idem* lorsque le mis en cause est condamné par contumace par une juridiction étrangère.

[2222] Cf. art. 113-9 CP et 692 du CPP.
[2223] HUET André et KOERING-JOULIN Renée, *Droit pénal international,* 3e édition, *op. cit.*, p. 259, n° 155.
[2224] *Idem,* p. 259 (reprenant le même raisonnement qu'Henri Donnedieu de Vabres, Claude Lombois, Merle et Vitu).
[2225] LABRÈGÈRE Philippe, « Infractions commises à l'étranger - Effets en France des décisions répressives étrangères », JurisClasseur Procédure pénale, art. 689 à 696, fasc.30, 2000.
[2226] Pour une analyse pertinente des controverses doctrinales et du droit comparé, cf. HUET André et KOERING-JOULIN Renée, *op. cit.*, pp. 254 à 274.
[2227] DESESSARD Laurent, « France, Les compétences criminelles concurrentes nationales et internationales et le principe *ne bis in idem* », *supra*, note 2221, p. 913 et s.
[2228] HUET André et KOERING-JOULIN Renée, *op. cit.*, p. 260.
[2229] Cf. *infra,* § 1088.

CONCLUSION DU CHAPITRE 2

1113. Dès l'instant où le droit international est considéré comme le garant des valeurs humaines fondamentales et communes aux démocraties, il est pour le moins naturel que les Tribunaux *ad hoc* mis en place par le Conseil de sécurité disposent d'une sorte de primauté ou d'autorité sur toutes les juridictions pénales étatiques. Cette prééminence semble mieux adaptée dans l'ordre juridique international pour assurer l'impartialité qui est une condition indissociable de l'idée de justice. Pour autant, certains s'interrogent sur l'intérêt d'une règle reposant sur la primauté des juridictions internationales pénales[2230]. D'aucuns voient dans la demande de dessaisissement une « bizarrerie juridique » imposée par le Conseil de sécurité[2231]. Ces critiques qui soulèvent surtout la question des conflits positifs de compétence ne constituent guère, à notre sens, la problématique la plus pertinente.

1114. À vrai dire, il n'existe pas de règles générales permettant d'agencer les rapports entre juridictions internationales et juridictions internes. Si le droit international a commencé à encadrer l'exercice du pouvoir judiciaire interne, ce n'est que par le biais du régime de la responsabilité internationale, particulièrement en raison du déni de justice commis à l'égard d'étrangers et plus largement du manquement des organes judiciaires étatiques. Partant de cette analyse, force est de constater que l'articulation des compétences pénales internationales et nationales n'est pas résolue de façon uniforme par le droit international. Cette forme de concurrence dite « verticale »[2232] a tantôt joué en faveur des instances internationales, tantôt au bénéfice des juridictions

[2230] En ce sens, cf. TRIBOLO Julie, « L'articulation des compétences des juridictions internes avec celles des juridictions internationales », in ASCENSIO Hervé et al (dir.), *Droit international pénal,* 2e édition, *op. cit.,* p. 1047, n° 23.

[2231] Ces propos sont notamment émis par LAMBERT-ABDELGAWAD Élisabeth, « Le dessaisissement des tribunaux nationaux au profit des tribunaux pénaux internationaux : un encadrement abusif par le droit international de l'exercice de la compétence judiciaire interne ? », *RGDIP*, 2004, p. 428.

[2232] Expression utilisée dans la plupart des ouvrages de droit international pour désigner la concurrence entre des juridictions nationales et supranationales. Elle s'oppose à la « concurrence horizontale (transnationale) » dans les cas de concurrence entre juridictions nationales. A ce propos, cf. DE LA CUESTA José Luis, « Les compétences criminelles concurrentes nationales et internationales et le principe 'Ne bis in idem' », rapport *supra*, note 2194, p. 674.

nationales. En inversant l'ordre de priorité accordé au préalable aux Tribunaux pénaux internationaux, le principe de complémentarité a ainsi indirectement donné une nouvelle impulsion à la compétence universelle.

CONCLUSION DU TITRE II

1115. La protection des valeurs communes, notamment humanistes, n'a pas toujours été la priorité des États. Cela ne signifie pas pour autant que les violations graves des droits de l'homme étaient entièrement tolérées. Il s'agissait plutôt de se prémunir contre l'ingérence qu'aurait impliquée l'exercice d'une justice pénale transnationale, en l'occurrence sauvegarder la souveraineté étatique. Cependant, eu égard à l'engagement politique des États dans la lutte contre l'impunité, le domaine de la justice nationale s'est dorénavant étendu à des infractions considérées comme d'une extrême gravité telles que le génocide, les crimes contre l'humanité ou encore les crimes de guerre.

1116. À l'issue de la création de deux tribunaux pénaux *ad hoc* pour l'ex-Yougoslavie, puis pour le Rwanda, plusieurs États ont promulgué des lois habilitant leurs juridictions internes à exercer leur compétence à l'égard des crimes commis contre le droit international. L'avènement de cette justice dite « universelle » constitue une avancée notoire en matière de protection des droits de l'homme, car des criminels rwandais en fuite ont pu être jugés en Europe. Mais encore faudrait-il qu'il y ait tout d'abord de l'ordre et de la cohérence dans l'ensemble des législations nationales quelque peu disparates, afin de mieux augmenter les chances de poursuite et de condamnation des auteurs de violations graves du droit humanitaire. Il s'agit là d'un domaine juridique qui reste largement à construire.

CONCLUSION DE LA SECONDE PARTIE

1117. La réflexion menée dans la seconde partie de cette étude nous a permis de mieux appréhender le rôle crucial de la justice internationale et transnationale dans la répression pénale des violations graves du droit international humanitaire et autres crimes internationaux. Grâce à la création d'un Tribunal international par le Conseil de sécurité des Nations Unies, les plus hauts responsables des massacres commis sur le territoire rwandais ont été appréhendés et jugés. Dans le cadre de l'exercice de son mandat, le Tribunal s'est constamment appuyé sur le concours d'autorités nationales diverses pour tenter d'atteindre ses objectifs, qu'il s'agisse de l'arrestation ou du transfert des accusés, de la facilitation de la comparution des témoins ou même de l'exécution des peines des personnes condamnées par le Tribunal[2233]. Dans la même perspective, pour appliquer le droit international, souvent lacunaire et obscur, les Chambres du Tribunal international ont puisé dans le droit comparé ou dans la jurisprudence des cours régionales de protection des droits de l'homme pour une meilleure prise en compte des droits des accusés.

1118. En dépit de ces avancées significatives, quelques observations méritent d'être évoquées. En faisant du TPIR un instrument devant contribuer « *au processus de réconciliation nationale ainsi qu'au rétablissement et maintien de la paix* », le Conseil de sécurité lui confiait un mandat éminemment politique selon la formule « *no peace without justice*[2234] ». Le fait surtout pour le Tribunal international d'avoir à collaborer en permanence avec les autorités politiques d'un État sur lequel s'exerce sa compétence soulève l'épineuse question de l'indépendance de la justice pénale internationale. Ainsi en témoigne l'arrêt de la Chambre d'appel (affaire *Barayagwiza*)[2235] dont la révision avait été sans doute influencée par les autorités rwandaises qui menaçaient de suspendre toute coopération si la décision était maintenue. Malgré cette décision controversée qui a suscité de nombreuses critiques, le

---

[2233] Néanmoins, les tensions entre justice pénale internationale extraterritoriale ou internationale et souveraineté des États subsistent.

[2234] Sur ce point, cf. l'analyse pertinente de Luc COTÉ, « Le Tribunal pénal international pour le Rwanda : un Tribunal dans la tourmente », *L'Afrique des Grands Lacs*, Annuaire 2005-2006, p. 418.

[2235] Chambre d'appel, arrêt, *Barayagwiza c/ Le Procureur*, affaire n°ICTR-97-19-AR72, 31 mars 2000.

TPIR a su trouver un équilibre entre la nécessité de marquer son indépendance et le besoin d'une pleine coopération avec les États.

1119. Enfin, jusqu'à l'annonce de la clôture de ses activités pour décembre 2014, les crimes jugés par le Tribunal ne concernent que ceux commis par les membres de l'ancien régime rwandais et non les exactions perpétrées par les militaires appartenant à l'actuel régime en place. Ce choix de politique pénale lui a valu d'être taxé de plus en plus de « justice des vainqueurs »[2236]. Pour notre part, une telle perception trop négative doit être relativisée, si l'on s'intéresse de plus près à la jurisprudence du Tribunal qui a largement contribué au développement du droit international pénal et humanitaire.

[2236] Sur cette analyse critique, cf. CRUVELLIER Thierry, *Le tribunal des vaincus : un Nuremberg pour le Rwanda,* Paris, Calman-Lévy, 2006.

CONCLUSION GÉNÉRALE

1120. Depuis la fin du génocide des Tutsi perpétré en 1994, le peuple rwandais est confronté à plusieurs défis dont le plus important est le rétablissement de la cohésion sociale. Pour une paix durable, c'est l'approche strictement pénale qui fut privilégiée par les Nations Unies et le gouvernement rwandais de transition afin de sanctionner les auteurs des crimes contre l'humanité. La multiplicité des instances judiciaires au titre de la compétence territoriale (tribunaux rwandais), internationale (TPIR) et universelle (juridictions nationales étrangères) permet de conclure que rendre *justice* après des violences de masse n'est pas une entreprise aisée. Chacun des systèmes a révélé ses avantages et ses limites.

1121. En premier lieu, les juridictions classiques rwandaises se sont révélées incapables de juger tous les auteurs du génocide dans « un délai raisonnable ». Afin de résoudre le problème de la surpopulation carcérale due à l'arrestation de nombreux suspects soupçonnés de participation aux massacres, le gouvernement rwandais a adopté en 2001 une loi organique créant les juridictions dites « *Gacaca* ». Il s'agit d'une forme de justice participative qui procède d'une volonté politique de concilier sanction pénale et politique de réconciliation nationale. Devant ces tribunaux populaires, près de 1 950 000 personnes accusées de génocide[2237] ont été jugées malgré le scepticisme de certains spécialistes, au regard de la place accordée à la justice africaine traditionnelle. Les juridictions les *Gacaca* ont résorbé 90 % du contentieux du génocide au plan national. Il nous semble que le recours à ce système est un pari « gagné » par le gouvernement rwandais d'Union Nationale, même s'il ne faut pas sous-estimer quelques imperfections dans le déroulement des procès.

1122. En second lieu, le recours à un tribunal international par le Conseil de sécurité s'est surtout justifié par l'incapacité du Rwanda à pouvoir juger à la fois les planificateurs du génocide et les exécutants. Dans cette perspective, la mise en place du TPIR a reçu pour mandat de juger uniquement les principaux responsables de violations graves du droit international humanitaire et d'actes

[2237] Ces chiffres sont communiqués par le Service National des Juridictions *Gacaca* (SNJG), in DIALOGUE, *Revue d'information et de réflexion,* publiée par ASBL-DIALOGUE, Kigali, trimestriel n° 197, octobre 2011- janvier 2012, p. 7.

de génocide commis au Rwanda et sur le territoire d'États voisins[2238]. À l'heure où le TPIR est arrivé à la fin de son mandat, il nous a paru nécessaire de jeter un regard critique sur sa jurisprudence. Suivant son fonctionnement et les nombreuses décisions qu'il a rendues, le Tribunal a su démontrer que la répression internationale des crimes contre l'humanité n'est plus une idée relevant d'une simple théorie. Des procès symboliques ont abouti à la condamnation de plusieurs responsables du génocide parmi lesquels figurent quinze membres de l'ancien régime, mais également des hommes d'affaires, universitaires et militaires[2239].

1123. Il est vrai que la question du procès équitable a été au cœur de nombreux débats devant le Tribunal d'Arusha, à l'instar du Tribunal de l'ex-Yougoslavie, compte tenu de la méthode « expéditive » utilisée par le Conseil de sécurité pour la création de ces deux organes juridictionnels. L'impératif de la rapidité a empêché toute discussion objective au sein du Conseil. Celui-ci a confié aux juges du Tribunal de l'ex-Yougoslavie la délicate mission d'adopter un règlement de procédure et de preuve (RPP), tout en précisant que le Tribunal pour le Rwanda était tenu d'adopter le même texte. De même, le Conseil de sécurité a conféré aux juges des deux Tribunaux la faculté d'interpréter les règles qu'ils appliquent et de les modifier au gré des nécessités rencontrées[2240]. Cette pratique a donné naissance à la création *ex nihilo* d'un véritable Code international de procédure pénale qui a été salué par la doctrine[2241]. Sur cette base, les juges des TPI ont élaboré une jurisprudence cohérente afin de pallier les lacunes des dispositifs prévus par les Statuts. Chacun des Tribunaux a ainsi participé à l'édification du droit international pénal, malgré les problèmes d'ordre juridique et pratique auxquels les juges ont été confrontés. Ces difficultés relèvent entre autres du métissage des cultures juridiques avec des principes relevant des traditions civilistes et de *common law*.

1124. En troisième lieu, le TPIR ayant une compétence surtout limitée dans le temps, l'intérêt s'est concentré également sur la recherche d'une voie parallèle pour la poursuite des présumés auteurs du génocide, à travers l'exercice par les juridictions nationales d'une compétence extraterritoriale, en dehors de tout élément de rattachement, hormis la présence du prévenu sur le territoire national. Il s'agit en l'occurrence du principe de la compétence universelle. Celle-ci est devenue l'instrument principal d'une politique criminelle commune des États contre des infractions particulièrement

[2238] A ce propos, cf. rapport publié par le doyen René Degni-Segui, Rapporteur spécial des Nations Unies au Rwanda. Nations Unies, Doc. E/CN.4/1996/7, 28 juin 1994, p. 12.

[2239] Pour un bilan détaillé de tous les procès du TPIR, cf. http://www.unictr.org/

[2240] La version initiale du Règlement du TPIY a été adoptée le 11 février 1994 et celle du TPIR adoptée le 29 juin 1995. À ce jour, les deux textes ont été plusieurs fois modifiés.

[2241] Cf. notamment DE FROUVILLE Olivier, *Droit international pénal,* Pedone, 2012, p. 19. Dans le même sens, cf. TAVERNIER Paul, « L'expérience des Tribunaux pénaux internationaux pour l'ex-Yougoslavie et pour le Rwanda », *Revue internationale de la Croix rouge,* n° 828, 1997, p. 648, pp. 647- 663.

préjudiciables à la communauté internationale, dont la répression ne peut être suffisamment assurée par les mécanismes actuels de la justice pénale internationale et les règles classiques de compétence pénale des États (compétence territoriale, compétence réelle, compétence active ou passive). À ce titre, il est intéressant de souligner que des personnes accusées de génocide ont été jugées dans plusieurs pays européens comme en Suisse, aux Pays-Bas, ou encore en Belgique, alors même que le crime de génocide n'avait pas encore été incorporé dans le Code pénal de ces trois pays. Mais que dire de l'approche trop restrictive des juridictions françaises dans la mise en œuvre du principe de la compétence universelle ? Cette question résume toute la complexité de la répression des crimes internationaux sur le fondement de la théorie de l'universalité du droit de punir.

1125. Au-delà des avantages et des limites dans chaque système présenté ci-dessus, c'est surtout la question de la coexistence entre ces trois types de compétences (nationale, internationale et transnationale) qui est en jeu, d'autant plus qu'elles ont été activées de façon concomitante pour une gestion efficace du contentieux du génocide. À ce titre, nous avons pu relever des interférences entre les trois instances de justice, surtout des tensions entre le droit et la politique. Au plan international, cette tension se manifeste à travers l'obligation de coopération des États telle qu'elle relève de la résolution 955 du Conseil de sécurité créant le TPIR. La tension entre le politique et le droit est également apparue comme une conséquence des compétences concurrentes entre juridictions internes et Tribunal international. Dans ce contexte, le principe de la primauté du TPIR a été remis en cause par certains États tels que la France (affaires *Munyeshyaka* et *Bucyibaruta*[2242]) et le Rwanda (affaires *Barayagwiza* et *Bagosora*).

1126. L'interférence entre l'ordre juridique interne et international est également manifeste en matière d'application de la peine. En l'absence d'un Code pénal international, le TPIR se réfère uniquement à la grille des peines d'emprisonnement appliquées par les juridictions rwandaises, mais il n'est pas forcément tenu de se conformer aux usages suivis par le Rwanda en matière de détermination des peines[2243]. Sur ce point, la jurisprudence du Tribunal d'Arusha considère que « *la loi organique rwandaise portant création des juridictions Gacaca et celle qui la modifie et la complète peuvent présenter un intérêt en cas de reconnaissance de culpabilité devant le Tribunal, car elles*

[2242] Les mis en cause sont arrêtés en France le 20 juillet 2007 et placés en détention, avant d'être remis en liberté le 1er août 2007 par les autorités françaises. Un second mandat d'arrêt a été émis par le TPIR à l'issue duquel les deux suspects furent de nouveau arrêtés avant d'être remis en liberté sous contrôle judiciaire par les autorités judiciaires françaises le 19 septembre 2007. Cf. rapport initial de suivi de l'affaire *Bucyibaruta* et *Munyeshyaka,* Mécanisme pour les TPI, 12 juillet 2013, §§ 3 et 10, http://unmict.org/cases_fr.html, consulté le 12 octobre 2013.

[2243] Le même principe est valable pour le TPIY.

régissent la procédure applicable aux personnes ayant plaidé coupable de crimes contre l'humanité[2244] ».

Cette disposition soulève une autre question importante, à savoir la procédure d'aveux et de plaidoyer de culpabilité qui a surtout permis à la justice rwandaise d'accélérer le rythme des procès devant les juridictions *Gacaca*[2245]. Mais cette procédure a eu moins de succès devant le TPIR[2246] et les juridictions étrangères.

1127. Au fond, cette thèse démontre que le génocide et les crimes contre l'humanité sont aujourd'hui pris au sérieux par le droit et que leur sanction s'insère dans un système complexe juridictionnel transnational associant juridictions coutumières, internationales, et étrangères. Émerge ainsi une justice transnationale multiniveaux. La répression du génocide des Tutsi devant ces trois instances de justice marque une étape importante dans l'histoire du Rwanda. Il ne s'agit pas d'une question qui se résume par un diptyque qui mettrait en face à face un ancien régime hutu et un nouveau régime tutsi entre lesquels on aurait à choisir. Le défi réel fut la gestion d'un pays meurtri par un événement tragique. À ce jour, il peut être légitime d'affirmer que ce défi a pu être relevé. Sur le plan judiciaire, tous les procès liés au génocide sont quasiment terminés, à l'exception des affaires qui ont été transférées par le TPIR vers les juridictions classiques rwandaises. De même, des procès continuent d'avoir lieu en France où plus d'une vingtaine de dossiers sont pendants devant le pôle judiciaire du TGI de Paris spécialisé dans la répression des crimes internationaux[2247].

1128. Le recours à la justice comme moyen d'instaurer une paix durable est salué par les praticiens comme Louise Arbour, ancienne procureure auprès des TPI. Dans le même contexte, elle précisait que « *les tribunaux n'ont jamais empêché le crime...* », avant d'ajouter : « *l'effet n'est pas mesurable, car il est impossible de savoir ce qui se passerait au Kosovo si le TPI n'existait pas*[2248] ». Le même raisonnement peut être suivi dans le cas du Rwanda où les observateurs, notamment spécialistes de la région des Grands Lacs, mettaient l'accent sur l'absence de toute perspective raisonnable de réconciliation et de

---

[2244] Cf. Chambre de première instance du TPIR, affaire *Joseph Serugendo*, jugement portant condamnation, 12 juin 2006, affaire n°ICTR-2005-84-I, § 77.

[2245] Cf. annexe 4 sur le bilan des procès *Gacaca*.

[2246] En 2014, seulement 9 accusés ont plaidé coupable sur les 93 personnes mises en accusation par le TPIR.

[2247] Aussi, de nouvelles procédures sont récemment ouvertes après des plaintes déposées par des femmes tutsi contre des militaires français de l'opération turquoise (information recueillie lors de la célébration du 20e anniversaire du génocide des Tutsi, table ronde organisée le 21 juin à Paris par la Ligue internationale contre le racisme et l'antisémitisme (LICRA). Le thème était intitulé : *Le génocide subi par les Tutsi : les fantasmes et les faits*).

[2248] En ce sens, cf. BAZELAIRE Jean-Paul et CRETIN Thierry, *La justice pénale internationale : Son évolution, son avenir de Nuremberg à La Haye*, 1re édition, *op. cit.*, p. 44.

sortie de crise[2249]. Certes, plus de 20 ans après les faits, il est peut-être prématuré de parler de réconciliation. Celle-ci semble être sur une bonne voie si l'on s'en tient aux différents entretiens menés au sein de la population locale et avec une partie des autorités rwandaises. L'une des questions qui risque toutefois d'empiéter sur le processus de réconciliation, c'est le problème de l'indemnisation des victimes. Si des procès ont lieu au plan civil devant les juridictions rwandaises, aucune décision n'a été exécutée en raison de l'insolvabilité des coupables. De plus, le Conseil de sécurité n'avait pas prévu de mécanisme de réparation lors de la mise en place du Tribunal. Les espoirs nourris par les survivants du génocide à l'égard de la justice internationale se sont vite estompés.

1129. Le Statut du Tribunal n'accorde aucune place aux victimes dans le déroulement des procès. Celles-ci sont seulement considérées comme témoins utiles à l'établissement des faits, eux-mêmes constitutifs d'une violation grave du droit international. Leurs intérêts sont donc censés être suffisamment représentés par le Procureur international dont le mandat est d'agir au nom des intérêts de la communauté internationale tout entière. Pourtant, le droit à l'indemnisation est un principe bien reconnu en droit international[2250]. Dès lors, l'héritage du TPIR (provisoirement assurée par un *Mécanisme résiduel*) ne devrait pas se limiter dans la constitution d'archives judiciaires.

1130. Après avoir suscité de nombreux espoirs parmi les défenseurs des droits de l'homme, peut-on espérer que ce Tribunal puisse être le dernier dans l'histoire de la justice pénale internationale ? peut-on prétendre à une paix durable au Rwanda face à la montée du négationnisme ?

Quelle que soit la réponse qui peut être envisagée, il ne faudrait jamais oublier les horreurs vécues par les rescapés du génocide dont certains se considèrent comme « des morts vivants ».

[2249] Pour une analyse pertinente, cf. CHRÉTIEN Jean-Pierre, « Le Rwanda piégé par son histoire », in *Les Historiens et le travail de mémoire. Revue ESPRIT*, n° 266-267, août-septembre 2000, pp. 170-189.

[2250] Avec l'avènement de nouvelles juridictions internationales contemporaines, la victime n'est plus traitée comme un objet de procédure mais comme un sujet du procès. La reconnaissance aux victimes de prérogatives supplémentaires et d'une réparation efficace est amorcée devant la Cour permanente de La Haye, avant d'être confirmée devant les juridictions mixtes les plus récentes, en l'occurrence le Tribunal pour le Liban et les Chambres extraordinaires du Cambodge. Dans le sens de cette évolution, cf. LEMASSON Aurélien-Thibault, *La victime devant la justice pénale internationale : pour une action civile internationale*, texte remanié de thèse de doctorat, Limoges, PULIM, 2012, 803 p.

ANNEXES

LISTE DES ANNEXES

Annexe 1 : loi organique de 1996 réprimant le génocide et les crimes contre l'humanité

Annexe 2 : résolution 955 du Conseil de sécurité créant le TPIR

Annexe 3 : jugements *Gacaca*

Annexe 4 : rapport de clôture des activités *Gacaca*

Annexe 5 : bilan des entretiens au Rwanda

Annexe 1 : Loi organique du 30 août 1996 sur l'organisation des poursuites des infractions constitutives du crime de génocide ou de crimes contre l'humanité, commises à partir du 1er octobre 1990

Chapitre premier : généralités

Article premier

La présente loi organique a pour objet l'organisation et la mise en jugement des personnes poursuivies d'avoir, à partir du 1er octobre 1990, commis des actes qualifiés et sanctionnés par le code pénal et qui constituent :

a) Soit des crimes de génocide ou des crimes contre l'humanité tels que définis dans la Convention du 9 décembre 1948 sur la prévention et la répression, dans la Convention de Genève du 12 août 1948 relative à la protection des personnes civiles en temps de guerre et les Protocoles additionnels, ainsi que dans celle du 26 novembre 1968 sur l'imprescriptibilité des crimes de guerre et des crimes contre l'humanité, toutes trois ratifiées par le Rwanda ;

b) Soit des infractions visées au code pénal qui, selon ce qu'allègue le Ministère Public ou admet l'accusé, ont été commises en relation avec les événements entourant le génocide et les crimes contre l'humanité.

Chapitre II : De la catégorisation

Article 2

Selon les actes de participation aux infractions visées à l'article 1 de la présente loi organique, commises entre le 1 octobre 1990 et le 31 décembre 1994, la personne poursuivie est classée dans l'une des catégories suivantes :

Catégorie 1

a) La personne que les actes criminels ou de participation criminelle rangent parmi les planificateurs, les organisateurs, les incitateurs, les superviseurs et les encadreurs du crime de génocide ou des crimes contre l'humanité ;

b) La personne qui a agi en position d'autorité au niveau national, préfectoral, communal, du secteur ou de la cellule, au sein des partis politiques, de l'armée, des confessions religieuses ou des milices, qui a commis ces infractions ou qui a encouragé les autres à le faire ;

c) Le meurtrier de grand renom, qui s'est distingué dans le milieu où il résidait ou partout où il est passé, à cause du zèle qui l'a caractérisé dans les tueries, ou de la méchanceté excessive avec laquelle elles ont été exécutées ;

d) La personne qui a commis des actes de torture sexuelle.

Catégorie 2

La personne que les actes criminels ou de participation criminelle rangent parmi les auteurs, coauteurs ou complices d'homicides volontaires ou d'atteintes graves contre les personnes ayant entraîné la mort.

Catégorie 3

La personne ayant commis des actes criminels ou de participation criminelle la rendant coupable d'autres atteintes graves à la personne.

Catégorie 4

La personne ayant commis des infractions contre les propriétés.

Article 3

Pour l'application de la présente loi organique, le complice est celui qui aura prêté une aide indispensable à commettre l'infraction, ou qui, par n'importe quel moyen, aura soustrait aux autorités les personnes dont il est question à l'article 2 de la présente loi organique ou aura omis de fournir des renseignements à leur sujet. Le fait que l'un quelconque des actes visés par la présente loi organique a été commis par un subordonné ne dégage pas son supérieur de sa responsabilité pénale s'il savait, ou avait des raisons de croire que le subordonné s'apprêtait à commettre cet acte ou l'avait fait et que le supérieur n'a pas pris les mesures nécessaires et raisonnables pour en punir les auteurs ou pour empêcher que ledit acte ne soit commis alors qu'il en avait les moyens.

Chapitre III : De la procédure d'aveu et de plaidoyer de culpabilité

Section 1 : De l'entrée en vigueur, de l'admissibilité et des conditions

Article 4

La procédure d'aveu et de plaidoyer de culpabilité entre en vigueur le jour de la publication de la présente loi organique au journal officiel et le demeure pendant dix-huit mois, renouvelable par arrêté présidentiel, pour une période ne dépassant pas la même durée. L'officier du ministère public chargé d'une instruction est tenu d'informer le prévenu de son droit et de son intérêt de recourir à la procédure d'aveu et de plaidoyer de culpabilité. Il fera mention dans un procès-verbal qu'il a ainsi informé le prévenu.

Article 5

Toute personne ayant commis des infractions visées à l'article 1 a le droit de recourir à la procédure d'aveu et de plaidoyer de culpabilité. Ce droit, qui ne peut être refusé, peut être exercé en tout temps avant la communication du dossier répressif au président de la juridiction. Il ne peut être exercé qu'une seule fois et il peut y être renoncé tant que l'intéressé n'a pas encore avoué devant le siège. Sans préjudice aux dispositions de l'alinéa 1er, les personnes relevant de la catégorie 1 prévue à l'article 2, ne peuvent bénéficier de réductions de peine prévues aux articles 15 et 16.

Article 6

Pour être reçu au titre d'aveux au sens de la présente section, les aveux doivent comprendre :

a) La description détaillée de toutes les infractions visées à l'article 1 que le requérant a commises, et notamment les dates, heure et lieu de chaque fait, ainsi que les noms des victimes et des témoins s'ils sont connus ;

b) Les renseignements relatifs aux coauteurs et aux complices et tout autre renseignement utile à l'exercice de l'action publique ;

c) Des excuses présentées pour les infractions commises par le requérant ;

d) Une offre de plaidoyer de culpabilité pour les infractions décrites par le requérant conformément aux dispositions du point a) du présent article. Les aveux doivent être recueillis et transcrits par un officier du Ministère Public. Si les aveux sont transmis par écrit, l'officier du Ministère Public en demande confirmation. En présence de l'officier du Ministère Public, le requérant signe ou marque d'une empreinte digitale le procès-verbal contenant les aveux ou la confirmation et s'il y en a un, le document remis par le requérant. L'officier du Ministère Public signe le procès-verbal. Le Ministère Public doit informer le requérant de la catégorie à laquelle le rattachent les faits avoués, afin qu'il puisse confirmer son choix de poursuivre la procédure d'aveu et de plaidoyer de culpabilité ou y renoncer. Si le requérant renonce, il a le droit de retirer sa confession. Dans ce cas, lors de toute procédure subséquente, l'aveu et le plaidoyer de culpabilité sont inadmissibles comme preuve contre l'accusé.

<u>Article 7</u>

A compter de la signature du procès-verbal visé à l'article 6, le Ministère Public dispose d'un délai maximum de trois mois pour vérifier si les déclarations du requérant sont exactes et complètes, et si les conditions fixées à l'article 6 sont remplies. Au terme de la vérification, il est dressé un procès-verbal mentionnant les raisons de l'acceptation ou du rejet de l'aveu et de l'offre de plaidoyer de culpabilité. Ce procès-verbal est signé par un officier du Ministère Public. En cas de rejet de la procédure d'aveu, le Ministère Public poursuit l'instruction de l'affaire selon les voies ordinaires. Aucune autre procédure d'aveu ne peut être requise au niveau du Ministère Public.

<u>Article 8</u>

En cas d'acceptation de l'aveu et de l'offre de plaidoyer de culpabilité, le Ministère Public clôture le dossier en établissant une note de fin d'instruction contenant les préventions établies par l'aveu et il communique le dossier à la juridiction compétente pour en connaître.

<u>Article 9</u>

Au fur et à mesure que les enquêtes progressent, une liste des personnes poursuivies ou accusées d'avoir commis des actes les rattachant à la première catégorie est dressée et mise à jour par le Procureur Général de la Cour suprême. Cette liste sera publiée trois mois après la publication de la présente loi organique au Journal officiel et republiée périodiquement par la suite pour refléter les mises à jour. Par dérogation aux dispositions de l'article 5 alinéa 3, la personne qui aura présenté les aveux et une offre de plaidoyer de culpabilité sans que son nom ait été préalablement publié sur la liste des personnes de la première catégorie, ne pourra pas entrer dans cette catégorie, si les aveux sont complets et exacts. Si ses faits avoués devaient faire entrer cette personne dans la première catégorie elle sera classée dans la deuxième. Les personnes qui auront présenté leurs aveux avant la publication de la liste des noms des personnes de la première catégorie sont classées dans la deuxième, si c'est là que les rangent les infractions commises. S'il est découvert ultérieurement des infractions qu'une personne n'avait pas avouées, elle sera poursuivie, à tout moment, pour ces infractions et pourra être classée dans la catégorie à laquelle se rattachent les infractions commises.

Section 2 : De l'audience, du jugement, des effets

Article 10

En cas de procédure d'aveu et de plaidoyer de culpabilité, l'audience est organisée comme suit :

1. Le greffier appelle la cause ;
2. Le prévenu décline son identité ;
3. Le président du siège demande à la partie civile son identité ;
4. Le greffier énonce la prévention ;
5. Le Ministère Public est entendu en ses réquisitions ;
6. Le greffier lit le procès-verbal d'aveu et de plaidoyer de culpabilité, et s'il y en a un, le document qui contient les aveux ;
7. Le siège interroge à nouveau le prévenu et vérifie que les aveux et le plaidoyer de culpabilité ont été faits de façon volontaire et en toute connaissance de cause, notamment de la nature de l'inculpation, de l'échelle des peines et de l'absence de recours en appel pour les dispositions pénales du jugement à venir ;
8. La partie civile prend ses conclusions ;
9. Le prévenu, et le cas échéant, la personne civilement responsable, s'il y en a, présentent successivement leur défense à l'action civile ou toute autre déclaration pour atténuer leur responsabilité ;
10. Le siège reçoit le plaidoyer de culpabilité et les débats sont déclarés clos.

Article 11

Lorsqu'une procédure d'aveu a été rejetée par le Ministère Public au terme de la vérification prévue à l'article 7, le prévenu peut confirmer devant le siège sa demande de recourir à la procédure d'aveu et de plaidoyer de culpabilité. Le prévenu doit formuler sa demande après que le greffier ait énoncé la prévention, et au plus tard lors de son audition. Si, au terme de l'instruction d'audience, le siège détermine que les aveux étaient conformes aux conditions fixées à l'article 6, il fait application des articles 15 et 16.

Article 12

Si, au cours de l'audience, le siège détermine que ne sont pas réunies les conditions mises à la validité de l'aveu et du plaidoyer de culpabilité, il prononce un jugement de rejet de la procédure d'aveu. La juridiction peut qualifier autrement les faits dont elle est saisie. La disqualification par le siège d'un fait avoué n'emporte pas le rejet de la procédure d'aveu et de plaidoyer de culpabilité. Par contre, le siège ordonne la réouverture des débats afin que, avisé de la nouvelle qualification, l'accusé puisse confirmer son choix de recourir à la procédure d'aveu et de plaidoyer de culpabilité, ou y renoncer.

Article 13

Dans le cas où le siège prononce un jugement de rejet de l'aveu et du plaidoyer de culpabilité, il peut fixer l'affaire à une date ultérieure pour être jugée sur le fond, ou se dessaisir de l'affaire et la renvoyer au Ministère Public pour complément d'information. Lors de toute procédure subséquente, l'aveu et le plaidoyer de culpabilité sont inadmissibles comme preuve contre l'accusé.

Chapitre IV : Des peines

Article 14

Les peines imposées pour les infractions visées à l'article 1 sont celles prévues par le code pénal, sauf :

a) que les personnes de la première catégorie encourent la peine de mort ;

b) que pour les personnes relevant de la catégorie 2, la peine de mort est remplacée par l'emprisonnement à perpétuité ;

c) lorsque les aveux et le plaidoyer de culpabilité " ont été acceptés, dans lequel cas, il est fait application des articles 15 et 16 de la présente loi organique ;

d) que les actes commis par les personnes de la catégorie 4 donnent lieu à des réparations civiles par voie de règlement à l'amiable entre les parties intéressées avec le concours de leurs concitoyens et à défaut, il est fait application des règles relatives à l'action pénale et à l'action civile. Si le prévenu est condamné à une peine d'emprisonnement, il est sursis à l'exécution de la peine. Pour l'application du présent article en son point (d), les conditions fixées par l'article 97 du code pénal ne sont pas observées.

Article 15

Lorsque la condamnation est prononcée, à la suite d'un aveu et d'un plaidoyer de culpabilité offerts avant les poursuites, la peine est diminuée comme suit :

a) les personnes de la catégorie 2 encourent une peine d'emprisonnement de 7 à 11 ans ;

b) les personnes de catégorie 3 encourent le tiers de la peine que le tribunal devrait normalement imposer.

Article 16

Lorsque la condamnation est prononcée à la suite d'un aveu et d'un plaidoyer de culpabilité, offerts après les poursuites, la peine est diminuée comme suit :

a) les personnes e la catégorie 2 encourent une peine d'emprisonnement de 12 à 15 ans ;

b) les personnes de la catégorie 3 encourent la moitié de la peine que le tribunal devrait normalement imposer.

Article 17

Les personnes reconnues coupables au terme de la présente loi organique encourent, de la manière suivante, la peine de la dégradation physique :

a) la dégradation civique perpétuelle et totale pour les personnes de la catégorie 1 ;

b) la dégradation physique perpétuelle telle que définit à l'article 66 du code pénal, point 2°, 3° et 5° pour les personnes de la catégorie 2. La condamnation des personnes relevant de la catégorie 3 emporte toutes les conséquences civiques prévues par la loi.

Article 18

En dépit de l'article 94 du code pénal, seront prononcées les peines déterminées par la qualification la plus sévère lorsqu'il y a concours idéal ou matériel d'infractions.

Chapitre V : Des chambres spécialisées

Section 1 : De la création et de la compétence des chambres spécialisées

Article 19

Il est créé au sein des Tribunaux de première instance et juridictions militaires des chambres spécialisées ayant la compétence exclusive de connaître les infractions visées à l'article 1. Chaque chambre spécialisée peut comprendre plusieurs sièges pouvant siéger simultanément. Au moins un de ces sièges est composé de magistrat pour enfants qui connaissent exclusivement les infractions visées à l'article 1 et commises par les mineurs. Dans les limites du ressort territorial du Tribunal et sur décision de son président, une chambre spécialisée peut avoir plusieurs sièges, pouvant siéger comme chambre itinérantes aux endroits et pour la durée qu'il détermine. En cas de privilège de juridiction en matière personnelle, les chapitre V et VI de la présente loi organique ne sont pas applicables.

Article 20

Chaque chambre spécialisée est constituée d'autant de magistrats de carrière ou de magistrats auxiliaires qu'il est nécessaire, placés sous la présidence d'un des vice-présidents du tribunal de première instance ou des juridictions militaires. Le Vice-président est chargé de l'organisation et de la répartition du service au sein de la chambre spécialisée. Les affectations de magistrats de carrière et la désignation des Présidents des Chambres spécialisées des Tribunaux de première instance sont arrêtées par ordonnance du président de la Cour suprême. Les magistrats de carrière sont choisis parmi ceux du Tribunal de première instance dont fait partie la chambre spécialisée. Les affectations des magistrats auxiliaires et la désignation du président de la chambre spécialisé des juridictions militaires sont arrêtées selon la procédure en vigueur devant ces juridictions.

Article 21

Le siège des chambres spécialisées est composé de trois magistrats, dont le président est désigné par le Président de la chambre.

Article 22

Les officiers du Ministère Public près les chambres spécialisées des Tribunaux de première instance sont désignés par le Procureur général près la Cour d'Appel parmi ceux du parquet de la République sur proposition du Procureur de la République. Ils sont dirigés par un premier substitut commissionné à cet effet. Les officiers du Ministère Public du parquet général près la Cour d'Appel chargés des affaires portées au degré d'appel devant cette Cour sont désignés par le Procureur général près la Cour suprême sur proposition du Procureur général. Le Procureur général près la Cour suprême assure la supervision et la direction générale des parquets de la République et d'Appel pour les matières relevant de la compétence des chambres spécialisées.

Article 23

Les officiers du Ministère Public près la Chambre spécialisée du Conseil de guerre sont désignés et dirigés par l'Auditeur militaire. L'Auditeur militaire général près la Cour militaire désigne et dirige les officiers du Ministère Public chargés des affaires portées devant cette juridiction.

Chapitre VI : Des voies de recours

Article 24

Les jugements des chambres spécialisées sont susceptibles d'opposition et d'appel. Le délai d'appel ou d'opposition est de quinze jours. Seul l'appel sur ces questions de droit ou des erreurs de fait flagrantes est recevable. Dans les trois mois au plus tard suivant le dépôt du dossier devant la juridiction d'appel, celle-ci statue sur pièces quant à la recevabilité du recours. Dans l'hypothèse où il est jugé recevable, la juridiction d'appel statue sur pièces quant au fond. L'arrêt n'est susceptible d'aucun recours. Les jugements avant dire droit ne sont pas susceptibles d'appel. Il en est de même des jugements rendus sur acceptation de la procédure d'aveu et de plaidoyer de culpabilité, sauf en matière d'intérêts civils.

Article 25

Par dérogation à l'article 24, dans le cas où la juridiction d'appel, saisie après un jugement d'acquittement au premier degré, prononce la peine de mort, le condamné dispose d'un délai de quinze jours pour se pourvoir en cassation. La Cour de cassation est compétente pour se prononcer sur le fond de l'affaire. Seul le pourvoi fondé sur des questions de droit ou des erreurs de fait flagrantes est recevable. Dans les trois mois au plus tard suivant le dépôt du dossier devant la Cour de cassation, celle-ci statue sur pièces quant à la recevabilité du recours. Dans l'hypothèse où il est jugé recevable, la Cour statue sur pièces quant au fond. L'arrêt n'est susceptible d'aucun recours.

Article 26

Dans un délai de trois mois suivant le prononcé, le Procureur général près la Cour suprême peut, d'initiative mais dans le seul intérêt de la loi, se pourvoir en cassation contre toute décision en degré d'appel qui serait contraire à la loi.

Chapitre VII : Des dommages et intérêts

Article 27

Le ministère Public représente, d'office ou sur demande, les intérêts civils des mineurs et autres incapables dépourvus de représentants légaux.

Article 28

Depuis la phase des enquêtes préliminaires jusqu'au jour du jugement définitif, le président de la chambre spécialisée du ressort, saisi par requête écrite de la partie lésée ou du Ministère Public, peut prendre toutes les mesures conservatoires nécessaires à la sauvegarde des intérêts civils de la partie lésée.

Article 29

Les règles ordinaires relatives à la dénonciation, à la plainte et à l'action civile sont d'application. Les victimes, agissant à titre individuel ou par des associations légalement constituées représentées par leur représentant légal ou par un représentant spécial qu'elles désignent conformément à leurs statuts, peuvent requérir la mise en mouvement de l'action publique par requête motivée, transmise au Procureur de la République du ressort. La requête vaut constitution de partie civile. La partie civile est exemptée du paiement des frais de justice. Si, à l'expiration d'un délai de six mois à compter du dépôt de la requête, le Ministère Public n'a pas saisi la juridiction compétente, la partie civile peut la saisir par citation directe. Dans ce cas, la charge de la preuve incombe à la partie civile. La partie civile est exemptée du paiement des frais de justice. Si, à l'expiration d'un délai de six mois à compter du dépôt de la requête, le Ministère Public n'a pas saisi la juridiction compétente, la partie civile peut la saisir par la citation directe. Dans ce cas, la charge de la preuve incombe à la partie civile. La partie civile est exemptée du paiement des frais de justice. La condamnation, au civil et au pénal, est susceptible d'appel, selon les modalités fixées à l'article 24. L'acte d'appel doit également être notifié ou cité. La juridiction d'appel évoque de plein droit l'ensemble de l'affaire.

Article 30

La responsabilité pénale des personnes relevant de la catégorie 1 fixée à l'article 2 emporte la responsabilité civile conjointe et solidaire pour tous les dommages causés dans le pays par suite de leurs actes de participation criminelle, quel que soit le lieu de la commission des infractions. Les personnes relevant des catégories 2, 3, ou 4 encourent la responsabilité civile pour les actes criminels qu'elles ont commis. Sans préjudice des droits des victimes présentes ou représentées au procès, la juridiction saisie alloue des dommages et intérêts, sur requête du Ministère Public, en faveur des victimes non encore identifiées.

Article 31

La juridiction saisie de l'action civile se prononce sur les dommages et intérêts même si l'accusé est décédé en cours d'instance ou s'il a bénéficié d'une amnistie.

Article 32

Les dommages et intérêts alloués aux victimes non encore identifiées sont versés dans un Fond d'indemnisation des victimes dont la création et le fonctionnement sont régis par une loi particulière. Avant l'adoption de la loi portant création de ce Fonds, les dommages et intérêts alloués sont versés au compte bloqué ouvert à la Banque Nationale du Rwanda à cette fin par le ministre ayant les affaires sociales dans ses attributions et ce fonds ne pourra être affecté qu'après l'adoption de ladite loi.

Chapitre VIII : Dispositions diverses et finales

Article 33

Le Ministère Public peut citer en justice des personnes qui n'ont pas de domicile ni de résidence connus au Rwanda ou qui se trouvent à l'extérieur du territoire, et contre lesquelles il existe des preuves concordantes ou des indices sérieux de culpabilité, qu'elles aient pu être ou non préalablement interrogées par le Ministère Public.

Article 34

Lorsque le prévenu n'a ni domicile ni résidence connus au Rwanda, le délai d'assignation est de un mois. Une copie de l'exploit est affichée à la porte principale du tribunal où siège la chambre qui doit connaître l'affaire.

Article 35

Les exceptions de connexité ou d'indivisibilité doivent être soulevées devant la juridiction saisie du fond qui les apprécie souverainement. Les demandes en récusation et en prise à partie sont également portées devant la juridiction saisie. L'incident ou la demande peut être joint au fond ou il peut y être statué par jugement sans recours.

Article 36

Les personnes poursuivies en application de la présente loi organique jouisse du droit de la défense reconnu à toute personne poursuivie en matière criminelle, et notamment, le droit d'être défendues par le défenseur de leur choix, mais non aux frais de l'État.

Article 37

L'action publique et les peines relatives aux infractions constitutives de génocide ou des crimes contre l'humanité sont imprescriptibles.

Article 38

En attendant la publication de la loi générale sur le crime de génocide et les crimes contre l'humanité, quiconque commet, après le 31 décembre 1994, un des actes constitutifs de ces crimes, sera puni des peines prévues par le code pénal, et ne peut bénéficier des réductions de peines comme prévu par la présente loi.

Article 39

Sauf dispositions contraires à la présente loi organique, toutes les règles de droit, notamment celles contenues dans le code pénal, dans le code de procédure pénale et dans le code d'organisation et de compétence judiciaires, demeurent d'application.

Article 40

La présente loi organique est rédigée dans les trois langues officielles de la République Rwandaise, mais le texte original reste celui rédigé en kinyarwanda.

Article 41

La présente loi organique entre en vigueur le jour de sa publication au *Journal officiel* de la République Rwandaise.

Kigali, le 30/8/1996

Annexe 2

Nations Unies

Distr. GÉNÉRALE
S/RES/955 (1994)
8 novembre 1994

RÉSOLUTION 955 (1994)

RÉSOLUTION 955 (1994)

Adoptée par le Conseil de sécurité à sa 3453e séance,
le 8 novembre 1994
Le Conseil de sécurité,

Réaffirmant toutes ses résolutions antérieures sur la situation au Rwanda,

Ayant examiné les rapports que le Secrétaire général lui a présentés conformément au paragraphe 3 de sa résolution 935 (1994) du 1er juillet 1994 (S/1994/879 et S/1994/906), et ayant pris acte des rapports du Rapporteur spécial pour le Rwanda de la Commission des droits de l'homme des Nations Unies (S/1994/1157, annexe I et annexe II),

Saluant le travail accompli par la Commission d'experts créée en vertu de sa résolution 935 (1994), en particulier son rapport préliminaire sur les violations du droit international humanitaire au Rwanda que le Secrétaire général lui a transmis dans sa lettre du 1er octobre 1994 (S/1994/1125),

Se déclarant de nouveau gravement alarmé par les informations selon lesquelles des actes de génocide et d'autres violations flagrantes, généralisées et systématiques du droit international humanitaire ont été commises au Rwanda,

Constatant que cette situation continue de faire peser une menace sur la paix et la sécurité internationales,

Résolu à mettre fin à de tels crimes et à prendre des mesures efficaces pour que les personnes qui en sont responsables soient traduites en justice,

Convaincu que, dans les circonstances particulières qui règnent au Rwanda, des poursuites contre les personnes présumées responsables d'actes de génocide ou d'autres violations graves du droit international humanitaire permettraient d'atteindre cet objectif et contribueraient au processus de réconciliation nationale ainsi qu'au rétablissement et au maintien de la paix,

Estimant que la création d'un tribunal international pour juger les personnes présumées responsables de tels actes ou violations contribuera à les faire cesser et à en réparer dûment les effets,

Soulignant qu'une coopération internationale est nécessaire pour renforcer les tribunaux et l'appareil judiciaire rwandais, notamment en raison du grand nombre de suspects qui seront déférés devant ces tribunaux,

Considérant que la Commission d'experts créée en vertu de la résolution 935 (1994) devrait continuer à rassembler de toute urgence des informations tendant à prouver que des violations graves du droit international humanitaire ont été commises sur le territoire du Rwanda, et qu'elle devrait présenter son rapport final au Secrétaire général le 30 novembre 1994 au plus tard,

Agissant en vertu du Chapitre VII de la Charte des Nations Unies,

1. _Décide_ par la présente résolution, comme suite à la demande qu'il a reçue du Gouvernement rwandais (S/1994/1115), de créer un tribunal international chargé uniquement de juger les personnes présumées responsables d'actes de génocide ou d'autres violations graves du droit international humanitaire commis sur le territoire du Rwanda et les citoyens rwandais présumés responsables de tels actes ou violations commis sur le territoire d'États voisins, entre le 1er janvier et le 31 décembre 1994, et d'adopter à cette fin le Statut du Tribunal criminel international pour le Rwanda annexé à la présente résolution;

2. _Décide_ que tous les États apporteront leur pleine coopération au Tribunal international et à ses organes, conformément à la présente résolution et au Statut du Tribunal international, et qu'ils prendront toutes mesures nécessaires en vertu de leur droit interne pour mettre en application les dispositions de la présente résolution et du Statut, y compris l'obligation faite aux États de donner suite aux demandes d'assistance ou aux ordonnances émanant d'une Chambre de première instance, conformément à l'article 28 du Statut, et _prie_ les États de tenir le Secrétaire général informé des mesures qu'ils prendront;

3. _Considère_ qu'une notification devrait être adressée au Gouvernement rwandais avant que des décisions ne soient prises en vertu des articles 26 et 27 du Statut;

4. _Prie instamment_ les États ainsi que les organisations intergouvernementales et non gouvernementales d'apporter au Tribunal international des contributions sous forme de ressources financières, d'équipements et de services, y compris des services d'experts;

5. _Prie_ le Secrétaire général de mettre en oeuvre d'urgence la présente résolution et de prendre en particulier des dispositions pratiques pour que le Tribunal international puisse fonctionner effectivement le plus tôt possible, notamment de lui soumettre des recommandations quant aux lieux où le siège du Tribunal international pourrait être établi, et de lui présenter des rapports périodiques;

6. _Décide_ qu'il choisira le siège du Tribunal international en fonction de critères de justice et d'équité ainsi que d'économie et d'efficacité administrative, notamment des possibilités d'accès

aux témoins, sous réserve que l'Organisation des Nations Unies et l'État où le Tribunal aura son siège concluent des arrangements appropriés qui soient acceptables pour le Conseil de sécurité, étant entendu que le Tribunal international pourra se réunir ailleurs quand il le jugera nécessaire pour l'exercice efficace de ses fonctions; et décide d'établir un bureau au Rwanda et d'y conduire des procédures, si cela est possible et approprié, sous réserve de la conclusion d'arrangements adéquats analogues;

7. Décide d'envisager d'augmenter le nombre de juges et de chambres de première instance du Tribunal international si cela s'avère nécessaire;

8. Décide de rester activement saisi de la question.

ANNEXE

Statut du Tribunal international pour le Rwanda

Créé par le Conseil de sécurité agissant en vertu du Chapitre VII de la Charte des Nations Unies, le Tribunal criminel international chargé de juger les personnes présumées responsables d'actes de génocide ou d'autres violations graves du droit international humanitaire commis sur le territoire du Rwanda et les citoyens rwandais présumés responsables de tels actes ou violations commis sur le territoire d'États voisins entre le 1er janvier et le 31 décembre 1994 (ci-après dénommé "Tribunal international pour le Rwanda") exercera ses fonctions conformément aux dispositions du présent statut.

Article premier

Compétence du Tribunal international pour le Rwanda

Le Tribunal international pour le Rwanda est habilité à juger les personnes présumées responsables de violations graves du droit international humanitaire commises sur le territoire du Rwanda et les citoyens rwandais présumés responsables de telles violations commises sur le territoire d'États voisins entre le 1er janvier et le 31 décembre 1994, conformément aux dispositions du présent statut.

Article 2

Génocide

1. Le Tribunal international pour le Rwanda est compétent pour poursuivre les personnes ayant commis un génocide, tel que ce crime est défini au paragraphe 2 du présent article, ou l'un quelconque des actes énumérés au paragraphe 3 du présent article.

2. Le génocide s'entend de l'un quelconque des actes ci-après, commis dans l'intention de détruire, en tout ou en partie, un groupe national, ethnique, racial ou religieux, comme tel :

a) Meurtre de membres du groupe;

b) Atteinte grave à l'intégrité physique ou mentale de membres du groupe;

c) Soumission intentionnelle du groupe à des conditions d'existence devant entraîner sa destruction physique totale ou partielle;

d) Mesures visant à entraver les naissances au sein du groupe;

e) Transfert forcé d'enfants du groupe à un autre groupe.

3. Seront punis les actes suivants :

a) Le génocide;

b) L'entente en vue de commettre le génocide;

c) L'incitation directe et publique à commettre le génocide;

d) La tentative de génocide;

e) La complicité dans le génocide.

<u>Article 3</u>

<u>Crimes contre l'humanité</u>

Le Tribunal international pour le Rwanda est habilité à juger les personnes présumées responsables des crimes suivants lorsqu'ils ont été commis dans le cadre d'une attaque généralisée et systématique dirigée contre une population civile quelle qu'elle soit, en raison de son appartenance nationale, politique, ethnique, raciale ou religieuse :

a) Assassinat;

b) Extermination;

c) Réduction en esclavage;

d) Expulsion;

e) Emprisonnement;

f) Torture;

g) Viol;

h) Persécutions pour des raisons politiques, raciales et religieuses;

i) Autres actes inhumains.

Article 4

Violations de l'article 3 commun aux Conventions de Genève
et du Protocole additionnel II

Le Tribunal international pour le Rwanda est habilité à poursuivre les personnes qui commettent ou donnent l'ordre de commettre des violations graves de l'article 3 commun aux Conventions de Genève du 12 août 1949 pour la protection des victimes en temps de guerre, et du Protocole additionnel II auxdites Conventions du 8 juin 1977. Ces violations comprennent, sans s'y limiter :

a) Les atteintes portées à la vie, à la santé et au bien-être physique ou mental des personnes, en particulier le meurtre, de même que les traitements cruels tels que la torture, les mutilations ou toutes formes de peines corporelles;

b) Les punitions collectives;

c) La prise d'otages;

d) Les actes de terrorisme;

e) Les atteintes à la dignité de la personne, notamment les traitements humiliants et dégradants, le viol, la contrainte à la prostitution et tout attentat à la pudeur;

f) Le pillage;

g) Les condamnations prononcées et les exécutions effectuées sans un jugement préalable rendu par un tribunal régulièrement constitué, assorti des garanties judiciaires reconnues comme indispensables par les peuples civilisés;

h) La menace de commettre les actes précités.

Article 5

Compétence ratione personae

Le Tribunal international pour le Rwanda a compétence à l'égard des personnes physiques conformément aux dispositions du présent statut.

Article 6

Responsabilité pénale individuelle

1. Quiconque a planifié, incité à commettre, ordonné, commis ou de toute autre manière aidé et encouragé à planifier, préparer ou exécuter un crime visé aux articles 2 à 4 du présent statut est individuellement responsable dudit crime.

2. La qualité officielle d'un accusé, soit comme chef d'État ou de gouvernement, soit comme haut fonctionnaire, ne l'exonère pas de sa responsabilité pénale et n'est pas un motif de diminution de la peine.

3. Le fait que l'un quelconque des actes visés aux articles 2 à 4 du présent statut a été commis par un subordonné ne dégage pas son supérieur de sa responsabilité pénale s'il savait ou avait des raisons de savoir que le subordonné s'apprêtait à commettre cet acte ou l'avait fait et que le supérieur n'a pas pris les mesures nécessaires et raisonnables pour empêcher que ledit acte ne soit commis ou en punir les auteurs.

4. Le fait qu'un accusé a agi en exécution d'un ordre d'un gouvernement ou d'un supérieur ne l'exonère pas de sa responsabilité pénale mais peut être considéré comme un motif de diminution de la peine si le Tribunal international pour le Rwanda l'estime conforme à la justice.

Article 7

Compétence ratione loci et compétence ratione temporis

La compétence ratione loci du Tribunal international pour le Rwanda s'étend au territoire du Rwanda, y compris son espace terrestre et son espace aérien, et au territoire d'États voisins en cas de violations graves du droit international humanitaire commises par des citoyens rwandais. La compétence ratione temporis du Tribunal international s'étend à la période commençant le 1er janvier 1994 et se terminant le 31 décembre 1994.

Article 8

Compétences concurrentes

1. Le Tribunal international pour le Rwanda et les juridictions nationales sont concurremment compétents pour juger les personnes présumées responsables de violations graves du droit international humanitaire commises sur le territoire du Rwanda et les citoyens rwandais présumés responsables de telles violations commises sur le territoire d'États voisins entre le 1er janvier et le 31 décembre 1994.

2. Le Tribunal international pour le Rwanda a la primauté sur les juridictions nationales de tous les États. À tout stade de la procédure, il peut demander officiellement aux juridictions nationales de se dessaisir en sa faveur conformément au présent statut et à son règlement.

Article 9

Non bis in idem

1. Nul ne peut être traduit devant une juridiction nationale pour des faits constituant de graves violations du droit international humanitaire au sens du présent statut s'il a déjà été jugé pour les mêmes faits par le Tribunal international pour le Rwanda.

2. Quiconque a été traduit devant une juridiction nationale pour des faits constituant de graves violations du droit international humanitaire ne peut subséquemment être traduit devant le Tribunal international pour le Rwanda que si :

a) Le fait pour lequel il a été jugé était qualifié crime de droit commun; ou

b) La juridiction nationale n'a pas statué de façon impartiale ou indépendante, la procédure engagée devant elle visait à soustraire l'accusé à sa responsabilité pénale internationale, ou la poursuite n'a pas été exercée avec diligence.

3. Pour décider de la peine à infliger à une personne condamnée pour un crime visé par le présent statut, le Tribunal international pour le Rwanda tient compte de la mesure dans laquelle cette personne a déjà purgé toute peine qui pourrait lui avoir été infligée par une juridiction nationale pour le même fait.

Article 10

Organisation du Tribunal international pour le Rwanda

Le Tribunal international comprend les organes suivants :

a) Les Chambres, soit deux Chambres de première instance et une Chambre d'appel;

b) Le Procureur; et

c) Un Greffe.

Article 11

Composition des Chambres

Les Chambres sont composées de 11 juges indépendants, ressortissants d'États différents et dont :

a) Trois siègent dans chacune des Chambres de première instance; et

b) Cinq siègent à la Chambre d'appel.

Article 12

Qualifications et élection des juges

1. Les juges doivent être des personnes de haute moralité, impartialité et intégrité possédant les qualifications requises, dans leurs pays respectifs, pour être nommés aux plus hautes fonctions judiciaires. Il est dûment tenu compte, dans la composition globale des Chambres, de l'expérience des juges en matière de droit pénal et de droit international, notamment de droit international humanitaire et des droits de l'homme.

2. Les juges siégeant à la Chambre d'appel du Tribunal international chargé de poursuivre les personnes présumées responsables de violations graves du droit international humanitaire commises sur le territoire de l'ex-Yougoslavie depuis 1991 (ci-après dénommé "le Tribunal international pour l'ex-Yougoslavie") siègent également à la Chambre d'appel du Tribunal international pour le Rwanda.

3. Les juges des Chambres de première instance du Tribunal international pour le Rwanda sont élus par l'Assemblée générale sur une liste présentée par le Conseil de sécurité, selon les modalités ci-après :

a) Le Secrétaire général invite les États Membres de l'Organisation des Nations Unies et les États non membres ayant une mission d'observation permanente au Siège de l'Organisation à présenter des candidatures;

b) Dans un délai de 30 jours à compter de la date de l'invitation du Secrétaire général, chaque État peut présenter la candidature d'au maximum deux personnes réunissant les conditions indiquées au paragraphe 1 ci-dessus et n'ayant pas la même nationalité et dont aucune n'a la même nationalité que l'un quelconque des juges de la Chambre d'appel;

c) Le Secrétaire général transmet les candidatures au Conseil de sécurité. Sur la base de ces candidatures, le Conseil dresse une liste de 12 candidats au minimum et 18 candidats au maximum en tenant dûment compte de la nécessité d'assurer au Tribunal international pour le Rwanda une représentation adéquate des principaux systèmes juridiques du monde;

d) Le Président du Conseil de sécurité transmet la liste de candidats au Président de l'Assemblée générale. L'Assemblée élit sur cette liste les six juges des Chambres de première instance. Sont élus les candidats qui ont obtenu la majorité absolue des voix des États Membres de l'Organisation des Nations Unies et des États non membres ayant une mission d'observation permanente au Siège de l'Organisation. Si deux candidats de la même nationalité obtiennent la majorité requise, est élu celui sur lequel se sont portées le plus grand nombre de voix.

4. Si un siège à l'une des Chambres de première instance devient vacant, le Secrétaire général, après avoir consulté les Présidents du Conseil de sécurité et de l'Assemblée générale, nomme une personne réunissant les conditions indiquées au paragraphe 1 ci-dessus pour siéger jusqu'à l'expiration du mandat de son prédécesseur.

5. Les juges des Chambres de première instance sont élus pour un mandat de quatre ans. Leurs conditions d'emploi sont celles des juges du Tribunal international pour l'ex-Yougoslavie. Ils sont rééligibles.

Article 13

Constitution du bureau et des Chambres

1. Les juges du Tribunal international pour le Rwanda élisent un président.

2. Après les avoir consultés, le Président nomme les juges du Tribunal international pour le Rwanda à l'une des Chambres de première instance. Les juges ne siègent qu'à la Chambre à laquelle ils ont été nommés.

3. Les juges de chaque Chambre de première instance choisissent un président qui conduit toutes les procédures devant cette Chambre.

Article 14

Règlement du Tribunal

Les juges du Tribunal international pour le Rwanda adopteront, aux fins de la procédure du Tribunal international pour le Rwanda, le règlement du Tribunal international pour l'ex-Yougoslavie régissant la mise en accusation, les procès en première instance et les recours, la recevabilité des preuves, la protection des victimes et des témoins et d'autres questions appropriées, en y apportant les modifications qu'ils jugeront nécessaires.

Article 15

Le Procureur

1. Le Procureur est responsable de l'instruction des dossiers et de l'exercice de la poursuite contre les personnes présumées responsables de violations graves du droit international humanitaire commises sur le territoire du Rwanda et les citoyens rwandais présumées responsables de telles violations commises sur le territoire d'États voisins entre le 1er janvier et le 31 décembre 1994.

2. Le Procureur, qui est un organe distinct au sein du Tribunal international pour le Rwanda, agit en toute indépendance. Il ne sollicite ni ne reçoit d'instructions d'aucun gouvernement ni d'aucune autre source.

3. Le Procureur du Tribunal international pour l'ex-Yougoslavie exerce également les fonctions de procureur du Tribunal international pour le Rwanda. Il dispose, pour le seconder devant le Tribunal international pour le Rwanda, de personnel supplémentaire, dont un procureur adjoint supplémentaire. Ce personnel est nommé par le Secrétaire général sur recommandation du Procureur.

Article 16

Le Greffe

1. Le Greffe est chargé d'assurer l'administration et les services du Tribunal international pour le Rwanda.

2. Le Greffe se compose d'un greffier et des autres fonctionnaires nécessaires.

3. Le Greffier est désigné par le Secrétaire général après consultation du Président du Tribunal international pour le Rwanda pour un mandat de quatre ans renouvelable. Les conditions d'emploi du Greffier sont celles d'un sous-secrétaire général de l'Organisation des Nations Unies.

4. Le personnel du Greffe est nommé par le Secrétaire général sur recommandation du Greffier.

Article 17

Information et établissement de l'acte d'accusation

1. Le Procureur ouvre une information d'office ou sur la foi des renseignements obtenus de toutes sources, notamment des gouvernements, des organes de l'Organisation des Nations Unies, des organisations intergouvernementales et non gouvernementales. Il évalue les renseignements reçus ou obtenus et décide s'il y a lieu de poursuivre.

2. Le Procureur est habilité à interroger les suspects, les victimes et les témoins, à réunir des preuves et à procéder sur place à des mesures d'instruction. Dans l'exécution de ces tâches, le Procureur peut, selon que de besoin, solliciter le concours des autorités de l'État concerné.

3. Tout suspect interrogé a le droit d'être assisté d'un conseil de son choix, y compris celui de se voir attribuer d'office un défenseur, sans frais, s'il n'a pas les moyens de le rémunérer et de bénéficier, si nécessaire, de services de traduction dans une langue qu'il parle et comprend et à partir de cette langue.

4. S'il décide qu'au vu des présomptions, il y a lieu d'engager des poursuites, le Procureur établit un acte d'accusation dans lequel il expose succinctement les faits et le crime ou les crimes qui sont reprochés à l'accusé en vertu du statut. L'acte d'accusation est transmis à un juge de la Chambre de première instance.

Article 18

Examen de l'acte d'accusation

1. Le juge de la Chambre de première instance saisi de l'acte d'accusation examine celui-ci. S'il estime que le Procureur a établi qu'au vu des présomptions il y a lieu d'engager des poursuites, il confirme l'acte d'accusation. À défaut, il le rejette.

2. S'il confirme l'acte d'accusation, le juge saisi décerne, sur réquisition du Procureur, les ordonnances et mandats d'arrêt, de dépôt, d'amener ou de remise et toutes autres ordonnances nécessaires pour la conduite du procès.

Article 19

Ouverture et conduite du procès

1. La Chambre de première instance veille à ce que le procès soit équitable et rapide et à ce que l'instance se déroule conformément au règlement de procédure et de preuve, les droits de l'accusé étant pleinement respectés et la protection des victimes et des témoins dûment assurée.

2. Toute personne contre laquelle un acte d'accusation a été confirmé est, conformément à une ordonnance ou un mandat d'arrêt décerné par le Tribunal international pour le Rwanda, placée en état d'arrestation, immédiatement informée des chefs d'accusation portés contre elle et déférée au Tribunal international pour le Rwanda.

3. La Chambre de première instance donne lecture de l'acte d'accusation, s'assure que les droits de l'accusé sont respectés, confirme que l'accusé a compris le contenu de l'acte d'accusation et l'invite à faire valoir ses moyens de défense. La Chambre de première instance fixe alors la date du procès.

4. Les audiences sont publiques à moins que la Chambre de première instance décide de les tenir à huis clos conformément à son règlement de procédure et de preuve.

Article 20

Les droits de l'accusé

1. Tous sont égaux devant le Tribunal international pour le Rwanda.

2. Toute personne contre laquelle des accusations sont portées a droit à ce que sa cause soit entendue équitablement et publiquement, sous réserve des dispositions de l'article 21 du statut.

3. Toute personne accusée est présumée innocente jusqu'à ce que sa culpabilité ait été établie conformément aux dispositions du présent statut.

4. Toute personne contre laquelle une accusation est portée en vertu du présent statut a droit, en pleine égalité, au moins aux garanties suivantes :

a) À être informée, dans le plus court délai, dans une langue qu'elle comprend et de façon détaillée, de la nature et des motifs de l'accusation portée contre elle;

b) À disposer du temps et des facilités nécessaires à la préparation de sa défense et à communiquer avec le conseil de son choix;

c) À être jugée sans retard excessif;

d) À être présente au procès et à se défendre elle-même ou à avoir l'assistance d'un défenseur de son choix; si elle n'a pas de défenseur, à être informée de son droit d'en avoir un, et, chaque fois que l'intérêt de la justice l'exige, à se voir attribuer d'office un défenseur, sans frais, si elle n'a pas les moyens de le rémunérer;

e) À interroger ou faire interroger les témoins à charge et à obtenir la comparution et l'interrogatoire des témoins à décharge dans les mêmes conditions que les témoins à charge;

f) À se faire assister gratuitement d'un interprète si elle ne comprend pas ou ne parle pas la langue employée à l'audience;

g) À ne pas être forcée de témoigner contre elle-même ou de s'avouer coupable.

Article 21

Protection des victimes et des témoins

Le Tribunal international pour le Rwanda prévoit dans son règlement de procédure et de preuve des mesures de protection des victimes et des témoins. Les mesures de protection comprennent, sans y être limitées, la tenue d'audiences à huis clos et la protection de l'identité des victimes.

Article 22

Sentence

1. La Chambre de première instance prononce des sentences et impose des peines et sanctions à l'encontre des personnes convaincues de violations graves du droit international humanitaire.

2. La sentence est rendue en audience publique à la majorité des juges de la Chambre de première instance. Elle est établie par écrit et motivée, des opinions individuelles ou dissidentes pouvant y être jointes.

Article 23

Peines

1. La Chambre de première instance n'impose que des peines d'emprisonnement. Pour fixer les conditions de l'emprisonnement, la Chambre de première instance a recours à la grille générale des peines d'emprisonnement appliquée par les tribunaux du Rwanda.

2. En imposant toute peine, la Chambre de première instance tient compte de facteurs tels que la gravité de l'infraction et la situation personnelle du condamné.

3. Outre l'emprisonnement du condamné, la Chambre de première instance peut ordonner la restitution à leurs propriétaires légitimes de tous biens et ressources acquis par des moyens illicites, y compris par la contrainte.

Article 24

Appel

1. La Chambre d'appel connaît des recours introduits soit par les personnes condamnées par les Chambres de première instance, soit par le Procureur, pour les motifs suivants :

a) Erreur sur un point de droit qui invalide la décision; ou

b) Erreur de fait qui a entraîné un déni de justice.

2. La Chambre d'appel peut confirmer, annuler ou réviser les décisions des Chambres de première instance.

Article 25

Révision

S'il est découvert un fait nouveau qui n'était pas connu au moment du procès en première instance ou en appel et qui aurait pu être un élément décisif de la décision, le condamné ou le Procureur peut saisir le Tribunal international pour le Rwanda d'une demande en révision de la sentence.

Article 26

Exécution des peines

Les peines d'emprisonnement sont exécutées au Rwanda ou dans un État désigné par le Tribunal international pour le Rwanda sur la liste des États qui ont fait savoir au Conseil de sécurité qu'ils étaient disposés à recevoir des condamnés. Elles sont exécutées conformément aux lois en vigueur de l'État concerné, sous la supervision du Tribunal.

Article 27

Grâce et commutation de peine

Si le condamné peut bénéficier d'une grâce ou d'une commutation de peine en vertu des lois de l'État dans lequel il est emprisonné, cet État en avise le Tribunal international pour le Rwanda. Une grâce ou une commutation de peine n'est accordée que si le Président du Tribunal international pour le Rwanda, en consultation avec les juges, en décide ainsi dans l'intérêt de la justice et sur la base des principes généraux du droit.

Article 28

Coopération et entraide judiciaire

1. Les États collaborent avec le Tribunal international pour le Rwanda à la recherche et au jugement des personnes accusées d'avoir commis des violations graves du droit international humanitaire.

2. Les États répondent sans retard à toute demande d'assistance ou à toute ordonnance émanant d'une Chambre de première instance et concernant, sans s'y limiter :

a) L'identification et la recherche des personnes;

b) La réunion des témoignages et la production des preuves;

c) L'expédition des documents;

d) L'arrestation ou la détention des personnes;

e) Le transfert ou la traduction de l'accusé devant le Tribunal international pour le Rwanda.

Article 29

Statut, privilèges et immunités du Tribunal international pour le Rwanda

1. La Convention sur les privilèges et immunités des Nations Unies en date du 13 février 1946 s'applique au Tribunal international pour le Rwanda, aux juges, au Procureur et à son personnel ainsi qu'au Greffier et à son personnel.

2. Les juges, le Procureur et le Greffier jouissent des privilèges et immunités, des exemptions et des facilités accordés aux agents diplomatiques, conformément au droit international.

3. Le personnel du Procureur et du Greffier jouit des privilèges et immunités accordés aux fonctionnaires des Nations Unies en vertu des articles V et VII de la Convention visée au paragraphe 1 du présent article.

4. Les autres personnes, y compris les accusés, dont la présence est requise au siège ou au lieu de réunion du Tribunal international pour le Rwanda bénéficient du traitement nécessaire pour assurer le bon fonctionnement du Tribunal.

Article 30

Dépenses du Tribunal international pour le Rwanda

Les dépenses du Tribunal international pour le Rwanda sont imputées sur le budget ordinaire de l'Organisation des Nations Unies conformément à l'Article 17 de la Charte des Nations Unies.

Article 31

Langues de travail

Les langues de travail du Tribunal international sont l'anglais et le français.

Article 32

Rapport annuel

Le Président du Tribunal international pour le Rwanda présente chaque année un rapport du Tribunal international pour le Rwanda au Conseil de sécurité et à l'Assemblée générale.

Annexe 3 : Jugement 1

République du Rwanda
Service national des juridictions Gacaca
JUGEMENT RENDU PAR LA JURIDICTION GACACA D'APPEL
(1) Numéro de la fiche de l'accusé : 156 135

(2)Secteur : *Balarama*	
District : *Ruzizi*	Province : *Ouest*

(3) **Identité de l'accusé**	
Noms : *Elias Samurai*	Surnom : *Mwidishyi* Profession : *Cultivateur*
Nom du père: *Fabien Barore*	Nom de la mère : *Marie Bajoja*
Nationalité : *Rwandaise*	Sexe : *Masculin*
Date de naissance : *1956*	Lieu de naissance : Cellule : *Ryankana*
Secteur : *Bugarama*	District : *Rusizi* Province : *Ouest*
Dans quelle catégorie la juridiction Gacaca du secteur a-t-elle classé l'accusé ?	*Catégorie 2, points 1, 2, 3.*
Peine prononcée par la juridiction de secteur :	*25 ans d'emprisonnement*
Motif d'appel :	*Elias Samvura interjette appel contre la peine prononcée*

JUGEMENT :

(4) Le Siège décide-t-il de changer la catégorie de l'accusé ?
Oui *X* Non
Si oui : Quelle est la nouvelle catégorie ?
1 2 3
S'il s'agit de la première catégorie, le dossier est transmis au parquet de la Province/Mairie de la ville de Kigali. Complétez le n° 9 et le n° 15.

(5) Le siège décide-t-il de changer la peine prononcée contre l'accusé ? *X* **Oui Non**
Si la réponse est non, passez au point 9. Si l'accusé a été condamné à une peine d'emprisonnement et qu'il est en liberté, délivrez un mandat d'arrêt immédiat.
Si la réponse est non et que l'accusé est détenu à la date du prononcé du jugement d'acquittement, ordonnez sa libération immédiate.
Si la réponse est oui, passez aux points suivants.

(6) L'accusé a-t-il été reconnu coupable ? Oui *X* Non
* Motifs : *Elias Samvura plaide coupable d'avoir été le chef des Interahamwe et en demande pardon. Il n'a pas demandé secours pour [illisible] qui était son voisin. Il a participé au meurtre de [illisible] et ordonné de jeter un corps dans une rivière. Il a donné aux Interahamwe l'ordre de tuer les membres de la famille de Mangara.*

- Si la réponse est **non** : L'accusé est acquitté. Passez immédiatement aux points 9 et 15. Si l'accusé est détenu, le Siège doit ordonner sa libération immédiate le jour du prononcé.
- Si la réponse est **oui**, précisez les faits dont l'accusé est reconnu coupable :

- *Il a été le chef des Interahamwe ;*
- *Il a donné aux Interahamwe l'ordre de tuer les membres de la famille de Mangara ;*
- *Il a participé au meurtre de [illisible] ;*
- *Il a ordonné aux Interahamwe de jeter le corps de Kabanda dans une rivière.*

(7) MOTIVATION

<table>
<tr><th colspan="2">Répondez par oui ou par non aux questions suivantes</th><th>Oui</th><th>Non</th></tr>
<tr><td colspan="2">a) L'accusé avait-il moins de 18 ans mais plus de 14 ans au moment des faits ?</td><td></td><td></td></tr>
<tr><td rowspan="3">b) Aveu et plaidoyer de culpabilité</td><td>Ils ont été faits avant inscription sur la liste des accusés et acceptés par le siège de la juridiction Gacaca.</td><td></td><td></td></tr>
<tr><td>L'aveu a été fait après inscription de l'accusé sur la liste des accusés, et accepté par le siège de la juridiction Gacaca</td><td>X</td><td></td></tr>
<tr><td>Pas d'aveu ou l'aveu a été rejeté</td><td></td><td>X</td></tr>
<tr><td colspan="2">c) Faits (autres que l'aveu et le plaidoyer de culpabilité) justifiant une réduction de la peine.
S'il y en a, précisez lesquels :</td><td></td><td></td></tr>
<tr><td colspan="2">d) Position d'autorité au niveau du secteur/cellule/au moment des faits :
Si oui, laquelle :</td><td></td><td>X</td></tr>
</table>

e) Autres explications : circonstances atténuantes, explication du rejet de l'aveu, du plaidoyer de culpabilité, du regret, de la demande de pardon, etc. :

(8) PEINE PRONONCEE

a) Emprisonnement :

Un condamné classé dans la deuxième catégorie, points un et deux, encourt la privation des droits civiques prévus à l'article 76 de la Loi organique n° 16/2004 du 19 juin 2004 (droit de vote, d'éligibilité, d'être expert ou témoin dans les actes, ou de déposer en justice sous serment, droit de posséder, et de port d'arme, droit de servir dans les forces armées, dans l'administration publique, d'exercer la profession d'enseignant ou de médecin).

(9) DATE DU JUGEMENT

Ce jugement a été rendu en audience publique le 10 janvier 2008.

(10) MANDAT D'ARRET

L'accusé est-il en liberté au prononcé du jugement portant sa condamnation à une peine d'emprisonnement ? Oui Non X

Si oui, le siège doit délivrer un mandat d'arrêt immédiat.

(11) DECISION DE LIBERATION IMMEDIATE

L'accusé est-il détenu à la date du prononcé du jugement d'acquittement ?

Oui Non

Si oui, le siège doit ordonner sa libération immédiate.

La durée de la détention provisoire est-elle supérieure à la durée de la peine d'emprisonnement?

Oui Non

Si oui, le siège doit ordonner sa libération immédiate.

(12) NOTIFICATION DU JUGEMENT

L'accusé est-il présent au prononcé du jugement ? Oui Non

Si non, le Siège doit lui notifier le jugement.

(13) LISTE DES VICTIMES

La liste des victimes et des biens endommagés, établie pendant l'audience est annexée au jugement.

(14) SIGNATURE OU EMPREINTE DIGITALE DE L'ACCUSE S'IL EST PRESENT

Noms	Signature ou empreinte digitale
Elias Samvura	*[empreinte digitale]*

(15) SIGNATURESOU EMPREINTES DIGITALES DES MEMBRES DU SIEGE

Noms et signatures ou empreintes digitales des membres du siège qui ont pris part au délibéré.

1. Icyitegetse (Signé)	*2. Kayitana (Signé)*	*3. Mpawenimana (Signé)*	*4. Mugambira (Signé)*	*5. Bizimana (Signé)*
6	7	8	9	10

[cachet]

(16) POSSIBILITE D'OPPOSITION

Répondez par oui ou par non aux questions suivantes :

a) L'accusé a-t-il assisté aux audiences ?

Oui Non Si oui, l'accusé ne peut pas former opposition.

b) L'accusé était-il présent au prononcé du jugement ?

Oui Non Si oui, l'accusé ne peut pas former opposition.

c) Ce jugement a-t-il été rendu sur opposition ?

Oui Non Si oui, l'accusé ne peut pas reformer opposition.

QUELLE EST ALORS LA CONCLUSION ?

L'accusé peut-ilinterjeter appel? Oui Non

L'accusé peut-ilformer opposition ? Oui Non

Le délai d'opposition est de 15 jours à partir de la date à laquelle l'accusé reçoit la notification de son jugement.

(17) OPPOSITION

L'accusé a formé opposition le (date) : __/__/____

Nom et signature ou empreinte digitale de l'accusé

Signature du secrétaire qui a reçu la déclaration d'appel

République du Rwanda
Service national des juridictions Gacaca

FICHE DE PRONONCE DU JUGEMENT

L'an deux mil huit, le 10ème jour du mois de janvier, la juridiction d'appel du secteur *Bugarama*, district de *Rusizi*, province de *l'Ouest* ;

Après examen de l'affaire Elias Samvura, fils de Fabien Barore et de Marie Bajoja;
Attendu qu'il a plaidé coupable et demandé pardon pour les infractions qui lui sont reprochées :
Demande acceptée Oui *X* Demande rejetée
L'accusé n'a pas plaidé coupable pour les infractions lui reprochées :
Après examen des moyens de preuve à charge et à décharge ;
Après examen des autres moyens de preuve présentés lors du procès ;
En vertu de la Loi organique n° 16/2004 ;

Déclare *Elias Samvura*
1. Coupable des faits ci-après :
a) Avoir été le président des Interahamwe ;
b) Avoir ordonné le meurtre des membres de la famille de Mangara ;
c) Participation au meurtre de Medeyo ;
d) Avoir ordonné aux Interahamwe de jeter le corps de Kabanda dans la rivière Rubyiro.

2. Le condamne à une peine d'emprisonnement de 14 ans.

3. Le déclare non coupable : Oui Non *X*
Motif : *Il était le chef des Interahamwe. Il a ordonné le meurtre des membres de la famille de Mangara et participé au meurtre de Medeyo. En outre, il a ordonné aux Interahamwe de jeter le corps de Kabanda dans la rivière Rubyiro.*

(4) SIGNATURE OU EMPREINTE DIGITALE DE L'ACCUSE

Noms	Signature ou empreinte digitale
Elias Samvura	*[empreinte digitale]*

Noms, signatures ou empreintes digitales des membres du Siège ayant pris cette décision :

1. Icyitegetse (Signé)	*2. Kayitana (Signé)*	*3. Mpawenimana (Signé)*	*4. Mugambira (Signé)*	*5. Bizimana (Signé)*
6	7	8	9	10

[cachet]

République du Rwanda
Service national des juridictions Gacaca

PROCES-VERBAL D'AVEU, DE PLAIDOYER DE CULPABILITE, DE REGRET ET DE DEMANDE DE PARDON

LOI-ORGANIQUE N° 16/2004 DU 19/6/2004 PORTANT ORGANISATION, FONCTIONNEMENT ET COMPETENCE DES JURIDICTIONS GACACA (Articles 54-63).

Juridiction Gacaca : Cellule : Secteur : Appel :

Province	District	Secteur	Cellule
Ouest	*Rusizi*	*Bugarama*	*Ryankana*

I. IDENTITE DE L'ACCUSE

NOMS : *Elias Samvura*
Surnom : *Mwidishyi* DATE DE NAISSANCE : *1956*
FILS DE : *Fabien Barore* ET DE : *Marie Bajoja*
MARIE A *Yuriyana Nyiransabimana*
LIEU DE NAISSANCE :
CELLULE : *Ryankana* DISTRICT : *Bugarama*
SECTEUR : *Kibangura* PROVINCE : *Cyangugu*
ARRETE LE : *24 mars 1997*
DATE DE L'AVEU : *17 avril 2007*

République du Rwanda
Cour suprême : Département des juridictions Gacaca
FICHE DE COMMUNICATION D'INFORMATIONS

(1) Juridiction Gacaca de :	
(2) Cellule : *Ryankana*	Secteur : *Kibangura*
District : *Rusizi*	Province : *Ouest*

(3) Motif de communication d'informations : *Transmission du procès verbal d'aveu d'Elias Samvura et de son jugement.*
N.B : Si les informations à transmettre concernent l'accusé, veuillez indiquer le numéro de la fiche de l'accusé.

(4) Explications :
Le Siège de la juridiction de secteur, chambre II, ayant constaté que Samvura a recouru à la procédure d'aveu après avoir été inscrit sur la liste des accusés, et ayant examiné son aveu, conclut qu'il est coupable des infractions à lui reprochées qui ont été commises durant le génocide. En vertu des articles 51 et 73, points 4 et 5, l'accusé est condamné à une peine d'emprisonnement de 4 ans, 7 ans de travaux d'intérêt général, et 2 ans et 4 mois de prison avec sursis.
N.B : Il a déjà purgé sa peine d'emprisonnement ferme, étant donné qu'il a passé 10 ans en détention. Il est condamné à une année et 8 mois de prison avec sursis et aux travaux d'intérêt général durant 2 ans et 4 mois.

(5) Date : *6 janvier 2008*

(6) Cachet de la juridiction Gacaca

(7) Signatures des membres du comité de coordination :

Président	1er Vice président	2ème Vice président	Secrétaire	Secrétaire
Uwizeyimana	*Ntamarengero*	*Iyakaremye*	*Ndahayo*	*Ntawuhigimana*
(Signé)	(Signé)	(Signé)	(Signé)	(Signé)

VI. COMMISSION DES INFRACTIONS

<u>**Première infraction**</u> :
J'ai vu des gens se diriger vers un endroit où des personnes avaient été appréhendées. J'ai d'abord pensé qu'il s'agissait de réfugiés qui étaient revenus du Zaïre et qui allaient être tués. Arrivé sur les lieux, j'ai constaté qu'il s'agissait plutôt des gens de Bugarama. Les personnes qui les avaient appréhendés se sont rendues à Bugarama et ont alerté Athanase Ndutiye et Jumapili Kasimu, qui sont arrivés sur les lieux en compagnie d'autres personnes que je ne connaissais pas. Ceux-ci ontditque ces personnes qui avaient été appréhendées étaient des complices et ont donné l'ordre de les tuer. J'étais sur les lieux. Yuvenali Sinaruhamagaye était du nombre de ceux qui ont appréhendé ces victimes et peut fournir de plus amples détails.

<u>**Deuxième infraction 2 : Meurtre de Mangara**</u> :
Les assaillants dirigés par Samuel Rukeraho sont venus du secteur de Muganza le 8 et ont tué ces quatre personnes en collaboration avec Charles Ndayisaba, et Abidani qui explique les circonstances de ces meurtres. Alexandre, Ezira Nsabimana, Shabani Kamana étaientaussi sur les lieux. Ils venaient de l'endroit où nous avions descendu un drapeau.

<u>**Troisième infraction 3 : Meurtre de Kabanda :**</u>
Il a été tué par Ngirimana. C'est celui-ci qui, de retour du domicile de la victime, m'a informé de ce meurtre. Je m'y suis par la suite rendu pour vérifier s'il avait été effectivement tué. Arrivé sur les lieux, je l'ai trouvé mort. Lorsque j'ai cherché à savoir la raison pour laquelle il avait été tué, on m'a dit qu'il était un empoisonneur et qu'on n'avait pas besoin de lui.

Quatrième infraction 4 :
J'ai établi des barrages routiers pour vérifier les pièces d'identité des personnes qui y passaient.

VII. DEMANDE DE PARDON EN GENERAL
Je demande pardon à Dieu, à l'État rwandais et à tous les Rwandais.

VIII. DEMANDE DE PARDON EN PARTICULIER
Je demande particulièrement pardon aux familles des victimes.

IX. COMMENT ALLEZ-VOUS COHABITER AVEC LES SURVIVANTS DES FAMILLES DES VICTIMES ?
Je suis prêt à rencontrer les membres des familles des victimes et à cohabiter pacifiquement avec eux comme par le passé.

IX . NOM + SIGNATURE (EMPREINTE DIGITALE) DES MEMBRES DU SIEGE DE LA JURIDICTION GACACA + DE L'ACCUSE QUI A RECOURU A LA PROCEDURE D'AVEU, DE PLAIDOYER DE CULPABILITE, DE REGRET ET DE DEMANDE DE PARDON

Annexe 3 : jugement 2

République du Rwanda
Service national des juridictions Gacaca
FICHE DE L'ACCUSE

(1) Nom de la juridiction : Juridiction[Gacaca] de la cellule de Busheke
(2) Siège de la juridiction :
Cellule : *Busheke* Secteur : *Rushubi*
District : *Nyamyumba* Province: *Gisenyi*

(3) Identité de l'accusé
Nom : *Mpagazehe*
Prénom : *Augustin* **Surnom**: ....
Occupation lors des faits : *Cultivateur*
Nom du père: *Samvura* **Nom de la mère**: ....
Nationalité : *Rwandaise* **Sexe** : *M*
Date de naissance : .... **Lieu de naissance** : Cellule : *Ruhondo,*
Secteur : *Munanira,* District : *Nyamyumba*
Province : *Gisenyi*
Répondez par OUI ou par NON aux questions suivantes :
(4) L'Assemblée générale connaît-elle l'accusé **?** *Oui.*
(5) L'accusé avait-il moins de 14 ans au moment des faits ? *Non.*
(6) L'accusé a-t-il commis des infractions dans des cellules différentes ? *Non*
(7) Si l'accusé est en détention, l'assemblée générale ou le ministère public ont-ils des faits à lui reprocher ? ...Si Non, passer directement au point 12.
(8) Infractions reprochées à l'accusé : (cocherl'infraction par un X)
I. **Première catégorie** :
a. Planification du génocide coactivité complicité
b. Organisation du génocide coactivité complicité
c. Incitation au génocide coactivité complicité
d. Supervision et encadrement du génocide
coactivité complicité
e. Commission d'actes de génocide en position d'autorité
coactivité complicité
f. Renommée dans la commission du génocide
coactivité complicité
g. Torture coactivité complicité
h. Viol coactivité complicité
i. Actes de torture sexuelle coactivité complicité
j. Profanation des dépouilles mortelles
coactivité complicité
k. Autres
II. **Deuxième catégorie** :
a. Meurtre coactivité complicité
b. Participation aux attaques coactivité complicité
c. Tenue des barrières coactivité complicité
d. Tentative de meurtre coactivité complicité
e. Autres actes criminels commis sans intention
de donner la mort coactivité complicité
f. Autres : Il a reçu 20 000 FR destinés aux Interahamwe
III. **Troisième catégorie** :
Pillage et endommagement des biens coactivité complicité

Décrivez ci-dessous les infractions reprochées à l'accusé, précisez les lieux (cellule, secteur, district/ville), la date de la commission de ces infractions, ainsi que leur qualification :
Il est accusé d'avoir reçu une somme de 200 000 FR destinée aux Interahamwe. Augustin Ngirabatware alias Mbiyombiyo, ministre en 1994, lui a remis cet argent dans la cellule de Busheke (Buruseli)

(9) Le Siège décide de classer l'accusé dans la catégorie : (Cocher par un X la catégorie appropriée)

1		**2**	*X*	**3**	

(10) Adresse actuelle de l'accusé : (répondez par OUI ou par NON aux questions suivantes) :
a) L'accusé est-il en détention ? *Non.*
Si Oui, préciser s'il est en prison, au cachot ou ailleurs)
b) L'accusé est-il en liberté ? *Oui* Si Oui, indiquer son adresse actuelle?
Cellule : *Busheke* Secteur : *Rushubi* District : *Nyamyumba*
Province : *Gisenyi*
À l'étranger (préciser le pays) :
c) L'accusé est-il décédé ? *Non* Si Oui, passer directement au point (14).

(11) L'accusé a-t-il avoué et plaidé coupable ? (Ecrire OUI ou NON)
Si la réponse est oui, préciser :
a) Les aveux, le plaidoyer de culpabilité, le repentir et la demande de pardon ont-ils été acceptés par la juridiction Gacaca de la cellule ? ....
Si Oui : préciser la date de ces aveux ...../...../.....
Date de son inscription sur la liste des accusés : *2 novembre 2006*

(12) Après la séance de l'Assemblée générale, le siège décide : (Ecrire OUI dans une seule case et retranscrivez la décision Siège (point N° 9) dans le tableau ci-après

Décision du siège		**Le siège doit :**
L'accusé avait-il moins de 14 ans ?		Ordonnance de libération immédiate Date de la décision : __/__/____
Y a-t-il des témoins à charge ?		Ordonnance de libération immédiate Date de la décision : __/__/____
L'accusé est-il rangé dans la première catégorie ?		Transmission du dossier au parquet
L'accusé est-il rangé dans la deuxième catégorie ?	*Oui*	Transmission du dossier à la juridiction Gacaca du secteur
L'accusé est-il rangé dans la troisième catégorie ?		La juridiction compétente : cellule. Ordonnance de libération immédiate si l'accusé est détenu : Date __/__/____

(13) Si l'accusé n'est pas en détention: le siège de la juridiction Gacaca décide-t-il de sa mise en détention provisoire ? (Répondez par OUI ou par NON)
Si Oui, préciser la date de l'ordonnance d'arrestation et de détention.

(14) Noms et signatures des membres du siège de la juridiction Gacaca et date

1.*Elisée Bibutsuhoze* [signé]	**2.** *Célestin Mvuyekure* [signé]	**3.** *Sousane Kanziga* [signé]
4. *M. Claire Dukundane* [signé]	**5.** *Laurence Nyirabasabose* [signé]	**6.** *Immaculée Bazimaziki* [signé]
7. *Léonard Mwendezi* [signé]	**8.**	**9.**

(Cachet de la juridiction)

Annexe 4 : Rapport portant clôture des activités *Gacaca* (juin 2002-juin 2012)

II. Cases tried by Gacaca Courts

a) The total number of cases tried by Gacaca Courts are 1,958,634 including:

Category	Number of Cases	Convicted				Acquitted	Percentage
		All	Percentage	Guilty plea and Confession	Percentage		
Cat 1	60 552	53 426	88,3 %	22 137	41,4 %	7 126	11,7 %
Cat2	577 528	361, 590	62,6 %	108 821	30 %	215 938	37,4 %
Cat 3	1 320 554	1 266 632	96 %	94 054	7,4 %	54 002	4 %
Total	1 958 634	1 681 648	86 %	225 012	13,3 %	277 066	14 %

b) **Cases tried by Gacaca Courts of Appeal**

At the level of appeal, Gacaca Courts tried 178,741 cases (see the following table) representing 9 % of the 1,958,634 cases tried by all Gacaca Courts.

Category	Number of cases	Convicted				Acquitted	Percentage
		All	Percentage	Guilty plea and Confession	Ijanisha		
Cat 1	19 177	16 688	87 %	**6 731**	**35 %**	**2 489**	**13 %**
Cat2	134 394	93 607	70 %	**26 019**	**19 %**	**40 787**	**30 %**
Cat 3	25 170	22, 607	90 %	**562**	**2,4 %**	**2 563**	**10 %**
Total	**178 741**	132 902	74 %	**33 312**	**25,8 %**	**45 839**	**26 %**

C) Numbers of suspects tried by Gacaca Courts according to Districts, Provinces and Kigali City are presented in the following table:

Province	District	Number of people tried				
		All	Women	Percentage	Men	Percentage
Eastern	Bugesera	44 076	4 220	10	39 856	90
	Gatsibo	20,208	1,434	7	18,774	93
	Kayonza	25,028	1,669	7	23,359	93
	Kirehe	26,255	1,461	6	24,794	94
	Ngoma	39,933	5,892	15	34,041	85
	Nyagatare	1,952	104	5	1,848	95
	Rwamagana	38,425	3,357	9	35,068	91
	Total	**195 877**	**18 137**	9	**177 740**	91

Southern	Gisagara	63,202	5,844	9	57,358	91
	Huye	81,126	10,403	13	70,723	87
	Kamonyi	57,816	1,787	3	56,029	97
	Muhanga	51,575	6,895	13	44,680	87
	Nyamagabe	55,724	6,698	12	49,026	88
	Nyanza	68,566	6,903	10	61,663	90
	Nyaruguru	44,185	3,973	9	40,212	91
	Ruhango	58,092	6,629	11	51,463	89
	Total	**480 286**	**49 132**	10	**431 154**	90
Western	Karongi	45,991	3,935	9	42,056	91
	Ngororero	26,032	3,770	14	22,262	86
	Nyabihu	9,844	757	8	9,087	92
	Nyamasheke	42,982	4,474	10	38,508	90
	Rubavu	18,589	1,108	6	17,481	94
	Rusizi	32,608	2,175	7	30,433	93
	Rutsiro	31,649	3,130	10	28,519	90
	Total	**207 695**	**19 349**	9	**188 346**	91
Northern	Burera	883	30	3	853	94
	Gakenke	15,054	1,663	11	13,391	89
	Gicumbi	9,242	628	7	8,614	93
	Musanze	4,029	223	6	3,806	94
	Rulindo	27,272	1,952	7	25,320	93
	Total	**56 480**	**4 496**	8	**51 984**	92
Kigali City	Kicukiro	14,200	1,309	9	12,891	91
	Gasabo	32,540	2,850	9	29,690	91
	Nyarugenge	16,149	1,380	9	14,769	91
	Total	**62 889**	**5 539**	9	**57 350**	91
Total		**1 003 227**	**96 653**	10	**906 574**	90

Source : Service National des juridictions *Gacaca*

Annexe 5 : Bilan des entretiens au Rwanda (mars 2010 à juillet 2011)

Institutions publiques créées après le génocide				
Service national des travaux d'intérêt général (SNTIG)	**Commission nationale de lutte contre le génocide (CNLG)**	**Commission nationale des droits de la personne (CNDP)**	**Commission nationale pour l'unité et la réconciliation**	**Fond d'Assistance aux Rescapés du Génocide (FARG)**
Secrétaire exécutif (entretien 15 avril 2010), gestionnaire base de données (entretien 12 juillet 2011)	*Secrétaire exécutif et ancien ministre de la Justice de 1999 à 2003 (entretien 15 mai 2010)*	*Présidente (entretien 10 mai 2010)*	*Secrétaire général adjoint (entretien 28 mars 2010)*	*Secrétaire exécutif (entretien 29 mars 2010)*
Principales questions abordées : * statistique sur le nombre de prisonniers condamnés aux TIG, * problème d'évasion des prisonniers assignés aux TIG, * conditions de détention des prisonniers dans les camps de travail, * En 2011 : 84 896 détenus étaient condamnés au TIG dont 7768 femmes et 77 128 hommes. * Nombre de condamnés ayant exécuté leur peine : 29 746 Hommes et 2996 Femmes	**Principales questions abordées** : * projet de loi mettant en place un fonds d'indemnisation des victimes, * la méthode des procès groupés dans le règlement du contentieux du génocide, *l'importance des aveux dans les procès *Gacaca* *assistance des victimes et des accusés par des avocats, *l'impossibilité de mettre en place une Commission Vérité et Réconciliation pour régler le contentieux du génocide, *organisation d'une conférence nationale sur l'indemnisation des victimes au mois de juin 2010	**Principales questions abordées** : * collaboration entre la CNDP et les autres ONG de protection des droits de l'Homme, * les cas les plus fréquents de violations des droits fondamentaux auxquels la Commission est saisie, * collaboration entre la commission et le service national des prisons afin de prévenir toutes formes de violations des droits des détenus, * droit à un procès dans un délai raisonnable	**Principales questions abordées** : * le retour des réfugiés au Rwanda, * les différentes formes de réconciliation (individuelle, nationale) * l'impossibilité de mettre en place une Commission Vérité et Réconciliation pour résoudre le contentieux du génocide, * les différentes méthodes utilisées pour faciliter la réconciliation,	**Principales questions abordées** : * le financement du FARG par le budget de l'État, * le montant alloué aux bénéficiaires en fonction de leurs besoins, * le FARG peut-il être considéré comme une forme d'indemnisation des victimes ? * les différents programmes du FARG (éducation, santé, logement...), * collaboration avec les autres associations de défense de droit des victimes

Instances chargées du règlement du contentieux du génocide				
TPIR Bureau du procureur à Kigali	**Cour suprême**	**Parquet et ministère de la Justice**	**Haute cour militaire**	**Service national des juridictions *Gacaca***
Procureur (entretien 18 mai 2010)	*Inspecteur des cours et tribunaux (entretiens 15 mars 2010 et 10 juillet 2011)*	*Procureur chargé de la poursuite des fugitifs accusés de génocide (entretien 30 mai 2010)*	*Juge (entretien 15 mars 2010)*	*Directeur d'unité, appui juridique (entretiens 15 mai 2010 et 8 juillet 2011)*
Principales questions abordées : *la coopération entre le TPIR et les autres juridictions, *principe de la primauté du TPIR sur les autres juridictions nationales, *stratégie de fin mandat du TPIR *Problème de l'indemnisation des victimes, *le bilan numérique très faible du TPIR,	**Principales questions abordées :** *le principe de l'indépendance des juges, *le droit à un procès équitable, *les difficultés rencontrées par les juridictions ordinaires dans le règlement du contentieux du génocide, *le problème de la mise en œuvre du fonds d'indemnisation des victimes, *la propagande de l'idéologie du génocide et les stratégies de son éradication	**Principales questions abordées :** *coopération entre les juridictions rwandaises, le TPIR et les juridictions des autres pays *les lacunes dans le système judiciaire rwandais, *évolution du système judiciaire au Rwanda après la réforme de 2004, *problème de l'arrestation des fugitifs (présumés génocidaires)	**Principales questions abordées :** * le respect du droit à un procès équitable, *le droit de demander la révision de son procès après avoir épuisé toutes les voies de recours, *le transfert des dossiers liés au génocide devant les juridictions *Gacaca,* *les condamnations et les acquittements	**Principales questions abordées :** *le déroulement des procès *Gacaca,* *la remise en cause du droit à un procès équitable, *l'importance de l'aveu dans les procès *l'indemnisation des victimes du génocide et la restitution des biens pillés. *la phase de clôture des procès *Gacaca*

ONG et associations de défense des droits des victimes du génocide				
Avocat sans frontières (ONG qui mène des activités visant à contribuer à la résolution équitable du contentieux du génocide)	**RCN justice démocratie** (ONG qui contribue à garantir le respect des droits fondamentaux)	**Penal Reform International** (ONG internationale qui œuvre pour la réforme de la justice pénale dans le monde entier)	**IBUKA** (Association de défense des droits de victimes du génocide)	**AVEGA** (Association des veuves du génocide d'Avril)
Chef de mission (entretien 13 mai 2010)	*Chef de mission (entretien 6 juin 2010)*	*Coordonnateur du programme de monitoring (entretien 20 avril 2010)*	*Représentant de la justice (entretiens 11 et 18 mai 2010)*	*Secrétaire exécutive (entretien 10 juillet 2011)*
Principales questions abordées : *reconstruction du système judiciaire après le génocide, *difficultés rencontrées par les juridictions ordinaires pour juger les détenus dans un délai raisonnable *la remise en cause du droit à un procès équitable dans les juridictions *Gacaca* *l'accélération des jugements dans les juridictions *Gacaca* *la qualité des jugements rendus	**Principales questions abordées :** *participation de RCN à la reconstruction de l'appareil judiciaire du Rwanda après le génocide (formation des magistrats, organisation des procès sur les collines…) *recueil d'aveux dans les prisons *organisation des rencontres entre victimes et bourreaux	**Principales questions abordées :** *la place centrale de l'aveu dans les juridictions *Gacaca,* *la demande de pardon des coupables, *les témoignages et les preuves devant les juridictions *Gacaca,* *le jugement des infractions contre les biens commises pendant le génocide, *le contraste entre la théorie de la réparation et la réalité socio-économique du pays, *les raisons de la mise en œuvre des Travaux d'intérêt général (TIG) au Rwanda *exécution des TIG dans les camps de travail	**Principales questions abordées :** *les projets en cours pour garantir l'indemnisation des victimes, *protection des rescapés (considérés comme témoins gênants), *le manque de volonté du gouvernement pour indemniser les victimes du génocide, *libération en 2001 de plus de 500 mille suspects sur ordre du président de la République pour désengorger les prisons, *assistance psychologique aux rescapés (projet commun avec médecin du monde France).	**Principales questions abordées :** *le traumatisme des femmes violées et contaminées au VIH, *assistance psychologique *les nombreux cas d'assassinat de femmes après avoir témoigné devant les juridictions *baisse du taux de mortalité des femmes contaminées au VIH, grâce aux antirétroviraux *la question de l'indemnisation, une entrave à la réconciliation

Extraits de quelques témoignages réalisés à Kigali avec des rescapés du génocide et des accusés condamnés par les juridictions *Gacaca*	
Principales questions abordées : causes principales du génocide, cohabitation entre victimes et bourreaux, l'implication des *Gacaca* dans le processus de réconciliation, indemnisation des victimes, etc.	
RESCAPÉS	**ACCUSÉS DÉTENUS À LA PRISON CENTRALE DE KIGALI**
Abbé A. Témoignage du 6 mai 2010 : « *le bourgmestre qui avait ordonné aux tueurs d'assassiner ma famille est venu me demander pardon. J'ai pleuré et je l'ai pardonné. Mais en ce moment, il est en prison et sa femme est morte. Ses enfants étaient abandonnés, alors j'ai décidé de m'en occuper en payant par exemple leurs études [...]. D'autres victimes ont voulu faire comme moi et ils ont commencé à pardonner. Donc nous étions dans la logique selon laquelle, le bien doit triompher sur le mal...* »	**Ndirandegey M.**, condamnée à la perpétuité pour meurtre et exactions sur les corps de victimes, jugement Secteur *Nyakabanda*, 15 juil. 2007. Témoignage du 18 juillet 2011 « *J'ai été accusée à tort et emprisonnée sans avoir la possibilité d'être assistée par un avocat. Je reconnais avoir été présente sur les lieux du crime pour récupérer le corps de ma nièce dans une fosse commune* ». Ce témoignage est remis en cause par des codétenus qui soutenaient que l'accusée a acquis une grande notoriété pendant le génocide dans la mesure où elle « *mutilait les organes sexuels des hommes après les avoir tués* ».
GASSANA J. (ancien réfugié qui avait quitté le Rwanda en 1964). Témoignage recueilli le 30 avril 2010 : « *pour moi, pardonner ce n'est pas simple. C'est d'ailleurs impossible. Le plus important c'est la coexistence pacifique et elle a été rendue possible grâce aux juridictions Gacaca.* »	**Valérie Bemereki** (ancienne journaliste de la RTLM) condamnée à 28 ans d'emprisonnement pour incitation au génocide, jugement Gacaca d'appel, Secteur Kimisagara, Kigali,, 1er mars 2009. Témoignage du 15 juillet 2011 : « *J'indiquais les endroits où les Tutsi étaient réfugiés, j'ordonnais aux miliciens de vérifier les pièces d'identité à l'intérieur des barrières. Je diffusais également des informations erronées selon lesquelles, le Front patriotique rwandais (FPR) avait l'intention de tuer tous les Hutu.* » « *C'est sur le banc de l'école que j'ai appris la haine, car l'histoire qui nous a été enseignée c'était de la division entre les populations [...]. Mais aujourd'hui, l'histoire enseignée c'est l'union des Rwandais et non la division. Donc la réconciliation nationale est possible grâce surtout aux juridictions Gacaca. Et l'État fait beaucoup d'efforts pour contribuer à cela.* »
Ruzindana D. (seul rescapé d'une famille de 9 enfants) Témoignage du 1er mai 2010 : « *les gens à qui on doit demander pardon ne sont plus là [...]. Humainement parlant, le pardon est vraiment difficile à livrer. C'est d'autant plus difficile pour un crime aussi grave que le génocide. Mais ce n'est pas impossible, car la parole divine nous aide à pardonner. La preuve il y a des gens au Rwanda qui pardonnent, et le font de tout cœur. Mais ce sont de rares cas.* » **Et pour conclure, le témoin insistait bien sur le fait qu'**« *il ne faut jamais forcer le pardon, c'est quelque chose qui ne se commande pas, que l'on n'impose pas. C'est comme dire à quelqu'un blessé à la plante des pieds de marcher aussi longtemps que possible. Il faut d'abord guérir la plaie avant de lui proposer de marcher...* »	
Président de l'association des rescapés du génocide (IBUKA) Entretien réalisé le 18 mai 2010 : « *il ne faut pas refuser le droit à l'indemnisation en tant que principe. Le gouvernement ne peut se réfugier derrière un Fonds d'assistance [...] C'est son devoir d'assister les rescapés en référence aux conventions relatives aux droits socioéconomiques que l'État rwandais a ratifiées.* »	**Jean Marie N.** (ancien militaire des FAR) condamné à la perpétuité pour viol et le meurtre de ses voisins, jugement 5 décembre 2010. Témoignage du 18 juillet 2011 : « *Lorsque je suis arrivé sur les lieux du crime, j'ai trouvé toute une famille massacrée. Certains étaient encore en agonie, je les ai achevés pour leur éviter une mort lente...* » **Pour compléter son témoignage sur les femmes accusées de génocide :** « *les femmes ne sont pas des saintes, car elles étaient toujours présentes dans les groupes de miliciens. Elles ont activement participé dans les massacres de façon coriace. Celles qui ne tuaient pas dénonçaient les cachettes des Tutsi* **»**.

PARTICIPATION AUX COLLOQUES	
Commémoration du 16e anniversaire du génocide des Tutsi (du 4 au 6 avril)	**Forum international sur le rôle du leadership dans l'égalité des genres et le renforcement du pouvoir des femmes (17-18 mai 2010)**
Colloque organisé par la commission nationale de lutte contre le génocide (CNLG : « 16 ans après le Génocide perpétré contre les Tutsi au Rwanda. Gestion de ses conséquences ». Les principaux thèmes abordés : • Documentation, mémoire et réconciliation après le génocide des Tutsi en 1994 : un défi possible à relever. • Témoigner : quelles voies pour l'avenir ? • Le génocide perpétré contre les Tutsi : gestion des conséquences sociales, • Le FARG, la réparation et la reconstruction sociale. Quel bilan ? • Le succès des juridictions *Gacaca* et les défis auxquels elles font face, • Lecture historienne des politiques de justice au Rwanda, **Résultats attendus** : • Propositions des stratégies de lutte contre le traumatisme et les autres troubles psychiques liés au génocide • Recueil des réflexions sur l'établissement d'un centre de documentation et de recherche sur le génocide.	Plusieurs thèmes : gouvernance, paix, justice et sécurité • Gravité des violences sexuelles infligées aux femmes et aux enfants à des fins militaires ou politiques. • Présentation d'un plan d'action régionale dans le cadre du protocole de la Région des Grands Lacs sur la répression et l'élimination de la violence sexuelle contre les femmes et les enfants dans les pays de la Région des Grands Lacs.

SOURCES DE DOCUMENTATION			
Institut de recherche et de dialogue pour la paix (IRDP)	Bibliothèque du Tribunal pénal international pour le Rwanda (TPIR)	Centre de gestion des conflits de l'université nationale du Rwanda (UNR)	Archives de la Commission nationale de lutte contre le Génocide (CNLG)

BIBLIOGRAPHIE

Cette recherche a nécessité l'utilisation d'une bibliographie très importante et le recours de sources singulières et diversifiées. Nous avons tenté de les classer suivant la méthodologie ci-après.

I. RÉFÉRENCES RELATIVES À L'HISTOIRE ET AU DÉROULEMENT DU GÉNOCIDE

A. Ouvrages spécifiques

BAKUNDA Isahu Cyicaro, Pierre-Célestin, *L'enfer des règles implicites,* Paris, L'Harmattan, 2006, 418 p.

BIDERI Diogène, *Le massacre des Bagogwe. Un prélude au génocide des Tutsi. Rwanda (1990-1993)*, Paris, L'Harmattan, 2008, 147 p.

BRAEKMAN Colette, *Terreurs africaines,* Fayard, 1996, 347 p.

BRAEKMAN Colette, *Rwanda. Histoire d'un génocide,* Paris, Fayard 1994, 343 p.

BRUNETEAU Bernard, *Le siècle des génocides : violences, massacres, et processus génocidaires de l'Arménie au Rwanda*, Paris, Éditions Armand colin, 2004, 232 p.

CHRÉTIEN Jean-Pierre, *Rwanda : les médias du génocide,* Paris, Karthala, 1995, 409 p.

CHRÉTIEN Jean-Pierre, *L'Afrique des Grands Lacs, Deux mille ans d'histoire,* Flammarion collection Champ, 2000, 407 p.

CHRÉTIEN Jean-Pierre, *Le défi de l'ethnisme, Rwanda et Burundi,* Paris, Karthala, 2012, 241 p.

CUBERO José, *La femme et le soldat : viols et violences de guerre du Moyen âge à nos jours,* Éditions Imago, 2012, 355 p.

DALLAIRE Roméo, *J'ai serré la main du diable. La faillite de l'humanité au Rwanda,* Éditions Libre Expression, 2004, 685 p.

DES FORGES Alison, *Aucun témoin ne doit survivre. Le génocide au Rwanda*, Human Rights Watch/FIDH, Karthala, 1999, 936 p.

DESTEXHE Alain, *Rwanda : essai sur le génocide*, Paris, Éditions Complexe, 1994, 120 p.

DIOP Boubacar Boris, *Murambi, le livre des ossements*, Paris, Éditions Stock, 2000, 229 p.

ERNY Pierre, *Rwanda 1994 : clé pour comprendre le calvaire d'un peuple*, L'Harmattan, 256 p.

GUENIVET Karima, *Violences sexuelles, la nouvelle arme de guerre,* Éditions Michalon, Paris, 2001, 206 p.

GUICHAOUA André, *Les crises politiques au Burundi et au Rwanda (1993-1994),* Paris, Karthala, 1995, 790 p.

HARROY Jean-Paul, *Rwanda, de la féodalité à la démocratie,* Bruxelles-Paris, Hayez-Académie des sciences d'outre-mer, 1984, 512 p.

HATZFELD Jean, *Une saison de machettes,* Éditions Seuil, 2003, 312 p.

HAZAN Pierre, *Juger la guerre juger l'histoire,* PUF, Paris, 2007, 251 p.

KAGAMÉ Alexis, *Les organisations socio-familiales de l'ancien Rwanda,* Bruxelles, Académie Royale des Sciences coloniales (ARSC), 1954.

LEFÈVRE Patrick et Jean-Noël, *Les militaires belges et le Rwanda,* Éditions Racine, 2006, 239 p.

LUGAN Bernard, *Rwanda : le génocide, l'église et la démocratie*, Éditions du Rocher, 2004, 234 p.

MUJAWAYO Esther, *La fleur de Stéphanie : Rwanda entre réconciliation et déni,* 2006, Paris, Flammarion, 250 p.

NGIJOL Gilbert, *Autopsie des génocides rwandais, burundais et l'ONU. La problématique de la stabilité dans les pays de la région des Grands Lacs,* Éditions Présence Africaine, 1994, 227 p.

PLAUCHUT Agathe, *L'ONU face au génocide rwandais. Le silence des machettes*, L'Harmattan, 2012, 238 p.

PRUNIER Gérard, *Rwanda 1959-1996. Histoire d'un génocide*, Paris, Éditions Dagorno, 1997, 514 p.

RÉPUBLIQUE du Rwanda, Parlement-Sénat, *Idéologie du génocide et stratégie de son éradication,* Kigali, 2006, 335 p.

REYNTJENS Filip, *L'Afrique des Grands Lacs en crise, Rwanda, Burundi : 1988-1994*, Karthala 1994, 326 p.

REYNTJENS Filip, *Rwanda, Trois jours qui ont fait basculer l'histoire,* Paris, Cahiers africains, L'Harmattan, 1995, 150 p.

TERNON Yves, *Guerre et génocide au XXe siècle. Architecture de la violence de masse*, Paris, Odile Jacob, 2007, 398 p.

TERNON Yves, *L'État criminel. Les Génocides au XXe siècle,* Seuil, 1995, 456 p.

TERRAS Christian, *L'Honneur perdu de l'Église,* Éditions Golias, 1999, 260 p.

VANDERLINDEN Jacques, *La République rwandaise,* Paris, Éditions Berger-Levrault, 1970, 64 p.

VANSINA Jan, *Le Rwanda ancien. Le Royaume Nyiginya,* Paris, Karthala, 2001, 289 p.

VERDIER Raymond, DECAUX Emmanuel, CHRÉTIEN Jean-Pierre, *Rwanda. Un génocide du XXe siècle*, Paris, L'Harmattan, 1995, 262 p.

VERSHAVE François-Xavier, *Complicité de génocide ? La politique de la France au Rwanda*, Paris, Éditions La Découverte, 1994, 178 p.

WELZER Harald, *Les exécuteurs. Des hommes normaux aux meurtriers de masse,* Gallimard, 2007, 354 p.

WILLAME Jean-Claude, *Aux sources de l'hécatombe rwandaise*, Brussels-Paris, L'Harmattan, 1995, 174 p.

B. Articles, contributions, actes de colloques

ATLAN Catherine, « Introduction à la crise rwandaise. Des origines du conflit aux premières interventions internationales », in COT Jean (dir.), *Opérations des Nations Unies. Leçons de terrain* (Cambodge, Somalie, Rwanda, ex-Yougoslavie), Paris, Collection Perspectives Stratégiques, Fondation pour les études de défense, 1995, pp. 175-185.

BADIBANGA Jean-Jacques, « La justice du génocide et des massacres », in MAMOU Jacky (dir.), « Le génocide des Tutsi du Rwanda : une abjection pour l'Humanité, un échec pour les humanitaires », *Revue Humanitaire*, 2004, n° 10, p.130.

BONNET Catherine, « Le viol des femmes survivantes du génocide du Rwanda », in VERDIER Raymond et al, *Rwanda. Un génocide du XXe siècle,* L'Harmattan, 1995, pp. 93-98.

CHRÉTIEN Jean-Pierre, « Un 'nazisme tropical' au Rwanda ? Image ou logique d'un génocide » in *Vingtième siècle. Revue d'histoire* n° 48, octobre-décembre 1995, pp. 131-142.

CHRÉTIEN Jean-Pierre, « Le Rwanda piégé par son histoire » in *Les Historiens et le travail de mémoire. Revue ESPRIT,* n° 266-267, août-septembre 2000, pp. 170-189.

CHRÉTIEN Jean Pierre, « Hutu et Tutsi au Rwanda et au Burundi *»,* in AMSELLE Jean-Loup et M'BOKOLO Elikia, *Au cœur de l'ethnie. Ethnies, Tribalisme et État en Afrique*, La Découverte, Paris, 1985, 225 p.

CNLG, *15 ans après le génocide perpétré contre les Tutsi (1994-2009) : défis et perspectives,* Kigali, avril 2010, 303 p.

GAKWENZIRE Philibert, « Nyabarongo, une rivière du supplice », in DIALOGUE, « 16e commémoration du génocide contre les Tutsi», *Revue d'information et de réflexion*[2251], Trimestriel n° 187, publiée par L'ASBL-DIALOGUE, Kigali, mars 2010, pp. 8-21.

KONATÉ Doulaye, « Traditions orales et écriture de l'histoire africaine : sur les traces des pionniers », *Présence Africaine*, n° 173, 2006, pp. 91-106.

MUGESERA M., « Le FARG, l'énigme et la fraude », in *Revue d'information et de réflexion,* ABSL-Dialogue, pp. 142-145.

MUTWARASIBO E., « Le génocide des Tutsi : perspectives de la mémoire et de la sécurité des survivants », *Revue d'Information et de Réflexion*, publiée par l'ASBL Kigali, Dialogue n° 187, Novembre-Mars 2009, p. 77.

OUGUERGOUZ Fatsah, « La tragédie rwandaise du printemps 1994 : quelques considérations sur les premières réactions de l'Organisation des Nations Unies », *RGDIP,* 1996, pp. 149-177.

PRUNIER Gérard, « La dimension politique du génocide au Rwanda », in Hérodote, *Revue de géographie et de géopolitique,* n° 72/72, 1994, pp. 273-274.

SCHABAS William A., « Le Rwanda, le Burundi et la maladie de l'impunité », in CHRÉTIEN Jean-Pierre et al, *Rwanda, un génocide du XXe siècle*, Paris, L'Harmattan, pp. 115-124.

VIDAL Claudine, « Le génocide des Rwandais tutsi : cruauté délibérée et logiques de haine », in HÉRITIER Françoise, *De la violence,* t. 1, Éditions Odile Jacob, 2005, pp. 229-237.

[2251] Fondée en 1967, cette revue aborde tous les problèmes sociaux, économiques, politiques, culturels, religieux et autres.

VIDAL Claudine, « Les politiques de la haine », *Temps modernes,* n° 583, juillet-août 1995.
WILLAME Jean Claude, « Diplomatie internationale et génocide au Rwanda », *Politique Africaine,* n° 55, octobre 1994, pp. 116-132.

II. RÉFÉRENCES RELATIVES AU DROIT RWANDAIS

A. Ouvrages spéciaux, ouvrages collectifs, monographie

ANDRIEU Kora, *La justice transitionnelle. De l'Afrique du Sud au Rwanda*, Paris, Éditions Gallimard, 2012, 671 p.
AVOCATS SANS FRONTIÈRES, *Le crime de génocide et les crimes contre l'humanité devant les juridictions ordinaires du Rwanda,* Kigali et Bruxelles, 2004, 313 p.
IMBLEAU Martin et SCHABAS William A., *Introduction au droit rwandais*, Éditions Yvon Blais, 1999, 434 p.
NKUBITO Alphonse Marie, *Droit pénal spécial,* Ministère de la Justice, Éditions R.C.N, Kigali, 1995.
MUGENZI Louis-Marie, *Droit pénal général*, Ministère de la Justice, Éditions R.C.N, Kigali, 1995.
MUTAYOBA A., *Procédure pénale et la preuve en matière pénale,* Ministère de la Justice, Éditions R.C.N, Kigali, 1995.
VANDERLINDEN Jacques, *Les systèmes juridiques africains,* Que sais-je ? Paris, PUF, 1983, 127 p.

B. Articles, contributions, actes de colloque

DE BEER Daniel, *Loi rwandaise du 30 août 1996 sur l'organisation des poursuites des infractions constitutives du crime de génocide ou de crimes contre l'humanité* – Commentaire et jurisprudence, Kigali – Bruxelles, Alter Égaux Éditions, 1999, 114 p.
GASASIRA E., *Organisation et compétence judiciaire,* Ministère de la Justice, Éditions R.C.N, Kigali, 1995.
MUTAGWERA Fréderic, « Détentions et poursuites judiciaires au Rwanda », in DUPAQUIER Jean-François, *La justice internationale face au drame rwandais*, Paris, Karthala, 1996.
REYNTJENS Filip, « Le Gacaca ou la justice du gazon au Rwanda », in *Revue Politique Africaine* n° 40, le Droit et ses pratiques, décembre 1990, pp. 31- 41.
VICLAIRE-MABIALA Ruffin, *La justice dans les pays en situation de post-conflit,* L'Harmattan, 2009, 350 p.

C. Rapports et autres documents

- Association Ensemble Contre la Peine de Mort (ECPM), rapport Kigali, 25 septembre 2004.
- AVEGA « Agahozo », *Étude sur les violences faites aux femmes*, Kigali, 1999.

- Avocats Sans Frontières, *Justice pour tous au Rwanda,* Bruxelles-Kigali, Rapport annuel 1998-1999.
- Human Rights Watch, *Justice compromise : l'héritage des tribunaux communautaires Gacaca du Rwanda*, rapport publié le 31 mai 2011, 161 p.
- CDIPG (Centre de documentation et d'information sur les procès de génocide), rapport de janvier – août 1998.
- DIALOGUE, *Revue d'information et de réflexion,* « Rwanda : 15 ans après le génocide des Tutsi : bilan et perspective », Trimestriel n° 187, publié par L'ASBL-DIALOGUE, Kigali, 200 p.
- Cahier du centre de gestion des conflits n° 3 : les juridictions *Gacaca* et les processus de réconciliation nationale, Éditions de l'Université nationale du Rwanda (UNR), Butare, 2001.
- Cahier du centre de gestion des conflits n° 6, *De la paix à la justice : les enjeux de la réconciliation nationale,* Éditions Université Nationale du Rwanda, novembre 2002.
- FIDH, *Rwanda, violations massives et systématiques des droits de l'homme depuis le 1er octobre 1990*, Paris, 1993.
- IRDP (Institut de Recherche et de Dialogue pour la Paix), *Génocide des Tutsi du Rwanda : causes, exécution et mémoire,* Dialogue, Consensus, Kigali, février 2006, 156 p.
- IRDP, *Reconstruire une paix durable au Rwanda : la parole au peuple*, novembre 2003.
- IRDP, *l'État de droit au Rwanda*, décembre 2005.
- Nations Unies, Haut-commissariat aux droits de l'Homme, *Gacaca, le droit coutumier au Rwanda*, rapport final de la 1re phase d'enquête sur le terrain, Kigali, 30 juin 1996.
- Penal Reform International, rapport de synthèse de monitoring et de recherche sur le *Gacaca*, décembre 2005.
- Penal Reform International, *Le témoignage et la preuve devant les juridictions Gacaca,* août 2008.
- Penal Reform International, *Huit ans après...Le point sur le monitoring de la Gacaca au Rwanda,* 2010.
- Rapport Commission d'enquête CLADHO - KANYARWANDA, décembre 1994, pp. 237-244.
- République du Rwanda, « La lutte contre l'impunité : Dialogue pour une réconciliation nationale », colloque organisé en décembre 1995, Kigali, décembre 1995, rapport 45 p.
- OUA, « Rwanda, le génocide qu'on aurait pu stopper », rapport des experts sur le génocide, Addis-Abbéba, 7 juillet 2000.

D. Législations

- Arrêté présidentiel n° 26/01 du 10 décembre 2001 relatif à la peine alternative à l'emprisonnement de travaux d'intérêt général, JO Rwanda du 1er février 2002.
- Arrêté présidentiel n° 10/01 du 7 mars 2005 déterminant les modalités d'exécution de la peine alternative à l'emprisonnement de travaux d'intérêt général, entré en vigueur le 15 mars 2005 par publication au *journal officiel de la République du Rwanda,* n° 6.

- Constitution de la République du Rwanda du 4 juin 2003, adoptée par référendum du 26 mai 2003, Journal officiel n° spécial du 02/12/2003.
- Code pénal du 18/08/1977, Rwanda, décret-loi n°21/77.
- Code d'organisation et de compétences judiciaires (décret- loi n° 09/80 du 07/07/1980).
- Décret- loi n° 21/77 du 18 août 1977 instituant le Code pénal, entré en vigueur en 1978 par publication au Journal officiel de la République du Rwanda, n° 13 bis.
- Loi du 20 mai 1963 portant amnistie générale des infractions politiques commises entre le 1er octobre et le 1er juillet 1962 », *Journal officiel,* 1963.
- Loi organique n° 40/2000 du 26/01/2001 portant création des « juridictions *Gacaca* » et organisation des poursuites des infractions constitutives du crime de génocide ou de crimes contre l'humanité commises entre le 1er octobre 1990 et le 31 décembre 1994.
- Loi organique n° 11/2007 du 16 mars 2007 relative au renvoi d'affaires à la République du Rwanda par le TPIR et par d'autres États, in *J.O.R.R* n° spécial du 19/03/2007.
- Loi organique n° 01/2012/OL/ du 02/05/2012 portant Code pénal.
- Loi organique n° 8/96 du 30/08/96 sur l'organisation des poursuites des infractions constitutives du crime de génocide ou de crimes contre l'humanité, commises à partir du 1er octobre 1990.
- Loi organique n° 04/2012/OL du 15/06/2012 portant suppression des juridictions *Gacaca* et fixant les mécanismes de résolution qui étaient de leur compétence.

III. RÉFÉRENCES RELATIVES AU DROIT FRANÇAIS

A. Ouvrages généraux, manuels

CORNU Gérard, *Vocabulaire juridique*, 9e édition, Paris, PUF, 2011, 1093 p.

GUINCHARD Serge (dir.) et DEBARD Thierry, *Lexique des termes juridiques,* 22e édition, 2014-2015, Paris, Dalloz, 1070 p.

TURPIN Dominique et MASCLET Jean-Claude, *Libertés publiques et Droits fondamentaux,* Éditions Foucher, 2009, 367 p.

TUTU Desmond, *Il n'y a pas d'avenir sans pardon,* Paris, Albin Michel, 2000, 284 p.

Droit pénal et procédure pénale internes

AMBROISE-CASTÉROT Coralie, *La procédure pénale,* Paris, Lextenso éditions, 2009, 361 p.

BOULOC Bernard, *Procédure pénale,* Dalloz, 2012, 1098 p.

BOULOC Bernard et MATSOPOULOU Haritini, *Droit pénal général et procédure pénale,* Paris, Dalloz, 2009, 607 p.

BOULOC Bernard, *Droit pénal général,* 22e édition, Paris, Dalloz, 2011, 736 p.

BOULOC Bernard, *Pénologie. Exécution des sanctions adultes et mineurs,* 3e édition, Dalloz, 2005, 508 p.

GOUTENOIR Adeline, BONFILS Philippe, *Droit pénal des mineurs,* Paris, Dalloz, 2008, 1121 p.

GUINCHARD Serge, CHAINAIS Cécile et al, *Droit processuel. Droits fondamentaux du procès,* 7e édition, Dalloz, 2013, 1493 p.

GUINCHARD Serge (dir.) et DEBARD Thierry, *Lexique des termes juridiques,* 22e édition, 2014-2015, Paris, Dalloz, 1070 p.
JEULAND Emmanuel, *Droit processuel, une science de la reconstruction des liens de droit,* Paris, LGDJ, 2007, 614 p.
LAVIELLE Bruno *et al*, *Le guide des peines,* 4e édition, Dalloz, 2007, 860 p.
LEROY Jacques, *Droit pénal général,* 4e édition, Paris, LGDJ, 2010, 576 p.
LE ROY Max, *L'évaluation du préjudice corporel : expertises - principes - indemnités,* 18e éd., Paris, Litec, 2007, 211 p.
MAYAUD Yves, *Droit pénal général,* 3e édition, Paris, PUF, 2010, 647 p.
MERLE Roger et VITU André, *Traité de droit criminel, tome 1 : problèmes généraux de la science criminelle,* 7e édition, Paris, Cujas, 1997, 1072 p.
MERLE Roger et VITU André, *Traité de droit criminel,* tome 1 *: Problèmes généraux de la science criminelle. Droit pénal général,* Paris, Cujas, 7e édition, 1997, 1072 p.
MERLE Roger et VITU André, *Traité de droit criminel,* tome II, *procédure pénale,* 5e édition, Paris, Éditions Cujas, 2001, 1180 p.
PELLETIER Hervé, PERFETTI Jean, *Code pénal,* 23e édition, Litec, 2011, 2025 p.
PRADEL Jean, *Droit pénal général,* CUJAS, 17e édition, 2008-2009, 840 p.
PRADEL Jean, *Droit pénal comparé,* 3e édition, Paris, Dalloz, 2008, 892 p.
PRADEL Jean et VARINARD André, *Les grands arrêts du droit pénal général,* 7e édition, Dalloz, 2009, 685 p.
RASSAT Michèle-Laure, *Droit pénal général,* Ellipses, 2e édition, 2006, 635 p.
RENUCCI Jean-François et al, *Code de procédure pénale,* 55e édition, Dalloz, 2014, 2905 p.

Droit civil et procédure civile

CORNU Gérard et FOYER Jean, *Procédure civile,* 3e édition, PUF, 1996, 800 p.
LEVENEUR Laurent, *Code civil,* 2011, Litec, 2828 p.
MALAURIE Philippe et AYNÉS Laurent, *Droit civil : les obligations,* LGDJ, 6e édition, 2013, 864 p.
MALINVAUD Philippe et FENOUILLET Dominique, *Droit des obligations,* 11e édition, Paris, Litec, 2010, 761 p.
PRADEL Xavier, *Le préjudice dans le droit civil de la responsabilité,* LGDJ, 2004, 544 p.

B. Ouvrages spécialisés, ouvrages collectifs, monographies, thèses

ARCAUTE-DESCAZEUX Marie-Josée, « L'aveu : essai d'une contribution à l'étude de la justice négociée », thèse soutenue et publiée en 1988, Toulouse 1, sous la direction de Gabriel Roujou de Boubée, 2 vol. 590 p.
BREDIN Jean-Denis, *Un tribunal au garde-à-vous. Le procès de Pierre Mendès France 9 mai 1941*, Fayard, 2002, 306 p.
CADIET Loïc et JEULAND Emmanuel, *Droit judiciaire privé,* 7e édition, Litec, 2011, 838 p.
CARIO Robert et MBANZOULOU Paul, *La justice restaurative : une utopie qui marche ?* L'Harmattan, 2010, 104 p.

CARTIER Marie-Elisabeth, *La notion de dommage personnel réparable par les juridictions répressives,* Thèse, Paris, 1968, 570 p.
DE FONTETTE François, *Histoire de l'antisémitisme,* Paris, PUF, 1982, 127 p.
DE FONTETTE François, *Le procès de Nuremberg,* coll. « Que sais-je ? », Paris, PUF, 1996, 128 p.
DINDO Sarah, *Les prisons en France. Alternatives à la détention : du contrôle judiciaire à la détention,* Commission nationale consultative des droits de l'homme, La Documentation Française, Paris, 2007, 222 p.
HÉRON Jacques et LE BARS Thierry, *Droit judiciaire privé*, Montchrestien, 2010, 1030 p.
JAUDEL Étienne, *Justice sans châtiment, les Commissions Vérité- Réconciliation,* Odile Jacob, 2009, 192 p.
JOLY-HURARD Julie, *Conciliation et médiation judiciaire,* PUAM, 2003, 476 p.
LABRÈGÈRE Philippe, « Infractions commises à l'étranger-Effets en France des décisions répressives étrangères », JurisClasseur Procédure pénale, art. 689 à 696, fasc. 30, 2000.
LEFRANC Sandrine, « Politique du pardon : amnistie et transitions démocratiques une approche comparative », thèse soutenue le 20 décembre 2000, IEP Paris.
MALLET-BRICOUT Blandine et NOURISSAT Cyril, *La transaction dans toutes ses dimensions,* Dalloz, 2006, 214 p.
PAILLARD Bertrand, *La fonction réparatrice de la répression pénale,* LGDJ, 2007, 366 p.
PHILIP-GAY Mathilde, « L'amnistie des dirigeants politiques : contribution à l'étude de la responsabilité en droit constitutionnel comparé et international », soutenue en 2005 à l'université Jean Moulin Lyon 3.
TOURNIER Clara, *L'intime conviction des juges*, Presse universitaire d'Aix-Marseille (PUAM), 2003, 451 p.
VINCKEL François, *Droit de l'exécution forcée,* Lextenso éditions, 2008, 458 p.

C. Ouvrages extra juridiques : œuvres philosophiques, œuvres littéraires

BECCARIA Cesare, *Traité des délits et des peines* (1764) traduit de l'italien par CHEVALLIER Maurice, Paris, Flammarion 1991, 187 p.
BOYER Laurent et ROLAND Henri, *Adages du droit français,* 4e édition, Litec, 1999, 1021 p.
MONTESQUIEU, *De l'Esprit des lois,* (1748), T II, Paris, collection Classiques Garnier, 1961, 437 p.
OPPETIT Bruno, *Philosophie du droit*, 1re édition, Dalloz, 1999, 156 p.
ROUSSEAU Jean-Jacques, *Du contrat social*, livre II, chapitre 12, Paris, Garnier Flammarion, 1976, 187 p.
VOLTAIRE, *Dictionnaire philosophique*, section II « Droits des gens, droit naturel, droit public », Paris, 1817.

D. Articles, contributions, chroniques

BAROUDI Jinane, « La compétence universelle en mutation (à propos de la loi française n° 2010-930 du 9 août 2010) », *Revue de science criminelle et de droit pénal comparé (RSC),* 2011, pp. 228-233.

BORE L., « La motivation des décisions de justice et la CEDH », *JCP*, 2002, I, p. 104.

BOULOC Bernard, « la durée des procédures : un délai enfin raisonnable ? », *RSC,* 2001, n° 1, janv.-mars, pp. 55-64.

BOURDON William, « Détentions et poursuites judiciaires en France », in DUPAQUIER Jean-François, *La justice internationale face au drame rwandais,* Karthala, 1996, pp. 205-220.

BRACH-THIEL Delphine, « Et une compétence universelle de plus... », *Actualité Juridique Pénale*, octobre 2013, n° 10, pp. 520 -522.

BRISSET- FOUCAULT Florence, « Vérité, justice, réconciliation ou comment concilier l'inconciliable », *La Découverte/Mouvements*, 2008, n° 53, pp. 9-13.

BRUNET Andrée, *Droit au procès équitable et contrôle de la motivation des décisions de la Cour de cassation*, Mélanges Normand, Paris, Litec, 2003, pp. 51-60.

CADIET Loïc, « Une justice contractuelle » in *Le contrat au début du XXIe siècle*, 2001, LGDJ, 177 p.

CADIET Loïc, GUINCHARD Serge, « Le double degré de juridiction », *Revue Justices,* n° 4, juillet/décembre 1996, pp. 1-8.

CAHN Olivier, « Le jugement en France par délégation d'une juridiction pénale internationale », *RSC*, 2008, pp. 273-302.

COUVRAT Pierre, « Les trois visages du travail d'intérêt général », *RSC*, n° 1, 1989, pp. 158-162.

FRANÇOIS Jean, « Aveu, vérité, justice et subjectivité. Autour d'un engagement de Michel Foucault », *Revue interdisciplinaire d'études juridiques*, n° 7, 1981, pp. 163-182.

HONTEBEYRIE Antoine, « Un cas d'enrichissement dans la responsabilité civile délictuelle : à propos de la vétusté dans l'évaluation des dommages aux biens », D 2007, chr., p. 675 et s.

JEULAND Emmanuel, « Le droit au juge naturel et l'organisation judiciaire », *Revue française d'administration publique,* n° 125, 2008/1, pp. 33-42.

LEFRANC Sandrine, « La justice transitionnelle n'est pas un concept », *La Découverte,* n° 53, 2008, pp. 61-69.

LAINGUI André, « Les adages du droit pénal », *RSC*, 1986, pp. 25-54.

LOMBOIS Claude, « De la compassion territoriale », *RSC* n° 2, avril-juin 1995, pp. 399-402.

LUCAZEAU Gilles, « le délai raisonnable est-il bien raisonnable ? », *La semaine juridique*, JCP n° 3, janvier 2009, I, 103, pp. 21-26.

MARC M., « Le travail d'intérêt général en droit comparé », *Revue pénitentiaire* n° 2, avril-juin 1985, p. 112.

MARTIN Pierre-Marie, « La compétence de la compétence », *Recueil Dalloz,* n° 19, 1996, pp. 157-163.

MASSÉ Michel, « Les crimes contre l'humanité dans le nouveau Code pénal français », *RSC,* avril-juin 1994, p. 379.

MASSÉ Michel, « Une nouvelle dimension de la coopération judiciaire en matière pénale : la coopération verticale », *RSC* n° 4, 2002, chroniques, pp. 884-891.

MASSÉ Michel, « Ex-Yougoslavie, Rwanda : une compétence « virtuelle » des juridictions françaises ? », *RSC,* 1997, pp. 893-898.

MEHDI Rostane, « Justice et double degré de juridiction : l'aspect européen », *Revue Justices*, 1996, p. 51.
MOLFESSIS Nicolas, « La protection constitutionnelle du double degré de juridiction », in *Justice et double degré de juridiction, Revue Justices,* n° 4, 1996, p. 17.
PENSIS Chantal., « Une autre peine : le service communautaire », *Revue de droit pénal et de criminologie*, mars 1993, pp. 311-321.
PRADEL Jean, « Les nouvelles alternatives à l'emprisonnement créées par la loi n° 83-466 du 10 juin 1983 », Dalloz, 1984, chron, pp. 111-117.
RICOEUR Paul, « L'acte de juger », *Le juste,* Paris, Éditions Seuil, 1995, 518 p.
RIPERT Georges « Le prix de la douleur », *Dalloz*, 1948, chr., p. 1.
RIVIER Marie-Claire (dir.), « Les modes alternatifs de règlement des conflits. Un objet nouveau dans le discours des juristes français ? » in CHEVALIER Pierre et al, *Les modes alternatifs de règlement des litiges : les voies nouvelles d'une autre justice*, Paris, La Documentation française, 2003, pp. 25-30.
SAINT-PIERRE François, *La nature juridique des droits de la défense dans le procès pénal*, Recueil Dalloz n °4, 2007, pp. 260-266.
SIMPSON Graeme « Amnistie et crime en Afrique du Sud après la Commission Vérité et Réconciliation », in Réparations, restitutions, réconciliations, Cahiers d'Études africaines, n°173-174, Éditions EHESS, 2004, pp. 99-126.
SOBO François, « Justice transitionnelle : le point sur les juridictions *Gacaca* », *RSC,* octobre/décembre 2009, pp. 763-782.
TEXIER Pascal, « Jalon pour une histoire de la motivation des sentences », in *La motivation,* Travaux de l'association Henri Capitant, LGDJ, 2000, pp. 5-15.
WERLE Gerhard et MANACORDA Stefano, « L'adaptation des systèmes pénaux nationaux au statut de Rome : le paradigme du « Volkerstrafgesetzbuch allemand », *RSC*, 2003, pp. 501-516.

E. Rapports

GIUDICELLI-DELAGE G., « Les juges : de l'irresponsabilité à la responsabilité ? », rapport de synthèse. In *colloque organisé par l'institut de Sciences Pénales et de Criminologie d'Aix-en-Provence,* les 5 et 6 mai 2000, Presses universitaires d'Aix-Marseille, 2000, p. 229.
DE-ROHAN Josselin, *La politique africaine de la France*, Rapport d'information, n° 324, Sénat, session 2010-2011, 37 p.

F. Législation nationale

- Lois Perben II : loi n° 2004-204 du 9 mars 2004 portant adaptation de la justice aux évolutions de la criminalité.
- Loi n° 96-432 du 22 mai 1996 portant adaptation de la législation française aux dispositions de la résolution 955 du conseil de sécurité.
- Loi n° 2010-930 du 09 août 2010 portant adaptation du droit pénal à l'institution de Cour pénale internationale, JORF n° 0183 du 10 août 2010.

IV. RÉFÉRENCES RELATIVES À D'AUTRES ORDRES JURIDIQUES

BELGIQUE

A. Ouvrages généraux

FIERENS Jacques, *Droit humanitaire pénal,* Bruxelles, Éditions Larcier, 2014, 372 p.

NTAMPAKA Charles, *Introduction aux systèmes juridiques africains,* Presse universitaire de Namur, 2005, 192 p.

B. Ouvrages spécialisés, monographies, thèses

DIGNEFFE Françoise et FIERENS Jacques, *Justice et Gacaca : l'expérience rwandaise et le génocide,* Belgique, Presses universitaires de Namur, 2003, 148 p.

KELLENS Georges, *Punir : pénologie et droit des sanctions,* Liège, Éditions juridiques de l'Université de Liège, 2000, 485p.

MUKIZA-SHYAKA Aggée, *Réparation et réconciliation au Rwanda : portée et limite de la justice transitionnelle*, thèse soutenue en septembre 2009 à l'université de Louvain.

PEIRÓ LLOPIS Anna, *La compétence universelle en matière de crimes contre l'humanité*, Bruxelles, Bruylant, 2003, 178 p.

VAN BILLOEN Salomé, *Les juridictions Gacaca au Rwanda : une analyse de la complexité des représentations,* Bruxelles, Bruylant, 2008, 143 p.

C. Articles, contributions, chroniques

PENSIS Chantal, « Une autre peine : le service communautaire », *Revue de droit pénal et de criminologie*, mars 1993, p. 318.

ROSOUX Valérie et MUGABE Aggée Shyaka, « Le cas des Gacaca au Rwanda. Jusqu'où négocier la réconciliation ? *», Revue Négociation,* n° 9, 2008, pp. 29-41.

VANDERMEERSCH Damien, « La loi du 22 mars 1996 relative à la reconnaissance du Tribunal international pour l'ex-Yougoslavie et du Tribunal international pour le Rwanda et à la coopération avec ces tribunaux », *Revue de droit pénal et de criminologie,* 1996, pp. 855-888.

VANDERMEERSCH Damien, « Les poursuites et le jugement des infractions de droit humanitaire en droit Belge », in *Actualité du droit international humanitaire.* Les dossiers de la revue de droit pénal et de criminologie, n° 6, Bruxelles, 2001, pp. 121-180.

VANDERMEERSCH Damien, « La répression en droit belge des crimes de droit international », in *La répression nationale des violations du droit international humanitaire (systèmes romano-germanique),* Genève, Comité international de la Croix-Rouge (CICR), 1998, p. 165.

D. Rapports et autres documents

- Avocats Sans Frontières, *Monitoring des juridictions Gacaca,* rapport analytique n° 3, octobre 2006-avril 2007.

- Avocats Sans Frontières, *Monitoring des juridictions Gacaca,* rapport analytique n° 4, mai-décembre 2007.
- RCN- Justice et Démocratie, *La justice de proximité,* Bulletin n° 30, 4e trimestre 2009.

E. Législation nationale

- Loi de 1996 relative à la coopération avec le TPIY et le TPIR, 27 avril 1996.
- Loi du 10 février 1999 relative à la répression des violations graves du droit international humanitaire, 23 mars 1999.

SUISSE

MOREILLON Laurent et al (dir.), *Droit pénal humanitaire,* 2e édition, Bâle : Hebing Lichtenhahn, 2009, 502 p.

SUÈDE

HUYSE Luc et SALTER Mark (dir.), *Justice traditionnelle et réconciliation après un conflit violent : la richesse des expériences africaines,* Institut for democracy and electoral assistance (IDEA), 2009, Stockholm, 228 p.

V. RÉFÉRENCES RELATIVES AU DROIT INTERNATIONAL ET AU DROIT EUROPÉEN

A. Ouvrages généraux, manuels et précis

ALBARET Mélanie, DECAUX Emmanuel et al, *Les grandes résolutions du Conseil de Sécurité des Nations Unies,* Paris, Dalloz, 2012, 609 p.

ASCENSIO Hervé, DECAUX Emmanuel et PELLET Alain (dir.), *Droit international pénal,* 2e édition, Paris, Pedone, 2012,
1279 p.

ASCENSION Hervé, LAMBERT-ABDELGAWAD Élisabeth, SOREL Jean-Marc (dir.), *Les juridictions pénales internationalisées (Cambodge, Kosovo, Sierra Leone, Timor Leste),* Société de Législation comparée, Paris, 2006, 383 p.

BASSIOUNI Chérif, *Introduction au droit pénal international*, Bruxelles, Bruylant, 2002, 344 p.

BAZELAIRE Jean-Paul et CRETIN Thierry, *La justice pénale internationale. Son évolution, son avenir de Nuremberg à La Haye,* Paris, PUF, 2000, 261 p.

BETTATI Mario, *Droit humanitaire*, 1re édition, Paris, Dalloz, 2012, 321 p.

BOSLY Henri-D et VANDERMEERSCH Damien, *Génocide, crimes contre l'humanité et crimes de guerre face à la justice. Les juridictions internationales et les tribunaux nationaux,* 2e édition, Bruxelles, Bruylant, 2012, 285 p.

BURGORGUE-LARSEN Laurence et UBEDA DE TORRES Amaya, *Les grandes décisions de la Cour interaméricaine des droits de l'homme,* Bruxelles, Bruylant, 2008, 996 p.

CARREAU Dominique et MARRELLA Fabrizio, *Droit international,* 11e édition, LGDJ, 2012, 733 p.
CASSESE Antonio, DELMAS-MARTY Mireille (dir.), *Juridictions nationales et crimes internationaux* ; *Crimes internationaux et juridictions internationales,* 2 vol., Paris, PUF, 2002, 673 et 267 p.
CASSESE Antonio, SCALIA Damien et THALMAN Vanessa, *Les grands arrêts de droit international pénal,* Paris, Dalloz, 2010, 475 p.
COMBACAU Jean et SUR Serge, *Droit international public,* 10e édition, Montchrestien, 2012, 820 p.
DAVID Éric, *Éléments de droit pénal international et européen*, Bruxelles, Bruylant, 2009, 1566 p.
DAVID Éric et HEIRMAN Pascale, *Code de droit international pénal*, 2e édition, Bruxelles, Bruylant, 2009, 1226 p.
DE FROUVILLE Olivier, *Droit international pénal. Sources, Incriminations, Responsabilité,* Paris, Pedone, 2012, 524 p.
DELMAS-MARTY Mireille, FRONZA Emmanuela, LAMBERT-ABDELGAWAD Élisabeth (dir.), *Les sources du droit international pénal,* Paris, Société de Législation comparée, 2004, 488 p.
FIERENS Jacques, *Droit humanitaire international*, Bruxelles, Éditions Larcier, 2014, 372 p.
HUET André et KOERING-JOULIN Renée, *Droit pénal international*, 3e édition, Paris, PUF, 2005, 507 p.
LA ROSA Anne-Marie, *Juridictions pénales internationales. La procédure et la preuve,* publication de l'I.U.H.E.I, Genève, PUF, 2003, 507 p.
MOREILLON Laurent et al, *Droit pénal international*, 2e édition, Bruxelles, Bruylant, 2009, 502 p.
QUOC DINH Nguyen et al, *Droit international public,* Paris, LGDJ, 8e édition, 2009, 1722 p.
PAZARTZIS Photini, *La répression pénale des crimes internationaux : justice pénale internationale,* Paris, Pedone, 2007,
95 p.
SUDRE Frédéric et al, *Les grands arrêts de la Cour européenne des droits de l'homme,* 6e édition, PUF, 2003.
ZAPPALÀ Salvatore, *La justice pénale internationale,* Montchrestien, 2007, 154 p.

B. Ouvrages spéciaux, ouvrages collectifs, thèses et actes de colloque

ARENDT Hannah, *Eichmann à Jérusalem (rapport sur la banalité du mal),* Paris, Gallimard, 1998, 484 p.
BAILLEUX Antoine, *La compétence universelle au carrefour de la pyramide et du réseau. De l'expérience belge à l'exigence de la justice pénale internationale,* Bruxelles, Bruylant, 225 p.
BERGER Vincent, *Jurisprudence de la Cour européenne des droits de l'homme,* Sirey, 9e édition, 2007.
BITTI Gilbert, « Les tribulations de la justice pénale internationale au 20e siècle : la création d'une Cour criminelle internationale permanente : affrontement ou conciliation des dogmes en procédures ? », in *Actes de la conférence internationale à l'occasion du 25e anniversaire de l'institut supérieur international de sciences*

criminelles, Syrecuse, Italie, 16-20 décembre 1997, Éditions Erès, Toulouse, 1998, pp. 395-442.
BOSLY Henri-D et al, *Actualité du droit international humanitaire*, Bruxelles, La Charte, 2001, 225 p.
BURGORGUE-LARSEN Laurence (dir.), *La répression internationale du génocide rwandais,* Bruxelles, Bruylant, 2003, collection CREDHO, 347 p.
CARPANO Éric (dir.), *Le revirement de jurisprudence en droit européen*, Bruxelles, Bruylant, 2012, 427 p.
CHIAVARIO Mario (dir.), *La justice pénale internationale entre passé et avenir,* Paris-Milan, Dalloz-Giuffré, 2003 (thèmes et commentaires), 398 p.
CRUVELILIER Thierry, *Le tribunal des vaincus : Un Nuremberg pour le Rwanda*, Paris, Calmann-Lévy, 2006, 270 p.
DE FROUVILLE Olivier, *Punir les crimes de masse : entreprise criminelle commune ou coaction* ? Limal (Belgique), Anthémis, 2012, 234 p.
DELMAS-MARTY Mireille, FRONZA Emmanuela et LAMBERT-ABDELGAWAD Élisabeth (dir.), *Les sources du droit international pénal. L'expérience des tribunaux pénaux internationaux et le Statut de la Cour pénale internationale,* Paris, LGDJ, 2004, 488 p.
DELMAS-MARTY Mireille, FOUCHARD Isabelle et al, *Le crime contre l'humanité,* 2e édition, Paris, PUF, Que sais-je ? 2013.
DELMAS-MARTY Mireille, *Les forces imaginantes du droit : Le relatif et l'universel,* Tome 1, Paris, Seuil, 2004, 439 p.
DEL PONTE Carla, *La traque, les criminels de guerre et moi : autobiographie,* Paris, Éditions Héloïse d'Ormesson, 2009, 500 p.
DERON Francis, *Le procès des Khmers Rouges : trente ans d'enquête sur le génocide du Cambodge,* Gallimard, Paris, 2009, 480 p.
DESTEXHE Alain et FORET Michel, *Justice internationale. De Nuremberg à La Haye et Arusha,* Bruxelles, Bruylant, 1997, 144 p.
DUPAQUIER Jean-François (dir.), *La justice internationale face au drame rwandais*, Paris, Karthala, 1996, 248 p.
ESSOUNGOU André-Michel, *Justice à Arusha : un tribunal politiquement encadré face au génocide rwandais,* L'Harmattan, 2006, 252 p.
FLAUS Jean-François (dir.), *Les nouvelles frontières du droit international humanitaire* : actes du colloque du 12 avril 2002, Bruxelles, Bruylant, 2003, collection Droit et Justice n° 52, 218 p.
FROSSARD André, *Le crime contre l'humanité,* Éditions Laffont, Paris, 1987, 90 p.
GABORIAU Simone et PAULIAT Hélène (dir.), *La justice pénale internationale,* PULIM, Limoges, 2002, 614 p.
GARAPON Antoine, *Des crimes qu'on ne peut ni punir ni pardonner. Pour une justice internationale,* Paris, Odile Jacob, 2002, 348 p.
GOLDHAGEN Daniel, *Les bourreaux volontaires d'Hitler. Les Allemands ordinaires et l'holocauste,* Seuil, 1997, 580 p.
HAZAN Pierre, *Juger la guerre, juger l'histoire. Du bon usage des commissions vérité et de la justice internationale,* Paris, PUF, 2007, 251 p.
HENZELIN Marc et ROTH Robert, *Le droit pénal à l'épreuve de l'internationalisation,* Paris, LGDJ, 2002, 355 p.
HENZELIN Marc, *Le principe de l'universalité en droit pénal international* : *droit et obligation pour les États de poursuivre et juger selon le principe de l'universalité,* Bruylant, Bruxelles, 2000, 527 p.

JOINET Louis, *Lutter contre l'impunité : dix questions pour comprendre et pour agir,* Éditions La Découverte, 2002, 142 p.

JURISTES SANS FRONTIÈRES, *Le tribunal pénal international de La Haye. Le droit à l'épreuve de la « purification ethnique »,* Paris, L'Harmattan, 2000, 348 p.

JUROVICS Yann, *Réflexion sur la spécificité du crime contre l'humanité,* Paris, LGDJ, 2002, 519 p.

LATTY Franck, « La mise en œuvre de la responsabilité de protéger pour les victimes du Kosovo », in S.F.D.I., *La responsabilité de protéger,* Colloque de Nanterre, Paris, Pedone, 2008, pp. 249-258.

LEMASSON Aurélien-Thibault, *La victime devant la justice pénale internationale : pour une action civile internationale*, texte remanié de thèse de doctorat, Limoges, PULIM, 2012, 803 p.

LEMKIN Raphael, *Qu'est-ce qu'un génocide* ? Éditions du Rocher, 2008, 314 p.

LESCURE Karine et TRINTIGNAC Florence, *Une justice internationale pour l'ex-Yougoslavie, mode d'emploi du Tribunal pénal international de La Haye,* L'Harmattan, Paris, 1994, 127 p.

MARTINEAU Anne Charlotte, *Les juridictions pénales internationalisées, un nouveau modèle de justice hybride*, Paris, Pedone, 2007, 300 p.

MAY Patrick, *Quatre Rwandais aux assises belges : la compétence universelle à l'épreuve,* Paris, L'Harmattan, 2001, 127 p.

MÉGRET Fréderic, *Le Tribunal pénal international pour le Rwanda*, Paris, Pedone, 2002, 249 p.

MOULIER Isabelle, *La compétence universelle en droit international,* Thèse de doctorat, Université Paris1-Panthéon-Sorbonne, 2006, 1050 p.

NAZAIRE-TAMA Jean, *Droit international et africain des droits de l'homme,* L'Harmattan, 2012, 424 p.

PLÉNET Evelise, *Vers la création d'une prison internationale : l'exécution des peines prononcées par les juridictions pénales internationales,* L'Harmattan, 2010, 520 p.

PERNICE Ingolf, Fondements *du droit constitutionnel européen,* Paris, Pedone, Coll. : Cours et travaux » 2004, 93 p.

PEYRO LIOPIS Anna, *La compétence universelle en matière de crimes contre l'humanité,* coll. du CREDHO, Bruxelles, Bruylant, 2003, 178 p.

PONCELA Pierrette et ROTH Robert, *La fabrique du droit au Conseil de l'Europe : promotion et mise en œuvre des sanctions pénales alternatives*, Centre de Droit pénal et de Criminologie (CDPC), Centre d'études, de technique et d'évaluation législatives (CETEL), Genève, Mission de recherche Droit et justice, France, septembre 2004, 392 p.

ROULOT Jean François, *Le crime contre l'humanité,* L'Harmattan, 2002, 442 p.

SCHINDLER Dietrich et TOMAN Jiri, *Droit des conflits armés,* Genève CICR, 1996, 1470 p.

TAVERNIER Paul (dir.), *Actualité de la jurisprudence pénale internationale, à l'heure de la mise en place de la Cour pénale internationale,* Bruxelles, Bruylant, CREDHO, 2004, 281 p.

UBEDA-SAILLARD Muriel, La coopération des États avec les juridictions pénales internationales pénales, thèse de doctorat, Université Paris-Ouest Nanterre-La défense, 4 décembre 2009, 797 p.

ZIMMERMANN Robert, *La coopération judiciaire internationale en matière pénale,* 2e édition, Bruxelles, Bruylant, 2004, 733 p.

C. Articles, contributions, chroniques, mélanges

ANDRIES A. et al, « Commentaire de la loi belge du 16 juin 1993 relative à la répression des infractions graves au droit international humanitaire », *RDPC,* Bruxelles, 1994, pp. 1114-1184.

ARBOUCHE Adrien, « Les juridictions hybrides du TIMOR-LESTE : Un bilan en demi-teinte », *Droits fondamentaux* n ° 5, janvier – décembre 2005, 30 p.

ARGENT-Pierre (d'), « L'expérience belge de la compétence universelle : beaucoup de bruit pour rien ? », *RGDIP*, 2004,
pp. 597-632.

ASCENSIO Hervé, « La responsabilité selon la Cour internationale de justice dans l'affaire du génocide bosniaque », *RGDIP*, 2007, pp. 285-304.

ASCENSION Hervé, « Crime de masse et responsabilité individuelle », in Juristes Sans Frontières (dir.), *Le tribunal pénal international de La Haye. Le droit à l'épreuve de la « purification ethnique »,* Paris, L'Harmattan, 2000, pp. 119-136.

ASCENSIO Hervé, « L'apport des tribunaux pénaux internationalisés à la définition des crimes internationaux », in ASCENSIO Hervé et al (dir.), *Les juridictions pénales internationalisées*, Paris, Société de législation comparée, 2006, pp. 69-93.

BARBERIS Julio, « Réflexions sur la coutume internationale », *AFDI,* 1990, pp. 9 – 46.

BASSIOUNI Chérif, « La Commission des experts des Nations Unies établies par la résolution 780 du Conseil de sécurité (1992) », *RIDP,* n° 66, 1995, pp. 193-223.

BEAUVAIS Pascal et KHALIFA Ahmed, « Les modes collectifs de participation à l'infraction », in ASCENSIO Hervé (dir.), *Droit pénal international,* 2e édition, Pedone, 2012, pp. 503-514.

BEDJAOUI Mohamed, « Un contrôle de la légalité des actes du Conseil de sécurité est-il possible ? in *Le Chapitre VII de la Charte des Nations Unies,* colloque de Rennes, SFDI, Paris, Pedone, 1995.

BOYLE David, « Quelle justice pour les Khmers rouges ? », *Revue trimestrielle des droits de l'Homme*, n° 40, octobre 1999, Bruxelles, Bruylant, pp. 773-826.

BURGORGUE-LARSEN Laurence, « Le bannissement de l'impunité : décryptage de la politique jurisprudentielle de la Cour interaméricaine des droits de l'homme », *Revue trimestrielle des droits de l'homme (RTDH)*, n° 89, Bruylant, janv. 2012, pp. 17-56.

BURGORGUE-LARSEN Laurence, « De la difficulté de réprimer le génocide rwandais : l'expérience du Tribunal pénal international pour le Rwanda », in TAVERNIER Paul (dir.), *Un siècle de droit international humanitaire,* Bruxelles, Bruylant, 2001, pp. 151-183.

CANIVET Guy, « Les influences croisées entre juridictions nationales et internationales », *Revue de science criminelle*, 2005, pp. 799-817.

CARREAU Dominique, « La compétence universelle au regard du droit international », pp. 89-96, in *Les droits et le droit : Mélanges dédiés à Bernard Bouloc,* Paris, Dalloz, 2007, 1195 p.

CHILSTEIN David, « Compétence universelle et justice pénale internationale : observations sur les ressorts d'une articulation complexe », in *Archives de philosophie du droit,* Tome 53, Dalloz, 2010, pp. 118-129.

CORNU Gérard, « Rapport de synthèse sur les modes alternatifs de règlement des conflits », in Actes du colloque de Damas, *Revue internationale de droit comparé (RIDC)*, 1997, pp. 313-323.

CORTEN Olivier, « L'arrêt rendu par la CIJ dans l'affaire du crime de génocide *(Bosnie-Herzégovine c/Serbie)* : vers un assouplissement des conditions permettant d'engager la responsabilité d'un État pour génocide ? », *AFDI,* CNRS Éditions, Paris, vol. 53, 2007, pp. 249-279.

COSNARD Michel, « Quelques observations sur les décisions de la Chambre des Lords du 25 novembre 1998 et 24 mars 1999 dans l'affaire Pinochet », *RGDIP,* n° 2, 1999, pp. 309-328.

COTÉ Luc, « Le Tribunal pénal international pour le Rwanda : un Tribunal dans la tourmente », *L'Afrique des Grands Lacs,* Annuaire 2005-2006, pp. 415-442.

DAVID Éric, « Des occasions manquées de mettre en cause la responsabilité de la communauté internationale », in BURGORGUE-LARSEN Laurence (dir.), *La répression internationale du génocide rwandais*, Bruxelles, Bruylant, 2002, pp. 239-250.

DECAUX Emmanuel, « La mise en place de juridictions pénales internationales *ad hoc* », in VERDIER Raymond et al, *Rwanda. Un génocide du XXe siècle,* L'Harmattan, 1995, pp. 93-98.

DE LA CUESTA José Luis, « Les compétences criminelles concurrentes nationales et internationales et le principe *ne bis in idem », Revue internationale de droit pénal (RIDP),* 2002/3-4, vol. 73, pp. 739-751.

DELLA-MORTE Gabriele, « Les tribunaux pénaux internationaux et les références à leur propre jurisprudence », in DELMAS-MARTY Mireille, FRONZA et al, *Les sources du droit international pénal. L'expérience des tribunaux pénaux internationaux et le Statut de la Cour pénale internationale,* Paris, LGDJ, 2004, pp. 211-222.

DELMAS-MARTY Mireille, « La Cour pénale internationale et les interactions entre droit international pénal et droit pénal interne », *Revue de science criminelle et de droit pénal comparé (RSC),* 2005, pp. 473-480.

DEMARET Paul, « L'exterritorialité des lois et les relations transatlantiques : une question de droit ou de diplomatie ? », *Revue trimestrielle de droit européen (RTDE),* n° 1, janvier-mars 1985, 21e année, pp. 1-39.

DESESSARD Laurent, « France, les compétences criminelles concurrentes nationales et internationales et le principe *ne bis in idem* », *Revue internationale de droit pénal (RIDP),* 2002/3-4, vol. 73, pp. 913-940.

DOBKINE Michel, *Crimes et humanité : extraits des actes du procès de Nuremberg,* 18 octobre 1945-1er octobre 1946, Paris, Éditions Romillat, 1992, pp. 49-50.

DONNEDIEU DE VABRES Henri, « Le système de la répression universelle : ses origines historiques-ses formes contemporaines », *Revue de droit international privé,* 1905 (T.1), pp. 533-564.

DONNEDIEU DE VABRES Henri, « De la piraterie au génocide : les nouvelles modalités de la répression universelle », in *Mélange Ripert,* LGDJ, 1950, pp. 226 - 254.

GARAPON Antoine, « De Nuremberg au TPI : naissance d'une justice universelle », *Revue critique internationale*, 1999, vol. 5, pp. 167-180.

GLASER Stefan, « Le terrorisme international et ses divers aspects », *Revue internationale de droit comparé (RIDC)*, vol. 25, n° 4, 1973, pp. 825-850.

GUILLAUME Gilbert, « La compétence universelle, formes anciennes et nouvelles », in *Mélanges Levasseur,* Litec, 1992, pp. 23-36.

HENZELIN Marc « La compétence pénale universelle. Une affaire non résolue par l'arrêt *Yerodia* », *RGDIP*, octobre-décembre 2002- Numéro 4, pp. 820-854.

HOLLWEG Carsten, « Le nouveau Tribunal international de l'ONU et le conflit en ex-Yougoslavie : un défi pour le droit humanitaire dans le nouvel ordre mondial », *RDP* n° 5, 1994, pp. 1357-1397.

JARROSSON Charles, « Les modes alternatifs de règlement des conflits, présentation générale », *RIDC*, 1997, pp. 325-345.

JIMENA QUESEDA Luis, « Compétence universelle et crimes internationaux : l'illustration par l'Espagne », *RSC,* n° 1, janvier/mars 2009, pp. 217-225.

LAGERWALL Anne, « Que reste-t-il de la compétence universelle au regard de certaines évolutions législatives récentes ? », *Annuaire français de droit international*, 2009, pp. 743-763.

LAMY Bertrand (de), « Le droit pénal international à l'épreuve du contrôle de constitutionnalité », *RSC,* n° 1, janvier-mai 2011, pp. 173-176.

LAMBERT-ABDELGAWAD Élisabeth, « Les États face à l'obligation de dessaisissement de leurs organes judiciaires au profit des Tribunaux pénaux internationaux, l'illusion d'un contrôle étatique ? », *RSC*, 2004, pp. 185-194.

LAMBERT-ABDELGAWAD Élisabeth, « Le dessaisissement des tribunaux nationaux au profit des tribunaux pénaux internationaux : un encadrement *abusif* par le droit international de l'exercice de la compétence judiciaire interne ? », *RGDIP*, 2004, pp. 404-436.

LAUCCI Cyril, « Projet de Tribunal spécial pour la Sierra Leone : vers une troisième génération de juridictions pénales internationales ? », *L'observateur des Nations Unies,* n° 9, 2000, pp. 195-217.

MAISON Rafaëlle, « Les premiers cas d'application des dispositions pénales des Conventions de Genève par les juridictions internes », *European Journal of International Law (EJIL),* 1995, pp. 260-273.

MASSÉ Michel, « Actualité de la compétence universelle. Chronique de droit pénal international », *RSC*, 2008, pp. 440-449.

MBADINGA ITSOUHOU Mousounga, « Variation des rapports entre les juridictions pénales internationales et les juridictions nationales dans la répression des crimes internationaux », *Revue trimestrielle des droits de l'homme* (*RTDH*), Bruylant, 14e année, n° 56, 1er octobre 2003, pp. 1221-1246.

MERCADEL Barthelemy, « La légitimité du juge », *Revue de droit international comparé*, vol. 54, n° 2, 2002, pp. 277-291.

MUBIALA Mutoy, « Le Tribunal pénal pour le Rwanda : vraie ou fausse copie du Tribunal pour l'ex-Yougoslavie ? », *RGDIP*, 1995, pp. 929-954.

MUIR-WATT Horatia, « Privatisation du contentieux des droits de l'homme et vocation universelle du juge américain : réflexions à partir des actions en justice des victimes de l'Holocauste devant les tribunaux des États-Unis », *RIDC,* vol. 55 n° 4, Octobre-décembre 2003, pp. 883-901.

NIANG Mame Mandiaye, « Le Tribunal pénal international pour le Rwanda. Et si la contumace était possible ! », *RGDIP*, n° 2, 1999, pp. 379-403.

ONDO Télésphore, « La compétence universelle en Afrique : essai d'analyse », *Revue de droit international et de droit comparé,* Bruylant, Bruxelles, 2011, pp. 53-120.

PAZARTZIS Photini, « Tribunaux pénaux internationalisés : une nouvelle approche de la justice pénale (inter) nationale », *Annuaire français de droit international* (*AFDI*), vol. 49, 2003, Paris, CNRS Éditions, pp. 641-642.

POISSONNIER Ghislain, « Les Chambres extraordinaires au sein des tribunaux cambodgiens : une nouvelle forme de justice internationale », *Journal du droit international* (Clunet) n° 1, janvier 2007, pp. 85-102.

RADUCU Iona et LEVRAT Nicolas, « Le métissage des ordres juridiques européens (une « théorie impure » de l'ordre juridique) », *Cahiers de droit européen,* 2007, n° 1-2, pp. 111-147.
RAIMONDO Fabian, « Les principes généraux de droit dans la jurisprudence des tribunaux *ad hoc* : une approche fonctionnelle », in DELMAS-MARTY Mireille et al, *Les sources du droit international pénal,* Société de législation comparée, 2005, pp. 75-96.
RENAUDIE Virgile, « Les États-Unis, pays des droits de l'homme ? Un instrument universel de protection des droits de l'homme méconnu : le *US Alien Tort claims Act* », *Revue internationale de droit comparé (RIDC)*, vol. 56, 2004, pp. 603-622.
ROMANO Cesare et BOUTRUCHE Théo, « Tribunaux pénaux internationalisés : État des lieux d'une justice « hybride », *RGDIP*, vol. 1, 2003, pp. 109-124.
ROSOUX Valérie, « Réconcilier : ambitions et pièges de la justice transitionnelle. Le cas du Rwanda », Droit et Société (*Revue internationale de théorie du droit et de sociologie juridique)*, LGDJ, 2009, pp. 613-633.
RYNGAERT Cedric, « La compétence universelle sur le génocide et la torture en temps de guerre devant les tribunaux néerlandais : une évaluation des affaires afghanes et rwandaises », *Journal judiciaire de La Haye,* vol. 2/2007, pp. 14-40.
SASSOLI Marco, « La première décision de la Chambre d'appel du Tribunal pénal international pour l'ex-Yougoslavie : *Tadić* (compétence) », *RGDIP,* 1996, pp. 101-134.
SCHABAS William A., « Droit pénal international et droit international des droits de l'homme » : faux frères ? », in HENZELIN Marc et ROTH Robert, *Le droit pénal à l'épreuve de l'internationalisation,* Paris, LGDJ, 2002, pp. 165-181.
SEMELIN Jacques, « Qu'est-ce qu'un crime de masse ? Le cas de l'ex-Yougoslavie », *Critique internationale*, n° 6, janv. 2000, pp. 143-158.
SOREL Jean-Marc, « Les multiples lectures d'un arrêt : entre sentiment d'impunité et sentiment de cohérence, une décision à relativiser », *RGDIP*, 2007, pp. 259-271.
STERN Brigitte, « L'extraterritorialité revisitée », *AFDI,* 1992, pp. 239-313.
STERN Brigitte, « Quelques observations sur les règles internationales relatives à l'application extraterritoriale du droit », *AFDI,* vol. 32, 1986 pp. 7-52.
TAVERNIER Paul, « L'expérience des Tribunaux pénaux internationaux pour l'ex-Yougoslavie et pour le Rwanda », *Revue internationale de la Croix Rouge,* n° 828, 1997, pp. 647- 663.
VANDEGINSTE Stef, « Réparation pour les victimes de génocide, de crimes contre l'humanité et de crimes de guerre au Rwanda », in MARYSSE Stefaan et REYNTJENS Filip (dir.), *L'Afrique des Grands Lacs : annuaire 2000-2001*, Paris, L'Harmattan, 2001, 428 p.
VANDERMEERSCH Damien, « La répression en droit belge des crimes de droit international », *RIDP*, n° 2, 1997, pp. 1093-1135.
VERHOVEN Joe, « Vers un ordre répressif universel ? Quelques observations », *AFDI*, vol. 45, 1999, pp. 55-71.
VERHOVEN Joe, « Le crime de génocide. Originalité et ambiguïté », *RBDI* 1991, n° 1, Bruylant, Bruxelles, pp. 5-26.
WECKEL Philippe, « L'institution d'un Tribunal international pour la répression des crimes de droit humanitaire en Yougoslavie », *AFDI,* 1993, pp. 239-313.

Ouvrages et articles en Anglais

BASSIOUNI Cherif, « Universal jurisdiction for international crimes: historical perspectives and contemporary practice », *Virginia Journal of International Law*, 2001, vol. 42, pp. 105-134.

CASSESE Antonio, *International Criminal Law,* Oxford University Press, 2003, 472 p.

HOGG Nicole, « Women's participation in the Rwandan genocide : mothers or monsters ? », *International Review of the Red Cross*, Vol. 92, n° 877, Mars 2010, pp. 69-102.

HOWARD Ross, *The media's role in war and peace-building,* Institute for Media, Policy and Civil Society, Vancouver, Canada, December 2001.

HUYSE L., "To Punish or To Pardon : A devil's choice" in BASSIOUNI C. & JOYNER C. (eds.), Nouvelles Études Pénales, 1998, pp. 79-90.

LABAN HINTON Alexander (dir.), *Transitional Justice. Global Mechanisms and Local Realities after Genocide and Mass Violence*, Rutgers University Press, 2010, 288 p.

LEGGAT-SMITH Yvonne, *Rwanda : Not So Innocent - When Women Become Killers,* African Rights, 1995, 264 p.

LEMKIN Raphael, in *Executive Sessions of the Senate Foreign Relations Committee, Historical Series,* 1976, p. 370.

LINTON Suzannah, « Cambodia, East Timor and Sierra Léone : Experiments in International Justice », *criminal Law Forum,* vol. 2, 2001, pp. 85-246.

NSEREKO Daniel D., *Genocide: a crime Against Mankind,* in MC DONALD, Gabrielle Kirk and SWAAK-GOLDMAN, Olivia (eds). Substantive and Procedural Aspects of International Criminal Law: The Experience of International and National Courts, vol 1. The Hague: Kluwer Law International, 2000, pp. 113-140.

PERNICE Ingolf, « Multilevel constitutionalism in the European Union », *ERL*, 2002, pp. 511-519.

SCHABAS William A., « International Décisions. Barayagwisa v. Procureur », *AJIL,* vol. 94, n° 3, 2000, p. 571

SJOBERG Laura and GENTRY Caron, *Mothers, monsters, whores: women's violence in global politics,* London/ New York, Zed Books, 2007.

TOMUSCHAT Christian, « A system of International Criminal Prosecution is Taking Shape », *Review of International Commission of Jurist* n° 50, 1993, p. 60.

D. Dictionnaires

BEMBA Joseph, *Dictionnaire de la justice internationale de la paix et du développement durable. Principaux termes et expressions,* 2e édition revue et complétée, L'Harmattan, 2013, 404 p.

BOUCHET-SAULNIER Françoise, *Dictionnaire pratique de droit humanitaire,* 4e édition, Paris, La Découverte, 2013, 862p.

CALVO Carlos, *Dictionnaire manuel de diplomatie et droit international public et privé,* New Jersey, Lawbook Exchange, 2009, 475 p.

SALMON Jean (dir.), *Dictionnaire de droit international public,* Bruxelles, Bruylant, 2001, 1198 p.

E. Rapports et autres documents

- Rapport préliminaire de la Commission d'experts indépendants, Doc. S/1994/1125, 4 octobre, Nations Unies, 1994.
- Rapport de la Commission du droit international sur les travaux de sa quarante-huitième session, 6 mai-36 juillet 1996, extrait de l'Annuaire de la Commission du droit international, 1996, vol. II.
- Rapport Carlsson sur les actions de l'ONU lors du génocide de 1994 au Rwanda, 15 décembre 1999.
- Rapport Assemblée générale des Nations unies, 29 juillet 2010, A/65/181.
- International Crisis Group (ICG), « Tribunal Pénal International Pour le Rwanda : le Compte à Rebours », rapport Afrique n° 50, 1er août 2002, 17 p.
- International Crisis Group (ICG), « Tribunal Pénal International Pour le Rwanda : l'urgence de juger », rapport 7 juin 2001, 44 p.
- JOINET Louis, « Commission des droits de l'Homme, Question de l'impunité des auteurs des violations des droits de l'homme », E/CN.4/Sub.2/1997/20, 26 juin 1997.
- DEGNI-SEGUI René, rapport sur la situation des Droits de l'Homme au Rwanda, (en application du paragraphe 20 de la résolution S-3/1 du 25 mai1994, E/CN.4/1996/68), 29 janvier 1996.
- TPIR, *Recueil des ordonnances, décisions et arrêts*, 1998, Bruxelles, Bruylant, 2003.

F. Documents officiels

1. CONVENTIONS INTERNATIONALES

- Convention de Genève pour l'amélioration du sort des militaires blessés dans les armées en campagne du 22 août 1864
- Convention IV de La Haye concernant les lois et coutumes et de la guerre du 18 octobre 1907
- Convention de Genève pour la répression du faux monnayage du 10 avril 1929
- Convention inter américaine pour la prévention et la répression de la torture du 09 décembre 1945
- Convention internationale pour la prévention et la répression du crime de génocide adoptée le 09 décembre 1948
- Convention de Genève relative à la protection des personnes civiles en temps de guerre du 12 août 1949
- Convention internationale sur la haute mer et la zone contigüe du 29 avril 1958
- Convention sur l'imprescriptibilité des crimes de guerre et des crimes contre l'humanité du 26 novembre 1968
- Convention européenne de sauvegarde des droits de l'homme et des libertés fondamentales du 6 mai 1969
- Convention internationale sur l'élimination de toutes les formes de discrimination raciale du 4 janvier 1969
- Convention américaine relative aux droits de l'Homme du 22 novembre 1969
- Convention internationale de La Haye pour la répression de la capture illicite d'aéronefs du 16 décembre 1970
- Convention de New York sur l'élimination et la répression du crime d'apartheid du 30 novembre 1973

- Convention de Montréal pour la répression d'actes illicites dirigés contre la sécurité de l'aviation civile du 23 septembre 1971
- Convention européenne pour la répression du terrorisme du 27 janvier 1977
- Convention internationale sur le droit de la mer de Montego Bay du 10 décembre 1982
- Convention internationale de New York contre la torture et autres peines ou traitements cruels, inhumains ou dégradants du 10 décembre 1984
- Convention de Vienne contre le trafic illicite de stupéfiants et de substances psychotropes du 20 décembre 1988.

2. RÉSOLUTIONS

Conseil de Sécurité

- Résolution 771 adoptée à sa 3106e séance, S/RES/772 (1992), du 13 août 1992, rapport secrétaire général : violations du droit humanitaire en ex-Yougoslavie
- Résolution 780 adoptée à sa 3119e séance, S/RES/780 (1992), du 06 octobre 1992 : violations du droit humanitaire en Ex-République yougoslave de Macédoine
- Résolution 808 adoptée à sa 3175e séance, S/RES/808 (1993), du 22 février 1993 : création du Tribunal pénal international de l'ex-Yougoslavie pour juger les auteurs présumés de violations du droit humanitaire
- Résolution 808, S/25704 du 3 mai 1993, rapport du secrétaire général établi conformément au paragraphe 2 de la résolution 808
- Résolution 827 adoptée à sa 3217e séance' S/RES/827 (1993), du 25 mai 1993 : création Tribunal Ex-Yougoslavie
- Résolution 872 adoptée à sa 3288e séance, S/RES/929 (1993), du 5 octobre 1993 : mandat d'assistance au Rwanda
- Résolution 918 adoptée à sa 3377e séance, S/RES/918 (1994), du 17 mai 1994 : Extension du mandat d'assistance de l'ONU au Rwanda et l'imposition de l'embargo sur les armes au Rwanda
- Résolution 929 adoptée à sa 3392e séance, S/RES/929 (1994), du 22 juin 1994 : opération multinationale au Rwanda
- Résolution 935 adoptée à sa 3400e séance, S/RES/935 (1994), du 01 juillet 1994 : mise en place d'une commission impartiale d'experts chargée d'examiner et d'analyser les violations graves du droit international humanitaire commises sur le territoire du Rwanda
- Résolution 955 adoptée à sa 3453e séance, S/RES/955 (1994), du 8 novembre 1994 : création du TPIR
- Résolution 977 adoptée à sa 3502e séance, S/RES/977 (1995) du 22 février 1995 : fixation du siège du TPIR à Arusha
- Résolution 978 adoptée à sa 3504e séance, S/RES/978, du 27 février 1995 : détention des coupables d'actes entrant dans la compétence du Tribunal international pour le Rwanda
- Résolution 1165 adoptée à sa 3877e séance, S/RES/1165 (1998), 30 avril 1998 : statut du TPIR
- Résolution 1272 adoptée en sa 4050e séance, S/RES/1272, du 25 octobre 1999 : situation au Timor oriental
- Résolution 1329 adoptée à sa 4240e séance, S/RES/1329 (2000) du 30 novembre 2000 : création de groupe de juges *ad litem* au sein du TPIR et du TPIY.

- Résolution 1503 adoptée à sa 4817e séance, S/RES/1503 (2003) du 28 aout 2003 : coopération des États avec les TPI
- Résolution 1534 adoptée à sa 4935e séance, S/RES/1534 (2004) du 26 mars 2004 : stratégie d'achèvement des travaux du Tribunal Pénal International pour l'ex-Yougoslavie et le Tribunal Pénal International pour le Rwanda
- Résolution 1564 adoptée à sa 5040e séance, S/RES/1564 (2004) du 18 septembre 2004 : rapport du secrétaire général sur le Soudan
- Résolution 1674 adoptée à sa 5430e séance, CS/8710 (2006) du 28 avril 2006 : renforcement de la protection des civils en période de conflit armé.
- Résolution 1966 adoptée à sa 6463e séance, S/RES/1966 (2010), du 22 décembre 2010 : création d'un Mécanisme international chargé d'exercer les fonctions résiduelles des Tribunaux pénaux pour le Rwanda et l'ex-Yougoslavie

Assemblée générale

- Résolution 96 du 11 décembre 1946 : Projet de déclaration sur les droits et les devoirs des États
- Résolution 260 B (III) du 9 décembre 1948 : création d'une juridiction pénale internationale pour juger notamment les crimes de génocide définis dans la convention de 1948.
- Résolution 3074 du 3 décembre 1973 : principes de la coopération internationale concernant le dépistage, l'arrestation, l'extradition et le châtiment des individus coupables de crimes de guerre et de crimes contre l'humanité.
- Résolution 44/128 du 15 décembre 1989 : Pacte international relatif aux droits civils et politiques, visant à abolir la peine de mort
- Résolution 45/110 du 14 décembre 1990 : règles minima des Nations Unies pour l'élaboration de mesures non privatives de libertés
- Résolution 48/141 du 20 décembre 1993 : création d'un poste de Haut-Commissaire des Nations Unies aux droits de l'homme
- Résolution 62/149 adoptée le 18 décembre 2007 : moratoire sur l'application de la peine de mort

Commission des Droits de l'Homme

- Résolution 1992/S-1/1 du 14 août 1992, nomination d'un rapporteur spécial pour enquêter sur les violations graves du droit international humanitaire.
- Résolution S-3/1, *situation des droits de l'homme au Rwanda,* adoptée par consensus par la Commission des droits de l'Homme le 25 mai 1994

G. DOCUMENTATION ÉLECTRONIQUE

www.un.org/fr
http://unmict.org/fr
http://www.cairn.info/
www.trial-ch.org/fr
www.hirondellenews.com/fr/

INDEX THÉMATIQUE

(Les chiffres correspondent aux numéros de page)

D

E

F

G

H

I

S

T

V

INDEX DE LA JURISPRUDENCE DES TPI *ad hoc*

(Les chiffres correspondent aux numéros de paragraphe)

I. T.P.I.R

2007 –	28 nov. –	App., arrêt, *Nahimana et consorts,* ICTR-99-52-A : **742, 776, 803, 809, 812, 904**
2008 –	12 mars –	App., arrêt, *Athanase Seromba,* ICTR-01-66-A : **809, 814**
	18 déc. –	Ch. I, jugement, *Bagosora et consorts,* ICTR-96-7 : **736, 808, 841, 846, 1051**
2009 –	27 Fév. –	Ch. II, jugement, *Emmanuel Rukundo,* ICTR-2001-70-T : **846**
	14 juil. –	Ch. III, jugement portant condamnation, *Tharcisse Renzaho,* ICTR-97-31-T : **794, 840, 846, 859**
2010 –	6 déc. –	Ch. III, jugement portant condamnation, *Idelphonse Hategekimana,* ICTR-00-55B T : **846**
2011 –	31 mars –	Ch. III, jugement et sentence, *Jean Baptiste Gatete,* ICTR-2000-61-T : **794, 856, 885**
	24 juin –	Ch. II, jugement portant condamnation, *Pauline Nyiramasuhuko* et consorts, ICTR-98- 42-T : **777, 812, 821, 846**
2012 –	9 oct – 20 déc. —	App., arrêt, *Jean Baptitste Gatete,* ICTR-00-61-A : **812, 815, 885, 893, 896, 925** Ch. II, jugement portant condamnation, *Augustin Ngirabatware,* ICTR-99-54 –T : **1085**

II. T.P.I.Y

1995 –	10 août – 2 oct. –	Ch., décision relative à l'exception préjudicielle d'incompétence soulevée par la défense, *Duško Tadić,* IT-94-1-T : **865-866, 870, 873** App., arrêt relatif à l'appel de la défense concernant l'exception préjudicielle d'incompétence, *Duško Tadić,* IT-94-1-AR72 : **701, 867, 908, 910**
1996 –	29 nov. –	Ch. I, jugement portant condamnation, *Drazen Erdemovic,* IT- 96-22-T : **723, 757**
1997 –	14 juil. –	Ch. II, jugement relatif à la sentence, *Duško Tadić,* IT-94-1-T : **732, 738, 758**
	7 oct. –	App., arrêt, *Drazen Erdemovic,* IT-96-22-A: **697, 705, 707-708, 710, 728, 732, 913, 917**
1998 –	16 nov. –	Ch. II, jugement, *Zejnil Delacic* et autres ou *Mucic et consorts,* IT-96-21-T : **733, 737, 830, 840-841, 843, 858**
	10 déc. –	Ch. II, jugement, *Anto furundzija,* IT, 95-17/1-T : **709, 738, 816, 820, 834, 858, 915, 958, 962, 971**
1999 –	15 juil. –	App., arrêt, *Duško Tadić,* IT-94-1-A: **743, 758, 879, 881**
	14 déc. –	Ch. I, jugement, *Goran Jelisić,* IT-95-10-T : **778, 781-782, 792**
2001 –	20 fév. –	App., arrêt, *Zejnil Delacic et autres* (« camp Celebici »), IT-96-21-A : **815, 840-841, 856, 890, 910**
	22. Fév. –	Ch., jugement, *Kunarac et consorts,* IT-96-23-T : **733, 859, 890**
	2 août –	Ch., jugement, *Radislav Krstic,* IT-98-33-T : **732, 782, 793, 821**
2002 – 2004 — 19	12 juin – 19 avril –	App., arrêt, *Kunarac et consorts,* IT-93-23 : **732, 849, 856, 859, 913, 988** App., arrêt, *Radislav Krstic,* IT-98-33-A: **778, 782, 819, 821**
2003 –	23 fév. –	Ch., jugement portant condamnation, *Biljana Plavšic,* IT-00-39&40/1-S: **847**
2008 –	8 oct. –	App., arrêt, *Milan Martic,* IT-95-11-A: **882, 887**
2010 –	10 juin –	Ch. II., jugement, *Popovic et consorts,* IT-05-88T : **778, 782, 793, 814**

TABLE DES MATIÈRES

L'HARMATTAN ITALIA
Via Degli Artisti 15; 10124 Torino
harmattan.italia@gmail.com

L'HARMATTAN HONGRIE
Könyvesbolt ; Kossuth L. u. 14-16
1053 Budapest

L'HARMATTAN KINSHASA
185, avenue Nyangwe
Commune de Lingwala
Kinshasa, R.D. Congo
(00243) 998697603 ou (00243) 999229662

L'HARMATTAN CONGO
67, av. E. P. Lumumba
Bât. – Congo Pharmacie (Bib. Nat.)
BP2874 Brazzaville
harmattan.congo@yahoo.fr

L'HARMATTAN GUINÉE
Almamya Rue KA 028, en face
du restaurant Le Cèdre
OKB agency BP 3470 Conakry
(00224) 657 20 85 08 / 664 28 91 96
harmattanguinee@yahoo.fr

L'HARMATTAN MALI
Rue 73, Porte 536, Niamakoro,
Cité Unicef, Bamako
Tél. 00 (223) 20205724 / +(223) 76378082
poudiougopaul@yahoo.fr
pp.harmattan@gmail.com

L'HARMATTAN CAMEROUN
TSINGA/FECAFOOT
BP 11486 Yaoundé
699198028/675441949
harmattancam@yahoo.com

L'HARMATTAN CÔTE D'IVOIRE
Résidence Karl / cité des arts
Abidjan-Cocody 03 BP 1588 Abidjan 03
(00225) 05 77 87 31
etien_nda@yahoo.fr

L'HARMATTAN BURKINA
Penou Achille Some
Ouagadougou
(+226) 70 26 88 27

L'HARMATTAN SÉNÉGAL
10 VDN en face Mermoz, après le pont de Fann
BP 45034 Dakar Fann
33 825 98 58 / 33 860 9858
senharmattan@gmail.com / senlibraire@gmail.com
www.harmattansenegal.com

Achevé d'imprimer par Corlet Numérique - 14110 Condé-sur-Noireau
N° d'Imprimeur : 137132 - Dépôt légal : mars 2017 - *Imprimé en France*

www.ingramcontent.com/pod-product-compliance
Lightning Source LLC
LaVergne TN
LVHW011219061026
849535LV00001BA/93
* 9 7 8 2 3 4 3 1 1 7 4 3 0 *